LES ANCIENS ET LES MODERNES –
ÉTUDES DE PHILOSOPHIE
sous la direction de Chantal Jaquet et Pierre-Marie Morel
24

Spinoza, une anthropologie éthique

Ouvrage publié avec l'aide de la Société d'études du XVIIe siècle
et du projet ANR Blanc ANTHROPOS

Julie Henry

Spinoza,

une anthropologie éthique

Variations affectives
et historicité de l'existence

PARIS
CLASSIQUES GARNIER
2015

Julie Henry est agrégée et docteur en philosophie. Elle est postdoctorante à l'ENS de Lyon (CERPHI - UMR 5037) et directrice de programme au Collège international de philosophie. Spécialiste de la philosophie de l'âge classique et d'éthique en santé, elle a notamment codirigé *Redéfinir l'individu par sa trajectoire. Hasard, déterminismes et rencontres* (Paris, 2015).

ISBN 978-2-8124-3720-5 (livre broché)
ISBN 978-2-8124-3721-2 (livre relié)
ISSN 2109-8042

PRÉFACE

Au début du *Traité de la Réforme de l'Entendement*, Spinoza utilise une notion sur laquelle on ne s'interroge peut-être pas assez : celle d'*institutum* qui désigne sans doute un peu plus qu'un simple projet ou qu'une entreprise. Le narrateur, désirant atteindre un bien qui n'ait pas l'incertitude de ceux que l'on rencontre dans la vie courante, se rend compte des obstacles qui l'empêchent de se consacrer à cette recherche. Il se demande s'il pourra parvenir à ce *novum institutum* sans être obligé de changer l'ordre et l'*institutum* commun de sa vie (et la réponse sera que c'est impossible). Cela semble donc supposer que ses actions, ses soucis, ses habitudes ne sont pas autant d'actes isolés mais s'organisent en une structure, à la fois projet et institution, qui présente une certaine stabilité, et qu'on en est moins le propriétaire que le prisonnier. C'est pourquoi il considère les obstacles qui l'empêchent de porter tous ses efforts vers ce *novum institutum*, parce qu'alors il craindrait de quitter le certain pour l'incertain ; mais après y avoir suffisamment réfléchi, il voit que s'il quitte les avantages communs de la vie pour s'attacher à ce *novum institutum*, c'est au contraire à des biens incertains qu'il renonce pour se diriger vers la vraie certitude. Et malgré la difficulté du chemin, il remarque que chaque fois qu'il se tient à ces pensées, il se détourne de ces biens incertains et arrive à méditer sérieusement *de novo instituto*. Le début de l'itinéraire éthique du *Traité* est donc comme balisé par ces cinq occurrences du terme en un espace très resserré du texte, et lorsque l'itinéraire est commencé, puis se développe, pourrait-on dire, de la question éthique à la question épistémologique, on ne prononce plus une seule fois, presque jusqu'à la fin, ce mot *institutum*. Tout se passe comme s'il n'avait été là que pour marquer la mise en route de la transformation de l'individu, et que l'on n'en ait plus besoin ensuite, une fois que cette route est repérée. Il ne réapparaît en fait qu'une seule fois, dans les dernières lignes de l'ouvrage – ou de ce qui en a été rédigé – négativement, pour écarter les questions qui ne concernent pas l'énumération des propriétés de l'entendement, c'est-à-dire le préalable à la définition de celui-ci : l'amour, la joie, etc. ne sont de rien pour *nostrum institutum praesens*. Voilà donc un mot lié à des circonstances intellectuelles et vitales fort précises et tout à fait localisées. Il constitue un instrument pour produire une opération très déterminée : le changement de mode de vie et de pensée, ou plus exactement le moment initial de ce changement.

Il vaut la peine de se demander ce qu'indique le recours à un tel instrument. D'abord, certes, que nos façons de vivre et de vouloir continuer à vivre ainsi ou au contraire de vouloir nous déterminer à vivre autrement s'organisent en une structure d'ensemble, où tout se tient et où une simple décision ne suffit pas à bouleverser liens anciens et habitudes. Mais aussi, en sens inverse, que le changement est possible, bien qu'il demande des efforts et ne s'accomplisse que sous certaines conditions. Ou pour le dire en un langage qui n'est pas celui de Spinoza ici, mais qu'il utilise ailleurs : qu'il y a certes des lois de la nature humaine et que l'on se condamne à l'échec si l'on veut les ignorer ; mais qu'en les connaissant – ce qui ne signifie pas que la connaissance suffise – on peut entamer un devenir qui permettra de transformer lucidement ce qui était donné et aurait pu sembler immuable. La question sous-jacente est donc : peut-on *instituer* son propre changement ? Autrement dit, ce que nous voyons Spinoza décrire en ce point, c'est l'intersection de l'éthique et de l'anthropologie. Et c'est en ce point encore que le livre de Julie Henry nous invite à réfléchir.

On s'est posé beaucoup de questions depuis quelques années sur le problème de savoir si Spinoza était « d'actualité ». C'est une excellente question, mais les réponses peuvent relever du meilleur comme du pire. Dans le pire des cas, c'était pour en tirer quelques axiomes d'une sagesse prétendument éternelle – un exercice apprécié des vulgarisateurs et auquel on ne mettra pas un terme en faisant remarquer que cette extraction de pensées séparées perd tout ce qui est proprement philosophique dans une philosophie. Dans le meilleur des cas, au contraire, on s'est demandé si le spinozisme comportait des démarches ou des contenus profitables à la psychanalyse, à l'économie, aux sciences sociales. Interrogation qui a fourni des résultats fort intéressants. Mais ici c'est une question plus radicale qui est posée : qu'est-ce que l'homme, ou plutôt : que dire de l'homme ? Julie Henry rejoint ainsi, sans le citer, le jeune Marx (« être radical, c'est prendre les choses à la racine ; et la racine pour l'homme c'est l'homme »). Autrement dit : que peut-on dire de l'homme pour situer ce que la psychologie, la psychanalyse, la sociologie, l'économie ou la science de l'éducation (s'il en existe une) peuvent dire de lui ? ou pour le changer ? Comment penser l'homme sans illusion ? – dans le cadre d'une doctrine, et avec les éléments fournis par une doctrine qui dénonce vigoureusement l'illusion anthropomorphique, et qui se refuse – Alexandre Matheron l'avait montré autrefois – à toute définition de l'homme. Julie Henry a compris la leçon : ce qu'elle nous livre est une anthropologie sans définition, mais avec des descriptions et des démarcations, qu'elle va chercher dans les textes mêmes de ce Spinoza si méfiant quant à l'anthropocentrisme et à l'anthropomorphisme. Les notions de *détermination*, d'*aptitude*, de *temporalité* permettent de comprendre non pas ce qu'est l'homme mais comment il se détermine et comment il se transforme.

L'un des enjeux majeurs de ce livre, au-delà des textes de Spinoza (ou plutôt grâce à ces textes), c'est d'intervenir de façon féconde dans la question du naturalisme. En effet, le développement des sciences humaines, en montrant que les comportements humains sont soumis à des constantes qui ressemblent fort aux lois naturelles découvertes par la physique ou la biologie, a posé à nouveaux frais cette question des relations entre nature, norme ou spontanéité. Une position traditionnelle consistait à analyser les conduites des hommes en termes de nature, celle-ci étant conçue comme fournissant des règles dont il convenait de ne pas s'écarter (ne pas aller contre la nature) sous peine de tomber dans le péché (dans la version théologique), dans le vice (dans la version morale), ou dans l'échec assuré (dans la version moderniste) : la nature représentait ainsi une norme plus qu'une loi, et s'il était possible de s'en éloigner, cet éloignement représentait les plus grands dangers. Face à une telle position, l'antinaturalisme consistait à souligner l'autonomie dont dispose l'humanité, à refuser de se laisser imposer une telle norme et à exalter la puissance d'artifice qui brise les barrières conservatrices auxquelles l'idéologie de la régulation naturelle apparaissait comme liée. Le bouleversement introduit par les sciences humaines a consisté, pour faire vite, à montrer que les conduites des hommes sont néanmoins déterminées par des lois qu'ils ignorent et qui sont d'autant plus efficaces qu'elles sont ignorées. Le paradoxe est alors qu'on ne se libère de la nature-norme que pour décrire une nature-loi qui semblerait encore plus rigide. Sans faire appel au mythe du précurseur, il faut bien noter que Spinoza est déjà sur ce terrain-là : d'une part, il affirme que les actes des hommes sont déterminés non par un illusoire libre-arbitre mais par les lois d'une « nature humaine » remarquable par sa constance et toute sa théorie du désir et des affects repose sur une telle base ; d'autre part, précisément grâce à cette base, il critique les moralistes et théologiens qui voient du vice et du péché dans les actes des hommes — parce que justement leur conception de la nature est bien trop limitative. Autrement dit ce naturalisme de la norme n'est qu'un naturalisme restreint qu'il faut critiquer par un naturalisme généralisé. Mais une question se pose alors à ce que l'on pourrait appeler le naturalisme absolu de Spinoza — comme elle se pose aujourd'hui face aux méthodes et aux résultats des sciences humaines : comment, dans une telle conception des lois de la nature, penser le développement, la transformation et, pour tout dire, l'itinéraire auquel semble appeler l'*Éthique* ? Si tout est naturel, s'il n'y a au fond pas de vraie place pour l'artifice (et la restriction progressive de la notion de contrat dans la politique spinozienne en est une preuve), comment et pourquoi sélectionner certaines conduites plutôt que d'autres ? La réponse, selon Julie Henry, consiste à appuyer l'éthique sur l'anthropologie, en deux sens : d'abord connaître les lois qui règlent ce que l'on pourrait appeler les destins humains ; ensuite analyser comment ces mêmes lois permettent à l'individu de s'élaborer dans le temps une destinée individuelle. C'est que, si tout est naturel, tout n'est pas disponible dans la nature immédiatement. Il faut tracer une démarcation entre le naturel et le spontané : le naturalisme absolu ne peut qu'être une critique du spontanéisme.

C'est là qu'intervient la distinction qui court comme un fil rouge tout au long de ce livre ; elle est énoncée dès le début : « nous serons amenés à opérer une nouvelle distinction entre naturel (au sens de ce qui prend place de façon déterminée dans les choses de la nature) et par nature (au sens de ce qui advient spontanément en tout homme), afin de comprendre en quoi l'éthique s'ancre dans une certaine anthropologie sans pour autant s'y réduire » (p. 34). Ainsi, dans la très belle analyse du développement des aptitudes, peut-on lire : « Ce n'est donc pas *par nature* que l'enfant acquiert ces aptitudes, bien que cela ne soit pas non plus *contre nature*, puisqu'il faut que son corps puisse recevoir ce changement. » (p. 50). On lit aussi plus loin : « Et donc dans quelle mesure le devenir éthique, sans être *contre-nature*, n'en est pas pour autant *par nature*, au sens d'évident, de spontané, de donné, ou encore de ce qui "se trouv[e] sous la main [*in promptu esset*]" » (p. 191). C'est cette distinction qui permet de penser le développement qui conduit à être guidé par la Raison, et qui ne va pas de soi alors que pourtant la Raison ne demande rien contre la nature : tous les individus possèdent un stock de capacités données par la nature, à commencer par ce que leur corps leur permet ; certains seulement développent les aptitudes qui transforment ce donné pour aboutir à un état qui, pour n'être pas spontané, n'en est pas moins naturel lui aussi. C'est cette distinction qui explique les usages différents qu'enfants et adultes font de leur corps ; c'est elle aussi qui permet de comprendre la différence entre ce que les individus peuvent faire de leur stock d'affections et de puissances corporelles : « En d'autres termes, si tous les corps humains *sont de fait* affectés en diverses manières, ils *peuvent en droit* disposer les choses en diverses manières, ce qui ne revient pas au même. En effet, *pouvoir* le faire signifie que les conditions ontologiques sont remplies ; mais *le faire effectivement* nécessite que les conditions anthropologiques et personnelles soient à leur tour remplies. Pour reprendre une distinction déjà établie, le faire effectivement sera naturel (dans la mesure où il entre dans la nature de notre corps de pouvoir le faire), mais non par nature (dans la mesure où cela ne suffit pas, encore faut-il que ce soit déterminé par son état *singulier*) » (p. 243-244). Ainsi on comprend que le même effort puisse conduire soit à agir par affect, soit à se conformer aux lois de la Raison. C'est cela qui donne toute sa portée à la théorie spinoziste de la puissance, c'est-à-dire la possibilité – en un sens tout à fait spécifique de ce mot – qu'ont les hommes d'agir selon leur nature propre : « Ce type d'action n'est pas naturel au sens de par nature, puisque les hommes ont plutôt tendance à être passivement déterminés de l'extérieur, selon l'ordre contingent (pour eux) avec lequel ils rencontrent les choses qui les affectent. Par contre – et c'est ce qui ressort de cette définition –, ce type d'action est naturel au sens où il peut être déterminé par les seules lois de la nature d'un individu ; c'est donc là une possibilité d'ordre anthropologique » (p. 386). C'est donc bien la singularité, inscrite dans un itinéraire temporel, qui constitue le nœud entre éthique et anthropologie.

On pourrait étendre à la politique ce qui se dit là de l'individu – avec le même instrument lexical : on passe de l'*institutum naturae* à l'effort de *vitam sapienter instituere*. Si le *Traité politique* énonce en ses premières pages que l'expérience historique est close, n'est-il pas inutile de construire des modèles d'États, comme le font les chapitres suivants ? Non, car l'expérience donne accès à ce que l'on pourrait appeler une spontanéité historique, et la réflexion du *Traité* consiste précisément à dégager de ces possibilités naturelles (pourquoi n'y aurait-il pas une « nature » de l'histoire ?) les matériaux qui, autrement disposés, édifieront des régimes qui sont tout aussi naturels (ils s'appuient sur les lois des passions humaines) mais fonctionneront mieux que ceux dont on peut lire la chronique à même les événements du passé. Et, mieux constitués, ils muniront leurs citoyens d'aptitudes dont les éléments étaient disponibles dans la nature humaine commune mais que les États empiriques n'avaient pas su développer. C'est pourquoi l'on peut dire que la fonction naturelle de l'État (sa fonction « par nature ») c'est la sécurité, mais que sa fonction naturelle en un autre sens, éloigné de la nécessité spontanée, c'est la liberté.

Pierre-François MOREAU

AVERTISSEMENT

ÉDITIONS CITÉES

La pagination indiquée dans les références aux textes de Spinoza correspond à l'édition de Carl Gebhardt, *Opera*, 4 volumes, Heidelberg, Carl Winters Universitätsbuchhandlung, 1924.

La pagination indiquée dans les références aux textes de Descartes, excepté pour une lettre datée de mars 1638, correspond à l'édition de Ferdinand Alquié, Paris, Garnier, 1963-1973 ; édition corrigée par Denis Moreau, Paris, Classiques Garnier, 2010.

Pour la lettre en question, la pagination correspond à l'édition de Charles Adam et Paul Tannery, nouvelle édition, Paris, Vrin, 1969.

TRADUCTIONS CITÉES

Sauf mention contraire, nous citons les textes de Spinoza dans les traductions françaises suivantes :

- *Traité de la réforme de l'entendement*, traduction de Michelle Beyssade, Presses Universitaires de France, 2009 ;
- *Pensées métaphysiques*, traduction de Charles Appuhn, volume I, Garnier Flammarion, 1964 ;
- *Traité théologico-politique*, traduction de Jacqueline Lagrée et Pierre-François Moreau, Presses Universitaires de France, 1999 ;
- *Éthique*, traduction de Bernard Pautrat, réédition en Points Essais, 1999 ;

- *Traité politique*, traduction de Pierre-François Moreau, Éditions Répliques, 1979 ;
- Correspondance, traduction de Maxime Rovere, Garnier Flammarion, 2010.

ABRÉVIATIONS

Lorsqu'ils sont abrégés, les titres des œuvres de Spinoza le sont sous la forme suivante :

TRE   *Traité de la Réforme de l'Entendement*
TTP   *Traité théologico-politique*
E   *Éthique*
TP   *Traité politique*

La pagination dans les éditions de référence est indiquée sous la forme suivante :
- les références à l'édition en latin des textes de Spinoza par Carl Gebhardt sont indiquées par la lettre G, suivie du numéro de tome en caractères romains et de la pagination ;
- les références à l'édition des textes cartésiens par Ferdinand Alquié sont indiquées par la lettre A, suivie du numéro de tome en caractères romains et de la pagination ;
- les références à l'édition des textes cartésiens par Charles Adam et Paul Tannery sont indiquées par les lettres AT, suivies du numéro de tome en caractères romains et de la pagination.

Pour le *Traité de la réforme de l'entendement*, les numéros de paragraphes indiqués correspondent à ceux de l'édition Bruder, repris dans la traduction de Michelle Beyssade aux Presses Universitaires de France.

Pour le *Traité théologico-politique*, les numéros de paragraphes indiqués correspondent à ceux établis dans l'édition de Fokke Akkerman et la traduction de Jacqueline Lagrée et de Pierre-François Moreau aux Presses Universitaires de France.

Pour l'*Éthique*, nous indiquons en caractères romains les numéros de partie, puis utilisons les abréviations suivantes :

déf.   définition

prop.   proposition

dém.   démonstration

cor.   corollaire

ax.   axiome

post.   postulat

INTRODUCTION

D'UNE DÉFINITION DE L'ÉTHIQUE
À SA CONCEPTION COMME PASSAGE

L'éthique spinoziste nous semble être une éthique au sens fort du terme, à savoir la mise en place d'un certain cheminement, qui n'est pas prédéterminé, au sein des apports et des limites constitués par les circonstances internes et externes. C'est précisément là, dans le même temps, ce qui rend problématique sa conception, dans la mesure où elle ne nous permet ni de nous adosser à une libre volonté, ni de constituer après coup une définition de l'homme à la mesure d'exigences morales prédéfinies. La difficulté consiste alors à penser l'enclenchement d'un cheminement éthique au sein d'une nature pleinement déterminée, et à comprendre la possibilité du passage d'une manière d'être à une autre au fil de rencontres déterminantes mais non librement choisies. L'autre dimension fondamentale qu'il nous faut prendre en considération consiste dans le dynamisme, qui nous semble être au cœur des conceptions spinozistes des choses singulières en général, prises dans de constantes relations. Et si ce point est important dans notre perspective, c'est que ce dynamisme semble animer tout particulièrement la conception spinoziste des hommes, en raison de l'ensemble des variations qu'ils peuvent supporter et auxquelles ils peuvent contribuer.

Tel est le donné dont on part lorsqu'on souhaite poser à nouveaux frais le problème de l'éthique spinoziste – et, de façon élargie, le problème de l'éthique en général, tel qu'il peut se présenter existentiellement à chacun d'entre nous[1]. Notre objet ne consiste donc pas à tenter de

---

1   Pierre Macherey considère qu'une « philosophie est vivante ou présente […] parce que ses problèmes et certains de ses concepts, indépendamment de toute citation expresse, continuent néanmoins à accompagner, en l'absence de leur auteur, d'autres formes de

redéfinir l'éthique pour elle-même, une fois constituée pourrions-nous dire, mais à y revenir sous une autre perspective, celle de sa constitution effective au sein d'une existence donnée. Cela revient à la concevoir à la fois en un homme par définition traversé d'affects et en des circonstances non finalisées par des projets librement choisis. Par ailleurs, nous ne pouvons pas, dans cette démarche, penser un devenir éthique sur le mode d'un « devenir *quelque chose* », comme s'il s'agissait de quitter un état donné pré-éthique (celui d'homme du commun) pour en revêtir un autre, éthique cette fois-ci (celui de sage). Cela reviendrait en effet à définir par avance ce statut de sage puis à rechercher une forme de liaison entre deux états que nous aurions par avance séparés d'un hiatus. En lien étroit avec le dynamisme qui nous semble essentiel au sein de la philosophie spinoziste, notre objet est donc plus précisément le suivant : ne pas chercher à concevoir l'éthique comme le passage *à autre chose*, mais la concevoir elle-même comme passage, c'est-à-dire comme mouvement.

Nous sommes alors mis face à une double exigence. D'un côté, tenir compte du fait que, selon Spinoza, il n'y a pas de finalité dans la nature, et donc pas de finalité assignée aux hommes en tant que choses de la nature. Prendre également au sérieux le fait qu'il n'y a pas de manque en soi qui pourrait susciter le besoin – voire le devoir – de tendre vers autre chose que ce que l'on est, et le fait que, par ailleurs, on ne peut pas décider librement et délibérément de ce que l'on voudrait faire de soi-même à l'avenir : si devenir *orienté* il y a, cette orientation devra donc se penser sur un autre mode que la modification réflexive de soi. D'un autre côté, tenir jusqu'au bout la perspective éthique – mais non moralisante – qui est celle de Spinoza. Cela signifie penser la possibilité d'un devenir revêtant une tonalité éthique (l'éthicité du passage n'allant pas de soi), et dans le même temps ne jamais considérer que ce devenir est requis pour que les hommes soient à proprement parler d'une nature humaine, ou encore pour que l'on « devienne » pleinement ce que l'on est (ou ce que l'on aurait à être). Il nous faut alors trouver un

---

réflexion qui, élaborées en de nouveaux temps, ne se contentent pas de revenir en arrière, en vue de retrouver, ou de réinventer, ce qu'un philosophe comme Spinoza aurait déjà pensé, mais se proposent d'apporter à la réflexion philosophique de nouveaux développements » (« L'actualité philosophique de Spinoza », dans *Nature, croyance, raison. Mélanges offerts à Sylvain Zac*, ENS Fontenay/Saint-Cloud, 1992, p. 120). La philosophie de Spinoza est pour ces raisons mêmes, selon nous, une éthique au sens plein du terme, en ce qu'elle parle à l'homme vivant que nous sommes.

ancrage de ce possible cheminement éthique en un trait ontologique et anthropologique qui soit à même de le déterminer.

Cela rejoint l'idée selon laquelle l'éthique ne doit pas se penser dans l'absolu, abstraction faite des hommes tels qu'ils sont et des circonstances (historiques au sens large : familiales, professionnelles, sociales, etc.) dans lesquelles ils évoluent, mais qu'elle doit être constituée *à partir de* la prise en compte des traits anthropologiques qui caractérisent les hommes, et des relations qu'ils entretiennent avec les autres choses de la nature. Mais parallèlement, il nous faut comprendre en quoi ce trait ontologique et anthropologique, tout en pouvant constituer la base sur laquelle un cheminement éthique peut faire fond, ne le nécessite pas pour autant *spontanément*, en toute circonstance et en tout individu. Sans cela, nous ne pourrons pas donner sens à la remarque spinoziste selon laquelle le salut est chose remarquable autant que rare – affirmation dont nous pouvons faire chaque jour l'expérience, y compris en nous-mêmes. Et nous ne pourrons pas plus donner un sens éthique au cheminement qui serait effectivement entrepris par quelques-uns, en ce que ce ne serait qu'un comportement auquel ils seraient passivement déterminés, comme tout autre comportement adopté *de fait*.

L'ÉTHIQUE COMME DEVENIR
ET L'ANTHROPOLOGIE ÉTHIQUE

Deux éléments se révèlent fondamentaux dans notre démarche. Le premier consiste en l'inscription dans la temporalité, que nous jugeons essentielle à la compréhension de ce que sont les hommes. Être foncièrement inscrit dans une certaine temporalité – diverse et variable, comme nous aurons l'occasion de le voir – consiste ainsi en une donnée anthropologique dont nous ne pourrons faire l'économie dans la réflexion sur le statut et le sens que pourrait revêtir une éthique qui soit avant tout une éthique humaine. La dynamique historique dans laquelle cette inscription nous ancre prend des formes diverses d'un individu à l'autre, comme au cours d'une seule et même existence. C'est premièrement le passage par différents âges de la vie, communs – dans leur dénomination du moins – à tous les hommes : l'enfance[1], lors de laquelle on considère couramment que l'individu est en phase d'apprentissage ; l'âge adulte ou « maturité », qui semble porter comme connotation la pleine possession de ses moyens ; la vieillesse, appréhendée selon les cultures comme déclin ou comme sagesse (au sens d'expérience, de sagesse de la vie). Ce point soulève déjà de nombreuses questions, comme la conservation d'une seule et même forme ou nature lors du passage par différents états qui semblent fort divers les uns des autres, ou encore la possibilité de penser des changements à l'âge adulte, une fois sortis de la phase initiale d'apprentissage.

Mais ce sont également les variations affectives par lesquelles nous passons quotidiennement, au fil de nos rencontres avec des choses et des événements extérieurs et selon la manière dont nous en sommes affectés[2]. Ces variations sont la plupart du temps subies, suscitées en fonction de l'ordre commun des choses, et non en lien avec notre nature propre, et elles nous font passer d'un état [*constitutio*] à un autre, nous affectant de joie ou de tristesse. Nous sommes là au croisement entre ontologie, physique et anthropologie, et ces variations peuvent être comprises comme des obstacles au devenir éthique en ce qu'elles ne s'inscrivent pas dans une trajectoire lisible et en ce qu'elles semblent nous ôter la continuité qui serait requise pour nous ancrer dans la perspective d'un devenir. Mais d'un autre côté, elles peuvent parallèlement être appréhendées comme la condition même d'un devenir éthique, en ce que, pour qu'il y ait devenir, encore faut-il qu'il y ait possibilité de changement.

Pour résumer, le premier élément auquel nous devons nous attacher dans cette réflexion consiste dans la mise en place des conditions de possibilité et des formes d'effectuation d'un *devenir* : changements sur fond de continuité (sans quoi il y a destruction d'un individu et naissance d'un autre, et non devenir d'un seul et même individu), dynamisme essentiel aux choses singulières (sur lequel il puisse s'ancrer), possibilité

---

1   Sur la thématique de l'impuissance infantile et de la puérilité des adultes, nous devons beaucoup à la magistrale étude de François Zourabichvili *Le Conservatisme paradoxal de Spinoza. Enfance et royauté* (Paris, PUF, 2002), et tout particulièrement au chapitre 4 « Enfance et philosophie », p. 117-146.

2   Selon l'image poétique de Spinoza, « il appert que les causes extérieures nous agitent en bien des manières, et que, comme les eaux de la mer agitées par des vents contraires, nous sommes ballottés, sans savoir quels seront l'issue et notre destin » (*E* III, prop. 59, scolie, G II, p. 189).

de penser une orientation ouverte de ce devenir (absence de finalité prédéterminée, mais tendance dans laquelle il pourrait s'inscrire), et manière dont il pourrait être suscité (lien avec le désir et l'imagination).

Le deuxième élément essentiel à notre démarche consiste dans notre tentative de mettre en place ce que nous appellerons une « anthropologie éthique[1] », à savoir une éthique qui puisse trouver son ancrage dans une anthropologie sans pour autant s'y réduire. Cela implique d'une part de s'interroger sur la conception spinoziste des hommes, afin de se demander si on pourrait y trouver des données ontologiques ou spécifiques sur lesquelles pourrait faire fond un cheminement éthique. En effet, si nous sommes à la recherche d'une éthique humaine, d'une éthique de vie, cela signifie que nous devons pouvoir trouver en chaque homme les conditions de possibilité d'un tel cheminement. Cela peut consister par exemple dans la capacité particulière qu'auraient les corps humains de pouvoir supporter diverses variations sans pour autant changer de nature. Il s'agit dès lors de penser la possibilité du passage d'une manière d'être à une autre au sein d'une seule et même existence, ou encore d'interroger une éventuelle anthropologie spinoziste pour relire dans un deuxième temps l'éthique spinoziste à l'aune de cette anthropologie.

Cela implique d'autre part de distinguer morale et éthique, afin de penser un devenir éthique qui ne se traduise pas par un devoir de s'y ancrer, ou bien par la résorption d'une distance de soi à soi-même. C'est toute la difficulté qu'il y a à tenir ensemble une exigence éthique d'une part, et le refus de tout jugement dépréciatif porté sur les hommes qui n'entreraient pas dans un tel devenir, donc sur la grande majorité des hommes d'autre part. Exigence éthique, parce que c'est bien une éthique, et non pas seulement une anthropologie, qu'écrit Spinoza ; refus de tout jugement dépréciatif, parce qu'un ignorant a autant de droit de vivre comme un ignorant qu'un sage en a de vivre comme un sage. Cela requiert à la fois une *autre* caractérisation de ce que sont les

---

1   Nous pourrions penser, sur le même modèle, une « anthropologie politique » ; c'est d'ailleurs, nous semble-t-il, ce que Spinoza met en place dans le *Traité politique*, en posant comme principe qu'une politique doit se penser à partir des hommes tels qu'ils sont, en inscrivant les gouvernants eux-mêmes dans cette anthropologie, et enfin, en pensant à la fois la place des hommes dans le corps politique (entre liberté de juger et culture commune de leur esprit) et la dynamique propre du corps politique (comparé à un corps vivant, tant dans son intégration d'éléments étrangers que dans le complexe maintien de sa forme propre).

hommes – caractérisation dans laquelle entrent de façon inextricable l'imagination, les affects, la raison, le corps, l'esprit, l'histoire person-nelle, les affections, etc. –, et une éthique qui se distingue de la morale cartésienne comme de la morale théologique générale. Ce n'est alors qu'en tenant ensemble ces exigences, ces diverses dimensions et ces enjeux (ontologique, physique, anthropologique et éthique), que nous pourrons considérer que nous sommes en présence d'une véritable « anthropologie éthique », et que nous aurons répondu à notre visée.

FINALITÉ, NATURE HUMAINE, TEMPORALITÉ, SINGULARITÉ : LES PROBLÈMES POSÉS

Le premier problème posé par la perspective que nous adoptons prend place dans la nécessité de penser un devenir sans finalité, autrement dit sans qu'il y ait quoi que ce soit, dans l'état antécédent, qui *appelle* un autre état, auquel nous *devrions* alors passer. Le fait de devenir requiert une aptitude particulière à supporter des variations. La nature de l'individu en devenir doit ainsi être à la fois suffisamment stable pour persévérer tout au long de son existence actuelle présente, et suffisamment souple pour pouvoir se traduire par diverses expressions au cours du temps ; cela impliquera donc de s'interroger sur la possible appréhension des natures comme *structures*. Mais en outre, pour qu'il y ait véritablement *devenir* et non seulement succession de variations en un seul et même individu, il faut que, d'une manière ou d'une autre, ce devenir ait une certaine orientation, qu'il ait un certain sens. Dans la mesure où rien ne se produit dans la nature qui ne soit déterminé par une cause, ce point est problématique pour deux raisons. Soit cette cause réside dans l'état vers lequel tend le devenir, et nous réintroduisons alors une forme de finalisme dans la philosophie spinoziste, que cette fin soit librement choisie par l'individu qui devient, ou qu'elle soit assignée de l'extérieur par un Dieu transcendant. Soit cette cause réside dans l'état duquel on part, et dans ce cas, tout serait prédéterminé, il n'y aurait pas de latitude dans ce que l'on devient en regard de ce que l'on est – et l'on peut alors mettre en question la dimension éthique d'une telle modification. Ainsi, ce n'est pas seulement ce qui peut susciter le passage à une manière d'être autre qui est à interroger ; c'est aussi la manière dont cette causalité peut varier et prendre des sens différents, d'un individu à l'autre ou d'un moment à l'autre d'une seule et même existence.

C'est d'ailleurs là la deuxième dimension de ce problème : comment penser un devenir ouvert – dans la mesure où ce qui est à venir serait certes déterminé à advenir comme il adviendra, mais non prédéterminé au sens de pleinement prévisible[1] – qui soit cependant déterminé de façon toute nécessaire à se produire comme il se produit, et qui dans le même temps n'instaure aucune distance de soi à soi, autrement dit qui ne fasse pas de l'état qui précède un simple état de latence, en attente de la pleine réalisation de ce que nous sommes ? Pascal Sévérac a déjà abordé cette question dans son ouvrage *Le devenir actif chez Spinoza*, en distinguant la conception d'une puissance donnant lieu à un acte et s'y dissolvant, de la conception spinoziste de la puissance comme étant identique au réel et épuisée de tout possible[2]. Nous souhaiterions désormais la reprendre sous une autre perspective, celle d'un renversement de la temporalité opéré par l'éthique spinoziste en regard de l'inscription dans le temps de la morale cartésienne. Notre questionnement est dès lors le suivant : comment faire pour qu'il y ait des possibles ouverts pour ce qui est encore à venir – pour que l'on ne nie pas de soi ce que l'on peut espérer de soi, dit Spinoza –, tout en considérant que le réel *présent* est tout ce qu'il peut être, autrement dit que la puissance de chaque individu est effectivement exprimée sans reste dans le moment présent ? Et en quoi l'inscription dans une temporalité *à venir* pourrait-elle revêtir une dimension éthique, si elle est déterminée par ce que je suis actuellement ?

Tel est justement le deuxième problème qui se pose à nous : d'où un tel devenir tirerait-il sa dimension éthique ? En quoi le fait de tendre

---

1 Nous nous permettons de renvoyer à ce sujet à notre article « Les enjeux éthiques de la philosophie spinoziste : un déterminisme sans fatalisme », paru en mars 2012 dans *Le Déterminisme entre sciences et philosophie*, dir. P. Charbonnat et Fr. Pépin, aux éditions Matériologiques.

2 « Il faut prendre acte que le réel est affectivement *épuisé* : la puissance divine est épuisée de tout possible, la Nature est exhaustivement tout ce qu'elle peut être. […] Il faut soutenir dans la perspective de G. Deleuze commentant S. Beckett, que l'épuisement de la puissance doit être lu non pas négativement, comme ce qui viderait la puissance créatrice de toute sa force, mais positivement, comme ce par quoi le réel est pleinement réel, sans contenir de possibles non réalisés » (*Le Devenir actif*, Paris, Honoré Champion, 2005, introduction, p. 34 et 35).

vers un modèle qui est – *de fait,* pourrions-nous dire – désirable pour soi aurait-il nécessairement une dimension éthique ? Cette question se pose de manière d'autant plus aiguë que nous nous plaçons dans un cadre de pensée qui n'assigne pas de fin prédéterminée aux hommes. Le fait que Spinoza redéfinisse le bien et le mal relativement à ce qui est utile pour soi (en tant qu'homme ou en tant qu'individu singulier, cela reste à déterminer) tout en maintenant ce lexique, nous oblige à tenir l'exigence éthique et à interroger son sens dans un même mouvement. D'où la nécessité de porter notre attention sur un cheminement éthique qui soit inscrit dans l'existence présente, c'est-à-dire dans la temporalité d'une existence individuelle et singulière.

Dès lors, tout en reconnaissant la leçon spinoziste de Chantal Jaquet selon laquelle le salut ne se conquiert pas dans et par la durée[1], nous devons admettre que les problèmes que nous nous posons nous amènent à considérer l'éthique à partir d'une autre perspective. Ainsi, nous ne contestons pas le lien très étroit que Spinoza établit entre salut, partie éternelle de l'esprit et connaissance du troisième genre, et nous nous en remettons à ce sujet aux travaux de Ch. Jaquet. Mais dans notre tentative de constitution d'une « anthropologie éthique », qui prend précisément en considération la manière dont les hommes vivent le plus couramment et ce qui pourrait susciter une forme de devenir éthique au cœur de ce mode de vie, nous sommes amenés à nous intéresser au salut (en un sens peut-être élargi) justement dans ce processus temporel même, fût-il pour partie de l'ordre de la représentation voire de la fiction – une fiction utile, pourrions-nous dire. Dès lors, les questions qui se posent à nous à ce niveau sont différentes : comment un devenir *autre* peut-il être déterminé au cœur d'une vie singulière, affective et inscrite dans des circonstances ne dépendant pas d'elle ? Que suscite en retour ce devenir sur le mode d'existence de l'individu en question et sur son appréhension des circonstances extérieures, qui demeurent indifférentes en elles-mêmes à sa trajectoire singulière ? L'ancrage de

---

1   Nous pouvons renvoyer sur ce sujet à la section « La perfection de la durée » du livre *Les expressions de la puissance d'agir chez Spinoza* (Paris, Publications de la Sorbonne, 2005, p. 65-76). À propos de l'écueil que nous évoquons ici, se reporter à la première illusion dont il convient de se garder au sujet de la perfection propre de la durée selon Ch. Jaquet, illusion qui consiste « à accentuer la positivité de l'histoire chez Spinoza en faisant valoir que le salut se réalise dans et par la durée, autrement dit que l'éternité de l'entendement s'acquiert et se conquiert progressivement tout au long de l'existence » (p. 70).

ce processus dans l'existence non seulement actuelle, mais également présente et temporelle, exclut-il toute dimension à proprement parler éthique ? Telles sont les questions auxquelles nous devons nous confronter, au risque de perdre quelques illusions en chemin.

Le troisième problème qui se pose à nous à l'orée de cette réflexion consiste à déterminer la place de la singularité dans un tel processus à la fois temporel et éthique. D'un côté, en effet, contrairement aux morales traditionnelles qui posent une définition préalable de l'homme qu'il s'agit d'honorer en soi, et qui présentent parallèlement des règles universelles qu'il conviendrait de respecter pour y parvenir, Spinoza affirme que les essences sont individuelles, et conditionne ses redéfinitions du bien et de la perfection au fait de les rapporter à une nature donnée. Dans ce cadre, nous pourrions légitimement penser que l'éthique spinoziste consiste en une éthique singulière, à savoir en un cheminement que chacun fait ou ne fait pas pour lui-même, en fonction de critères qui lui sont personnels. Pourtant, cette voie n'est pas sans faire difficulté. D'une part en effet, nous retombons dans le questionnement précédent : en quoi faire de façon toute déterminée ce que l'on estime bon pour soi – souvent de manière inadéquate d'ailleurs – revêtirait une dimension éthique ? Nous pourrions même en venir à séparer (de façon non pertinente en regard de la pensée spinoziste, nous semble-t-il) une vie présente tissée d'une singularité sans connotation éthique, d'une autre vie se rapportant à l'éternité et au salut et ne prenant sens que pour une infime minorité d'hommes. Ce n'est pas dans cette voie que nous souhaitons nous engager. Par ailleurs, même en faisant abstraction de ce problème, la piste de la singularité de l'éthique elle-même ne va pas de soi ; en effet, si les essences sont individuelles, nous ne disposons pas de connaissance *a priori* de notre essence. Il nous manque donc fondamentalement le critère à l'aune duquel nous pourrions juger de la pertinence et de la dimension éthique de notre propre mise en mouvement. Peut-être nous resterait-il à nous référer au ressenti que nous avons de notre état ; mais il est paradoxalement des impuissances joyeuses, et nous sommes ancrés dans une inextricable relation constituée-constituante avec les choses extérieures rendant difficilement concevable ce type d'introspection.

D'un autre côté, même si sa définition fait discussion, Spinoza parle bien de « nature humaine », de même que d'affects qui seraient spécifiques aux hommes[1]. Nous devrions donc pouvoir envisager une éthique qui soit commune à tous les hommes, et qui pourrait alors orienter le devenir éthique de chacun de ces hommes. C'est d'ailleurs ce que pourrait laisser penser notre expression « anthropologie éthique », à savoir l'idée selon laquelle l'éthique serait définie en fonction d'une certaine conception préalable de l'homme. Toutefois, cette voie fait également difficulté. D'une part, nous en revenons par ce biais à la théorie selon laquelle il s'agirait pour les hommes d'exprimer en eux une nature humaine commune qui ne serait qu'en puissance en chacun dans un premier temps, ce qui rejoint une certaine morale traditionnelle dont l'éthique spinoziste se distingue pourtant. D'autre part, ces considérations n'ôtent rien au fait que les hommes sont des choses singulières de la nature, et qu'il revient à chacun de s'inscrire – ou pas – dans un certain devenir, ce que nulle théorie morale ne peut faire à sa place. Nous souhaitons en cela rester fidèle à l'injonction formulée par François Zourabichvili selon laquelle « le salut est une aventure qui non seulement est singulière, au sens où l'individu doit la vivre pour son propre compte, mais engage l'individu dans un rapport à sa propre singularité[2] ». Il nous semble ainsi nécessaire d'aborder ces questionnements dans une redéfinition de la singularité, par distinction avec la particularité d'un type d'hommes ou d'un groupe social, mais aussi en lien étroit avec le *convenire* qui relie les hommes entre eux.

Enfin, un dernier problème se pose, au sujet du point d'ancrage que nous pouvons trouver pour penser l'anthropologie spinoziste : si nous souhaitons concevoir un devenir éthique qui reste envisageable – en droit, à tout le moins – pour tout homme, tout en comprenant pour quelles raisons il ne se développe pas spontanément en chacun, il ne nous faut ni trop prédéterminer l'anthropologie spinoziste (auquel cas nous inscririons directement en elle ce qui relève d'une éthique), ni trop peu la déterminer (auquel cas nous ne comprendrions ni la spécificité humaine, ni ce qui peut donner lieu à un cheminement éthique

---

1   Voir à ce sujet le scolie d'*Éthique* III, 57 : « les affects des animaux que l'on dit privés de raison [...] diffèrent des affects des hommes autant que leur nature diffère de la nature humaine » (G II, p. 187). Dans la suite du scolie, Spinoza laisse toutefois entendre que ces affects diffèrent également entre différents types d'hommes (l'ivrogne, le philosophe), voire entre individus.

2   Fr. Zourabichvili, « L'identité individuelle chez Spinoza », dans *Spinoza : puissance et ontologie* (dir. M. Revault d'Allonnes et H. Rizk, Paris, Kimé, 1994), p. 85.

chez certains hommes). L'écueil constitué par la première branche de l'alternative est bien mis en lumière par Alexandre Matheron dans son article « L'anthropologie spinoziste[1] ». Relevant que l'on ne peut démontrer une spécificité des corps humains à partir des postulats de la petite physique, l'auteur en conclut qu'il n'y a pas, au sens strict du terme, d'anthropologie spinoziste, bien que l'on puisse utiliser cette expression par commodité de langage. Il en résulte que considérer qu'il y a, dans la nature humaine, un élément qui *appelle* un cheminement éthique est trop accorder à cette dernière. Il nous faut donc trouver un mode de caractérisation des corps et des esprits humains qui puisse *tout à la fois* convenir à tous les hommes d'une part, et nous permettre de comprendre comment un devenir singulièrement éthique pourrait trouver un ancrage dans certains hommes d'autre part.

L'écueil constitué par l'autre branche de l'alternative nous semble émerger dans l'introduction à l'*Anthropologie philosophique* de Bernard Grœthuysen. Ce dernier y distingue en effet la réflexion immédiate sur la vie – au niveau de laquelle « chaque homme est, en un certain sens, un philosophe de la vie » – et la connaissance philosophique, pour laquelle « ce n'est plus *vivo*, mais : *cogito*[2] ». Dans la mesure où, dans la pensée spinoziste, corps et esprit sont une seule et même chose conçue sous deux attributs différents, il semble difficile de dire que l'homme peut être appréhendé par le seul biais du *cogito*, qui plus est en distinguant celui-ci de la vie. Mais dans le même temps, si nous considérons que l'anthropologie est du côté du *vivo* et si nous voulons maintenir l'exigence de compréhension d'une éthique immanente et temporelle que nous nous sommes fixée, cela implique une conception élargie de ce que nous appelons la vie, à l'image de la conception élargie que Spinoza semble avoir de la santé. Il nous faut donc trouver le juste lieu de l'anthropologie éthique, entre une conception trop réflexive pour prendre corps dans la pensée spinoziste, et une autre trop comportementaliste pour prendre place dans une éthique spinoziste.

---

1   Article initialement publié dans la *Revue de synthèse*, 1978, tome XCIX, p. 175-188 ; réédité notamment dans le recueil *Anthropologie et politique au XVIIᵉ siècle*, Paris, Vrin, 1986, p. 17-27 (nous donnerons les références à cet article dans cette deuxième édition).

2   B. Grœthuysen, *Anthropologie philosophique*, Paris, Gallimard, 1980 (1953), introduction, p. 8 et 10.

QUESTIONS DE MÉTHODE

Pour prendre en considération ces différentes problématiques, nous rencontrons un problème spécifique de méthode. En effet, les principaux termes à partir desquels nous nous proposons d'aborder l'éthique spinoziste – le devenir, l'anthropologie, les aptitudes, la complexité des corps et des esprits, etc. – ne sont pas littéralement présents dans les textes de Spinoza. Cela répond à une démarche délibérée, mais cela peut mettre en question la pertinence de notre approche en regard de la littéralité de la pensée spinoziste. Considérant, à la suite de Pierre-François Moreau, que le langage « est à la fois le matériau nécessaire et l'outil de transformation d'une synthèse théorique[1] », nous avons dès lors pris le parti de procéder à des analyses lexico-conceptuelles suivies, en étudiant et en interprétant de façon systématique les diverses occurrences des concepts nous semblant les plus pertinents pour élaborer et argumenter notre perspective sur l'éthique spinoziste. C'est par exemple le sens de nos analyses de deux concepts récurrents : celui de *fabrica* [structure], rendant compte de la stabilité formelle du corps, et celui de *constitutio* [état] permettant d'appréhender les variations (affectives) par lesquelles ce corps passe au cours du temps. Ou bien encore de l'interrogation du concept d'*occasio*, dans l'*Éthique* mais également dans le *Traité théologico-politique*, afin de rendre compte, par l'analyse lexicale d'un concept spinoziste, d'une historicité des choses humaines qui n'est pas explicitement formulée par Spinoza.

Suivant encore en cela la leçon méthodologique de P.-Fr. Moreau, nous avons aussi pris le parti de nous attacher à des termes dont l'usage pouvait surprendre au sein de la pensée spinoziste. Quel sens est-ce que cela a, par exemple, d'affirmer qu'une chose est « naturelle », alors que par définition, toute chose est une chose de la nature, y compris ce que les moralistes appellent des vices ? Il nous a semblé requis de nous intéresser également aux *usages* de ces termes, dans différents contextes et dans des passages de diverses tonalités. C'est l'ensemble de ce travail qui nous permettra alors de constituer, à partir de ce qui aura émergé de ces analyses textuelles, un autre concept qui se révèlera fondamental

---

1   P.-Fr. Moreau, *Problèmes du spinozisme* (Paris, Vrin, 2006), introduction, p. 8.

dans notre conception d'une anthropologie éthique, celui d'*aptitudes*. Ce concept, qui n'est pas littéralement présent dans l'*Éthique* mais que nous pouvons élaborer à partir des occurrences de *aptus* [apte] et *aptior* [plus apte], pourrait se situer en effet à la charnière entre anthropologie (en ce que tous les hommes peuvent se caractériser par leurs aptitudes, quels que soient leur nombre et leur variété) et éthique (en ce que l'accroissement et la recréation d'aptitudes, ainsi que leur enchaînement selon un ordre propre à l'intellect, pourraient revêtir une dimension éthique). C'est la démarche que nous souhaitons mettre en place afin de fonder nos interprétations, suggestions et perspectives sur la lettre du texte spinoziste.

La mise en place de cette méthode s'ouvre alors sur une autre dimension de notre travail, se traduisant par une mise en perspective de l'éthique spinoziste par le biais de sa confrontation avec des thématiques abordées dans des textes cartésiens – principalement dans la correspondance, dans les *Méditations métaphysiques* et dans les *Passions de l'âme*. Il nous semble que c'est là, également, ce vers quoi mène une analyse structurale des textes. En effet, cette dernière a pour force, selon P.-Fr. Moreau, « d'insister sur la consistance d'un univers, sur le fait que les concepts d'un philosophe ne sont pas réductibles à des notions homonymes qui traverseraient toute l'histoire de la pensée, mais qu'ils tirent au contraire leur sens de l'enchaînement systématique où ils sont insérés[1] ». C'est incontestablement le très grand apport d'une étude précise du réseau lexical et du tissu démonstratif d'une œuvre, dont on prend en compte la littéralité, la singularité et l'aspect novateur. Mais précisément, pour mesurer l'originalité et la spécificité d'une approche, rien n'est plus utile que de la développer en regard d'une approche contemporaine, proche mais distincte. C'est dans cette perspective qu'il nous a ainsi semblé important de nous référer à quelques grandes thèses cartésiennes, particulièrement dans les moments problématiques que nous rencontrions sur notre chemin.

C'est bien, en ce sens, une confrontation de concepts identiques mais faisant l'objet d'un usage si ce n'est divergent du moins différent, que nous mettrons en place lorsque nous étudierons les occurrences de *potestas* [pouvoir] et de *potentia* [puissance] dans le cadre des pensées cartésienne et spinoziste. Ce point est important dans notre démarche,

---

1   *Ibid.*, p. 7.

dans la mesure où ce détour nous semble requis afin de comprendre en quoi l'éthique spinoziste pourrait trouver son ancrage dans une certaine conception de la puissance d'agir, alors que cette dernière caractérise l'être de toute chose[1] et non seulement celui des sages – ni même seulement celui des hommes. Nous retrouvons en ce point l'un des grands problèmes que nous avons précédemment soulevés : comment penser la survenue d'un devenir éthique à partir d'un élément qui semble pouvoir caractériser toute chose, tout en reconnaissant que la majorité des hommes ne s'inscrivent pas dans une telle perspective ?

L'insertion du système spinoziste dans l'histoire de la pensée qui lui est contemporaine permet également d'envisager des mises en regard autres que strictement lexicales. Nous fondant sur la remarque de P.-Fr. Moreau selon laquelle le rapport à la tradition philosophique ne se réduit pas « à une simple répétition ou au jeu d'influences linéaires : car il faut comprendre qu'une tradition elle-même est quelque chose de contradictoire, et que recevoir c'est choisir[2] », c'est également sur les *problèmes* rencontrés par les philosophes et donnant lieu à diverses tentatives de réponse que nous nous sommes appuyés. Ainsi par exemple, la question du changement sur fond de continuité étant au cœur de notre conception du devenir, nous en viendrons à interroger les conceptions cartésienne et spinoziste du devenir adulte afin de mesurer les caractérisations sous-jacentes de la nature humaine et des différents moments d'une existence humaine. Il s'agit là pour nous d'un préalable pour penser ce en quoi pourrait consister, à l'âge adulte, un devenir *éthique* cette fois-ci, à la fois du point de vue de ce qui le rend possible en amont, et du rapport entre ce dont il part et ce à quoi il donne lieu en aval. C'est donc dans ce double mouvement entre concepts et points d'achoppement, de même qu'entre lecture interne et mise en dialogue historique, que nous souhaitons construire notre réflexion.

Le dernier point de méthode qu'il nous faut préciser consiste dans l'organisation du parcours emprunté par notre pensée dans ce travail. Bien que l'éthique – éthique spinoziste en particulier, mais aussi éthique de vie en un sens élargi – soit au cœur de nos préoccupations, nous avons

---

1   Bernard Rousset témoigne des enjeux de cette affirmation spinoziste dans son article « Les implications de l'identité spinoziste de l'être et de la puissance », publié dans *Spinoza : puissance et ontologie*, p. 11-24.

2   *Problèmes du spinozisme*, introduction, p. 8.

choisi de ne l'aborder pour elle-même qu'à l'issue de tout un parcours, la considérant plus comme l'horizon de notre réflexion que comme son objet immédiat. Cela repose sur deux convictions. La première est que l'éthique spinoziste a déjà fait l'objet de très nombreuses études savantes[1], et que, en dehors d'analyses textuelles précises et sans cesse réitérées, nous ne pourrons apporter quelque chose d'utile à cette abondante littérature secondaire en l'abordant de front. Par contre, il nous semble que le fait d'interroger cette éthique sous une autre perspective, issue d'une réflexion personnelle sur les textes, afin de tendre vers elle sans la prédéterminer, pourrait susciter une perspective nouvelle et apporter un regard autre sur des textes déjà bien connus. C'est du moins ce que nous avons souhaité faire dans ce travail, en questionnant l'éthique spinoziste comme devenir, à partir des variations affectives du corps et de la temporalité de l'existence humaine. La seconde consiste en ce que nous pensons que la conception dynamique que Spinoza se donne de l'être des choses ouvre à une historicité essentielle à la vie humaine en particulier.

Ainsi, les problèmes rencontrés dans l'appréhension et la compréhension de l'éthique spinoziste nous ont finalement menés à placer non pas l'éthique elle-même, mais la question du devenir au centre de notre réflexion. En effet, un ensemble de questions qui se posaient à nous semblait tendre vers cette thématique : la possibilité de changer sur fond de continuité (devenir), la caractérisation d'un homme adulte et son rapport avec l'enfant qu'il a été (devenir adulte), l'évolution du corps et de l'esprit au cours de notre existence présente (le passage par les différents âges de la vie), l'intégration de circonstances extérieures et indifférentes en elles-mêmes dans un cheminement propre (histoire personnelle, rencontres et occasions), l'ancrage ontologique ou anthropologique d'un cheminement éthique (variations essentielles aux choses singulières), le sens que l'on peut donner à ses actions (changements du désir et des actions déterminées par ce désir), etc. Il nous a ainsi semblé que c'était en abordant la question du devenir pour elle-même que nous pourrions par la suite revenir de façon plus pertinente et plus légitime

---

1   Pour ne citer que l'une d'entre elles et en nous en tenant au texte spinoziste portant ce nom, nous pouvons bien entendu nous référer à l'*Introduction à l'*Éthique *de Spinoza* de P. Macherey, publiée en 5 volumes aux Presses Universitaires de France, entre 1994 et 1998.

sur la manière dont peut être comprise l'éthique spinoziste, à partir de ces caractérisations, et par différenciation avec la morale cartésienne ou avec la morale théologique générale.

Ce sont également ces considérations qui ont orienté le choix des textes spinozistes sur lesquels nous allons faire porter tout particulièrement notre attention. C'est bien entendu en tout premier lieu l'*Éthique* elle-même, dans toutes les dimensions de son parcours (ontologique, physique, anthropologique, éthique). Nous nous sommes ainsi attachés à l'ordre des raisons et au réseau démonstratif mis en place dans ce texte par Spinoza, afin de comprendre sur quels fondements et sur quelles affirmations pré-alables Spinoza construisait une éthique. En outre, l'idée selon laquelle il pourrait être instructif de tenter de mettre en place une « anthropologie éthique » pour comprendre l'ancrage humain de l'éthique spinoziste nous a parallèlement conduits à prendre en considération plusieurs passages du *Traité politique*. En effet, Spinoza affirme à plusieurs reprises dans ce texte que les fondements de l'État ne sont pas à chercher dans les enseignements de la raison, mais doivent se déduire de la nature et de la condition commune des hommes[1]. Enfin, la perspective d'ensemble du *Traité théologico-politique* nous sera fort utile pour expliciter et rendre plus concrète l'historicité fondamentale de l'existence humaine. Considérant que ces réflexions sont pleinement partie prenante de l'appréhension de l'éthique spinoziste comme devenir, nous proposerons donc quelques incursions dans ce texte, notamment dans la détermination de la place des *occasiones* dans le cadre d'un devenir éthique. C'est le cheminement que nous nous proposons de parcourir pour constituer, au sein de la philosophie spinoziste, une pensée du devenir éthique.

---

1   Et ce dès le tout premier paragraphe du *Traité politique*, dans lequel Spinoza relève que les philosophes ont tendance « à louer sur tous les tons une nature humaine qui n'existe nulle part, et à harceler par leurs discours celle qui existe réellement ». Ce faisant, « au lieu d'une éthique, ils ont la plupart du temps écrit une satire, et n'ont jamais conçu une politique qui pût être appliquée pratiquement » (chapitre I, § 1, G III, p. 273).

DES APPUIS ET DES PISTES

La recherche menée par P. Sévérac sur le devenir actif chez Spinoza a incontestablement inspiré notre lecture de l'éthique spinoziste, de même que les questions que nous soulevons à son sujet. Il nous semble d'ailleurs que la perspective proposée par P. Sévérac sur certaines thématiques que nous serons amenés à croiser au cours de notre réflexion fait désormais date parmi les commentaires spinozistes, telle la distinction entre deux manières différentes de considérer le corps chez Spinoza (corps organique, corps affectif[1]). Dans notre perspective, il nous semble intéressant de faire fond sur cette distinction pour mettre en lumière le fait que les variations affectives du corps sont partie prenante de la manière dont il est constitué, et donc de ce qu'il advient de lui. C'est là une façon de concevoir l'existence dans sa temporalité, en lien étroit avec l'inscription des individus dans de constantes relations avec les autres choses de la nature ; c'est aussi une façon de comprendre l'être lui-même comme variation. Autant de conditions nécessaires pour que la conception de l'éthique comme devenir ait un sens, et pour que l'on puisse saisir quel ancrage une telle éthique pourrait trouver dans l'être-même des hommes, à la fois en tant qu'êtres humains en général et en tant qu'individus en particulier.

Nous sommes également sensibles à la manière dont P. Sévérac a mis en évidence le fait que *désirer* devenir actif ne va pas de soi : si l'on prend au sérieux l'expression « contentement de l'ivrogne », et même en tenant compte du fait que ce contentement diffère de celui du philosophe, on peut en effet se demander si une forme de passivité joyeuse ne constituerait pas un obstacle de taille à tout devenir actif. Le problème se trouve amplifié à partir du moment où nous souhaitons comprendre la dimension *éthique* du devenir, et donc l'intervention d'un questionnement éthique au sein même de l'existence d'un homme du commun. Pour ce

---

1 Voir à ce sujet *Le devenir actif chez Spinoza*, chapitre III « La puissance du corps », p. 157-158. P. Sévérac distingue ainsi le corps « pensé comme organisme vivant, comme corps fait de sang, de chair et d'os : c'est le corps que doit prendre en charge la médecine », et le corps appréhendé comme « composé de liaisons et d'affects, c'est-à-dire en tant qu'il est traversé par des affections, ou des enchaînements d'affections, qui augmentent, aident, diminuent ou contrarient sa puissance d'agir : ce corps [...] dont traite l'*Éthique* ».

faire, nous serons amenés à opérer une nouvelle distinction entre naturel
(au sens de ce qui prend place de façon déterminée dans les choses de la
nature) et par nature (au sens de ce qui advient spontanément en tout
homme), afin de comprendre en quoi l'éthique s'ancre dans une certaine
anthropologie sans pour autant s'y réduire.

Si nous concevons l'être lui-même comme variations, et si nous
tentons de comprendre la manière dont un homme peut s'inscrire dans
un cheminement éthique tout en restant en un certain sens le même,
cela signifie que les individus ne sont pas identiques à eux-mêmes à
différents moments de leur existence. Une nouvelle caractérisation de
ce que sont la nature humaine et la nature singulière d'une part, ainsi
qu'une compréhension approfondie du lien entre variations, changements
et devenir d'autre part, sont donc requises. Cela implique d'appréhender
ces changements à différents niveaux : ontologique, en lien avec la
compréhension de l'être comme variation ; physique, en lien avec la
structure du corps ; anthropologique, en lien avec les états affectifs par
lesquels nous passons ; éthique, en lien avec l'orientation possible de
ces changements.

C'est là la thématique de l'historicité des individus qui se trouve
mobilisée. En effet, à partir du moment où les choses singulières passent
par différents états qui contribuent à faire qu'elles soient à l'avenir
affectées d'une certaine manière plutôt que d'une autre, et à partir du
moment où la manière dont je suis affecté détermine mon désir comme
mes actions à venir, il nous faudra nous demander si ce n'est pas la
nature individuelle elle-même qui prend une connotation historique.
Par ailleurs, nous devrons également nous interroger sur l'influence
exercée par notre expérience personnelle (au sens d'histoire factuelle)
sur ce que nous sommes désormais, de même que sur l'aptitude à
réinscrire cette expérience factuelle dans le cadre d'une trajectoire de
vie qui convienne à notre propre nature (histoire singulière). C'est dès
lors au croisement entre particularité d'une histoire factuelle et singularité d'un ordonnancement propre, et entre circonstances extérieures[1]
et inscription des rencontres fortuites dans une trajectoire personnelle,

---

1   Ainsi, ce que Spinoza reproche finalement aux philosophes théoriciens de la politique
    dans le premier paragraphe du *Traité politique*, ce n'est pas tant de proposer des théories
    qui ne seraient applicables que dans certaines circonstances déterminées, mais plus
    fondamentalement de considérer que les circonstances n'ont aucune prise sur une action

que se pose la question d'un possible devenir éthique. La conception de l'éthique comme devenir revient donc à réinscrire cette dernière au cœur de toutes les dimensions qui forment l'individu complexe qu'est l'homme, en tenant compte du fait que les hommes ne sont pas des individus qui vivent automatiquement sous la conduite de la raison, qui ont spontanément conscience de l'éternité de leur esprit ou encore qui sont par nature agréables et serviables les uns aux autres. C'est évidemment ce qui fait la très grande difficulté de l'éthique spinoziste, qui requiert un appui dans les individus que l'anthropologie spinoziste ne peut postuler d'emblée, mais c'est aussi ce qui fait de la philosophie spinoziste une véritable éthique.

Pour ne pas considérer d'une part que les individus sont de tout temps déterminés à s'inscrire ou pas dans un certain devenir éthique, ni d'autre part que le passage à une autre manière d'être consiste en un changement de nature, il nous faudra aborder les différentes tonalités par lesquelles passe une existence humaine, en interrogeant la nature de ce passage comme le lien unissant ce qui le précède et ce qui en suit. Cela vaut premièrement pour les différents âges de la vie : c'est là le niveau général de l'anthropologie, qui permet de discerner les différentes étapes par lesquelles tout individu passe, bien que tous les hommes ne les vivent pas de la même manière et ne deviennent donc pas adultes en un même sens. Mais la question des différentes tonalités d'une existence vaut également à un niveau individuel, en lien avec le rythme propre de chacun et avec des trajectoires de vie personnelles. Ces trajectoires de vie ont alors pour caractéristiques de pouvoir être singulières tout en étant pour partie déterminées par les relations avec les autres choses de la nature. Cela implique de se poser un questionnement de type ontologique – ou plus exactement prenant forme en un lieu qu'ontologie et phénoménologie ont en partage, selon la juste formulation de Lorenzo Vinciguerra[1] – : là où les relations affectives sont incessantes entre choses de la nature, nous pourrions imaginer qu'il n'y a plus de pôles identifiables entre lesquels ces relations se tissent. La question se pose donc de savoir ce qui fait que *ce* corps devient *mon*

politique bien conçue, et donc que l'on peut envisager une forme de gouvernement des hommes abstraction faite de ce que ces derniers sont en réalité.

1 Voir à ce sujet la section consacrée à « L'émergence du singulier » de son livre *Spinoza et le signe. La genèse de l'imagination* (Paris, Vrin, 2005, p. 97-100).

corps et qu'*une* idée devient *mon* idée, appropriation requise pour que je puisse me poser comme l'agent de mes actions et de mes pensées, et envisager un certain devenir éthique. Dans cette perspective, nous nous appuierons sur une étude de la sensation-affection et de ce qui est perçu de soi par ce biais – de façon non réflexive, sans passer par une introspection rétrospective.

Mais cela implique également, dans un deuxième temps, de comprendre en quoi le seul fait de s'inscrire dans une trajectoire qui nous est propre revêt une dimension éthique. Nous pourrions ainsi penser que l'alternative se formule comme suit : soit l'on accepte de se forger à l'image d'une nature humaine prédéfinie, et nous tendons les uns vers les autres par l'adoption de comportements si ce n'est communs, du moins semblables ; soit nous prenons le parti d'une nature individuelle et il nous faut dès lors renoncer à toute prétention éthique. Face à ce réel écueil, nous souhaitons nous appuyer sur la distinction établie par Fr. Zourabichvili entre individualisme et devenir-singulier[1] pour penser un processus actif de singularisation se distinguant de la revendication d'une différence, qui n'est bien souvent que le reflet particulier du groupe social auquel on appartient ou duquel on entend se distinguer. Dès lors, il s'agirait de penser une éthique singulière qui puisse se penser dans le cadre de la nature humaine (absence de changement de nature) et qui n'isole pas les hommes les uns des autres mais mette plutôt en lumière des éléments communs à leurs vies respectives (rien n'est plus utile à l'homme que l'homme, mais un homme vivant sous la conduite de la raison est plus utile encore aux autres hommes).

L'autre aspect de cette question touche l'insertion des hommes au sein des autres choses de la nature. Cela signifie que les hommes ne pèchent pas contre la nature ni contre eux-mêmes lorsqu'ils sont soumis à leurs passions. Cela veut dire aussi qu'ils sont tout aussi déterminés à être ce qu'ils sont et à agir comme ils le font que les autres choses de la nature : selon la célèbre expression spinoziste, les hommes ne sont pas comme un empire (indéterminé) dans un empire (déterminé)[2]. Dès lors,

---

1   Distinction établie dans son article « L'identité individuelle chez Spinoza » (dans le recueil *Spinoza : puissance et ontologie*), notamment aux pages 103-106.

2   Nous avons été en ce point très inspirés par les remarques de Georges Canguilhem dans son article « Aspects du vitalisme » (publié dans le recueil *La connaissance de la vie*, Paris, Vrin, 1998 (1992), p. 83-100), dans l'idée qu'il faut chercher l'originalité du phénomène

il nous revient de comprendre comment, alors que nous sommes tous déterminés à exister et à agir par une cause antécédente, nous pouvons être *différemment* déterminés les uns les autres, selon ce qui est alors en nous ; et, repoussant d'un cran le problème, il nous faut comprendre comment l'on peut faire activement varier ce qui est en soi, afin d'être soi-même *autrement* déterminé à exister et à agir à l'avenir. C'est dans ce cadre qu'interviendront les réflexions sur le rôle joué par l'imagination (pourtant premier genre de connaissances) et par les occasions données (pourtant non finalisées par le projet d'un devenir éthique). L'idée consiste ainsi à penser dans un premier temps, au sein d'un déterminisme commun et sans exception, diverses manières d'incarner ce déterminisme ; puis seulement, dans un second temps, à estimer quel type d'éthique est engagé par ces conceptions du devenir et de la singularité.

Nous plaçons ainsi au cœur de notre réflexion l'aptitude à tisser la dimension historique de notre propre existence, sans prédéterminer le sens que prendra cette histoire, mais en étant à même d'être à la fois ouverts à ce qui advient dans la temporalité d'une vie, et aptes à inscrire des rencontres fortuites dans une trajectoire qui nous soit propre. C'est le sens que nous donnons à la constitution de sa singularité, à partir des affections par les choses extérieures, à l'occasion (au sens fort) de ces affections, mais sans être exclusivement déterminés par ces affections. Tels sont à la fois les enjeux et les problèmes que nous relevons, dans notre tentative de penser un devenir éthique qui ne soit pas un deve-nir *quelque chose*, un cheminement qui requiert un effort sans que cet effort ne soit laborieux, et un tempo qui soit singulier sans pour autant s'abstraire de la temporalité de la nature. C'est donc sur les concepts de singularité, d'aptitudes, d'historicité et de trajectoire éthique que nous allons édifier notre analyse de l'éthique spinoziste comme devenir.

---

biologique ailleurs que dans la délimitation d'enclaves d'indétermination au sein du territoire physico-chimique. Nous transposons ces considérations épistémologiques sur le vivant – comment penser la spécificité des êtres vivants sans pour autant rendre la biologie absolument indépendante de la prise en compte des conditions physico-chimiques –, en considérations éthiques sur les hommes – comment penser une éthique humaine sans pour autant postuler que les hommes ne sont pas soumis au déterminisme naturel.

PREMIÈRE PARTIE

UNE QUESTION CORPORELLE
AU SEIN D'UN ENJEU HUMAIN

CORPS INDIVIDUEL, CORPS PROPRE
ET CORPS SINGULIER

LA QUESTION PROBLÉMATIQUE
DE L'AGENT DU DEVENIR ÉTHIQUE

L'absence d'une véritable définition de l'homme

L'intérêt que nous portons à une étude de l'individualisation, de l'appropriation et de la singularisation du corps humain, vient d'une difficulté que nous rencontrons dans la désignation de ce que pourrait être le « sujet[1] » du devenir éthique. En effet, le fait de *devenir* suppose que l'on puisse rester dans une certaine mesure le même à travers les changements qui nous affectent[2], sans quoi il y aurait succession de différentes formes, et non devenir d'un seul et même individu (au sens de trajectoire présentant une certaine cohérence). Il nous faut donc pouvoir penser la manière dont cet individu subsiste dans le temps, ainsi que la manière dont il peut tout à la fois changer (sans quoi il resterait identique à lui-même), et rester le même individu (sans quoi il y aurait destruction d'un individu et formation d'un autre).

D'autre part, la détermination d'un certain « sujet » est essentielle pour pouvoir qualifier ce devenir d'*éthique* : il semble difficile de concevoir une éthique tout en considérant que les individus ne font que subir les

---

1   Pour une étude de la question de l'individualité dans la philosophie spinoziste, en lien avec les problématiques de l'identité, de la subjectivité, de la permanence, des relations avec les choses extérieures, ou encore de l'autonomie, nous renvoyons à l'article d'Elhanan Yakira « Y a-t-il un sujet spinoziste ? », publié dans *Architectures de la raison. Mélanges offerts à Alexandre Matheron*, textes réunis par P.-Fr. Moreau, Fontenay-aux-Roses, ENS Éditions, 1996, p. 307-316.

2   Ariel Suhamy écrit ainsi, dans *Spinoza par les bêtes*, que s'il nous faut donner corps à nos rêves d'enfants, c'est « non pour changer de nature tout en restant le même, par miracle ou par décret absolu de Roi tout-puissant – ça, ça n'existe pas. Mais pour devenir autre sans changer de nature, ni sortir de la nature, et muter l'homme, d'être mémoriel et mortel, en être intellectuel et éternel » (chapitre 27, « L'enfant », Ollendorff et Desseins, 2008, p. 134). Nous pensons que cette caractérisation (« devenir autre sans changer de nature ») pourrait très bien convenir au devenir éthique, en ce qu'il s'agit de donner une autre orientation à son existence, tout en restant dans le cadre de sa nature humaine et de sa nature singulière.

changements qui leur surviennent, en n'y jouant aucun rôle et en y étant inéluctablement déterminés. Sans pour autant revenir à une morale du sujet libre, ni à une moralisation de ses actions par le biais du concept de responsabilité, il est donc important que nous parvenions à penser comment l'individu peut être acteur des variations qui lui surviennent, autrement dit à concevoir comment on peut parler à son sujet d'*actions* et non seulement de *comportements*. Il semblerait que ce soient là les deux conditions *sine qua non* de la pensée d'une éthique possible.

Or, cela est rendu doublement problématique dans la philosophie spinoziste. D'une part, nous ne disposons pas d'un sujet libre et autonome, susceptible de résister aux affections et de rester absolument identique à lui-même quelles que soient les circonstances. Nous ne pouvons donc considérer que ses relations avec les autres choses de la nature ne lui sont qu'*extérieures*, par opposition à ce qui lui serait *intérieur* et immuable. Cela va nous amener à redéfinir les contours de l'agent[1] du devenir éthique, de même que la marge d'action de ce dernier sur lui-même et sur les choses extérieures. D'autre part, nous ne pouvons pas plus nous appuyer sur un corps qui serait *formé*[2] une fois pour toutes, au sens où une forme aurait fait de cette matière un tout organisé, ordonné et donné pour toute sa durée. Le corps se modifie en effet continuellement, au fur et à mesure de ses rencontres avec les corps extérieurs comme de la manière singulière dont il en est affecté, et ces modifications nous déterminent à notre tour à agir d'une certaine manière.

Nous remarquons dès lors que cette double absence problématique – celle d'un sujet absolument libre, et celle d'un corps préformé et donc toujours déjà donné – rend complexe la délimitation de ce que pourrait être l'agent du devenir éthique. Toutefois, dans la mesure où l'un

---

1   Nous choisissons d'utiliser ce terme pour deux raisons. La première est qu'il nous paraît problématique de parler de « sujet » dans une philosophie qui nie le libre arbitre, dans la mesure où ce terme fait couramment penser au sujet cartésien, doué de conscience de soi et de volonté libre, ou encore au sujet moral, responsable de ses péchés comme de ses bonnes actions. La seconde est que, par distinction avec « acteur », il permet de penser tout à la fois l'activité de l'agent et son rôle complexe dans la réceptivité, qui n'est pas seulement passive, mais qui implique également une puissance de recevoir.

2   Il faut entendre ici ce terme au sens fort et aristotélicien d'une matière *informée*, comme dans ce passage de la *Physique* : « La nature se dit donc ainsi d'une première manière : la matière sous-jacente première de chacun des êtres, qui ont en eux-mêmes un principe [193a30] de mouvement et de changement ; d'une autre manière, c'est la figure, et plus précisément la forme selon la définition » (trad. Pierre Pellegrin, Paris, GF Flammarion, 2002, II, 1, p. 119).

comme l'autre consistent en des illusions dans lesquelles nous tombons aisément, cette prise en considération nous permet dans le même temps de ne pas céder à une facilité imaginaire, lorsqu'il est question de morale ou d'éthique[1] – en exhortant les hommes à suivre des conseils qu'ils ne peuvent mettre en œuvre, et en leur reprochant leur mauvaise volonté lorsqu'ils n'y parviennent pas. Ainsi, il y a une dimension positive dans l'étude de la détermination commune à toutes les choses de la nature d'une part, et de la constitution progressive d'un corps individuel au sein des constantes relations dans lesquelles il est inséré d'autre part : comprendre ce sur quoi les hommes pourraient avoir prise, afin de les aider à incarner progressivement de manière singulière le déterminisme commun. La critique des moralistes qui maudissent les hommes ou en rient au lieu de comprendre la manière dont ils sont déterminés permet de délimiter en regard ce qui sera le premier ancrage d'une anthropologie éthique, à savoir le corps, sa structure, et les différents états par lesquels il peut passer.

Nous ne sommes pas des sujets absolument libres, susceptibles d'être pleinement responsables d'actions qui ne dépendraient que de nous, et en mesure de laisser les circonstances de la vie à distance de nous. Si éthique il y a, ce sera non pas une éthique du sujet autonome, mais une éthique de l'homme, par nature affecté et affectant, par essence inscrit au cœur d'un réseau d'interactions constantes, signifiantes et – pour partie – constituantes. Par ailleurs, Spinoza ne semble pas nous donner à proprement parler une seule et unique définition de la nature humaine nous mettant sur la voie de ce que serait une éthique de vie[2].

---

1   C'est bien le reproche que fait Spinoza dans la préface d'*Éthique* III, lorsqu'il remarque avec ironie qu'il n'a « pas manqué d'hommes très éminents [...] pour écrire bien des choses remarquables sur la façon correcte de vivre, et donner aux mortels des conseils pleins de sagesse » (G II, p. 137). Il est par contre à la fois bien plus complexe et bien plus utile aux hommes de comprendre la nature et la force de leurs affects, afin de faire de ces derniers des actions et non plus des variations de puissance d'agir passivement subies de l'extérieur.

2   Nous utilisons cette expression pour distinguer cette recherche de celle d'une morale du devoir, d'une quête transcendantale nous invitant à sortir d'une situation trop humaine, et à nous faire à l'image de Dieu, ou de tout autre modèle surhumain. L'éthique spinoziste est une « éthique de vie » en un double sens : elle consiste en un cheminement individuel propre à une vie singulière, et elle ne peut en aucune manière prétendre dépasser les conditions de vie qui sont les nôtres. S'il ne s'agit pas de s'y réduire – nous ne cherchons pas à mettre en place une *physique* ou encore une *physiologie* éthique –, l'enjeu sera de

Il est d'ailleurs significatif à ce sujet que, lorsqu'on objecte à la négation spinoziste du libre arbitre l'expérience de pensée de l'âne de Buridan[1], Spinoza déplace le questionnement depuis une interrogation sur la liberté de la volonté vers la question de ce qui peut être légitimement ou non tenu pour un comportement humain :

> J'accorde tout à fait qu'un homme placé dans un tel équilibre (j'entends, qui ne perçoit rien d'autre que la soif et la faim, tel aliment et telle boisson à égale distance de lui) mourra de faim et de soif. S'ils me demandent s'il ne faut pas tenir un tel homme pour un âne plutôt que pour un homme ? Je dis que je ne sais pas[2].

En d'autres termes, si Spinoza accepte d'envisager une telle expérience de pensée et ses conséquences éventuelles, il refuse d'en conclure avec assurance que l'absence de liberté d'indifférence fait déchoir un individu de son humanité ; la question de la définition de l'homme doit donc être reposée à nouveaux frais, sans partir du postulat d'un libre arbitre absolu. Et il est encore plus significatif que Spinoza profite de cette réponse pour étendre ce questionnement portant sur les limites de la nature humaine (« pas plus que je ne sais à combien estimer celui qui se pend, et à combien les enfants, les sots, les déments »), donnant ainsi l'impression de prévenir par avance différentes définitions de la nature humaine que l'on penserait pouvoir déduire de sa philosophie.

En effet, premièrement, la proposition selon laquelle « l'effort par lequel chaque chose s'efforce de persévérer dans son être n'est rien en dehors de l'essence actuelle de cette chose[3] », pourrait nous laisser penser que l'homme se définit dans la philosophie spinoziste par son effort constant et indéfini pour persévérer dans l'être. Si tel est le cas, cela signifierait que celui qui se suicide agirait contre sa nature, contre ce

---

parvenir à les incarner de façon singulière, autrement dit d'en faire un usage qui nous inscrive dans un devenir éthique.

1   Dans le scolie d'*Éthique* II, 49, Spinoza envisage les différentes objections que l'on pourrait opposer à son affirmation selon laquelle entendement et volonté ne sont qu'une seule et même chose. Il exprime alors la quatrième objection en ces termes : « si l'homme n'opère pas par la liberté de la volonté, qu'arrivera-t-il donc s'il est en équilibre, comme l'ânesse de Buridan ? Mourra-t-il de faim et de soif ? Que si je l'accorde, j'aurai l'air de concevoir une ânesse, ou une statue d'homme, non un homme ; et si je le nie, c'est donc qu'il se déterminera lui-même, et par conséquent c'est qu'il a la faculté d'aller, et de faire tout ce qu'il veut » (G II, p. 133).

2   *Ibid.*, G II, p. 135.

3   *E* III, prop. 7, G II, p. 146.

qui fait son essence même, et devrait donc être exclu de l'humanité – de même qu'il était exclu d'un enterrement chrétien, pour s'être adjugé un droit de vie et de mort sur lui-même. Or, Spinoza refuse dans le scolie d'*Éthique* II, 49 de considérer que celui qui se pend n'est pas (ou plus) un homme, qu'il déchoit par ce geste de l'humanité, interdisant ainsi cette interprétation. Ceci s'explique par trois points. D'une part, si la persévérance dans l'être n'est rien d'autre que l'essence actuelle de l'homme – et de toute autre chose, d'ailleurs[1] –, la réciproque n'est pas nécessairement vraie : il se peut que l'essence actuelle ne se limite pas, pour sa part, à cette persévérance, et que cette dernière caractérisation ne soit donc pas suffisante. Cela signifie simplement qu'un homme ne peut rien être ni faire qui ne découle nécessairement de son essence, sans nous renseigner plus avant sur ce qu'est cette essence.

D'autre part, Spinoza relève que la persévérance dans l'être est un « effort », connotation qui est redoublée par l'utilisation successive du substantif et du verbe (*conatus* / *conatur*) dans la même phrase. Il ne faut pas en conclure qu'il s'agit là d'un mouvement contraint et nécessairement conscient (le terme est parfois utilisé comme équivalent de l'appétit, comme dans l'explication de la définition du désir[2]), mais il n'en reste pas moins qu'il ne peut pas non plus toujours être considéré comme spontané et allant de soi. Ainsi, si le principe de vertu consiste en l'effort même pour conserver l'être propre, cela signifie tout à la fois que la vertu ne peut rien demander qui soit contre nature et que le fait d'agir conformément à sa propre nature n'est pas partagé par tous les hommes, ne serait-ce que parce que nous nous trompons souvent sur ce que nous jugeons être bon pour nous.

Enfin, Spinoza explique le suicide par le fait que les causes extérieures ont pris le pas sur notre propre puissance d'agir : nous ne voulons pas délibérément notre perte, mais nous sommes dépassés par la puissance des causes extérieures, avec lesquelles nous sommes dans un rapport affectif négatif et destructeur. Ceci nous rappelle que, dans l'ontologie spinoziste de la relation, les hommes ne sont pas des substances indépendantes et immuables, mais ont une puissance d'agir qui est en constante

---

1   La proposition 7 d'*Éthique* III affirme en effet que l'effort par lequel *chaque chose* s'efforce de persévérer dans l'être n'est rien d'autre que l'essence actuelle de *cette chose* ; à aucun moment Spinoza ne laisse entendre que cela ne concernerait que les hommes.

2   Voir *E* III, Définition des affects 1, explication, G II, p. 190.

relation avec d'autres puissances d'agir. Et comme Spinoza l'écrit dans la proposition 3 d'*Éthique* IV, « la force avec laquelle l'homme persévère dans l'existence est limitée et surpassée infiniment par la puissance des causes extérieures[1] ». Cela nous montre donc, en outre, que la puissance d'agir n'est en rien distinctive des hommes, par exclusion de tous les autres modes de la nature.

Ainsi, le suicide peut s'expliquer anthropologiquement, du fait de l'affection de l'homme par des causes extérieures qu'il peut ressentir comme lui étant néfastes ; il n'a donc pas à être jugé moralement, comme s'il était contre-nature. Cela explique que Spinoza refuse de se prononcer (en termes de jugements de valeur) à son sujet, ni négativement – puisque le suicide peut se comprendre, si l'on saisit adéquatement comment fonctionnent les hommes d'un point de vue affectif –, ni positivement – puisque Spinoza pense l'éthique en termes d'affirmation de soi et de sa puissance d'agir, et non en termes de dignité humaine qui pourrait prévaloir sur la vie elle-même. Et comme on ne peut exclure de l'humanité celui qui se suicide, on ne peut affirmer avec certitude que l'homme est celui qui persévère dans son être, soit parce qu'il se comporte ainsi *de fait* (ce n'est pas le cas des personnes qui se suicident, ni de celles qui se font du mal en pensant agir pour leur bien), soit parce qu'il *devrait* se comporter ainsi (on ne peut le formuler en termes de devoir, toujours extérieur à soi et donc non accompli « selon sa propre nature[2] »).

Spinoza affirme deuxièmement qu'il ne sait à combien estimer les enfants. La question est cette fois-ci un peu différente : il ne peut pas être question d'exclure les enfants de l'humanité, dans la mesure où ils deviendront pour la plupart – c'est-à-dire pour ceux qui ne mourront pas avant – des hommes ; ce n'est là qu'une question de temps. Toutefois, cette mention n'en est pas moins importante et significative :

---

1   *E*, IV, prop. 3, G II, p. 212.
2   Nous pourrions ainsi tirer des enjeux éthiques des réflexions que fait P.-Fr. Moreau au sujet des variations du jugement et de l'attitude que l'on peut adopter à leur égard : un libre jugement, « ce n'est pas nécessairement un jugement vrai, ce n'est pas nécessairement un jugement uniforme et universel, il peut être extrêmement varié de l'un à l'autre ; mais il vaut beaucoup mieux laisser à chacun le soin de ses propres erreurs (qui peut-être lui feront découvrir un jour la vérité) que d'essayer de transformer son jugement de l'extérieur, c'est-à-dire substituer à la chaîne interne des causes qui forment sa volonté une chaîne extérieure qui serait de toute façon catastrophique » (*Problèmes du spinozisme*, p. 178-179). De fort utiles leçons quant à l'éducation et à la formation pourraient également être tirées de ces remarques.

elle manifeste en effet une perplexité récurrente de Spinoza, partagée à un autre niveau par le sens commun. On lit ainsi dans le scolie de la proposition 39 d'*Éthique* IV que la « nature [des tout petits enfants], un homme d'âge avancé la croit tellement différente de la sienne qu'il ne pourrait jamais se persuader d'avoir été bébé, s'il n'en faisait d'après les autres la conjecture pour lui-même[1] ». En d'autres termes, ni notre mémoire ni notre raison ne peuvent nous convaincre d'avoir un jour connu cet état[2] de nourrisson ; on ne s'en persuade que par l'observation d'autrui et l'expérience vague qui en découle[3].

Or, peut-être un peu paradoxalement de prime abord, il est plus perturbant pour Spinoza de ne pouvoir dans ce cas compter sur notre mémoire, que de ne pouvoir nous en remettre à notre raison. En effet, le problème de la conception *rationnelle* du passage à l'âge adulte se résout finalement – dans un premier temps – assez aisément en réintégrant la question de la temporalité : on ne peut concevoir le passage à l'âge adulte comme un devenir si l'on compare deux états très éloignés dans le temps, à savoir celui du nourrisson et celui de l'homme d'âge mûr. Par contre, il n'y a pas de changement subit qui fasse passer sans médiation de l'enfance à l'âge adulte, et l'on peut fort bien concevoir le passage progressif qui fait que l'enfant grandit, chaque jour et de façon imperceptible dans l'instant présent, au point de devenir, bien des années plus tard, un homme adulte. Il s'agit donc de ne pas chercher à déterminer une limite assignable, mais de concevoir une variation continue et progressive, par degré, sans changement de nature.

Mais la question de la mémoire est plus problématique dans ce cadre, dans la mesure où elle engage un certain rapport à la corporéité, ainsi qu'à la *forme* du corps, si on entend par là ce qui résulte des différentes figures que revêtent le corps et ses parties suite à son affection par les autres corps. En effet, dans le scolie de la proposition 18 d'*Éthique* II,

---

1   *E*, IV, 39, scolie, G II, p. 240.

2   « État » qui, du fait de sa grande différence avec notre état adulte, nous paraît bien plutôt être une « nature » : comment penser en une même existence et en un même individu la succession de deux états fort différents ? Rappelons à ce sujet que Spinoza écrit dans ce même scolie de la proposition 39 d'*Éthique* IV qu'« aucune raison ne [le] force à penser que le corps ne meurt que s'il est changé en cadavre ».

3   La « perception acquise par une expérience vague, c'est-à-dire par une expérience qui n'est pas déterminée par l'entendement » correspond au deuxième mode selon la classification du *TRE* (§ 27-28, G II, p. 10). Les deux premiers modes seront regroupés dans l'*Éthique* sous un seul genre, le premier genre de connaissance (voir le scolie 2 d'*Éthique* II, 40).

Spinoza définit la mémoire comme « un certain enchaînement d'idées qui enveloppent la nature des choses qui sont à l'extérieur du corps humain, enchaînement qui se fait dans l'esprit suivant l'ordre et l'enchaînement des affections du corps humain[1] ». En ce sens, la mémoire est non seulement singulière en ce qu'elle se réfère à l'expérience particulière d'un individu – expérience constituée au fil de ses rencontres avec d'autres corps, et différant donc d'un individu à l'autre –, mais également en ce qu'elle est relative à la manière singulière dont cet individu a été affecté par l'expérience qui est la sienne. À supposer que deux individus fassent exactement les mêmes rencontres au cours de leur existence, ils n'en seront pas nécessairement affectés de la même manière, et ils se forgeront donc des mémoires différentes de cette expérience pourtant commune[2].

Or, si nous sommes pour partie constitués par notre mémoire affective – dans la mesure où elle détermine la manière dont nous sommes actuellement affectés par les choses extérieures –, que penser d'un moment de notre existence dont nous n'avons précisément aucun souvenir, et que nous ne parvenons en aucune manière à rattacher au moment présent, ni en termes mémoriels, ni en termes affectifs ? Et que penser surtout de ces nourrissons, de leur existence actuelle, dans la mesure où rien de ce qu'ils vivent actuellement ne semble en mesure d'être remémoré lorsqu'ils seront adultes, ni dès lors d'avoir une quelconque influence sur ce qui sera leur manière singulière d'être affectés ? L'on mesure ici la perplexité de Spinoza quand il s'agit de se demander s'ils sont (déjà) ou non des hommes. Le refus de trancher semble alors nous indiquer que la nature humaine ne peut se définir ni par la forme extérieure d'un corps, ni par le fil d'une existence permettant de rattacher à un même « sujet » tous les faits de sa vie personnelle. Le problème reste donc entier, et nous aurons à le poser pour lui-même dans la suite de notre réflexion : qu'est-ce qui permet de penser le *devenir* d'un seul et

---

1   *E*, II, prop. 18, scolie, G II, p. 107.
2   C'est à notre sens ce qui rend illégitimes tout à la fois les interprétations objectivantes et les interprétations relativistes de l'éthique spinoziste : nous sommes indissociablement constitués par notre expérience et par la manière singulière dont nous sommes affectés *à l'occasion* de cette expérience. De même, notre mémoire a indissociablement une dimension objective et une dimension affective, elle ne peut être considérée comme la seule copie « objective » des événements extérieurs, et elle n'est pas plus une pure imagination liée à l'état contingent de notre corps.

même individu, lorsque les changements sont aussi importants que ceux impliqués dans le devenir adulte et dans le devenir éthique ?

Enfin, la mention des enfants permet implicitement de disqualifier, semble-t-il, une autre définition de la nature humaine : celle qui se ferait par le biais de *dispositions*, ou encore de *facultés* communes à tous les hommes, dispositions en puissance qu'il ne s'agirait que d'actualiser, ou facultés innées dont il s'agirait de faire un bon usage. En effet, Spinoza l'écrit explicitement dans le scolie de la proposition 39 d'*Éthique* V : l'enfant a « un corps apte à très peu de choses, et dépendant au plus haut point des causes extérieures », et corrélativement « un esprit qui, considéré en soi seul, n'a presque aucune conscience ni de soi ni de Dieu ni des choses[1] ». Dès lors, on ne peut définir l'homme par un ensemble d'aptitudes *effectives* et communes, puisque celles de l'enfant sont quasi nulles, ce qui reviendrait donc à exclure ce dernier de la nature humaine – et Spinoza s'y refuse dans ce passage, tout en reconnaissant sa perplexité à l'égard de ce cas complexe.

Mais on ne peut pas non plus définir la nature humaine par un ensemble de dispositions *en puissance*, qu'il s'agirait d'actualiser au cours de son devenir adulte, et ce pour deux raisons. La première est qu'il n'y a pas de distance, dans la pensée spinoziste, entre l'existence actuelle et l'être d'une chose singulière[2] ; on ne peut penser le devenir comme un passage progressif à ce qui serait l'être d'un homme : on est tout ce que l'on peut être, et l'on change *à partir de* ce que l'on est et non *vers* son être. D'ailleurs, comme l'écrit Spinoza dans ce même scolie, « nous vivons dans un continuel changement[3] » : c'est donc l'homme lui-même qui se caractérise par une perpétuelle variation, et non seulement l'enfant qui changerait jusqu'à atteindre l'être que serait sa nature d'homme. Ce

---

1   *E*, V, prop. 39, scolie, G II, p. 305.

2   Valtteri Viljanen rapproche à ce sujet, par le biais de la formule *sub specie durationis* forgée sur le modèle de *sub specie aeternitatis*, l'existence actuelle et la production des choses sous l'aspect de l'éternité, bien qu'elles ne donnent pas lieu au même type de connaissance. Nous lisons ainsi dans son livre *Spinoza's Geometry of Power* (Cambridge University Press, 2011) : "it is not difficult to understand, in its rough outlines, the meaning of *actual existence* in Spinoza's system : it equals concrete existence that occurs in time and place. We conceive this kind of existence *sub specie durationis*, and to a great degree through our senses. [...] There is no difference in the necessity with which things are produced *sub specie aeternitatis* and the necessity with which temporal determinations of actual existents become fixed – both are what they are because they follow, with the same kind of necessity we find in geometry, from God's nature" (p. 30).

3   *Ibid*.

point est d'ailleurs riche en enseignements quant à la conception d'un devenir éthique, qui ne peut pas plus être conçu comme transition vers un être que nous ne serions pas encore ; il s'agirait plutôt de donner à nos constantes variations une certaine orientation, permettant alors de les inscrire dans un certain devenir. L'enjeu consisterait ainsi à *devenir* et non à devenir *quelque chose*, à atteindre un être idéal dans lequel nous pourrions alors nous arrêter[1].

La seconde raison est que, si l'on lit attentivement la suite de ce scolie, on comprend qu'il n'est pas question de faire s'actualiser des aptitudes que l'enfant a déjà, mais de lui faire acquérir ces aptitudes mêmes. En effet, Spinoza écrit que, dans le cadre d'une éducation, « nous nous efforçons [...] avant tout de faire que le corps de l'enfance se change, autant que sa nature le supporte et y contribue, en un autre *qui soit apte à beaucoup de choses*[2] ». Cela signifie donc tout à la fois que le corps de l'enfant n'a pas ces aptitudes de façon innée, et que tous les enfants ne les acquerront d'ailleurs pas en grandissant. En effet, d'une part, le corps de l'enfant doit se changer en un *autre* corps : ce n'est donc pas en termes d'actualisation de dispositions en puissance que peut se penser le passage à l'âge adulte. Et d'autre part, faire acquérir ces aptitudes (non précisées ici, nous y reviendrons) est l'objet d'un effort [*conamur* : nous nous efforçons de] de la part de ceux qui accompagnent le devenir adulte de l'enfant. Ce n'est donc pas *par nature* que l'enfant acquiert ces aptitudes, bien que cela ne soit pas non plus *contre nature*, puisqu'il faut que son corps puisse recevoir ce changement.

Cela laisse alors supposer que tous les hommes n'ont pas acquis ces aptitudes en devenant adultes ; en un sens, ils sont restés enfants, bien qu'ils le soient désormais dans un corps qui est extérieurement celui d'un adulte[3]. Il n'est donc pas non plus possible de considérer que l'enfant a

---

1   De même que la joie ne peut se définir que comme *passage* à une puissance d'agir supérieure, il nous semble que l'éthique ne peut se comprendre que comme activité et pratique. En ce sens, elle ne peut être trop rapidement assimilée à une théorie sur l'éthique, pas plus qu'elle ne peut être pensée comme une caractérisation idéale de la nature humaine vers laquelle il s'agirait de tendre, et surtout en laquelle nous pourrions nous arrêter.

2   *Ibid.*, nous soulignons ; traduction modifiée.

3   Nous précisons « extérieurement » dans la mesure où le corps ne se limite pas chez Spinoza à son aspect extérieur. En effet, nous pouvons également parler de corps *affectif* (tel qu'il est affecté par les corps extérieurs), de corps *sensitif* (tel qu'il est apte à recevoir des sensations) ou encore de corps *mémoriel* (tel que se sont ancrées en lui des habitudes pratiques, liées à ses affections antérieures). En ce sens, les adultes restés en un sens enfant ont bien

déjà toutes les facultés d'un adulte, et qu'il pourra en faire usage lorsque le temps sera venu pour lui, que cela viendra automatiquement. Dès lors, si l'on ne veut pas exclure les enfants de la nature humaine – et Spinoza ne dit à aucun moment qu'il est prêt à le faire –, ce n'est ni en termes de facultés ni en termes de dispositions en puissance que l'on peut définir cette dernière.

Spinoza écrit troisièmement qu'il ne sait que penser des « sots », répondant en cela par anticipation à une autre définition de la nature humaine que l'on penserait pouvoir tirer de sa philosophie : la caractérisation de l'homme par le biais de la raison[1]. En cela, Spinoza serait fidèle à toute une tradition, qui distingue les hommes des animaux précisément par cette présence d'une pensée en l'homme, là où les animaux sont soit comparés à des machines fonctionnant par ressorts et poulies, soit assimilés à des organismes qui ne réagissent que par pulsions instinctives. On peut d'ailleurs relever que les deux dimensions mécaniques et instinctives sont présentes et liées dans la pensée cartésienne, comme Descartes lui-même le précise dans une lettre à Newcastle :

> Je sais bien que les bêtes font beaucoup de choses mieux que nous, mais je ne m'en étonne pas ; car cela même sert à prouver qu'elles agissent *naturellement et par ressorts, ainsi qu'une horloge*, laquelle montre bien mieux l'heure qu'il est, que notre jugement ne nous l'enseigne […] : ce qui montre qu'ils ne le font que *par instinct* et *sans y penser*[2].

L'instinct n'est pas présenté ici comme une spécificité des êtres vivants, mais comme une action naturelle et mécanique. La différence humaine tient alors à ce que, du fait de la présence en eux d'une pensée (irréductiblement liée au libre arbitre dans la philosophie cartésienne), les hommes agissent plus librement et donc de façon moins régulière.

---

un corps qui a l'aspect extérieur de celui d'un adulte, mais leur corps reste puéril d'un point de vue affectif et sensitif, dans la mesure où ils sont toujours très influencés par ce qui se présente *alors* à eux (selon la rencontre fortuite des choses, comme dirait Spinoza).

1   A. Matheron aborde cette question sur un plan tout à la fois ontologique et pratique dans son article « L'anthropologie spinoziste ? ». Se demandant si l'on peut prouver que l'homme seul pourrait accéder à une connaissance du troisième genre, il relève que l'on pourrait pour cela poser par définition nominale que l'homme est un être raisonnable, ce qui aurait toutefois comme inconvénient certain que l'on « risquerait d'avoir quelques surprises à partir du moment où il s'agirait de déterminer *qui* vérifie cette définition » (p. 24).

2   *Lettre à Newcastle* du 23 novembre 1646, A III, p. 695. Nous soulignons.

L'argument est finalement retourné : le fait que les bêtes agissent en certaines choses mieux que nous – l'araignée tissant sa toile, ce que nous aurions le plus grand mal à accomplir, selon l'exemple classique[1] – n'est pas signe de leur intelligence, mais bien plutôt de leur entière détermination naturelle et mécanique. Or, Spinoza pose d'une part comme deuxième axiome de la partie II de l'*Éthique* : « L'homme pense[2] » ; et il semble proposer d'autre part dans la cinquième partie une éthique de type rationaliste, ce qui pourrait faire du sage un homme par excellence. Nous pourrions donc en conclure que, dans la pensée spinoziste, l'homme se définit spécifiquement par sa pensée, de même que par sa capacité à raisonner juste.

Toutefois, ce serait oublier que la pensée est, pour Spinoza, soumise à un déterminisme naturel au même titre[3] que l'action corporelle ; il n'est donc pas envisageable que le fait de penser puisse abstraire l'homme du reste de la nature, en en faisant un être à part, une « enclave d'indétermination, une zone de dissidence, un foyer d'hérésie » selon les expressions de G. Canguilhem[4]. En effet, lorsque Spinoza écrit dans la démonstration de la proposition 48 d'*Éthique* II que « l'esprit est une manière de penser précise et déterminée[5] », cela signifie que les idées s'enchaînent selon un ordre déterminé en l'esprit, sans que ce dernier

---

1   Lorsque Spinoza reprend cet exemple de l'araignée « qui tisse facilement une toile que les hommes ne pourraient tisser sans de très grandes difficultés » dans une note des *Principes de la philosophie de Descartes* (1ᵉ partie, prop. VII, scolie, note 1, G I, p. 161, traduction de Charles Appuhn, Paris, Garnier Flammarion, 1964), c'est dans un tout autre contexte : il s'agit de démontrer que les qualifications de « facile » et de « difficile » sont relatives à la nature du corps agissant, et donc à ses aptitudes propres. Par contre, lorsqu'il reprend dans l'*Éthique* l'idée que « chez les bêtes, on observe plus d'une chose qui dépasse de loin la sagacité humaine », il s'agit pour lui d'affirmer que « le corps [animal, comme humain] lui-même, par les seules lois de sa nature, peut faire des choses qui font l'admiration de l'esprit » (III, prop. 2, scolie, G II, p. 142). Les animaux ne sont alors pas opposés aux hommes, mais utilisés comme argument *a fortiori*.

2   *E*, II, axiome 2, G II, p. 185.

3   « Au même titre » ne signifie pas « de façon absolument identique » : le corps et l'esprit sont tous deux soumis au déterminisme naturel, mais chacun dans son attribut, selon la célèbre proposition 7 d'*Éthique* II. Dans le même ordre d'idées, il ne nous semble pas qu'il faille conclure de la corrélation entre corps et esprit qu'une compréhension intellectuelle puisse *se traduire immédiatement* par une action corporelle – ce qui serait omettre que l'esprit ne peut avoir d'action directe sur le corps. Il conviendrait plutôt de dire que tout désir de se libérer mentalement doit être corrélé à un désir de se démettre corporellement de nos habitudes affectives.

4   G. Canguilhem, « Aspects du vitalisme », dans *La Connaissance de la vie*, p. 95.

5   *E*, II, prop. 48, dém., G II, p. 129.

puisse être posé comme cause libre – au sens de non déterminée par une cause antécédente – de ses affirmations : il y a une dynamique réglée de l'enchaînement des idées dans l'esprit, au même titre qu'il y a une dynamique réglée de l'enchaînement des actions corporelles.

À ce sujet, nous serions tentés de souscrire à l'interprétation de Pierre Macherey lorsqu'il affirme au sujet de l'axiome 2 d'*Éthique* II cité ci-dessus, qu'en « forçant quelque peu le sens des mots, on en rendrait assez bien l'esprit en le traduisant ainsi : "Dans l'homme, ça pense"[1] ». L'expression est certes un peu forcée, non seulement parce qu'elle est anachronique, mais également parce qu'elle pourrait laisser penser que les idées se forment dans l'esprit sans que les hommes n'y prennent part en aucune façon, comme s'il y avait en eux une puissance indépendante, mystérieuse et toute-puissante. Mais elle est aussi tout à fait intéressante, dans la mesure où elle manifeste bien le fait que, selon Spinoza, l'esprit humain n'est pas plus que le corps humain un monde à l'intérieur du monde, détaché de l'ordre commun de la nature : il est une « détermination particulière de la pensée », chaque idée étant causée par une idée antérieure[2]. En ce sens, il n'y a pas plus de raison de définir l'homme par son esprit que par son corps – en rapport avec son affectivité particulière, par exemple[3]. L'homme pense, certes, mais c'est un simple constat, et cela ne fait pas de lui un être à part dans une nature déterminée de part en part : l'homme pense, mais il n'est pas absolument libre de penser ou de ne pas penser, ni de penser à une chose plutôt qu'à une autre.

En outre, le fait que l'homme pense ne signifie pas qu'il pense *juste*, ou *de manière adéquate* dans le vocabulaire spinoziste. En effet, on lit à

---

1   P. Macherey, *Introduction à l'*Éthique *de Spinoza. La Seconde partie, la réalité mentale*, PUF, Paris, 1997, p. 40.

2   « L'esprit est une manière de penser précise et déterminée, et par suite il ne peut être cause libre de ses actions, autrement dit il ne peut avoir la faculté absolue de vouloir et de ne pas vouloir ; mais il doit être déterminé à vouloir ceci ou cela par une cause, qui est elle aussi déterminée par une autre, et celle-ci à son tour par une autre, etc. » (*E* II, prop. 48, dém., G II, p. 129).

3   Spinoza écrit à ce sujet dans le scolie de la proposition 57 d'*Éthique* III : « les affects des animaux que l'on dit privés de raison [...] diffèrent des affects des hommes autant que leur nature diffère de la nature humaine » (G II, p. 187). Cela ne résout toutefois pas la question que nous nous posons, et ce pour deux raisons. D'une part, en effet, nous ne disposons pas d'une définition de la 'nature humaine', nous donnant des précisions sur les affects propres aux hommes en général. Et d'autre part, non seulement deux hommes différents seront différemment affectés par une seule et même chose, mais chacun d'eux sera également différemment affecté à divers moments de sa vie.

ce sujet dans la proposition 36 d'*Éthique* II que « les idées inadéquates et confuses suivent les unes des autres avec la même nécessité que les idées adéquates, autrement dit claires et distinctes[1] » ; nous sommes alors dans l'ordre de l'imagination et non du savoir, mais ce n'est pas moins de l'ordre de la pensée. Donc, constater que les idées s'enchaînent de façon déterminée dans l'esprit humain ne revient pas à affirmer que l'homme raisonne juste, et encore moins à suggérer que les idées se forment dans son esprit indépendamment de toute affection, soit sans lien avec la manière singulière dont il perçoit ses rencontres. Dès lors, nous pourrions poursuivre l'interrogation spinoziste comme suit : nous ne savons que penser des sots, et nous ne savons pas plus que dire de la pensée des hommes en général, dont les idées s'enchaînent selon un ordre déterminé par les affections qui ont été les leurs (habitudes, corps mémoriel) et qui sont les leurs au moment où ils pensent (imagination, corps affectif). La question est donc la suivante : pouvons-nous définir la nature humaine par le fait que les hommes pensent, parfois juste mais souvent de manière inadéquate, de façon indissolublement liée à leur affectivité passée et présente ? Spinoza nous met en garde en refusant de se prononcer ; nous ne trancherons pas à sa place.

Enfin, une dernière objection se lève, à l'idée que l'on puisse définir la nature humaine *exclusivement* par la raison : si l'on peut caractériser l'homme, entre autres, par sa pensée, cela ne revient pas au même d'en faire sa seule et unique caractéristique spécifique, autrement dit d'en faire une *définition* au sens fort du terme. Cette objection apparaît à la lecture de la fin du scolie d'*Éthique* V, 20 ; Spinoza y écrit en effet qu'il en a « fini avec tout ce qui regarde cette vie présente », et qu'il « est donc temps maintenant [qu'il] passe à ce qui appartient à la durée de l'esprit sans relation au corps[2] ». Nous pouvons lire dans ce passage une distinction entre la vie de l'esprit sans relation au corps[3] d'une part, et la

---

1   *E* II, prop. 36, G II, p. 117.
2   *E* V, prop. 20, scolie, G II, p. 294.
3   Spinoza utilise cette expression lorsqu'il est sur le point, dans la cinquième partie de l'*Éthique*, d'étudier la part éternelle de l'esprit. A. Suhamy a fort bien montré le balancement constant, dans cette cinquième partie, entre les propositions qui évoquent le passage à une part éternelle de l'esprit progressivement plus grande, et celles qui évoquent cette part éternelle et sa suprême béatitude. Voir à ce sujet la section « Structure de la cinquième partie de l'*Éthique* » de son ouvrage *La Communication de bien chez Spinoza*, Classiques Garnier, Paris, 2010, p. 423-429.

vie présente de l'homme d'autre part. Il serait tout à fait problématique de définir l'homme par son seul esprit, là où Spinoza affirme lui-même explicitement que cette coupure entre esprit et corps ne peut concerner l'existence présente de l'homme, et là où c'est bien de cette existence qu'il s'agit quand il est question d'éthique – Spinoza s'opposant en cela aux morales religieuses qui recommandent d'espérer en une vie future bienheureuse. Plus encore, Spinoza affirme que ce serait une chose absurde de ne pas veiller à la qualité de sa vie présente, sous le faux prétexte que l'on aurait désespéré d'une vie future[1]. L'on peut donc entendre l'envers de cette critique comme une invitation à prendre soin de sa vie présente, à suivre le chemin difficile et pourtant praticable de l'éthique dès cette vie, en considérant le cheminement même comme notre béatitude, en tant qu'accroissement de notre puissance actuelle d'agir. Or, la vie présente est celle de l'esprit en relation avec le corps, autrement dit celle de l'homme et non seulement de la raison humaine. Il n'est donc pas possible de définir l'homme par sa raison. D'où la prudence de Spinoza, lorsqu'il refuse de se prononcer sur la question de savoir si les sots conviennent ou non avec la nature humaine.

Enfin, Spinoza affirme quatrièmement qu'il ne sait que penser des « déments ». L'on pourrait penser que cette précision est redondante avec la précédente : par définition, une personne qui extravague n'enchaîne pas les idées avec adéquation, et ne fait donc pas un bon usage de la raison – si l'on voulait traduire ce terme en un vocabulaire cartésien. Toutefois, « ne pas être dans son bon sens » n'est pas simplement ne pas raisonner juste : on ne dira pas de quelqu'un qui se trompe dans son raisonnement (par ailleurs rationnel), qu'il n'est pas dans son bon sens. La connotation apportée par ce terme de *vesanus* se comprendra mieux à l'évocation d'une autre définition possible : furieux, forcené. On pourrait ainsi dire que ce mot vise les personnes qui ne se maîtrisent pas, qui ne s'appartiennent plus, qui ne sont plus en mesure de contrôler

---

1 Voir à ce sujet le scolie de la proposition 41 d'*Éthique* V. À propos de ceux qui se laisseraient volontiers passivement dominer par leur lubricité, s'ils croyaient que l'esprit meurt avec le corps, Spinoza affirme que ce n'est à ses yeux « pas moins absurde que si quelqu'un, pour la raison qu'il ne croit pas pouvoir nourrir son corps de bons aliments dans l'éternité, préférait s'assouvir de poisons et de choses mortifères ; ou bien parce qu'il voit que l'esprit n'est pas éternel, autrement dit immortel, aime mieux être fou et vivre sans raison : choses tellement absurdes qu'elles méritent à peine d'être relevées » (G II, p. 307).

leurs comportements. Cette précision supplémentaire n'est donc pas seulement la réitération de la précédente, mais pourrait faire allusion à une autre définition traditionnelle de la nature humaine, celle qui caractérise l'homme par sa liberté, par sa faculté d'avoir une absolue maîtrise sur ses pensées comme sur ses passions. On peut citer par exemple les *Méditations métaphysiques*, dans lesquelles Descartes affirme que le « libre arbitre, ou [la] volonté » sont ce « qui me fait connaître que je porte l'image ou la ressemblance de Dieu[1] ». On y lit également que « la plus grande et principale perfection de l'homme » consiste dans « la résolution de ne jamais donner [son] jugement sur les choses dont la vérité ne [nous] est pas clairement connue[2] », la libre volonté étant à l'œuvre dans l'acquisition de cette habitude. Dès lors, serait-ce par la liberté que pourrait se définir la nature humaine dans la philosophie spinoziste ?

On pourrait le penser à la lecture du scolie de la proposition 42 d'*Éthique* V. Spinoza semble en effet y opérer une comparaison entre le sage et l'ignorant, alors qu'il a plusieurs fois affirmé que ces comparaisons ne sont que des jugements extérieurs aux choses ainsi comparées : l'une n'est pas moins parfaite que l'autre *en soi*, mais seulement en regard d'un critère qu'on leur assigne de l'extérieur, et donc en rapport à une fin qui n'est pas naturellement et absolument la leur. Or, on lit dans ce scolie que le sage, donc, « est fort et vaut mieux[3] que l'ignorant », en ce qu'il est « conscient et de soi, et de Dieu, et des choses avec une certaine nécessité éternelle », là où l'ignorant « dès qu'il cesse de pâtir, il cesse aussi d'être[4] ». À la fin d'une partie intitulée « De la puissance de l'intellect, autrement dit, de la liberté humaine », cela pourrait se

---

1   *Méditations métaphysiques*, Méditation quatrième, A II, p. 461.

2   *Ibid.*, A II, p. 467. Les développements cartésiens sont dans ce passage d'ordre explicitement épistémologique – ce qui est original, dans la mesure où l'on attendrait plutôt des exemples d'ordre moral, en ce contexte volontariste. L'on peut toutefois sans difficulté mesurer les enjeux moraux d'une telle qualification de l'humanité par le biais du libre arbitre : attendre des hommes qu'ils corrigent leurs désirs, les exhorter à rendre leurs pensées indépendantes de leurs désirs, ou encore leur apprendre à faire bon usage de leur libre volonté, afin qu'ils accomplissent volontairement et librement des actions plus louables.

3   Pour ne pas utiliser le vocabulaire de la valeur (qui semble accorder un qualificatif absolu au sage, et dont il convient dès lors de faire un usage prudent dans le cadre de la philosophie spinoziste), nous pourrions dire « est préférable », ou encore « est plus estimable » (ce qui ajoute toutefois une valeur morale non nécessairement présente dans le terme latin).

4   *E* V, prop. 42, scolie, G II, p. 308.

traduire ainsi : « celui qui est libre est plus fort et vaut mieux que celui qui est asservi ». Nous pourrions alors voir dans cette liberté la nature humaine par excellence, celle vers laquelle il conviendrait de tendre.

Et c'est bien du côté de l'asservissement que Spinoza place ceux qu'ils qualifient – rarement, il faut le reconnaître – de *vesani*. L'usage de ce terme dans le scolie d'*Éthique* II, 49 constitue la seule occurrence dans tout cet ouvrage. Par contre, nous trouvons une – et une seule – autre occurrence dans la préface du *Traité théologico-politique*, dans laquelle nous lisons que les plus asservis aux superstitions en tout genre « croient que Dieu tient les sages en aversion », et que ce sont « les fous, les insensés [*vesanos*], le vol des oiseaux qui révèlent [les décrets de Dieu] par un instinct et un souffle divins ». Passage que Spinoza conclut en ces termes : « tant la peur peut faire délirer [*insanire*] les hommes[1] ». Plusieurs éléments peuvent être relevés au sujet de cette occurrence. Le premier est que les déments ou insensés y sont opposés au sage – ce qui semble confirmer notre première interprétation, plaçant les déments du côté des asservis, considérés comme moins estimables que les sages ou hommes libres. Le second est que les hommes qui font confiance – par crainte superstitieuse – aux insensés au lieu de s'en remettre à la raison sont dits « délirer », et sont donc finalement placés eux-mêmes du côté des insensés. Dès lors, en se fondant sur cette autre occurrence, nous pourrions voir une sorte de gradation entre les insensés et tous ceux qui ne suivent pas les enseignements de la raison et s'en remettent à des croyances superstitieuses : les premiers constitueraient le degré supérieur de délire par rapport aux seconds. Ainsi, en en élargissant les enjeux, la question du scolie d'*Éthique* II, 49 pourrait être ainsi reformulée : que penser de ceux qui s'en remettent par superstition aux insensés, et qui ne vivent donc pas selon les préceptes de la raison ?

Le premier texte auquel nous pouvons faire référence pour répondre à cette question est le paragraphe 10 du chapitre xv du *Traité théologico-politique*. Nous y lisons ainsi que « tous absolument peuvent obéir [...] alors que bien peu, *comparativement à l'étendue du genre humain*, parviennent à la pratique habituelle de la vertu sous la conduite de la raison[2] ». Si ceux qui vivent sous la seule conduite de la raison ne représentent qu'un très petit nombre en regard de tout le genre humain, nous ne pouvons

---

1   *TTP*, préface, § 3, G III, p. 5.
2   *Ibid.*, chap. xv, § 10, G III, p. 188. Nous soulignons.

considérer cette vie sous la conduite de la raison comme qualificative de ce qu'est la nature humaine ; cela exclurait la plus grande partie du genre humain de la nature humaine ! De plus, selon Spinoza, cette aptitude à obéir (qui permet déjà de vivre en société, mais aussi de ne plus pâtir d'affects destructeurs grâce à la pertinence des règles suivies) est ce qui nous évite de douter « du salut de presque tous les hommes[1] ». Dès lors, lorsque Spinoza parle de l'aptitude à obéir qui est celle de « tous les hommes absolument », il ne faut pas entendre par là la capacité nocive de se soumettre à quiconque ou à quoi que ce soit, de préférence à être libre de choisir sa propre voie – une « servitude volontaire », en quelque sorte. Non, il s'agit bien plutôt d'apprendre à suivre les règles que nous propose autrui (le gouvernement, nos parents, l'Écriture ou encore un maître), ce qui est déjà quelque chose de constructif. Pour ces deux raisons, il ne semble pas que ceux qui ne sont pas aptes à vivre sous la conduite de la raison et ceux qui sont en proie aux superstitions doivent être exclus de la nature humaine : les premiers dans la mesure où cela concerne la très grande majorité des hommes, les seconds dans la mesure où ils peuvent devenir aptes comme tous les autres hommes à obéir aux règles qui vont dans le sens de leur salut – même s'ils se trompent pour l'instant dans les voies qu'ils suivent. Nous ne pouvons donc définir la nature humaine par le biais de la liberté.

Dès lors, ce n'est pas seulement à partir d'un libre arbitre ou d'une liberté d'indifférence illusoires, que nous ne pouvons construire une définition de l'homme qui puisse nous servir de fondement sur lequel établir une anthropologie éthique. C'était là ce qui ressortait du début de la réponse à l'objection faisant référence à l'âne de Buridan : « s'ils me demandent s'il ne faut pas tenir un tel homme pour un âne plutôt que pour un homme ? je dis que je ne sais pas ». La mention, dans la suite de ce texte, des déments nous laisse en effet penser que c'est la liberté elle-même, quelle que soit la définition que nous en proposons, qui se trouve disqualifiée pour définir la nature humaine de façon tout à la fois complète et exclusive. Ce point semble confirmé par le passage qui suit ce scolie d'*Éthique* II, 49, à savoir la préface d'*Éthique* III. Dans cette préface, Spinoza critique « ceux qui préfèrent maudire les affects et actions des hommes, ou en rire, plutôt que de les comprendre[2] ».

---

1   *Ibid.*
2   *E* III, préface, G II, p. 138.

Nous reconnaissons ici l'engagement éthique de Spinoza, par distinction avec les auteurs portant des jugements moraux sur les hommes, les asservissant par la crainte et la culpabilité. Mais ce qui importe ici est ce que Spinoza entend par « comprendre » les affects, quels qu'ils soient : il s'agit de considérer qu'ils

> suivent les uns des autres par la même nécessité et vertu de la nature que les autres singuliers ; et partant [qu'ils] reconnaissent des causes précises, par lesquelles ils se comprennent, et ont des propriétés précises, aussi dignes de connaissance que les propriétés de n'importe quelle autre chose[1].

En d'autres termes, les affects sont des choses de la nature ; et comme, toujours selon la même préface, « rien ne se fait dans la nature qu'on puisse attribuer à un vice de celle-ci », les hommes suivent tout autant les lois de la nature lorsqu'ils sont affectés que lorsqu'ils vivent sous la conduite de la raison. C'est d'ailleurs la raison pour laquelle Spinoza peut considérer « les actions et appétits humains comme s'il était question de lignes, de plans ou de corps[2] ».

Dès lors, d'une part, les hommes ne déchoient pas de la nature humaine lorsqu'ils sont affectés – y compris lorsque les affects en question sont des passions, et donc lorsque les hommes sont passifs à l'égard des choses extérieures –, et il n'y a donc pas de raison *a priori* d'exclure de la nature humaine ceux qui ne sont pas libres et qui ne vivent pas sous la conduite de la raison. Et d'autre part, Spinoza estime dans le même texte que Descartes n'a « rien montré d'autre que la pénétration de son grand esprit », non pas dans sa tentative d'expliquer les affects humains – si Spinoza ne place pas les causes de ces affects dans les mêmes éléments, il ne peut qu'apprécier la démarche visant à les comprendre –, mais dans celle de « montrer en même temps par quelle voie l'esprit peut avoir sur les affects un empire absolu[3] ». Ce n'est pas en termes de rapports de force entre la volonté et les affects que se pensera l'éthique, et il est

---

1   *Ibid.* Cela rejoint ce qui a été dit au début de la préface, début dans lequel nous pouvions lire que les affects sont « des choses naturelles qui suivent les lois communes de la nature » (G II, p. 137).
2   *Ibid.*, G II, p. 138.
3   *E* III, préface, G II, p. 138. Voir par exemple à ce sujet l'article 41 des *Passions de l'âme*, dans lequel Descartes écrit que « la volonté est tellement libre de sa nature qu'elle ne peut jamais être contrainte [...]. Et toute l'action de l'âme consiste en ce que, par cela seul qu'elle veut quelque chose, elle fait que la petite glande à qui elle est étroitement jointe

probablement illusoire – et peut-être même pas souhaitable – de penser qu'un homme puisse *absolument* se libérer de ses affects. D'un côté, on ne peut donc définir la nature humaine par le biais d'une liberté qui n'est partagée que par une minorité au sein du genre humain ; et d'un autre côté, il n'est même pas certain qu'une liberté absolue puisse être pensée lorsqu'il s'agit de cette minorité de sages.

En conclusion, la nature humaine ne semble donc pouvoir se définir, *absolument parlant*, ni par le fait de persévérer dans l'être, ni par des dispositions innées partagées par tous les hommes, ni par le bon usage de la raison, ni par la liberté. Spinoza ne nous donne pas de définition *a priori* de ce que sont les hommes – définition idéale dont il ne faudrait pas déchoir, ou bien vers laquelle il s'agirait de tendre pour accomplir notre être. Notre tentative de constituer une *anthropologie* éthique[1] devra dès lors trouver un autre fondement : parallèlement à la démarche spinoziste elle-même, non pas se donner une définition idéale de ce que serait par excellence la nature humaine, afin de constituer une éthique d'une nature humaine idéale ; mais plutôt partir de ce que sont les hommes (à savoir des corps complexes et affectés, et corrélativement l'idée de ces corps complexes affectés) afin de penser une éthique qui leur soit appropriée. Les hommes sont tout à la fois et dans le même mouvement un corps et l'idée de ce corps, comme toutes les autres choses de la nature. Il nous revient donc de caractériser la spécificité des corps humains (dans leur complexité, mais aussi dans leur diversité), afin de penser une spécificité humaine qui ne passe pas par le postulat d'un libre arbitre ou encore d'une raison créée spécialement par Dieu. La question à laquelle nous aboutissons est donc la suivante : doit-on parler d'une éthique du corps ? Ou bien encore d'une éthique ancrée dans le corps ? Et comment, alors, ne pas réduire l'éthique à une simple étude comportementale ?

---

se meut en la façon qui est requise pour produire l'effet qui se rapporte à cette volonté » (A III, p. 985).

1   Nous nous appuyons dans cette démarche sur un présupposé ainsi formulé par A. Matheron : « ainsi est-il possible de *démontrer*, à partir de six postulats, que l'homme et les animaux ont également accès au point de départ de la connaissance du second genre et à celui de la connaissance du troisième genre (notions communes et idées de Dieu) ; mais il faut *admettre*, sans pouvoir le prouver, que l'homme est seul capable d'en déduire des conséquences alors que les animaux ne le sont pas » (« L'Anthropologie spinoziste ? », p. 23).

COMMENT UN CORPS SE DESSINE
AU SEIN DE CONSTANTES RELATIONS

Les conditions ontologiques
d'une éthique ancrée dans le corps

Le fait de s'en remettre à l'étude du corps pour comprendre l'ancrage ontologique d'une anthropologie éthique ne résout bien évidemment pas tous les problèmes. Bien au contraire, de nouvelles difficultés surgissent, quant à la délimitation de ce qu'est un corps, quant au statut qu'il convient de lui accorder, et quant à la temporalité au sein de laquelle il s'inscrit. Premièrement, en effet, nous nous sommes donné comme tâche de définir ce que peut être l'*agent* du devenir éthique. Or, si nous ne disposons pas de définition de l'être humain, et si nous devons nous en remettre dans un premier temps à l'étude du corps humain dans sa spécificité, cela signifie que nous devons être en mesure de délimiter ce corps, à la fois *au sein* des relations avec les multiples choses qui l'entourent, et *par distinction* avec ces dernières. En d'autres termes, il nous faut parvenir à délimiter des *pôles* au cœur des constantes relations affectives[1] qui animent la nature naturée, et mettre en place les conditions ontologiques et anthropologiques de la constitution d'un corps *individuel* – au sein des relations affecté-affectant qu'il entretient avec les autres corps –, puis (en un sens logique et non chronologique) d'un corps *singulier* – au sein de tous les autres corps étendus, et au sein des autres corps humains.

---

1   Dans le cadre d'une étude de la philosophie spinoziste, le terme d'affectif revêt un sens bien plus élargi que celui qu'on lui conférerait de nos jours – à savoir le sens psychologique de ce qui a trait aux émotions, passions ou sentiments. En effet, nous qualifierons ici d'*affective* toute relation entre corps qui augmente ou diminue la puissance d'agir de l'un et de l'autre, que cette relation soit ou non ressentie expressément comme telle. Nous nous appuyons à ce sujet sur la définition des affects (ou idées de ces affections entre corps) comme « idée confuse par laquelle l'esprit affirme une force d'exister de son corps, ou d'une partie de son corps, plus grande ou moindre qu'auparavant » (*E* III, Définition générale des affects, G II, p. 203).

Deuxièmement, la question se pose de savoir quel statut nous pouvons accorder à ce corps. En effet, nous l'avons dit : ancrer une éthique dans le corps ne signifie pas proposer une éthique réductionniste, consistant à trouver dans des composantes purement physiques ou organiques des indications morales de ce qui est à faire (trouver des normes dans les comportements instinctifs), ou de ce qui serait à faire (sélectionner des faits pour en faire des normes). En ce sens, Spinoza considère que les différents attributs sont corrélés les uns avec autres, tout en étant irréductibles terme à terme les uns aux autres. Ainsi, d'un côté, « l'objet de l'idée constituant l'esprit humain est le corps, autrement dit une manière de l'étendue précise et existant en acte, et rien d'autre[1] » : l'esprit n'est rien d'autre que l'idée (dans l'attribut de la pensée) du corps (mode correspondant dans l'attribut de l'étendue). Mais d'un autre côté, Spinoza affirme dans la proposition 5 d'*Éthique* II que « les idées tant des attributs de Dieu que des choses singulières reconnaissent pour cause efficiente *non pas ce dont elles sont les idées, autrement dit les choses perçues*, mais Dieu lui-même, en tant qu'il est chose pensante[2] ». On ne peut donc trouver dans l'attribut de l'étendue de causes directes de nos idées, sans autre médiation ou appropriation. Le rapport entre le corps et l'anthropologie éthique que nous tentons de constituer devra donc être d'un autre ordre.

De plus, nous pouvons nous appuyer sur le scolie de la proposition 39 d'*Éthique* IV pour affirmer que le corps, s'il est un mode de l'attribut de l'étendue, ne se résume pas pour autant à sa dimension strictement physiologique. Nous lisons en effet dans ce scolie que, si « la mort survient au corps [...] quand ses parties se trouvent ainsi disposées qu'elles entrent les unes par rapport aux autres dans un autre rapport de mouvement et de repos », aucune raison ne nous force cependant « à penser que le corps ne meurt que s'il est changé en cadavre[3] ». Cela signifie que le rapport de mouvement et de repos qui définit le corps[4] ne consiste pas

---

1   *E* II, prop. 13, G II, p. 96.
2   *Ibid.*, prop. 5, G II, p. 88 ; nous soulignons. Spinoza revient très clairement sur ce point dans sa correspondance avec Schuller, réaffirmant par ce biais ce qui est écrit dans cette proposition 5 d'*Éthique* II : « je crois qu'il y a une erreur de plume soit dans ta lettre, soit dans l'exemplaire [de Tschirnhaus]. Car tu écris que la prop. 5 affirme que les idéats sont les causes des idées, alors que c'est pourtant cela même qui est expressément nié dans cette proposition » (lettre 72 datée du 18 novembre 1675, G IV, p. 305).
3   *E* IV, prop. 39, scolie, G II, p. 240.
4   Voir à ce sujet le Lemme 1 de la petite physique, dans lequel on lit que « les corps se distinguent entre eux sous le rapport du mouvement et du repos, de la rapidité et de la

uniquement en un rapport strictement physique ou physiologique, mais que d'autres composantes entrent en jeu pour le caractériser – notamment des composantes d'ordre mémoriel, sensitif et affectif. D'où la question que nous devrons nous poser dans un deuxième temps : quels sont les différents statuts du corps humain ? Et quel est parmi ceux-ci le statut le plus pertinent pour penser ce que pourrait être un devenir éthique ?

Troisièmement, la question se pose de la temporalité dans laquelle s'inscrivent les corps, et ce à deux niveaux. D'une part, les corps sont soumis à une certaine durée, même si cette dernière est indéfinie plus exactement que finie. Or, nous lisons parallèlement dans la proposition 23 d'*Éthique* V que « l'esprit humain ne peut pas être absolument détruit en même temps que le corps ; mais qu'il en reste quelque chose qui est *éternel*[1] ». Et si nous ajoutons à cela l'affirmation selon laquelle « ce n'est que durant le corps que l'esprit est sujet aux affects qui se rapportent aux passions[2] », nous pourrions aisément imaginer que le devenir éthique le plus naturel et le plus cohérent serait un devenir éthique *sans le corps* – peut-être ne s'agirait-il d'ailleurs plus d'un *devenir* éthique, mais bien plutôt d'un *être* éthique éternel. La difficulté à laquelle nous devrons nous confronter est donc la suivante : la temporalité indéfinie du corps constitue-t-elle un obstacle dans une perspective éthique ?

Enfin, d'autre part, le corps est – de même que l'idée de ce corps, d'ailleurs – soumis à des variations constantes dans le temps, variations souvent contraires les unes aux autres et rendant dès lors difficile de retracer une trajectoire cohérente par la suite. Spinoza écrit à ce sujet que « comme les eaux de la mer agitées par des vents contraires, nous sommes ballottés, sans savoir quels seront l'issue et notre destin[3] » ; il semble donc difficile, dans ces conditions, de penser un devenir cohérent

---

lenteur, et non sous le rapport de la substance » (*E* II, lemme 1 après l'axiome 2 faisant suite à la proposition 13, G II, p. 97). Le scolie faisant suite au lemme 7 apportera toute-fois comme précision que seuls les corps les plus simples ne se distinguent que par leur rapport de mouvement et de repos ; les corps plus complexes se distinguent également par les différentes manières dont ils sont affectés par un seul et même corps, ou bien par le même corps à différents moments (voir G II, p. 102).

1 *E* V, prop. 23, G II, p. 295.
2 *Ibid.*, prop. 34, G II, p. 301. Il est à noter que Spinoza ne parle ici que des affects qui sont des *passions*, tandis que nous pouvons être actifs à travers d'autres affects. Il n'est donc pas ici explicitement affirmé que l'esprit *n'est affecté* que durant le corps, mais qu'il *n'est passif* que durant le corps.
3 *E* III, prop. 59, scolie, G II, p. 189.

et orienté dans le sens d'une certaine manière d'être éthique. Mais dans le même temps, ces variations semblent être dans une certaine mesure requises, afin de rendre possible un changement qui aille dans le sens d'un devenir éthique. On lit ainsi dans le scolie de la proposition 39 d'*Éthique* V que, dans le cadre d'une éducation complète et équilibrée, « nous nous efforçons avant tout de faire que le corps de l'enfance se change, autant que sa nature le supporte et y contribue, en un autre qui soit apte à beaucoup de choses[1] ». Il y a deux éléments dans cette affirmation : le corps doit se changer en un autre, mais ces changements doivent s'inscrire dans le cadre d'une seule et même nature. La question que nous devons nous poser est donc la suivante : quel soubassement ontologique et anthropologique doit avoir le corps, afin d'être à même d'accueillir (voire de susciter activement, le cas échéant) ces variations sans pour autant changer de nature ? Et comment un homme peut-il, à partir de là, inscrire ces variations dans le sens d'un certain devenir éthique ?

LA CONSTITUTION D'UN CORPS AU SEIN DES MULTIPLES RELATIONS : L'ESPRIT COMME IDÉE DU CORPS

Pour avancer dans la constitution d'une anthropologie éthique, nous nous proposons de partir de l'affirmation selon laquelle l'homme est un corps et un esprit, autrement dit un corps et l'idée de ce corps. En effet, selon la proposition 13 d'*Éthique* II, « l'objet de l'idée constituant l'esprit humain est le corps, autrement dit une manière de l'étendue précise et existant en acte, et rien d'autre[2] ». Le syntagme « et rien d'autre [*et nihil aliud*] » peut être interprété en un double sens : en rapport avec l'esprit (il n'y a pas d'autre idée en notre esprit que cette idée dont le corps est l'objet) et en rapport avec le corps (seul notre corps, parmi tous les autres corps, est objet de l'idée constituant notre esprit).

La première interprétation vient confirmer que le devenir éthique ne peut s'ancrer, dans le cadre de la philosophie spinoziste, en un sujet

---

1   *E* V, prop. 39, scolie, G II, p. 305. Traduction modifiée.
2   *E* II, prop. 13, G II, p. 96.

pleinement libre En effet, s'il n'est pas d'autre idée en notre esprit que l'idée de notre corps, cela signifie qu'il n'y a en notre esprit ni volonté libre comme faculté innée, ni *cogito* comme possible objet d'une introspection. L'esprit ne peut se connaître lui-même que par le biais de la perception de son corps[1], et non dans un rapport direct, conscient et transparent de lui à lui-même. C'est d'ailleurs ce qui semble suivre de la proposition selon laquelle « l'esprit humain perçoit non seulement les affections du corps, mais aussi les idées de ces affections[2] ». Cela semble conforter notre démarche : si l'agent du devenir éthique est l'homme vivant – donc un corps et l'idée de ce corps –, il nous faut étudier le corps humain pour penser l'ancrage ontologique et anthropologique de ce devenir éthique, dans la mesure où rien n'est posé dans l'esprit absolument et indépendamment des relations affectant-affecté que nous entretenons avec les autres choses de la nature.

Mais justement, dans l'étude du corps humain et de ce qui le distingue des autres corps de la nature, la seconde interprétation apporte une précision supplémentaire. En effet, la proposition elle-même dit simplement que l'objet de l'idée constituant l'esprit humain est « le corps », définissant ce dernier comme un certain mode précis de l'étendue, mais ne précisant pas encore de quel corps il s'agit parmi tous les modes de l'étendue. Et pourtant, le « et rien d'autre » qui clôt la proposition peut s'interpréter en un deuxième sens, à partir de la démonstration de cette proposition. On y lit ainsi que, si « le corps n'était pas l'objet de l'esprit humain, les idées des affections du corps ne seraient pas en Dieu en tant qu'il constituerait notre esprit, mais en tant qu'il constituerait l'esprit d'une autre chose[3] ». Ce passage met en lumière le lien privilégié qui doit exister entre un esprit déterminé et un corps déterminé : l'objet de l'idée constituant mon esprit n'est pas *un* corps, mais *ce* corps-ci. C'est donc en ce sens qu'il fallait entendre « précis » dans la proposition 13, que nous pourrions rendre comme suit : l'objet de l'idée constituant

---

1 Ce point semble apporter une réponse supplémentaire à la question de savoir si l'éthique doit être pensée *avec* ou *sans* le corps. Si l'une des caractéristiques du sage est d'être particulièrement conscient de soi, il semble que cela ne puisse se faire, au moins dans un premier temps, sans la médiation du corps.

2 *E* II, prop. 22, G II, p. 109. La proposition suivante affirme justement que « l'esprit ne se connaît pas lui-même, si ce n'est en tant qu'il perçoit les idées des affections du corps » (*ibid.*, prop. 23, G II, p. 110).

3 *E* II, prop. 13, dém., G II, p. 96.

mon esprit est *un certain corps déterminé, à l'exclusion de tout autre corps*. Il ne faut en effet, ni que mon corps devienne objet d'une idée constituant un autre esprit, ni qu'un autre corps que le mien entre comme objet dans l'idée qui constitue mon esprit. La question est dès lors la suivante : comment *un certain corps* peut-il se dessiner au sein des relations qui affectent tous les corps de la nature ? Et comment *ce corps-ci* peut-il être reconnu comme mien, alors même qu'il n'y pas de lien direct entre mon corps et mon esprit ?

Ainsi, si nous cherchons à établir une différence, non seulement entre l'homme et les autres individus de la nature (différence anthropologique), mais également entre cet homme-ci et les autres hommes (différence éthique), sans pour autant nous en remettre à un libre arbitre ou à d'autres facultés innées de l'esprit, il faut que nous soyons en mesure de penser, *au niveau des corps eux-mêmes*, des différences qui les spécifient et qui les singularisent. Nous nous appuyons donc sur l'affirmation spinoziste selon laquelle « nul ne pourra comprendre l'esprit humain lui-même de manière adéquate, autrement dit distincte s'il ne connaît d'abord de manière adéquate la nature de notre corps[1] », en la reformulant comme suit : nul ne pourra comprendre l'éthique humaine de manière adéquate, s'il ne connaît d'abord de manière adéquate ce que peut le corps humain. Il ne s'agit alors pas seulement de s'interroger sur la relation extrinsèque que l'idée que nous nous faisons du corps a avec le corps lui-même comme mode de l'étendue, mais de se faire une idée juste des relations entre l'idée du corps que l'on se donne et les autres idées qui lui sont intrinsèquement reliées (celle d'esprit, celle de nature humaine et celle d'éthique). Pour commencer de constituer cette idée, nous pouvons interpréter en un double sens l'expression « notre corps » employée par Spinoza dans ce passage du scolie d'*Éthique* II, 13 : que peut en général le corps humain, et que peut plus précisément notre corps singulier pour chacun d'entre nous ?

Ces questions font immanquablement penser au célèbre scolie d'*Éthique* III, 2, dans lequel Spinoza remarque que « ce que peut le corps[2], personne jusqu'à présent ne l'a déterminé [...]. Car personne

---

1   *E* II, prop. 13, scolie, G II, p. 96.
2   Fr. Zourabichvili voit dans cette formulation la marque de l'intérêt supérieur de Spinoza pour la physiologie, en regard de l'anatomie : « ce que [Spinoza] considère dans une "partie" corporelle (bras, œil, etc.), c'est son *aptitude*, autrement dit les effets – ou affects – qu'elle

jusqu'à présent n'a connu la structure du corps si précisément qu'il en pût expliquer toutes les fonctions[1] ». Cette remarque peut aisément s'expliquer par le contexte au sein duquel elle prend place : il s'agit pour Spinoza de développer l'idée selon laquelle l'esprit ne peut déterminer le corps au mouvement comme au repos ; il est donc logique qu'il fasse appel à tout ce que peut le corps indépendamment de toute intervention de l'esprit. Toutefois, la référence à la *structure* du corps et à ses *fonctions* peut surprendre au début de la troisième partie de l'*Éthique*, consacrée aux affects. En effet, nous aurions pu nous attendre à ce que cette question ait déjà été traitée dans la petite physique. Et ce d'autant plus que Spinoza avait affirmé, juste avant les postulats qui viennent clore la petit physique, que « si [son] intention avait été de traiter du corps *ex professo*, [il] aurai[t] dû l'expliquer et le démontrer de façon plus prolixe[2] », mais que ce n'était pas son objet. Cela nous donne alors comme indication que le corps ne se limite pas à sa seule dimension physique ; il nous faut donc tout à la fois étudier cette dimension, en guise d'ancrage ontologique, et estimer quelles sont ses autres dimensions, en chemin vers une certaine anthropologie. Pour ce faire, nous allons désormais étudier en détail les occurrences du terme *fabrica* (traduit par « structure ») dans l'*Éthique*, afin de comprendre le rôle joué par le corps dans l'anthropologie spinoziste.

---

peut produire. Spinoza est résolument physiologiste : étudier la structure (*fabrica*) d'un corps humain ne signifie rien d'autre qu'"en expliquer toutes les fonctions", c'est-à-dire dresser la liste exhaustive de ce qu'il *peut* (*Éthique*, III, 2, sc) » (« L'identité individuelle chez Spinoza », dans *Spinoza : puissance et ontologie*, p. 89). Or, selon le même auteur, cette préférence implique un tout autre regard sur le rapport entre identité, singularité et espèce : « cette conception physiologiste du corps, opératoire ou expérimentale, permet de le considérer dans sa singularité : alors que l'anatomie, s'intéressant à la forme ou à la disposition structurelle, privilégie naturellement l'analogie et aboutit à des conclusions spécifiques, l'étude fonctionnelle porte nécessairement sur un seul corps, quitte à ce qu'elle soit répétée sur un autre, et encore un autre, à l'infini. L'anatomie pense l'identité d'un schéma idéal et conclut à des déviances individuelles ; la physiologie au sens de Spinoza expérimente sur des corps singuliers, et conclut à l'espèce par relation (similitudes et convenances) » (p. 90).

1   *E* III, prop. 2, scolie, G II, p. 142.
2   *E* II, scolie faisant suite au lemme 7, G II, p. 102.

LES OCCURRENCES DE *FABRICA* DANS L'*ÉTHIQUE* (I) :
LA PLACE DU CORPS DANS L'ANTHROPOLOGIE SPINOZISTE

L'expression « structure du corps humain [*corporis humani fabrica*] » est employée à quatre reprises dans l'*Éthique*, et nous pouvons observer comme une gradation entre les sens qu'elle prend successivement. Le contexte dans lequel les deux premières occurrences prennent place consiste en la réfutation des idées erronées selon lesquelles le fonctionnement de notre corps serait attribuable soit à une intervention divine (Appendice de l'*Éthique* I), soit à des décrets de l'esprit (scolie d'*Éthique* III, 2). L'étude de ces deux premières occurrences nous permettra donc, dans un premier temps, d'attribuer au corps tout ce qui lui est dû, c'est-à-dire de respecter les ordres propres à chaque attribut[1]. Nous ne saurons peut-être pas « tout ce que peut le corps », dans la mesure où nul ne l'a encore expérimenté ; mais nous ne chercherons plus d'asile pour notre ignorance en Dieu ou en l'esprit. C'est là une première étape afin de comprendre la juste place du corps au sein d'une anthropologie éthique.

La première occurrence prend ainsi place dans l'Appendice d'*Éthique* I. On y lit que les hommes ne cessent de « demander les causes des causes » jusqu'à ce que l'on finisse par « se réfugie[r] dans la volonté de Dieu, c'est-à-dire dans l'asile de l'ignorance ». Spinoza ajoute qu'il « en va de même quand ils voient la structure du corps humain, ils sont stupéfaits, et, de ce qu'ils ignorent les causes de tant d'art, ils en concluent que ce n'est pas un art mécanique qui l'a construite, mais un art divin ou surnaturel[2] ». Cette occurrence s'inscrit donc dans un contexte de dénonciation de la superstition telle qu'elle est cultivée parmi le peuple, cultivée par ceux qui cherchent à asseoir leur domination par

---

1   On lit à ce sujet dans la proposition 7 d'*Éthique* II que ce sont « l'ordre et l'enchaînement des idées » qui sont les mêmes que « l'ordre et l'enchaînement des choses » (G II, p. 89). Idées et choses ne se correspondent donc pas terme à terme, pas plus qu'elles ne se causent les unes les autres.

2   *E* I, Appendice, G II, p. 81. Étienne Balibar relève dans son article « Individualité et transindividualité chez Spinoza » (publié dans *Architectures de la raison*) que la manière dont Spinoza se dégage de la critique de la régression à l'infini (ici dans une intention polémique contre la fascination de l'imagination finaliste pour la question « pourquoi ») va de pair avec l'abandon de la linéarité d'une « chaîne des causes » (voir à ce sujet tout particulièrement les pages 38-39 de son article et les notes afférentes).

le biais de la crainte et de l'ignorance de la multitude. Spinoza y établit un lien entre la structure du corps, qui impressionne par sa complexité, son élaboration et son raffinement (les hommes sont ainsi « stupéfaits » lorsqu'ils voient la structure du corps humain) d'une part, et la tentation de rapporter cette structure à une création divine (cet « asile de l'ignorance ») lorsqu'on en ignore les vraies causes d'autre part. Il ne nous est en effet pas naturel de rapporter une telle structure à un art strictement mécanique : on croit spontanément que sa production a nécessité l'intervention d'un être intelligent, sage et omnipotent, couramment identifié à un Dieu personnel.

Il est important de noter que Spinoza ne s'en prend pas, dans cet Appendice, à la croyance elle-même : elle peut aisément s'expliquer, voire se comprendre, par le besoin qu'éprouvent les hommes d'assigner une cause aux choses[1]. Elle n'est en elle-même ni bonne ni mauvaise, et Spinoza ne fustigera jamais le recours à l'imagination et à la croyance, lorsque la raison fait défaut[2]. Ce qu'il vise ici, dans un contexte politique au sens large du terme, ce sont les efforts faits par certains pour maintenir la foule dans cette croyance, autrement dit dans cette ignorance : en effet, et l'on peut retrouver ici des accents lucrétiens[3], ne plus croire en des forces surnaturelles, c'est ne plus vivre dans la crainte d'être puni ou anéanti par ces forces. Et ne plus les craindre, c'est ne plus se laisser passivement dominer par ceux qui prétendent avoir un rapport privilégié avec ces forces, et qui assoient leur autorité sur la croyance de la multitude en ce lien privilégié. Ce point explique les tentatives de ces derniers pour discréditer les « savants », qui tentent à l'inverse d'expliquer la nature par le biais de lois strictement physiques, mettant ainsi à mal les croyances populaires savamment cultivées. C'est la

---

1 Il en est de même pour la joie et la tristesse que nous éprouvons : généralement, nous ne nous en tenons pas à ces affects en eux-mêmes, mais nous les rattachons imaginairement à ce que nous pensons être leur cause extérieure. La joie laisse ainsi place à l'amour, et la tristesse à la haine. Voir à ce sujet les Définitions des affects 6 et 7 d'*Éthique* III.

2 Il n'y a pas rupture, en l'homme, entre deux facultés distinctes et hermétiques que seraient l'imagination et la raison, et l'enjeu est de faire converger en une même orientation toutes nos aptitudes.

3 Nous faisons ici référence au chant V du *De rerum natura* : « Ô race infortunée des hommes, dès lors qu'elle prêta / de telles pouvoirs aux dieux et les dota d'un vif courroux / Que de gémissements avez-vous enfantés pour vous-mêmes, / que de plaies pour nous, de larmes pour nos descendants / La piété, ce n'est pas se montrer souvent voilé / et, tourné vers une pierre, s'approcher de tous les autels, / [...] la piété, c'est tout regarder l'esprit tranquille » (traduction de José Kany-Turpin, Paris, Aubier, 1993, v. 1194-1203, p. 381).

raison pour laquelle, selon Spinoza, les théologiens taxent ces derniers d'hérétiques ou d'impies, accentuant ainsi la crainte d'une punition divine pour ceux qui auraient l'idée de s'intéresser à leurs travaux ou de suivre leurs traces.

Ce qui nous semble intéressant dans cette occurrence, c'est que, par différence avec ceux qui s'appuient sur une création divine, Spinoza inscrit ici le corps humain parmi les « choses naturelles », tout en relevant sa *complexité*[1] spécifique. L'on a donc affaire à un double mouvement : réinscription du corps humain dans la nature d'une part, reconnaissance de sa spécificité d'autre part. Il s'agit donc de rendre à la nature dans son ensemble son autonomie en regard de tout Être transcendant et tout-puissant : tout ce qui a lieu dans la nature peut se comprendre par les seules lois de la nature, sans que nous ayons besoin d'une « chiquenaude » ou d'une mise en mouvement initiale. Ainsi, la première occurrence de « structure du corps humain » vise à se défaire de l'idée d'une création divine de la nature : il n'y a rien hors monde, hors nature, dont les choses singulières aient besoin pour être et se mouvoir. Dès lors, on voit que ce n'est finalement pas le corps humain qui est ici spécifiquement visé – si ce n'est dans sa singulière complexité, qui peut justifier la stupéfaction des hommes et leur tendance à le rapporter à un art divin. Spinoza utilise ici comme exemple ce qui est probablement le plus parlant pour son lecteur, et ce qu'il aura le plus de difficulté à inscrire dans une nature à laquelle on a ôté sa qualité de créature divine : ce qui vaut pour le corps humain vaudra *a fortiori* pour tout autre mode fini de l'étendue.

Une autre possibilité de transcendance reste toutefois encore ouverte ici : celle que le corps humain soit inerte en lui-même, mais « animé » par son union avec l'esprit. Il ne serait donc plus créé par Dieu en sa

---

1   Il n'y a pas de terme latin utilisé par Spinoza que l'on pourrait directement traduire par « complexité » ; toutefois, c'est le sens que nous pouvons donner à l'expression « composé de composés ». En effet, Spinoza établit dans la « petite physique » d'*Éthique* II une gradation (en termes de complexité) entre 1/ les corps *les plus simples* [*simplicissimis*], c'est-à-dire « ceux qui ne se distinguent entre eux que par le mouvement et le repos, la rapidité et la lenteur » (remarque suivant l'axiome 2, G II, p. 99) ; 2/ les *composés* [*composita*] de corps simples, qui « se distingue[nt] de tous les autres par cette union entre corps » (Définition suivant l'axiome 2, G II, p. 100) ; et le *composé de plusieurs individus de nature différente* [*ex plurimus diversae naturae individuis compositum*], qui « peut être affecté de bien d'autres manières sans changement de sa forme » (scolie du lemme 7, G II, p. 102 ; soit juste avant les postulats consacrés au corps humain). Ce sont donc les corps de ce dernier type que nous appellerons ici les « corps complexes ».

matière même, mais néanmoins ordonné, dirigé et rendu vivant par l'esprit, qui ne serait pas, lui, inscrit dans la nature et dépendant de déterminations causales. C'est à cette seconde hypothèse que va répondre la deuxième occurrence de « *corporis fabrica* ».

Cette deuxième occurrence intervient dans le long scolie de la proposition 2 d'*Éthique* III, proposition qui affirme l'absence d'interaction causale directe entre la pensée et l'étendue : « le corps ne peut déterminer l'esprit à penser, ni l'esprit déterminer le corps au mouvement, ni au repos[1] ». Le scolie aura donc pour fonction de répondre aux objections envisagées par Spinoza à l'idée selon laquelle il n'existe pas de rapport causal entre une action de l'esprit et une action du corps. Il y a bien une certaine *corrélation* entre corps et esprit, dans la mesure où l'ordre de leurs enchaînements respectifs sont les mêmes, mais il n'y a pas causation entre l'un et l'autre. Si le corps et l'esprit sont « une seule et même chose[2] », ils sont néanmoins conçus selon deux attributs différents, la pensée pour l'un, l'étendue pour l'autre. Or, comme nous ne sommes plus en mesure, depuis l'Appendice d'*Éthique* I, de considérer que le corps humain est le produit d'un art divin et surnaturel, et comme cette proposition nous interdit de penser qu'il puisse être mû par l'esprit, nous sommes contraints de reconnaître que le corps humain se meut par les seules lois de sa nature. Spinoza opère donc ici une deuxième réinscription : après avoir réinscrit le corps humain dans la nature en le coupant de toute création ou mise en mouvement divines, il le réinscrit dans l'étendue (ou « nature corporelle »), en le coupant de toute mise en mouvement par la pensée.

Dans ce contexte, Spinoza écrit que « personne jusqu'à présent n'a connu la structure du corps si précisément qu'il en pût expliquer toutes les fonctions ». Nous voyons ainsi que c'est encore une fois à l'ignorance que Spinoza fait appel pour expliquer notre tendance à chercher la cause de nos mouvements en dehors de la nature, ou en dehors de l'attribut du mode dont il est question : de même que nous rapportions la production du corps humain à un art divin ou surnaturel, nous pensons que la cause des fonctions de notre corps se trouve dans les décrets de l'esprit. Or,

---

1   *E* III, prop. 2, scolie, G II, p. 142.
2   On lit à ce sujet dans le même scolie d'*Éthique* III, 2 que « l'esprit et le corps, c'est une seule et même chose, qui se conçoit sous l'attribut tantôt de la pensée, tantôt de l'étendue » (G II, p. 141). Ainsi, l'homme n'est pas un corps « plus » un esprit, mais l'un et l'autre d'un même mouvement.

si le premier point s'explique par notre ignorance de l'art mécanique, le second point s'explique par notre ignorance de la structure de notre corps. Nous progressons donc dans la caractérisation de la structure du corps, puisque nous sommes désormais en mesure d'affirmer que c'est en elle que nous pourrions trouver l'explication des fonctions de notre corps d'une part, et qu'elle est à ce point complexe qu'elle ne requiert pas de recours à un principe qui lui soit extérieur pour en expliquer *toutes* les fonctions d'autre part.

Nous pourrions penser que Spinoza nous invite ici à étudier l'anatomie ou la physiologie du corps, afin d'en comprendre les fonctions ; nous pourrions dès lors nous étonner qu'il ne se soit pas lui-même attaché à ces études. Mais en réalité, non seulement ce n'est pas là son objet[1], mais le passage qui précède immédiatement cette deuxième occurrence prévient par avance ce type d'interprétation. Spinoza écrit alors que « l'expérience n'a appris à personne jusqu'à présent ce que le corps peut faire par les seules lois de la nature en tant qu'on la considère seulement comme corporelle ». Ainsi, d'une part, il n'est pas question de ce que le corps *est* en lui-même, mais de ce qu'il *peut faire*, autrement dit de son action possible en ce monde ; ce sera là la principale préoccupation de Spinoza, dans la mesure où de son action possible dépendra un éventuel devenir éthique. D'autre part, Spinoza s'en remet à l'« expérience » pour nous apprendre ce que le corps peut faire ; il n'est donc pas ici question d'une déduction *a priori*, mais d'une conclusion *a posteriori*. À ce sujet, il est significatif que Spinoza utilise la même racine latine lorsqu'il est question de ce que l'expérience nous apprend (*docuit*), et lorsqu'il est question de comprendre les choses naturelles en tant que savant (*doctus*). Dès lors, nous pouvons en conclure, pour progresser dans notre caractérisation de *corporis fabrica*, que cette expression est employée en rapport avec les aptitudes du corps, ces dernières pouvant être déduites d'actions effectives et observables dans l'expérience.

La dernière raison d'être de cette deuxième occurrence est d'affirmer que la structure du corps est à ce point complexe, que nous ne pouvons

---

1   Rappelons que Spinoza a affirmé dès le début de la deuxième partie de l'*Éthique* qu'il s'attacherait désormais à expliquer, parmi « ce qui a nécessairement dû suivre de l'essence de Dieu », uniquement les choses qui « peuvent nous conduire, comme par la main, à la connaissance de l'esprit et de sa suprême béatitude » (remarque introductive, G II, p. 84). En ce sens, il est logique qu'il ne prenne pas comme objet d'étude et de recherche *toutes* les fonctions de *tous* les corps.

dire avec certitude qu'elle ne suffit pas à en expliquer toutes les fonctions, et que le recours aux décrets de l'esprit est dès lors nécessaire[1]. Pour ce faire, Spinoza mobilise deux exemples : les « bêtes », chez lesquelles « on observe plus d'une chose qui dépasse de loin la sagacité humaine » ; et les « somnambules », qui font dans leurs rêves « un très grand nombre de choses qu'ils n'oseraient faire dans la veille ». Il nous semble que ces deux exemples doivent être lus corrélativement l'un à l'autre.

Dans le premier en effet, Spinoza se place sur le terrain de ceux qui considèrent que les bêtes n'ont pas d'âme[2], et leur fait observer que les animaux ont des comportements que nous serions bien en peine de reproduire[3]. Ils sont donc capables, par les seules lois de leur nature (exclusivement) corporelle, d'accomplir des actions que nous ne saurions reproduire, fût-ce par le biais des décrets de notre esprit. Cet exemple va ainsi dans le sens d'une ignorance de ce que peut un corps indépendamment des décrets de l'esprit. On pourrait toutefois objecter à Spinoza que, selon sa propre philosophie des « corps animés[4] », c'est précisément par le biais de l'âme animale que les animaux pourraient être en mesure d'agir

---

1   De même que dans la première occurrence, Spinoza ne démontrait pas en quoi la structure du corps peut s'expliquer par le seul art mécanique, de même il ne prétend pas ici pouvoir *effectivement* expliquer les fonctions d'un corps par sa structure ; il explique seulement en quoi le fait de nous référer à un autre principe est imputable à notre ignorance des véritables causes. D'ailleurs, cette référence à l'esprit s'explique principalement par notre réticence à attribuer un tel pouvoir à la nature corporelle, puisque nous ne savons pas plus « de quelle façon ou par quels moyens l'esprit meut le corps, ni combien de degré de mouvement il peut attribuer au corps, et à quelle vitesse il peut le mouvoir » (*E* III, prop. 2, scolie, G II, p. 142).

2   Selon Spinoza au contraire, à tout mode fini de l'étendue correspond un mode fini de la pensée ; mais cela ne revient pas pour autant à accorder la rationalité aux animaux : tout est question de degré et de différenciation. Le fait que les animaux aient un esprit, de même que les hommes en ont un, n'implique pas que l'esprit des premiers et celui des seconds soient identiques et qu'ils aient les mêmes aptitudes.

3   Dans une note de la première partie des *Principes de la philosophie de Descartes*, Spinoza évoque plus précisément la capacité de l'araignée à tisser une toile que nous ne saurions tisser nous-mêmes sans de très grandes difficultés (voir partie I, prop. 7, scolie, note 1, G I, p. 161). P. Sévérac note avec justesse à propos de cet exemple que « plutôt que les notions de "facile" et de "difficile", il faudrait utiliser celles de "nécessaire" et d'"impossible" : il est nécessaire pour une chose dont la puissance est déterminée à produire un effet de le produire ; il est impossible pour une chose dont la puissance n'est pas déterminée à produire ce même effet de le produire » (*Le devenir actif chez Spinoza*, p. 39).

4   Au sens neutre où, à un corps dans l'étendue correspond une âme dans la pensée ; cela ne revient en rien à dire que le corps serait « animé » par l'âme, au sens où il serait inerte sans la vie qu'elle insufflerait en lui.

ainsi. Ou bien encore, nous pourrions imaginer que Spinoza cherche par là à mettre en lumière l'agilité corporelle des animaux, et qu'il faudrait en regard porter notre attention sur l'agilité intellectuelle des hommes, en laissant de côté l'étude de leur corps. Or, il n'en est rien. On lit en effet dans la cinquième partie que, « qui a […] un corps apte à très peu de choses, et dépendant au plus haut point des causes extérieures, a un esprit qui, considéré en soi seul, n'a presque aucune conscience ni de soi, ni de Dieu, ni des choses[1] ». Dès lors, délaisser le développement des aptitudes du corps à agir revient dans le même mouvement à délaisser l'augmentation des aptitudes de l'esprit à comprendre.

C'est alors en ce point que le deuxième exemple prend tout son sens : en effet, dans le cas du somnambule, il s'agit du *même* corps, mais qui accomplit d'*autres* mouvements, et ce indépendamment de ce qui pourrait être considéré comme la conscience ou la volonté de l'esprit. Dès lors, cela revient à dire que nous sommes nous-mêmes capables d'accomplir, par les lois de notre seule nature corporelle, des mouvements que nous n'oserions pas tenter par le biais de « décrets de l'âme ». Telle est d'ailleurs la conclusion de ce passage : « le corps lui-même, par les seules lois de sa nature, peut bien des choses qui font l'admiration de son esprit[2] ». L'emploi du possessif est ici très significatif : il marque à la fois que l'on parle bien de la même chose singulière (le corps et l'esprit du même homme), tout en marquant que ce qui se fait dans l'un s'accomplit indépendamment d'un rapport causal direct avec l'autre (l'esprit admire *comme de l'extérieur* ce qui se fait dans le corps sans intervention de sa part).

En conclusion, nous pouvons dire que l'expression *corporis fabrica* est utilisée quand il est question de ce que peut le corps par lui-même (ou selon les lois de sa propre nature), ce qui signifie à la fois 1/ indépendamment d'une création divine continuée et 2/ indépendamment des décrets d'un mode de la pensée. Nous pouvons alors en tirer comme enseignement que l'anthropologie spinoziste a deux principales caractéristiques : rendre à l'homme ce qui lui revient, au lieu de le référer à un Dieu transcendant ; et rendre au corps ce qui lui revient, au lieu d'en faire le simple outil de l'âme. Dans la perspective d'une anthropologie éthique, nous devons donc tout à la fois proposer à l'homme un autre modèle que celui d'un être parfait et infini, et porter attention au

---

1   *E* V, prop. 39, scolie, G II, p. 305.
2   *E* III, prop. 2, scolie, G II, p. 142.

développement des aptitudes du corps en vue d'un développement équilibré et harmonieux de l'homme. Ce seront là les apports des deux autres occurrences de l'expression « *corporis fabrica* » : la prise en compte des conditions ontologiques – dans l'attribut de l'étendue comme dans celui de la pensée – de l'éthique, et le juste rapport entre des considérations d'ordre physique et des considérations d'ordre éthique.

LES OCCURRENCES DE *FABRICA* DANS L'*ÉTHIQUE* (II) : LA JUSTE PLACE DU CORPS DANS L'ÉTHIQUE

Les deux dernières occurrences de l'expression *corporis fabrica* dans l'*Éthique* mettent en effet en lumière la très grande complexité de certains modes de l'étendue et les aptitudes qui en découlent pour l'une, et les différents sens et valeurs que peuvent prendre nos actions – selon les images et affections auxquelles elles sont liées – pour l'autre. Cela signifie que nous y trouvons tout à la fois l'ancrage physique de toutes nos actions – éthiques ou non, elles doivent pouvoir *aussi* se comprendre à ce niveau –, et tous les éléments auxquels ces actions physiques sont intimement liées, éléments qui permettront précisément de porter un jugement sur elles. Ce sera dès lors un premier pas vers la réponse à la question qui est la nôtre dans la constitution d'une anthropologie éthique : comment, dans le même mouvement si ce n'est dans le même temps, accorder au corps la place qui doit être la sienne dans le devenir éthique, sans pour autant réduire un mode de vie éthique à une simple succession de comportements ?

La troisième occurrence prend place dans le scolie d'*Éthique* III, 2. Le contexte est donc le même que celui de la deuxième occurrence, à savoir l'affirmation selon laquelle tout ce que le corps fait, il peut le faire du seul fait des lois de la nature corporelle. Et pourtant, cette troisième occurrence apporte, en une phrase relativement courte, deux précisions intéressantes : la première est que « la structure même du corps humain [...] dépasse de très loin en artifice toutes celles qu'a fabriquées l'art des hommes » ; la seconde est que « de la nature considérée sous n'importe quel attribut, il suit une infinité de choses[1] ».

---

1   *E* III, prop. 2, scolie, G II, p. 143.

La première précision met en avant la grande complexité du corps humain, qui avait été relevée dans la « petite physique » d'*Éthique* II : « le corps humain est composé d'un très grand nombre d'individus (de nature diverse), dont chacun est très composé[1] ». Cette complexité est ainsi accrue par le fait que les parties du corps humain sont elles-mêmes composées, de même que fort variées. Or, ce point sera d'une grande importance au sujet des *enjeux éthiques* de cette conception spinoziste du corps humain. En effet, c'est d'une part ce qui justifiera le fait que le corps puisse être « affecté par les corps extérieurs d'un très grand nombre de manières[2] » : il faut ainsi que le corps ait cette « puissance réceptive » d'affection pour que les modalités de l'affection en question puissent à ce point varier. C'est ce qui permettra de penser une certaine marge d'action au sein de la détermination : ce n'est pas parce que le corps humain est *nécessairement* affecté par les choses extérieures, qu'il est inéluctablement affecté *d'une certaine manière*, à l'exclusion de toute autre. Le devenir éthique consistera donc à faire varier dans le temps la *manière* dont nous sommes affectés par les choses extérieures.

C'est d'autre part ce qui explique l'idée spinoziste selon laquelle « il est d'un homme sage de se refaire et recréer[3] en mangeant et buvant de bonnes choses modérément, ainsi qu'en usant des odeurs, de l'agrément des plantes vertes, de la parure, de la musique, des jeux qui exercent le corps, des théâtres, et des autres choses de ce genre dont chacun peut user sans aucun dommage pour autrui[4] ». En effet, c'est parce que le corps humain est composé d'un très grand nombre de parties de nature diverse, qu'il a constamment besoin d'une alimentation nouvelle et variée ; et c'est cette alimentation nouvelle et variée qui permet de faire qu'il soit

---

1 *E* II, postulat 1 après la prop. 13, G II, p. 102.

2 *Ibid.*, postulat 3, G II, p. 102.

3 Les verbes « refaire [*reficere*] » et « recréer [*recreare*] » associés à des éléments aussi variés que les odeurs, les plantes vertes, la musique et les jeux, laissent penser que les aptitudes affectives et sensitives des hommes sont susceptibles de se perdre, si elles ne sont pas exercées quotidiennement.

4 *E* IV, prop. 45, scolie après corollaire 2, G II, p. 244. Ce passage indique très clairement que le corps n'est pas compris par Spinoza en un sens exclusivement organique : il faut également l'entendre en un sens sensitif et affectif. Ce point peut expliquer le fait que Spinoza ne juge pas nécessaire une anatomie ou une physiologie effectivement mises en œuvre pour comprendre tout ce que le corps *peut* ; peut-être ne répondraient-elles pas à ce que Spinoza entend démontrer.

« partout également apte à tout ce qui peut suivre de sa nature[1] ». En
d'autres termes, la complexité structurelle du corps explique tout à la
fois qu'il *puisse* être affecté de diverses manières, et qu'il soit nécessaire
de développer sa réceptivité afin qu'il le soit *effectivement*. C'est la raison
pour laquelle faire que « le corps de l'enfant se change, autant que sa
nature le supporte et y contribue, en un autre qui soit apte à beaucoup
de choses » soit l'objet d'un *effort* [*conamur*] de la part des parents[2].

Il semblerait donc que la *structure* du corps [*corporis fabrica*] ne soit
pas à entendre en un sens exclusivement physique ou anatomique : elle
engage également des dimensions sensitives, réceptives, affectives, voire
mémorielles. Si le terme *fabrica* désignait seulement les aspects mécaniques du corps, on pourrait légitimement s'attendre à le voir employé
dans la petite physique ; or, on n'y trouve pas une seule occurrence de ce
terme, bien qu'il y soit précisément question d'une physique des corps
en général, et d'une physique du corps humain en particulier.

L'on voit dès lors que l'idée selon laquelle le corps n'a nullement besoin
des décrets de l'esprit pour se mouvoir, ne revient en rien à rabattre ce
corps sur la composition d'une simple machine : sa complexité est telle
que la comparaison n'a pas lieu d'être. C'est selon nous le sens de la précision selon laquelle la structure du corps humain « dépasse de très loin
en artifice toutes celles qu'a fabriquées l'art des hommes ». D'ailleurs, la
composition ou la complexité des corps est à ce point variable selon les
espèces, et les aptitudes des choses singulières sont à ce point relatives à
leur structure, que Spinoza ne parle jamais du « corps vivant », ni même
du « corps animal » en général : il peut évoquer l'araignée, le cheval,
l'insecte ou l'homme, mais pas de genre plus élargi. Et encore, lorsqu'il
évoque ainsi des espèces, il s'agit simplement d'évoquer une nature-
cadre, tout en précisant (tout particulièrement pour les hommes) que les
aptitudes diffèrent également beaucoup d'un individu à l'autre. Dès lors,
il s'agit bien plutôt ici de réinscrire le corps humain dans « une seule

---

1   *Ibid.* La suite de ce passage établit un lien entre ce développement des aptitudes du corps
    et le développement corrélatif de l'aptitude de l'esprit « à comprendre plusieurs choses à
    la fois » ; on voit donc que le développement de l'esprit est rapporté à l'augmentation de
    la réceptivité du corps.

2   *E* V, prop. 39, scolie, G II, p. 305 ; traduction modifiée. Il y a dans ce passage un élément
    essentiel que nous retrouverons à tous les niveaux : l'idée selon laquelle la *nature* est un
    cadre dont nous ne pouvons sortir (il faut que la nature du corps de l'enfant puisse *recevoir*
    ce changement), mais au sein duquel des variations sont possibles (faire que les aptitudes
    de l'enfant deviennent plus nombreuses).

et même chose » (à savoir l'homme) avec l'esprit humain. En d'autres termes, nulle raison ne justifie que les études sur les hommes portent exclusivement sur l'esprit humain, ainsi que sur les propriétés que l'on a coutume d'attribuer à ce dernier (la conscience, la transparence à soi, la liberté, etc.). Bien au contraire, il faut porter au corps humain toute l'attention qui lui est due, et prendre acte du fait que le développement des aptitudes propres à l'esprit doit se faire corrélativement au développement des aptitudes du corps.

Ces considérations n'ont pas seulement une portée ontologique ou épistémologique : elles présentent également des enjeux éthiques importants, et préparent en ce sens les parties IV et V. Le devenir éthique ne pourra en effet en rien consister à développer de manière exclusive et unilatérale la dimension spirituelle de l'homme. La philosophie spinoziste est une philosophie de la juste inscription (dans la nature, dans l'homme, dans l'existence affectée, dans la durée), et cela transparaît à l'étude des occurrences de l'expression « structure du corps humain ». Finalement, et un peu paradoxalement en regard de son sens littéral, les occurrences de cette expression pourraient nous amener à penser que l'on trouve bien plus que de la matière (au sens strictement physique du terme) dans l'attribut de l'étendue. Tel est précisément le sens de la deuxième précision apportée par cette troisième occurrence.

Cette deuxième précision est ainsi la suivante : « pour ne rien dire ici du fait, comme je l'ai montré plus haut, que de la nature, considérée sous n'importe quel attribut, il suit une infinité de choses ». Juste auparavant, Spinoza parlait de la structure du corps humain ; nous pouvons donc légitimement supposer que, lorsqu'il fait mention de « n'importe quel attribut », il pense avant tout à celui de l'étendue. Cela donnerait donc : de la nature, considérée (entre autres) sous l'attribut de l'étendue, il suit une infinité de choses. Or, cette remarque a deux conséquences : la première est que l'attribut de l'étendue est bien plus riche, selon Spinoza, que ce que nous lui attribuons couramment : il ne s'agit pas seulement d'une matière formée ou figurée, autrement dit de corps qui ont une certaine longueur, une certaine largeur et une certaine profondeur. En effet, les modes de l'étendue sont en nombre infini (ce qui est corrélatif à l'infinité de la nature), mais également d'une infinie variété, et de divers degrés de complexité, impliquant des aptitudes elles-mêmes diverses. Cela conforte ainsi l'idée selon laquelle le corps humain, particulièrement complexe, ne doit pas être limité à sa dimension physique, ni même anatomique : il est en partie formé selon la manière dont il est affecté[1], par son mouvement, par son effort pour persévérer dans l'être, etc., autant de choses qui sont absolument indépendantes de l'attribut de la pensée, comme d'un Dieu personnel créateur.

De même, dans l'attribut de la pensée, les idées ne se limitent pas à ce qu'on pourrait qualifier, avec un certain anachronisme, de connaissance d'entendement : elles ont également une dimension affirmative[2], affective et mémorielle. Par ailleurs, elles s'enchaînent les unes avec les autres, et ne sont donc pas causées directement par un corrélat dans l'attribut de l'étendue. Cette incise précise donc de nouveau que les actions comme les idées s'enchaînent avec d'autres actions ou d'autres idées dans l'attribut qui leur est propre ; et elle insiste parallèlement sur la variété des unes comme des autres ; en ce sens, on ne peut réduire l'étude de l'étendue à une physique des corps, ni l'étude de la pensée à la détermination de ce qu'est une connaissance adéquate et rationnelle.

Mais un deuxième enseignement peut être tiré de cette incise, et plus exactement du terme *sequi* : de la nature considérée sous n'importe quel attribut, il *suit* une infinité de choses. On ne peut en effet s'empêcher de penser ici à la discussion entre Spinoza et Tschirnhaus au sujet des difficultés suscitées par l'idée selon laquelle il peut « naître tant de variétés si différentes » de « l'étendue, en tant qu'on la conçoit par soi, [...] indivisible et immuable[3] ». Cela implique en effet deux choses. D'une part que l'attribut lui-même, sans « mise en branle » de l'extérieur, a de façon immanente une puissance dont il suit une infinité de modes. D'autre part, que cette puissance est immédiatement en acte : il n'est pas dit en effet qu'il *peut* en suivre une infinité de choses, ni même qu'il en *suivra* une infinité de choses, mais qu'il en *suit* effectivement une infinité de choses (au présent, et sans modalité).

Spinoza ne développe pas plus avant cette question ici, mais Tschirnhaus a parfaitement raison de souligner que cela implique de

---

1   À l'occasion de rencontres avec les corps extérieurs, la surface du corps est affectée, et elle revêt diverses figures, dont l'agencement constitue la forme du corps. Voir à ce sujet L. Vinciguerra, *Spinoza et le signe*, « Les traces du corps », p. 121-162.

2   Au sujet de leur dimension affirmative, voir le scolie de la proposition II, 49 : les idées ne sont pas « des peintures muettes » ; « l'idée, en tant qu'elle est idée enveloppe affirmation ou négation » (G II, p. 132).

3   *Lettre 59 de Tschirnhaus à Spinoza*, datée du 5 janvier 1675, G IV, p. 268.

redéfinir l'étendue autrement que dans son acception exclusivement géométrique, si l'on refuse de prendre en compte la « supposition [cartésienne] d'un Dieu moteur » : elle ne peut plus être comprise comme une « matière au repos », dans la mesure où l'on ne peut concevoir la mise en mouvement d'une matière inerte en elle-même indépendamment d'un « mouvement excité par Dieu[1] » (ou par un décret de l'esprit, dans le cas du corps humain). Spinoza reconnaît dans sa réponse qu'on ne peut déduire la variété des choses à partir du seul « concept » d'étendue (entendu en un sens exclusivement géométrique), et que la matière doit donc être « expliquée par un attribut qui exprime[2] une essence éternelle et infinie », avant d'affirmer qu'il n'a jusqu'à présent « rien pu mettre en ordre sur cette question », et qu'il le fera une autre fois, s'il lui reste suffisamment de temps à vivre[3].

L'on peut dès lors retenir de ce passage, *a minima*, l'importance pour Spinoza de concevoir l'étendue comme attribut de la substance divine, et donc immédiatement (et non transitivement) animée par la puissance divine. En concevant l'étendue elle-même comme directement « en mouvement[4] », et non comme matière inerte, Spinoza s'épargnait ainsi la nécessité de recourir à une « mise en branle » de l'étendue par une force extérieure. Cette occurrence de *corporis fabrica* nous enseigne donc que l'étendue ne peut être conçue comme une masse inerte, mise en mouvement dans un second temps : de la substance divine considérée

---

1 *Lettre 82 de Tschirnhaus à Spinoza*, datée du 23 juin 1676, G IV, p. 333.

2 V. Viljanen propose de comprendre le verbe *exprimere* dans le sens suivant : *"in all the contexts in which it occurs a central feature of the expressive relationship is that if y expresses x, y is, of course, in some way different from x, but still in such a manner that y retains or preserves the basic character or nature of x. [...] Finite things express their attribute, because they are manner in which a certain attribute is modified, and as such, of course, their basic nature is that of their attribute"* (*Spinoza's Geometry of Power*, p. 98). Voir à ce sujet l'ensemble de la section "Power and expression" de ce livre. Pour un aperçu plus large des sens de ce terme (incluant par exemple l'idée selon laquelle le concept *exprime* l'action de l'esprit), l'on peut également se reporter aux analyses qu'en propose Filippo Mignini aux pages 193-195 de son livre Ars imaginandi. *Apparenza e rappresentazione in Spinoza* (Napoli, Edizioni Scientifiche Italiane, 1981), dans le chapitre 5 "L'espressione e le sue forme".

3 *Lettre 83 à Tschirnhaus*, datée du 15 juillet 1676 (G IV, p. 334).

4 Lorsque, dans la *Lettre 63* datée du 25 juillet 1675, Tschirnhaus demande à Spinoza – par l'intermédiaire de Schuller – « des exemples des choses produites immédiatement par Dieu » (G IV, p. 276), Spinoza lui répond « dans la pensée, l'intellect absolument infini, et dans l'étendue, le mouvement et le repos » (*Lettre 64 à Schuller*, datée du 29 juillet 1675, G IV, p. 278).

sous l'attribut de l'étendue *suit* une infinité de choses. Or, cela a également une incidence sur les corps singuliers eux-mêmes, qui n'auront pas plus besoin d'être « animés » par l'âme humaine ou encore par une création continuée divine : ils expriment de fait et toujours déjà, par leur existence même, un effort pour persévérer dans l'être, et seule une cause extérieure pourra mettre fin à cet effort. C'est d'ailleurs le sens de la proposition selon laquelle « l'effort par lequel chaque chose s'efforce de persévérer dans son être n'enveloppe pas un temps *fini*, mais *indéfini*[1] » : les choses singulières ne portent pas en elles la limitation de la durée de leur existence.

L'on voit donc que ce dernier point présente également des enjeux éthiques. En effet, l'éthique ne pourra, suite à ces considérations, consister à maîtriser le corps par le biais de décrets de l'esprit, voire à faire preuve de « bonne volonté » ou encore d'une certaine apathie à l'égard des événements extérieurs. Il s'agira bien au contraire de tenir compte de notre inscription dans la nature, et de faire que notre puissance ne soit pas empêchée de s'exprimer en accord avec notre nature par des causes extérieures, ou encore par l'imagination que nous nous faisons de ces choses extérieures comme obstacles à notre puissance et à notre être[2]. Et c'est la thématique qu'abordera la quatrième et dernière occurrence de l'expression « *corporis humani fabrica* ».

Il n'y a en effet pas contradiction entre ces deux idées, bien au contraire : reconnaître que nous sommes en constante relation avec des choses extérieures n'est pas nous placer sous la domination de ces choses, mais bien plutôt nous donner les moyens d'agir adéquatement au sein de cette ontologie généralisée de la relation. L'on voit donc les liens très étroits qui relient ontologie et éthique dans la philosophie spinoziste : elles ne constituent pas, selon nous, des domaines séparés qui pourraient être pensés isolément l'un de l'autre. En tant qu'hommes, nous sommes inscrits dans la nature, et c'est au sein de cette nature que doit se penser notre puissance d'agir. On ne peut donc envisager une thématique éthique qui ne soit pas pertinente d'un point de vue ontologique. Cela ne veut pas dire non plus que l'imagination et les croyances n'ont aucun

---

1   *E* III, prop. 8, G II, p. 147.
2   Le fait que la liaison entre un affect et une chose extérieure soit bien souvent imaginaire n'empêche pas cette imagination d'avoir des effets bien concrets sur nos actions, d'où l'importance de sa prise en compte dans le cadre d'un travail sur le devenir éthique.

rôle à jouer dans l'éthique ; leur rôle est toutefois à comprendre à partir de la manière dont les corps et les esprits humains sont affectés, soit en rapport avec un certaine anthropologie, et non en un sens exclusivement pragmatique. En ce sens, la philosophie spinoziste est plus une pensée de la réinscription, ou de la différenciation au sein de la continuité, que de la distinction de plans séparés et hétérogènes. Il nous semble à ce sujet que le plan de l'*Éthique* n'est donc pas anodin : les parties I et II préparent les considérations éthiques des parties IV et V ; et les affects sont à la charnière entre les deux.

C'est précisément dans la quatrième partie de l'*Éthique* que prend place la dernière occurrence du terme *fabrica*, interrogeant explicitement le lien entre une action appréhendée sous sa dimension exclusivement physique et l'interprétation morale ou éthique que l'on peut en donner. Cette occurrence prend place dans le scolie de la proposition 59 d'*Éthique* IV, proposition dans laquelle il est affirmé que, « à toutes les actions auxquelles nous détermine un affect qui est une passion, nous pouvons être déterminés sans lui par la raison[1] ». La mention de cette proposition nous fournit quatre éléments de contexte : le premier est que tout affect n'est pas nécessairement une passion, nous pouvons en effet être cause adéquate d'une affection et de l'idée correspondante[2] ; le second est qu'une même action peut être déterminée par un affect ou bien par la raison, c'est d'ailleurs en fonction de son mode de détermination qu'elle prendra sens ; le troisième est que nous pouvons être *autrement* déterminés à agir, et en l'occurrence y être *librement* déterminés ; la quatrième pourrait nous induire en erreur, en nous laissant penser que Spinoza affirme ici, en se contredisant lui-même, que nos actions corporelles peuvent être déterminées par nos pensées, alors qu'il n'y a pas de relation causale directe entre les modes de l'attribut de la pensée et les modes de l'attribut de l'étendue.

Or, dans le scolie qui suit cette proposition, Spinoza exclut d'emblée une telle interprétation, en affirmant que « l'action de frapper, en tant qu'on la considère *physiquement*, et si nous prêtons attention seulement au fait qu'un homme lève le bras, ferme la main et meut avec force

---

1   *E* IV, prop. 59, scolie, G II, p. 255.
2   Voir *Éthique* III, commentaire faisant suite à la Définition 3 : « Si donc nous pouvons être cause adéquate d'une de ces affections, alors par Affect, j'entends une action ; autrement, une passion » (G II, p. 139).

tout son bras vers le bas, est une vertu, qui se conçoit par la structure du corps humain[1] ». Nous pouvons alors lire dans cette remarque deux affirmations, en lien avec les précédentes occurrences. La première est que nous ne devons pas tenter de lire une intention divine dans ce qui survient dans la nature : tous les mouvements qui s'y passent peuvent s'expliquer par les seules lois de la nature corporelle. La deuxième est que les hommes n'agissent pas non plus sur décret de l'esprit : la structure du corps humain est à ce point complexe qu'elle peut expliquer à elle seule tous les mouvements du corps. Encore une fois, l'éthique ne sera ni question de vertu (au sens religieux du terme) ou de péché, ni question de bonne ou de mauvaise volonté.

Le principal apport de cette dernière occurrence en regard des précédentes est alors que les enjeux éthiques n'y sont pas seulement sous-jacents, ou encore abordés de façon générale : dans le « Autrement » (c'est-à-dire « démontré autrement ») qui précède le scolie, il est explicitement fait allusion aux actions dites « bonnes » ou « mauvaises », et plus précisément encore au fait qu'« une seule et même action est tantôt bonne, tantôt mauvaise[2] ». Cela signifie donc, d'une part, que les actions ne peuvent être comprises ni jugées isolément : un geste est neutre en lui-même, il n'est qu'un mouvement pouvant s'expliquer par la force relative à la structure d'un corps. Ce qui les qualifie, ce qui leur donne sens, ce sont les images auxquelles elles sont associées, dans l'esprit de celui qui les accomplit ; nous retrouvons ici une autre grande affirmation spinoziste, celle selon laquelle l'éthique ne consiste pas à n'être absolument pas déterminé par quoi que ce soit (ce qui est de toute façon impossible), mais à être *librement* ou encore *adéquatement* déterminé, *conformément à sa nature*. Nous lisons en effet dans le scolie de cette même proposition qu'

> une seule et même action peut se trouver jointe à n'importe quelles images de choses ; et par suite, nous pouvons être déterminés à une seule et même action aussi bien par les images de choses que nous concevons confusément [soit passivement déterminés] que de celles que nous concevons clairement et distinctement [soit librement déterminés].

Dans les deux cas, nous sommes bien déterminés à agir, conformément à notre désir, ce désir suivant lui-même de la manière dont nous sommes

---

1   *E* IV, prop. 59, scolie, G II, p. 255. Nous soulignons.
2   *E* IV, prop. 59, dém., Autrement, G II, p. 255.

affectés[1]. Mais dans le dernier cas, le désir naît de la raison, c'est-à-dire d'une compréhension du rapport existant entre nous-mêmes et les choses extérieures, tandis que dans le premier, ce désir est « aveugle », nous amenant à agir en inadéquation avec notre nature, et dans une mécompréhension de notre convenance avec les choses extérieures.

Le premier enseignement de cette occurrence est donc que nos actions ne peuvent pas être comprises isolément : c'est uniquement réinscrites dans un contexte et rapportées au désir qui les a fait naître que nous pouvons les qualifier de bonnes ou de mauvaises. Le fait que Spinoza précise que l'action de frapper est une vertu qui se conçoit par la structure du corps humain « en tant qu'on la considère physiquement » est très clair à ce sujet : il ne s'agit là que d'un seul aspect des choses, et nous ne pouvons nous contenter de concevoir l'action ainsi. Pour lui donner sens, il faut la réinscrire dans l'existence d'un homme, qui est à la fois un corps et un esprit singuliers. Dès lors, on ne peut concevoir ici un « manuel de bonne conduite », dictant les comportements qui doivent être adoptés par tous et indifféremment, afin d'agir moralement : on ne peut déterminer ce qui doit être fait *universellement*, indépendamment de l'inscription des actions dans une existence individuelle, dans un certain contexte, et de leur lien avec les désirs, les affects et les imaginations de cet individu. Cette étude des occurrences du terme *fabrica* nous amène à donner un nouvel éclairage à l'éthique spinoziste : elle est à comprendre en rapport direct, irréductible et inaliénable avec la vie, avec l'existence singulière d'un homme incarné, imaginant, affecté et désirant.

Le deuxième enseignement que nous pouvons en tirer, c'est que toutes nos actions sont inscrites dans l'attribut de l'étendue. En effet, le fait qu'elles ne puissent prendre sens en étant exclusivement considérées d'un point de vue *strictement* physique, ne signifie en rien que nous puissions faire abstraction de cette dimension physique et des lois de détermination qui lui sont propres : d'un point de vue physique, l'action elle-même a bien été déterminée par une action antécédente et peut s'expliquer – à défaut d'être estimée – par la seule vertu du corps. À aucun moment Spinoza ne nous laisse la possibilité de penser que le devenir éthique pourrait consister dans le fait de se départir de la

---

1   Selon la première Définition des Affects, dans la troisième partie de l'*Éthique*, le désir est « l'essence même de l'homme, en tant qu'on la conçoit comme déterminée, par suite de quelque affection d'elle-même à faire quelque chose » (G II, p. 190).

détermination propre à l'attribut de l'étendue, d'instaurer une forme *autre* de causation. Nous sommes de fait inscrits dans la nature[1] (tout autant étendue que pensante), et si devenir éthique il y a, c'est au sein de cette nature qu'il se mettra en œuvre.

Il est à ce sujet significatif que Spinoza fasse mention du corps jusque dans la cinquième partie de l'*Éthique*, où il est question de liberté humaine, de béatitude et d'éternité de l'esprit : nous sommes tout autant notre corps que notre esprit, et ce ne sera jamais *contre* notre corps que nous conquerrons la puissance de notre esprit. Nous lisons par exemple dans la proposition 39 d'*Éthique* V : « Qui a un corps apte à un très grand nombre de choses, a un esprit dont la plus grande part est éternelle[2] » – nous voyons toutefois qu'il n'est plus exclusivement question de la dimension strictement *physique* du corps, mais de l'ensemble de ses aptitudes, non moins inscrites dans l'attribut de l'étendue. La place du corps dans l'éthique est donc à comprendre de façon assez subtile et nuancée : il ne s'agit ni de refouler sa présence et de tenter de se départir de sa détermination, ni de considérer que l'éthique peut se réduire à cette dimension strictement physique. Le mieux que nous puissions faire est d'*inscrire* le corps que nous sommes dans notre effort en vue d'un certain devenir éthique, ce qui signifie à la fois y porter attention et ne pas y consacrer *toute* notre attention. C'est probablement dans cet équilibre que doit être comprise l'expression *corporis humani fabrica* : ce serait ainsi à la fois ce qui structure le corps (ce qui lui donne « forme[3] »), ce qui rend possible l'augmentation de ses aptitudes (du fait de sa grande complexité) et ce à quoi nous ne pouvons nous limiter (ce qui justifie le fait que Spinoza rapporte cette structure principalement aux conditions *physiques* de nos actions, tout en mentionnant que ce n'est pas là le tout du sens que nous pouvons leur donner).

Finalement, nous pourrions considérer que ces occurrences de *fabrica* sont instructives quant à la place, dans la pensée spinoziste, de ce que nous entendons couramment par « corps ». En effet, en distinguant esprit et corps, nous avons coutume de réduire ce dernier à sa dimension strictement physique – et c'est d'ailleurs ce que semble faire Spinoza

---

1   Selon la célèbre proposition 4 d'*Éthique* IV, « il ne peut pas se faire que l'homme ne soit pas une partie de la nature » (G II, p. 212).

2   *E*, V, prop. 39, G II, p. 304.

3   Le maintien de la forme d'un corps à travers ses transformations est une thématique spinoziste récurrente.

dans cette dernière occurrence, à la fois pour insister sur ce que peut le corps uniquement d'après les lois de sa nature corporelle, *et* pour attirer notre attention sur le fait que ce n'est pas là le tout de la corporéité et du sens que nous pouvons conférer à nos actions corporelles. C'est même probablement la raison pour laquelle Spinoza utilisera une autre expression, à savoir *corporis humani constitutio*, lorsqu'il sera question de parler de la complexion affective du corps, variable dans le temps. Il ne s'agit pas de dire que nous aurions un corps physique sur lequel se surimposerait un corps affectif : pour paraphraser la célèbre affirmation d'*Éthique* III, 2, scolie[1], nous pourrions dire que le corps physique et le corps affectif sont un seul et même corps conçu sous deux aspects différents. Simplement, l'une des expressions sera plus pertinente que l'autre dans un certain contexte, selon ce sur quoi Spinoza souhaite mettre l'accent, et en gardant toujours à l'esprit que ce sont là des distinctions de langage, qui ne correspondent pas à des choses différentes dans la réalité.

Pour résumer, nous pouvons dire que l'enjeu éthique ne consiste pas à s'extirper de la corporéité, ou à ne plus être déterminé, mais à être déterminé par quelque chose que nous concevons de manière adéquate. Dans les termes de ce scolie, cela reviendrait à dire : faire effort pour que nos actions soient jointes à des images de choses que nous concevons clairement et distinctement. Il est d'ailleurs intéressant que Spinoza continue à parler en termes d'« images », y compris lorsqu'il est question de conception adéquate : il n'écrit pas, en effet, que nos actions doivent être jointes à des connaissances et non plus à des images, mais qu'elles doivent être jointes à des *images* de choses que nous *connaissons* adéquatement. Il faut toutefois avoir à l'esprit deux choses déjà établies par Spinoza à ce stade de l'*Éthique*, afin de bien comprendre ce passage.

La première, c'est que les idées ne sont pas des « peintures muettes sur un tableau[2] » : le terme d'image n'est donc pas à entendre ici en un sens figé et représentatif, le sens même de chacune ne peut être compris isolément de toutes celles avec lesquelles elle est enchaînée. L'on retrouve en ce point l'idée selon laquelle ce qui fait sens, c'est la relation, et que c'est à l'occasion de relations que le sens peut se constituer, s'affirmer et

---

1   « L'esprit et le corps, c'est une seule et même chose, qui se conçoit sous l'attribut tantôt de la pensée, tantôt de l'étendue » (*E* III, prop. 2, scolie, G II, p. 141).

2   *E* II, prop. 49, scolie, G II, p. 132.

changer. C'est d'ailleurs ce qui explique le fait que le terme d'« images » est toujours employé au pluriel dans ce passage : une action n'est pas jointe à *une* image, de même que l'adéquation des idées se mesure à la pertinence de leur enchaînement dans l'esprit et non à leur corrélation terme à terme avec un certain idéat.

La deuxième, c'est le grand rôle joué par les affections, les rencontres passées, et les habitudes forgées à ces occasions dans la manière dont nous « joignons » deux idées entre elles. On lit ainsi dans le scolie de la proposition 18 d'*Éthique* II que

> de la pensée du mot *pomum*, un Romain tombera aussitôt dans la pensée d'un fruit qui n'a aucune ressemblance avec ce son articulé, ni rien de commun avec lui sinon que le corps de cet homme a souvent été affecté par les deux, c'est-à-dire que cet homme a souvent entendu le mot *pomum* alors qu'il voyait ce fruit[1].

Cette précision est importante, dans la mesure où elle nous interdit d'interpréter l'occurrence dont il est ici question en termes de sens donné par l'esprit aux actions : la manière dont le corps est affecté a *déjà* un sens, et c'est corrélativement à ce sens que l'esprit enchaînera ses idées. Dès lors, l'enjeu éthique consiste *aussi* à élaborer la manière dont notre corps lui-même est affecté par les choses extérieures, en lien avec l'extension de la capacité de compréhension de notre esprit.

Finalement, nos actions ne sont pas si neutres que cela lorsqu'elles ne sont comprises que *corporellement* : elles le sont quand on les réduit à leur dimension *strictement physique*, ce qui n'est pas la même chose. Le terme de *fabrica* reste en ce sens ambigu, en ce qu'il pourrait être compris en son sens exclusivement physique ou organique ; peut-être est-ce là la raison pour laquelle il est si peu employé dans l'*Éthique*. Mais il apporte toutefois quelque chose d'essentiel, si on y lit ce qui permet au corps d'être actif par lui-même, par les aptitudes qui sont les siennes. En d'autres termes, il s'agirait de dire que cette *structure* donne, si ce n'est ses lettres de noblesse, au moins sa dimension digne d'attention, au corps, à condition d'avoir à l'esprit que ceci doit toujours se faire dans l'optique d'une réintégration dans l'homme lui-même, qui est tout à la fois corps et esprit. *Tout à la fois*, cela signifie « ni plus esprit que corps » (la dignité de l'homme ne se situe pas dans une sortie possible

---

1   *E* II, prop. 18, scolie, G II, p. 107.

de sa détermination corporelle), et dans le même mouvement « ni plus corps que esprit » (l'homme n'est pas non plus « rivé » à sa corporéité, et réductible à sa factualité corporelle). Dans les termes de la distinction établie par B. Grœthuysen, ce sont là les deux conditions nécessaires pour penser une éthique de vie qui ne soit ni « philosophie de vie », au sens comportemental du terme, ni « anthropologie philosophique » si l'on entend par là que « ce n'est plus *vivo*, mais *cogito*[1] » : il ne s'agit ni de proposer une morale descriptive ou relativiste, ni de tenir la vie à distance et de séparer la réflexion des affections au sein desquelles elle se forme.

En conclusion, nous pourrions retenir trois grands enseignements de l'étude des occurrences de *corporis humani fabrica* dans l'*Éthique*. Le premier, c'est que Spinoza utilise ce terme pour insister sur l'ancrage du corps, de ses mouvements et de la cause de nos actions dans le seul attribut de l'étendue : tout ce qui concerne le corps peut s'expliquer par sa seule structure, indépendamment de tout décret de l'esprit ou de toute intervention d'un Dieu transcendant. Le second est que l'emploi de ce terme de *fabrica* s'applique, selon Spinoza, à tout corps naturel[2], mais jamais il ne l'emploie au sujet de ce qui est fabriqué par les hommes. Si le corps humain n'est pas comparable à une machine, ce n'est donc pas tant que Spinoza opère une distinction entre vivant et inanimé[3], mais plutôt qu'il fait passer une différenciation entre choses naturelles et choses fabriquées par les hommes : les premières sont *toutes* caractérisées par un certain effort pour persévérer dans l'être, relatif à la structure qui est la leur. Enfin, le troisième enseignement est que Spinoza ne cherche dans cette étude des corps que ce dont il a besoin en vue de sa visée éthique : on lit ainsi dans le scolie faisant suite au lemme 7 de la

---

1 Voir à ce sujet la préface de l'*Anthropologie philosophique*, notamment les pages 8 à 10.
2 Ce point nous fait douter d'une influence significative sur Spinoza du titre de l'ouvrage de Vésale ; il se peut qu'il en ait repris cette expression, mais en lui conférant un sens sensiblement différent. Comme nous avons pu le voir, Spinoza ne donne pas un sens spécifiquement anatomique, physiologique ou organique à ce terme de *fabrica*, dont la compréhension est ici à la fois plus restreinte (ce qui permet de rendre physiquement compte de ce que peut le corps) et l'extension plus élargie (ce qui permet de rendre compte des mouvements de *tout* corps).
3 Au sujet de l'absence de libre arbitre, et de la détermination qui caractérise toutes nos actions comme toutes nos pensées, Spinoza écrit ainsi dans la *Lettre 58 à Schuller* que « ce qui est vrai de la pierre, il faut l'entendre de toute chose singulière, quelle que soit la complexité qu'il vous plaise de lui attribuer, si nombreuses que puissent être ses aptitudes » (G IV, p. 266).

petite physique : « si l'intention avait été de traiter du corps *ex professo*, j'aurais dû l'expliquer et le démontrer de façon plus prolixe. Mais, je l'ai déjà dit, c'est autre chose que je veux, et, si j'en fais mention ici, c'est uniquement parce que, de là, je peux facilement déduire ce que je me suis proposé de démontrer [à savoir ce qui peut nous conduire à la béatitude, selon la remarque introductive de la deuxième partie de l'*Éthique*][1] ».

Dans ce cas précis, la mention de la structure des corps permet d'aborder l'idée d'une plus ou moins grande complexité, et des aptitudes qui sont lui sont afférentes : or, ce seront précisément ces aptitudes qui seront à augmenter, en vue d'un certain devenir éthique, et ce dans le cadre de notre nature. Dès lors, la *structure* d'un corps peut être comprise à la fois comme ce qui lui assigne un *cadre* – le développement de nos aptitudes se fera dans une certaine limite, dans la mesure où nous ne pouvons ni sortir de notre nature, ni par trop « déstructurer » notre corps, au point d'en perdre la forme et de devenir autre – ; et ce qui est d'une *plasticité* (ce qui ne veut pas dire « indétermination ») suffisante afin de permettre un « devenir autre » de ce corps. C'est donc ce qui permet de dessiner véritablement un *corps* individuel, et non seulement un état ponctuel de relations. C'était bien la première condition afin de penser un devenir : pouvoir s'appuyer sur un corps individuel ayant suffisamment de consistance pour qu'il puisse prendre divers états dans le temps sans changer de nature.

---

1   *E* II, scolie après le lemme 7, G II, p. 102.

LA SINGULARISATION DU CORPS
Le premier pas de l'être vers un devenir

Une fois le statut de cette structure établi, il nous reste encore à penser la possibilité de changement du corps dans le temps. En effet, pour mettre en place les conditions ontologiques et anthropologiques du devenir, il faut tout à la fois la stabilité d'une nature, et le possible changement du corps au sein de cette nature-cadre. Trois éléments devront dès lors être réunis : 1/ la perception de son corps individuel comme « corps propre » (autrement dit, expliquer que l'on puisse rapporter à soi ce qui affecte notre corps, alors même qu'il n'y a pas d'intériorité concevable au sens d'introspection) ; 2/ l'explication des changements d'état du corps dans le temps et de l'importance qu'ils prennent dans notre rapport aux choses extérieures comme à nous-mêmes (que ce rapport soit adéquatement connu ou bien de l'ordre de l'imagination) ; et 3/ la possibilité, à partir de ces deux conditions premières, d'une singularisation de son corps affectif et mémoriel (ou comment une trajectoire peut se dessiner à même ces constantes variations affectives). En effet, avant même de parler d'un devenir *éthique*, encore faut-il que nous soyons en mesure de devenir, soit de donner une certaine trajectoire à nos variations au sein de cette nature déterminée et dynamique.

DU CORPS INDIVIDUEL AU CORPS PROPRE :
LE RÔLE DE LA SENSATION-AFFECTION

La première question est donc la suivante : comment puis-je ressentir *ce* corps comme étant *mon* corps, s'il n'y a pas d'action envisageable du corps sur l'esprit (au sens où mon corps indiquerait directement à mon esprit ce qui se passe en lui), et s'il n'y a pas non plus de point de rencontre entre les deux (au sens où ce qui arrive au corps se manifesterait en ce point à l'esprit, par le biais d'une traduction terme à terme)? De quelle médiation disposons-nous afin de « prendre conscience[1] » de la situation dans laquelle se trouve notre corps, dans un cadre où l'ordre et l'enchaînement des actions corporelles répond à l'ordre et l'enchaînement des pensées sans jamais qu'ils ne se croisent ou qu'ils n'interfèrent? Répondre à ces questions est primordial quant à notre projet de penser une éthique ancrée dans le corps, qui ne se réduise pas pour autant à une éthique exclusivement corporelle. Expliquer que le corps a, par le biais de sa structure, des aptitudes bien supérieures et bien plus étendues que celles qu'on lui accorde couramment constituait une première étape, nécessaire mais non suffisante. Comprendre désormais en quoi cela prend sens et en quoi cela importe pour l'esprit en constitue une seconde, avant d'entrer dans la voie d'un possible sens éthique d'une vie qui est corporelle et mentale tout à la fois et d'un seul mouvement.

Le point notable est que cela passe par la médiation d'un rapport à l'extérieur : il n'y a pas de rapport de soi à soi indépendamment de toute insertion dans les relations avec les autres choses de la nature. Cela signifie que ce n'est pas seulement *en dépit* de notre insertion dans la nature que nous pourrons éventuellement prendre le chemin d'un certain devenir éthique ; ce sera bien plutôt *à l'occasion* de ces relations que nous pourrons nous constituer un corps propre, estimer la situation dans laquelle est ce corps, et éventuellement susciter une modification de cette situation – modifiant du même mouvement notre compréhension de nous-mêmes comme celle des choses extérieures. Ce lien entre aptitudes du corps, compréhension de soi et compréhension des choses extérieures est d'ailleurs explicitement établi à la fin de l'*Éthique*, dans le scolie de la proposition 39, où l'on peut lire que

> qui a, comme le bébé ou l'enfant, un corps apte à très peu de choses, et dépendant au plus haut point des choses extérieures [*pendens a causis externis*], a un esprit qui, considéré en soi seul n'a presque aucune conscience ni de soi, ni de Dieu, ni des choses ; et, au contraire, qui a un corps apte à beaucoup de

---

1   Nous plaçons cette expression entre guillemets dans la mesure où le sens qu'elle peut prendre dans la philosophie spinoziste ne va pas de soi – à la fois parce qu'il n'y a pas d'interaction entre corps et esprit, et parce qu'il n'y a pas non plus de conscience qui soit transcendante à ce qui est vécu, au sens où cette dernière se poserait comme en surplomb par rapport aux actions et aux pensées de l'homme.

choses [*ad plurima aptum*], a un esprit qui, considéré en soi seul, a une grande conscience de soi, et de Dieu, et des choses[1].

Le devenir éthique ne passe donc pas par une quelconque introspection, ni par un retrait du monde, mais plutôt par une juste inscription dans la nature – toute la difficulté résidant dans la détermination de cette justesse de l'inscription, comme dans la compréhension de la manière dont on peut la faire varier. Il convient ainsi de ne pas interpréter *pendens a causis externis* comme le simple fait d'entretenir des rapports avec les choses extérieures : c'est toujours le cas, et c'est même une condition pour avoir conscience de son corps comme de son esprit. Le terme de *pendens* doit, dans ce passage, être opposé à celui d'*aptus* – qui se rapporte à la fois au fait d'affecter et d'être affecté, et qui est donc toujours déjà à comprendre dans le cadre de notre insertion au sein des autres choses de la nature. Dès lors, Spinoza vise un *certain* rapport avec les choses extérieures, qui peut être quasi unilatéral, au sens de passivement subi (auquel cas l'enfant est *pendens*), ou bien qui peut être équilibré et activement constitué, de manière à ce que nous soyons affectés selon notre nature (auquel cas l'adulte en question est *aptus*). L'éthique spinoziste est ainsi tout à la fois singulière et non exclusive, ou encore individuelle et cependant non individualiste.

Le fait que la prise en compte de la situation dans laquelle se trouve son corps passe par la médiation d'un rapport à l'extérieur peut sembler paradoxal : prendre en compte les relations d'un corps avec les corps environnants semble plus aller dans le sens d'une attention portée aux liens entre corps, ou encore à la nature naturée prise dans son ensemble, que dans le sens d'une distinction d'*un* corps (propre) parmi *les* corps. Et pour comprendre en quoi les aptitudes du corps prennent sens pour l'esprit, il semblerait plus logique de porter notre attention sur l'esprit (pour lequel se dessine *son* corps propre) que sur le corps (pris dans de constantes relations avec les autres corps). Pour répondre à ces interrogations, il convient tout d'abord de noter que la sensation[2] prend un sens tout à fait original dans la philosophie spinoziste. Cette originalité se mesure dès le terme employé, à savoir *sensatio*[3], terme qui n'apparaît ni

---

1   *E* V, prop. 39, scolie, G II, p. 305.
2   Au sens de rencontre entre corps perçu et corps percevant donnant au second une idée (dans un premier temps inadéquate) de l'existence et de la nature du premier.
3   Nous trouvons plus exactement *sensatio* et *sensationes* dans le *Traité de la réforme de l'entendement*, tandis que nous ne trouvons que la forme verbale *sentire* dans l'*Éthique*.

dans les textes philosophiques de ses contemporains, ni dans les lexiques latins de l'époque[1]. On peut lire dans cet usage une prise de distance à l'égard des conceptions de la sensation par Hobbes (qui emploie *sense* en anglais, et *sensio* [fait de sentir] ou *sensus* [sensation] en latin) et Bacon (qui utilise plus volontiers *sensus*[2]).

En effet, dans la première partie du *Léviathan*, Hobbes considère qu'« à l'origine de toutes nos pensées se trouve ce que nous appelons sensation (car il n'y a pas de conception dans l'esprit humain qui n'ait pas d'abord, tout à la fois ou partie par partie, été engendrée au sein des organes de la sensation) ». Par ailleurs, il affirme que la « cause de la sensation est le corps extérieur ou objet, qui presse l'organe propre à chaque sensation », et que ces mouvements produisent en nous d'autres mouvements qui « nous apparaissent sous forme de phantasmes[3] » et que nous identifions à la sensation. Or, deux éléments de ces affirmations ne peuvent être admis par Spinoza. Premièrement, cela revient à considérer qu'un mouvement corporel peut être cause d'une pensée, ce qui est inconcevable pour Spinoza[4] : le corps et l'esprit étant des modes de deux attributs différents (l'étendue pour le premier, la pensée pour le second), un mouvement engendré dans un organe de la sensation ne saurait susciter une idée dans l'esprit[5]. Cela signifie donc que ce n'est pas en ces termes que se concevra la connaissance de soi comme des

---

1   Voir à ce sujet L. Vinciguerra, *Spinoza et le signe. La genèse d'une imagination*, première partie « *Sentire sive percipere* », première section « *Sensatio* », p. 25-41.

2   À vrai dire, le terme *sensus* désigne plus, dans les textes baconiens, les sens que la sensation. En effet, la perspective de Bacon consiste à inscrire les sens dans une perspective épistémologique (par exemple en s'interrogeant sur la manière dont ils peuvent être corrélés à l'entendement), et Bacon ne caractérise pas vraiment de façon explicite et précise, dans ce cadre, le concept de « sensation ».

3   Hobbes, *Léviathan*, première partie « De l'homme », chap. premier « De la sensation », trad. Fr. Tricaud, éditions Sirey, Paris, 1983 (1971), p. 11-12.

4   Le problème d'une action du corps sur l'âme ne se pose pas en ces termes pour Hobbes, qui considère que l'âme est tout aussi corporelle que le corps. On lit ainsi dans ses objections à Descartes que « nous ne pouvons concevoir aucun acte sans son sujet, comme la pensée sans une chose qui pense, la science sans une chose qui sache, et la promenade sans une chose qui se promène. Et de là il semble suivre qu'une chose qui pense est quelque chose de corporel » (Troisièmes objections faites par un philosophe anglais, A II, p. 602).

5   Voir à ce sujet la prop. 5 d'*Éthique* II : « l'être formel des idées reconnaît pour cause Dieu, *en tant seulement qu'on le considère comme chose pensante, et non en tant qu'il s'explique par un autre attribut*. C'est-à-dire, les idées tant des attributs de Dieu que des choses singulières reconnaissent pour cause efficiente *non pas ce dont elles sont les idées*, autrement dit les choses perçues, mais Dieu lui-même, *en tant qu'il est chose pensante* » (G II, p. 88).

choses extérieures. Cela signifie également que le rapport aux choses extérieures sera d'abord conçu sur un mode corporel, de même que la sensation prendra avant tout sens dans le rapport de l'esprit au corps (au sens de ressenti par l'esprit de ce qui se passe dans le corps[1]), et non comme connaissance de la chose extérieure. En d'autres termes, la sensation a lieu *à l'occasion* de la rencontre avec des choses extérieures, mais elle prend principalement sens *pour nous* comme rapport médiatisé de soi à soi. Peut-être est-ce en ce point que nous pouvons commencer à comprendre ce que signifie, dans le cadre de la philosophie spinoziste, une intériorité non introspective, ou encore un cheminement éthique *ancré* dans des relations avec les choses extérieures sans être directement ni unilatéralement *causé* par ces dernières.

Deuxièmement, cela revient à considérer que des images (ou « phantasmes », dans le vocabulaire hobbesien) des choses viennent s'imprimer dans l'esprit, qui serait passif face à ces mouvements directement produits par des mouvements qui nous sont extérieurs – il est d'ailleurs significatif que Hobbes ne conçoive pas d'action qui n'ait pour sujet quelque chose de *corporel*, comme si un esprit compris comme mode de l'attribut de la pensée ne pouvait être de lui-même actif. Or, cette conception semble trop mécaniste pour convenir avec la philosophie spinoziste, non pas au sens où la sensation ne serait pas déterminée selon Spinoza (elle l'est comme toute idée et comme toute action corporelle), mais au sens où les affirmations hobbesiennes accordent trop peu au corps percevant. Nous pouvons nous référer à deux textes pour argumenter cette idée. Le premier est le scolie d'*Éthique* II, 49, destiné à réfuter ceux qui croient qu'une volonté libre vient s'ajouter à l'idée lorsque nous affirmons quelque chose, et que nous pouvons nous décider tout à fait librement en un sens ou en un autre, quel que soit ce qui nous est présenté. Hobbes définissant la liberté comme, « l'absence d'obstacle extérieur[2] », ce scolie ne peut lui être adressé. Cependant,

---

1   C'est d'ailleurs en ce sens que le terme de *sensatio* est utilisé dans le paragraphe 32 du *Traité de la réforme de l'entendement*. On y lit ainsi que, « après avoir clairement perçu que nous sentons [*nos sentire*] tel corps et nul autre, de là, dis-je, nous concluons clairement que l'âme est unie au corps, cette union étant la cause d'une telle sensation » (G II, p. 11). La note correspondant à ce passage ajoute « par cette union, nous n'entendons rien si ce n'est la sensation elle-même ».

2   Hobbes, *Léviathan*, première partie « De l'homme », chap. 14 « Des deux premières lois naturelles et des contrats », p. 128.

nous pouvons lire, dans les affirmations spinozistes selon lesquelles les idées ne se forment pas « en nous par suite de la rencontre des corps » et qu'elles ne sont donc pas « des peintures muettes sur un tableau[1] », une prise de distance à l'égard des conceptions de la sensation de type hobbesien. Cela signifie que les pensées ne peuvent être causées par un mouvement corporel extérieur : elles ne sont pas des *peintures* tracées en notre esprit trouvant leur origine dans les objets que nous percevons.

Mais cela signifie également que notre esprit n'est pas comme un *tableau vierge* : les idées sont celles des choses que nous percevons, mais ce sont des idées *de notre esprit* et non d'un autre. En termes spinozistes, ces idées sont en Dieu en tant qu'il s'exprime en un mode déterminé de l'attribut de la pensée (notre esprit) et non en un autre (quelque autre esprit) ; et ce mode déterminé de l'attribut de la pensée est constitué d'une idée dont l'objet est un mode de l'attribut de l'étendue (notre corps) et non un autre (les autres corps). Dès lors, affirmer que les idées ne sont pas en notre esprit comme des peintures *muettes* signifie tout à la fois qu'elles ne sont pas de simples copies – elles affirment d'elles-mêmes quelque chose de l'objet perçu –, et qu'elles ne sont pas neutres – elles disent aussi quelque chose de notre esprit. C'est d'ailleurs l'idée que nous retrouvons dans le deuxième texte que nous pouvons mobiliser à ce sujet, à savoir la proposition 16 d'*Éthique* II : « l'idée d'une quelconque manière dont le corps est affecté par les corps extérieurs doit envelopper la nature du corps humain, et en même temps la nature du corps extérieur[2] ». Il n'y a donc pas de sensation absolue, indépendamment de l'esprit et du corps dont elle est la sensation. Il est d'ailleurs significatif que, si la forme verbale *sentire* subsiste dans l'*Éthique*, Spinoza passe de la forme nominale *sensatio* à celle d'*affectio* : le corps percevant est partie prenante de la sensation, il est *affecté* par le corps extérieur à l'occasion de cette sensation. Il ne reçoit donc pas son image telle quelle et sans autre implication de sa part ; il est partie prenante de l'image qu'il s'en forme et cette image affecte en retour ce qu'il est. C'est d'ailleurs la raison pour laquelle « des corps différents sont mus de manière différente par un seul et même corps[3] » : telle est la condition de possibilité d'une singularisation des corps, et, dans une perspective éthique, de

---

1   *E* II, prop. 49, scolie, G II, p. 132.
2   *E* II, prop. 16, G II, p. 103.
3   *Ibid.*, axiome I suivant le lemme 3, G II, p. 99.

la nécessité de modifier les habitudes sensitives de son corps afin d'être différemment affecté par la suite.

La deuxième conception de laquelle s'écarte la philosophie spinoziste est celle de Bacon. Cette fois-ci, il ne s'agit pas tant des affirmations baconiennes, avec lesquelles Spinoza ne pourrait être d'accord, mais de la démarche générale de ce philosophe. En effet, dans le *Novum Organum*, Bacon s'attache certes aux sens et à l'expérience, mais avec pour visée une nouvelle théorie de la connaissance : il s'agit pour lui de s'appuyer sur l'expérience afin de réformer les sciences. L'idée est donc principalement de réfuter une conception trop idéaliste de la forme des choses, en affirmant que cette dernière est observable dans l'expérience, ou du moins qu'elle peut se découvrir par induction à partir de nos observations. Cela permet donc à Bacon de réintroduire ce qui nous parvient par le biais des sens dans une démarche de connaissance sans pour autant réduire cette dernière à une simple accumulation de faits – une démarche de rectification des sens par l'expérience étant requise. L'idée de redonner des lettres de noblesse à la sensation sans pour autant s'y arrêter pourrait sembler proche de la démarche spinoziste à l'égard du corps : lui accorder ce qui lui revient du point de vue des aptitudes, mais toujours en le réinscrivant dans l'homme pris comme un tout. C'est précisément la démarche que nous tentons de suivre en constituant une anthropologie éthique : partir de ce que les hommes sont, sans considérer qu'ils ne pourront être autres par la suite. Toutefois, ces analogies montrent bien dans le même temps que ce n'est pas au même niveau ni dans la même optique que cela se joue pour Spinoza. En effet, ce n'est pas dans un contexte de connaissance que Spinoza mobilise le terme de *sensatio*. Ainsi par exemple, lorsqu'il est question du premier genre de connaissance dans le scolie d'*Éthique* II, 40, il parle plus volontiers de représentation ou de perception : nous « formons des notions universelles (I) à partir des singuliers, qui se représentent à nous par les moyens des sens [*per sensus*] de manière mutilée, confuse, et sans ordre pour l'intellect : et c'est pourquoi j'ai l'habitude d'appeler de telles perceptions connaissance par expérience vague[1] ».

Cela nous donne une indication sur le champ d'application du terme de *sensatio* dans les textes spinozistes, et c'est cela qui va nous mettre sur la voie de ce que l'on peut entendre par « corps propre » dans ce cadre.

---

1   *E* II, prop. 40, scolie 2, G II, p. 122.

En effet, selon le paragraphe 15 du *Traité de la réforme de l'entendement*[1], nous percevons que « nous sentons tel corps [à savoir le nôtre] et nul autre », et c'est de là que nous concluons que « l'âme est unie au corps, cette union étant la cause d'une telle sensation[2] ». Deux choses sont à noter à propos de ce passage. La première, c'est que le « nous » utilisé par Spinoza ici correspond au commun des hommes : *nous* avons tous tendance à considérer que l'âme est unie au corps, dans la mesure où nous sentons ce qui se passe dans notre corps et non ce qui se passe dans les autres corps. Il se distingue donc du « je » du philosophe utilisé par Spinoza dans la note (« cet exemple fait voir clairement ce que je viens de noter »), et c'est ce qui explique l'usage de termes surprenants sous la plume de Spinoza, tel celui d'*union* de l'âme et du corps.

La seconde est que Spinoza réserve ici le terme de *sentire* au rapport entre l'esprit et le corps : je sens (intimement) mon corps alors que je ne fais que percevoir (de l'extérieur) les autres. C'est donc là que se joue le corps propre, dans cette ambiguïté de la sensation qui se fait à l'occasion de la perception d'un objet extérieur, mais qui manifeste à l'esprit la manière dont son corps est affecté, plus qu'elle ne donne une idée adéquate de la chose perçue. C'est probablement la raison pour laquelle Spinoza utilise comme équivalent nominal du verbe *sentire* dans l'*Éthique* le terme d'*affectio* et non plus celui de *sensatio* : cela ôte une certaine ambiguïté, et cela nous rapproche du ressenti du corps percevant (qui est tout autant, et dans le même mouvement, un corps physique et un corps affecté[3]). Il n'est donc pas question, par l'usage de ce terme, de s'inscrire dans une théorie de la connaissance de l'objet perçu, mais bien plutôt de porter son attention sur le corps percevant et corrélativement sur l'idée de ce corps. Le corps propre serait donc la sensation (ou le sentiment[4] ?) qu'a l'esprit de son corps à l'occasion de la perception de choses extérieures.

---

1   Au sujet de ce que les usages spinozistes du terme *sensatio* reprennent de la conception cartésienne des *perceptiones*, voir F. Mignini, *"Sensus/sensatio* in Spinoza", Lessico Intelletuale Europeo, *Sensus-sensatio*, VIII Colloquio Internazionale Roma, 6-8 gennaio 1995, atti a cura di Massimo Luigi Bianchi, Firenze, Olschki, 1996, p. 275.

2   *TRE* § 32, G II, p. 11.

3   L. Vinciguerra exprime très bien cette idée en une formule concise et riche tout à la fois : l'affection consiste en un « "lieu" qu'une ontologie et une phénoménologie ont en partage » (*Spinoza et le signe*, chapitre VI, section « L'émergence du singulier », p. 98).

4   Ch. Appuhn traduit le *prout ipsum sentire* du corollaire d'*Éthique* II, 13 par « conformément au sentiment que nous en avons » (G II, p. 96). Si cette traduction permet de sortir de

La nature de ce sentir reste toutefois encore assez indéterminée. Cette absence de caractérisation précise se retrouve d'ailleurs dans l'emploi de la forme verbale *sentire* dans l'*Éthique*. On lit ainsi par exemple, dans le scolie d'*Éthique* III, 57, que, bien que nous les disions couramment privées de raison, on ne peut douter que « les bêtes sentent[1] ». Le rapport entre la sensation et l'idée qu'un esprit a de son corps est toutefois confirmé par la suite immédiate de ce passage, à savoir que « nous ne pouvons absolument plus douter [que les bêtes sentent] maintenant que nous connaissons l'origine de l'esprit[2] ». L'esprit étant constitué de l'idée d'un certain corps, il y a dans l'attribut de la pensée un mode correspondant au mode de l'attribut de l'étendue qu'est le corps de l'animal. Pour en arriver à la conclusion selon laquelle les bêtes sentent, il faut alors poser comme autre prémisse que la sensation (ou affection) est la manière dont l'esprit perçoit son propre corps, ou encore la manière dont un corps propre se dessine pour lui.

Ce n'est donc pas tant à la pensée au sens spirituel ou cognitif du terme qu'est rapportée la sensation dans la philosophie spinoziste, qu'à l'esprit en tant qu'idée d'un certain corps déterminé, qu'il perçoit comme étant le sien par distinction avec tout autre. Cela peut expliquer l'importance accordée par Spinoza au sentir dans le corollaire d'*Éthique* II, 13 – corollaire qui peut être considéré comme posant les bases d'une conception spinoziste du corps propre. On y lit en effet que « l'homme est constitué d'un esprit et d'un corps, et que le corps humain existe tel que nous le sentons [*sentimus*][3] ». Ce corollaire peut surprendre pour deux raison : d'une part, on peut ne pas voir pour

---

l'ambiguïté propre à la conception spinoziste de la sensation, elle donne toutefois au verbe *sentire* une connotation psychologique qu'il n'a pas nécessairement. Peut-être pourrions-nous dire « au ressenti », ou encore, en employant un néologisme, « au sentir » que nous en avons.

1   *E* III, prop. 57, scolie, G II, p. 187. Il est intéressant de relever que cette mention intervient dans un scolie portant sur les affects : si on ne peut douter que les bêtes *sentent*, leurs *affects* diffèrent cependant de ceux des hommes, autant que leur nature diffère de la nature humaine. Il y a donc tout à la fois une dimension quantitative (le nombre de manières d'être affecté de chaque individu), et une dimension qualitative (le même affect numériquement parlant est différent selon la nature du corps affecté) dans la détermination de l'individualité d'une chose singulière. C'est la raison pour laquelle Ch. Jaquet affirme que « la différence entre les corps ne se ramène ni à une différence de nature ni à une différence de degré, mais elle les combine en permanence » (*Les expressions de la puissance d'agir*, p. 228).

2   *E* III, prop. 57, scolie, G II, p. 187.

3   *E* II, prop. 13, cor., G II, p. 96.

quelle raison Spinoza mobilise la sensation lorsqu'il évoque le rapport entre corps et esprit ; et d'autre part, on peut mésinterpréter la valeur quasi-absolue accordée au ressenti du corps par l'esprit. Le premier point vient confirmer ce que nous mentionnions au sujet de la perception du corps par l'esprit : la sensation est entendue comme perception qu'a l'esprit du corps, et dans le même temps, l'esprit n'a de perception de son corps et de lui-même qu'à l'occasion d'affections de ce dernier par des choses extérieures. C'est également ce qui ressort de la proposition 23 d'*Éthique* II, selon laquelle « l'esprit ne se connaît pas lui-même, si ce n'est en tant qu'il perçoit les idées des affections du corps[1] ». Nous pourrions donc paraphraser le corollaire comme suit : le corps propre existe tel qu'il s'en forme une idée dans l'esprit à l'occasion d'une affection de ce corps par une chose extérieure.

Le deuxième élément n'est toutefois pas encore résolu : on ne comprend pas encore en quoi on devrait accorder une valeur de vérité à cette sensation du corps par l'esprit. Nous pourrions ainsi imaginer que nous ressentons *ainsi* notre corps, mais qu'en réalité, il existe *autrement*. Une interprétation possible consiste à comprendre le terme *prout* en un autre sens : non pas « tel que », mais « dans la mesure où ». Cela donnerait donc : nous savons que le corps existe dans la mesure où nous le sentons – en excluant toutefois une lecture idéaliste, selon laquelle le corps existerait *parce que* nous le sentons, lecture incompatible avec l'ontologie spinoziste. Cette interprétation n'est pas inenvisageable, dans la mesure où elle rejoint, dans la proposition 13 dont cette affirmation est le corollaire, une certaine qualification du corps : cette proposition affirme en effet que « l'objet de l'idée constituant l'esprit humain est le corps, autrement dit une manière de l'étendue précise *et existant en acte* et rien d'autre[2] ». Ainsi, il ne faut pas seulement que ce soit un mode déterminé de l'étendue qui soit l'objet de l'idée constituant l'esprit ; encore faut-il que ce mode déterminé existe en acte – autrement dit, soit affecté par les autres corps de la nature naturée. Le corollaire de cette proposition pourrait alors s'entendre en un sens faible : le corps humain existe en acte dans la mesure où l'esprit perçoit les affections de ce corps. En effet, si l'esprit n'a pas les idées de ces affections, c'est que le corps n'est pas affecté ; et s'il n'est pas affecté, c'est qu'il n'existe pas en acte.

---

1   *E* II, prop. 23, G II, p. 110.
2   *E* II, prop. 13, G II, p. 96. Nous soulignons.

Une autre interprétation de ce corollaire est toutefois envisageable, en en restant au sens fort du terme *prout*. Il s'agirait alors de prendre en compte le fait que la manière dont le corps est affecté s'impose à nous, et a des effets tout à fait concrets et réels à la fois sur notre perception de nous-mêmes et des autres choses, et sur notre action au sein de ces autres choses. Cela nous amènerait à ne pas relativiser la manière dont nous sentons notre propre corps, non seulement parce qu'il n'y a pas une sensation absolue de la manière dont il est affecté à laquelle la sensation propre pourrait être confrontée, mais également parce que la seule qui a des effets quant à l'action est celle que l'on a – nous dirions même celle que l'on a dans le moment présent, dans la mesure où elle peut être amenée à changer[1]. Cette interprétation pourrait s'appuyer sur le scolie d'*Éthique* II, 49. Dans ce scolie, Spinoza affirme que sa doctrine de la volonté est ignorée par beaucoup parce qu'ils « confondent entièrement ces trois choses, à savoir les images, les mots et les idées, ou bien ne les distinguent pas avec assez de précision, ou bien enfin avec pas assez de prudence[2] ». Cette énumération (confusion totale, manque de précision, manque de prudence) est intéressante, dans la mesure où elle marque les différents enjeux de cette doctrine, de la connaissance vague (avoir une certaine idée), à la connaissance philosophique (avoir une idée précise), jusqu'aux enjeux pratiques (mesurer les implications éthiques des différentes doctrines de la volonté). Au sujet du rapport entre mots et idées, Spinoza affirme dans la suite de ce même scolie que « ceux qui confondent les mots avec l'idée, ou avec l'affirmation même qu'enveloppe l'idée, *pensent pouvoir vouloir contre ce qu'ils sentent*, quand ils affirment ou nient *seulement verbalement* quelque chose contre ce qu'ils sentent[3] ».

Cela signifie, dès lors, que Spinoza considère à l'inverse qu'on est déterminé à vouloir une chose ou une autre par ce que l'on sent ; et que, en ce sens, ce que l'on sent a bien plus de réalité (pour soi, mais également pour ses actions, et donc pour ses rapports avec les choses de la nature) que ce que l'on peut dire contre ce qu'on sent. Ce serait alors en ce sens que le corps existerait effectivement « tel que nous le sentons ».

---

1   Si on agit, comme nous allons le voir, selon la manière dont on est affecté, il va de soi que l'enjeu d'un devenir éthique consiste à tenter de modifier la manière dont on est affecté par les choses extérieures, afin de tenter de modifier *médiatement* la manière dont on agit.

2   *E* II, prop. 49, scolie, G II, p. 132.

3   *Ibid.*

Deux conséquences très importantes pour notre propos peuvent être tirées de ces considérations. La première est l'importance de la manière dont on sent son corps en regard des actions que l'on va accomplir, et donc en regard d'un éventuel devenir éthique. En effet, si l'on ne peut vouloir contre ce que l'on sent, il ne sert à rien d'exhorter les hommes à modifier leurs désirs dans l'instant, et il est même contreproductif de leur reprocher un mauvais usage de leur volonté. Dans la mesure où ils n'ont aucun pouvoir direct sur leurs volontés, cela les détourne en effet du point d'ancrage d'une action possible, à savoir leurs affects en amont de ces volontés. Dès lors, dans une perspective éthique, il s'agira de tenter de modifier la manière dont on sent, afin d'être amené à désirer autrement, ces désirs déterminant à leur tour d'autres actions. Cela justifie l'importance accordée aux affects dans le devenir éthique, de même que celle accordée au corps (organique comme affectif), dans la mesure où la sensation-affection correspond à la perception du corps propre par l'esprit.

La deuxième conséquence est qu'on ne peut pas dissocier les niveaux auxquels prennent sens le corps physique et le corps propre – au sens, par exemple, où le corps physique serait le corps tel qu'il existe réellement, tandis que le corps propre ne serait que de l'ordre du ressenti, possiblement imaginaire et illusoire, et surtout sans effet dans la réalité. En fait, le corps propre *est* le corps physique tel qu'il est affecté : d'une part parce que, comme nous l'avons vu, le corps existe *tel que nous le sentons* ; et d'autre part parce que le niveau que nous qualifions de *physique* comporte plus, dans la pensée spinoziste, que de la seule matière neutre et inerte. Le corps physique est toujours déjà un corps affecté, et en tant qu'il est affecté, ce corps est toujours déjà senti comme corps propre. Nous établissons des distinctions logiques, afin de mesurer tout ce qui se joue dans le corps ; mais de même que la volonté ne se surajoute pas à l'entendement (dans la mesure où nos idées enveloppent d'elles-mêmes affirmation et négation), de même le corps propre ne se surajoute pas au corps physique. En ce sens, la philosophie spinoziste est une pensée de la complexité et non de la réduction – le corps est dans le même mouvement physique et affectif, ce qui ne signifie pas que le corps affectif se réduise au corps physique –, ou de la dissociation – penser ensemble la dimension physique et la dimension affective et non opposer l'une à l'autre comme l'on opposerait l'objectif au subjectif. Dans le même

ordre d'idée, l'éthique telle que la conçoit Spinoza ne doit pas s'opposer
à ce que je sens, sans pour autant être identifiée et confondue avec ce
que je sens *présentement*.

L'on voit donc qu'il nous revient de tenir ensemble deux dimensions
essentielles, et ce dès le corps lui-même (c'est-à-dire sans attendre – en
un sens logique – que l'esprit puisse endosser ces dimensions). La première est la complexité dans le moment présent : le corps humain est
un corps physique qui est affecté par d'autres corps physiques, et cela
fait également de lui un corps affectif qui oriente la manière dont il sera
à l'avenir affecté. La seconde dimension découle de cette complexité : il
s'agit de l'importance de l'inscription de ce corps dans une certaine temporalité. En effet, les affections du corps humain sont à la fois constituées
par sa nature et par la manière dont il a été précédemment affecté, et
constituantes de la manière dont il sera affecté à l'avenir. Il y a donc
une variabilité continue qui est essentielle au corps, variabilité dont il
s'agit de comprendre les causes comme les effets, afin d'envisager par
la suite de donner à ces variations une certaine orientation, permettant
de les inscrire dans un devenir. Ce sont ces deux dimensions que nous
allons étudier désormais (complexité et temporalité), à partir d'un autre
terme utilisé par Spinoza au sujet du corps : leur état [*constitutio*], qui
est perçu par l'esprit à l'occasion d'affections du corps par des choses
extérieures, et qui est en lien étroit avec la manière dont nous sentons
notre corps, donc avec celle dont nous désirons et agissons. C'est l'étude
de l'état (ou constitution au sens historique du terme[1]) du corps qui
nous permettra de comprendre comment un corps propre peut se sin-
gulariser activement (et non seulement se particulariser passivement),
et comment cette singularisation pourra progressivement prendre la
forme d'un certain *devenir*.

---

1   Nous n'optons pas pour la traduction de *constitutio* par le terme de constitution, dans la
    mesure où le terme français semble conférer une fixité (« être d'une constitution robuste »,
    ou encore « être de telle constitution chimique », par exemple) qui ne sied pas au terme
    latin. Il nous semble que le terme d'*état* rend mieux le caractère présent et éventuellement
    ponctuel de la *situation* dans laquelle se trouve le corps.

LES OCCURRENCES DE *CONSTITUTIO* DANS L'*ÉTHIQUE* (I) :
LE LIEN ÉTROIT ENTRE ÉTAT, AFFECTS ET DÉSIR

Nous étions restés sur l'idée que le corps a une structure [*fabrica*] telle qu'il peut, par les seules lois de sa nature corporelle, bien plus que nous lui attribuons couramment. Nous savons donc déjà que le corps humain est d'une complexité suffisante pour être l'agent d'un certain nombre de comportements variés et élaborés. L'étape suivante a consisté à définir ce que l'on pouvait entendre comme « corps propre » ; en effet, afin que le devenir éthique puisse trouver un certain ancrage dans le corps, il était requis que l'esprit d'un homme puisse sentir un certain corps déterminé comme étant le sien, distingué de tout autre corps de la nature. Telle pourrait être la première caractérisation de ce que nous entendons par l'*agent* du devenir éthique : un mode déterminé de l'attribut de la pensée, sentant – à l'exclusion de tout autre – le mode déterminé de l'attribut de l'étendue dont il est l'idée, et prenant connaissance (fût-elle inadéquate dans un premier temps) de ce mode à l'occasion d'affections de ce corps par d'autres choses de la nature. Il faut ainsi comprendre dans cet agent du devenir éthique le corps, les affections du corps, l'esprit qui est idée de ce corps, et la sensation qu'a cet esprit du corps. Les deux questions auxquelles nous devons répondre désormais sont alors les suivantes : quel est le rapport entre ce que l'esprit sent du corps à l'occasion d'affections par des choses extérieures (ce que Spinoza appelle l'*état* [*constitutio*] du corps) et la *nature* de ce corps ? Et pour quelles raisons est-ce l'état du corps et non sa nature que perçoit l'esprit par le biais de ces affections ? Ce sont les réponses à ces deux questions qui nous mettront sur la voie d'une compréhension de la *temporalité* primordiale du corps, en lien avec sa puissance d'agir et ses aptitudes éthiques.

Il convient, dans un premier temps, de tenter de spécifier ce que Spinoza entend par *constitutio*, ainsi que le rapport entre *constitutio* et *natura*. La première occurrence de *constitutio* dans l'*Éthique* ne qualifie pas un corps, mais l'imagination : « toutes les notions dont use d'ordinaire le vulgaire pour expliquer la nature [le bien, le mal, l'ordre, la confusion, la beauté, la laideur, etc.] ne sont que des manières d'imaginer et n'indiquent la nature d'aucune chose, mais seulement l'état [*constitutionem*] de l'imagination[1] ». Spinoza entreprend, dans ce passage extrait de l'Appendice d'*Éthique* I, d'expliquer le fait que les hommes – philosophes compris – ne sont jamais d'accord entre eux lorsqu'il s'agit de juger des choses. La première indication est ainsi qu'à *une* nature correspondent *plusieurs* manières d'imaginer, ces manières étant relatives à l'*état* de l'imagination de chacun. Cela rejoint ce que nous avons déjà abordé, à savoir que les images des choses ne sont pas comme des peintures muettes (c'est-à-dire « objectives », ou encore indifférentes) sur un tableau, mais qu'elles engagent déjà quelque chose de celui qui se les représente ainsi. Il y a donc déjà une forme de *particularité*[2] de l'état de l'imagination : nous ne nous représentons pas tous les choses de la même façon, et c'est ce qui explique nos désaccords à leur sujet.

Nous pouvons par ailleurs trouver deux autres indications dans cette occurrence du terme *constitutio*, afin de comprendre les variations du corps dans le temps[3]. Ces indications se trouvent dans ce même Appendice d'*Éthique* I, précédant de quelques lignes cette occurrence, et vont nous permettre de comprendre pour quelle raison la manière dont nous jugeons les choses est relative à l'état de notre imagination – on pourrait en effet penser qu'elle est relative aux valeurs qui nous ont été transmises, ou encore aux connaissances dont nous disposons alors. Spinoza écrit à ce sujet que les notions dont le vulgaire use pour expliquer la nature sont « des manières d'imaginer, *affectant* l'imagination de manière diverse », et donc que les hommes « disent [la nature d'une chose] bonne ou

---

1   *E* I, Appendice, G II, p. 83.

2   Nous distinguons la *particularité* que nous subissons passivement en raison de l'histoire qui a été la nôtre (histoire en partie relative à la famille dans laquelle nous avons été élevés, et à la société dans laquelle nous vivons) de la *singularité* activement constituée, en se rapprochant progressivement d'une plus grande convenance avec notre nature individuelle. En ce sens, la particularité oppose des groupes, tandis que la singularité peut rapprocher des individus (cette dernière ne se constituant pas *contre*, mais plutôt *vers*).

3   Nous pourrions à ce sujet reprendre à notre compte la manière dont Henri Laux parle de « corps historique » dans la conclusion de son ouvrage *Imagination et religion chez Spinoza* (Paris, Vrin, 1993) : « la philosophie du corps donne ainsi à penser chez Spinoza une philosophie du corps historique, où la logique des *conatus*, menée par le désir de soi et le désir d'autrui, se soutient de ses représentations pour produire les formes les plus efficaces de son expansion » (p. 293). Nous reconnaissons dans cette remarque les thématiques des variations du corps, de la compréhension de ce dernier dans sa temporalité propre, de même que l'orientation possible des changements qui l'affectent (activement dans ce cas) au cours du temps.

mauvaise, saine ou pourrie et corrompue, *selon que cette chose les affecte*[1] ». La première affirmation peut surprendre, dans la mesure où il est difficile de se représenter en quoi l'imagination peut être affectée par des notions ; mais il faut, pour le comprendre, se rappeler que ces notions sont elles-mêmes forgées par l'imagination des hommes, et prennent un sens différent pour chacun d'entre eux selon l'état de son imagination. Ce qui est intéressant ici est alors le lien établi entre état, imagination et affects : la façon dont nous imaginons les choses est relative à la façon dont nous en sommes affectés, et cette dernière dépend à son tour – en un sens logique et non chronologique – de l'état de notre imagination. Dès lors, dans une perspective éthique, il conviendra d'être *autrement* affectés par les choses afin de les juger *différemment* à l'avenir ; et pour ce faire, il faudra se demander si l'état de notre imagination peut varier dans le temps, voire si nous pouvons *le faire* varier en un certain sens.

La deuxième indication supplémentaire se situe dans la suite immédiate du passage que nous venons de citer. On y lit en effet que le problème tient à ce que chacun « a pris pour les choses les affections de son imagination[2] ». Cette précision est importante dans la mesure où nous pourrions penser que Spinoza juge négativement les affections et l'imagination dans ce passage, au sens où elles nous donneraient une image déformée des choses et seraient ainsi à l'origine de controverses incessantes entre les hommes. Il ne développe pas plus avant ce point dans ce cadre – il le fera dans la deuxième partie de l'*Éthique*, lorsqu'il sera directement question de l'imagination –, mais nous pouvons déjà déceler que telle ne sera pas sa position. Le problème ne consiste pas dans les affections ou dans l'imagination, qui sont ce qu'elles sont – les hommes ne peuvent pas être autrement affectés et imaginer autrement dans le moment où ils sont ainsi affectés –, mais dans le fait de *confondre* ces imaginations et affections avec la véritable nature des choses. Dès lors, l'état de l'imagination n'est pas fautif en soi : il est ce qu'il est. Toutefois, il sera intéressant de se demander si l'état de notre imagination peut varier dans le temps, ce qui reviendrait à faire de l'imagination un auxiliaire du devenir éthique.

Le passage dans lequel le terme de *constitutio* apparaît pour la deuxième fois dans l'*Éthique* fait explicitement référence à l'Appendice d'*Éthique* I ; on lit ainsi dans le corollaire 2 d'*Éthique* II, 16 que « les idées

---

1   *E* I, Appendice, G II, p. 82. Nous soulignons.
2   *Ibid.*

que nous avons des corps extérieurs indiquent plus l'état de notre corps que la nature des corps extérieurs ; ce que j'ai expliqué par de multiples exemples dans l'Appendice de la première partie[1] ». Il pourrait en effet sembler au premier abord que cette affirmation ne fait que reprendre ce qui a déjà été dit. Cependant, un certain nombre d'éléments diffèrent dans les termes employés par Spinoza dans ce corollaire : il y est ainsi question d'« idées » et non plus d'« imaginations », le terme de *constitutio* n'est plus rapporté à l'imagination mais directement au corps, et enfin ce corollaire 2 mentionne l'*état* du corps alors que le corollaire 1 mentionnait sa nature.

Chacun de ces éléments a une importance dans les enseignements que nous pouvons tirer de cette nouvelle occurrence. Ainsi, le fait que Spinoza parle dans ce passage d'idée et non plus d'imagination peut s'expliquer par la proposition à laquelle se réfère ce corollaire. On lit en effet dans la proposition correspondante que « l'idée d'une quelconque manière dont le corps humain est affecté par les corps extérieurs doit envelopper la nature du corps humain et en même temps la nature du corps extérieur[2] ». Or, selon la proposition 19 de la même partie, « l'esprit humain ne connaît le corps humain lui-même et ne sait qu'il existe, qu'à travers les idées des affections dont le corps est affecté[3] ». Dès lors, ce qui est en jeu ici, ce ne sont plus les jugements que nous portons sur les choses extérieures, mais la perception qu'a l'esprit de son propre corps, autrement dit la façon dont il le sent. Il n'est plus question des désaccords entre les jugements des hommes, mais de l'*idée* que se forge l'esprit de son propre corps lorsque ce dernier est affecté par des choses extérieures. Spinoza déplace donc le pôle sur lequel il fait porter son attention.

Il parle ainsi désormais d'état du corps, et non plus d'état de l'imagination, parce que ce qui est perçu par l'esprit, c'est la manière dont le corps lui-même est affecté. Or, d'après ce que nous avons établi précédemment, la perception du corps par l'esprit correspond à ce que Spinoza appelle la sensation. Nous pouvons donc en conclure que dans ce passage, l'état du corps consiste en la sensation qu'a l'esprit du corps à l'occasion de son affection par les choses extérieures. Le

---

1   *E* II, prop. 16, corollaire 2, G II, p. 104.

2   *E* II, prop. 16, G II, p. 103.

3   *Ibid.*, prop. 19, G II, p. 107.

fait que Spinoza juxtapose dans ce corollaire *état* de *notre* corps [*nostri corporis constitutionem*] et *nature* des corps extérieurs [*corporum externorum naturam*] s'explique alors par le fait que nous ne pouvons sentir les corps extérieurs, et donc que nous ne pouvons percevoir leur état. C'est probablement là que se situe la raison d'être de la différence entre le corollaire 1 et le corollaire 2. Le corollaire 1 fait porter l'attention sur le grand nombre de corps que nous percevons en même temps que le nôtre ; on y trouve donc les termes percevoir [*percipio*] et nature [*natura*]. À l'inverse, le corollaire 2 fait porter l'attention sur la sensation que l'on a de son corps à l'occasion de ces perceptions des corps extérieurs ; on y trouve dès lors les termes idée [*idea*], nature [*natura*] au sujet des corps extérieurs, et état [*constitutio*] au sujet de notre corps. Nous pourrions dire ainsi que la *nature* correspond à ce dont on prend connaissance de l'extérieur, par la perception, tandis que l'état correspondrait à ce dont on prend conscience[1] de l'intérieur, par la sensation. Je connais la nature des choses extérieures lorsque je suis affecté par elles ; et dans le même mouvement, j'ai une idée de l'état de mon corps.

Reste encore à expliquer pourquoi Spinoza parle dans le corollaire 1 du fait que « l'esprit humain perçoit [...] la nature de son corps », alors qu'il écrit dans le corollaire 2 que nos idées « indiquent [...] l'état de notre corps ». La première explication pourrait tenir à ce qu'il n'y a pas d'un côté un corps abstrait soumis aux lois déterminées des mouvements et des chocs (qui aurait une *nature* entrant en rapport avec la nature des autres corps), et d'un autre côté un corps concret pris dans le flux des affections (qui aurait alors un certain *état*, ne pouvant être senti que par l'esprit dont il est le corps propre). Le corps affecté n'est pas autre que le corps physique, et le corps propre *est* le corps physique en tant qu'il est senti par l'esprit à l'occasion de ses affections. Dès lors, le fait que ce soit notre corps n'empêche pas que nous percevions (comme de l'extérieur) sa nature en même temps que la nature des autres corps. Mais le fait de recourir ensuite au terme de *constitutio* peut aussi laisser penser que les états varient non seulement d'une personne à l'autre — selon l'histoire qui a été celle de chacun —, mais également dans le temps

---

1   Il faut ici entendre ce terme en un sens faible, et non au sens fort d'une conscience de soi réflexive et introspective. Il n'y a ainsi ni surplomb à l'égard de la manière dont on est affecté, ni démarche personnelle de prise de conscience de ce qui se passe dans le corps. C'est simplement qu'à la manière dont est affecté le corps répond – de façon toute déterminée et sans médiation – une idée de cette manière d'être affecté dans l'esprit.

pour une seule et même personne. Cela donnerait alors une toute autre ampleur à ce terme, et une toute autre importance aux affections par les choses extérieures. En effet, cela signifierait que l'esprit pourrait sentir, à l'occasion de ces affections, l'*état présent* du corps, état qui est amené à varier, et dont on pourrait envisager d'orienter les variations. Le corps aurait donc tout à la fois une certaine nature (en tant que corps physique, qui peut être perçu par tout esprit dont il affecte le corps), fixe et que l'on peut connaître, et un certain état (en tant que corps affecté, qui peut être senti par le seul esprit dont il est le corps), variable et dont on peut « prendre connaissance », au sens faible où cet état apparaît à l'esprit lorsque le corps est affecté d'une certaine manière.

Cette interprétation semble confirmée par la troisième occurrence de *constitutio*, qui intervient dans le scolie d'*Éthique* II, 17, occurrence dans laquelle nous retrouvons cette même attribution des termes *natura* et *constitutio*. Spinoza y écrit ainsi que « nous comprenons clairement quelle différence il y a entre l'idée par ex. de Pierre qui constitue l'essence de l'esprit de Pierre lui-même, et l'idée de Pierre qui se trouve dans un autre homme, disons Paul. La première en effet explique *directement* l'essence du corps de Pierre [...] ; et la seconde indique plutôt l'*état* du corps de Paul que la *nature* de Pierre[1] ». Encore une fois, nous voyons que le terme « état » [*constitutio*] est réservé à l'idée qu'un esprit peut avoir de son corps propre : Paul peut avoir une idée de l'état de son corps à l'occasion de son affection par Pierre, mais cette affection ne lui donne pas d'idée de l'état du corps de Pierre. Il y a donc bien un lien étroit entre affection par un corps extérieur, état du corps percevant et sensation qu'a l'esprit de ce corps percevant.

Ce lien étroit est confirmé par le fait que, ce qu'enveloppe l'idée constituant l'esprit – indépendamment, donc, de toute affection par un corps extérieur – n'est pas l'état du corps propre, mais la nature (ou essence) de ce corps. Cela ne signifie pas, bien entendu, qu'il s'agisse d'un autre corps : c'est toujours le même corps qui est l'objet de l'idée constituant l'esprit et qui est senti par cet esprit à l'occasion d'affections par des choses extérieures. Mais cela signifie que l'une et l'autre nous

---

1   *E* II, prop. 17, scolie, G II, p. 105-106 ; nous soulignons. Il ne semble pas qu'il y ait ici une différence notable dans l'emploi des termes d'essence et de nature, si ce n'est peut-être que « essence » est utilisé lorsqu'il est question de ce qui est enveloppé par l'idée du corps constituant l'esprit, tandis que « nature » est utilisé lorsqu'il est question de ce qui est perçu du corps par un autre corps.

donnent des perspectives différentes sur ce même corps. L'idée constituant l'esprit nous permet d'acquérir une connaissance de l'essence de notre corps ; l'idée que l'on a de son corps à l'occasion de la perception de choses extérieures nous renseigne plutôt sur (« indique » [*indicare*]) l'état de notre corps au moment où il est affecté[1]. Dès lors, s'il s'agit, dans une perspective éthique, de modifier l'état de son corps, cela ne pourra se faire qu'au sein des relations avec les choses extérieures, et non par isolement et introspection. C'est la raison pour laquelle nous avons dit que l'éthique spinoziste se pense *à partir de* l'ancrage de l'homme dans la nature naturée, et non *en dépit* de cet ancrage.

La suite de ce scolie apporte enfin deux indications notables. La première consiste dans la réaffirmation que

> les affirmations de l'esprit, considérées en soi, ne contiennent pas d'erreur, autrement dit, que l'esprit, s'il se trompe, ce n'est pas parce qu'il imagine ; mais c'est seulement en tant qu'on le considère manquer d'une idée qui exclue l'existence de ces choses qu'il imagine avoir en sa présence[2].

Mais Spinoza ajoute cette fois-ci une précision importante à cette affirmation : l'imagination doit être attribuée « à une vertu de [notre] nature et non à un vice », et ce « surtout si cette faculté d'imaginer [dépend] de [notre] seule nature ». Il ne développe pas plus avant ces remarques, dans la mesure où ce n'est pas là son objet ; mais nous pouvons d'ores-et-déjà relever la caractérisation de l'imagination comme puissance [*potentia*] – qui nous permettra, par exemple, de nous forger un modèle de la nature humaine désirable, nous déterminant ainsi à y tendre –, et le fait que notre imagination peut soit nous faire dépendre des choses extérieures, soit être conforme à notre nature – ce qui signifie qu'en élaborant cette puissance (neutre en elle-même), nous pourrions en faire un précieux auxiliaire à un éventuel devenir éthique.

La deuxième indication est que ce que Spinoza appelle « images des choses », et qui consiste en fait dans « les affections du corps

---

1   Nous pourrions ainsi envisager que l'essence constitue tout à la fois un cadre – au sein duquel devront s'inscrire les variations du corps afin qu'il ne change pas de nature –, et une structure – au sens dynamique de ce qui permet différentes configurations d'un seul et même corps.

2   *E* II, prop. 17, scolie, G II, p. 106. Par exemple, je ne me trompe pas en ce que j'imagine que le soleil n'est qu'à 200 pieds de la Terre (puisque c'est bien ainsi que je le perçois), mais en tant que, ignorant la véritable distance, je prends cette perception pour la distance réelle entre le soleil et la terre.

humain dont les idées représentent les corps extérieurs comme étant en notre présence[1] ». Imaginer les choses ne consiste pas à en imprimer fidèlement la figure en l'esprit, mais à percevoir ces choses comme présentes en raison de la manière dont elles nous affectent ou dont elles nous ont affectés par le passé. Ce point confirme le lien étroit entre imagination et affections, et donc entre état du corps et affections. Pour résumer, nous pourrions dire que Spinoza utilise le terme de *constitutio* lorsqu'il est question de ce que l'esprit sent du corps à l'occasion de l'affection de ce dernier par des choses extérieures ; que cet *état* du corps est variable, non seulement d'un homme à l'autre, mais également à différents moments pour un seul et même individu ; et enfin que les images que l'on se forge ne sont pas fautives en soi, elles disent bien plutôt quelque chose de la manière dont on est actuellement affecté. Le chaînon manquant est donc désormais le suivant : comment expliquer le fait que le corps passe par différents états dans le temps ? Ce n'est qu'en répondant à cette question que nous serons à même de comprendre comment nous pouvons être différemment affectés par une seule et même chose à divers moments ; et comprendre la façon dont ces variations sont déterminées pourrait nous mettre sur la voie d'une inscription active de ces variations dans un certain devenir.

Ce sont précisément ces indications que vont nous fournir les trois occurrences suivantes[2], qui prennent place dans la troisième partie de l'*Éthique*. La cinquième occurrence intervient dans un contexte où il s'agit pour Spinoza d'expliquer le fait que nous puissions être différemment affectés par une seule et même chose. La proposition 17 d'*Éthique* III propose comme première explication que nous imaginons une ressemblance entre une chose qui nous affecte habituellement de joie, et une autre qui nous affecte habituellement de tristesse ; le scolie de cette proposition ajoute alors que « *cet état de l'esprit, qui naît de deux affects contraires*, s'appelle un *flottement de l'âme*, lequel, partant, est à l'affect ce

---

1   *Ibid.*
2   Nous laissons pour l'instant de côté la quatrième occurrence, selon laquelle « la durée de notre corps dépend de l'ordre commun de la nature et de l'état des choses » (*E* II, prop. 30, dém., G II, p. 114-115), en ce que ce nouvel usage de *constitutio*, cette fois-ci attribué aux choses, y prend un tout autre sens. Nous y reviendrons dans la prochaine section.

qu'est le doute à l'imagination[1] ». Dans ce passage, l'*état* de l'esprit[2] est ainsi considéré comme étant causé par des *affects*.

Deux conséquences peuvent être tirées de cette affirmation, venant confirmer les hypothèses que nous avons mentionnées précédemment. La première est que l'état – de l'esprit ou du corps – correspond bien à la manière dont cet esprit ou ce corps est affecté ; cela justifie la différence (logique) établie avec l'essence, qui reste la même quels que soient les affections ou affects du corps et de l'esprit. La seconde est une explication possible du passage d'un état à l'autre : l'état étant causé par les affects et les affects étant changeants, il en découle que nous passons par différents états selon les affects qui sont successivement les nôtres. Ce point constitue à la fois un avantage et un inconvénient à l'égard de la question qui nous occupe. L'avantage, c'est que nous avons la possibilité de changer d'état (sans pour autant changer de nature), en étant autrement affectés – soit en étant affectés par d'autres choses (en favorisant par exemple certaines rencontres joyeuses), soit en étant affectés différemment par la même chose (option qui reste encore à expliquer). L'inconvénient, c'est que, dans la mesure où nous sommes constamment affectés par les choses extérieures, nous passons sans cesse d'un état à un autre ; cela rend difficile le fait d'adopter une certaine trajectoire, et donc le fait d'entrer dans un certain devenir. Ainsi, lorsque Spinoza affirme que « les causes extérieures nous agitent de bien des manières[3] », il faut entendre cette proposition en un sens fort. Ce n'est pas seulement de l'extérieur et sans conséquence : elles font littéralement et concrètement passer notre corps et notre esprit par divers états contraires. D'où l'importance de modifier activement la manière dont nous sommes affectés – en devenant cause adéquate de nos affections –, afin d'inscrire ces passages incessants d'un état à un autre en un certain devenir, cohérent et conforme à notre nature.

Enfin, la suite de ce scolie d'*Éthique* II, 17 revient sur la très grand complexité du corps humain (qui « se compose d'un très grand nombre d'individus de nature diverse[4] »), et donc sur la grande diversité des

---

1   *E* III, prop. 17, scolie, G II, p. 153.
2   Il ne nous semble pas que le syntagme *mentis constitutio* soit comparable à l'expression française « état d'esprit » (expression au sein de laquelle les termes « état » et « esprit » perdent leur sens fort). C'est la raison pour laquelle nous adoptons volontiers la traduction de B. Pautrat, à savoir « état *de* l'esprit ».
3   *E* III, prop. 59, scolie, G II, p. 189.
4   *E* III, prop. 17, scolie, G II, p. 154.

manières dont il peut être affecté par les choses extérieures. En effet, non seulement les diverses partie du corps peuvent être différemment affectées par une chose extérieure[1], mais de plus, un même corps peut « affecter une seule et même partie du corps de bien des manières diverses[2] ». Cela explique donc que nous puissions être différemment affectés par une seule et même chose, et ce dans le même moment (le départ d'un proche peut m'emplir à la fois de tristesse à l'idée de ne plus le voir et de joie à l'idée de tout ce qu'il est sur le point d'accomplir). Cela nous donne parallèlement une idée de la complexité de l'état de ce corps, terme qui est utilisé au singulier mais qui recouvre bien des affects divers. Nous pouvons donc imaginer que l'idée que nous avons de l'état de notre corps à l'occasion de son affection par des choses extérieures est confuse dans un premier temps, et que la perspective de modifier cet état est complexe : cette modification ne pourra être prédéterminée avec certitude (comme un manuel dont il s'agirait de suivre les maximes), elle requerra un certain « tâtonnement » pratique.

La complexité de l'état de notre corps semble encore accrue à la lecture de l'occurrence suivante, qui confère une grande épaisseur temporelle à nos affections ; en effet, notre état ne dépend pas seulement de ce qui nous affecte actuellement, mais également de ce qui nous a affectés dans le passé, et de ce que nous imaginons être source d'affections dans le futur. On lit à ce sujet dans la démonstration de la proposition suivante que « l'image de la chose, considérée en soi seule, est la même, qu'on la rapporte au temps futur ou bien passé, ou au présent, c'est-à-dire, l'état du corps [*corporis constitutio*], ou affect, est le même, qu'il s'agisse de l'image d'une chose passée ou future, ou bien d'une chose présente[3] ». Le premier élément que l'on peut relever dans ce passage consiste en l'identification [*seu*] de l'état du corps à l'affect : cela confirme bien le fait que l'état de mon corps consiste en la manière dont mon corps est affecté, et que cet état varie donc en fonction des affects qui sont successivement les miens. Toutefois, bien que Spinoza utilise ici « affect » au singulier pour les besoins de sa démonstration, il ne faut pas oublier que

---

1   Un aliment peut par exemple être agréable à l'odorat, mais désagréable au goût, ou encore un poison peut être agréable au goût mais délétère pour la santé.

2   *Ibid.* Par exemple, mon bras peut être à la fois endolori et soigné par un onguent. Nous voyons par ce biais que le terme d'*affection* comporte, dans les textes spinozistes, un sens bien plus élargi que la seule connotation psychologique qu'il revêt de nos jours.

3   *E* III, prop. 18, dém., G II, p. 154.

l'on peut – d'après la proposition précédente – être affecté de diverses manières dans un seul et même moment, rendant dès lors notre état particulièrement complexe.

Mais cette démonstration apporte deux éléments supplémentaires, qui seront très importants en regard de la conception du devenir éthique : l'idée que les affects sont les mêmes quand il s'agit d'une chose présente, passée ou future. Commençons par la question d'une chose passée, c'est-à-dire d'une chose qui a été effectivement en notre présence (au sens physique du terme) et ne l'est plus désormais (si ce n'est en mémoire ou en imagination). Selon Spinoza, la manière dont nous sommes affectés par cette chose est la même actuellement qu'elle l'était par le passé. Le fait que j'aie été affecté par cette chose dans le passé détermine donc l'état actuel de mon corps. Ce point est très important dans la mesure où il réitère, s'il en était besoin, l'impossibilité dans laquelle nous sommes de modifier *dans l'instant* l'état de notre corps – soit l'impossibilité dans laquelle nous sommes de modifier *dans l'instant* la manière dont nous agissons. Nous sommes ici en présence d'une inversion de la temporalité de la morale traditionnelle. Il ne s'agit plus de considérer que mes désirs n'étaient pas convenables par le passé, et de faire qu'ils soient désormais autres ; mais de tenter de modifier progressivement la manière dont je suis affecté, afin d'être déterminé à désirer autrement à l'avenir. C'est donc en amont que l'on peut agir, en accordant une très grande place aux affects – qu'il s'agisse de diversifier les rencontres ou d'en favoriser certaines. D'où l'importance que revêt l'éducation *sensitive* et *affective* des enfants, au sens d'une ouverture de leur aptitude à être affectés par diverses choses à la fois et à sentir l'état de leur corps à ces occasions.

Le deuxième élément est que cette affirmation vaut également pour une chose future, à savoir pour une chose dont on imagine qu'elle nous affectera à l'avenir. Cette remarque est plus surprenante dans un premier temps : dans la mesure où nous n'avons pas encore été mis en présence d'une certaine chose, comment peut-elle déjà nous affecter ? Nous pouvons formuler une interprétation possible en rappelant ce que nous avons dit précédemment de l'imagination. En effet, selon le scolie d'*Éthique* II, 17, ce qu'on appelle « images des choses » consiste en fait dans « les affections du corps humain dont les idées représentent les corps extérieurs comme étant en notre présence[1] ». Autrement dit,

---

1   *E* II, prop. 17, scolie, G II, p. 106.

imaginer être en présence d'une chose est déjà, d'une certaine manière, être affecté par cette chose. Or, ce point est très important quant à la médiation qui serait à même de nous faire agir en un certain sens, alors que nous sommes déterminés à agir par la manière dont nous sommes affectés. Ainsi, si nous parvenons à nous forger un certain modèle de la nature humaine qui convienne à notre nature individuelle[1], le fait de l'imaginer fera que nous en serons affectés. Et si ces affects nous déterminent à désirer le modèle en question, peut-être serons-nous à même – si nous ne nous trompons pas dans les moyens mis en œuvre – de tendre vers ce modèle...

Ce rapport entre désir, action, état et affects est bien ce qui ressort de la démonstration d'*Éthique* III, 56, dans laquelle Spinoza propose une caractérisation du désir très proche de ce qui en sera la définition à la fin de cette troisième partie – caractérisation qui mobilise la septième occurrence de *constitutio*. On lit ainsi dans cette démonstration que le désir est « l'essence même, ou nature, de chacun, en tant qu'on la conçoit comme déterminée, à partir d'un quelconque état [*constitutione*] d'elle-même, à faire quelque chose[2] ». Ce à quoi Spinoza ajoute que le désir est tel ou tel « selon que chacun est affecté par des causes extérieures de telle ou telle espèce [d'affects], c'est-à-dire selon que sa nature est dans tel ou tel état [*hoc aut alio modo constituitur*][3] ».

Mais ce qui nous intéresse plus encore dans cette démonstration, c'est la définition qu'elle propose du désir, définition qu'il convient de décomposer. Le fait tout d'abord que le désir se définisse à partir de l'essence de chacun s'explique par la proposition 7 d'*Éthique* III : l'essence actuelle y est en effet définie comme « l'effort par lequel chaque chose s'efforce de persévérer dans son être[4] ». Le scolie suivant cette proposition proposera alors plusieurs dénominations pour cet effort, selon ce à quoi on le rapporte. Il est ainsi nommé « volonté » lorsqu'on le rapporte à l'esprit, « appétit » lorsqu'on le rapporte à la fois à l'esprit et au corps, et « désir » quand on le rapporte « aux hommes en tant qu'ils sont

---

1   Sur le rapport entre essences individuelles et espèce, de même que sur la définition de l'espèce en termes de convenance, nous renvoyons à l'incontournable article de Fr. Zourabichvili « L'identité individuelle chez Spinoza » (dans *Spinoza : puissance et ontologie*, tout particulièrement aux pages 95-106).
2   *E* III, prop. 56, dém., G II, p. 185.
3   *Ibid.*
4   *E* III, prop. 7, G II, p. 146.

conscients de leurs appétits[1] ». Ainsi, l'effort par lequel les hommes persévèrent dans leur être est couramment appelé *désir*, et ce désir n'est rien d'autre que leur essence *actuelle* – soit en tant qu'elle est actuellement affectée par les choses extérieures. Ce détour par le début de la troisième partie de l'*Éthique* doit nous rappeler que le désir humain est tout aussi déterminé que l'effort de toutes les autres choses de la nature pour persévérer dans l'être : ce n'est pas parce que cet effort change de nom et parce que l'on suppose que les hommes en sont conscients qu'il est exempt du déterminisme commun de la nature.

La définition que l'on trouve du désir dans la démonstration d'*Éthique* III, 56 précise justement la manière dont est déterminé le désir : on y lit en effet que ce dernier consiste en l'essence ou nature de chacun, en tant qu'on la conçoit comme déterminée « à partir d'un quelconque état d'elle-même ». Encore une fois, nous pouvons mesurer l'importance que revêt une réflexion sur l'*état* – du corps ou de l'esprit – dans le cadre d'une réflexion sur le devenir éthique. En effet, nous ne sommes pas à même de modifier nos désirs comme bon nous semble, dans la mesure où nous sommes déterminés à désirer une chose ou une autre en fonction de notre état présent. Mais le fait que Spinoza parle de la détermination par un « quelconque état[2] » confirme que cet état est variable : un autre état nous aurait déterminés à désirer autrement. Ainsi, je ne peux modifier mes désirs *dans l'instant*, puisque je ne peux faire que mon état soit autre au moment où il est ce qu'il est ; par contre, en agissant en amont sur mon état, je peux faire que mes désirs soient autres *à l'avenir*. Nous en revenons donc à la même idée : il nous faut trouver un moyen pour faire que notre état soit à l'avenir, non seulement autre (il le sera de toute façon, puisque notre état ne cesse de varier en raison de la complexité de nos affections), mais autre *d'une certaine manière déterminée*, qui aille dans le sens d'un certain devenir éthique. Si nous mettons cette définition du désir en rapport avec celle que nous trouvons dans les Définitions des affects à la fin de cette troisième partie, nous constatons que le syntagme « à partir d'un quelconque état d'elle-même » y est remplacé par « par

---

1   *E* III, prop. 9, scolie, G II, p. 148.
2   Dans ce passage, il faut entendre un « quelconque état » au sens d'un état déterminé parmi d'autres, et non au sens d'un « état quelconque », comme si le désir en question aurait pu être déterminé par n'importe quel autre état.

suite d'une quelconque affection d'elle-même[1] », le reste de la définition restant inchangé. La chaîne logique est donc la suivante : les choses extérieures nous affectent d'une certaine manière, ces affections font que nous sommes dans un certain état, et cet état nous détermine à désirer en un certain sens. Comme nous n'avons pas de pouvoir sur la manière dont nous sommes actuellement affectés[2], c'est donc sur nos affects en amont qu'il nous faudra agir, afin de modifier en aval nos désirs, et de façon liée nos actions.

Nous parlons d'action dans la mesure où c'est là le dernier élément de la définition du désir : il consiste en l'essence en tant qu'elle est « déterminée à faire quelque chose[3] ». Le premier enseignement de cette précision ne nous surprendra pas : nos actions sont déterminées, il ne sert donc à rien d'exhorter les hommes à agir autrement. Cela explique la remarque ironique de Spinoza dans la préface de cette même partie : il n'a pas « manqué d'hommes très éminents (et nous avouons devoir beaucoup à leur travail et à leur activité) pour écrire bien des choses remarquables sur la façon correcte de vivre, et donner aux mortels des conseils pleins de sagesse[4] ». Le problème est que ces conseils sont inutiles, puisque les hommes ne sont pas en mesure d'adopter la façon de vivre qu'on leur propose de l'extérieur, tant qu'ils ne sont pas affectés par ce modèle de manière à le désirer intimement. Le deuxième enseignement est que ces actions sont déterminées par notre désir, lui-même déterminé par nos affects. Cela explique dès lors que Spinoza poursuive comme suit cette mention ironique : « mais quant à la nature des affects et à leurs forces, et ce que peut l'esprit, en revanche, pour les maîtriser, nul, que je sache, ne l'a déterminé[5] ». Avant d'en venir à la servitude

---

1   *E* III, Définitions des affects, définition 1, G II, p. 190. L'explication de cette définition reprend la mention de *constitutio* en ces termes : « j'entends sous le nom de Désir tous les efforts, impulsions, appétits et volitions de l'homme, lesquels varient en fonction de l'état d'un même homme » (*ibid.*).

2   Ce que nous pouvons tous ressentir : il ne nous est pas loisible de ne plus être triste dans l'instant, même si nous aimerions ne pas l'être. Par contre, comprendre la raison de notre tristesse (et éventuellement les liaisons imaginaires qui sont à sa source) peut éventuellement nous aider, progressivement, à ne plus l'être.

3   *E* III, prop. 56, dém., G II, p. 185 ; ou Définitions des affects, définition 1, G II, p. 190.

4   *E* III, préface, G II, p. 137.

5   *Ibid.* Le terme de « maîtriser [*modero*] » peut surprendre sous la plume de Spinoza, dans la mesure où l'éthique qu'il élabore se comprend plus en termes d'affirmation de la puissance, qu'en termes de restriction de forces contraires. On peut toutefois expliquer son usage par le contexte de cette préface, qui s'adresse à des philosophes coutumiers de

puis à la liberté humaine, il convient dès lors d'étudier les affects et leur puissance à l'égard des désirs et actions des hommes – ce à quoi Spinoza va consacrer toute cette troisième partie.

En conclusion, nous pouvons rappeler que nos perceptions des choses extérieures enveloppent tout à la fois l'idée de la nature des choses et l'idée de l'état de notre corps. Or, l'état de notre corps est relatif à la manière dont nous sommes affectés par ces choses extérieures ; ces affects étant très divers et variables (en raison de la complexité de notre corps), nous passons de façon incessante d'un état à un autre – tandis que notre nature ou essence reste en tant que telle inchangée. Il y a donc une dif-férence entre la nature de notre corps que l'esprit perçoit, et son état que l'esprit sent, bien que cette perception comme cette sensation se fassent à l'occasion des mêmes affections par les choses extérieures. Enfin, l'état de notre corps nous détermine à avoir certains désirs, ces désirs nous déter-minant à leur tour à agir en un certain sens. Ce qui ressort de l'étude de ces premières occurrences, c'est ainsi tout à la fois la complexité de nos affections et affects, la dynamique propre à notre corps[1], et la temporalité nouvelle qui est induite lorsqu'il est question de penser une éthique à taille humaine – ou encore une « anthropologie éthique ».

LES OCCURRENCES DE *CONSTITUTIO* DANS L'*ÉTHIQUE* (II) : LES ENJEUX ÉTHIQUES DES VARIATIONS DE LA PUISSANCE D'AGIR

Nous pouvons donc entrevoir les enjeux éthiques sous-jacents à l'étude des états du corps. En effet, entrer dans un certain devenir éthique implique deux choses : que l'on puisse modifier la teneur de

---

ce type de vocabulaire, et qui mentionnera Descartes et sa volonté de montrer comment l'esprit peut avoir « sur ses actions une absolue puissance » (*ibid.*).

1 L'idée selon laquelle nous pouvons envisager une « dynamique du corps » est proche de la manière dont V. Viljanen conçoit la philosophie spinoziste comme un « essentialisme dynamique », en lien avec la caractérisation des choses par le biais de leurs effets, et leur qualification comme « intrinsèquement puissantes » : « Spinoza definitely is a dynamist : he claims that even God is *causa sui*, once existence is granted to a finite thing, it neces-sarily causes effects through its essence and is thus, as the analysis of power [terme par lequel V. Viljanen évoque la *potentia*] of acting below will show, genuinely powerful and active » (*Spinoza's Geometry of Power*, chap. 3 "Power, existence, activity", p. 66).

nos actions sans pour autant changer de nature d'une part, et que l'on parvienne à donner à cette modification une certaine orientation (afin que ce devenir puisse être qualifié d'*éthique*) d'autre part. Or, premièrement, pour modifier nos actions, il faut que changent les désirs qui les déterminent, et donc l'état dans lequel nous sommes ; il conviendra ainsi de comprendre l'enchaînement des états de notre corps, comme la force d'exister propre à ces différents états du corps et de l'esprit. Deuxièmement, pour donner une certaine orientation à ces modifications, il est tout d'abord nécessaire de comprendre par quoi les états de notre corps sont déterminés de façon courante. Il faudra donc comprendre ce que Spinoza entend par « état des choses [*rerum constitutio*] » ou encore par « état commun des choses extérieures [*rerum externarum communis constitutio*] », afin de savoir de quel type de détermination il s'agira de se distinguer.

Ce sont là les questions auxquelles nous tenterons de répondre à partir de l'étude des dernières occurrences de *constitutio* dans l'*Éthique*, occurrences qui prennent place dans les troisième et quatrième parties. Nous aurons alors mis en place les principales conditions, au niveau du corps humain, de la conception d'un certain devenir éthique dans le cadre d'une pensée qui réfute tout libre arbitre : une structure complexe et les aptitudes qui lui sont afférentes (corps physique), la constitution de l'esprit par une idée ayant le corps pour objet et la sensation qu'il a de son corps par ce biais (corps propre), les affections du corps par les choses extérieures et l'état qui en découle (corps affectif), la détermination des actions par un désir lui-même relatif à la manière dont on est affecté (corps désirant et actif) et enfin la possibilité de changer d'état avec pour visée de ne plus être entièrement déterminé par l'état commun des choses (dimension dynamique et singulière du corps humain). C'est ce dernier point qui nous permettra de mettre en évidence les enjeux éthiques des variations de l'état du corps et de l'esprit.

La huitième occurrence de *constitutio* prend place dans le scolie d'*Éthique* III, 59, qui est consacré à la complexité des affects et aux changements d'état qui s'ensuivent ; Spinoza relève ainsi que les affects peuvent se composer les uns avec les autres, et que peut naître de là une très grande variété d'autres affects. Ce scolie intervenant à la fin de la troisième partie, cette remarque fait pendant à ce que Spinoza écrivait dans la préface de cette même partie, à savoir que, au lieu d'écrire de

longues pages sur ce que serait la façon correcte de vivre, il est fort utile
de consacrer toute un étude « à la nature des affects et à leur force[1] ». La
« force » des affects ne doit pas alors être entendue au sens de ce contre
quoi il s'agit de lutter dans le cadre d'un rapport de force entre raison
et affects, mais plutôt au sens de dynamisme propre aux affects : ils
peuvent ainsi se combiner, s'opposer entre eux, donner lieu à d'autres
affects, susciter des désirs ou encore être à l'origine d'un flottement de
l'âme. La « force » serait à rapprocher de la puissance. On comprendrait
dès lors la mention, dans la même expression, de la nature des affects :
il convient de connaître tout ce qui peut suivre (de façon déterminée)
de leur nature propre.

C'est donc dans ce contexte qu'intervient la huitième occurrence de
constitutio ; on lit ainsi dans ce scolie qu'

> il arrive très souvent, tandis que nous jouissons d'une chose à laquelle nous
> avions aspiré, que le corps, changeant d'état [*constitutionem*] sous l'effet de cette
> jouissance, se trouve déterminé autrement, et que d'autres images de choses
> soient excitées en lui, et qu'en même temps l'esprit commence à imaginer
> d'autres choses et à en désirer d'autres[2].

Nous retrouvons dans ce passage le lien déjà mis en évidence entre
affections, état, imagination et désir : lorsque nous jouissons de quelque
chose – autrement dit, lorsque nous sommes affectés de joie en raison
de la présence d'une chose –, l'état du corps est modifié. Or, les images
des choses qui se forment en nous dépendant pour partie de notre état,
d'autres images se forment à cette occasion ; l'imagination étant autrement affectée, notre désir varie enfin à son tour. Ce passage est ainsi
un condensé de tout ce qui a été dit jusqu'alors au sujet des affections
et de l'état du corps.

Il comporte toutefois un élément supplémentaire : en effet, la modification des affects ayant donné lieu à la formation d'images autres et à la
naissance d'un nouveau désir, n'est pas due à la rencontre avec n'importe
quelle chose, mais avec une chose à laquelle nous avons aspiré. Il ne faut
pas en conclure trop rapidement que nous sommes parvenus à modifier
notre état en agissant délibérément en vue de ce que nous désirions –
comme si nous avions aspiré à un état et que nous l'avions atteint de

---

1   *E* III, préface, G II, p. 137.
2   *E* III, prop. 59, scolie, G II, p. 189.

façon volontaire et libre. En effet, premièrement, le verbe traduit ici par
« aspirer » est *appeto* ; or, dans le scolie d'*Éthique* III, 9, Spinoza avait
affirmé que l'appétit [*appetitus*] est la façon dont on nomme l'effort pour
persévérer dans son être quand il est rapporté à l'esprit comme au corps,
et que cet effort « n'est rien d'autre que l'essence même de l'homme,
de la nature de qui suivent nécessairement les actes qui servent à sa
conservation[1] ». C'est donc de façon tout à fait déterminée que nous
avons aspiré à cette chose, dans la mesure où nous nous la représentions
(de façon tout aussi déterminée) comme susceptible d'augmenter notre
puissance d'agir.

Deuxièmement, le changement d'état qui en a suivi n'était pas forcément souhaité ni même prévu. En effet, rien ne dit que nous étions
en mesure de prévoir l'état du corps qui résulterait de cette nouvelle
affection par une chose à laquelle nous avions pourtant aspiré. Peut-être
même n'aurions-nous pas aspiré à cette chose si nous avions pu prévoir
ce qui résulterait du fait d'être en sa présence. C'est d'ailleurs le sens qui
découle de l'exemple choisi par Spinoza pour illustrer cette affirmation, à
savoir le fait de manger un aliment dont la saveur nous plaît d'ordinaire :
« aussi longtemps que nous en jouissons, l'estomac se remplit, et le
corps change d'état [*aliter constituitur*][2] » ; dès lors, si nous sommes de
nouveau en présence de cet aliment et désirons donc encore en manger,
« le nouvel état du corps [*nova constitutio*] répugnera à ce désir ou effort,
et par conséquent la présence de cet aliment auquel nous avions aspiré
sera odieuse, et c'est ce que nous appelons dégoût ou ennui[3] ». Le nouvel
état du corps a été déterminé par l'affect de jouissance et, contre toute
attente, ce nouvel état – placé en position de sujet grammatical dans la
phrase – a opposé un affect de dégoût au désir de manger à nouveau de
cet aliment. Il y a donc une part d'impondérable dans les changements
d'état du corps : la complexité des affects et la naissance de nouveaux
affects suite à la combinaison des premiers, rend quasi impossible la
prédiction des états à venir (même si nous pouvons toujours tenter de
les expliquer *a posteriori*). C'est la raison pour laquelle nous évoquerons

---

1   *E* III, prop. 9, scolie, G II, p. 147.
2   L'on remarque une fois de plus la grande extension du sens conféré au terme d'« état » par
     Spinoza : ici, il s'agit à la fois de dire que le corps est sur le point d'être rassasié (point
     de vue physiologique), qu'il apprécie la saveur de l'aliment (point de vue sensitif) et que
     l'individu se réjouit de manger l'aliment auquel il avait aspiré (point de vue affectif).
3   *E* III, prop. 59, scolie, G II, p. 189.

l'idée d'un certain « tâtonnement affectif » quand il s'agira de modifier sa complexion affective dans le cadre d'un devenir éthique : ce ne sera qu'en expérimentant différents affects et en diversifiant nos rencontres que nous serons à même de trouver progressivement une conformité avec notre nature propre qui ne peut être prédéterminée.

C'est d'ailleurs la tonalité d'ensemble de ce scolie, qui clôt la troisième partie de l'*Éthique* (ne suivent que les définitions des affects). Ainsi, quelques lignes avant ces occurrences de *constitutio*, Spinoza affirme qu'il

> pense avoir par là expliqué les principaux affects et flottements de l'âme, qui naissent de la composition des trois affects primitifs, à savoir du désir, de la joie et de la tristesse. D'où il appert que les causes extérieures nous agitent en bien des manières, et que, comme les eaux de la mer agitées par des vents contraires, nous sommes ballottés, sans savoir quels seront l'issue et notre destin[1].

En d'autres termes, nous passons par divers états, sans savoir quels états nous connaîtrons par la suite – du moins tant que nous sommes dépendants en ces affects des rencontres fortuites avec diverses choses extérieures, et non déterminés par notre seule nature. Avec cette spécificité, cependant, que ce ne sont pas seulement des causes extérieures qui nous agitent : comme en témoignent les exemples de la suite du scolie, nous sommes également ballottés par des causes internes[2] – non moins déterminantes et non nécessairement conformes à notre seule nature. Il serait donc erroné d'interpréter les affects comme des causes extérieures perturbatrices d'un équilibre intérieur en lui-même stable et donné une fois pour toutes : il n'est pas d'état de notre corps qui ne soit constitué pour partie de ce qui nous affecte, et il est autant de causes de servitude en nous qu'en dehors de nous. Il serait plus aisé de nous imaginer comme une forteresse assiégée, mais ce serait là tomber dans une facilité vaine, dans la mesure où cela ne nous permettrait pas d'identifier les vraies causes de notre impuissance.

Dans le même ordre d'idée, l'occurrence suivante de *constitutio* – qui prend place dans l'explication de la définition du désir, juste après le scolie d'*Éthique* III, 59 – nous empêche de concevoir la tentative

---

1 *Ibid.*

2 Nous retrouvons cette volonté spinoziste d'identifier des déterminations internes dans la correspondance avec Tschirnhaus. Voir à ce sujet la *Lettre 58* d'octobre 1674 adressée à Schuller.

de donner une certaine orientation aux variations qui nous affectent, sous la forme d'un effort de l'esprit pour ordonner les états d'un corps récalcitrant. La proposition 7 d'*Éthique* II ne permettait déjà pas ce type d'interprétation ; on y lit en effet que « l'ordre et l'enchaînement des idées est le même que l'ordre et l'enchaînement des choses[1] ». On ne peut donc concevoir que le corps passe par divers états tandis que l'esprit reste constant. Ce point est confirmé par le neuvième usage du terme *constitutio* dans l'explication de la définition 1 des affects. Spinoza y affirme en effet que, « par affection de l'essence humaine, [il entend] n'importe quel état de cette essence, qu'il soit inné, *qu'il se conçoive par le seul attribut de la pensée, ou par le seul attribut de l'étendue*, ou enfin qu'il se rapporte en même temps à l'un ou l'autre de ces attributs[2] ». Autrement dit, l'état de l'essence est à la fois état du corps et état de l'esprit : tout dépend de l'attribut sous lequel on le considère. C'est peut-être même ce qui amène Spinoza à parler d'« affection de l'essence humaine », expression qui peut paraître étrange : peut-être signifie-t-il par là que c'est la chose en son entier (l'homme, en l'occurrence) qui est affectée, et non seulement le corps. Toujours est-il que les variations de l'esprit sont corrélatives des variations du corps : ce n'est donc pas l'esprit qui peut, par sa cohérence et son quant-à-soi, donner une certaine constance aux variations du corps. Ainsi, il y a bien un enjeu éthique dans le fait que l'on parvienne à faire que *les variations du corps elles-mêmes* s'inscrivent dans une certaine trajectoire, sans que cette dernière ne soit imprimée par un décret de l'esprit.

C'est précisément sur ces considérations que se clôt l'explication de la définition 1, dans laquelle Spinoza mobilise de nouveau le terme de *constitutio*. Spinoza explique ainsi qu'il comprend sous le nom de désir « tous les efforts, impulsions, appétits et volitions de l'homme, lesquels varient en fonction de l'état [*constitutione*] d'un même homme, et il n'est pas rare de les voir tellement opposés entre eux que l'homme, tiraillé dans des sens divers, ne sache où se tourner[3] ». Pour clore cette explication, Spinoza insiste donc une nouvelle fois sur les variations de l'état d'un seul et même individu. C'est là la difficulté majeure à laquelle nous aurons à faire face dans la conception d'un devenir éthique :

---

1   *E* II, prop. 7, G II, p. 89.
2   *E* III, Définitions des affects, déf. 1, explication, G II, p. 190 ; nous soulignons.
3   *Ibid.*

comment donner à toutes ces variations qui nous affectent constamment la cohérence requise afin de les inscrire dans une certaine trajectoire ? Finalement, dans une conception dynamique de la nature, le problème consiste plus à unifier les différentes variations – sans pour autant les figer, auquel cas il n'y aurait plus « devenir » – qu'à faire que le corps et l'esprit varient. La difficulté est de constituer un pôle solide et cohérent au sein de toutes ces variations. La nouvelle mention de l'opposition des affects entre eux, et surtout des désirs contraires qu'ils suscitent, met en lumière la complexité du devenir éthique : les choses seraient finalement plus simples – mais d'une simplicité trompeuse – s'il s'agissait d'opposer de façon unilatérale la raison aux affects, voire les bons affects aux mauvais affects. Mais ce n'est pas en ces termes que cela se joue : les désirs traduisent (fût-ce de manière inadéquate) notre effort pour persévérer dans notre être, et nous sommes donc démunis lorsqu'ils s'opposent entre eux. D'où l'affirmation spinoziste selon laquelle les hommes ne savent plus où se tourner – preuve supplémentaire que les livres décrivant la façon correcte de vivre ne sont pas à même d'aider les hommes à trouver leur propre voie éthique.

Ainsi, nous ne sommes pas en mesure de connaître d'emblée ce qui est plus ou moins conforme à notre nature. Il nous faudra dès lors rechercher dans l'expérience même des indications de ce qui nous est utile ou nuisible, avec pour signe principal les variations de notre puissance d'agir. En ce point, nous retrouvons une fois encore la question des affects, dans la mesure où les deux affects primitifs que sont la joie et la tristesse sont définis comme « le passage de l'homme d'une moindre perfection à une plus grande » pour la première, et « le passage de l'homme d'une plus grande perfection à une moindre[1] » pour la seconde. Lorsque je suis affecté par une chose extérieure, ce que mon esprit sent de mon corps, c'est son passage d'un état à un autre. Ce n'est donc qu'après coup, à la suite de cette sensation, que je serai à même de considérer ce changement comme m'ayant été utile ou nuisible, et que je pourrai alors « savoir » (de façon toute intuitive et non réfléchie) en quelle direction me tourner ; ou, dit autrement, que je serai déterminé à désirer une chose ou une autre.

Il ne faudrait pas, en effet, mésinterpréter le ressenti de ce passage, en considérant que mon esprit compare de façon délibérée un état de

---

1   *E* III, Définitions des affects, déf. 2 et 3, G II, p. 191.

mon corps à un autre, afin d'orienter ses actions à venir en un sens jugé souhaitable : ce serait réintroduire une position de surplomb de l'esprit à l'égard du corps, de même qu'une certaine libre volonté dans la formation des désirs. C'est contre ce type de mésinterprétation que va nous être utile la dixième occurrence de *constitutio*, qui prend place dans l'explication de la Définition générale des affects. Ainsi, après avoir affirmé que ces derniers consistent en « une idée confuse, par laquelle l'esprit affirme une force d'exister de son corps, ou d'une partie de son corps, plus ou moins grande qu'auparavant[1] », Spinoza précise dans l'explication qu'il « n'enten[d] pas par là que l'esprit compare l'état présent du corps avec son état passé ; mais que l'idée qui constitue la forme de l'affect affirme du corps quelque chose qui enveloppe, en vérité, plus ou moins de réalité qu'auparavant[2] ». L'objet de l'idée constituant l'esprit humain étant son propre corps, tout ce qui arrive dans le corps est senti par l'esprit. Dès lors, lorsque les affections du corps « augmentent ou diminuent, aident ou contrarient, la puissance d'agir de ce corps[3] », l'idée de ce corps enveloppe cette augmentation ou diminution, sans que cela n'implique une intervention délibérée et consciente de l'esprit. Il n'y a donc pas comparaison d'un état antérieur et de l'état présent, ni position de surplomb de l'esprit à l'égard des états du corps : le corps est un mode de l'attribut de l'étendue existant en acte, et lorsque ce corps enveloppe plus ou moins de réalité, « il suit donc » que l'esprit affirme corrélativement, de façon immanente, cette existence actuelle avec plus ou moins de perfection.

Spinoza insistera sur ce point dans la suite de l'explication, en réitérant que, lorsqu'il a dit que la puissance de l'esprit se trouvait augmentée ou diminuée, il n'a « voulu par là rien dire d'autre, sinon que l'esprit a formé [de fait, pourrions-nous dire] une idée de son corps, ou d'une partie de son corps, qui exprime plus ou moins de réalité qu'il n'en avait affirmé de son corps[4] ». En d'autres termes, l'esprit est déterminé

---

1   *E* III, définition générale des affects, G II, p. 203.
2   *Ibid.*, explication, G II, p. 204.
3   *E* III, déf. 3, G II, p. 139. Pour le sens précis qu'il convient de conférer respectivement aux verbes « augmenter », « aider », « diminuer » et « contrarier », nous renvoyons aux pages 101-105 du livre *L'unité du corps et de l'esprit. Affects, actions et passions chez Spinoza* de Ch. Jaquet (Paris, PUF Quadrige, 2004).
4   *E* III, définition générale des affects, explication, G II, p. 204. Nous retrouvons ici l'inscription temporelle de cette expression-sensation du corps : la question n'est pas

à exprimer une plus ou moins grande perfection en tant qu'idée des affections du corps, et ce n'est que dans un deuxième temps qu'il jugera la chose qui nous affecte bonne ou mauvaise, selon l'augmentation ou la diminution de puissance d'agir qu'il affirmera. Nous retrouvons ici l'idée selon laquelle, lorsque nous désirons une chose, « ce n'est jamais parce que nous jugeons qu'elle est bonne ; mais au contraire, si nous jugeons qu'une chose est bonne, c'est précisément parce que nous […] la désirons[1] ». C'est bien là l'idée qui est reprise à la toute fin de l'explication, lorsque Spinoza affirme qu'il a ajouté à la définition la précision « *et dont la présence détermine l'esprit à penser à ceci plutôt qu'à cela*, afin d'exprimer, outre la nature de la joie et de la tristesse, qu'explique la première partie de la définition, également la nature du désir[2] ». L'esprit est déterminé à éprouver désir ou répulsion à l'égard d'une chose par la force d'exister du corps plus ou moins grande qu'il exprime, à l'occasion des affections de ce corps par des choses extérieures.

Nous pouvons alors revenir, à partir de ces éléments, au début de l'explication, dans laquelle Spinoza établissait un lien entre état et puissance d'agir du corps. Ainsi, après avoir rappelé que les idées que nous formons des choses extérieures indiquent plus l'état de notre corps que la nature des choses extérieures, Spinoza précise que l'idée

> qui constitue la forme de l'affect doit indiquer ou exprimer l'état du corps [*corporis constitutionem*], ou d'une de ses parties, état que le corps lui-même, ou une de ses parties, se trouve avoir du fait que sa puissance d'agir, autrement dit sa force d'exister, se trouve augmentée ou diminuée, aidée ou contrariée[3].

Ainsi, selon ce passage, l'état du corps résulte d'une augmentation ou d'une diminution de sa puissance d'agir, puissance d'agir qui est identifiée à la force d'exister du corps. L'état est donc conçu comme dynamique

---

de savoir *combien* de réalité du corps est exprimée par l'esprit, en valeur absolue ou par comparaison avec la réalité d'un autre corps, mais la plus grande ou la moindre réalité exprimée *en regard de l'expression précédente* de la force d'exister du corps.

1 *E* III, prop. 9, scolie, G II, p. 148. Nous avons désormais la médiation nous permettant de comprendre cette affirmation. Nous jugeons des choses selon la manière dont elles nous affectent ; ainsi, si l'affection du corps se traduit par une plus grande force d'exister, l'esprit affirmera cette force d'exister plus grande du corps et sera par ce biais déterminé à considérer comme « bonne » (sous-entendu : utile à l'augmentation de la puissance d'agir de son propre corps) la chose affectant le corps.

2 *E* III, définition générale des affects, explication, G II, p. 204.

3 *Ibid.*

et réinscrit dans une certaine temporalité. En effet, premièrement, une équivalence est établie dans ce passage entre « exister » et « agir » : l'existence actuelle du corps se caractérise par le fait que, ce corps étant donné, il suit de sa nature un certain nombre d'actes ou actions. Nous retrouvons ici la conception dynamique de la nature qui était manifeste dans la remarque introductive de la deuxième partie de l'*Éthique*.

Or, l'état du corps résulte non pas directement de sa puissance d'agir (comme si cette dernière pouvait être considérée dans l'absolu), mais du fait que cette dernière est aidée ou contrariée par les choses extérieures. Dès lors, le deuxième point est que l'état du corps est inscrit dans une certaine temporalité : il ne peut pas lui-même être considéré isolément à un instant donné, et il n'est pas causé terme à terme par une affection ; il résulte plus exactement des effets de l'affection sur la puissance d'agir du corps. Parler d'un « état » est donc déjà considérer ce dernier dans le temps, à la fois en regard du passé (cet état traduit une augmentation ou une diminution de la force d'exister par rapport à un état antécédent) et en regard du futur (puisque l'état présent entrera dans la constitution d'affects à venir). Cela signifie que l'expression « persévérer dans son être » ne peut en aucun cas être entendue au sens de « rester dans le même état » : ce serait méconnaître la dimension dynamique de l'être. Au contraire, l'effort pour persévérer dans l'être consiste en « l'essence actuelle » d'une chose, et exister actuellement, c'est être affecté et exprimer par ce biais une puissance d'agir plus ou moins grande. Persévérer dans l'être serait donc plutôt passer à un nouvel état résultant d'une augmentation de la puissance d'agir du corps comme de l'esprit. La persévérance serait dans la force d'exister, l'être serait dans le passage, et l'état consisterait dans le signe pour l'esprit des constantes variations de la puissance d'agir du corps.

Le terme de « signe » n'est pas ici à entendre au sens de ce que nous avons à transcrire consciemment et de façon réfléchie. Il est plutôt à comprendre au sens de ce qui émane du corps de façon déterminée, et de ce qui ne peut manquer d'être relevé par l'esprit : même si l'idée que j'ai de l'état de mon corps est dans un premier temps confuse, je ne peux manquer d'en avoir une idée lorsque la puissance d'agir de mon corps varie. N'oublions pas, à ce sujet, que Spinoza utilise le terme de « signe » pour évoquer la connaissance du premier genre que nous acquerrons « de ce que, ayant entendu ou lu certains mots, nous

nous souvenons de choses, et en formons certaines idées semblables à celles par le moyen desquelles nous imaginons les choses[1] ». En d'autres termes, dans cette définition, le signe est le mot qui ne manque pas de susciter en nous – de façon toute déterminée – l'image de la chose dont il est le mot dans notre langue. Et dans le scolie de la proposition 18 d'*Éthique* II, Spinoza avait affirmé que

> l'esprit, de la pensée d'une chose, tombe aussitôt dans la pensée d'une autre chose qui n'a aucune ressemblance avec la première ; comme, par ex., de la pensée du mot *pomum*, un Romain tombera aussitôt dans la pensée d'un fruit qui n'a aucune ressemblance avec ce son articulé[2].

Nous pourrions dire par analogie que, lorsqu'il a l'idée des affections de son corps, l'esprit tombe aussitôt dans l'idée de l'état de ce dernier ; et que l'idée qu'il a de l'état de son corps est le signe d'une variation de puissance qu'il ne peut manquer de sentir. Il y a donc une dimension immanente et tout à fait déterminée de la sensation qu'a l'esprit de l'état de son corps comme des variations de sa puissance d'agir.

C'est le sens du scolie d'*Éthique* IV, 1, onzième passage dans lequel on trouve des occurrences de *constitutio* : l'esprit ne peut pas faire que le corps soit autrement affecté qu'il ne l'est, et il ne peut pas non plus imaginer les choses indépendamment des idées des affections du corps qui se forment en lui. Spinoza commence, dans ce scolie, par rappeler qu'une imagination est « une idée qui indique plutôt l'état présent du corps humain [*corporis humani praesentem constitutionem*] que la nature du corps extérieur[3] » ; rien de nouveau ici, si ce n'est que la mention « état *présent* » confirme bien que l'état du corps est variable. À l'appui de ce rappel du corollaire 2 d'*Éthique* II, 16, Spinoza prend alors comme exemple la distance que nous imaginons entre le soleil et nous : que nous connaissions ou non la vraie distance, lorsque nous regardons le soleil, nous imaginons qu'il se trouve à environ deux cents pieds. Mais cette fois-ci, Spinoza ne se contente pas d'affirmer qu'il n'y a pas à proprement parler d'erreur dans cette imagination – comme il l'a déjà fait dans le

---

1   *E* II, prop. 40, scolie 2, G II, p. 122.
2   *Ibid.*, scolie, G II, p. 107. Spinoza en conclut que c'est l'habitude qui nous fait enchaîner les choses d'une façon ou d'une autre. Dans une perspective éthique, il conviendra dès lors de se donner d'*autres habitudes* affectives, afin d'enchaîner *autrement* les idées en notre esprit.
3   *E* IV, prop. 1, scolie, G II, p. 211.

scolie d'*Éthique* II, 17 — : il apporte une précision intéressante quant au statut irréductible de cette imagination. On lit ainsi dans ce scolie que, « une fois connue la distance [véritable entre le soleil et nous], l'erreur, certes, se trouve supprimée, mais pas l'imagination, c'est-à-dire l'idée du soleil qui en explique la nature seulement en tant qu'il affecte le corps[1] ». Nous imaginons le soleil proche parce que notre corps est ainsi affecté lorsque nous le regardons ; et la manière dont notre corps est affecté par le soleil n'est pas dépendante de la connaissance éventuelle de la distance réelle.

L'explicitation qui suit ce passage mérite notre attention, en ce qu'on y trouve une nouvelle qualification de *constitutio* dont le sens n'est pas aisé à déterminer. Spinoza écrit ainsi que toutes les imaginations « qui font que l'esprit se trompe[2], qu'elles indiquent l'état naturel du corps [*naturalem corporis constitutionem*] ou bien une augmentation ou une diminution de sa puissance d'agir, ne sont pas contraires au vrai, et ne s'évanouissent pas en sa présence[3] ». La fin de cette affirmation reprend ce qui a déjà été dit : les imaginations ne constituent ni des erreurs ni des vérités, elles expriment la manière dont est affecté le corps. Ce qui précède immédiatement n'apporte pas non plus d'idée nouvelle : nous avons vu en effet que les imaginations indiquent plus l'état du corps que la nature des choses extérieures. Mais quel sens donner à l'expression d'un état du corps distingué [*sive … sive*] de ces variations de la puissance d'agir ? Et pour quelle raison Spinoza ressent-il le besoin de qualifier cet état de « naturel », alors qu'il n'y a de toute façon rien qui soit hors ou contre nature dans la philosophie spinoziste ?

Deux réponses peuvent être apportées à ces questions. La première, qui aurait le mérite d'être en rapport direct avec l'exemple mobilisé, revient à comprendre *constitutio* au sens de constitution organique, et *naturale* – comme dans l'expression « philosophie naturelle » – au sens

1   *Ibid.*
2   Entendre par là : qui affectent le corps de telle manière que l'image qui s'en forme en l'esprit n'est pas conforme à la véritable nature de la chose extérieure.
3   *E* IV, prop. 1, scolie, G II, p. 211-212. Dans la fin du scolie, Spinoza reconnaît qu'une peur non justifiée peut s'évanouir à l'annonce de la vraie nouvelle ; mais il ajoute qu'elle le peut tout aussi bien à l'annonce d'une fausse nouvelle. Cela signifie que ce n'est pas le vrai *en tant que vrai* qui nous délivre de la peur : les imaginations ne s'évanouissent « que parce qu'il s'en présente d'autres plus fortes » (*ibid.*). C'est la raison pour laquelle il est plus important, selon Spinoza, d'étudier la force des affects que de dire aux hommes quelle serait la façon correcte de vivre.

de physique, de ce qui est conforme aux lois de la nature. Cela donnerait alors l'idée selon laquelle la façon dont nous imaginons la distance qui nous sépare du soleil indique notre constitution physique ; cela pourrait alors expliquer que tous les hommes imaginent plus ou moins le soleil comme étant à environ deux cents pieds de la Terre. Toutefois, cette réponse n'est pas pleinement satisfaisante. En effet, d'une part, ce serait la seule occurrence de *constitutio* dans l'*Éthique* prenant ce sens de « constitution physique », qui n'est ni variable, ni véritablement propre à un individu par distinction avec les autres de même espèce ; le terme de *fabrica* (structure) serait alors plus approprié, dans la mesure où Spinoza en parle comme d'une structure commune à tous les corps humains. D'autre part, cette interprétation semble restreindre les affections aux perceptions sensitives : quel sens y aurait-il à dire que la manière dont nous sommes affectés par un événement est « conforme à notre constitution physique », à moins d'élargir l'extension du terme « physique », au point que cette interprétation ne perde sa pertinence ? Enfin, cela ne semble pas aller dans le sens de ce que Spinoza tente d'établir dans ce passage. En effet, parler de « constitution physique » du corps indiquée par des imaginations qui font pourtant que l'esprit se trompe, donnerait l'impression de vouloir conférer à ces imaginations une certaine « objectivité » quant à la nature effective du corps, comme s'il s'agissait de les replacer sur le terrain de la vérité et de la fausseté. Or, tel n'est pas le propos de Spinoza : ce que les imaginations ont de positif, c'est ce qu'elles disent de l'état actuel de notre corps – précisément ce qui est très utile pour nous dans la pratique comme dans le cadre d'une visée éthique, mais ce à quoi on ne doit pas prêter de portée de connaissance en regard de la nature véritable des choses extérieures.

Une autre interprétation est possible : il s'agirait d'entendre « état naturel du corps » au sens de l'état qui est le plus conforme à sa nature propre. Ainsi, il s'agirait de l'état *singulier* dans lequel un certain individu est parvenu à mettre son corps comme son esprit, en fonction des lois de sa nature non moins *singulière*[1]. En effet, nous savons depuis

---

1   La singularité de la nature d'un homme donné n'est bien entendu pas à opposer à la nature commune qu'il partage avec tous les autres hommes. Il ne s'agit certainement pas de dire qu'il s'est affranchi, par cette nature singulière, de la nature commune ; mais plutôt qu'il a exprimé sa nature singulière dans le cadre de la nature commune à tous. De même, comme nous allons le voir désormais, ne pas être passivement soumis à l'état commun des choses ne signifie pas s'extraire des relations avec les autres choses naturelles.

la définition 8 de cette même partie que par vertu en tant qu'elle est rapportée à l'homme, il faut entendre « l'essence même ou nature de l'homme, en tant qu'il a le pouvoir de faire certaines choses qui peuvent se comprendre par les seules lois de sa nature[1] ». La proposition qui suit le scolie sur lequel nous faisons porter notre attention affirme que, inversement, « nous pâtissons en tant que nous sommes une partie de la nature, qui ne peut se concevoir par soi sans les autres[2] ». Dès lors, l'interprétation de l'expression « état naturel du corps » pourrait être la suivante : l'état singulier du corps d'un homme en tant que ce dernier est parvenu à être cause adéquate de ses actions. Cela ne signifie pas qu'il n'est alors plus affecté par les choses extérieures, mais qu'il l'est en conformité non seulement avec la nature commune qu'il partage avec tous les hommes (*de fait*, cette nature étant un cadre dont on ne peut sortir), mais aussi avec sa nature singulière (en un sens *éthique*).

La dernière question à laquelle nous devons répondre afin de clore cette partie est alors la suivante : à quoi s'oppose cet état singulier et naturel du corps, dans la mesure où ce sont toujours les mêmes choses extérieures qui affectent le corps ? Autrement dit, quel ordre suit inversement l'état du corps lorsqu'il n'est pas pleinement conforme à la nature de ce même corps ? C'est le douzième et dernier passage de l'*Éthique* dans lequel intervient le terme de *constitutio* qui va nous permettre de répondre à ces questions. Dans ce passage en effet, à savoir le scolie 1 d'*Éthique* IV, 37, le terme de *constitutio* n'est pas rapporté à l'imagination ou au corps percevant, mais aux corps extérieurs ou perçus. Spinoza y affirme ainsi que l'impuissance consiste en ceci que « l'homme pâtit d'être conduit par les choses qui sont hors de lui, et qu'elles le déterminent à faire ce que réclame l'état commun des corps extérieurs [*rerum externarum communis constitutio*], et non pas sa propre nature, considérée en soi[3] ». Le premier élément que nous pouvons relever dans cette affirmation est que l'on y retrouve la manière dont la proposition 2 avait caractérisé le fait de pâtir : l'homme *pâtit* en tant que ses actes ne peuvent se concevoir indépendamment des choses extérieures. Nous aurions au contraire considéré qu'il avait *agi* s'il avait été déterminé à agir selon les lois de sa seule nature. Nous retrouvons, dans la *Lettre 58 à Schuller*, la même

---

1   *E* IV, déf. 8, G II, p. 210.
2   *Ibid.*, prop. 2, G II, p. 212.
3   *E* IV, prop. 37, scolie 1, G II, p. 236.

distinction attribuée cette fois-ci à la contrainte et à la liberté : « je dis qu'une chose est libre quand c'est par la seule nécessité de sa nature qu'elle existe et agit, et qu'au contraire elle est contrainte quand elle est déterminée à exister par une raison précise et déterminée[1] ». Dans ce passage, il faut entendre « par une chose extérieure » en lieu et place de « par une raison précise et déterminée », puisque les lois de sa propre nature ne sont pas moins une raison précise et déterminée.

Mais pour la question qui nous occupe ici, c'est la suite du passage qui est plus intéressante encore. Nous y trouvons en effet une équivalence entre « être conduit par les choses qui sont hors de soi » et « être déterminé à faire ce que réclame l'état commun des corps extérieurs ». Quel est alors le sens de cette dernière proposition ? Nous pouvons tout d'abord noter que l'état commun des corps extérieurs est opposé, dans la suite de cette même phrase, à « sa propre nature, considérée en soi ». Autrement dit, non pas seulement sa nature présente *de fait* (dans la mesure où l'état de son corps est partie prenante de l'affection), mais cette nature *en tant qu'*elle est cause adéquate de l'affection. Si nous rapprochons cette affirmation de la définition de la vertu comme le fait de « vivre sous la seule conduite de la raison[2] », nous comprenons que ce n'est pas là à proprement parler une question d'affection – ne plus être affecté par les choses extérieures –, mais plutôt une question d'enchaînement des affections dans le corps et de leurs idées dans l'esprit.

Nous pouvons en effet mettre ce passage en rapport avec le scolie d'*Éthique* II, 29, qui utilisait des formulations relativement similaires. Spinoza y affirmait ainsi que l'esprit a de lui-même et des corps extérieurs une connaissance confuse et mutilée quand

> il perçoit les choses à partir de l'ordre commun de la nature, c'est-à-dire lorsqu'il est déterminé du dehors, à savoir par la rencontre fortuite des choses à contempler ceci ou cela, et non déterminé du dedans, à savoir de ce qu'il contemple plusieurs choses à la fois, à comprendre en quoi les choses se conviennent, diffèrent ou s'opposent[3].

Or, dans ce passage, être déterminé à penser à une chose ou une autre par les choses extérieures est dit « percevoir les choses à partir

---

1   *Lettre 58 à Schuller*, datée d'octobre 1674, G IV, p. 265.
2   *E* IV, prop. 37, scolie 1, G II, p. 236.
3   *E* II, prop. 29, scolie, G II, p. 114.

de l'*ordre* commun de la nature ». Nous pourrions ainsi distinguer les affections qui s'enchaînent en nous selon cet ordre commun et fortuit, de celles qui s'enchaînent en nous selon notre nature propre. Dès lors, être déterminés à faire ce que réclame l'état commun de la nature reviendrait à ne faire que réagir à ce qui se présente à nous de façon fortuite, en étant dépendants de ce que nous rencontrons et de l'ordre dans lequel nous le rencontrons. À une plus grande échelle, cela pourrait par exemple signifier être prisonnier de l'histoire qui a été la sienne, sans être en mesure de se la réapproprier et d'en faire quelque chose de singulier pour soi – ce qui est pourtant la capacité spécifique des hommes, qui peuvent être différemment affectés par une seule et même chose.

Inversement, faire ce que réclame « sa propre nature, considérée en soi seule », ne signifie pas s'extraire des déterminations communes et des relations avec les choses extérieures. Cela signifie plutôt être en mesure d'ordonner les affections et leurs idées en fonction d'un ordre qui nous soit propre, quel que soit l'ordre dans lequel elles se présentent à nous. Ce peut être, par exemple, d'avoir expérimenté diverses affections, et d'être alors en mesure d'associer les traces de pas d'un cheval à la guerre comme au labour, pour reprendre l'exemple du scolie d'*Éthique* II, 19. Cela ne revient pas à être moins déterminés, mais à pouvoir être déterminés à associer *autrement* les choses entre elles : nous avons simplement acquis des habitudes affectives plus diverses. De nouveau, nous pouvons mesurer l'importance qu'il y a à diversifier les expériences sensitives et perceptives des enfants, à la fois pour qu'ils soient plus en mesure de découvrir ce qui est le plus conforme à leur nature, et pour amoindrir les controverses entre hommes grâce à la prise de conscience des différentes manières dont on peut être affecté par une seule et même chose. Ce qui signifie que la singularité constituée au fil de ces expériences sensitives et affectives ne sépare pas les hommes : c'est bien plutôt la particularité qui ne se connaît pas comme telle qui les oppose entre eux. L'on comprend à partir de là la remarque qui ouvre ce scolie : « qui est mû seulement par l'affect dans son effort pour faire que tous les autres aiment ce qu'il aime lui-même et vivent d'après son tempérament, agit seulement par impulsion, et de ce fait est odieux[1] ».

---

1 *E* IV, prop. 37, scolie 1, G II, p. 236.

En conclusion, nous pouvons dire que « l'état commun des choses extérieures » correspond à l'ordre dans lequel elles se présentent de fait à nous, en raison des différentes séries causales dans lesquelles elles prennent place. Cet ordre est fortuit en regard de notre propre nature, et si nous nous laissons passivement déterminés par la manière dont nous en sommes affectés, l'état de notre corps comme de notre esprit sera déterminé du dehors. Nous serons alors prisonniers de l'histoire et de l'expérience qui se trouvent être les nôtres, et nous ne serons en mesure ni de connaître notre nature singulière, ni de rapprocher notre état présent d'un état qui serait conforme à cette dernière. Inversement, faire ce que réclame sa propre nature considérée en soi revient à enchaîner les affections selon un ordre déterminé de l'intérieur, en raison de la diversité des images des choses dont nous disposons et des différentes expériences sensitives et affectives que nous avons connues. Dans ce cas, l'état de notre corps, qui est partie prenante dans la manière dont il est affecté par les choses extérieures, est proche de notre nature singulière, ce qui explique que nous soyons en mesure d'être affectés par ces choses extérieures selon les lois de notre propre nature. Par contre, nous comprenons désormais que la connaissance de cette nature singulière ne nous est pas donnée : elle requiert un certain tâtonnement affectif susceptible de nous en rapprocher progressivement. C'est ce « devenir éthique » que nous allons tenter de développer et d'élaborer au fil des parties suivantes de cette étude.

Il nous reste désormais simplement, pour clore cette étude des occurrences de *constitutio* dans l'*Éthique*, à revenir sur celle que nous avions provisoirement laissée de côté, et qui prenait place dans la démonstration d'*Éthique* II, 30. Nous ne l'avions pas étudiée alors dans la mesure où elle n'entrait pas dans la logique des occurrences l'entourant, mais également parce que nous n'étions pas encore en mesure d'en expliquer le sens. À partir de l'explicitation de l'expression « état commun des choses extérieures », nous sommes maintenant à même de comprendre le sens de l'expression « état des choses » que nous trouvons dans ce passage : « la durée de notre corps ne dépend pas de son essence, ni non plus de la nature absolue de Dieu », elle « dépend de l'ordre commun de la nature et de l'état des choses [*rerum constitutionem*][1] ». Le fait que la durée d'un corps ne dépende pas de son essence s'explique par le fait que

---

1   *E* II, prop. 30, dém., G II, p. 114-115.

l'essence actuelle de toute chose consiste en son effort pour persévérer dans l'être ; elles ne peuvent donc contenir en elle la raison ou la cause de leur fin. Et le fait qu'elle ne dépende pas plus de la « nature absolue » de Dieu (c'est-à-dire de Dieu en tant que substance) s'explique par la non-transitivité de la puissance divine : ce n'est pas Dieu en tant que substance qui est la cause d'une de mes idées ou d'une de mes actions, mais Dieu en tant qu'il s'exprime dans un mode déterminé de la pensée ou de l'étendue.

Comment entendre alors que la durée du corps dépend de l'état des choses, et quel rapport établir entre cet état des choses et l'état de notre propre corps ? Selon la proposition 28 d'*Éthique* I,

> toute chose qui est finie et a une existence déterminée ne peut exister ni être déterminée à opérer, à moins d'être déterminée à exister et à opérer par une autre chose, qui elle aussi est finie et à une existence déterminée : et à son tour cette cause ne peut pas non plus exister, ni être déterminée à opérer, à moins d'y être déterminée par une autre qui elle aussi est finie et a une existence déterminée, et ainsi à l'infini[1].

Cette affirmation réinscrit toutes les choses finies dans la nature naturée : il n'est pas d'individu fini qui puisse s'exempter de la détermination des lois naturelles. Si on l'applique à ce dont il est question dans le scolie d'*Éthique* II, 30, cela donne que la durée du corps dépend d'autres choses finies qui sont elles-mêmes déterminées à exister et à opérer par d'autres choses finies. C'est donc cela que Spinoza appelle « l'ordre commun de la nature et l'état des choses » : l'enchaînement selon lequel les choses finies se déterminent nécessairement les unes les autres à exister et à opérer. Cet enchaînement ne dépend pas de la manière dont nous réordonnons les affections en notre corps et les affects en notre esprit ; toutefois, si nos actions peuvent être déterminées du dedans, selon les lois de notre nature singulière, et non seulement du dehors, par la rencontre fortuite des choses, l'état singulier de notre corps et de notre esprit peut ne pas s'y réduire.

Cela n'invalide donc pas pour autant ce que nous avons dit précédemment, à savoir que l'on peut être conduit dans ses actions par sa propre nature considérée en elle seule. En effet, cela se situe à deux niveaux différents : toute action ou idée est causée par une action ou une idée

---

1   *E* I, prop. 28, G II, p. 69.

antécédente, et on peut en cela être déterminé du dehors ou du dedans. Ce n'est que la fin du corps qui ne peut être déterminée du dedans, dans la mesure où une chose ne peut contenir en soi la raison ni la cause de sa propre fin. La durée de notre corps dépend donc de l'état commun des choses, mais cela ne signifie pas que toutes les actions que nous accomplissons et toutes les idées que nous formons *pendant* la durée de notre corps (ce qui constitue notre historicité) soient déterminées par cet état des choses : il ne l'est que si nous sommes conduits passivement par la rencontre fortuite des choses.

D'ailleurs, selon la proposition 8 d'*Éthique* III, notre existence actuelle ne se définit pas par sa durée *finie*, mais par l'effort *indéfini* par lequel elle persévère dans l'être. Autrement dit, comme l'explicite la démonstration, « si aucune cause extérieure ne vient la détruire, par la même puissance qui fait que maintenant elle existe, elle continuera d'exister toujours[1] ». Tant que la chose n'est pas détruite en raison de l'état commun des choses, cette chose-ci continue de faire effort *sans limite de temps interne* pour persévérer dans l'être, donc de passer d'un état à un autre selon les variations de sa puissance d'agir. Cela signifie que l'état *singulier* qu'une chose peut connaître n'est pas dépendant de l'état commun des choses dont dépend – de façon externe – sa durée. C'est la raison pour laquelle nous sommes réticents à l'idée de parler de *finitude* au sujet de la philosophie spinoziste[2] : nous ne sommes en rien définis par le fait que nous finirons un jour, et cette fin n'est pas inscrite en nous. Notre existence actuelle – qui peut dépendre de notre état coïncidant avec notre nature singulière – se caractérise par une persévérance indéfinie.

---

1   *Ibid.*, dém., G II, p. 147.

2   Ch. Jaquet écrit à ce sujet, dans un chapitre de son ouvrage *Les expressions de la puissance d'agir chez Spinoza* consacré à déterminer le type de perfection que l'on peut accorder à la durée, que « la finitude n'est pas liée à la durée ou au temps qui la mesure. La durée, au contraire, est pleine affirmation de l'existence dans sa positivité. Elle exprime la persévérance dans l'être et manifeste la puissance de la chose. La finitude résulte du concours de trois facteurs. Elle provient premièrement de l'existence d'une pluralité de choses de même nature. [...] La seconde condition est l'existence de puissances supérieures à la mienne. [...] Il faut en troisième lieu que cette puissance soit contraire à la chose qui dure » (deuxième partie, p. 69). En affirmant que la philosophie spinoziste n'est pas une pensée de la finitude, nous ne nous inscrivons en aucun cas en faux en regard de ces développements. Nous proposons simplement de parler de « finité » au lieu de « finitude » pour marquer que le fait que les choses soient *finies* consiste en un simple constat de fait, qui ne les définit pas en propre, ainsi que pour ôter de cette dimension les connotations (limitations essentielles) qui accompagnent de nos jours le terme de « finitude ».

Tout est bien sûr dans le « *peut* dépendre » — dans la mesure où elle peut aussi être déterminée de l'extérieur, par l'état commun des choses —, et c'est cette possibilité que nous allons désormais nous attacher à définir et à expliciter.

DEUXIÈME PARTIE

DES VARIATIONS
À L'ACCROISSEMENT DES APTITUDES

DEVENIR AUTRE SANS CHANGER DE FORME

La problématique ontologique du devenir éthique est double : il s'agit de comprendre comment nous pouvons nous engager dans un certain devenir sans avoir d'idéal déterminé vers lequel il s'agirait de tendre, et sans considérer non plus que nous sommes en manque de quelque chose qu'il s'agirait d'actualiser. En d'autres termes, il s'agit de concevoir comment l'on peut devenir dans une certaine mesure *autre*, tout en restant selon une autre perspective *le même* – ou du moins, sans changer radicalement de nature ou de forme.

En effet, d'un côté, nous ne disposons pas d'un modèle déterminé et universel de la nature humaine vers lequel nous devrions tendre, afin de « devenir hommes », ou bien encore d'« honorer en soi l'humanité ». Cela reviendrait à faire de la nature humaine ce que nous *devrions* être. C'est là tomber dans les travers de ceux qui

> croient faire œuvre divine[1] et accéder au faîte de la sagesse, lorsqu'ils ont appris à louer sur tous les tons une nature humaine qui n'existe nulle part, et à harceler par leurs discours celle qui existe réellement. Ils se représentent les hommes non tels qu'ils sont, mais tels qu'eux-mêmes désireraient les voir[2]

Il est significatif que Spinoza ne parle pas ici de ce que les hommes *devraient être*, mais de la façon dont les philosophes *désireraient* les voir – d'un désir tout déterminé par leur histoire factuelle et par les valeurs qu'on leur a inculquées. Or, selon Spinoza, ce faisant, « au lieu d'une éthique, ils ont la plupart du temps écrit une satire[3] ». La conclusion est donc la suivante : toute éthique doit commencer par comprendre les hommes tels qu'ils sont ; le devenir éthique ne peut donc être entendu comme le fait de « devenir homme », c'est-à-dire de tendre vers une nature humaine qu'il nous reviendrait de réaliser en nous.

---

1   Cette expression « faire œuvre divine » peut être en ce contexte entendue en deux sens – tous deux non conformes à la pensée spinoziste d'ailleurs. On peut en effet y lire qu'ils pensent pouvoir créer les hommes à la place de Dieu lui-même, ou bien qu'ils pensent honorer Dieu et lui faire plaisir en exhortant les hommes à se montrer dignes d'une nature humaine non encore actualisée.

2   *TP*, chap. I, § 1, G III, p. 273.

3   *Ibid.*

Or, d'un autre côté, précisément, ce que nous sommes actuellement
– c'est-à-dire l'être dont on part – ne peut être conçu comme une
puissance en attente d'actualisation, comme si nous étions en-deçà de
ce que nous sommes sur le point de devenir. Cela supposerait que nous
ne sommes pas, dans le moment présent, tout ce que nous pourrions
être, qu'il y a en nous une forme de latence qui appelle un devenir, afin
que notre être puisse être enfin considéré comme complet et achevé.
Nous ne trouvons rien de tel dans la philosophie spinoziste ; s'il est
beaucoup question de puissance [*potentia*] dans les textes de Spinoza,
cette dernière n'est pas conçue par opposition à l'acte – comme si elle
était amenée à s'effacer devant son actualisation. Cette conception est
d'ailleurs explicitement critiquée par Spinoza, lorsqu'il évoque ceux qui
pensent que, « si [Dieu] créait tout ce qu'il comprend, il épuiserait […]
son omnipotence[1] ». Spinoza critique ici une idée de la puissance selon
laquelle cette dernière se dépense (comme un quota dont on disposerait au départ) à mesure qu'elle se dissout dans l'acte. Au contraire, il
entend la puissance au sens d'une affirmation, d'une pleine expression
de l'existence actuelle. En témoigne la démonstration de la proposition 7
d'*Éthique* III, dans laquelle la puissance d'une chose quelconque est définie
comme « l'effort par lequel, seule ou avec d'autres, elle fait ou s'efforce
de faire quelque chose, c'est-à-dire la puissance ou effort par lequel elle
s'efforce de persévérer dans son être[2] », cet effort étant qualifié dans la
proposition suivante d'*indéfini*. Dès lors, on ne peut concevoir que l'être
présent d'un homme soit « en puissance », au sens de « en attente d'une
actualisation qui le ferait tendre vers son humanité ».

Cela signifie donc que nous n'avons pas à devenir *quelque chose* que
nous ne sommes pas encore, et dont l'actualisation seule serait à même
de qualifier notre vie d'*éthique* ; ce n'est pas en ces termes que pourra
être pensé le *devenir*. Et pourtant, dans le même temps, nous ne pouvons
faire abstraction de la visée fondamentalement éthique de la philosophie
de Spinoza, qui, après avoir longuement étudié la force des affects et la
servitude humaine, clôt son *Éthique* par une partie consacrée à l'étude
« de la puissance de l'intellect, autrement dit, de la liberté humaine[3] ».

---

1   *E* I, prop. 17, scolie, G II, p. 62.
2   *E* III, prop. 7, dém., G II, p. 146.
3   *E* V, titre, G II, p. 277. La préface de cette cinquième partie commence en ces termes :
    « je passe enfin à l'autre partie de l'éthique [après l'étude de la force des affects, qui en

Quel sens peut alors prendre cette éthique, qui ne se veut ni satire ni chimère ? Elle implique déjà que, si nous sommes présentement tout ce que nous pouvons être, nous ne pouvons affirmer que nous sommes déjà tout ce que nous serons à l'avenir : cela ne signifie pas que nous pourrions déjà être autres, dans les mêmes conditions, mais que ce que nous sommes amenés à devenir (de façon tout à fait déterminée) n'est pas d'ores-et-déjà écrit pour nous. C'est là la problématique d'un devenir non-téléologique, autrement dit d'un devenir qui ne soit pas conçu dans le cadre du couple puissance (au sens de « en attente d'une actualisation ») – acte (au sens de « achevé, accompli »). Il y a donc un *changement de soi* possible : un devenir autre, tout en restant soi-même. C'est dès lors par le biais du concept de devenir que nous allons tenter de redéfinir l'éthique – et l'ontologie d'un même mouvement – spinoziste. Cela revient d'une part à concevoir que l'on peut s'inscrire présentement dans une temporalité à venir, en considérant qu'il y a tout à la fois continuité (je suis actuellement affecté selon les habitudes que m'a données mon expérience passée), et changement possible (en raison de la dynamique propre à notre corps comme à notre esprit) entre le présent et l'avenir. Et cela revient d'autre part à caractériser autrement la nature humaine, non plus en termes de facultés innées ou d'objectifs à atteindre, mais par le biais d'*aptitudes* – certes en partie communes, mais laissant ouverts leurs variations, leur variété et leur enchaînement.

---

constitue le préalable], qui porte sur la manière ou voie qui mène à la liberté » (*Ibid.*, préface, G II, p. 277).

VARIATIONS, CHANGEMENTS, DEVENIR :
L'ONTOLOGIE DYNAMIQUE DE SPINOZA

Nous avons dit que, pour qu'il y ait éventuellement devenir, il faut déjà que nous puissions compter à la fois sur une certaine continuité et sur une forme de changement : continuité pour que ce soit bien le même individu qui passe successivement par différents états, et changement afin que l'on n'assiste pas simplement à une constante répétition du même[1]. Cela suppose plusieurs choses : d'une part que la nature en son ensemble soit conçue de manière dynamique, donnant lieu à des relations constantes entre les modes d'un même attribut ; d'autre part que les modes en question soient d'une complexité suffisante pour être à même d'accepter divers changements sans pour autant y perdre leur forme ; et enfin qu'une certaine orientation puisse être imprimée à ces changements, afin qu'ils puissent s'inscrire dans une certaine trajectoire. Ce sont donc là les trois éléments que nous devons mettre en place, avant d'interroger la manière dont cela nous amène à redéfinir la nature humaine : les *variations* propres à toutes les choses singulières, les *changements* accueillis par les corps complexes, et l'éventuel *devenir* institué par les hommes.

DES CHOSES SINGULIÈRES EN PERPÉTUELLE VARIATION

Les définitions, les axiomes et les premières propositions d'*Éthique* I mettent en place ce qu'il convient de nommer l'ontologie spinoziste. C'est donc dans ces passages que l'on peut lire l'affirmation selon laquelle

---

1   Ce qui peut arriver lorsqu'un individu se polarise affectivement sur un « bien », qu'il recherche alors de façon exclusive (les honneurs, la richesse ou la luxure en premier lieu dans le cas des hommes). Dans ce cas, en dépit des relations diverses dans lesquelles on est inscrit, toutes les relations sont réduites à un seul type de rapport.

« à part Dieu, il ne peut y avoir ni se concevoir de substance[1] », ainsi
que son corollaire, selon lequel « la chose étendue et la chose pensante
sont ou bien des attributs de Dieu, ou bien des affections des attributs
de Dieu[2] ». Ainsi, contrairement aux affirmations contemporaines selon
lesquelles les hommes sont des substances[3], Spinoza considère qu'ils ne
sont que des modifications de la substance divine – ou plus exactement
des modifications des attributs de cette substance, attribut de l'étendue
pour les corps et attributs de la pensée pour les esprits. Dans l'article
« Spinoza » de son *Dictionnaire historique et critique*, Bayle avait d'ailleurs
relevé l'importance de cette proposition spinoziste, par laquelle Spinoza
affirmait que « tous les êtres particuliers [...] sont des modifications de
Dieu », en considérant que cette seule proposition était « le fondement
de tout l'édifice[4] ».

Or, si l'on en reste à la conception commune selon laquelle seules les
substances peuvent être sujets d'action ou de passion – le reste n'étant
que les états par lesquelles elles passent, ou encore les accidents qui
peuvent les affecter –, on en tirera comme conclusion qu'il n'y a, dans
le cadre de l'ontologie spinoziste, pas d'autre agent ni patient que Dieu
lui-même. C'est d'ailleurs ce qui a été retenu par Bayle, dans la suite de
son article, suscitant l'indignation de ce dernier en ces termes : même
les poètes païens « n'attribuaient point aux dieux tous les crimes qui
se commettent, et toutes les infirmités du monde[5] ». Cela reviendrait à
affirmer que Dieu est responsable des péchés des hommes, à ôter à ces

1   *E* I, prop. 14, G II, p. 56.
2   *Ibid.*, cor. 2, G II, p. 56.
3   Ainsi par exemple, Descartes appuie sa démonstration de l'existence de Dieu dans la troi-
    sième de ses *Méditations métaphysiques* sur une distinction entre substance infinie – celle de
    Dieu – et substance finie – celle des hommes : « je vois manifestement qu'il se rencontre
    plus de réalité dans la substance infinie [Dieu] que dans la substance finie [mon esprit],
    et partant j'ai en quelque façon premièrement en moi la notion de l'infini, que du fini,
    c'est-à-dire de Dieu que de moi-même » (*Méditations métaphysiques*, 3ᵉ méditation, A II,
    p. 445-446).
4   Bayle, *Dictionnaire historique et critique*, article « Spinoza », (DD), dans *Écrits sur Spinoza*,
    textes choisis et présentés par Fr. Charles-Daubert et P.-Fr. Moreau, Paris, Berg International
    éditeurs, 1984, p. 100-101. Toutes les références au *Dictionnaire* de Bayle seront citées
    dans cette édition.
5   *Ibid.*, (N), p. 60. Au sujet des enjeux moraux et politiques de l'ontologie spinoziste tels
    qu'ils ont été relevés par Bayle, nous nous permettons de renvoyer à notre article « Spinoza,
    Bayle et la méthode de la politique », dans A. McKenna (dir.), *Pierre Bayle et le politique*,
    Champion, Paris, 2014.

derniers toute consistance ontologique, et enfin à considérer qu'il n'y a pas d'éthique humaine possible. Et pourtant, si nous tenons ensemble l'affirmation spinoziste selon laquelle « Dieu est de toute chose cause immanente et non transitive[1] » d'une part, et ce qu'a bien relevé Bayle de la substance divine, à savoir que « la substance unique que [Spinoza] admet agit toujours, pense toujours[2] » d'autre part, la conclusion est toute opposée : nous en venons ainsi à penser que Dieu n'est pas cause efficiente des actions des hommes et que les hommes ne cessent d'agir et de pâtir, dans de constantes relations avec les autres choses singulières de la nature.

En effet, Dieu est cause d'une action ou d'une idée en tant qu'il s'exprime par un mode de l'attribut de l'étendue ou de la pensée : il n'est donc pas cause efficiente *en tant que substance infinie*, mais *en tant qu'il s'exprime en un mode fini* d'un attribut déterminé. C'est l'idée que l'on retrouve dans la démonstration d'*Éthique* II, 5, dans laquelle on lit que l'être formel des idées est « un mode de penser, c'est-à-dire un mode qui exprime de manière précise la nature de Dieu, en tant qu'il est chose pensante, et par suite n'enveloppe le concept d'aucun autre attribut de Dieu, et par conséquent n'est l'effet d'aucun autre attribut, sinon de la pensée[3] ». Ainsi, un corps (ou mode de l'attribut de l'étendue) ne peut avoir pour cause qu'un autre corps ; de même qu'une idée (ou mode de l'attribut de la pensée) ne peut avoir pour cause qu'une autre idée. Il en suit que les choses singulières sont en constantes relations causales entre elles, en tant qu'elles sont modes d'un seul et même attribut divin ; c'est d'ailleurs le sens de la proposition 28 d'*Éthique* I, selon laquelle « tout singulier, autrement dit toute chose qui est finie et a une existence déterminée, ne peut exister ni être déterminée à opérer, à moins d'être déterminée à exister et à opérer par une autre chose, qui elle aussi est finie et a une existence déterminée[4] ». Nous lisons tout à la fois dans cette proposition l'expression de l'immanence spinoziste – toute chose finie ne peut avoir pour cause qu'un autre mode du même attribut –, le

---

1   *E* I, prop. 18, G II, p. 63.
2   Bayle, *Dictionnaire . . .*, article « Spinoza », (B), p. 40.
3   *E* II, prop. 5, dém., G II, p. 88 (dans cette citation comme dans celles qui suivront, nous remplaçons « manière » par « mode » dans la traduction de B. Pautrat lorsque *modus* est référé à un attribut ou à la substance, pour distinguer ce terme technique des autres sens que prend « manière » en français).
4   *E* I, prop. 28, G II, p. 69.

rejet de toute intervention divine – Dieu, en tant que substance infinie, n'est cause efficiente ni de notre existence actuelle, ni de nos actions, ni de nos idées –, et l'affirmation de constantes relations entre ces choses finies – chacune d'entre elles ne pouvant exister ni agir sans y être déterminée par une autre. Tel est ce que nous nommons « l'ontologie dynamique de Spinoza ».

Établissons dans ce cadre pour quelles raisons les choses singulières sont en constante variation. Il faut tout d'abord partir de deux éléments : la nécessité de l'action divine, et l'absence de puissance en latence d'être actualisée. Rappelons donc dans un premier temps que la liberté divine n'est pas contraire au fait que Dieu agit nécessairement. Ainsi, si l'on se rapporte aux explicitations apportées par Spinoza dans ses échanges avec Tschirnhaus, la liberté ne consiste pas dans le fait de pouvoir faire ou ne pas faire une chose selon son bon vouloir : « une chose est libre quand c'est par la seule nécessité de sa nature qu'elle existe et agit[1] ». La liberté n'est donc pas relative à l'absence de détermination, mais à l'absence de contrainte extérieure. Or, dans la mesure où il n'y a rien d'extérieur à Dieu, ce dernier ne peut être contraint par une cause extérieure, ce qui explique qu'il agit en tout librement, à savoir en y étant déterminé par les seules lois de sa nature.

Contrairement à ce qu'on affirme couramment – en estimant que le fait que Dieu puisse agir ou ne pas agir selon son bon vouloir est essentiel à sa perfection –, cela va dans le sens de la puissance divine. On lit en effet dans l'une des démonstrations d'*Éthique* I, 11 que « pouvoir ne pas exister est impuissance, et au contraire pouvoir exister est puissance[2] ». Plus encore, quelques propositions plus loin, Spinoza affirme que les tenants du libre arbitre divin en sont réduits à se contredire eux-mêmes, lorsqu'ils tentent de préserver l'omnipotence divine en affirmant que Dieu « comprend une infinité de choses créables qu'il ne pourra pourtant jamais créer », ou encore en posant que Dieu « ne peut pas faire tout ce à quoi s'étend sa puissance[3] ». En d'autres termes, pouvoir faire une chose mais ne pas la faire – fût-ce en raison d'une toute puissante libre volonté – est signe d'impuissance et non de puissance selon Spinoza ; et inversement, le fait que Dieu accomplisse nécessairement tout ce qui

---

1   *Lettre 58 à Schuller*, datée d'octobre 1674, G IV, p. 265.
2   *E* I, prop. 11, Autrement [démontré], G II, p. 53.
3   *E* I, prop. 17, scolie, G II, p. 62.

suit de sa nature est la marque de sa puissance – en ce qu'il n'en est pas empêché par des causes extérieures plus puissantes que lui. C'est bien ce qu'on lit dans ce même scolie d'*Éthique* I, 17 :

> de la suprême puissance de Dieu, autrement dit de sa nature infinie, une infinité de choses d'une infinité de modes, c'est-à-dire tout, a nécessairement découlé, ou bien en suit toujours avec la même nécessité, de la même manière que de la nature du triangle, de toute éternité et pour l'éternité, il suit que ses trois angles sont égaux à deux droits. [...] Et l'on se fait de cette manière, de l'omnipotence de Dieu, une idée largement plus parfaite[1].

La puissance divine s'exprime nécessairement et continuellement, sans jamais s'épuiser puisqu'elle ne se dissout pas dans ce qui serait son actualisation. C'est donc parce qu'il est sorti du schéma en puissance / en acte que Spinoza peut affirmer que pouvoir ne pas agir est impuissance, contrairement à ce qu'affirment ses adversaires.

Il en suit que cette omnipotence « fut en acte de toute éternité, et restera pour l'éternité dans la même actualité », selon le même passage. Autrement dit, Dieu agit de toute éternité : il en a toujours été ainsi (si tant est que nous puissions qualifier temporellement l'éternité), à savoir il n'y a jamais eu de puissance divine en attente d'actualisation ; et il en sera toujours ainsi (avec la même réserve), c'est-à-dire que cette puissance ne viendra jamais à se tarir, puisqu'elle s'exprime sans reste sans pour autant donner lieu à une actualisation qui viendrait éliminer ce qui n'était qu'« en puissance ». C'est la raison pour laquelle « de la nécessité de la nature divine doivent suivre une infinité de choses d'une infinité de modes[2] ». Il ne faut pas entendre la modalité « doivent » dans ce passage au sens d'une obligation (comme s'il revenait à Dieu de faire que toutes ces choses suivent de lui), ou encore au sens probabiliste (il devrait suivre une infinité de choses, logiquement parlant, sans que cela n'engage les faits). Nous pourrions plutôt l'entendre en un double sens. Le premier est la nécessité avec laquelle une infinité de modes suit de la nature divine : de fait, la nature de Dieu étant donnée, il doit en suivre de façon toute déterminée une infinité de choses singulières. Le second consiste dans le fait que nous ne pouvons connaître tout ce qui suit de la nature divine, en raison de l'infinité des attributs de Dieu et de l'infinité des modes

---

1   *Ibid.*
2   *E* I, prop. 16, G II, p. 60.

dans lesquels chacun de ces attributs s'exprime : il doit bien en suivre une infinité de choses, même si nous n'en connaissons de fait qu'une partie.

Il faut rappeler ici, pour commencer de mettre en place les éléments de l'immanence spinoziste, le chaînon intermédiaire – au sens logique du terme – que constituent les attributs. Ainsi, si les choses singulières suivent de Dieu, c'est en tant que modifications de l'un des attributs de Dieu, et non directement de la substance divine. Cela signifie que l'attribut de la pensée, qui exprime l'essence infinie de Dieu, se décline en une infinité de modes (les esprits), tandis que l'attribut de l'étendue, qui exprime également l'essence infinie de Dieu, se décline de même en une infinité de modes (les corps). Il va de soi que cela implique une refonte de la compréhension de l'étendue, afin que l'on puisse concevoir qu'elle donne lieu à une infinité de modes de façon toute immanente, sans intervention divine transcendante. Tschirnhaus n'aura d'ailleurs de cesse d'interroger Spinoza sur ce point, en posant puis réitérant à deux reprises la même question sous diverses formes dans ses lettres, et ce jusqu'à la fin de sa correspondance avec Spinoza. Sa première interrogation à ce sujet prend place dans la lettre datée du 5 janvier 1675. Après avoir évoqué l'idée d'un traité de physique générale[1], puis la question d'une véritable définition du mouvement, Tschirnhaus exprime en ces termes sa perplexité : « puisque l'étendue, en tant qu'on la conçoit par soi, est indivisible, immuable, etc., par quel raisonnement pouvons-nous en déduire qu'il puisse en naître tant de variétés si différentes, et, en particulier, l'existence de figures dans les parties d'un corps quelconque[2] ? » N'obtenant pas de réponse à cette question, Tschirnhaus y revient une année et demie plus tard, d'abord en rappelant à Spinoza qu'il « n'arrive toujours pas à concevoir le moyen de démontrer *a priori* l'existence des corps ayant mouvement et figure, car rien de tel n'apparaît dans l'étendue considérée absolument[3] », puis le mois suivant en priant Spinoza de lui « indiquer comment, à partir d'un concept d'étendue fidèle à [ses] méditations, on peut montrer *a priori* la variété des choses[4] ».

---

1   Spinoza avait pourtant expliqué dans ce que l'on appelle couramment sa « petite physique » que traiter du corps *ex professo* n'était pas son objet : « c'est autre chose que je veux, et, si j'en fais mention ici, c'est uniquement parce que, de là, je peux facilement déduire ce que je me suis proposé de démontrer » (*E* II, scolie faisant suite au lemme 7, G II, p. 102).

2   *Lettre 59 de Tschirnhaus à Spinoza*, datée du 5 janvier 1675, G IV, p. 268.

3   *Lettre 80 de Tschirnhaus à Spinoza*, datée du 2 mai 1676, G IV, p. 331.

4   *Lettre 82 de Tschirnhaus à Spinoza*, datée du 23 juin 1676, G IV, p. 333.

Spinoza répond tout d'abord de façon négative, en distinguant sa propre conception de la conception cartésienne de l'étendue. Il répond ainsi à Tschirnhaus, dans la *Lettre 81* datée du 5 mai 1676 que,

> à partir de l'étendue telle que la conçoit Descartes, à savoir comme une masse au repos, il n'est pas seulement difficile, comme vous dites, de démontrer l'existence des corps ; c'est complètement impossible. Car la matière au repos persévérera, autant qu'il est en elle, dans son repos, et elle ne se mettra jamais en mouvement à moins d'une cause extérieure, plus forte qu'elle[1].

Si nous reconstruisons l'argument, cela donne l'enchaînement suivant : une matière au repos persévèrera dans son état de repos, à moins qu'elle ne soit mise en mouvement par une cause extérieure ; de plus, pour la mettre en mouvement, cette cause extérieure devrait lui être supérieure en puissance ; seule une intervention divine transcendante peut dès lors mettre en mouvement la matière conçue comme masse au repos. Or, Spinoza refuse l'idée d'une intervention transcendante : Dieu étant identifié à la nature, il ne peut la mettre en mouvement de l'extérieur. Dans la mesure où il nie la conclusion du raisonnement, il doit alors en modifier la prémisse : il doit concevoir l'étendue autrement que comme matière au repos, et doit donc prendre ses distances avec la conception cartésienne. Cela revient, en toute logique, à concevoir le mouvement comme immanent à l'étendue, comme essentiel à cette dernière[2]. Et d'ailleurs, lorsque Tschirnhaus demande à Spinoza, par l'intermédiaire de Schuller, « des exemples de choses produites immédiatement par Dieu », Spinoza répond « l'étendue, le mouvement et le repos[3] ». Autrement dit, les choses de la nature sont par essence en un certain rapport de mouvement et de repos. C'est cela que nous qualifions d'« ontologie dynamique », ou encore de « dynamisme intrinsèque et immanent à la nature » dans la philosophie spinoziste.

---

1 *Lettre 81* à Tschirnhaus, datée du 5 mai 1676, G IV, p. 332.

2 Sylvain Zac rapporte la différence entre conceptions cartésienne et spinoziste du mouvement précisément à cette conception spinoziste dynamique de l'étendue : « si Spinoza ne distingue pas la force du mouvement, c'est que, contrairement à Descartes, le mouvement n'est pas, selon lui, un simple déplacement, mais une des manifestations du dynamisme de l'étendue, principe de structuration et d'organisation » (*L'idée de vie dans la philosophie de Spinoza*, Paris, PUF, 1963, p. 101).

3 Question posée dans la *Lettre 63 de Schuller à Spinoza*, datée du 25 juillet 1675, G IV, p. 276 ; et la réponse de Spinoza intervient dans la *Lettre 64 à Schuller*, datée du 29 juillet 1675, G IV, p. 278.

Mais cette réponse négative de Spinoza ne satisfait pas encore pleinement Tschirnhaus, qui reformule une dernière fois sa question en insistant sur deux aspects : la formulation par Spinoza d'un concept positif d'étendue, une fois la distinction marquée avec la conception cartésienne ; et l'insistance sur la très grande variété des corps. Spinoza répond alors pour la première fois directement à l'interrogation récurrente de Tschirnhaus en ces termes :

> tu me demandes si à partir du seul concept [sous-entendu : cartésien] d'étendue, on peut démontrer *a priori* la variété des choses. Je crois l'avoir déjà montré assez clairement, c'est impossible. Et c'est pourquoi Descartes a tort de définir la matière par l'étendue, car elle doit être nécessairement expliquée par un attribut qui exprime une essence éternelle et infinie. Mais je parlerai plus clairement de cela avec toi une autre fois peut-être, s'il me reste assez à vivre ? Jusqu'à présent, je n'ai rien pu mettre en ordre sur cette question[1].

Plusieurs éléments peuvent être relevés dans cette réponse. Le premier, c'est la réitération d'une distance prise avec la définition cartésienne de l'étendue – entendue comme matière au repos –, dont on ne peut déduire l'infinie variété des choses sans intervention transcendante susceptible de la mettre en branle. Le second est le rappel que, dans sa philosophie, l'étendue consiste en « un attribut qui exprime une essence éternelle et infinie ». Ce rappel est intéressant à plusieurs titres. D'une part, il remet en place l'ontologie spinoziste, en regard de la physique cartésienne : l'étendue n'est pas une masse au repos, mais un attribut de la substance divine[2] – dont les corps sont les modes ou modifications, et non des « substances étendues ». D'autre part, cette formulation est très proche de celle que l'on trouve dans la démonstration d'*Éthique* I, 16, où on lit que chaque attribut « exprime une essence infinie en son genre[3] » ; or, cette démonstration vient appuyer la proposition selon laquelle il suit

---

1   *Lettre 83 à Tschirnhaus*, datée du 15 juillet 1676, G IV, p. 334.
2   Le fait que Descartes considère l'âme et le corps humains comme des substances inverse à vrai dire la relation établie entre étendue et corps. On lit ainsi dans l'article 64 de la première partie des *Principes de la philosophie* que « nous pouvons considérer la pensée et l'étendue comme les modes ou différentes façons qui se trouvent en la substance » (par exemple, un corps peut être plus étendu en largeur et moins en profondeur et en longueur, ou bien l'inverse), et que, dès lors, « nous ne distinguons la pensée et l'étendue, de ce qui pense et de ce qui est étendu, que comme les dépendances d'une chose, de la chose même dont elles dépendent » (A III, p. 133-134).
3   *E* I, prop. 16, dém., G II, p. 60.

nécessairement de la nature divine une infinité de choses d'une infinité de manières. Il y a donc un lien intrinsèque entre la variété infinie des corps et le fait qu'ils soient des modifications d'un attribut exprimant une essence infinie. Enfin, le troisième élément est que Spinoza semblait alors considérer que tout n'était pas encore dit sur la question, et qu'il conviendrait éventuellement qu'il y revienne, s'il en avait le temps[1]. À moins de considérer cela comme une manière polie d'inviter Tschirnhaus à cesser de lui poser éternellement cette même question, cela laisse penser que Spinoza aurait pu constituer un concept spécifique d'étendue, qui mette en avant le dynamisme qui lui est propre et la variété de corps auxquels elle donne lieu.

Il reste de tout cela un lien immanent et essentiel entre action et pensée divines d'une part, et entre infinité et mouvement intrinsèque aux attributs d'autre part. Or, toujours selon l'idée d'une ontologie foncièrement dynamique, cela a pour effet immédiat que les choses singulières sont en infinie variation. En effet, il faut tout d'abord rappeler qu'il n'y a pas d'intervention personnelle de Dieu dans la nature naturée : lorsqu'on dit que Dieu est cause d'un mouvement d'une chose singulière, cela signifie qu'il en est cause *en tant qu'il s'exprime en un mode déterminé de l'attribut de l'étendue*. Dès lors, les choses singulières agissent continuellement les unes sur les autres, tant dans leur existence que dans leur mode d'opérer. Cela a pour effet immanent que les choses sont en perpétuel mouvement, à la fois par leurs actions sur les autres choses singulières, et par les actions de ces dernières sur elles. C'est d'ailleurs ce que retient Spinoza, lorsqu'il définit par ce biais les corps dans sa « petite physique » : « les corps se distinguent entre eux sous le rapport du mouvement et du repos, de la rapidité et de la lenteur, et non sous le rapport de la substance[2] ». Il convient d'ailleurs de noter que c'est

---

1 Que Spinoza puisse envisager de revenir à l'élaboration d'un nouveau concept d'étendue, alors qu'il est désormais engagé dans des réflexions d'ordre principalement politique, pourrait laisser supposer que ce nouveau concept pourrait se révéler utile afin de répondre aux enjeux éthiques que lui soumet Tschirnhaus.

2 *E* II, Lemme 1 suivant l'axiome 2, G II, p. 97. Il s'agit là d'une distance prise avec les principes de Descartes, ce dernier parlant de « substances étendues » à propos des corps. Voir par exemple l'article 63 de la première partie des *Principes de la philosophie* : « nous pouvons aussi considérer la pensée et l'étendue comme les choses principales qui constituent la nature de la substance intelligente et corporelle ; et alors nous ne devons point les concevoir autrement que comme la substance même qui pense et qui est étendue, c'est-à-dire comme l'âme et le corps » (A III, p. 132).

là la manière dont se distinguent les corps les plus simples – les corps plus complexes se distinguant également par leur aptitude à être affectés de diverses manières par une seule et même chose. Le mouvement en question anime donc toute l'étendue jusque dans ses plus petites parties, ce qui justifie que nous parlions d'une ontologie dynamique, et non seulement d'une dynamique des corps complexes, voire seulement des corps humains.

Or, compte-tenu de la conception spinoziste élargie des affections – dans laquelle toute relation causale se traduit par une affection de la cause comme de l'effet –, nous pouvons dire que les choses singulières ne sont pas seulement en perpétuel mouvement, mais qu'elles sont également continuellement affectées les unes par les autres. Encore une fois, ceci ne vaut pas uniquement pour les corps complexes : comme nous l'avons vu, chaque partie de ces corps est elle-même affectée – parfois différemment des autres d'ailleurs – par les autres corps. C'est là le sens qu'il faut donner à l'affirmation selon laquelle « il est d'un homme sage de se refaire et de se recréer[1] », par des aliments comme par des odeurs, par des boissons comme par des plantes vertes ou encore par des jeux : chaque partie du corps doit être entretenue et alimentée sous la forme qui lui convient, afin que l'ensemble du corps acquière plus d'aptitudes et soit en bonne santé (elle-même entendue en un sens élargi) et équilibré[2]. Enfin, dans la mesure où la manière dont un corps est affecté par les choses extérieures fait varier son état, nous pouvons en conclure que les choses singulières sont en perpétuelle variation au sein de la nature telle que la conçoit Spinoza. C'est à la fois un apport incontestable et une difficulté dans la perspective d'un devenir éthique : c'est ainsi ce qui

---

1   *E* IV, prop. 45, scolie, G II, p. 144.

2   L. Vinciguerra propose, dans son livre *Spinoza et le signe*, une conception parallèle, élargie et dynamique de l'équilibre et de la santé. Il écrit ainsi que l'équilibre n'est pas « l'effet d'un rapport de forces qui s'annuleraient, encore moins un accident entre deux déséquilibres. Ce serait là ne l'affubler que d'une définition négative. Plutôt que par le prolongement de l'un de ses états, il se définit par son aptitude à durer et à se conserver dans une certaine stabilité. Aussi il doit y avoir dans l'équilibre biologique d'un corps, tout comme dans l'équilibre mental d'une pensée, et plus généralement dans l'équilibre éthique et politique d'un individu ou d'un État en bonne santé, un principe interne actif grâce auquel peuvent être instituées de nouvelles habitudes, de nouvelles opinions, de nouvelles lois, au lieu simplement de se contenter des normes en vigueur qui assurent à tel moment d'une vie sa simple subsistance. [...] On comprend alors le lien étroit qui lie *aequilibrium* et *salus* pour la vie de tout individu, et ce à tout niveau d'analyse (biologique, physiologique, moral, éthique et politique) » (p. 35).

permet de concevoir un changement possible (le passage d'un état à un autre), et ce qui rend complexe d'envisager une trajectoire dans laquelle viendraient s'inscrire ces perpétuelles variations du corps. Et ce d'autant plus que le dynamisme essentiel au corps ne l'est pas moins à l'esprit.

DES VARIATIONS AUX CHANGEMENTS,
ET DES CHANGEMENTS AU DEVENIR :
LA PROBLÉMATIQUE DES CORPS COMPLEXES

Nous sommes donc toujours face à la même problématique, quand il s'agit de penser le devenir : réussir à concevoir tout à la fois une possibilité de changement – prenant appui sur la variation essentielle aux choses naturelles, comme nous pouvons désormais l'affirmer –, et une structure suffisamment stable afin que ces changements puissent s'inscrire dans un corps sans que ce dernier ne change de forme ou de nature. D'un côté, nous sommes en mesure de justifier le lien étroit que nous établissons entre l'éthique et l'ontologie spinozistes. En effet, pour qu'il y ait éthique, il faut que nous ayons la possibilité d'agir *autrement* à l'avenir, bien que nous ne le puissions pas dans l'instant même. Or, dans le cadre d'une philosophie qui nie tout à la fois le libre arbitre, l'intervention de Dieu dans la nature et l'action des corps sous les décrets de l'esprit, cela signifie que les corps doivent pouvoir être animés d'un mouvement immanent, doivent pouvoir agir selon les seules lois de leur nature étendue. C'est cette étendue ainsi conçue qui permet finalement de penser les choses singulières comme étant par nature en mouvement, affectées et en constante variation. Tel est le lien que nous percevons comme irréductible entre une éthique qui se distingue d'une morale volontariste d'une part, et une ontologie dynamique d'autre part.

D'un autre côté, il nous reste à comprendre comment un seul et même corps peut passer par tant de variations tout en restant d'une certaine façon le même corps, au point que l'on puisse dire que c'est le même corps qui *devient*, en passant par des états successifs, et non qu'un corps meurt et donne lieu à un autre corps. Nous pouvons commencer de répondre à cette question en partant des définitions que Spinoza

propose du *changement* [*mutatio*] et de la *transformation* [*transformatio*]
dans les *Pensées métaphysiques*. Dans la première section du chapitre IV
de la deuxième partie, nous lisons ainsi, comme première définition,
que Spinoza entend par *changement* « toute variation pouvant se produire
dans un sujet quelconque, l'essence même du sujet gardant son intégrité[1] ». Si nous faisons abstraction du vocabulaire cartésien, et si nous
reformulons cette définition dans le vocabulaire de l'*Éthique*, cela donne
qu'un changement consiste en une variation qu'un corps (ou un esprit)
peut subir sans pour autant changer de nature. Spinoza donne deux
exemples de l'usage de ce terme de *changement*, ce qui nous indique déjà
la variété des changements pouvant survenir au corps comme à l'esprit :
nous pouvons dire que « Pierre a changé de couleurs, de mœurs, etc.[2] ».

En cela, Spinoza se démarque du vocabulaire plus lâche employé
couramment, lorsque l'on parle de changement à la fois pour ce type de
variations, et pour des modifications plus radicales telles la corruption et
la génération, comme lorsque « nous disons que la tourbe est changée en
cendre, que les hommes sont changés en bêtes. Mais les philosophes usent
pour cette désignation d'un autre mot encore, à savoir *transformation*[3] ».
Cette distinction terminologique, dans un texte qui n'est encore que

---

1   *Pensées métaphysiques*, 2ᵉ partie, chap. IV, 1ᵉ section, G I, p. 255. Les *Pensées métaphysiques*
    consistent en l'appendice aux *Principes de la philosophie de Descartes, démontrés selon l'ordre
    géométrique*; cela explique l'usage par Spinoza d'un vocabulaire cartésien (« sujet », « volonté »,
    etc.). Toutefois, dans ce texte que nous pouvons appréhender comme un « atelier de travail »,
    sur la suggestion de P.-Fr. Moreau, nous pouvons considérer que la philosophie spinoziste
    en devenir est déjà là en cours de constitution. Voir à ce sujet notre article « La question de
    l'âne de Buridan selon Spinoza : d'une expérience de pensée au déplacement vers des enjeux
    éthiques », paru dans J. Boulad-Ayoub, D. Kolesnik-Antoine, A. Torero-Ibad (dir.), *Les
    Arts de lire des philosophes à l'âge classique*, Presses Universitaires de Laval, 2015. Au sujet de
    la qualification des *Principes de la philosophie de Descartes* « comme propédeutique et comme
    préparation stratégique à l'explicitation de sa propre philosophie », on peut se reporter à
    la section « Qu'est-ce que la philosophie ? Spinoza et la pratique de la démarcation » de
    l'ouvrage *Problèmes du spinozisme* de P.-Fr. Moreau, notamment à la page 88.
2   *Ibid.*
3   *Ibid.* Dans son traité *De la génération et de la corruption*, Aristote utilise pour les deux sens
    le terme générique *metabolè*, tout en faisant de la génération d'un corps avec destruction
    d'un autre corps un type spécifique de changement (que le traducteur a, dans l'extrait
    suivant, pris le parti de traduire par « transformation »). On lit ainsi dans le chapitre IV
    du livre I que la différence entre génération et altération tient à ce que « ces changements
    [*metabolas*] sont distincts l'un de l'autre » ; et que « lorsque le corps ou l'être change
    [*metaballé*] tout entier sans qu'il en reste quelque chose de sensible qui en soit le sujet
    identique », il y a « transformation [*metabolè*] », c'est-à-dire « génération d'un élément et
    destruction de l'autre » (trad. Ch. Mugler, édition des Belles Lettres, 1966, p. 17).

l'appendice des *Principes de la philosophie de Descartes*, nous amène à penser que le problème des variations pouvant être subies par une chose singulière sans altérer la forme de cette dernière était déjà à l'esprit de Spinoza, dans le cadre d'une ontologie dynamique qui était encore en devenir. Il est également significatif à ce sujet que Spinoza prenne, pour illustrer la confusion entre changement et transformation, un exemple tiré de la physique (ce qu'un corps peut ou non endurer comme modification tout en restant le même), et un exemple tiré de la morale (les comportements qu'un homme peut ou non adopter pour que l'on continue à le considérer comme être humain, et non comme bête). Ce questionnement moral ne sera pas repris en ces termes dans l'*Éthique* – dans la mesure où l'idée selon laquelle nous pourrions déchoir de la nature humaine, ou encore pécher contre cette nature, n'est pas présente dans l'éthique spinoziste, – mais nous pouvons déjà y lire un début de questionnement sur les variations que peuvent connaître les hommes tout en restant les mêmes.

Cette réflexion sera pleinement développée à partir de la deuxième partie de l'*Éthique* : elle reprend en effet à partir d'un questionnement physique sur ce qui distingue les corps entre eux, et sur les différentes affections des corps simples et des corps complexes. Les lemmes 4 à 7 sont consacrés aux corps composés, et à toutes les modifications qu'ils peuvent subir sans pour autant changer de nature ou de forme : dans le cas où certains corps s'en séparent alors que d'autres corps de même nature et en même nombre les remplacent (lemme 4) ; dans le cas où les parties du corps deviennent plus grandes ou plus petites mais qu'elles conservent entre elles le même rapport de mouvement et de repos (lemme 5) ; dans le cas où les mouvements de certaines parties se tournent vers d'autres qu'auparavant, mais que ce mouvement reste communiqué sous le même rapport (lemme 6) ; ou encore dans le cas où l'individu se meut en son entier, ou bien est en repos, ou bien meut l'une de ses parties, à condition que chaque partie garde son mouvement et le communique aux autres comme auparavant (lemme 7). Or, la conclusion de toutes ces considérations est que, si les corps les plus simples « ne se distinguent entre eux que par le mouvement et le repos, la vitesse et la lenteur », un corps « composé de plusieurs individus de nature différente [...] peut être affecté de plusieurs autres manières tout en conservant néanmoins sa nature[1] ». Cela signifie que l'aptitude que nous avons d'être affectés

---

1   *E* II, scolie du lemme 7, G II, p. 101-102.

sans pour autant changer de forme est relative à la composition du corps. Il y a donc un ancrage ontologique à la capacité qu'ont les corps d'être affectés sans pour autant changer de forme[1]. La question est désormais la suivante : de quel ordre doit être la composition du corps afin que l'on puisse, au-delà des simples changements, envisager un *devenir* de ce corps (c'est-à-dire à la fois la capacité à être affecté de diverses manières, et la possibilité de l'être différemment dans le temps par une seule et même chose, ce qui permettra alors d'envisager une variation orientée de ces affections) ?

Un début de réponse est apporté dans la suite de ce même scolie du lemme 7. Spinoza y envisage en effet « un troisième genre d'individus, composé de ces seconds individus[2] », individu que nous appellerons désormais « complexes ». Au premier abord, il peut sembler que ce que dit Spinoza de ces individus du troisième genre ne diffère pas de ce qu'il dit des individus composés de corps simples ; nous lisons ainsi que ce type d'individu « peut être affecté de nombreuses manières sans changement de sa forme[3] ». Nous retrouvons donc bien l'idée selon laquelle il s'agit d'un individu qui peut subir diverses variations tout en restant le même. Et pourtant, si nous suivons l'argumentation spinoziste dans ce passage, la variété de ces affections doit être plus grande pour les individus complexes que pour les individus composés ; en effet, en étant composés d'individus composés, ils sont non seulement diversement affectés en tant que tout, mais chacune de leur partie l'est également. C'est d'ailleurs le sens que nous pourrions donner au fait que Spinoza passe de « plusieurs [*pluribus*] autres manières » pour les corps composés, à « de nombreuses [*multis*] manières » pour les corps complexes. Il y aurait ainsi une forme de gradation entre le fait de pouvoir se distinguer autrement que par un seul rapport de mouvement et de repos (ce qui qualifie les corps composés, par distinction avec les corps simples), et le fait de pouvoir être affecté d'un grand nombre de manières différentes (ce qui qualifierait les corps complexes en regard des corps composés).

---

1 En d'autres termes, la possibilité d'une éthique est relative, entre autres, aux aptitudes physiques – au sens dynamique du terme – des corps. De même qu'il n'est pas nécessaire de recourir à l'esprit pour expliquer les mouvements du corps, de même la possibilité d'entrer dans un certain devenir éthique peut se penser dès le niveau corporel, en lien étroit avec la composition et la complexité des corps en question.

2 *E* II, scolie du lemme 7, G II, p. 102.

3 *Ibid.*, traduction modifiée.

Notre hypothèse interprétative est donc la suivante : seuls les corps complexes sont aptes à être affectés d'une grande variété de manières, ce qui constitue une condition préalable pour pouvoir envisager un devenir. Nous retrouvons par ce biais la question de la variété, sur laquelle Tschirnhaus insistait tant : ainsi, c'est finalement plus la *variété* des corps et des parties de chaque corps qui intriguait ce dernier, que leur nombre ou encore le fait qu'ils n'aient pas été créés par Dieu[1]. Il nous semble que nous pouvons prolonger ces réflexions, en les étendant du champ ontologique au champ éthique : il y aurait ainsi non seulement une différence entre la manière dont un homme et dont un cheval sont affectés[2] (différence de composition et de nature des parties), mais également une variété *entre hommes* dans la manière dont ils sont affectés[3] (diversité propre aux corps complexes, y compris de même nature spécifique), voire une variation de ces affections et affects au sein de l'existence d'un seul et même homme (variabilité temporelle propre à certains individus complexes). Tels seraient à la fois l'ancrage ontologique de l'éthique (qui ne pourrait concerner que les corps les plus complexes), et l'irréductibilité de l'éthique à l'ontologie (puisque cette dernière permet d'expliquer la *possibilité* d'une variabilité dans le cours d'une même existence, sans rendre compte d'un changement effectivement orienté dans le sens d'un devenir éthique).

Dès lors, pour passer de l'aptitude ontologique à être diversement affecté sans changer de forme, à l'aptitude éthique à donner à ces variations un certain sens, nous pouvons revenir au chapitre des *Pensées métaphysiques* déjà cité au sujet de la différence entre changement et transformation. En effet, la troisième section de ce chapitre pose la

---

1   Voir à ce sujet la *Lettre 59 de Tschirnhaus à Spinoza*, datée du 5 janvier 1675. C'est de nouveau sur la question de la « variété des choses » qu'il reviendra dans la *Lettre 82*, datée du 23 juin 1676.

2   Nous prenons cet exemple en référence au scolie d'*Éthique* III, 57, dans lequel Spinoza écrit que « les affects des animaux que l'on dit privés de raison [...] diffèrent des affects des hommes autant que leur nature diffère de la nature humaine. Cheval et homme, c'est vrai, sont tous deux emportés par le désir de procréer ; mais l'un, c'est une lubricité de cheval, et l'autre, d'homme » (G II, p. 187). Nous pourrions qualifier la philosophie spinoziste de « pensée de la différence à partir des mêmes principes », c'est-à-dire la possibilité de ne pas réduire les natures des individus les unes aux autres, sans postuler pour autant des différences radicales de lois et de fonctionnement.

3   Dans la suite de ce même scolie, Spinoza affirme que « la différence, non plus, n'est pas mince entre le contentement qui, par ex., mène l'ivrogne, et le contentement que possède le philosophe » (*ibid.*).

question des causes possibles du changement. Spinoza y relève que « tout changement provient ou de causes externes, avec ou sans la volonté du sujet, ou d'une cause interne, et par le choix du même sujet[1] ». Si, une fois encore, nous faisons abstraction du vocabulaire cartésien de cette affirmation, afin de la reformuler dans le vocabulaire de l'*Éthique*, cela donne que nous pouvons être ou bien cause partielle et inadéquate, ou bien cause principale et adéquate, des changements qui nous affectent. Par exemple, le fait d'être malade, de naître dans une certaine famille ou encore de vivre dans un pays en guerre vont nous affecter et susciter en nous des changements du premier type ; et il est probable que les changements du second type – encore indéterminés – correspondront à ceux susceptibles de s'ordonner et de s'enchaîner en un devenir éthique.

Tout ceci confirme qu'il n'est pas requis de ne plus changer afin de mener une existence pouvant être qualifiée d'éthique : être affectés de changements ne signifie pas nécessairement être condamnés à pâtir de changements venant modifier notre état en un sens sur lequel nous n'avons aucune latitude. Plus encore, cesser d'être affectés et donc de changer, ce serait cesser d'être inscrits au sein des choses naturelles, et donc cesser de vivre. En effet, selon le scolie d'*Éthique* IV, 45,

> le corps humain se compose d'un très grand nombre de parties de nature différente, qui ont continuellement besoin d'une alimentation nouvelle et variée, pour que le corps entier soit partout également apte à tout ce qui peut suivre de sa nature, et par conséquent pour que l'esprit soit lui aussi partout également apte à comprendre plusieurs choses à la fois[2].

Cette proposition est très riche, et nous reviendrons à plusieurs reprises sur les différents enjeux qu'elle présente au sujet de la pensée du devenir éthique. Mais pour la question qui nous occupe précisément ici, un certain nombre d'éléments peuvent déjà être relevés. Le premier est que Spinoza rappelle dans ce passage que le corps humain est composé de parties à la fois en grand nombre, et variées entre elles – puisque elles-mêmes composées ; c'est la complexité requise pour que ce corps puisse être affecté de variations elles-mêmes nombreuses et diverses sans pour autant changer de forme. Le deuxième élément est que l'alimentation

---

1   *Pensées métaphysiques*, 2ᵉ partie, chap. IV, section « Quelles sont les causes du changement », G I, p. 256.

2   *E* IV, prop. 45, scolie, G II, p. 244-245.

(au sens large du terme, comprenant des nourritures vitales comme des nourritures des sens) de ce corps est proportionnelle à sa complexité : elle doit donc être riche, non seulement en quantité, mais également en variété, afin de répondre à la variété des parties du corps. Le troisième élément est que la variété de cette alimentation est requise afin que le corps puisse changer dans le sens d'une augmentation de ses aptitudes, dans le cadre de sa nature. Il serait donc non seulement vain, mais également contreproductif de chercher à ne pas changer : persévérer dans son être n'est pas se maintenir dans le même état, l'éthique spinoziste est une éthique de l'affirmation et de la diversité des variations. Enfin, le dernier élément, que nous ne faisons pour l'instant que mentionner en passant, est que les aptitudes de l'esprit sont corrélatives à celles du corps, et donc que l'alimentation variée du corps est nécessaire à une compréhension élargie de l'esprit.

Dès lors, l'enjeu ne consiste certainement pas à tenter de mettre un terme aux variations qui nous affectent, mais plutôt à mesurer la variété des changements qui peuvent suivre de notre nature, et à expérimenter effectivement ces changements, en leur donnant une certaine orientation, allant dans le sens d'une augmentation des aptitudes de notre corps comme de notre esprit. Tel serait ce que nous pourrions appeler un « devenir ». Eu égard aux variations qui affectent continuellement toutes les choses singulières, cela reviendrait tout particulièrement à éviter deux écueils : premièrement, le fait d'être constamment affecté de changements contraires les uns aux autres, ne permettant pas de retracer leur succession comme une trajectoire signifiante et cohérente[1]. Nous voyons en effet le paradoxe de la pensée d'un devenir éthique dans le cadre de la philosophie spinoziste : finalement, et en dépit de l'impossibilité du recours à un libre arbitre, ce n'est pas tant le *changement* qui est problématique – puisque nous sommes en constante variation, comme les autres choses singulières –, que la possibilité de donner à ces

---

1   Nous parlons ici d'une trajectoire d'ensemble, qui pourrait être retracée de façon rétrospective, s'étant constituée au fil du devenir éthique. Cela n'implique donc en rien que cette trajectoire puisse être prédéterminée – ce qui est de toute façon impossible, dans la mesure où la multiplicité des relations dans lesquelles nous sommes inscrits ne nous permet pas de connaître avec certitude l'état qui sera le nôtre à l'avenir. Pour les mêmes raisons, cela n'implique pas non plus que le devenir soit linéaire : cette absence de prédictibilité fait que nous nous engageons en un devenir affectif dont on ne peut prévoir avec certitude les effets ; l'effort pour donner une certaine orientation aux passages d'un état à un autre est donc fait de tentatives et de tâtonnement.

divers changements une certaine orientation, et donc en quelque sorte une certaine « stabilité dynamique » (dans la mesure où le nouvel ordre construit reste dans un équilibre constamment en cours de constitution, jamais figé ni définitivement donné). Ce qui est problématique dans la perspective d'un devenir éthique, c'est ainsi le fait que nous subissions passivement les rencontres avec les choses extérieures, et donc que nous ne soyons pas cause adéquate de nos affections ; dans ce cas, nous ne faisons que suivre l'ordre commun des choses extérieures, sans que nous puissions envisager d'entrer en un certain devenir cohérent et adéquat en regard de notre nature.

Deuxièmement, le second écueil consiste dans le fait d'être polarisé affectivement, c'est-à-dire dans le fait de n'être affecté que d'une certaine manière. Ainsi, notre corps et notre esprit sont bien affectés de variations continuelles, mais ces affections diverses sont réduites dans ce cas à une seule de leurs dimensions, sont vécues sur un seul mode. L'on pourrait dès lors imaginer qu'il y a bien *devenir*, en ce que les affections s'inscrivent en une trajectoire lisible. Et pourtant, ce n'est pas là le sens que nous donnons à ce terme : en effet, il ne faut pas ici entendre la cohérence de la trajectoire du devenir au sens d'une exclusivité, d'une réduction au simple. Le devenir d'un corps complexe se doit d'être complexe, afin de permettre l'accroissement des aptitudes qui peuvent suivre de ce corps. Dès lors, s'il convient de faire que les changements qui nous affectent ne soient pas *contraires* les uns aux autres, il convient tout autant de veiller à ce qu'ils restent *variés*, tout en étant ordonnés. La question de la polarisation affective est l'un des problèmes que soulevait Spinoza au début du *Traité de la réforme de l'entendement*. On lit ainsi dans ce texte que « ce qui advient la plupart de temps dans la vie, et que les hommes, à en juger par leurs actes, estiment comme bien suprême, se ramène à ces trois objets : la richesse, les honneurs, et le plaisir ». Or, le problème tient à ce que ces trois objets « divertissent tellement l'esprit qu'il ne peut guère penser à quelque autre bien[1] ». Ces objets occupent une telle place que toute rencontre avec une chose extérieure sera appréhendée sous ce prisme, et reviendra donc toujours pour l'individu à être affecté de la même façon, en dépit de la diversité des choses rencontrées. Nous pourrions ainsi prendre l'exemple d'un chercheur qui ne juge les objets de recherche qu'on lui propose que selon la renommée qu'ils sont

[1] *TRE*, § 4-6, G II, p. 5-6.

susceptibles de lui procurer ; nos jugements étant relatifs à la manière dont nous sommes affectés par les choses, cela signifie qu'il sera toujours affecté de la même manière, quels que soient l'intérêt, l'originalité ou encore la pertinence des objets de recherche présentés.

Il ne s'agit pas ici d'exclure *a priori* certaines manières d'être affecté par les choses, mais plutôt de faire en sorte que ces manières ne deviennent pas exclusives, et donc de diversifier les rencontres affectives dès l'enfance – ce qui reviendra à penser le devenir adulte comme ouverture, comme accroissement de la réceptivité affective et sensitive. C'est d'ailleurs ce qui ressort de cet autre passage du *Traité de la réforme de l'entendement*, dans lequel Spinoza remarque que

> le gain d'argent ou le plaisir ou la gloire font du tort tant qu'on les recherche pour eux-mêmes et non comme moyens en vue d'autre chose. Mais si on les recherche comme moyens, ils auront alors leur limite et ne feront guère de tort ; au contraire, ils contribueront grandement à la fin pour laquelle on les recherche[1].

Il nous semble que l'on saisit mieux le sens de cette affirmation en ne se focalisant pas sur la distinction entre fin et moyen : il n'y a pas ici de principe moral sous-jacent selon lequel certains « biens » devraient être considérés comme moyens, tandis que d'autres devraient être élevés au rang de fin suprême, à laquelle le reste pourrait être sacrifié. Ce qui compte dans ce passage, c'est que ces biens particuliers trouvent leur juste mesure [*modus*], qu'ils ne prennent pas une importance telle qu'ils soient recherchés au détriment d'autres biens. Alors, ils ne seront plus considérés comme des obstacles, mais véritablement comme des adjuvants en vue d'une existence éthique (où ils trouvent finalement leur statut de « moyens »). Cela signifie que le devenir consiste en une voie *singulière* qui est toujours en cours de constitution, un équilibre à trouver entre divers biens et diverses manières d'être affecté ; il ne peut ainsi s'appuyer sur des biens *particuliers* vers lesquels nous nous tournons passivement[2], parce que notre histoire a de fait été telle, donc des

1   *Ibid.*, § 13, G II, p. 8.
2   La distinction que nous établissons entre *particulier* et *singulier* équivaut à celle mise en place par Fr. Zourabichvili entre mode passif et illusoire de singularisation d'un côté, et mode actif et essentiel de singularisation d'un autre côté. Cette distinction est notamment explicitée en ces termes dans son article « L'identité individuelle chez Spinoza » : le premier mode de singularisation est « la conséquence de la vie passive d'un corps

biens particuliers qui ne sont en rien de nouvelles habitudes affectives activement constituées. C'est en ce sens qu'une polarisation affective ne peut être assimilée à un véritable devenir éthique, singulier, dynamique et toujours en cours de constitution.

Enfin, la dernière caractéristique du devenir, par distinction avec les changements, est qu'il ne peut être appréhendé comme spontané, au sens où il découlerait de fait de la complexité de notre corps et des variations qui l'affectent. Il ne peut certes être contre-nature, ou encore indéterminé ; mais les causes le déterminant doivent elles-mêmes trouver leur cause adéquate dans l'individu. Ainsi, si, du fait de la complexité de notre corps, nous sommes de fait animés de constants changements, il nous revient encore de donner à ces changements un certain sens ; or, cela est l'objet d'un effort – au sens de *conatus*, de l'effort déterminé pour persévérer dans notre être. L'anthropologie éthique que nous tentons de mettre en place n'a donc rien d'un réductionnisme naturaliste, faisant de la nature humaine la condition nécessaire *et suffisante* de toute éthique, et réduisant dès lors l'éthique à une succession de comportements qui suivraient *de fait* de cette nature humaine. Faire de l'éthique un *devenir* consiste précisément à l'ancrer dans une certaine temporalité, qui ne saurait être simplement confondue avec la durée de la vie. Ce n'est donc pas parce que l'éthique s'ancre, selon nous, dans une certaine ontologie, qu'elle y est réductible : nous sommes tous affectés de changements, cela ne signifie pas que nous tisserons tous un devenir singulier à partir de ces changements, en les diversifiant et en les réordonnant.

C'est la raison pour laquelle Spinoza parle, dans le prologue du *Traité de la réforme de l'entendement*, de « parvenir à une nouvelle règle de vie », ce qui ne peut se faire « sans changer l'ordre et la règle commune de [s]a vie[1] ». C'est notre manière habituelle d'être affectés, d'agir et de juger qui doit être changée ; cela signifie tout à la fois donner une nouvelle orientation (« du dedans », en étant cause adéquate de ce nouvel ordonnancement) aux changements qui nous affectent, et inventer – au sens classique du

---

singulier, soumis aux rencontres, expression confuse d'un corps dont la singularité est diluée dans un type anonyme », tandis que « la singularité véritable correspond à [...] la constitution ou *structure* singulière d'un corps, c'est-à-dire l'ensemble de ses *aptitudes*, qui est nécessairement l'objet d'un apprentissage, si du moins celui-ci a lieu (devenir actif) : connaissance singulière de soi et des autres, temporalité de l'expérience » (dans *Spinoza : puissance et ontologie*, p. 105).
1   *TRE*, § 3-4, G II, p. 5.

terme, à savoir « découvrir » et non créer *ex nihilo* – un chemin à parcourir, découvrir la singularité de sa nature propre. Il faut dès lors admettre que, si les changements qui nous affectent sont relatifs à notre nature humaine, le devenir éthique ne concerne pas tous les hommes, à tout le moins dans les faits. On peut ainsi relire avec cet éclairage l'affirmation spinoziste selon laquelle « tous absolument peuvent obéir, en effet, alors que bien peu, comparativement à l'étendue du genre humain, parviennent à la pratique habituelle de la vertu sous la conduite de la raison[1] ». Obéir consiste à suivre l'ordre qui nous est dicté de l'extérieur – et pouvoir obéir constitue déjà un premier pas vers l'ordonnancement des changements qui nous affectent, bien que ce nouvel ordre soit suscité de l'extérieur. Tandis que parvenir à la pratique habituelle de la vertu sous la conduite de la raison implique de se donner de nouvelles habitudes affectives, et donc d'être animé de changements dont on est cause adéquate. Nous pourrions dès lors reformuler cette affirmation spinoziste comme suit : tous, absolument, peuvent être animés de changements, de telle sorte que ces derniers suivent un ordre suggéré de l'extérieur (par ses parents, par un maître, par le souverain, etc.) ; mais bien peu seront à même d'ordonner ces changements en une trajectoire singulière, par l'institution de nouvelles habitudes de vie conformes à leur nature propre. Ou bien encore : tous, absolument, peuvent changer, et même changer dans le sens d'une persévérance dans leur être ; mais bien peu seront finalement à même de devenir, voire de donner à cette trajectoire instituée activement une dimension éthique.

Dans la mesure où l'impossibilité d'un cheminement éthique n'est pas plus inscrite ontologiquement en nous que l'entrée effective dans un tel cheminement, la question est de savoir comment peuvent être

---

1 *TTP*, chap. xv, § 10, G III, p. 188. Dans ce paragraphe, Spinoza affirme que la révélation nous enseigne que la simple obéissance peut être un chemin de salut ; c'est ainsi ce qui nous permet de croire dans le salut de tous les hommes, bien que peu d'entre eux parviennent à la vertu sous la conduite de la raison. Ce passage pourrait constituer une réponse à la réflexion de Bayle selon laquelle la philosophie spinoziste est sans consolation (« l'hypothèse ordinaire [au sujet d'une providence libre, bonne, sainte et juste], comparée à celle des spinozistes [...] nous promet un bien infini après cette vie, et nous procure mille consolations dans celle-ci ; au lieu que l'autre [celle de Spinoza, donc, qui réfute toute transcendance] ne nous promet rien hors de ce monde, et nous prive de la confiance dans nos prières », article « Spinoza » du *Dictionnaire historique et critique*, (O), p. 75-76). Elle ne consiste certes pas en une philosophie *consolante* à défaut d'être effective pour la majorité des hommes, mais elle est une philosophie *pratique* qui permet de penser toutes les manières anthropologiques d'exister, et elle permet en ce sens de ne pas exclure *a priori* de toute éthique la grande majorité des hommes.

favorisées les conditions d'un tel devenir, dans des individus qui ont tous la complexité requise pour le mettre en œuvre. En d'autres termes, que nous manque-t-il encore – si tant est que cela puisse se formuler en ces termes –, alors même que nous avons ce corps et cet esprit complexes, et que nous sommes à même de changer tout en conservant notre nature, pour pouvoir nous donner des habitudes affectives plus conformes à notre nature singulière ? Pour répondre à ces questions, nous allons désormais partir du moment de la vie auquel il semble à la fois que nous sommes le plus dépourvu – bien que l'enfance ne doive pas, selon Spinoza, se penser en termes de privation –, et que tout est encore possible – mais, paradoxalement, au sens où rien n'est encore vraiment acquis –, à savoir l'enfance. C'est l'étude de la figure de l'enfant, ainsi que de la conception du devenir adulte que nous pouvons en déduire, qui nous permettra d'envisager tout à la fois les obstacles éventuels et les modalités effectives de l'inscription des changements dans une trajectoire ; trajectoire qui devra ensuite être suffisamment cohérente sans être pour autant figée, ou encore avoir une certain orientation tout en restant complexe et variée, afin de revêtir progressivement un sens éthique.

DEVENIR ADULTE ET DEVENIR ÉTHIQUE

L'inscription dans la temporalité de part en part

L'étape[1] de l'enfance constitue pour nous un moment conceptuellement intéressant, du fait des dimensions temporelle et « en mouvement » qu'il comporte. Il nous semble ainsi que l'étude de la figure de l'enfant peut nous permettre tout à la fois de mettre au jour des éléments essentiels de ce que sera le devenir éthique (le changement dans la continuité, la recherche d'un certain sens au cœur du mouvement, l'ouverture à de nouvelles habitudes et aptitudes, l'augmentation d'une puissance singulière et en relation, etc.), tout en nous mettant en garde contre certains écueils, comme l'attente d'une rupture entre le moment présent et le moment à venir, ou encore l'idée que le devenir doit répondre à une privation ou à un manque essentiels. Ainsi, par exemple, nul ne considèrera souhaitable qu'un individu reste enfant, au point de devenir puéril. Or, si nous déplorons une attitude puérile chez un adulte, le même comportement sera considéré comme attendu chez un enfant, comme correspondant aux aptitudes qui sont alors les siennes ; c'est là la différence terminologique entre « puéril » (synonyme d'immature) et « infantile » (à savoir conforme au niveau physique, intellectuel et affectif d'un enfant)[2]. Plus encore, il peut nous arriver d'être interloqué par une réaction « déjà trop mature » d'un enfant, comme si nous avions

---

1   Le terme d'« étape » présente l'intérêt de porter deux connotations primordiales pour la conception que nous tentons de mettre en place du devenir : l'idée de mouvement, puisqu'il peut y avoir passage d'une étape à une autre sans que la suivante soit nécessairement prédéterminée par la précédente (déjà enveloppée en elle, comme dans le passage de la graine à la plante) ; et en même temps l'idée que chaque étape constitue un moment à part entière, et n'a donc pas d'existence ou de valeur seulement comme « moment préalable ».

2   Dans la conclusion de son livre *Le conservatisme paradoxal de Spinoza*, Fr. Zourabichvili met ainsi en regard « la figure bien réelle de l'adulte qui n'a pas grandi (puérilité du *vulgus*) » et les « risques de la chimère de l'*infans adultus* dans tous ses avatars : adulte miniaturisé, premier homme, enfant hypostasié comme une essence à part », lorsqu'il est question de penser correctement l'enfance (p. 173).

le sentiment qu'on ne lui a pas laissé le temps de son enfance, qu'il a
« grandi trop vite », selon une expression courante. Cela signifie donc
qu'il y a une *temporalité* fondamentale à l'existence humaine : il semble
tout aussi inapproprié que l'on demande à un enfant de réagir comme
un adulte, que de voir un adulte réagir comme un enfant. En d'autres
termes, il convient qu'un enfant ne reste pas éternellement enfant, et
pourtant, nous ne considérons pas qu'il lui manque quoi que ce soit
lorsqu'il se comporte comme tel *en son temps*.

Dès lors, à l'égard de l'enfant, cela signifie qu'il revient aux adultes
qui l'entourent de le mettre en position de devenir adulte à son tour,
mais également d'être à même de comprendre l'enfant qu'il est, sans
considérer qu'il n'a pas encore exprimé une nature humaine qui ne
serait qu'en puissance en lui, ni même qu'il est seulement un être « en
attente » de quoi que ce soit. En ce point, un parallèle peut être établi
avec l'attitude que les philosophes devraient avoir à l'égard des hommes.
Selon de nombreux passages des textes spinozistes, il ne s'agit pas de les
railler, en fustigeant la nature qui est actuellement la leur et en louant
une nature humaine qui n'existe nulle part. Ce serait oublier que les
hommes « ne sont pas naturellement déterminés à agir selon les lois et
les règles de la raison », mais qu'au contraire, « tous naissent ignorants
de tout », et qu'ils « ne sont pas plus tenus de vivre selon les lois d'une
pensée saine que le chat selon les lois de la nature du lion[1] ». Les hommes
sont donc pleinement hommes lorsqu'ils vivent sous l'impulsion des
affects et qu'ils sont prêts à faire preuve de force ou de ruses pour obtenir
ce qu'ils jugent leur être utile.

Mais dans le même temps, cela ne signifie pas qu'il faille se montrer
fataliste à l'égard de la servitude humaine – ce qui ne serait que l'autre
face de l'attitude consistant à la dénigrer, et à exhorter les hommes à
se montrer dignes de la nature humaine. Ainsi, lorsque Spinoza invite
les philosophes, dans la préface d'*Éthique* III, à s'interroger « quant à la
nature des affects et à leurs forces », il ajoute immédiatement qu'il s'agit
de déterminer « ce que peut l'esprit, en revanche, pour les maîtriser[2] ».
L'enjeu n'est donc pas de l'ordre de la seule théorie de la connaissance :
comprendre comment les hommes sont affectés peut nous aider à déterminer comment ils peuvent l'être adéquatement, c'est-à-dire activement.

---

1   *TTP*, chap. XVI, § 3, G III, p. 190.
2   *E* III, préface, G II, p. 137.

C'est précisément en ce point que nous retrouvons la dimension temporelle du devenir : se donner de nouvelles habitudes affectives, de
telle sorte que ses affects cessent d'être des passions et deviennent des
actions, cela demande du temps – si tant est que cela advienne un jour.
C'est d'ailleurs ce qui ressort de la suite du passage du *Traité théologico-
politique*, selon laquelle « tous naissent ignorants de tout. Avant qu'ils
puissent connaître la vraie règle et acquérir la pratique habituelle de
la vertu, une grande part de leur vie est déjà passée, même s'ils ont été
bien éduqués[1] ». Nous pouvons lire plusieurs éléments dans ce passage :
l'idée que le devenir éthique consistera à faire de la vertu, avec l'aide
du temps, une nouvelle habitude de vie (institution d'une autre règle
de vie) ; la dimension fondamentalement temporelle de l'éthique, en
ce que l'acquisition de nouvelles habitudes affectives prend du temps
– il s'agit donc tout à la fois de laisser du temps aux hommes, et de
les aider à s'inscrire activement dans une temporalité longue ; et enfin
l'idée que l'éducation est requise en tant que condition favorisant ce
type d'acquisition, mais ne suffit pas pour autant à elle seule, le devenir
éthique requérant une étape *autre* en regard du devenir adulte. Telles
sont les dimensions du rapport entre devenir adulte et devenir éthique
sur lesquelles nous allons désormais faire porter notre attention.

D'UN DEVENIR À L'AUTRE :
LE PROBLÈME DE LA TRANSFORMATION

La question du devenir adulte pose d'emblée un problème similaire
à celle du devenir éthique, à savoir la possibilité d'envisager que le passage d'un état à un autre état, qui semble fort différent du précédent,
puisse se faire sur fond d'une certaine continuité. Dans le cas du devenir
adulte, le problème tient à l'abîme qui semble séparer le nourrisson (ou
le tout-petit enfant) de l'homme qu'il devient par la suite ; nous serions
ainsi bien en peine de reconnaître un individu à partir d'une photogra-
phie datant des premiers mois de sa vie, et ce n'est pas à partir de son
apparence ou de son activité d'enfant que nous pourrions le reconnaître

---

1   *TTP*, chap. XVI, § 3, G III, p. 190.

(ou qu'il pourrait lui-même se reconnaître) une fois passé à l'âge adulte. La question est donc d'abord d'ordre ontologique : comment considérer que cet individu *ne change pas de nature*, alors que nous serions tentés d'attribuer l'état de nourrisson et celui d'adulte à deux natures différentes ? Le paradoxe du devenir adulte pourrait ainsi se formuler en ces termes : il est continu et progressif (nous ne pouvons assigner d'instant lors duquel un enfant passerait subitement à l'âge adulte), de même que naturel[1] (tout enfant, s'il ne meurt pas avant, passera un jour à l'âge adulte) d'une part, et il constitue un changement semble-t-il radical (au point que nous pourrions y voir une « transformation ») d'autre part.

Cette question d'un changement apparent de nature est bien celle relevée par Spinoza dans le scolie d'*Éthique* IV, 39, lorsqu'il écrit, en parlant des tout-petits enfants, que « leur nature, un homme d'âge avancé[2] la croit tellement différente de la sienne qu'il ne pourrait jamais se persuader d'avoir jamais été bébé, s'il n'en faisait d'après les autres la conjecture pour lui-même[3] ». Nous retrouvons ici à la fois la perplexité ressentie face à ce changement d'état, et la prévention d'interprétations erronées de cette perplexité. Ainsi, premièrement, il n'est pas évident de penser que nous avons nous-mêmes été tout-petit enfant un jour. Si nous nous en persuadons – sans donc en être jamais rationnellement convaincus –, c'est simplement parce que nous voyons autour de nous des tout-petits enfants passer petit à petit à l'âge adulte. Dès lors, ce n'est que par l'observation d'autrui et l'expérience vague qui en découle, que nous acceptons l'idée que nous ayons été nourrisson un jour : il s'agit là du premier genre de connaissance. Cela vient confirmer que le passage de l'enfance à l'âge adulte reste pour chacun d'entre nous mystérieux, au sens où nous n'en avons ni le souvenir – ce qui explique que nous

---

1   C'est là une différence entre devenir adulte et devenir éthique. En effet, ce dernier ne peut être contre nature (la raison ne nous demande rien qui ne suive pas de notre nature, et tout changement se fait dans ce cadre), mais il n'est pas pour autant naturel au sens de spontané. C'est ainsi la différence que nous avons établie entre un ancrage de l'éthique dans l'ontologie d'une part, et une réduction de la première à la seconde d'autre part.

2   Il est notable que Spinoza évoque ici l'âge de l'homme adulte – donnée que nous pourrions qualifier de « fait objectif » – et non le fait qu'il ait atteint une certaine maturité. Nous pourrions envisager que cela laisse ouverte la question du devenir adulte au sens de ne pas rester infantile au point d'en devenir puéril. Peut-être serait-il judicieux de distinguer dès lors le « passage à l'âge adulte » (avancer de fait dans les années de sa vie) du « devenir adulte » (acquérir une certaine maturité en y étant activement accompagné).

3   *E* IV, prop. 39, scolie, G II, p. 240.

ayons tant de difficulté à réinscrire cette étape dans notre histoire personnelle –, ni la connaissance adéquate.

Deuxièmement, le changement a été tel entre l'enfance et l'âge adulte
que nous avons grand peine à considérer ce moment de l'existence comme
un *état* par lequel nous serions passés ; du fait de sa très grande différence avec notre état actuel, il nous semble plutôt constituer une autre
nature. Or, si nous traduisons cela dans les termes qui nous occupent
ici, cela revient à dire que cela nous semble plus être de l'ordre de
la *transformation* que de l'ordre du *changement* ; il n'y aurait pas alors
passage à l'âge adulte, mais disparition de l'enfant et naissance d'un
adulte. C'est également la conclusion que l'on pourrait penser devoir
tirer du début de ce même scolie d'*Éthique* IV, 39. Spinoza y évoque
« un certain poète espagnol, qui avait été frappé par la maladie et qui,
quoique guéri, demeura dans un tel oubli de sa vie passée qu'il ne
croyait pas que les fables et les tragédies fussent de lui », exemple qu'il
introduit comme suit : « il arrive parfois qu'un homme pâtisse de tels
changements [*mutationes*] que j'aurais bien du mal à le dire le même[1] ».
Nous sommes ainsi exactement en présence des mêmes éléments : des
changements très importants[2], l'absence de souvenir de l'état passé, et
le sentiment que nous ne sommes pas en présence du même individu.
Or, l'affirmation dont les passages consacrés au poète espagnol et au
tout-petit enfant sont des exemplifications, consiste en ce que « le corps
humain, quoique subsistent la circulation du sang et d'autres choses
qui font, croit-on, vivre le corps, [peut] néanmoins échanger sa nature
contre une autre tout à fait différente », ce à quoi Spinoza ajoute que
« aucune raison ne [le] force à penser que le corps ne meurt que s'il est
changé en cadavre[3] ». Si le rapport de mouvement et de repos qui définit
le corps (non exclusivement au sens physique du terme, mais également

---

1 *Ibid.*
2 Une différence peut toutefois être perçue à ce niveau ; en effet, Spinoza insiste sur le fait
   que les changements sont *subis* par le poète espagnol (causés par une chose extérieure, à
   savoir sa maladie), alors que nous pourrions envisager qu'un *devenir* adulte, au sens fort
   du terme, implique une certaine activité de l'enfant, au sens où l'accompagnement de ses
   maîtres et de ses parents pourraient lui permettre d'être cause adéquate de ce qu'il devient.
   Peut-être ce point pourrait-il d'ailleurs, *a contrario*, nous permettre de comprendre ce qui
   se passe lorsqu'un enfant passe à l'état d'adulte puéril : il aurait alors subi l'augmentation
   physique de la taille de son corps, sans se montrer actif dans les variations de son corps
   affectif et mémoriel.
3 *E* IV, prop. 39, scolie, G II, p. 240.

en son sens affectif et mémoriel) se trouve radicalement modifié, le corps meurt, et laisse place à un corps d'une autre nature. L'on pourrait alors envisager que c'est là le cas du passage de l'enfance à l'âge adulte : il y a continuité des fonctions vitales d'un moment à l'autre de l'existence, mais les états successifs par lesquels l'individu passe sont si différents l'un de l'autre, qu'il faut considérer qu'il y a eu transformation au sens fort du terme.

Pourtant (et c'est le troisième enseignement de l'extrait du scolie d'*Éthique* IV, 39), Spinoza prévient d'emblée ce type d'interprétation en mentionnant que l'homme d'âge avancé « croit » la nature de l'enfant différente de la sienne, ce qui laisse supposer qu'elle ne l'est pas en réalité. Plusieurs passages de l'*Éthique* semblent en effet aller dans ce sens. Le premier est que, si tel était le cas, l'individu-enfant serait détruit et donnerait lieu à un autre individu. Or, selon la proposition 4 d'*Éthique* III, « nulle chose ne peut être détruite, sinon par une cause extérieure[1] » ; et si le *devenir* adulte au sens fort requiert l'accompagnement des parents et des maîtres, on ne peut considérer que le *passage* à l'âge adulte est suscité par une cause extérieure. Dès lors, le passage à l'âge adulte étant naturel – au sens de ce qui advient sans devoir être suscité par une cause extérieure –, on ne peut considérer qu'il se traduit par la destruction du rapport de mouvement et de repos par lequel se définit l'enfant. Cela n'ôte pas la perplexité éprouvée à l'idée qu'il y a eu ce passage en nous, mais cela prévient toute mésinterprétation de ce passage d'un état à un autre en termes de transformation.

Enfin, si nous portons notre attention sur la toute fin de l'exemple dit « du poète espagnol », nous lisons ceci : « à coup sûr on aurait pu le prendre pour un bébé adulte [*infante adulto*] s'il avait aussi oublié sa langue maternelle[2] ». Cette dernière précision nous apporte des éléments de réponse supplémentaires au sujet du passage à l'âge adulte. Ainsi, ce qui choque tant dans le cas du poète espagnol, c'est qu'il se comporte comme s'il était enfant, au sens où il n'a aucun souvenir de tout ce qu'il a vécu ; or, ce dont n'a pas souvenir chaque homme adulte, ce sont les toutes premières années de sa vie, à savoir un moment très éloigné dans le temps. Il y a donc une différence entre ne pas se rappeler de ce que l'on a vécu lorsqu'on y pense bien des années plus tard (un souvenir

1   *E* III, prop. 4, G II, p. 145.
2   *E* IV, prop. 39, scolie, G II, p. 240.

progressivement estompé) et *subitement* ne plus se rappeler de ce qui s'est passé il y a peu (en raison d'une maladie venant altérer son état actuel). La mention de la langue maternelle[1] est d'ailleurs tout à fait significative à ce sujet. Nous aurions considéré que le poète espagnol était comme un bébé adulte s'il avait oublié sa langue (puisqu'un nourrisson n'en a pas encore, et est encore en mesure d'apprendre n'importe quelle langue comme étant sa langue maternelle) ; alors que nous ne nous étonnons pas qu'un tout-petit enfant n'en ait pas encore ; et l'adulte que nous sommes devenus n'a rien oublié de sa langue maternelle – qui constitue comme un lien irréductible avec l'enfant qu'il a été.

Dès lors, nous pouvons tirer deux enseignements de ces réflexions. Le premier est qu'il est considéré comme « normal » (au sens neutre d'« attendu ») qu'un enfant passe un jour à l'âge adulte, tandis qu'il est surprenant de voir un homme tout oublier de son existence passée. Ainsi, nous pourrions dire qu'il est dans la nature d'un enfant de ne pas rester enfant – à tout le moins du point de vue de l'apparence physique, puisque les exemples d'adultes puérils ne manquent pas –, et donc que le passage de l'enfance à l'âge adulte consiste bien en une transition d'un état à un autre. Sur ce point, il y a ainsi un parallèle possible entre le passage à l'âge adulte et le devenir éthique, en ce que ce dernier ne peut être entendu comme un changement de nature, ce que Spinoza exprime en ces termes dans la préface d'*Éthique* IV : « quand je dis que quelqu'un passe d'une moindre perfection à une plus grande, et le contraire, je n'entends pas qu'il échange son essence ou forme contre une autre. Car un cheval n'est pas moins détruit s'il se change en homme que s'il se change en insecte[2] », de même qu'un homme n'est pas moins détruit s'il se change en Dieu ou en surhomme que s'il se change en bête... D'où la définition spinoziste de la vertu comme « essence même ou nature de l'homme, en tant qu'il a le pouvoir de faire certaines choses

---

1 Dans la méthode d'interprétation des Écritures qu'il met en place dans le chapitre VII du *TTP*, Spinoza relève le lien étroit existant entre la nature propre d'une langue donnée et le sens que l'on peut donner ou non aux phrases écrites en cette langue. Nous lisons par exemple dans le paragraphe 5 de ce chapitre que la règle générale d'interprétation « doit comporter la nature et les propriétés de la langue dans laquelle furent écrits les livres de l'Écriture et que parlaient couramment ses auteurs », afin que nous soyons en mesure de « rechercher tous les sens que chaque phrase peut admettre selon l'usage commun de la langue » (G III, p. 99-100).

2 *E* IV, préface, G II, p. 208.

qui peuvent se comprendre par les seules lois de sa nature[1] ». Toute la
difficulté consistera alors à penser quelque chose qui puisse se faire dans
le cadre de notre nature (à l'instar du passage à l'âge adulte), sans pour
autant *suivre spontanément* de notre nature (à l'instar du *devenir* adulte) ;
c'est entre ces deux dimensions que pourra se penser le devenir éthique.

Le second enseignement, c'est la temporalité fondamentale propre à
l'existence humaine telle que la conçoit Spinoza. En effet, nous l'avons
noté, la spécificité de l'exemple du poète espagnol tient au caractère subit
de l'oubli de toute sa vie passée. Il y a donc un moment décisif (celui
de la maladie) à l'origine de ce que nous avons grand peine à ne pas
percevoir comme une transformation : non seulement il ne semble plus
être le même, mais il n'est désormais plus dans l'état que l'on attendrait
de lui (ni son corps affectif et mémoriel – bien que son corps physique
soit resté le même –, ni son esprit rationnel et imaginatif – bien qu'il
ait conservé sa langue maternelle). La situation est différente dans le cas
de l'enfant passé à l'âge adulte : en effet, non seulement il n'y a pas de
moment assignable à ce passage, mais en plus, nous ne serions en rien
étonnés ou désemparés en comparant l'enfant que nous étions un jour
et celui que nous avons été le lendemain ; la perplexité tient donc à la
comparaison de deux états éloignés dans le temps, et non à l'observation
quotidienne de ce passage continu. Ainsi, nous comparons ce que nous
sommes actuellement à un état que nous regardons de l'extérieur, puisque
nous n'en avons aucun souvenir ; le problème vient de ce que nous ne
sommes pas dans le cadre d'une *transitio* – ou passage ressenti comme
tel –, mais dans le cadre d'un jugement porté de l'extérieur, et n'étant
donc d'aucune légitimité en regard de ce qui s'est réellement et surtout
progressivement passé. De plus, comme nous le verrons, il s'agit là de
deux états attendus, non surprenants en eux-mêmes : on n'attend pas
plus d'un enfant qu'il sache parler, que l'on n'attend d'un adulte qu'il
ait oublié sa langue maternelle ; et l'on n'attend pas plus d'un nourrisson
qu'il puisse imaginer sa vie à venir, que l'on n'attend d'un adulte qu'il
se souvienne du moment où il était nourrisson.

Il y a donc une *temporalité* essentielle de l'existence, et ce à deux
niveaux : au sens, d'une part, où à chaque moment d'une existence
individuelle correspond un certain type d'état ; et au sens, d'autre part,

---

1   *E* IV, déf. 8, G II, p. 210.

où il y a une progressivité du changement que l'on ne peut comprendre si l'on compare de l'extérieur deux états très éloignés dans le temps. Il y a là quelque chose de parallèle à ce que nous concevons au sujet du devenir éthique. Ainsi, nous pouvons éprouver des doutes quant à la possibilité d'un *devenir* éthique lorsque nous comparons de l'extérieur deux moments éloignés de l'existence d'un même homme, et que nous constatons qu'il a institué pour lui-même un nouvel ordre de vie, qui donne une tournure toute autre à son existence. Ou bien encore, nous pourrions considérer qu'il devrait y avoir une telle transformation d'un individu afin qu'il mène par la suite une existence éthique, que cela ne peut se faire au sein d'une même vie, et que l'on est donc pour toujours déterminé à être sage ou ignorant[1], si nous envisageons le devenir éthique comme devant se faire dans l'instant. Et pourtant, ce n'est pas ce qui ressort des textes spinozistes, dans lesquels Spinoza évoque l'importance de l'éducation des enfants, de même que le temps requis pour parvenir à agir en suivant les lois de la raison. Ainsi, ce serait une erreur d'appréhender le devenir éthique sur le modèle d'une rupture radicale, de considérer qu'un saut qualitatif subit est requis pour faire montre de sa bonne volonté. Le devenir éthique passe par l'acquisition de nouvelles habitudes de vie et, si cela requiert un investissement de soi, un effort singulier, cela demande aussi du temps ; en ce sens, il n'y a pas d'impression de transformation si l'on compare – de façon non réflexive, par le seul ressenti du passage de l'un à l'autre – deux états successifs dans le temps. Ce n'est qu'en faisant retour sur plusieurs années passées que l'on peut mesurer le cheminement accompli, et voir dans les changements successifs que nous avons adéquatement causés en nous, des tournants de notre existence.

Il n'y a pas d'occurrence du terme *transformatio* dans l'*Éthique*, comme nous en trouvions dans les *Pensées métaphysiques*. Toutefois, il nous semble que la problématique de la transformation peut être considérée comme particulièrement présente dans cet ouvrage – notamment dans les lemmes de la petite physique –, dans la mesure où il y est souvent question de

---

1   Si nous les appréhendions comme des types d'individus – ainsi toujours déjà déterminés –, et non comme des manières d'être affectés (susceptibles de varier dans le temps), c'est ce que nous pourrions conclure de ce que Spinoza dit du sage et de l'ignorant dans le tout dernier scolie de l'*Éthique*, en voyant précisément en eux deux *natures* différentes. Mais cette interprétation est précisément rendue impossible par la suite, qui parle de « chemin » à « découvrir », bien qu'il soit difficile, et qu'on l'observe fort rarement.

ce qui peut ou non se faire dans l'individu sans qu'il y ait pour autant changement de sa forme (qu'il s'agisse de ce que peut subir un corps physique – comme des modifications de ses parties –, ou bien de ce qui est conforme ou non avec une nature singulière – comme par exemple la fréquentation d'autres hommes). Ce sont dès lors les occurrences du terme *mutatio* qui sont intéressantes à étudier dans cette perspective. Mais comme l'expression « sans changement de forme [*formae mutatione*] » revient à plusieurs reprises, et que nous avons jusqu'ici parlé indifféremment de changement de forme ou de nature, il convient tout d'abord de faire un point sur l'usage du terme de *forma*.

La première occurrence de ce terme dans l'*Éthique* intervient dans un contexte de critique de la superstition liée à l'ignorance des véritables causes des choses. On lit ainsi dans le scolie 2 d'*Éthique* I, 8 que

> ceux qui ignorent les vraies causes des choses confondent tout, et c'est sans aucune répugnance d'esprit qu'ils forgent des arbres parlant tout autant que des hommes, et des hommes formés de pierres tout autant que de semence, et imaginent que n'importe quelles formes se changent en n'importe quelles autres[1].

Nous pouvons tirer deux enseignements de ce passage : le premier, c'est que le terme de forme ne doit pas être entendu, dans les textes spinozistes, au sens actuel de traits extérieurs permettant de reconnaître un objet ou une personne par le sens de la vue. En effet, le fait que les arbres ne parlent pas ou que les hommes ne naissent pas de pierres n'est pas tant relatif à leur apparence extérieure, qu'à leur conformation, ou encore à l'espèce à laquelle ils appartiennent. Le deuxième enseignement est qu'il n'est pas concevable, dans le cadre de l'ontologie spinoziste, qu'un corps puisse passer indifféremment d'une forme à une autre : il y a ainsi des lois de la nature, qui font qu'un corps est d'un certain type – les chats ne donnent pas des chiens, pour reprendre une expression courante – et penser que les formes peuvent apparaître et disparaître dans les corps est précisément de l'ordre de l'imagination. Une forme est donc spécifique à un corps, et l'on retrouve ici notre problématique, à savoir penser le devenir adulte et le devenir éthique *autrement* que comme un changement de forme. C'est bien, d'ailleurs, l'idée que nous retrouvons au sujet du devenir éthique, lorsque Spinoza précise dans la préface d'*Éthique* IV

---

1   *E* I, prop. 8, scolie 2, G II, p. 49.

que, lorsqu'il parle d'un individu qui passe d'une moindre perfection à une plus grande, il n'entend pas « qu'il échange son essence ou forme contre une autre[1] » : s'inscrire dans un certain devenir éthique ne revient pas à sortir de son essence, ou [*seu*] à changer de forme.

Cette équivalence établie entre forme et essence quand il est question de celles d'un individu[2] semble d'ailleurs confirmée par la proposition 10 d'*Éthique* II, selon laquelle « à l'essence de l'homme n'appartient pas l'être de la substance, autrement dit [*sive*], la substance ne constitue pas la forme de l'homme[3] ». L'essence d'un corps se définit par un certain rapport de mouvement et de repos ; c'est bien ce que nous retrouvons au sujet de la forme dans la démonstration de la proposition 39 d'*Éthique* IV, dans laquelle Spinoza affirme que

> ce qui constitue la forme du corps humain consiste en ceci, que ses parties se communiquent entre elles leurs mouvements selon un certain rapport précis. Donc ce qui fait que se conserve le rapport de mouvement et de repos qu'ont entre elles les parties du corps humain, conserve la forme même du corps humain[4].

Ce passage, qui articule étroitement forme du corps d'une part, et rapport constant des parties du corps entre elles d'autre part, confirme qu'il faut entendre par *forma* la configuration du corps — soit la manière dont il est intrinsèquement en mouvement —, et justifie ainsi le rapprochement de la forme et de l'essence.

Reste alors la question plus délicate — en ce qu'elle est moins explicitement abordée — du rapport entre la forme et la nature d'un corps. D'un côté, nous avons déjà relevé l'équivalence posée par Spinoza (par

---

1   *E* IV, préface, G II, p. 208.
2   Lorsqu'il est question de l'erreur (comme dans la démonstration d'*Éthique* II, 33) ou encore de la fausseté (dans la même démonstration, dans celle de la proposition 35, et dans le scolie final de cette deuxième partie), Spinoza emploie exclusivement de le terme de *forma*, et non celui d'*essentia*.
3   *E* II, prop. 10, G II, p. 92. Cette proposition pourrait laisser penser qu'il y a une différence de perspective entre essence et forme ; la première serait d'ordre ontologique (l'essence n'est pas substantielle, elle est une modification de la substance), la seconde serait d'ordre épistémologique ou logique (la forme de l'homme est modale, en ce que l'existence de ce dernier n'est ni nécessaire ni infinie). Mais cette distinction est à vrai dire ténue ; Spinoza ne reprend que le terme d'« essence » dans la démonstration de cette proposition tandis que dans le scolie, il met cette fois-ci en regard l'« être de la substance » avec la *forme* de l'homme, et non plus avec son *essence*.
4   *E* IV, prop. 39, dém., G II, p. 239.

l'intermédiaire du terme *seu*) entre nature et essence, par exemple dans la définition de la vertu comme « essence même ou nature de l'homme en tant qu'il a le pouvoir de faire certaines choses qui peuvent se comprendre par les seules lois de sa nature[1] ». La forme étant posée comme équivalente à l'essence, et l'essence à la nature, nous pourrions légitimement penser que la forme est équivalente à la nature. Et pourtant, si les termes de forme et de nature sont souvent associés dans les textes spinozistes, c'est plus sur le mode de la juxtaposition, que sur celui de l'identification. Nous pouvons citer parmi d'autres deux exemples les lemmes 4, 5 et 6 de la petite physique, selon lesquels, certaines conditions étant réunies au sujet des modifications affectant les parties du corps, l'individu « gardera sa nature, sans changement de forme[2] » ; et la démonstration d'*Éthique* II, 24, dans laquelle nous lisons que « les parties du corps humain sont des individus très composés, dont les parties peuvent, sans qu'il change du tout de nature et de forme, se séparer du corps humain, et communiquer leurs mouvements à d'autres corps selon un autre rapport[3] ». Il en ressort que ne pas changer de forme va de paire avec le fait de ne pas changer de nature, sans que le rapport entre forme et nature ne soit explicité.

Nous pourrions envisager – mais ce n'est là qu'une hypothèse – que dans ces passages, « forme » se rapporte au type ou à l'espèce (l'homme, en l'occurrence), tandis que « nature » se rapporte à l'individu singulier – ce qui, nous en avons bien conscience, ne serait pas compatible avec les passages où il est question de « nature humaine », si l'usage de ces deux termes était strictement déterminé. En effet, dans les textes auxquels nous avons fait référence, il est question de « forme » du cheval, de l'homme, du corps humain, ou encore de l'arbre. Tandis que dans le chapitre VII de l'Appendice d'*Éthique* IV, Spinoza évoque le cas d'un homme qui « se trouve parmi des individus tels qu'ils conviennent avec *la nature de cet homme* », auquel cas sa puissance d'agir se trouvera augmentée, ou au contraire qui se trouve « parmi des individus tels qu'ils ne conviennent pas du tout avec *sa nature*[4] », auquel cas une adaptation à eux requerrait un grand changement de lui-même. Il y est donc

---

1   *E* IV, déf. 8, G II, p. 210.
2   Ce même syntagme est répété à l'identique dans les lemmes 4, 5 et 6 d'*Éthique* II, G II, p. 100 et 101.
3   *E* II, prop. 24, dém., G II, p. 111.
4   *E* IV, Appendice, chap. VII, G II, p. 268 ; nous soulignons.

question de la nature singulière d'un homme, nature que l'on ne peut constituer et découvrir qu'au contact des autres choses. Quoi qu'il en soit, il semblerait que la forme comme la nature constituent une sorte de cadre, au sein duquel doivent se faire les changements affectant les corps comme les esprits, de même qu'un point de référence, à l'aune duquel on peut juger qu'une chose nous est utile ou nuisible. Ce sera primordial dans le cadre de l'éducation d'un enfant : à la fois le guider au sein de la forme qui est la sienne, et savoir s'adapter à sa nature singulière, qui se dessinera avec le temps. Et ce sera parallèlement un point primordial dans la caractérisation de la nature de l'homme par le biais de ses aptitudes : il s'agira tout à la fois de penser cette nature de l'homme comme structure générale permettant l'acquisition de nouvelles aptitudes, et comme cadre restreignant l'étendue des aptitudes pouvant être acquises[1]. Le devenir adulte (au sens fort du terme, lié à un certain effort des adultes accompagnant l'enfant dans ce cheminement) et le devenir éthique présentent à ce niveau des problématiques parallèles.

Ce sont ces éléments que nous allons retrouver dans l'étude des différentes usages du terme *mutatio*, des variations de parties que peut endurer un corps (petite physique de la partie II), à la détermination de ce qui est conforme ou non à une nature singulière (parties IV et V), en passant par les variations subies – celles dont on n'est pas cause adéquate (partie III). Nous avons ainsi dans les différentes parties de l'*Éthique* toute la palette de la problématique de la transformation : les variations physiques et physiologiques d'un corps conservant néanmoins la même forme, les changements constants qui affectent l'esprit et sa tentative de maintenir une certaine cohérence à travers eux, et les changements suscités par des choses extérieures que nous pouvons – ou ne pouvons pas – tolérer en regard de leur conformité relative avec notre nature singulière.

---

1   C'est une problématique que nous retrouvons dans les réflexions d'ordre politique. Nous lisons ainsi dans le chapitre IV du *TP* : « si par exemple je dis que je puis à bon droit faire ce que je veux de cette table, je n'entends certes pas par là que j'ai le droit de lui faire manger de l'herbe ! ainsi, bien que nous disions que les hommes relèvent du droit du corps politique et non du leur propre, nous n'entendons pas par là qu'ils abandonnent ainsi leur nature humaine pour en revêtir une autre ; ni, par conséquent, que le corps politique ait le droit de faire que les hommes s'envolent, ou bien – ce qui est tout aussi impossible – que les hommes considèrent avec respect ce qui provoque le rire ou le dégoût » (*TP*, chap. IV, § 4, G III, p. 293).

La première occurrence du substantif *mutatio* semble reprendre le scolie 2 d'*Éthique* I, 8 – selon lequel on ne peut envisager que les choses passent indifféremment d'une forme à une autre –, mais cette fois-ci au sujet de Dieu ; il y est précisément question de ce qui est *indissolublement* lié à la nature divine, de ce qui ne peut être changé en Dieu sans que change par la même occasion l'essence de Dieu. Cette occurrence intervient dans le scolie de la proposition 33 d'*Éthique* I. Le raisonnement est le suivant : les choses suivent nécessairement de Dieu, et pour qu'elles aient été autrement produites, il aurait fallu que la nature divine soit autre. En effet, même à supposer que la production de ces choses suive de décrets divins, Dieu ne pourra jamais décréter autre chose que ce qui est, pas plus qu'il ne l'a pu dans le passé, dans la mesure où « dans l'éternité, il n'y a pas de *quand*, d'*avant* ni d'*après* ». Dès lors, pour que les choses puissent être produites par Dieu d'une autre manière ou selon un autre ordre, il faudrait « attribuer à Dieu un autre intellect et une autre volonté », ce qui ne se peut « sans que changent son essence ni sa perfection[1] ». Dans la suite logique, on ne peut imaginer que les choses puissent être actuellement autrement qu'elles ne sont, sans que cela n'implique de conférer à Dieu une autre nature que celle qui est actuellement la sienne. Ce qui a bien entendu des répercussions morales : vouloir que les hommes soient autres qu'ils ne sont revient à vouloir que Dieu ait une autre nature ; il y a donc une contradiction interne au raisonnement de ceux qui exhortent ainsi les hommes au nom d'un devoir que Dieu aurait placé en eux. Ce qui vaut pour Dieu vaut aussi pour les hommes en ce cas : vouloir que les hommes aient un entendement immédiatement plus sûr et une volonté naturellement plus ferme revient à vouloir qu'ils soient d'une autre nature. C'est donc bien, selon les termes du *Traité politique* « louer sur tous les tons une nature humaine qui n'existe nulle part, et [...] harceler par leurs discours celle qui existe réellement[2] ».

Pourtant, cela ne revient pas à dire que les hommes ne pourront *jamais* raisonner plus adéquatement ni agir de façon plus conforme à leur nature singulière. Encore une fois, c'est là une question de temporalité : ils ne peuvent pas penser ni agir autrement qu'ils ne font *dans le moment*

---

1   *E* I, prop. 33, scolie 2, G II, p. 75.
2   *TP*, chap. I, § 1, G III, p. 273. Spinoza en conclut que les politiques imaginées par les philosophes sont inapplicables ; nous pourrions dire de même des morales volontaristes.

où ils le font, ce qui ne signifie pas qu'ils ne le pourront pas *à l'avenir*. La question qui se pose à nous est dès lors la suivante : dans la mesure où l'augmentation de la puissance d'agir ne peut revenir à passer d'une forme – ou essence, ou nature – à une autre, quels sont les changements que peuvent supporter (ou activement susciter) le corps et l'esprit tout en conservant la nature qui leur est propre ? C'est justement la question à laquelle vont successivement répondre les différents usages du terme *mutatio* dans l'*Éthique*, et ce dès la petite physique. En effet, de façon très significative, l'interrogation sur les changements qui peuvent affecter un homme sans que ce dernier ne voie sa nature altérée commence au stade physique ou physiologique[1] du corps.

Spinoza aborde en effet à partir du lemme 4 de la petite physique ce que nous appelons la problématique de la transformation et du devenir : les corps étant sans cesse déterminés au mouvement et au repos, et les corps composés ayant des parties qui sont elles-mêmes sans cesse déterminées au mouvement et au repos, dans quelles conditions peut-on considérer qu'un corps reste de même nature, au sein de ces variations continuelles ? Il y a une sorte de gradation entre les lemmes 4, 5 et 6, qui reprennent tous la même formule, en interrogeant les conditions dans lesquelles un « individu gardera sa nature d'avant, sans changement de forme [*formae mutatione*] » – formule dans laquelle nous retrouvons la mention de la temporalité, la question étant de savoir si la nature d'*avant* et celle d'*après* variation restent bien identiques.

En effet, le premier de ces trois lemmes évoque le remplacement terme à terme d'une partie d'un corps par une autre : des parties du corps s'en séparent, et « en même temps d'autres corps de même nature et en nombre égal viennent prendre leur place[2] ». Ce point ne fait pas difficulté : si les parties se séparant du corps sont chacune remplacées par des parties semblables, le rapport entre elles est maintenu. Nous sommes ici dans la configuration la plus simple, à savoir celle de l'alimentation : nous suppléons à la perte constante de parties par l'ingestion régulière d'autres parties. Ceci sera rappelé dans le scolie d'*Éthique* IV, 45, où nous lisons que « le corps humain se compose d'un très grand nombre

---

1   Nous utilisons ici ce terme « physiologique » à des fins pratiques : il s'agit pour nous d'évoquer une étude restreinte aux rapports entre parties du corps ; l'adjectif « physique » est ambigu, dans la mesure où il y a plus dans l'étendue spinoziste que de simples rapports mécaniques.

2   *E* II, lemme 4 de la petite physique, G II, p. 100.

de parties de nature différente, qui ont continuellement besoin d'une alimentation nouvelle et variée[1] ».

Le lemme 5 ne porte plus sur le remplacement terme à terme des parties, mais sur la variation de leur taille ; il est donc particulièrement intéressant pour nous, dans la mesure où le passage du corps d'un enfant à celui d'un adulte peut entrer sous cette catégorie. Ainsi, Spinoza affirme qu'un individu gardera la même nature même si ces parties en viennent à être plus grandes ou plus petites, à cette condition près que cela doit se faire « en proportion telle qu'elles conservent toutes entre elles le rapport de mouvement et de repos qu'elles avaient auparavant[2] ». Avant que Spinoza n'aborde dans la quatrième partie la question de la perplexité éprouvée à l'idée que nous ayons été nourrisson un jour, nous avions donc dès la deuxième partie la réponse, sur le plan physique, à la conservation de nature de l'enfance à l'âge adulte : toutes les parties du corps grandissent de manière à ce que le rapport de mouvement et de repos entre ces parties reste le même. Cela nous permet d'indiquer en passant que ce n'était pas à ce niveau physique que se posait la question dans le scolie d'*Éthique* IV, 39. Le problème n'était ainsi pas tant de savoir comment *un* corps de très petite taille pouvait donner *un* corps de grande taille, mais de comprendre pourquoi *ce* corps qui était celui du tout-petit enfant n'est pas senti par l'esprit comme ayant été *le sien* une fois passé à l'âge adulte. C'est donc la question de la *mémoire affective* du corps qui est problématique : comment puis-je m'approprier ce que j'ai vécu tout-petit enfant comme faisant partie de mon histoire, s'il me semble que je n'en garde aucune trace ? Ainsi, nous passons déjà, avec ce lemme 5, à un autre niveau, dans la mesure où il tend vers des questions et des problématiques qui ne sont plus d'ordre exclusivement physique.

Cela est confirmé par les lemmes 6 et 7, qui évoquent une sorte de réagencement de parties pour le premier (« si certains corps composant un individu sont forcés de tourner le mouvement qu'ils ont vers une partie, vers une autre partie[3] ») et un mouvement de l'individu en son entier, ou bien à l'égard d'une de ses parties pour le second. Ces questions confèrent en effet au corps une épaisseur qui n'était pas nécessairement requise précédemment. De plus, si l'on prend désormais en compte le

---

1 *E* IV, prop. 45, scolie, G II, p. 244.
2 *E* II, lemme 5 de la petite physique, G II, p. 100-101.
3 *E* II, lemme 6 de la petite physique, G II, p. 101.

fait que le corps humain est composé de parties elles-mêmes composées, il faut mesurer que chaque partie du corps humain peut connaître tous ces types de variations tout en gardant la même nature – donc tout en permettant au corps humain en son entier de ne pas changer de forme. C'est bien ce vers quoi semble tendre Spinoza qui, à l'issue de ce lemme 7, rédige un long scolie consacré aux différentes manières (nombreuses et variées) dont peut être affecté un corps complexe, avant de consacrer les postulats de la petite physique spécifiquement au corps humain. Il nous semble donc que nous pouvons lire, dans ces derniers lemmes, les prémisses d'enjeux éthiques qui seront développés par la suite. Ce sont donc là les conditions physiques des corps requises afin que l'on puisse envisager des changements importants (non seulement une alimenta-tion variée, mais également de nouvelles expérimentations affectives, et l'acquisition de nouvelles habitudes pratiques) au sein d'une seule et même nature ; en d'autres termes, afin que nous puissions envisager un *devenir* éthique.

Toutefois, pouvoir changer en bien des manières tout en conservant la même nature ne signifie pas encore *devenir*, et encore moins s'inscrire dans un devenir *éthique*. C'est là ce que vont nous rappeler les usages suivant du terme *mutatio*, dans la troisième partie de l'*Éthique*. En effet, jusqu'ici, les usages concernaient l'ordre du possible (les manières dont un corps peut changer) ou de l'impossible (changer de forme, au sens de passer indifféremment d'une forme à une autre, est inconcevable). Mais il est, sur cette base, un autre questionnement envisageable, à savoir s'il est *souhaitable* ou non de connaître des changements au sein de sa propre nature ; or, tous les changements qui affectent le corps et l'esprit ne vont pas nécessairement dans le sens d'une augmentation de puissance d'agir, et ne sont pas nécessairement activement suscités. Nous retrouvons ici la remarque des *Pensées métaphysiques*, selon laquelle les changements peuvent provenir « ou de causes externes, avec ou sans la volonté du sujet, ou d'une cause interne, et par le choix même du sujet[1] ». Cela nous mènera progressivement vers la question du type de changement adéquat dans la perspective d'un devenir éthique, mais également, en amont, de ce que requiert un changement pour qu'il prenne sens pour l'individu, autrement dit pour qu'il s'inscrive dans un

---

1   *Pensées métaphysiques* deuxième partie, chap. IV, « Quelles sont les causes du changement », G I, p. 255.

devenir et ne constitue pas simplement l'une des multiples variations qui affectent en permanence le corps comme l'esprit.

C'est la question que l'on peut se poser à la lecture du postulat 2 d'*Éthique* III, dans lequel on lit que « le corps humain peut pâtir de bien des changements, et néanmoins retenir les impressions ou traces des objets, et par conséquent les mêmes images des choses[1] ». Nous pouvons proposer deux lectures de ce postulat, relevant des effets anthropologiques différents de ce principe ontologique. D'un côté, le fait que le corps puisse retenir les mêmes traces des choses en dépit des changements qui l'affectent peut être considéré comme le moyen de maintenir une certaine cohérence au sein de toutes ses variations. En effet, si à chaque variation devait correspondre une image différente des choses extérieures – donc une manière différente d'être affectés par ces choses –, nos jugements sur les choses seraient en permanence modifiés, et nous serions bien en peine de nous y retrouver, comme d'établir une certaine ligne de conduite à l'égard d'autrui. C'est d'ailleurs là l'un des principes de l'obéissance – et donc, en partie, de l'éducation – : faire que l'enfant puisse suivre les règles qu'on lui fixe en dépit des sollicitations contraires qui l'affectent en permanence[2].

Mais c'est là que se glisse la seconde lecture possible de ce postulat : cela signifie parallèlement qu'il n'est pas si aisé de modifier la manière dont nous sommes affectés par les choses extérieures. Ainsi, il est des changements qui, certes, sont compatibles avec le maintien de la même nature, mais qui ne sont finalement que superficiels, dans la mesure où ils n'ont pas d'effet sur notre état – à tout le moins dans l'immédiat, leur répétition pouvant devenir à terme significative. Nous pourrions ainsi considérer que, dans le cas de la polarisation affective, tout changement subi par le corps devient superficiel, en ce qu'il ne change en rien notre manière d'être affectés.

C'est également, pour une autre raison, le cas de l'admiration, définie par Spinoza comme « l'imagination d'une chose en quoi l'esprit reste fixé, à cause que cette imagination singulière n'est pas du tout enchaînée aux autres[3] » : dans ce cas, il n'y a plus *passage* d'une image à une autre. Nous pourrions y voir une marque de concentration, notre esprit

---

1   *E* III, postulat 2, G II, p. 139-140.
2   C'est là l'une des premières tâches de l'éducation, dans la mesure où le corps des enfants « est continuellement comme en équilibre » (*E* III, prop. 32, scolie, G II, p. 165), au sens où ils rient ou pleurent de voir les autres rire ou pleurer.
3   *E* III, Définitions des affects, déf. 4, G II, p. 191.

n'étant pas, pour une fois, déterminé à constamment passer d'une image à une autre. Mais en réalité, ce n'est pas ce qui ressort de l'explication faisant suite à cette définition, dans laquelle Spinoza précise que « cette distraction de l'esprit ne naît pas d'une cause positive qui ferait que l'esprit soit distrait des autres choses, mais seulement de ce que la cause qui fait que l'esprit, de la contemplation d'une chose, est déterminé à penser à d'autres, se trouve faire défaut[1] ». Il nous manque une certaine affection qui susciterait en nous une variation significative ; d'où la nécessité d'augmenter notre réceptivité affective, afin d'être à même à l'avenir de contempler (et de comprendre) plusieurs choses à la fois. C'est là le lien entre affectivité du corps et compréhension de l'esprit. Nous mesurons donc ici le temps[2] et l'investissement de soi requis pour se donner, progressivement, de nouvelles habitudes affectives.

Dès lors, le fait de considérer la philosophie spinoziste comme une pensée de la variation ne revient pas à valoriser *en soi* les changements qui affectent continuellement le corps comme l'esprit : il s'agit d'un constat d'ordre ontologique, qui peut certes constituer une des conditions de possibilité d'un devenir éthique, mais qui ne va pas nécessairement dans le sens d'un tel devenir. C'est d'ailleurs ce que Spinoza avait, d'une certaine manière, mentionné dans le premier postulat d'*Éthique* III : « le corps humain peut être affecté de bien des manières qui augmentent ou diminuent sa puissance d'agir, ainsi que d'autres qui ne rendent sa puissance d'agir ni plus grande, ni plus petite[3] ». C'est ce sur quoi nous insistons lorsque nous précisons qu'ancrer une éthique dans une certaine ontologie ne revient pas à la réduire à ses conditions ontologiques. C'est également le sens de la distinction que nous établissons entre les changements ou variations qui affectent *de fait* tous les corps, et la *possibilité* pour certains corps complexes, d'inscrire éventuellement et progressivement ces changements dans un certain devenir.

C'est également à partir de là que nous pourrions peut-être concevoir une différence, pour un enfant, entre *passer* à l'âge adulte et *devenir*

---

1   *Ibid.*, explication, G II, p. 192.
2   Cette mention du temps requis se retrouve jusque dans la cinquième partie de l'*Éthique*. En effet, dans le scolie de la proposition 20, Spinoza précise que la puissance de l'esprit sur les affects consiste entre autres « dans le temps, grâce auquel les affections qui se rapportent à des choses que nous comprenons l'emportent sur celles qui se rapportent à des choses que nous concevons de manière confuse ou mutilée » (G II, p. 293).
3   *E* III, postulat 1, G II, p. 139.

adulte. En effet, tous les enfants, s'ils ne meurent pas avant, passent un jour à l'âge adulte, physiquement parlant ; ce sont là les changements qui affectent *de fait* leur corps. Par contre, si ces changements peuvent déterminer de nouvelles aptitudes, ils ne vont pas tous nécessairement dans le sens d'une augmentation constante de la puissance d'agir de l'enfant. Nous savons tous que la croissance des enfants – au sens large du terme – connaît des paliers (des moments de stagnation) et des moments de disharmonie, lors desquels la puissance d'agir de l'enfant semble diminuée (c'est par exemple le cas des enfants qui ont grandi trop vite). Autrement dit, il est des changements de leur corps qui sont neutres ou – en apparence, en tout cas – négatifs. Ces changements du corps de l'enfant sont corrélatifs de changements de son esprit, comme en témoigne la proposition 11 d'*Éthique* III : « toute chose qui augmente ou diminue, aide ou contrarie, la puissance d'agir de notre corps, l'idée de cette même chose augmente ou diminue, aide ou contrarie, la puissance de penser de notre esprit[1] ». C'est précisément dans le scolie de cette proposition 11 que nous trouvons donc un nouvel usage du terme *mutatio*, cette fois-ci associé à l'esprit : « l'esprit peut pâtir de grands changements, et passer à une perfection tantôt plus grande, tantôt moindre[2] ». Dès lors, ce qu'il nous reviendra de faire, dans le cadre d'un devenir adulte – le « nous » se référant alors aux parents ou aux maîtres –, comme dans le cadre d'un devenir éthique – le « nous » se référant alors à soi –, sera de favoriser, parmi tous les changements qui peuvent affecter le corps et l'esprit, ceux d'entre eux allant dans le sens d'une augmentation de la puissance d'agir et de penser ; et de les favoriser non pas ponctuellement, mais dans la durée, en les ordonnant et enchaînant entre eux au sein d'une trajectoire que nous pourrons qualifier ensuite de devenir.

Dans le même ordre d'idées, les changements peuvent être *subis* – sans être nécessairement pour autant négatifs, d'ailleurs – ou bien *activement suscités* ; et cela aura également une incidence sur ce que nous pourrons appeler « devenir », avec une différence notable entre devenir adulte et devenir éthique, en raison du rôle important joué par les parents ou les éducateurs dans le premier cas. Ainsi, premièrement, dans les deux derniers usages de *mutatio* auxquels nous venons de faire référence, il est

1 *E* III, prop. 11, G II, p. 148.
2 *Ibid.*, scolie, G II, p. 148.

dit que le corps ou l'esprit « peut pâtir » de bien des changements. C'est également l'idée que nous retrouvons dans la proposition 4 d'*Éthique* IV, selon laquelle « il ne peut pas se faire que l'homme ne soit pas une partie de la nature, et puisse ne pâtir d'autres changements que ceux qui peuvent se comprendre par sa seule nature, et dont il est cause adéquate[1] ». Bien que tous les changements aient lieu en nous *à l'occasion* d'une affection par une chose extérieure, ils peuvent être plus ou moins conformes à notre nature, et nous pouvons en être plus ou moins la cause.

Nous lisons alors dans le corollaire de cette proposition que « de là suit que l'homme, nécessairement, est toujours sujet aux passions[2] », la proposition suivante affirmant que la force d'une passion est précisément relative à la puissance exercée par une chose extérieure comparée à la nôtre. Ainsi, nos affects sont des passions lorsque nous ne sommes pas cause adéquate des changements qui nous surviennent, et ils sont des actions lorsqu'ils peuvent se comprendre par notre seule nature – où nous retrouvons les caractérisations des passions et des actions faisant suite à la définition 3 d'*Éthique* III. Il y a donc en réalité, de nouveau, deux lectures possibles de cette proposition 4 d'*Éthique* IV : d'un côté, il faut admettre que nous ne sommes pas cause adéquate de *tous* les changements qui nous surviennent ; mais d'un autre côté, cela signifie que nous pouvons être cause adéquate de *certains* de ces changements. Nous ne sommes donc pas condamnés à être passivement affectés par ces derniers, et c'est bien là la condition pour penser un *devenir*, comme enchaînement *du dedans* – et non selon l'ordre commun de la nature – de changements conformes à notre nature singulière.

La différence entre devenir adulte et devenir éthique consiste alors ici en ce que, dans le premier cas, ce n'est pas à proprement parler *du*

---

1   *E* IV, prop. 4, G II, p. 212. Don Garrett prend appui sur cette affirmation pour établir qu'il n'y a pas d'homme *entièrement* libre et qu'en ce sens, le statut d'homme libre consiste en un idéal, ou en un concept-limite : "no actual human being is the ideal free man. But this consequence is just what we should expect, since the concept of a *completely* free man involves a contradiction. From a thing's being completely free, it follows that it is completely self-determined and utterly independent of external causes ; on the other hand, from a thing's being a man, it follows that it is necessarily a part of nature and subject to external causes. […] the concept of the free man is the concept of a limit that can be approached but not completely attained by finite human beings" (dans *Spinoza. Issues and Directions, Proceedings of the Chicago Conference*, édité par E. Curley et P.-Fr. Moreau, New York, E.J. Brill, 1990, p. 230-231).
2   *E* IV, prop. 4, corollaire, G II, p. 213.

dedans que sont ordonnés ces changements, dans la mesure où, dans un premier temps, le corps de l'enfant est « apte à très peu de choses, et dépendant au plus haut point des causes extérieures » et que son esprit « considéré en soi seul, n'a presque aucune conscience ni de soi, ni de Dieu, ni des choses[1] ». Dès lors, c'est le rôle des parents ou des maîtres de suppléer cet esprit peu conscient de lui-même et des choses, afin de faire que ce corps devienne de préférence dépendant de ce qu'on lui propose dans le cadre de son éducation, avant qu'il soit lui-même apte à susciter en lui des changements conformes à sa nature singulière[2]. Le seul *passage* à l'âge adulte – par distinction avec un véritable *devenir* – revient probablement à laisser l'enfant grandir au gré de cette causalité extérieure, sans lui proposer un ordonnancement singulier qui le rende moins dépendant de l'ordre commun de la nature ; ou encore, peut-être, à lui faire suivre avec un excès d'autorité un ordre qu'il ne sera pas en mesure de se réapproprier, au sens où cet ordre sera plus relatif à l'histoire factuelle de ses parents ou éducateurs, que conforme à sa nature *singulière*[3].

Nous sommes ainsi en présence d'un nouveau critère pour évaluer les changements qui nous affectent, et pour interroger leur possible ancrage dans un certain devenir : la conformité ou non de ces changements avec la nature de l'individu en question. Ce point est confirmé par le dernier usage du terme *mutatio* que nous étudierons, usage qui intervient à la fin de la partie IV et au début de la partie V de l'*Éthique*. La chapitre VII de l'Appendice d'*Éthique* IV commence par reprendre la proposition 4.

---

1 *E* V, prop. 39, scolie, G II, p. 305.
2 P. Sévérac interprète dans la même optique le rôle joué par le modèle de la nature humaine comme modèle forgé « par un esprit qui comprend » et utilisé « pour des esprits qui ne comprennent pas », dans la perspective d'un devenir actif : « forger la fiction du modèle de la nature humaine et des notions de perfection et d'imperfection ne signifierait pas ne pas comprendre les choses ; cela signifierait simplement se rappeler avoir eu besoin de croire en de telles fictions pour son propre salut, et considérer comme tout à fait possible que nous soyons maintenant, nous lecteurs, dans ce même état où il a été, lui [Spinoza], autrefois » (*Le devenir actif chez Spinoza*, chap. v, p. 324). Nous tenterons pour notre part de penser l'utilité que peut avoir un modèle bien conçu *pour soi*, lorsqu'on en comprend le sens et le statut, voire la nécessité de ce modèle pour initier en soi la recréation continue du mouvement en lequel consiste le devenir.
3 Il faudrait alors peut-être distinguer entre trois changements possibles : le seul passage à l'âge adulte, au gré de l'état commun des choses ; l'assignation d'une progression linéaire particulière, relative à l'expérience factuelle des parents ; et un devenir adulte singulier, conforme à la nature de l'enfant.

Toutefois, ce chapitre apporte un complément, en évoquant les individus parmi lesquels se trouve un homme, et leur convenance plus ou moins grande avec la nature singulière de cet homme. Nous lisons ainsi que, si un homme

> se trouve parmi des individus tels qu'ils conviennent avec la nature de cet homme, par là même cet homme verra sa puissance d'agir aidée et alimentée. Et s'il est, au contraire, parmi des individus tels qu'ils conviennent le moins que l'on puisse envisager avec sa nature, il ne pourra guère s'adapter à eux sans un grand changement de lui-même[1].

Dans ce passage, la nature de cet homme peut être entendue au sens de nature spécifique, comme pour le milieu naturel dans lequel on vit, mais aussi au sens de nature singulière, comme dans le fait de partager une même conception de l'existence. Le grand changement requis dans le cas d'une absence de convenance peut aller d'un renoncement à un projet qui nous est cher – s'il s'agit d'une famille ou d'une société ne le tolérant pas –, à une véritable transformation de notre nature – dans le cas d'une maladie grave, voir de la mort.

L'on mesure donc ici l'importance des affects de joie et de tristesse, définis comme « passage [*transitio*] de l'homme d'une moindre perfection à une plus grande » pour la joie, et « passage de l'homme d'une plus grande perfection à une moindre[2] » pour la tristesse. En effet, c'est par le biais de ces affects que l'esprit *sent* l'augmentation ou la diminution de la puissance d'agir du corps, suscitées par des rencontres avec des choses extérieures nous affectant ; ces affects sont donc les signes *pour nous* de ce que ces choses extérieures sont bonnes ou mauvaises, autrement dit utiles ou nuisibles à notre persévérance dans l'être. C'est alors à partir de là que nous serons déterminés à désirer nous en rapprocher ou nous en éloigner. Il n'y a donc pas de connaissance *a priori* de notre nature, mais découverte progressive de ce qui convient ou non à une nature se dessinant pour nous au fil des rencontres et des affections par les choses extérieures. C'est d'un côté ce qui supplée, pour l'homme adulte qui tente d'entrer dans un cheminement éthique, l'absence de définition

---

1 *E* IV, Appendice, chap. VII, G II, p. 268 ; traduction modifiée.
2 *E* III, Définitions des affects, déf. 2 et 3, G II, p. 191. Spinoza insiste sur l'usage du terme *transitio* dans l'explication qui suit : « je dis passage. Car la joie n'est pas la perfection elle-même. Si en effet l'homme naissait avec la perfection à laquelle il passe, c'est sans affect de joie qu'il la possèderait » (*ibid.*, explication, G II, p. 191).

déterminée de la nature humaine, vers laquelle il saurait dès lors devoir tendre ; et il pourra, à partir de ces signes, se forger un modèle de la nature humaine qui lui soit propre.

D'un autre côté, c'est ce qui rend si important l'ordre dans lequel on présente les choses à un enfant, de même que la variété des choses qui lui sont présentées, afin d'ouvrir son champ affectif. En effet, les voies affectives ont tendance à se restreindre avec les années, les habitudes affectives étant de plus en plus ancrées ; ce n'est dès lors que s'il a pu se trouver parmi divers individus que l'enfant devenu adulte pourra connaître ce qui lui est le plus bénéfique, s'en forger un modèle, et tendre de façon déterminée vers ce modèle. Ce qui nous semble intéressant, dans cette attention portée au devenir adulte dans le cadre d'une réflexion sur le devenir éthique, c'est que le premier constitue comme un élargissement temporel de ce que pourrait être le second. En effet, il ne sert à rien de se lamenter sur les désirs des hommes si on ne leur donne pas en amont les moyens d'être autrement affectés, et donc d'être déterminés à autrement désirer, *de la même manière qu'*il ne s'agit pas d'imputer à un enfant la responsabilité de ses désirs, si on a d'emblée restreint les choses singulières parmi lesquelles il évolue, sans attention portée à l'ouverture de ses aptitudes affectives. C'est la raison pour laquelle il convient de revenir désormais sur les conceptions erronées de l'enfance comme impuissance – comme si nous partions d'une matière non formée –, et comme privation – comme s'il manquait quelque chose à l'enfant, qu'il devrait acquérir avant de devenir véritablement homme –, qui nous semblent toutes deux caractéristiques d'une absence de prise en compte de la temporalité propre à l'enfance et au devenir adulte. Par une extension de cette temporalité essentielle à l'existence humaine prise dans son ensemble, nous pourrons penser ce que signifie, pour un adulte, d'être « en devenir[1] », non exactement comme l'est l'enfant, mais à partir de la puissance d'agir et de penser qui sera désormais la sienne.

Il nous reste simplement auparavant, pour finir sur les différents usages de *mutatio* dans l'*Éthique*, à mentionner l'axiome 1 de la cinquième

---

1   Nous pensons cette expression sur le modèle de « en mouvement », au sens où le devenir serait ce qu'il y a d'essentiel à penser dans l'éthique et dans l'existence en général. En ce sens « adulte » et « éthique » consistent en des qualifications de divers types de devenir, et non en des états auxquels mèneraient ces devenirs, comme si nous parlions de « devenir *un adulte* » et de « devenir *un sage* ».

partie ; cet axiome nous permettra de nuancer notre propos au sujet du devenir éthique, si nous avons laissé penser qu'il pouvait s'agir de quelque chose de linéairement désiré et suscité en nous. Nous lisons ainsi dans cet axiome que « si, dans un même sujet sont excitées deux actions contraires, il devra nécessairement se faire un changement soit dans les deux, soit dans une seule, jusqu'à ce qu'elles cessent d'être contraires[1] ». Le vocabulaire employé (le terme de sujet et le verbe exciter[2] notamment) est assez différent de celui des autres passages que nous avons jusqu'ici étudiés. Mais si nous tenons compte du fait que les actions sont déterminées en nous par des désirs, la première partie de l'axiome revient à dire que nous pouvons être animés de deux désirs contraires ; par exemple, nous pouvons désirer tout à la fois recevoir plus d'honneurs, et porter notre attention sur un bien dont la possession ne dépend pas des inconstances d'autrui et de l'état (en apparence) contingent des choses. Dès lors, la question est la suivante : comment un changement sera-t-il suscité dans l'un de ces deux désirs ? Autrement dit, en généralisant ce questionnement : comment le désir de nous rapprocher d'un certain modèle de la nature humaine prendra-t-il (progressivement, avec le temps) le pas sur les autres désirs nous faisant tendre et agir en des sens contraires ? Après la nature et la force des affects, c'est à la nature et à la force des désirs qu'il faudra, en son temps, consacrer une analyse ; c'est l'un des éléments qui nous permettra de comprendre pourquoi le chemin montré par Spinoza est « difficile autant que rare », selon les derniers mots de l'*Éthique*. Et donc dans quelle mesure le devenir éthique, sans être *contre-nature*, n'en est pas pour autant *par nature*, au sens d'évident, de spontané, de toujours déjà donné, ou encore de ce qui « se trouv[e] sous la main[3] ».

---

1   *E* V, axiome 1, G II, p. 281.
2   Nous trouvons ce verbe « exciter » employé dans la préface de la cinquième partie, dans l'aperçu que donne Spinoza de la conception cartésienne de l'exercice de la volonté : « il [Descartes] pense que l'âme ou l'esprit est unie principalement à une certaine partie du cerveau, à savoir la glande dite pinéale, au moyen de laquelle l'esprit sent tous les mouvements qui se trouvent excités dans le corps, ainsi que les objets extérieurs, et que l'esprit, par cela seul qu'il veut, peut mouvoir diversement » (G II, p. 278).
3   *E* V, prop. 42, scolie, G II, p. 308.

DES IDÉES (CARTÉSIENNES) DE PRIVATION ET D'IMPUISSANCE À LA CONCEPTION (SPINOZISTE) DE L'HOMME EN DEVENIR

La critique de la conception de l'enfance comme privation et impuissance peut ainsi nous permettre de comprendre en quoi c'est l'existence humaine toute entière – et non seulement l'enfance qui serait alors seulement considérée comme un « en attente de quelque chose à venir » – qui est à réinscrire dans sa dimension temporelle. Nous entendons alors par « dimension temporelle », non pas la finitude de l'existence, mais plutôt sa dimension « en mouvement », voire, dans une perspective éthique, « en devenir[1] ». Partons donc de la figure de l'enfant dans les textes cartésiens, dans la mesure où elle instaure, précisément, une rupture entre enfance et âge adulte rendant impossible de les ancrer au sein d'une seule et même temporalité. Le problème auquel *serait confronté* Descartes, si le questionnement était pour lui d'ordre ontologique est le suivant : comment peut-on considérer que l'enfant participe de la nature humaine, alors qu'il ne dispose manifestement pas des principales facultés (telle la liberté de la volonté) qui définissent et caractérisent l'appartenance à cette nature humaine ? En effet, d'un côté, selon Descartes, « il est si évident que nous avons une volonté libre, qui peut donner son consentement ou ne pas le donner quand bon lui semble, que cela peut être compté pour une de nos plus communes notions[2] ». Mais d'un autre côté, les enfants ne sont précisément pas en mesure de se détacher des sollicitations extérieures ni de ce qui leur parvient par le biais de leurs sens ; ils ne manifestent donc pas la liberté de la volonté pourtant présentée comme appartenant avec évidence à tout être humain. Comment dès

---

1 Nous nous éloignons quelque peu dans cette conception des conclusions auxquelles aboutit P. Sévérac dans son livre *Le devenir actif chez Spinoza*, lorsqu'il affirme que « l'activité de ce suprême effort engendre une activité sans effort : une activité qui n'a pas à lutter, à résister, à s'opposer ; une activité qui se vit et se pense comme pure force d'exister ; un devenir-actif, pourrait-on dire, "en repos" » (p. 437). Nous partageons l'idée selon laquelle l'éthique n'est pas lutte contre mais affirmation. Toutefois, en partant de l'essence actuelle comme effort pour persévérer dans l'être et en concevant l'existence elle-même comme mouvement, nous tentons de penser un devenir éthique qui soit effort sans cesse réalimenté (sans que ce soit un effort *contre* quelque chose ou un effort *sur* soi) et toujours « en devenir » (et donc « en mouvement » et non en repos).

2 Descartes, *Principes de la philosophie*, première partie, art. 39, A III, p. 114.

lors expliquer que l'esprit de l'enfant soit prisonnier des préjugés qu'on lui inculque et des sensations qui lui parviennent, sans pour autant en conclure que l'enfant est absolument dépourvu de raison ?

Descartes répond indirectement à cette question au cours d'une discussion avec Arnauld, au sujet de la distinction réelle entre l'esprit et le corps ; c'est dans ce cadre qu'il est amené à caractériser négativement l'enfant, par le biais de ce qui lui manque eu égard à l'usage que fait de sa raison un adulte accompli. Ainsi, dans les quatrièmes objections aux *Méditations métaphysiques*, l'argumentation d'Arnauld est la suivante : lorsque, de ce que je pense, je conclus que je suis, l'idée formée de moi-même ne me représente que comme une chose qui pense, puisque cette idée est tirée de ma seule pensée. Dès lors, soit cela signifie que rien de corporel n'appartient à notre essence, et donc que l'homme est seulement esprit ; soit il faut reconnaître que l'idée que j'ai de moi-même en tant que chose qui pense n'est pas l'idée d'un être complet, en ce que le corps n'entre pas dans cette idée qui suit de ma seule pensée. À l'issue de cette argumentation, Arnauld mobilise les exemples des enfants et des fous en ces termes : « ce qui augmente cette difficulté est que cette vertu de penser semble être attachée aux organes corporels, puisque dans les enfants elle paraît assoupie, et dans les fous tout à fait éteinte et perdue[1] ». Ce qu'Arnauld considère comme une objection à la distinction réelle de l'esprit et du corps pourrait de même être avancé comme objection à la définition de la nature humaine que donne Descartes par le biais de la libre volonté, qui peut se déterminer comme bon lui semble quelles que soient les sollicitations des organes et des sens. Elle se formulerait alors en ces termes : si telle est la définition de la nature humaine, cela revient à dire que les enfants ne participent pas de cette nature.

Ce qui est intéressant pour voir comment se dessine la figure de l'enfant dans les textes cartésiens, c'est de regarder comment Descartes reprend les propos d'Arnauld au sujet des enfants et des fous. Nous lisons ainsi dans les Quatrièmes Réponses, que

> de ce que *la faculté de penser est assoupie dans les enfants, et que dans les fous elle est*, non pas à la vérité *éteinte*, mais *troublée*, il ne faut pas penser qu'elle soit tellement attachée aux organes corporels, qu'elle ne puisse être sans eux. Car,

---

1   Arnauld, Quatrièmes Objections aux *Méditations métaphysiques*, A II, p. 641.

de ce que nous voyons souvent qu'elle est empêchée par ces organes, il ne s'ensuit aucunement qu'elle soit produite par eux[1].

Trois éléments peuvent être tirés de cette réponse. Premièrement, la raison qui est obscurcie dans son exercice par les sollicitations des sens est *la même* que celle dont peut faire bon usage un adulte sain d'esprit et accompli. Deuxièmement, Descartes récuse en conséquence l'idée selon laquelle cette raison serait « éteinte » chez les fous : elle est certes troublée dans son exercice, mais elle reste présente et ne change pas de nature. Troisièmement et enfin, c'est également la raison pour laquelle Descartes accepte le qualificatif « assoupie » utilisé par Arnauld au sujet de la faculté de penser des enfants : cette faculté de penser est bien présente, elle est de même nature que celle des adultes, mais elle n'a simplement pas encore pu s'exprimer en raison de la prépondérance des organes et des sens.

Ainsi, cela signifie bien que, d'une part, selon Descartes, l'enfant n'est pas dépourvu de raison – ce qui le placerait sinon au rang des bêtes –; cette dernière consiste en une faculté innée, caractérisant la nature humaine, et dont peuvent se prévaloir les enfants comme les adultes. Mais cela signifie également que, d'un autre côté, cette faculté est encore en puissance, ou non encore développée. C'est bien l'idée que nous retrouvons en réponse aux Sixièmes Objections, faites par « divers théologiens et philosophes ». Ainsi, le dixième scrupule de ces objections reprend le questionnement d'Arnauld, en demandant à Descartes comment nous pouvons être assurés que la raison n'a rien en soi de ce qui appartient au corps. Descartes, dans sa réponse en première personne, évoque sa jeunesse en ces termes : « mon esprit ne se servait pas bien en ce bas âge des organes du corps, et […] y étant trop attaché il ne pensait rien sans eux, aussi n'apercevait-il que confusément toutes choses[2] ». Ce que nous retenons de ces passages, c'est que l'enfant n'est pas pensé pour lui-même dans les textes cartésiens, ni même l'enfance comme un moment à part entière de l'existence humaine. En effet, l'enfant est plutôt caractérisé à partir de l'adulte (doté de raison, donc), mais comme un adulte non accompli (puisque cette raison est encore

1   Descartes, Quatrièmes Réponses aux Objections faites par Arnauld aux *Méditations métaphysiques*, A II, p. 669.
2   Sixièmes Réponses aux Objections faites par divers théologiens et philosophes aux *Méditations métaphysiques*, A II, p. 884.

assoupie) ; c'est là la conception de l'enfance comme *manque* dont nous parlions. Le fait de parler de l'enfant comme un adulte *en défaut* comporte des jugements de valeur sous-jacents : les organes du corps sont *trop présents*, l'esprit *ne s'en sert pas bien*, et n'est pas à même de concevoir ce qui est *purement intellectuel*, et finalement, il n'en résulte que des idées *fort confuses*. En d'autres termes, aucune caractéristique positive n'est donnée au sujet de l'enfant, lequel n'est appréhendé que du point de vue de ce qui lui fait *encore défaut* en regard de ce que serait un adulte accompli. Il n'est donc pas surprenant, à partir de ces remarques, que Descartes évoque le passage à l'âge adulte en termes de rupture ou de substitution : l'enfance n'est que de l'ordre de la privation, et il convient d'en sortir une fois en sa vie, en tentant dans la mesure du possible de se défaire de tous les préjugés hérités de cette période. On décèle même parfois comme une connotation morale dans le devoir qui nous est fait de considérer comme nulle et non avenue cette période de notre vie.

Spinoza, tout au contraire, réinscrit l'enfance comme un moment à part entière de la vie : non pas qu'il la survalorise – ce serait bien anachronique de le croire, et rien ne le laisse penser dans les textes de toute façon –, mais en considérant l'état de l'enfant comme « une chose naturelle et nécessaire », il empêche de le concevoir sur le mode de la privation, et met en lumière la temporalité propre au *passage* à l'âge adulte (qui n'est dès lors plus pensé comme rupture, mais comme mouvement, changement, voire devenir). Ainsi, nous lisons dans le scolie d'*Éthique* V, 6 que « personne ne plaint les bébés de ce qu'ils ne savent pas parler, marcher, raisonner, ni enfin de ce qu'ils vivent tant d'années pour ainsi dire inconscients d'eux-mêmes[1] ». Si nous nous arrêtions là, nous pourrions penser qu'il n'y a pas grande différence entre la conception cartésienne et la conception spinoziste de l'enfance : en effet, ici encore, l'enfant est caractérisé de façon négative par le biais de ce qu'il ne sait pas faire ; et précisément, ce qu'il ne sait pas faire correspond à des aptitudes communes aux adultes (marcher, parler, raisonner, etc.). Pourtant, le sens que le scolie confère à ce passage est différent. En effet, si nous ne nous affligeons pas de voir les tout-petits enfants faire si peu de choses, c'est parce que nous sommes d'autant moins sujets aux passions tristes que nous comprenons les choses comme nécessaires. Dès lors, cela signifie que 1/ l'enfance est un moment nécessaire de la vie (il n'y a donc pas à s'en plaindre ou à le déplorer) et que 2/ cela n'a pas de

---

1   *E* V, prop. 6, scolie, G II, p. 285.

sens de caractériser l'enfant par le fait qu'il ne sache ni parler, ni marcher, ni raisonner, puisque c'est naturel pour lui de ne pas en être à ce qui sera un autre moment de sa vie. C'est la raison pour laquelle Spinoza peut affirmer dans la suite de ce scolie que l'enfance est « une chose naturelle et nécessaire » et non un « vice ou péché de la nature[1] ». Dès lors, nous pouvons relire le sens du premier passage comme suit : il va de soi que nous ne déplorons pas l'état des enfants, puisque nous savons très bien que cet état est chose naturelle et nécessaire *à leur âge* ; c'est la raison pour laquelle il ne nous viendrait même pas à l'esprit de relever qu'ils ne marchent ni ne raisonnent, autrement dit de les évoquer par le biais d'aptitudes qui ne sont ni naturelles ni nécessaires à ce moment de l'existence humaine. Nous ferions d'ailleurs bien, pour la même raison, de ne pas nous plaindre d'avoir perdu un bien que nous ne pouvions conserver – ce qui est pourtant plus commun. Nous tirons donc deux conclusions de ce scolie : la première est que l'exemple du regard porté sur l'enfant a fonction d'expérience commune dont nous devrions tirer enseignement pour d'autres situations dans lesquelles nous comprenons beaucoup moins aisément la nécessité des choses ; et la seconde est que cela n'a pas de sens (c'est, au sens littéral, « absurde », selon le terme souvent repris par Spinoza) de définir l'enfant à partir de l'adulte – et donc immanquablement à partir de ce qui lui fait défaut en regard d'un adulte accompli.

Cela a des conséquences à deux niveaux, qui importent respectivement pour le devenir adulte et pour le devenir éthique. Premièrement, cela revient à comprendre la temporalité propre aux différents moments de la vie humaine : si les enfants ne savent pas encore marcher et raisonner, ce n'est pas parce qu'ils sont en défaut ou parce qu'il leur manque quoi que ce soit ; c'est juste que le moment n'est pas venu pour eux de l'apprendre. Cela ne signifie pas non plus qu'ils aient ces facultés *en puissance* : d'une part parce que apprendre à marcher, parler ou raisonner reviendra à acquérir ces aptitudes et non à développer des facultés toujours déjà là ; et d'autre part parce que le fait qu'ils ne se comportent pas comme des adultes (ce qui ne serait certainement pas chose naturelle) ne revient pas à dire qu'ils n'ont aucune aptitude – et focaliser sa conception de

---

1   *Ibid.* Plus exactement, Spinoza affirme que nous aurions tendance à considérer l'enfance comme un vice ou un péché si la plupart des hommes naissaient adultes ; ce serait alors le fait de naître adulte qui apparaîtrait comme une chose naturelle et nécessaire. Nous retrouvons donc ici la référence à l'expérience vague : nous semble naturel ce que nous observons couramment chez les hommes qui nous entourent.

l'enfant sur ce qui manque à ce dernier revient précisément à ne pas voir ses aptitudes propres, adaptées à ce moment de sa vie, et sur lesquelles pourront s'appuyer en temps opportun d'autres aptitudes. C'est là, une fois encore, ce qui distinguera le passage à l'âge adulte (fait au gré des rencontres, et sans attention à la temporalité propre de l'enfant), d'un véritable devenir adulte (qui consistera à s'interroger sur ce qui est le plus adéquat pour l'enfant, à la fois en regard de son âge et en regard de son cheminement singulier). L'enfance est donc un moment à part entière de la vie.

Deuxièmement, cela nous permet de revenir sur la neutralité axio-logique propre à ce type de constat. Les tout-petits enfants ne savent ni parler, ni marcher, ni raisonner : c'est un fait naturel et nécessaire. Ce n'est pas à déplorer, puisque nous savons que viendront d'autres moments où ils sauront le faire, et puisque c'est bien plutôt le contraire qui nous paraîtrait non naturel. On ne le regretterait que si on projetait sur eux un état qui leur est — pour l'instant en tout cas — étranger. Ce n'est pas non plus à admirer[1], pour les mêmes raisons : c'est un moment de l'existence humaine parmi d'autres, par lequel tous les hommes passent nécessairement. Il n'y a donc rien d'extraordinaire — au sens littéral de ce qui n'entrerait pas dans le cadre des lois naturelles — dans le fait d'être enfant, puis de passer à l'âge adulte.

Or, ces réflexions peuvent nous apporter des éléments de compréhension au sujet du devenir éthique. Ainsi, nous retrouvons d'une part la neu-tralité axiologique qu'il convient de conférer à la nature humaine ; l'exemple de l'enfance dans le scolie d'*Éthique* V, 6 est présenté comme évident — et donc particulièrement parlant — et nous pourrions tenter

---

1   Nous pouvons ici rappeler la remarque spinoziste selon laquelle « qui recherche les vraies causes des miracles et s'emploie à comprendre les choses naturelles comme un savant, au lieu de les admirer comme un sot, est pris un peu partout pour un hérétique et un impie » (*E* I, Appendice, G II, p. 81). Nous pourrions de même distinguer ceux qui idolâtrent les enfants et en font les hérauts d'une innocence perdue, sans comprendre la nécessité de leur état ; et ceux qui tentent de comprendre l'enfance comme une chose à la fois nécessaire et temporaire, afin de guider les enfants sur le chemin d'un devenir adulte. Fr. Zourabichvili avait fort bien relevé le fait que Spinoza a « posé pour la première fois en philosophie un regard *actif* sur les enfants. Non qu'il s'agisse de les aimer, de s'apitoyer sur leur sort, ou de s'en attendrir. Entre la fascination pour le monde opaque et ricanant de l'enfant, au XVIe siècle, et le "mignotage" de Madame de Sévigné au XVIIIe, et par-delà les contradictions d'un siècle de transition où coexistent, parfois entrelacés, modernisme et archaïsme, Spinoza traite l'enfance sans mépris ni compassion comme une perspective » (*Le Conservatisme paradoxal*, conclusion, p. 174).

à partir de là de modifier notre regard sur les événements survenant dans notre vie d'adulte. Ainsi, ceux qui « déplorent [l'impuissance des hommes], en rient, la mésestiment, ou bien, et c'est le cas le plus courant, la maudissent[1] » portent des jugements tout aussi absurdes que ceux qui consisteraient à plaindre l'enfant de ne savoir ni marcher, ni parler, ni raisonner. Si la cause de l'impuissance humaine se trouve dans la puissance commune de la nature, elle est chose naturelle et nécessaire ; il n'y a donc lieu ni de s'en attrister, ni de maudire les hommes. Mais dans le même temps, cela ne signifie pas que cette impuissance ne puisse être un état seulement temporaire, de même que l'enfance. Ainsi, faire que cette impuissance ne s'étende pas tout au long de la durée de la vie est bien l'objet de Spinoza dans l'*Éthique*, et tout particulièrement dans cette cinquième partie, « qui porte sur la manière ou voie qui mène à la liberté[2] ». Dès lors, la neutralité axiologique à l'égard de la manière dont les hommes sont *actuellement* affectés n'ôte en rien le projet de penser les moyens pour les hommes d'être à l'avenir *autrement* affectés. Ne pas porter de jugements de valeur sur l'état présent, et envisager la possibilité du passage à un autre état sont donc communs au devenir adulte et au devenir éthique.

L'un comme l'autre impliquent de ne pas penser l'enfance comme privation : d'une part parce que cela revient à porter un jugement dépréciatif sur l'état de l'enfant ; et d'autre part parce que cela ôte à l'existence humaine sa dimension temporelle (dans la mesure où l'âge adulte apparaîtrait comme un état dans lequel nous pourrions nous arrêter). Cela convient d'ailleurs avec ce que Spinoza dit de la privation dans la *Lettre 19 à Blyenbergh*, lettre dans laquelle nous retrouvons divers exemples de jugements inadéquats en ce qu'ils évaluent de l'extérieur des états de choses. Spinoza évoque ainsi le fait que nous attribuons une seule et même définition (présentée comme « idéale ») à tous ceux qui ont figure humaine ; puis que nous comparons la nature de chacun avec cette définition forgée, et jugeons alors qu'un individu « s'écarte de sa propre nature[3] » lorsque l'une des perfections que nous plaçons dans la dite nature humaine ne semble pas se retrouver en lui. Cet exemple peut fort bien s'adapter au regard porté sur les enfants, lorsque ce dernier est

---

1   *E* III, préface, G II, p. 137.
2   *E* V, préface, G II, p. 277.
3   *Lettre 19 à Blyenbergh*, datée du 5 janvier 1665, G IV, p. 91.

dépréciatif : nous considérons qu'ils appartiennent à la nature humaine, et nous estimons que cette dernière se définit par le bon usage de la raison et par l'exercice de la liberté ; et comme nous ne trouvons ni l'un ni l'autre dans les enfants, nous considérons qu'ils n'expriment pas encore pleinement la nature humaine qui est la leur. C'est précisément dans cette démarche que Spinoza situe la cause du jugement par lequel nous considérons qu'un individu est *privé* de quelque chose, en regard de ce que l'on *devrait* trouver en lui.

Or, ce type de jugement est inadéquat pour les enfants comme pour les adultes. En effet, dans le premier cas, nous jugeons l'état de l'enfant par comparaison avec l'état de l'adulte, qui, de façon toute naturelle et nécessaire, ne peut encore être le sien. Les critères en regard desquels nous portons ces jugements sont donc inadéquats ; en concevant l'enfance comme un état de privation, nous ne faisons que remarquer que l'enfant n'est pas un adulte... La situation est, comme toujours, plus complexe avec le regard porté sur les adultes par le moraliste – bien que l'état des hommes soit alors tout aussi naturel et nécessaire –, mais il convient de suivre le même raisonnement. Ainsi, dans le second cas, nous jugeons l'état des hommes par comparaison avec l'image que nous avons du sage – image qui est en fait relative à la manière dont nous affectent les choses – ; en disant dès lors que les hommes sont *privés* des perfections censées être celles de la nature humaine, nous ne faisons en réalité que relever qu'ils ne sont pas conformes à une image de la nature humaine forgée de part en part par nous-mêmes. C'est la raison pour laquelle Spinoza peut affirmer que la privation que nous attribuons aux enfants dans le premier cas et aux adultes ne menant pas une existence éthique dans le second « n'est pas quelque chose de réel et qu'on la nomme ainsi seulement eu égard à notre intellect et non à celui de Dieu [soit en regard de ce que sont effectivement les modes de la pensée et de l'étendue][1] ».

Nous retrouvons d'ailleurs les mêmes remarques dans les passages de la préface d'*Éthique* IV consacrés à ce que l'on peut entendre par perfection et imperfection. Spinoza y relève ainsi que « les hommes ont l'habitude de former des idées universelles aussi bien des choses naturelles que des choses artificielles, idées qu'ils tiennent pour le modèle des choses[2] ». Ainsi, le problème ne tient pas au fait que nous

---

1 *Lettre 19 à Blyenbergh*, G IV, p. 91.
2 *E* IV, préface, G II, p. 206.

nous forgions des modèles, mais au fait que nous les tenions pour le modèle d'essence de la chose en question, modèle auquel *devraient* donc se conformer tous les hommes en l'occurrence. Nous considérons à partir de là que les hommes sont parfaits ou imparfaits selon leur conformité avec le modèle que nous nous proposons. Ce faisant, nous les jugeons en fonction d'un critère non pas immanent et adéquat, mais extérieur et relatif à la manière dont *nous* sommes affectés par les choses. C'est la raison pour laquelle Spinoza affirme que perfection et imperfection ne sont « que des manières de penser[1] » : ces jugements ne disent rien de la chose elle-même.

C'est en ce point que nous retrouvons le lien entre le fait que l'enfance est une chose *naturelle* et le fait que nous ne pouvons la considérer comme une privation ou une imperfection. En effet, Spinoza a remarqué dans cette préface que les hommes forgent des idées universelles des choses artificielles comme des choses naturelles ; cela revient donc à évaluer les choses naturelles en fonction d'un modèle que la nature devrait s'être donné pour fin. Et « quand donc ils voient dans la nature se faire quelque chose qui convient moins avec le concept modèle qu'ils ont ainsi de la chose, ils croient alors que la nature elle-même a fait défaut ou a péché, et qu'elle a laissé cette chose imparfaite[2] ». Or, dans la mesure où « Dieu, autrement dit la nature, agit avec la même nécessité par laquelle elle existe[3] », il est erroné de dire que la nature agit en vue d'une certaine fin ; juger qu'une chose naturelle est imparfaite revient donc à la comparer à un modèle qui lui est inadéquat. C'est bien là ce que nous faisons lorsque nous jugeons l'état de l'enfant comme une privation en regard du modèle que nous nous forgeons de l'adulte accompli. Et c'est encore ce que nous faisons lorsque nous jugeons les hommes imparfaits en regard de la manière dont nous nous représentons un homme sage.

Or, il est intéressant de noter que, dans le cas de l'enfant, le critère n'est pas adéquat puisqu'il se fonde sur une certaine conception de l'homme adulte, mais qu'il pourrait le devenir, dans la mesure où l'enfant passera un jour à l'âge adulte. Dès lors, il y a à la fois inadéquation du modèle à l'instant présent (c'est ne pas tenir compte de la spécificité de cet âge de la vie), et possible orientation pour l'avenir (dans la mesure où

---

1   *Ibid.*, G II, p. 207.
2   *Ibid.*
3   *Ibid.*, G II, p. 206.

le modèle que les parents et pédagogues se forgent de l'homme adulte pourrait constituer la cause efficiente de ce qu'ils proposent à l'enfant pour acquérir progressivement de nouvelles aptitudes). Nous sommes donc en présence de deux perspectives différentes. D'un côté, dire qu'un enfant a des facultés en puissance et qu'un adulte a ces mêmes facultés accomplies consiste en une absence de prise en compte de la temporalité. Inversement, d'un autre côté, dire qu'un enfant sera à même d'acquérir de nouvelles aptitudes *à l'occasion* de ce que lui présenteront ses parents et maîtres, selon un ordre conforme à sa nature singulière, est inscrire toute l'enfance dans une certaine temporalité : il n'y a pas un état de manque, puis un état accompli, mais l'acquisition progressive de diverses aptitudes, ne permettant plus, à vrai dire, de distinguer radicalement *un* état propre à l'enfance, et *un* état propre à l'âge adulte. Cette réflexion sur ce que serait une juste compréhension de l'enfance et du devenir adulte nous mène alors vers une autre idée, à savoir la conception d'une acquisition d'aptitudes *tout au long de la vie*, et non seulement lors de l'enfance pour passer à un âge adulte considéré comme achevé. Ce serait alors l'attention particulière portée à l'acquisition d'aptitudes au cours de notre vie d'adulte qui nous mettrait progressivement sur la voie d'un certain devenir éthique.

Dès lors, les enseignements d'une réflexion consistant à ne pas appré-hender l'enfance sur le mode de la privation ou de l'imperfection sont doubles : comprendre le devenir éthique sur le mode d'acquisition constante d'aptitudes qui est celui de l'enfant « en devenir adulte » d'une part ; et comprendre qu'il est également important de connaître l'adulte pour lui-même, dans son état spécifique, et non seulement par comparaison avec le sage qu'il n'est pas d'autre part. Il y aurait ainsi trois moments[1], ayant chacun leur spécificité propre, et ne devant pas être appréhendés exclusivement par le biais de ce qui leur manquerait en regard du moment suivant : l'enfance, l'âge adulte, et ce que nous pourrions appeler la « maturité ». Tandis que les deux premiers concernent tous les hommes – à condition toutefois que nous considérions le second comme résultant du simple *passage* à l'âge adulte –, le troisième n'apparaît pas *par nature*. À partir de ces dernières réflexions, nous pouvons revenir

---

1   Le fait de les unifier chacun en un seul « moment » consiste bien entendu en une démarche méthodologique : en réalité, ces moments ne sont pas plus précisément assignables qu'ils ne sont identiques d'un individu à l'autre.

avec un autre regard sur un passage du chapitre xv du *Traité théologico-politique* auquel nous avons déjà fait référence : « tous absolument
peuvent obéir, en effet, alors que bien peu, comparativement à l'étendue
du genre humain, parviennent à la pratique habituelle de la raison[1] ».
Il nous semble ainsi que ce passage évoque les deux derniers moments
mentionnés ci-dessus, à savoir l'âge adulte et la maturité. En effet, les
enfants *apprennent* à obéir, plus qu'ils ne le peuvent spontanément ; c'est
là le premier objet d'une éducation, de faire que l'enfant soit apte à suivre
des règles. Les enfants étant « comme en équilibre », parvenir à suivre
une seule et même règle en dépit des diverses sollicitations quotidiennes
est déjà pour eux l'objet d'un apprentissage. Ensuite, à l'âge adulte, tous
les hommes peuvent obéir – le problème étant alors que tous n'obéissent
pas aux règles les plus adéquates pour eux – ; c'est d'ailleurs sur cette
aptitude que se fondent tout à la fois le pouvoir politique (par le biais
des lois), et ceux qui cherchent à avoir en leur pouvoir le corps comme
l'esprit des hommes[2] (par le biais de la crainte et des superstitions).

Cela donnerait dès lors les distinctions suivantes : les adultes ont
acquis l'aptitude à obéir – au sens de suivre une règle donnée, au milieu
des diverses affections relatives à l'ordre commun de la nature – ; cela
consiste déjà en une puissance, sur laquelle ils pourront peut-être un
jour s'appuyer pour acquérir de nouvelles habitudes de vie les amenant
à vivre sous la conduite de la raison. Il semble que nous retrouvons une
inscription temporelle semblable dans le scolie d'*Éthique* V, 10. Nous
lisons en effet dans ce dernier que

le mieux que nous pouvons faire [sous-entendu : dans notre état et avec nos
aptitudes actuels], aussi longtemps que nous n'avons pas la connaissance
parfaite de nos affects, c'est de concevoir une règle de vie correcte, autrement
dit des principes de vie précis, de les graver dans notre mémoire, et de les
appliquer sans cesse aux choses particulières qui se rencontrent couramment

1   *TTP*, chap. xv, § 10, G III, p. 188.
2   Nous trouvons, dans le chapitre ii du *Traité politique*, une distinction significative à ce
     sujet, entre établir son droit sur le corps d'autrui, ou bien sur son corps *et* sur son esprit :
     « un homme en tient un autre en son pouvoir, lorsqu'il le garde enchaîné, qu'il lui a ôté
     ses armes et ses moyens de se défendre ou de s'échapper, qu'il lui a inspiré de la crainte
     ou se l'est attaché par un bienfait [...]. Celui qui tient un homme en son pouvoir par la
     première ou la deuxième manière domine son corps mais non son esprit ; par la troisième
     ou la quatrième il établit son droit tant sur son esprit que sur son corps – du moins aussi
     longtemps que dure la crainte et l'espoir » (§ 10, G III, p. 280).

dans la vie, afin qu'ainsi notre imagination s'en trouve largement affectée, et que nous les ayons toujours sous la main[1].

Ce passage concentre de nombreux éléments essentiels pour comprendre la temporalité dans laquelle s'inscrit le rapport entre âge adulte et maturité.

Il y a ainsi, premièrement, l'appui sur une aptitude à suivre une règle déterminée – aptitude qui nous viendrait donc du passage de l'enfance à l'âge adulte –, avec cette différence que c'est à nous de la concevoir, en la déclinant de façon concrète et pratique sous forme de divers principes de vie. L'éthique n'est donc pas de l'ordre de la théorie, mais de la mise en pratique effective. Deuxièmement, cette mise en pratique passe par l'acquisition de nouvelles habitudes : c'est à chaque petite chose singulière qui se rencontre quotidiennement que doivent être appliqués ces principes. Cette application quotidienne donnera alors lieu, avec le temps, à un certain ordre en lequel nos affections seront enchaînées, ordre qui rendra habituels nos principes et qui nous permettra de ne pas subir des affects contraires à notre nature. Toutefois, troisièmement, ceci est une règle de vie que nous pouvons appliquer *dans un premier temps*, dans la mesure où ce n'est *pas encore* là agir par vertu ; une fois la stabilité acquise par l'application habituelle de ces principes de vie, nous avons la possibilité d'entrer en un certain *devenir*, qui ne soit plus constante réitération de la même règle, mais acquisition de nouvelles aptitudes, nous permettant alors de vivre « sous la conduite de la raison », et non plus seulement « sous son commandement ».

Il faudrait dès lors finalement distinguer quatre moments dans l'existence : 1/ l'enfance, lors de laquelle on apprend progressivement à obéir ; 2/ l'âge adulte, lors duquel on sait obéir, aux lois comme aux règles de vie qui nous sont prescrites ; 3/ un moment intermédiaire, lors duquel on se forge des principes de vie nous permettant d'agir sous le commandement de la raison ; et enfin 4/ un second moment du parcours éthique, lors duquel l'ordre selon lequel nos affects sont enchaînés est encore

---

1   *E* V, prop. 10, scolie, G II, p. 287. Il s'agit donc là de la version éthique du rôle que la « mémoire imaginaire » peut jouer dans un cadre social selon Vittorio Morfino : « cette mémoire imaginaire […] n'est pas une simple connaissance erronée de l'histoire ; au contraire, elle participe de l'histoire en développant un rôle politique : la mémoire est la discipline du corps à travers l'obéissance que les rites inscrivent dans la quotidienneté des actions du peuple ». Cette mémoire est ainsi pour partie liée « à l'inscription dans le corps d'un code de comportement conforme à la vie sociale » (*Le temps et l'occasion. La rencontre Spinoza-Machiavel*, Paris, Classiques Garnier, 2012, p. 228).

plus conforme à notre nature, cette dernière s'enrichissant continuellement de nouvelles aptitudes en lien avec le fait de vivre sous la conduite de la raison. Nous fondons la division du parcours éthique en deux moments sur la distinction – conceptuelle, du moins – que Spinoza peut sembler établir entre « suivre la vertu » et « agir par vertu[1] ». En effet, deux équivalences distinctes sont établies dans les démonstrations des propositions 36 et 37 d'*Éthique* IV : nous lisons dans la première qu'« agir par vertu est agir sous la conduite de la raison, et tout ce que nous nous efforçons de faire par raison, c'est comprendre », et dans la seconde que « le bien auquel aspire pour soi chaque homme qui vit sous la dictée de la raison, c'est-à-dire qui suit la vertu, c'est de comprendre[2] ». Les formulations sont très proches l'une de l'autre, mais Spinoza mettant en place deux équivalences différentes, nous devons quand même tenter de comprendre la distinction qui pourrait éventuellement être établie entre les deux. Le second cas semble proche de ce qui est évoqué dans le scolie d'*Éthique* V, 10 : ainsi, l'idée consistant à appliquer une règle de vie correcte de telle sorte que notre imagination en soit affectée, devient suivre le commandement de la raison par le biais duquel nous aspirons à comprendre. Ce serait là déjà un moment du parcours éthique, mais un *premier* moment, dans lequel le fait de suivre la raison se vit sur le mode de suivre une règle, et dans lequel ces principes de vie tendent à devenir déterminants mais ne sont pas encore nécessairement prépondérants. Dans ce premier moment, comprendre est encore de l'ordre de l'aspiration[3], de ce vers quoi l'on tend sans que ce soit encore pleinement établi.

Par distinction, agir *par vertu* serait agir sous la conduite devenue naturelle de la raison : il n'y aurait plus *commandement* de la raison, à l'instar d'une

---

1   Nous nous appuyons dans ce passage sur les analyses d'A. Suhamy dans son livre *La Communication du bien chez Spinoza*. Nous lisons en effet dans le chapitre « Comment définir l'homme ? » que la formule *virtutem sectari* (qu'A. Suhamy traduit par « être un sectateur de la vertu ») semble indiquer une sorte de recul à l'égard de l'expression *ex virtute agere* : « être un sectateur, ce n'est pas nécessairement agir *par* vertu, mais la suivre. En forçant le mot *sectari*, ce serait faire partie d'une "secte", du parti des gens qui désirent être vertueux, ceux qui s'appliquent à l'être sans l'être absolument, qui suivent ou accompagnent la vertu plutôt que leur seul intérêt ou leurs passions, et qui ne sont peut-être pas encore tout à fait raisonnables » (p. 160).

2   *E* IV, dém. des prop. 36 et 37, G II, p. 234 et 235.

3   Il ne faut cependant pas se méprendre sur ce terme : aspirer n'est pas seulement avoir des velléités sans avoir encore eu la force de volonté de les mettre en pratique. Aspirer, c'est déjà être déterminé à agir en un certain sens, bien que les effets de cette détermination requièrent du temps pour s'exprimer.

règle qui serait prescrite de l'extérieur, mais simplement convenance, harmonie entre notre action et notre nature singulière. Le terme d'« appétit »
laisse alors place à celui d'« effort » : la distinction est ténue entre les deux,
puisque le scolie d'*Éthique* III, 9 les joint en une seule phrase : « cet effort
[pour persévérer dans l'être], quand on le rapporte [...] à la fois à l'esprit
et au corps, on le nomme appétit[1] ». Cependant, nous pourrions envisager
que le premier traduit une action toujours déjà effectuée et dans laquelle
on persévère, tandis que le second exprimerait une manière d'être affecté
qui peut nous déterminer à agir en un certain sens – à condition toutefois
que nous nous ne trompions pas sur les moyens mis en œuvre pour agir
effectivement en ce sens. Ainsi, aspirer à comprendre serait tenter de s'y appliquer le plus régulièrement possible, selon ce que la raison nous commande
de faire ; et dès lors suivre la vertu sans être pleinement vertueux. Faire
effort pour comprendre serait comprendre effectivement d'un mouvement
sans cesse réitéré, et être parvenu à une pratique habituelle (et en ce sens
devenue naturelle) de la vertu[2]. C'est là l'idée que nous pourrions tirer de
la proposition 23 de la même partie, selon laquelle « l'homme, en tant
qu'il est déterminé à agir du fait qu'il a des idées inadéquates, ne peut être
absolument dit agir par vertu ; mais seulement en tant qu'il est déterminé
du fait qu'il comprend[3] ». En d'autres termes, pour pouvoir être *absolument*
dit agir par vertu, il ne faut pas seulement aspirer à comprendre et suivre
le commandement de la raison, mais il faut effectivement comprendre et
être ainsi déterminé à agir sous sa conduite. Nous voyons toutefois que
suivre la vertu et agir par vertu vont dans le même sens, et que c'est une
distinction plus de degré que de nature entre les deux ; l'on peut donc
inscrire l'un et l'autre au sein d'une même temporalité, soit dans le cadre
d'un devenir consistant en une augmentation continue et constante de la
puissance d'agir et de penser.

L'étude du devenir adulte dans le cadre d'une réflexion sur le devenir
éthique se justifie donc, selon nous, par le fait que le statut accordé à

---

1   *E* III, prop. 9, scolie, G II, p. 147.
2   L'on pourrait alors se demander si ce deuxième moment du parcours éthique est sus-
    ceptible d'être un jour atteint, ou bien s'il ne constituerait pas un modèle vers lequel
    nous pourrions indéfiniment faire effort (dans la mesure où nous le désirerions tout aussi
    indéfiniment).
3   *E* IV, prop. 23, G II, p. 225. Il est significatif que, dans la démonstration de cette même
    proposition, Spinoza joigne ces trois éléments : 1/ être déterminé du fait que l'on comprend,
    2/ faire quelque chose qui se perçoit par sa seule essence et 3/ agir par vertu.

l'enfant retentit sur la conception de l'ensemble de l'existence humaine dans son rapport à la temporalité. D'un côté, concevoir l'enfance comme un moment naturel et nécessaire invite à penser le passage à l'âge adulte en termes d'accroissement du nombre et de la variété des aptitudes, guidé par l'ordre que proposent aux enfants les parents et les maîtres ; puis à penser l'éventuel devenir éthique en termes de suivi des commandements de la raison dans un premier temps, et ensuite en termes d'acquisition d'une pratique habituelle de la vertu, par le biais d'un effort renouvelé rendant naturelle la conduite de la raison. Inversement, la conception de l'enfance en termes de manque et d'imperfection amène à penser le passage à l'âge adulte sur le mode de la rupture (éveiller une raison jusque là assoupie, et se défaire de la prédominance des organes du corps propre à l'enfance), du changement radical invitant à ne plus songer à l'état premier dans lequel on était ; et cela rend dès lors ambigu l'âge adulte, qui n'est pas plus conçu pour lui-même, mais plutôt en rapport à l'enfance (à laquelle il ne doit plus ressembler) et en regard d'une sagesse (qu'il devrait incarner). Chaque figure est dès lors appréhendée comme le négatif de la figure suivante, sans que l'on parvienne à établir une continuité, un passage, voire un devenir entre elles.

C'est là la distinction que nous pensons pouvoir établir entre les conceptions cartésienne et spinoziste de l'enfance, qui engagent l'une et l'autre une appréhension fort différente du passage à l'âge adulte, comme du rapport de l'adulte au sage. Il y a en effet, dans les textes cartésiens, un jugement dépréciatif porté sur la période de l'enfance, qui engage une rupture pour sortir de cet état marqué par l'ignorance et les préjugés. La lettre datée de mars 1638 est à ce sujet significative. On y lit ainsi qu'« il faut une fois en sa vie se défaire de toutes les opinions qu'on a reçues auparavant en sa créance[1] ». L'on voit bien, dans cette affirmation, une ambiguïté entre ce que seraient devenir adulte et devenir éthique dans le cadre de la philosophie cartésienne. Se défaire des opinions reçues en notre créance ne peut en effet être envisagé qu'à l'âge adulte, une fois notre raison « éveillée » ; et cela prend par ce biais une connotation éthique : cela revient à faire bon usage de son entendement et à affirmer la liberté qui nous fait à l'image de Dieu. Mais dans le même temps, les opinions reçues dont parle Descartes nous ont

---

1   *Lettre à ****, datée de mars 1638, dans *Œuvres de Descartes* publiées par Charles Adam et Paul Tannery, Correspondance, nouvelle édition, Paris, Vrin, 1969, AT II, p. 35.

principalement été inculquées pendant notre enfance. Cela signifie, d'un autre côté, que se défaire de ces opinions revient à instaurer une rupture avec l'enfance et avec tout ce que nous avons admis sans le considérer avec plus d'attention pendant cette période de notre vie.

Dès lors, nous pouvons en tirer deux enseignements : d'une part que la distinction entre ce que l'on pourrait entendre par devenir adulte et par devenir éthique se trouve estompée, dans la mesure où l'adulte est entendu comme un adulte accompli, capable de faire bon usage de sa raison comme de sa liberté ; et d'autre part, que le passage entre enfance et âge adulte est d'autant plus conçu comme rupture qu'il y a comme une positivité des préjugés de l'enfance, qui viennent entacher les connaissances[1] – raison pour laquelle s'en défaire est à la fois, selon nous, rompre avec l'enfance et devenir plus qu'adulte au sens courant du terme. C'est d'ailleurs ce que nous retrouvons dans la suite de cette même lettre de mars 1638, lorsque Descartes affirme que, si nous avons tant de difficulté à admettre que les choses extérieures ne sont pas en notre pouvoir, la raison en est que « nous avons tant de fois éprouvé dans notre enfance, qu'en pleurant, ou commandant, etc., nous nous sommes fait obéir par nos nourrices, et avons obtenu les choses que nous désirions, que nous nous sommes insensiblement persuadés que le monde n'était fait que pour nous, et que toutes choses nous étaient dues[2] ». S'il y a dans ce passage, à n'en point douter, une critique de l'éducation faite par les nourrices (qui gâtent les enfants – au sens propre du terme – en cédant à leurs caprices), nous en retiendrons également que nous acquérons durant l'enfance des idées dont la fausseté influe sur nos passions et rend difficile d'en sortir à l'âge adulte. Il y a donc bien tout à la fois positivité de l'erreur lors de l'enfance, rupture requise en sortant de cette période emplie de préjugés et de fausses conceptions, et dimension éthique de ce qui est requis par cette rupture. Nous retrouvons ainsi l'ambiguïté entre âge adulte et maturité.

D'ailleurs, même lorsqu'il est question dans cette lettre de ce à quoi il faut progressivement s'accoutumer – ce qui pourrait inscrire le passage à l'âge adulte comme le devenir éthique dans une certaine temporalité, précisément en raison du temps requis pour ce faire –,

---

1   Cette conception diffère de l'affirmation spinoziste selon laquelle « il n'y a rien dans les idées de positif à cause de quoi on les dit fausses » (*E* II, prop. 33, G II, p. 116).

2   *Lettre à ****, datée de mars 1638, AT II, p. 37.

nous sommes de nouveau en présence d'une mise en regard avec ce que l'on a hérité de l'enfance d'une part, et de la rupture que cela nous permettra d'instaurer avec ce qui précède d'autre part. Ainsi, les deux passages qui évoquent l'idée de « s'accoutumer à croire » (ce que dicte la raison) encadrent le passage sur les mauvaises habitudes prises au cours de l'enfance – mauvaises habitudes qui nous font croire, au contraire, que les choses nous sont dues. Nous lisons successivement qu'« il faut s'accoutumer à croire [que seules nos pensées sont en notre pouvoir], et même qu'il est besoin à cet effet d'un long exercice, et d'une méditation souvent réitérée ; dont la raison est que nos appétits et nos passions nous dictent continuellement le contraire », puis qu'il n'y a pas « de plus digne occupation pour un philosophe, que de s'accoutumer à croire ce que lui dicte sa vraie raison, et à se garder des fausses opinions que ses appétits naturels lui persuadent[1] ».

En dépit de la référence à l'enfance insérée entre ces deux passages, trois éléments donnent une connotation morale à la sortie de cet âge de la vie. Premièrement, l'usage d'un vocabulaire propre aux morales de type volontariste, comme « il faut que » ou encore le fait que c'est là « une digne occupation ». Deuxièmement, le fait que Descartes passe de l'évocation de l'enfance à celle du philosophe, sans passer par l'étape, dirions-nous, de l'adulte en général, qui n'est pas nécessairement philosophe. Troisièmement, l'opposition établie entre la raison (dont on peut faire bon usage) et les pensées (qui sont en notre pouvoir) d'une part, et les passions et appétits naturels[2] (qui nous dictent le contraire de ce que nous indique la raison) et les choses extérieures (qui ne sont pas en notre pouvoir) d'autre part : il y a là une échelle de valeurs établie, indiquant clairement que ce vers quoi nous devons tendre est exactement l'inverse de ce qui est prépondérant lors de l'enfance. Dès lors, même si cela demande du temps de croire ce que nous dicte notre raison au lieu de croire ce qui nous vient des organes du corps, nous sommes toujours

1   *Ibid.*

2   Il va de soi que le fait d'incriminer les « appétits naturels » ne pourrait être repris par Spinoza. Ainsi, non seulement les appétits sont le nom donné à l'effort de persévérer dans son être quand il est rapporté au corps et à l'esprit, mais Spinoza affirme également que ce qui est « naturel » est dans le même mouvement « nécessaire », et neutre d'un point de vue axiologique. Dans ce passage de Descartes, il nous semble qu'il faut entendre par « naturel » ce qui est de l'ordre du corporel ; donc ce qui n'est pas le propre de l'homme, ce qui se fait dans l'homme et non par l'homme.

dans une perspective de la rupture et non de la continuité. Il n'y a pas à proprement parler *devenir* – au sens où l'on s'inscrirait dans une certaine continuité –, mais bien plutôt effort (long, méditatif et réitéré) *contre* ce que nous étions auparavant, dans l'idée de passer à toute autre chose. Les nouvelles habitudes consistent ainsi à faire que ce que nous étions n'ait plus aucun effet sur ce que nous sommes désormais.

Inversement, Spinoza semble inscrire l'enfance, l'âge adulte et les deux moments du parcours éthique dans une certaine continuité, tout en pensant chaque moment « en mouvement », ou « en devenir ». Premièrement, le passage à l'âge adulte comme le devenir éthique semblent s'inscrire dans le cadre d'une « variation pouvant se produire dans un sujet quelconque, l'essence même du sujet gardant son intégrité[1] », selon les termes des *Pensées métaphysiques*. Même lorsqu'il est question d'une intervention des parents et des maîtres, afin que l'enfant ne passe pas simplement à l'âge adulte, au gré de l'ordre commun de la nature, Spinoza précise que cela doit se faire dans le cadre de sa nature (et donc sans que cela n'implique une *transformation*). Nous lisons à ce sujet dans le scolie d'*Éthique* V, 39 que « dans cette vie, nous nous efforçons avant tout de faire que le corps de l'enfance se change, *autant que sa nature le supporte et y contribue*, en un autre qui soit apte à beaucoup de choses[2] ». Ainsi, il y a certes un changement du corps qui est requis, mais ces changements doivent s'inscrire dans la nature de l'enfant. Cela signifie tout à la fois que le corps de l'enfant a déjà certaines aptitudes sur lesquelles on peut s'appuyer pour qu'il en acquière d'autres (sa nature « y contribue »), et que les changements requis pour devenir adulte ne se traduisent pas par le passage d'une nature à une autre (la nature de l'enfant doit pouvoir « les supporter »). D'autre part, le devenir adulte ne se pense pas en termes d'attention exclusivement portée aux pensées, puisque nous (c'est-à-dire les parents et maîtres) nous efforçons d'augmenter les aptitudes *du corps* dans l'idée que ce dernier se rapportera alors à un esprit doté d'une plus grande compréhension des choses. Dès lors, nous pouvons en conclure que le regard porté sur l'enfance engage une certaine conception de ce qu'est un homme adulte, et du statut du passage d'un moment à l'autre de la vie. À moins que ce ne soit la conception de ce

---

1   *Pensées métaphysiques*, 2ᵉ partie, chap. IV, « Ce qu'est le changement et ce qu'est la transformation », G I, p. 255.

2   *E* V, prop. 39, scolie, G II, p. 305 ; traduction modifiée. Nous soulignons.

qu'est la nature humaine qui amène à construire une certaine *figure* de l'enfant de préférence à une autre[1]...

Nous pourrions faire les mêmes remarques au sujet du devenir éthique, à savoir que le regard que l'on porte sur l'homme adulte – non nécessairement sage, ou philosophe – engage une certaine conception de ce que pourrait être un devenir éthique. La question serait alors la suivante : est-ce que s'inscrire dans un certain devenir éthique requiert un changement de vie ? On pourrait le penser à la lecture du paragraphe 5 du chapitre v du *Traité politique*, dans lequel Spinoza précise que, par *vie humaine*, il entend « celle qui se définit non pas uniquement par la circulation du sang et par les autres fonctions communes à toutes les animaux, mais essentiellement par la raison, et par la vertu et la vie véritable de l'esprit[2] ». Ce passage pourrait prêter à confusion : on pourrait ainsi penser que Spinoza caractérise là (par le biais de la vertu et de la raison, donc) ce que l'on doit entendre par nature humaine ; nous retrouverions alors ce que nous avons évoqué précédemment au sujet du statut des enfants et des fous, et nous serions également face à une ambiguïté entre le statut de l'adulte et celui du sage. Mais si nous prêtons attention au contexte de ce passage, nous notons que Spinoza cherche à définir le meilleur État dans lequel les hommes passeraient *ce type de vie* dans la concorde ; autrement dit, un État leur permettant de survivre (de ne pas être tué et de voir leur subsistance assurée), mais pas seulement (puisque la vie humaine ne se résume pas à une simple survie). Nous pourrions dès lors reformuler ce passage comme suit : le meilleur État est celui qui permet aux hommes de vivre en paix sans être esclaves, d'assurer leur maintien en vie mais également de persévérer

---

1   À l'image d'ailleurs des *figures* des philosophes construites au cours de l'histoire des idées : « spinoziste » ayant pu par exemple signifier « athée » fin XVIIe – début XVIIIe ; et « cartésien » ayant pu prendre une connotation matérialiste, avant d'en avoir une spiritualiste. Sur l'importance de ces figures et le sens que l'on peut leur conférer, nous pouvons nous référer aux remarques de méthode d'histoire des idées que développe P.-Fr. Moreau dans l'introduction aux *Problèmes du spinozisme* : il convient selon lui d'étudier le rapport d'une pensée à la tradition philosophique, « à condition de ne pas réduire ce rapport à une simple répétition ou au jeu d'influences linéaires ; car il faut comprendre qu'une tradition elle-même est quelque chose de contradictoire, et que recevoir c'est choisir ». Et symétriquement, « l'histoire de la réception – par exemple l'accusation d'athéisme ou de panthéisme, aussi bien que les lectures en termes de mystique, invitent à se demander à quoi de telles interprétations, même tendancieuses, peuvent s'accrocher dans les textes » (« Lire Spinoza », p. 8).

2   *TP*, chap. v, § 5, G III, p. 296.

dans leur être – au sens d'augmenter les aptitudes de leur corps et de leur esprit. En ce sens, il y a continuité entre fonctions vitales, affections et affects, et raison et vertu : ce sont des niveaux différents de la vie et non des vies différentes, puisque chacun est requis pour mener une vie équilibrée et harmonieuse.

Nous pourrions aboutir à la même conclusion à partir de ce passage, extrait du prologue du *Traité de la réforme de l'entendement* : « voici donc la question que j'agitais en mon âme : ne serait-il pas possible, par chance, de parvenir à une nouvelle règle de vie, ou du moins à une certitude à son sujet, sans changer l'ordre et la règle commune de ma vie ? Je le tentais souvent en vain[1] ». Nous y retrouvons l'idée que nous devons acquérir de nouvelles habitudes pour nous inscrire dans un devenir éthique (la règle *commune* de la vie doit devenir autre), et l'idée que ce devenir requiert des changements (il n'est pas envisageable sans que l'ordre de ma vie ne se trouve changé). Il y a donc bien une distinction établie entre l'âge adulte et ce que nous avons appelé la maturité ; l'âge adulte est pensé comme un moment à part entière de l'existence, et n'est pas confondu avec la sagesse ou la pratique de la philosophie. Mais dans le même temps, par ces changements, c'est l'organisation ou la disposition de la vie qui se trouve modifiée, et non ma vie elle-même. Le devenir éthique consiste donc à la fois en l'acquisition progressive et constante de nouvelles habitudes, et en un nouvel ordonnancement de ces aptitudes comme de nos affections et affects. Cette idée sera reprise dans le scolie d'*Éthique* II, 29, dans lequel Spinoza distingue ce qui est enchaîné « à partir de l'ordre commun de la nature », et ce qui l'est « du dedans[2] ». S'inscrire dans un devenir éthique ne consisterait pas à ne plus être déterminé, mais à passer d'une détermination (selon la rencontre fortuite des choses) à une autre (selon notre nature). Il n'y a donc pas « changement du matériau », si nous pouvons nous exprimer ainsi, ni même éveil d'une faculté jusque là assoupie qui modifierait radicalement notre rapport aux choses, mais passage progressif d'une organisation à une autre, d'une manière de vivre à une autre. Il y a ainsi tout à la fois continuité (la nature reste la même) et changement (un certain type de variations, enchaînées d'une certaine manière, étant requis) entre enfance, âge adulte et maturité.

---

1 *TRE*, § 2-4, G II, p. 5.
2 *E* II, prop. 29, scolie, G II, p. 114.

Pour penser un *devenir* adulte comme un *devenir* éthique, il était requis que l'on se donne une conception à part entière des adultes en général, hors sages ou philosophes. Sinon, nous ne serions en présence que d'une figure de l'enfant comme paradigme de l'ignorance et de la vie sous la domination des préjugés, et d'une figure du philosophe comme paradigme de la liberté et d'une vie sous la dictée de la raison, sans être en mesure de donner un statut aux hommes *tels qu'ils sont*. Cette idée consistant à accorder un statut spécifique aux adultes correspond bien à ce qui était affirmé dans le chapitre XVI du *Traité théologico-politique*. En effet, après l'affirmation selon laquelle une grande partie de la vie des hommes passe avant qu'ils puissent acquérir la pratique habituelle de la vertu (et ce même s'ils ont été bien éduqués, en d'autres termes même s'ils sont *devenus* adultes), nous trouvons le passage suivant :

> pendant ce temps néanmoins, ils sont tenus de vivre et de se conserver autant qu'il est en eux, c'est-à-dire sous la seule impulsion de l'appétit, puisque la nature ne leur a rien donné d'autre et leur a refusé la puissance actuelle de vivre selon la saine raison ; en vertu de quoi ils ne sont pas plus tenus de vivre selon les lois d'une pensée saine que le chat de vivre selon les lois de la nature du lion[1].

Ainsi, tant que [inscription temporelle] les hommes n'ont pas la puissance actuelle d'agir par vertu, il est tout aussi absurde de ne pas leur accorder un statut spécifique que de juger un chat à partir de la nature d'un lion. Mais dans le même temps, la vie sous la seule impulsion de l'appétit et la vie selon la saine raison sont inscrites au sein d'une *même* temporalité : le passage de l'une à l'autre se pense donc sur le mode d'un changement (l'acquisition de nouvelles aptitudes) sur fond de continuité (dans le cadre d'une seule et même vie).

Cela nous amène ainsi à concevoir l'éthique elle-même sous le paradigme du devenir : il n'y a pas d'un côté l'enfance, qui serait un laps de temps « en devenir » au sens de « en attente de l'âge adulte » ; et d'un autre côté l'âge adulte, comme état de sagesse dans lequel on pourrait s'arrêter une fois sorti de l'enfance. Et ce pour deux raisons : d'une part parce que nous sommes de fait en perpétuelle variation ; et d'autre part parce que l'état dans lequel nous nous arrêtons le cas échéant n'est en général pas satisfaisant pour soi, au sens où il n'est pas propre à notre

---

1   *TTP*, chap. XVI, § 3, G III, p. 190.

nature singulière, mais déterminé par une expérience personnelle particulière. En effet, dans le scolie d'*Éthique* V, 39, il n'est pas seulement question de cette première période de la vie qu'est l'enfance. Spinoza commence par remarquer que « nous vivons dans un continuel changement, et que c'est selon que nous changeons en mieux ou en pire que nous sommes dits heureux ou malheureux[1] ». L'insistance sur le nous [*nos*, pronom dont il n'est pas obligatoire de faire usage en latin] montre que ce sont bien tous les hommes qui sont concernés par cette éternelle variation, et non seulement les enfants – c'est-à-dire ces mêmes hommes dans le premier âge de leur vie –, ou bien encore ceux parmi les adultes qui n'auraient pas encore atteint une certaine stabilité. Ensuite, sur fond de cette variation perpétuelle, les changements qui nous affectent peuvent être dits bons ou mauvais *pour nous*, soit allant dans le sens d'un accroissement ou d'une diminution de notre puissance d'agir. Dès lors, aucun moment de la vie ne peut être conçu comme un état dans lequel nous pourrions nous arrêter, pas plus la maturité ou l'âge adulte que l'enfance.

Mais, comment expliquer alors que nous ayons naturellement tendance[2] à restreindre à l'enfance le moment de l'existence où nous sommes « en devenir », ou à défaut « en changement » ? La raison de cette croyance est double. La première est que la variation continuelle dans laquelle sont inscrits le corps et l'esprit de l'enfant est aisée à observer. Spinoza remarque ainsi dans le scolie d'*Éthique* III, 32 que « le corps est continuellement comme en équilibre », et que « nous savons bien par expérience qu'ils rient ou pleurent pour cela qu'ils voient d'autres rire ou pleurer[3] ». Dès lors, puisque nous observons couramment les enfants être déterminés à agir en un sens ou en un autre, il nous semble naturel (au sens de relatif à leur nature) que les enfants soient en perpétuelle variation. De plus, nous savons bien que leurs aptitudes ne correspondent pas à celles d'un adulte ; dès lors, nous n'avons aucun mal à penser qu'ils sont « en

---

1   *E* V, prop. 39, scolie, G II, p. 305.
2   Nous tentons ici de reproduire une démarche spinoziste, consistant tout à la fois à débusquer les illusions (ce ne sont pas seulement les enfants qui sont en variation) et à expliquer les raisons de cette illusion (les adultes ont tendance à se figer dans une polarisation affective, là où les enfants sont constamment « comme en équilibre »). Nous pouvons observer cette démarche entre autres dans l'Appendice d'*Éthique* I (au sujet de la croyance en une volonté divine) et dans la préface d'*Éthique* IV (au sujet de la croyance en une finalité dans la nature).
3   *E* III, prop. 32, scolie, G II, p. 165.

devenir », au sens où ils seront amenés, progressivement et tout au long de leur enfance, à acquérir de nouvelles aptitudes. Nous pouvons ainsi observer cette acquisition progressive, et également l'accompagner dans le cadre d'une éducation.

Par contre, nous aurions tendance à qualifier un adulte passant ainsi du rire aux larmes, ou désirant successivement une chose ou son contraire, d'« émotif », de « versatile » ou encore d'« inconstant » – de même que nous qualifierions de « puéril » un adulte qui adopte un comportement que nous estimerions naturel chez un enfant. La manière dont nous qualifions les choses est donc fortement liée à la fréquence avec laquelle nous les observons ; et il est vrai que nous pouvons plus souvent observer des adultes ayant des opinions bien ancrées et des désirs bien marqués, que des adultes dont le corps et l'esprit seraient « comme en équilibre ». Est-ce à dire qu'ils ont atteint une constance et une stabilité dans lesquelles ils pourraient en toute confiance se reposer ? La chose est plus complexe. En effet, si nous nous reportons au scolie d'*Éthique* II, 18, nous lisons que « chacun, de la manière qu'il a accoutumé de joindre et d'enchaîner les images des choses, tombera d'une pensée dans telle ou telle autre[1] ». L'ordre avec lequel nous sommes désormais déterminés à enchaîner nos idées entre elles dépend de la manière dont nous avons été précédemment affectés par les choses dont elles sont les idées. Or, si nous nous référons aux exemples pris par Spinoza dans ce scolie – le fait, pour un soldat, de penser à la guerre en voyant un cheval, là où le paysan pensera plutôt au labour –, nous constatons que la manière dont nous sommes affectés par les choses ne dépend pas tant de notre nature singulière, que de l'histoire particulière qui a de fait été la nôtre. Ainsi, si le soldat avait été paysan, c'est également à la charrue qu'il aurait pensé en voyant le cheval.

Dès lors, la polarisation affective dans laquelle tombent les adultes n'est en général pas constituée du dedans, en conformité avec leur nature propre, mais déterminée du dehors, par la rencontre fortuite des choses. Si nous nous arrêtons en cette polarisation affective – qui pouvait ressembler, de l'extérieur, à une certaine stabilité, en raison des repères fixes par lesquels elle se traduit[2] –, notre état sera simplement relatif à

1   *E* II, prop. 18, scolie, G II, p. 107.
2   L'idée selon laquelle les adultes ne sont pas devenus plus stables mais ont appris à cacher leur instabilité sous une apparence de constance pourrait nous faire penser à la distinction

ce qui a été jusqu'ici notre expérience. Cette polarisation affective, bien qu'elle caractérise de façon assez adéquate la vie que mène la majorité des hommes, ne peut cependant pas être appréhendée comme un état satisfaisant (en regard de la puissance d'agir de chacun) dans lequel le devenir éthique pourrait venir s'achever. De là, nous aboutissons à l'idée selon laquelle l'enjeu éthique, pour les adultes, pourrait consister à retrouver la dimension « en devenir » propre aux enfants, mais à partir de leur puissance d'agir d'adulte. Ainsi, puisque la manière dont les hommes sont actuellement affectés dépend de ce à quoi les a (de fait) habitués leur histoire personnelle, l'enjeu consisterait à se remettre en mouvement, afin de se donner progressivement des habitudes plus conformes à sa nature singulière. Ce vers quoi il s'agirait de tendre serait alors une nature singulière qui reste encore à découvrir (à *inventer*, selon la racine latine).

Les conditions ontologiques sont présentes, puisque nous sommes en perpétuelle variation, et que nous avons la possibilité d'être autrement affectés tout en restant dans le cadre de la même nature. Par ailleurs, le mode selon lequel nous sommes généralement affectés dit quelque chose de l'état de notre corps et de notre esprit, et constitue pour partie ce que nous sommes, en établissant des repères pour nous-mêmes comme pour ceux qui nous entourent. Mais la constante réitération des mêmes rencontres et du même type d'affections suscite comme une « fermeture des possibles », en restreignant petit à petit notre aptitude à être autrement affectés[1]. Dès lors, en paraphrasant la formule de P. Macherey au

---

établie entre les gens du peuple et les aristocrates dans le chapitre VII du *TP* : « la nature est une et commune à tous : ce sont la puissance et l'éducation qui nous font illusion. [...]. L'arrogance [des maîtres] se pare de faste, de luxe, de prodigalité, d'une certaine harmonie entre les vices, elle est stupide de façon brillante et immorale de façon élégante : si bien que ces vices qui, considérés chacun à part, sont manifestement honteux et répugnants, paraissent honorables et distingués, aux ignorants et aux naïfs » (§ 27, G III, p. 319-320). Cette analogie est d'autant plus parlante que, dans le discours politique aristocratique, le peuple est souvent considéré comme un enfant, par distinction avec les hommes adultes que seraient les dirigeants.

1   Un parallèle intéressant pourrait ici être institué avec la langue. En effet, un tout-petit enfant a encore la possibilité d'apprendre toutes les langues et de les parler sans aucun accent ; sa langue dite *maternelle* sera déterminée en fonction de la (ou des) langue(s) qui lui sera (ou seront) quotidiennement parlée(s) pendant cette période de sa vie. Par contre, le temps passant, il nous devient de plus en plus difficile de prononcer correctement et sans accent une langue *devenue* étrangère. Ceci consiste à la fois en une base fondamentale – la possibilité d'avoir une langue propre, qui nous constitue en partie –, et en une limite – en

sujet du postulat spinoziste « L'homme pense[1] », nous pourrions dire que dans ce cas, « en nous, ça change, mais nous ne devenons pas ».

Telle est la raison pour laquelle c'est toute la nature humaine qui nous semble pouvoir être pensée à partir du paradigme de la temporalité, au sens de ce nous pouvons faire *dans le temps* pour augmenter notre puissance d'agir et de penser, et pour tendre d'un mouvement continu si ce n'est linéaire vers une plus grande convenance avec notre nature singulière. Nous pouvons nous appuyer à ce sujet sur le scolie d'*Éthique* V, 41, qui met en avant l'importance de ce qui peut être fait *en cette vie*. Nous y lisons ainsi que vouloir tout soumettre à la lubricité et obéir à la fortune plutôt qu'à soi-même, sous prétexte que nous croyons que l'esprit meurt avec le corps, n'est

> pas moins absurde que si quelqu'un, pour la raison qu'il ne croit pas pouvoir nourrir son corps de bons aliments dans l'éternité, préférerait s'assouvir de poisons et de choses mortifères ; ou bien, parce qu'il voit que l'esprit n'est pas éternel, autrement dit immortel, aime mieux être fou et vivre sans raison[2].

Il y a une attention à porter à la temporalité de la vie et à ce qui peut être fait pendant la durée du corps : il ne s'agit là ni d'un obstacle à la vertu et à la vie sous la conduite de la raison, ni d'un laps de temps vide dans l'attente d'une plénitude post-mortem.

Dès lors, la *temporalité* propre à l'existence humaine ne doit pas être comprise comme finitude, comme limitation, ou encore comme ce *en dépit de quoi* nous tenterons d'agir par vertu et sous la conduite de la raison ; elle est bien plutôt une alliée de l'homme, en ce qu'elle lui pourvoie des occasions pour augmenter sa puissance d'agir, et pour faire de ses affects des actions et non plus des passions, de même qu'elle lui *donne du temps* (au sens littéral du terme) pour que se constituent progressivement en lui de nouvelles habitudes affectives et une nouvelle règle de vie. C'est là ce que l'on peut conclure de deux passages d'*Éthique* V, qui mentionnent

---

ce qu'il nous est par la suite difficile de comprendre la configuration, la constitution, la nature des autres langues.

1   « "L'homme pense" (*homo cogitat*). [...] formulation [...] qui, en indiquant le rapport nécessaire qu'entretient l'être humain avec le fait de penser, évacue la représentation du sujet de la pensée [...] En forçant quelque peu le sens des mots, on en rendrait assez bien l'esprit en le traduisant ainsi : "Dans l'homme, ça pense" » (P. Macherey, *Introduction à l'*Éthique *de Spinoza. La Seconde partie, la réalité mentale*, PUF, Paris, 1997, p. 40).

2   *E* V, prop. 41, dém. et scolie, G II, p. 306 et 307.

l'un comme l'autre l'importance de prendre le temps que les choses *deviennent* autres, par distinction avec une morale de type volontariste qui requiert une rupture immédiate avec le mode de vie passé. Au lieu d'exhorter (vainement) les hommes à lutter dans l'instant contre leurs désirs et appétits naturels et à se tourner exclusivement vers leurs pensées (qui seules dépendraient d'eux), il est plus adéquat de les amener à être patients et actifs tout à la fois : se convaincre *dès maintenant* que l'on n'est pas déterminé à être toujours *ainsi* affecté, tout en sachant que l'on ne peut pas *dans l'instant* être déterminé à avoir d'*autres* désirs, et donc à agir *autrement*.

C'est ainsi ce qui ressort de la proposition 7 d'*Éthique* V, selon laquelle « les affects qui naissent de la raison, ou sont excités par elle, sont, si l'on tient compte du temps, plus puissants que ceux qui se rapportent aux choses singulières que nous contemplons comme absentes[1] ». Ainsi, nous ne sommes pas dans la perspective d'une prise de pouvoir de la raison sur les affects, mais dans celle d'un rapport de puissance entre affects qui naissent de la raison et autres affects. Or, les premiers ont un avantage sur les seconds : ils restent toujours les mêmes ; et il ne s'agit pas là d'une apparence de stabilité en fait toute contingente – comme dans le cas des affects relatifs à l'histoire personnelle qui a de fait été la nôtre –, ces affects étant à la fois singuliers (en lien avec notre nature propre) et partageables (avec tous les autres individus vivant sous la conduite de la raison). Dès lors, cette puissance supérieure des affects naissant de la raison ne peut manquer d'apparaître, au fur et à mesure qu'ils contrarieront la puissance qu'ont les autres affects sur nous. Toutefois, il ne peut y avoir *effet immédiat* des affects naissant de la raison : ce n'est pas dans l'absolu et de façon quasi magique que l'on prend conscience de leur puissance, mais dans l'expérience, en expérimentant leur puissance à l'égard des autres affects. La précision « si l'on tient compte du temps » est donc essentielle dans cette proposition, l'immanence n'étant pas à confondre avec l'immédiateté : dans l'instant présent, je suis encore traversé d'un grand nombre d'affects contraires, mais progressivement, ces affects seront contrariés par les affects naissant de la raison. Pour que cela devienne effectif, il faut donc que je *laisse le temps* aux affects naissant de la raison d'exprimer leur puissance en regard des autres affects. C'est en ce sens que la temporalité est essentielle à l'éthique : ce n'est

---

1   *E* V, prop. 7, G II, p. 285.

que dans le temps que cette éthique pourra devenir effective *pour soi*, de façon tout à la fois singulière et partageable. Et c'est la raison pour laquelle nous ne concevons pas d'éthique indépendamment d'un *devenir*.

Cette idée est ensuite reprise dans le scolie d'*Éthique* V, 20, qui décline comme suit ce en quoi consiste la puissance de l'esprit sur les affects :

> (I), dans la connaissance des affects ; (II) en ce qu'il sépare les affects d'avec la pensée d'une cause extérieure, que nous imaginons confusément ; (III) dans le temps, grâce auquel les affections qui se rapportent à des choses que nous comprenons l'emportent sur celles qui se rapportent à des choses que nous concevons de manière confuse ou mutilée ; (IV) dans le très grand nombre des causes qui alimentent les affections se rapportant aux propriétés communes des choses ou à Dieu ; (V) enfin, dans l'ordre dans lequel l'esprit peut ordonner et enchaîner entre eux les affects[1].

Ainsi, la puissance de l'esprit réside principalement dans son aptitude à comprendre les affects (ce qui passe par une séparation entre nos affects et les choses extérieures que nous imaginons en être les causes) et à les enchaîner selon un ordre déterminé du dedans, et non seulement selon l'état commun des choses. Mais l'acquisition et le renouvellement constant de cette aptitude demande une fois encore du temps, puisqu'il nous faut tout à la fois comprendre nos affects, et expérimenter la puissance de ces affects bien compris en regard des affects naissant de choses dont nous n'avons pas d'idée adéquate. En conclusion, le fait d'être inscrit dans une certaine durée ne consiste pas en une privation ou en une finitude (au sens dépréciatif du terme)[2] ; la temporalité du corps et de l'esprit est au contraire l'occasion pour ces derniers d'augmenter leur puissance d'agir,

---

1 *E* V, prop. 20, scolie, G II, p. 293. Dans son ouvrage *Les expressions de la puissance d'agir chez Spinoza*, Ch. Jaquet prévient une mésinterprétation de ce passage en ces termes : « Spinoza n'accommode pas à sa manière un lieu commun selon lequel le temps atténue la tristesse et ensevelit les peines dans l'oubli. Le temps est au contraire puissance de conservation et fortification de l'essentiel, du nécessaire, puisqu'il s'agit plus d'affirmer la pérennité des images liées aux idées adéquates que de nier les images mutilées et confuses » (chap. « La perfection de la durée », p. 75).

2 Dans son livre *La stratégie du* conatus. *Affirmation et résistance chez Spinoza*, Laurent Bove lie à la durée le fait que notre essence soit vécue comme effort et parle du temps vécu comme de la texture de notre existence actuelle : « sans la durée, liée dans le corps et contractée dans l'âme, l'essence éternelle ne serait pas "effort", c'est-à-dire temporalité vécue, existence continuée. C'est donc l'habitude qui assure la continuité vécue de notre être. L'habitude en instituant dans le présent vécu de ses contradictions, un passé retenu et un futur attendu, fait du temps la substance même de notre existence » (chap. I, section 1, Paris, Vrin, 1996, p. 27).

et ainsi de faire progressivement que l'on subisse moins la puissance des affects naissant de l'ordre commun de la nature, précisément par ce que les affects naissant de la raison sont *devenus* plus nombreux, plus puissants et donc plus effectifs. La temporalité essentielle des hommes n'est dès lors pas un obstacle à l'éthique, mais une de ses conditions de possibilité et d'effectivité ; elle ne consiste pas en une finitude mais en une ouverture vers l'acquisition de nouvelles aptitudes. L'enjeu de tout homme désirant agir sous la conduite de la raison consiste donc à retrouver la dimension « en devenir » propre à l'enfance, et ce à partir de ses aptitudes et de sa puissance d'agir, et de penser d'individu adulte. Le *devenir* éthique ne consiste pas dans le préalable de la sagesse, il constitue bien plutôt l'existence sur un mode éthique en elle-même.

TROISIÈME PARTIE

LA CARACTÉRISATION DES HOMMES PAR LE BIAIS DES APTITUDES

LEUR RECRÉATION, LEUR ACCROISSEMENT, LEUR RÉORDONNANCEMENT

Le fait que l'existence humaine soit investie de part en part d'une temporalité singulière, nous amène à caractériser autrement la nature humaine. Si nous ne pouvons formuler une définition définitive et exhaustive de la nature humaine, cela ne tient pas tant au fait qu'il faille tenir ensemble dans une telle définition l'ignorant et le sage, ou encore l'homme déterminé par ses affects et l'homme conduit par la raison, qu'au fait que tout homme semble être dans un changement continuel, dans un constant mouvement. C'est d'ailleurs la raison pour laquelle nous avons proposé de distinguer l'homme menant une existence sur un mode éthique des autres hommes, non en tant que le premier serait parvenu en un état stable et à l'abri de toute variation, mais par le biais de la distinction établie entre devenir et simples changements. Dès lors, dans la mesure où les corps humains sont dans une perpétuelle variation, il nous est impossible de définir la nature humaine par le biais d'éléments auxquels on fait classiquement appel, comme les facultés innées (qui définissent les hommes de l'extérieur et ne permettent pas de saisir la singularité de leur état), ou encore les dispositions à actualiser (qui réduisent la temporalité au laps de temps requis pour que les hommes soient à même d'en faire correctement usage).

Nous devons donc rechercher désormais une autre caractérisation de la nature humaine, qui ne soit pas antithétique avec notre conception de l'éthique spinoziste comme *devenir*, et qui soit parallèlement à même de rendre compte de la temporalité propre de chaque moment de l'existence, sans projeter chacun d'entre eux dans le moment suivant, qui serait alors « à venir ». Il faudra ainsi que cette *autre* caractérisation permette d'abord de rendre compte de la possible augmentation de puissance d'agir des hommes. À partir du moment où l'essence actuelle de *chaque chose* consiste dans « l'effort par lequel [elle] s'efforce de persévérer dans son être[1] », il conviendra en effet de comprendre par quel biais cet effort peut être, dans le cas des hommes, aidé, alimenté ou encore renouvelé, de telle sorte que leur puissance puisse devenir, non pas supérieure à la puissance de la nature, mais suffisante pour contrarier les affects

1   *E* III, prop. 7, G II, p. 146.

négatifs qui pourraient naître en eux lors d'affections par les choses extérieures qui les environnent. C'est ainsi la spécificité de la puissance d'agir humaine qui est à interroger, à la fois à partir de la manière dont les hommes la prennent particulièrement en main – dans le cadre de l'éducation, au cours d'événements historiques, ou encore en favorisant certaines rencontres – et à partir de la manière dont les occasions extérieures trouvent (ou non) en eux un terrain favorable pour susciter de nouveaux changements.

Il est enfin un dernier élément qui devra être pris en compte, à savoir la singularité du rythme des changements qui affectent les hommes, comme de leur intensité et de leur ordonnancement. Ce point pose en effet divers problèmes. D'un côté, il va de soi que ce que nous rencontrons au cours de notre enfance comme au cours du reste de notre vie a un grand impact sur ce que nous sommes désormais – et donc *a eu* un grand impact sur les changements qui ont été suscités en nous. Nous ne pouvons toutefois considérer que ces différences entre hommes tiennent *seulement* à leurs rencontres respectives : deux individus peuvent en effet être différemment affectés par un seul et même événement, et ce dernier ne peut donc être *seul* à l'origine des différences existant entre les changements suscités respectivement en chacun. Mais d'un autre côté, il ne semble pas très satisfaisant – éthiquement parlant – de se dire que chacun a ou non en soi des aptitudes à réagir d'une certaine façon aux événements se présentant à lui ; cela reviendrait en effet à considérer que chacun est déterminé à mener ou non une existence éthique, la seule « variable » consistant alors dans les occasions pour lui de la mettre en œuvre. De plus, nous risquerions de retomber dans la conception de dispositions en puissance qu'il conviendrait d'actualiser dès que l'occasion nous en serait donnée, la seule différence consistant alors en ce que ces dispositions ne seraient pas communément partagées...
Ainsi, la nouvelle caractérisation de la nature humaine que nous allons désormais tenter de mettre en place devra permettre de rendre compte de façon convaincante de la nature propre de chacun, au croisement des rencontres qu'il fait tout au long de sa vie, de la manière dont il en est affecté, de l'expérience personnelle qu'il peut constituer à ces occasions, et de l'*ingenium*[1] singulier qui peut en résulter. Nous pour-

---

1   Ce terme, généralement traduit par « tempérament » ou « complexion », présente l'intérêt, en
    raison de sa signification riche et variée, de rendre compte des différents niveaux d'acception

rons alors, par le biais de cette caractérisation, penser tout à la fois les petites variations incessantes contre lesquelles nos habitudes pratiques nous prémunissent (sans quoi notre vie serait invivable, sans repère ni continuité), et les quelques grands tournants qui peuvent survenir au cours d'une existence (les rencontres déterminantes grâce auxquelles peut s'effectuer un devenir éthique).

de la nature, comme de sa détermination au croisement de ce qui nous est donné et de ce que l'on en fait. *L'ingenium* désigne ainsi à la fois notre constitution physique et son aptitude à être affectée de diverses manières, notre caractère au sens de la manière dont nous sommes naturellement enclins à réagir, mais également le caractère que nous nous forgeons par le biais de notre expérience et de l'effort que nous déployons pour accroître, diversifier et réordonner nos aptitudes. Nous nous permettrons donc, dans l'immédiat, de ne pas le traduire afin de ne pas réduire cette multiplicité de significations. Pour une étude historiographique et conceptuelle de ce terme, nous renvoyons à l'analyse qu'en propose P.-Fr. Moreau dans *Spinoza. L'expérience et l'éternité* (Paris, PUF Épiméthée, 1994), notamment aux pages 395-404.

LE RAPPORT AU CORPS
COMME INSTITUTION D'UN NOUVEL ORDRE
À PARTIR D'UNE OUVERTURE
À D'AUTRES AFFECTIONS

La question pourrait être formulée comme suit : face à la multiplicité des sollicitations, face aux variations qui nous animent continuellement, comment pouvons-nous voir se dessiner une nature donnée, lisible, cohérente, non exclusivement déterminée de l'extérieur ? Tout dépend, bien entendu, de ce que l'on entend par « nature » d'un individu. S'il s'agit d'une nature humaine donnée et partagée par tous, qu'il reviendrait simplement d'exprimer au mieux, nous aurons tendance à répondre que l'enjeu consiste à limiter au maximum ces sollicitations et variations, afin de tendre de la façon la plus linéaire et la plus ferme possible vers la visée qui est – ou devrait être – la nôtre. En d'autres termes, maintenir une cohérence et une certaine ligne directrice *en dépit* des variations et diverses sollicitations. Mais si nous prenons au sérieux l'affirmation selon laquelle la temporalité est une dimension essentielle de l'existence humaine, nous ne pourrons nous satisfaire de cette réponse. La question, non encore résolue, serait alors de cet ordre : comme pouvons-nous faire fond sur les variations qui nous animent, afin d'instituer à partir de là un nouvel ordre qui soit adéquat à ce que nous sommes, nous permettant ainsi de dessiner progressivement ce qui serait notre nature singulière ? Dans ce cas, l'unité et la cohérence de cette nature singulière ne seraient plus *conquises contre* les variations qui nous animent perpétuellement, mais *affirmées avec* ces dernières, constituées dans le même mouvement.

DE LA CONCEPTION CARTÉSIENNE DE LA MAÎTRISE DE L'ÂME FACE AUX INFORTUNES DU CORPS …

Avant de mettre en place les éléments de cette *autre* conception possible de la nature humaine, il nous faut revenir une dernière fois sur les différences entre les pensées cartésienne et spinoziste de l'enfance : c'est en effet dans la figure que l'on se donne de l'enfant et dans le regard que l'on porte sur son passage à l'âge adulte que se forge une certaine conception de la nature humaine, et donc que se constitue la manière dont sera appréhendée l'éthique, conçue comme état ou bien comme devenir, comme repos ou bien comme mouvement. Ainsi, le dernier point qu'il nous reste à étudier à ce sujet est la façon dont est conçu le rapport au corps, tant dans l'enfance elle-même que dans l'éducation qu'il conviendrait d'apporter aux enfants. Descartes considère que « la première et principale cause de nos erreurs sont les préjugés de notre enfance », et ce précisément en ce que « pendant les premières années de notre vie, […] notre âme était si étroitement liée au corps, qu'elle ne s'appliquait à autre chose qu'à ce qui causait en lui quelques impressions[1] ». Dès lors, non seulement l'enfance est ici appréhendée comme une pépinière de préjugés qui entacheront l'âge adulte[2], mais la cause de ces préjugés est identifiée comme résidant dans la place trop importante accordée au corps par l'âme. L'on peut donc déjà imaginer que le statut de philosophe sera inversement en lien avec la capacité de concevoir les choses par le seul entendement, sans référence aux sens – ou du moins sans accorder aux sens une confiance directe dans ce qu'ils semblent nous indiquer des choses.

Or, cette prépondérance accordée aux informations qui nous viennent des sens ne caractérise pas seulement l'enfance. Il y a ainsi, selon Descartes, une forme de persistance, à l'âge adulte, de la façon de juger propre à l'enfance, au sens d'une constante réitération des mêmes erreurs et préjugés. C'est là ce qui ressort de la fin de l'article 71 des *Principes de la philosophie*, où nous lisons que nous avons été

---

1   Descartes, *Principes de la philosophie*, 1e partie, art. 71, A III, p. 139.
2   Le titre de l'article suivant consiste ainsi en ce que « la seconde [cause de nos erreurs] est que nous ne pouvons oublier ces préjugés [sous-entendu : à l'âge adulte] » (*ibid.*, art. 72, A III, p. 141).

si fort prévenus de mille autres préjugés, que lors même que nous étions capables de bien user de notre raison, nous les avons reçus en notre créance ; et au lieu de penser que nous avions faits ces jugements en un temps que nous n'étions pas capables de bien juger, et par conséquent qu'ils pouvaient être faux plutôt que vrais, nous les avons reçus pour aussi certains que si nous en avions eu une connaissance distincte par l'entremise de nos sens, et n'en avons non plus douté que s'ils eussent été des notions communes[1].

Il ressort de ces passages l'idée selon laquelle l'âge adulte n'est entendu que comme la continuation indésirable des préjugés de l'enfance, période de la vie perçue comme la source des erreurs de jugements. C'est ainsi ce qui est réaffirmé dans l'article suivant, dans lequel le fait que, « bien que nous remarquions que les jugements que nous avons faits lorsque nous étions enfants sont pleins d'erreurs, nous avons assez de peine à nous en délivrer entièrement », est opposé au fait que nous devrions avoir « atteint l'usage entier de notre raison », et que nous devrions être à même de « bien juger des choses », notre âme « n'étant plus si sujette au corps[2] ».

Nous sommes donc en présence d'une ambiguïté dans la caractérisation implicite de la nature humaine que nous pouvons tirer de ces lignes : d'un côté, elle est caractérisée par une faculté (celle de l'âme à juger en n'étant plus sujette au corps) qui n'est en fait pas actualisée (puisque nous ne parvenons pas à nous défaire des préjugés de notre enfance) ; et d'un autre côté, cette même faculté est formulée de telle façon qu'elle ne semble pouvoir caractériser que ceux que Descartes nomme les « philosophes ». Dès lors, ces trois moments de l'existence humaine se résumeraient comme suit : enfance (et préjugés) – âge adulte (qui répète ces mêmes préjugés, même si l'âme devrait être alors en pleine possession de ses moyens) – sagesse (qui instaure une rupture avec l'enfance, et non un changement sur fond de continuité avec l'âge adulte).

C'est également ce que nous pouvons conclure, dans la suite de ce même article 72, de la raison attribuée au fait que nous imaginons les étoiles plus petites qu'elles ne sont en réalité. Descartes insère cet exemple dans son argumentation comme suit :

---

1   *Principes de la philosophie*, 1ᵉ partie, art. 71, A III, p. 141. Nous devrions au contraire, selon l'article suivant, « nous souvenir qu'ils sont douteux », afin de nous mettre à l'abri du « danger de retomber en quelque fausse prévention » (*ibid.*, art. 72, A III, p. 141). L'exigence qui est selon Descartes de la responsabilité des adultes est donc très haute, donnant une dimension quasi morale à l'actualisation de ce qui est perçu comme nature humaine.

2   *Ibid.*, art. 72, A III, p. 141.

bien que nous remarquions que les jugements que nous avons faits lorsque nous étions enfants sont pleins d'erreurs, nous avons assez de peine à nous en délivrer entièrement, et néanmoins il est certain que si nous manquons à nous souvenir qu'ils sont douteux, nous sommes toujours en danger de retomber en quelque fausse prévention. Cela est tellement vrai qu'à cause que dès notre enfance, nous avons imaginé, par exemple, les étoiles fort petites, nous ne saurions nous défaire encore de cette imagination, bien que nous connaissions par les raisons de l'astronomie qu'elles sont très grandes : tant a de pouvoir sur nous une opinion déjà reçue[1] !

Ainsi, le fait que nous continuions d'imaginer les étoiles fort petites n'est pas attribué à la constitution de notre corps, qui nous les fait voir ainsi, mais au fait que nous les avons ainsi imaginées dans l'enfance, et donc au fait que cette opinion s'est depuis longtemps ancrée en nous.

La différence est ici manifeste avec l'explication apportée par Spinoza au fait que nous imaginions le soleil plus près de nous qu'il ne l'est en réalité. Ainsi, si Spinoza reconnaîtrait volontiers avec Descartes que notre imagination persiste lors même que nous connaissons la vraie distance entre le soleil et nous, il n'attribue pas la première à des résidus issus de l'enfance, mais au fait qu'une « affection de notre corps enveloppe l'essence du soleil, en tant que le corps lui-même est affecté par lui[2] ». Nous sommes donc, avec Spinoza, du côté de la permanence de notre structure corporelle (qui explique que nous imaginions le soleil à une distance similaire dans l'enfance et à l'âge adulte), tandis qu'il s'agissait d'un héritage de l'enfance encore subi à l'âge adulte pour Descartes. Spinoza accorde donc une place, dans l'explication de l'image que nous nous formons des choses, au corps de l'adulte en tant que tel – qui est dans un certain état [*constitutio*] et dont la structure [*fabrica*] n'a pas fondamentalement changé en regard du corps de l'enfant –, et non seulement aux opinions de l'adulte telles qu'elles résultent de la place occupée par le corps dans l'enfance. Cela nous indique d'ores-et-déjà qu'une place sera accordée au corps dans le devenir adulte, qui ne consistera pas à inverser la hiérarchie entre le corps et l'âme, mais à penser le développement concomitant de la puissance de l'un et de l'autre.

Inversement, il n'y a pas, dans ces passages cartésiens, d'étude de la constitution du corps adulte, nous permettant de comprendre la manière

---

1   *Ibid.*, p. 141-142.
2   *E* II, prop. 35, scolie, G II, p. 117.

dont nous sommes affectés *en tant qu'adultes* ; nous sommes face à une juxtaposition entre l'enfance caractérisée par la prépondérance au corps, et l'âge adulte caractérisé par l'usage entier de notre âme et la persistance des préjugés hérités de l'enfance. Il est donc logique, à partir de là, que la sagesse – ou l'état de « philosophe » – soit pensée par distinction avec l'enfance, et non avec un âge adulte qui n'en est que la répétition : il s'agira de rompre avec ce qui caractérise l'enfance, ce que les adultes n'ont jamais fait à proprement parler jusqu'alors. C'est ainsi ce que nous pouvons lire dans l'article 76, dans lequel Descartes met précisément en regard l'enfance et « l'homme qui veut être philosophe » en ces termes :

> pour ce qui est des vérités dont la théologie ne se mêle point, il n'y aurait pas d'apparence qu'un homme qui veut être philosophe reçût pour vrai ce qu'il n'a point connu être tel, et qu'il aimât mieux se fier à ses sens, c'est-à-dire aux jugements inconsidérés de son enfance, qu'à sa raison, lorsqu'il est en état de la bien conduire[1].

Il n'y a donc pas véritablement de conception de la nature humaine hors de l'enfance (mais lors de laquelle les facultés humaines sont assoupies), et hors de l'état de philosophe (mais lors duquel ces facultés sont en accomplissement tel qu'elles en deviennent presque idéalisées). D'où le sentiment que nous ne sommes finalement en présence que de deux véritables figures, celle de l'enfant et celle du philosophe, le passage de l'une à l'autre étant l'œuvre d'une véritable transformation.

Peut-être pourrions-nous d'ailleurs relire dans cette perspective l'affirmation cartésienne selon laquelle « il est très nécessaire d'avoir bien compris, une fois en sa vie, les principes de la métaphysique, à cause que ce sont eux qui nous donnent la connaissance de Dieu et de notre âme », mais « qu'il serait nuisible d'occuper souvent son entendement à les méditer à cause qu'il ne pourrait si bien vaquer aux fonctions de l'imagination et des sens ». Descartes ajoute pour finir, en guise de conseil, que « le meilleur est de se contenter de retenir en sa mémoire et en sa créance les conclusions qu'on en a une fois tirées, puis employer le reste du temps qu'on a pour l'étude, aux pensées où l'entendement agit avec l'imagination et les sens[2] ». Il est tout aussi nécessaire de concevoir une

---

1   *Principes de la philosophie*, 1ᵉ partie, art. 76, A III, p. 145.
2   *Lettre à Élisabeth* datée du 28 juin 1643, A III, p. 48. Il ne faut bien entendu pas sous-estimer le contexte dans lequel cette affirmation prend place : Descartes avait d'abord

fois en sa vie que le corps et l'âme sont réellement distincts, afin d'être en mesure de juger par l'entendement seul ce qui ne se rapporte pas au sens, qu'il est inutile d'y revenir par la suite, cette conception ayant fait effet en nous – où nous retrouvons l'immédiateté de l'évidence et de la clarté de cette conception, de même que de ses effets. Cette conception instaure ainsi une rupture tant dans notre mode de juger et de concevoir, que dans la détermination de l'objet d'étude désormais requis pour nous, la métaphysique (ni l'ontologie) n'étant plus de mise pour appréhender la morale comme l'usage de l'union que nous sommes.

Or, l'effort requis pour parvenir à cette rupture et au mode tout *autre* qui en suit nous semble exclure de ce passage la grande majorité des adultes ; et la levée des doutes qui en résulte nous semble relever des philosophes plus que des adultes en général. Dès lors, nous pouvons en conclure que la figure que Descartes se donne de l'enfant, et ce qu'il impute à un lien trop fort aux organes du corps en cette période, ont pour effet d'empêcher toute conception de la nature humaine qui pourrait convenir aux enfants comme aux adultes pris en général. Cette dernière correspond plutôt à la figure du philosophe, et est donc plus érigée en modèle ou en idéal qu'elle ne vaut comme moyen de compréhension des hommes en général. Pour finir sur ces éléments de la philosophie cartésienne, nous pouvons également relever que la figure du philosophe ainsi construite est elle-même dépendante de la figure de l'enfant que se donne Descartes, et surtout du rôle – nuisible, en l'occurrence – attribué au corps dans cette période. En effet, l'enjeu est de ne jamais en revenir à la confusion entre l'âme et ce qui relève des sens, confusion présentée comme propre à l'enfance ; il faudra donc tout à la fois être capable de concevoir une distinction réelle entre les deux, et être à même, à partir de là, de revenir sur l'union (puisque c'est elle qui est en jeu dans la vie) sans retomber dans la confusion – d'où cette idée d'une rupture, permettant de ne plus en revenir au mode spécifique de l'enfance.

Ainsi, lorsque Descartes concède à Élisabeth l'attribution à l'âme d'une certaine extension, il ne s'agit en rien d'une concession à l'égard de la distinction entre l'âme et le corps, mais bien plutôt de la recherche de la manière la plus aisée de la concevoir pour Élisabeth, afin que cette

---

écrit à Élisabeth qu'elle ne devait pas se priver d'attribuer de la matière et de l'extension à l'âme, si cela lui paraissait plus aisé que de reconnaître à cette dernière la capacité de mouvoir le corps sans avoir pourtant de matière.

conception puisse avoir des effets en elle. Descartes précise ce point en ces termes : « après avoir bien conçu cela, et l'avoir éprouvé en soi-même, il lui sera aisé de considérer que la matière qu'elle aura attribuée à cette pensée, n'est pas la pensée même, et que l'extension de cette matière est d'autre nature que l'extension de cette pensée ». C'est là la condition, ajoute Descartes, pour que « Votre Altesse ne laiss[e] pas de revenir aisément à la connaissance de la distinction de l'âme et du corps, nonobstant qu'elle ait conçu leur union[1] ». On a clairement conçu la distinction entre âme et corps non pas quand on est capable de l'admettre dans les seuls moments où l'on se concentre sur des jugements d'entendement et sur l'esprit seul, mais lorsqu'elle reste en notre esprit au moment même où nous sommes occupés par l'union. Alors il a été suffisant de méditer cette distinction *une fois en sa vie*, en ce que la rupture est consommée, et que nous ne courons plus le danger de retomber dans les jugements de notre enfance.

La conséquence en est que le rapport du corps et de l'âme dans ce que nous pourrions appeler l'état de philosophe ne peut être appréhendé que comme une prise de pouvoir de la seconde sur le premier. Le retour sur l'union sans retomber dans les confusions passées ne pourra s'exempter des idées de force d'âme et de pouvoir que cette dernière est à même d'exercer sur le corps comme sur ce qui s'y rapporte d'une façon ou d'une autre. C'est ainsi ce qui ressort d'une lettre postérieure à Élisabeth, datée de juillet 1644. Dans cette lettre, après avoir approuvé les remèdes auxquels a recours Élisabeth contre ses indispositions de l'estomac, Descartes affirme que ce sont là « les meilleurs de tous, après toutefois ceux de l'âme, qui a sans doute beaucoup de force sur le corps[2] ». C'est même là le critère que Descartes retiendra lorsqu'il s'agira de distinguer « les plus grandes âmes » de « celles qui sont basses et vulgaires » :

> les âmes vulgaires se laissent aller à leurs passions, et ne sont heureuses ou malheureuses, que selon que les choses qui leur surviennent sont agréables ou déplaisantes ; au lieu que les autres [les grandes âmes] ont des raisonnements si forts et si puissants que, bien qu'elles aient aussi des passions, et même souvent de plus violentes que celles du commun, leur raison demeure néanmoins toujours la maîtresse, et fait que les afflictions même leur servent, et contribuent à la parfaite félicité dont elles jouissent en cette vie[3].

---

1   *Ibid.*, A III, p. 47-48.
2   *Lettre à Élisabeth* datée de juillet 1644, A III, p. 79.
3   *Lettre à Élisabeth* datée du 18 mai 1645, A III, p. 565-566. Descartes n'exhorte donc pas Élisabeth à se montrer insensible – prenant en cela ses distances avec une certaine lecture

Nous pourrions considérer qu'il y a comme un air de famille entre certains éléments de ce passage et ce que Spinoza mettra en place dans son *Éthique*. Par exemple, le fait que les hommes ont tendance à suivre l'ordre commun de la nature au lieu d'enchaîner leurs affections du dedans, ce qui leur permettrait de trouver une joie plus ferme que lorsqu'ils s'en remettent à la fortune[1]. Ou encore le fait que l'on ne puisse pas ne pas avoir de passions – Spinoza dirait plutôt d'affections, ces dernières pouvant être des actions comme des passions – et qu'il ne s'agit pas de demander au sage d'être insensible, au sens de ne plus être affecté. Toutefois, il en est d'autres auxquels Spinoza ne pourrait acquiescer, et ils ont pour principal effet d'établir une nette distinction entre la manière dont Descartes semble élaborer une morale fondée sur l'idée qu'il y aurait deux types d'hommes (les grandes âmes et les âmes basses et vulgaires), et celle dont Spinoza pose de grands principes anthropologiques (parlant de *la* nature humaine, évoquant les passions *des* hommes, voire mentionnant à la première personne du pluriel ce qui passerait pour faiblesse ou impuissance dans un contexte cartésien).

Nous pouvons ainsi lire, premièrement, dans la lettre envoyée par Descartes à Élisabeth, une certaine connotation moralisante (notamment au sujet des âmes « basses et vulgaires »), qui revient finalement à porter un jugement négatif sur la plupart des hommes. Il est en effet plus répandu de vivre au rythme de ses passions et de leurs variations – ce qui explique que, comme le dit Spinoza, « comme les eaux de la mer agitées par des vents contraires, nous [soyons] ballottés », « les causes extérieures nous agit[a]nt de bien des manières[2] » – que d'être parfaitement maître de soi en toutes circonstances, de même que conduit par la raison en

---

des Stoïciens, et notamment du *De vita beata* de Sénèque –, mais à rendre son âme contente en dépit de ces sujets de déplaisir.

1   Voir à ce sujet le scolie d'*Éthique* II, 29 (G II, p. 114), ainsi que le scolie d'*Éthique* V, 20 (dans lequel on lit que les « infortunes [de l'âme] tirent principalement leur origine de trop d'amour pour une chose soumise à beaucoup de variations, et dont nous ne pouvons jamais être maîtres », G II, p. 293-294).

2   *E* III, prop. 59, scolie, G II, p. 189. Il importe de noter que, dans ce passage, Spinoza utilise à deux reprises le pronom personnel *nos*, comme sujet des verbes *agitare* et *fluctuare*. Nous pouvons y lire une insistance de Spinoza sur le fait que ces variations incessantes *nous* concernent tous, même si certains tenteront de mettre en place une certaine trajectoire interne dans le cadre d'un devenir éthique. Cela démarque dès lors Spinoza de Descartes, qui attribuait ces fluctuations aux « âmes basses et vulgaires », à la troisième personne du pluriel, marquant ainsi une distance entre ces âmes et l'âme du philosophe – et surtout de son interlocutrice.

toutes ses actions. Or, ce type de jugement moralisant est précisément ce à quoi se refuse Spinoza, estimant que ceux qui déplorent ou mésestiment l'impuissance humaine écrivent bien plutôt une satire (riant de la nature humaine tout en la maudissant), qu'une éthique (qui permettrait au contraire aux hommes de comprendre la nature et la force de leurs affects, afin de ne plus en pâtir). Dans l'un des nombreux passages consacrés à ces considérations, Spinoza évoque justement le projet cartésien. Il reconnaît ainsi dans la préface d'*Éthique* III que Descartes s'était avant lui appliqué à expliquer les affects humains par leurs causes, mais il souligne dans le même temps que Descartes a a cru « que l'esprit avait sur ses actions une absolue puissance [*absolutam potentiam*] », s'évertuant dès lors « à montrer en même temps par quelle voie l'esprit peut avoir sur ses affects un empire absolu [*absolutum imperium*][1] ». Spinoza se démarque des jugements de valeurs portés à l'égard de la passivité humaine, comme de tout projet consistant à exhorter les hommes à ne plus se montrer affectés par les choses et événements extérieurs.

Deuxièmement, l'idée selon laquelle des afflictions pourraient participer de la félicité de l'âme est totalement étrangère à la pensée spinoziste. En effet, selon le scolie d'*Éthique* III, 11, Spinoza entend par tristesse « une passion par laquelle [l'esprit] passe à une perfection moindre[2] ». Spinoza affirmera d'ailleurs dans la proposition 41 d'*Éthique* IV que « la joie, directement, n'est pas mauvaise, mais bonne ; et la tristesse est, au contraire, directement mauvaise[3] ». On ne peut donc en aucun cas considérer, dans ce cadre de pensée, que des afflictions puissent servir l'esprit, au sens de contribuer à sa félicité. Il n'y a pas de puissance à trouver dans le fait d'endurer ces dernières.

Troisièmement, le dernier élément auquel ne pourrait acquiescer Spinoza consiste en l'idée selon laquelle il convient de ne pas prêter une trop grande attention au corps et à ce qui lui arrive, en ce que ce dernier serait, par ses infirmités, la cause de nos impuissances. Ce point ressort de la suite immédiate de la *Lettre à Élisabeth* datée du 18 mai 1645 :

---

1 *Ibid.*, préface, G II, p. 137-138. L'on peut relever la répétition du qualificatif *absolutus* : le problème n'est pas tant que Descartes cherche dans l'esprit des remèdes aux passions (même s'il pense ces remèdes en termes de pouvoir et non en termes d'affirmation de puissance), mais en ce qu'il considère qu'un pouvoir *absolu* peut être exercé, concevant alors l'homme comme un empire dans un empire.
2 *E* III, prop. 11, scolie, G II, p. 149.
3 *E* IV, prop. 41, G II, p. 241.

> d'une part, se considérant [il parle des grandes âmes] comme immortelles
> et capables de recevoir de très grands contentements, puis, d'autre part,
> considérant qu'elles sont jointes à des corps mortels et fragiles, qui sont
> sujets à beaucoup d'infirmités, et qui ne peuvent manquer de périr dans
> peu d'années, elles font bien tout ce qui est en leur pouvoir pour se rendre
> la fortune favorable en cette vie, mais néanmoins elles l'estiment si peu, au
> regard de l'éternité, qu'elles n'en considèrent quasi les événements que comme
> nous faisons ceux des comédies[1].

Si Descartes n'avait pas concédé que les grandes âmes font quand même
leur possible pour que les choses se passent correctement en cette vie,
nous aurions pu considérer que ce passage tombait sous la remarque
spinoziste inversée selon laquelle il est tout aussi absurde de vouloir obéir
à la fortune plutôt qu'à soi-même parce que l'on croit que l'esprit meurt
avec le corps, que de préférer se nourrir de poisons en cette vie, faute de
pouvoir se nourrir de bons aliments dans l'éternité. En effet, sans cette
concession, cela reviendrait à considérer que tout ce qui arrive ici bas
n'importe en aucune manière, dans la mesure où cela ne concerne que
le corps, là où nous sommes avant tout une chose pensante, c'est-à-dire
une âme.

Il n'en reste pas moins l'idée selon laquelle l'âme peut connaître la
félicité malgré les infortunes du corps, et que c'est d'ailleurs en dépit de
ce qui arrive à ce dernier – et non par un développement de l'aptitude
du corps lui-même à être *autrement* affecté – qu'elle devra conquérir la
maîtrise d'elle-même, et donc que l'homme devra conquérir la maîtrise de soi. Nous retrouvons ici la double idée selon laquelle sortir de
la période de privation et d'impuissance en laquelle consiste l'enfance
revient à défaire l'âme de ses liens trop étroits avec les organes du corps,
et selon laquelle il y a dès lors ambiguïté entre la sortie de l'enfance et
le passage à l'état de philosophe. Or, cette idée contredit la proposition
spinoziste selon laquelle « toute chose qui augmente ou diminue, aide
ou contrarie, la puissance d'agir du corps, l'idée de cette même chose
augmente ou diminue, aide ou contrarie, la puissance de penser de notre
esprit[2] ». La passivité de l'esprit est corrélative de la passivité du corps,
et l'on ne peut concevoir – en vocabulaire cette fois-ci cartésien – que
l'âme puisse devenir maîtresse d'elle-même indépendamment des

---

1   *Lettre à Élisabeth* datée du 18 mai 1645, A III, p. 566.
2   *E* III, prop. 11, G II, p. 148.

infortunes du corps. Nous ne pouvons regarder ce qui advient à notre corps comme des représentations prenant place sur une scène qui serait partiellement extérieure à nous, ou du moins qui nous appartiendrait (en tant qu'elle entre dans notre union) sans entrer dans la définition de notre essence (en tant que nous serions avant tout chose pensante et que le corps serait réellement distinct de l'âme).

Nous n'*avons* pas seulement un corps, nous *sommes* ce corps tout autant que nous sommes notre esprit. Loin de pouvoir nous désintéresser de ce qui advient au corps, ou même d'être contraints d'y prêter garde seulement temporairement, dans l'attente d'une disjonction salvatrice, nous devrons porter attention au corps tant dans l'éducation que dans le cadre d'un éventuel devenir éthique sans toutefois ne s'y intéresser que *pour lui-même* (ce serait tomber dans l'extrême inverse). C'est là le lien qui se tisse entre figure que l'on se donne de l'enfant, conception que l'on a du rapport au corps en cette période, manière dont nous pensons l'éducation, et figure que nous nous donnons de la nature humaine (les hommes en général) et du sage – respectant ainsi les différents moments et les différents modes d'exister d'une seule et même vie.

Cela se retrouve enfin dans le rapport établi entre corruptibilité du corps et immortalité de l'âme ou éternité. En effet, les propos tenus par Descartes à Élisabeth peuvent être résumés comme suit : certes, nous pouvons connaître bien des infortunes en cette vie, et je ne puis vous demander d'être totalement indifférente à ce qui se passe en votre maison ; toutefois, ces infortunes ne concernent que le corps – notre matérialité – et les grandes âmes sont capables de rester maîtresses d'elles-mêmes en ces circonstances ; la raison en est que le corps, périssable, leur paraît bien peu en regard de ce qu'elles savent de leur propre immortalité, et en regard de l'éternité qu'elles considèrent. Il y a donc dissociation entre le corps corruptible et l'éternité, et cette dissociation est la raison d'être du détachement que les grandes âmes sont capables de manifester à l'égard du corps auquel elles sont – provisoirement – unie, et à l'égard de tout ce qui peut advenir en cette vie – durée lors de laquelle elles sont unies à ce corps périssable. Cela suppose deux choses : d'une part que l'immortalité de l'âme soit une donnée ontologique ou métaphysique, et d'autre part que notre union fasse provisoirement entrave au rapport à l'éternité.

Or, ce sont là deux éléments qui sont implicitement contestés dans une seule et même proposition spinoziste, selon laquelle « qui a un corps apte à un très grand nombre de choses, a un esprit dont la plus grande part est éternelle[1] ». En établissant une proportion entre aptitudes du corps et éternité de l'esprit[2], cette proposition affirme que le corps, loin d'être un obstacle à l'éternité de l'esprit, peut concourir à cette dernière en étant moins sujet aux affections mauvaises – sont ainsi qualifiées les affections qui sont contraires à notre nature. En d'autres termes, porter son attention à l'éternité de l'esprit ne revient pas à se détourner du corps ou à attendre d'en être détaché, mais implique au contraire de veiller à ce que les aptitudes du corps s'accroissent, en nombre comme en variété. Cela signifie secondement qu'il y a une différence de statut fondamentale entre l'éternité de l'esprit dont parle Spinoza et l'immortalité de l'âme à laquelle fait référence Descartes. En effet, dans le cadre de pensée spinoziste, cette éternité de l'esprit présente un enjeu éthique, en ce qu'elle est proportionnelle ou relative – tout étrange que cela puisse paraître de parler d'éternité en ces termes – aux aptitudes corrélatives du corps à être affecté de diverses manières, et de l'esprit à comprendre plusieurs choses à la fois. Cela signifie qu'elle ne consiste pas en une donnée ontologique, équivalente en chacun et toujours déjà prédicable de tout esprit.

En témoigne ainsi le scolie d'*Éthique* V, 42, qui opère une distinction entre esprit de l'ignorant et esprit du sage en ces termes : l'ignorant vit

> presque inconscient de soi, et de Dieu, et des choses, et, dès qu'il cesse de pâtir, aussitôt il cesse d'être. Alors que le sage, au contraire, considéré en tant que tel, a l'âme difficile à émouvoir ; mais conscient et de soi, et de Dieu, et des choses avec une certaine nécessité éternelle, jamais il ne cesse d'être ; mais c'est pour toujours qu'il possède la vraie signification de l'âme[3].

Il est ainsi établi dans ce passage que la part d'éternité des esprits diffère selon les individus. Non qu'elle soit réservée à tous les hommes par distinction avec les autres choses singulières, mais au sens où elle diffère selon les esprits humains, en rapport avec le devenir éthique dans

---

1   *E* V, prop. 39, G II, p. 304.
2   Lorsque nous évoquons, d'une certaine manière, la perspective temporelle de l'éternité de l'esprit, c'est le sens différentiel de l'éternité que nous avons à l'esprit, selon la distinction établie par P.-Fr. Moreau : la plus ou moins grande part d'éternité de l'esprit en lien avec le salut comme connaissance de soi, de Dieu et des choses, par distinction avec le sens absolu ou universel de l'éternité des esprits, dans la mesure où l'esprit est idée d'une vérité éternelle. Voir à ce sujet les pages 536-539 de *Spinoza. L'expérience et l'éternité*.
3   *E* V, prop. 42, G II, p. 308.

lequel chacun s'est ou non engagé. Cette éternité ne peut être pensée *contre* le corps, ou au mieux *en dépit* du corps, dans la mesure où la part d'éternité de l'esprit est relative à ce que l'on aura fait de son corps comme de son esprit *en cette vie*.

... À LA CONCEPTION SPINOZISTE DE L'AUGMENTATION DE L'APTITUDE DU CORPS À AFFECTER ET À ÊTRE AFFECTÉ EN BIEN DES MANIÈRES

Par quels biais peut alors se manifester cette attention portée conjointement au corps et à l'esprit, de même que l'idée selon laquelle l'éternité de l'esprit serait, plus qu'une donnée ontologique, un enjeu éthique ? C'est dans le cadre d'une réponse à ces questions que nous ferons appel à la notion d'*aptitudes* afin de caractériser à nouveaux frais la nature humaine. Tout d'abord, il faut rappeler que l'attention portée conjointement au corps comme à l'esprit s'explique de façon ontologique, par l'unité de la substance divine *sive* naturelle. Nous lisons ainsi dans le scolie d'*Éthique* II, 7 que « la substance pensante et la substance étendue sont une seule et même substance[1] ». Il en résulte que les modes de la pensée (les esprits) et les modes de l'étendue (les corps) sont eux-mêmes des modes d'une seule et même substance, comme le relève la suite de ce scolie. D'un côté, corps et esprit sont une seule et même chose, et donc il n'est pas concevable de considérer que ce qui concerne le premier est accessoire en regard du second. Mais d'un autre côté, il s'agit de deux modes se concevant chacun dans son attribut, sans rapport causal avec l'autre mode ; cela signifie tout à la fois que l'on peut comprendre les mouvements du corps sans en référer à l'esprit, et que la spécificité de l'homme ne se lit pas dans l'esprit seul, aux dépens du corps qui serait, lui, de nature commune en tous les individus humains et non-humains.

---

1   *E* II, prop. 7, scolie, G II, p. 90. Cette affirmation permet de comprendre la proposition 7 elle-même, selon laquelle « l'ordre et l'enchaînement des idées est le même que l'ordre et l'enchaînement des causes » (*ibid.*, prop. 7, G II, p. 89). Ainsi, il n'y a pas causation terme à terme entre une action et une pensée, mais identité des enchaînements des actions d'une part et des pensées d'autre part.

Cette dernière précision est importante, dans la mesure où c'est elle qui permet de comprendre l'attention portée au corps, non pour lui-même, mais au bénéfice de l'homme dont il est le corps, et donc en lien avec l'esprit de ce même homme. C'est de même ce qui nous permettra d'établir que la caractérisation des différences entres esprits pourra certes se penser en termes de différence spécifique (de façon corrélative à la capacité du corps à être plus ou moins affecté), mais aussi et surtout en termes de déterminations particulières (deux enfants ayant de fait reçu la même éducation présenteront des aptitudes similaires) et en termes de singularité (un homme étant entré dans un certain cheminement éthique aura accru ses aptitudes et ordonnera de manière propre ses affects comme ses idées). Nous pourrions parallèlement dire que, si les possibilités des corps sont en lien avec leur complexité ontologique, il y aura certes des différences spécifiques entre aptitudes corporelles, ou encore des différences particulières, mais aussi qu'une forme de singularité pourra se dessiner, au niveau des corps eux-mêmes, en lien avec les aptitudes que *nous* acquerrons ou non, à titre personnel. La singularité d'un cheminement éthique se lira donc tout autant — et d'un même mouvement, dirions-nous — au niveau corporel qu'au niveau mental. Nous retrouvons ces trois strates — spécifique, particulier, singulier[1] — dans le scolie d'*Éthique* III, 57, dans lequel Spinoza parle de la différence entre affects d'abord en ces termes :

> les affects des animaux que l'on dit privés de raison (car, que les bêtes sentent, nous ne pouvons absolument plus en douter, maintenant que nous connaissons l'origine de l'esprit) diffèrent des affects des hommes autant que leur nature diffère de la nature humaine. Cheval et homme, c'est vrai, sont tous deux emportés par le désir de procréer ; mais l'un, c'est une lubricité de cheval, et l'autre, d'homme. De même aussi les désirs et les appétits des insectes, des poissons et des oiseaux doivent être à chaque fois différents[2].

---

1   Il y a une différence de statut entre les deux premières d'une part, et la troisième d'autre part. En effet, nous sommes *de fait* déterminés par notre nature spécifique (il n'est pas au pouvoir du chat de suivre les lois de la nature du lion, selon l'exemple du chapitre XVI du *TTP*), de même que par l'histoire particulière que nous avons connue (un paysan n'aura ni les mêmes aptitudes corporelles ni les mêmes repères mentaux qu'un soldat, pour reprendre l'exemple de la deuxième partie de l'*Éthique*). Par contre, la singularité est de l'ordre de l'acquisition d'aptitudes, de l'enchaînement de nos affects selon un nouvel ordre, bref de l'institution d'un *autre* mode d'exister. Cette singularité est donc naturelle (elle se fait à l'occasion de rencontres, et est déterminante), mais elle n'est pas par nature (au sens où elle n'est pas spontanée, bien que déterminée).

2   *E* III, prop. 57, scolie, G II, p. 187.

Nous sommes ici au niveau de l'espèce – ce qui suppose qu'il y ait une nature spécifique, au moins au sens où tous les individus d'une même espèce partagent un mode commun de production (les chevaux ne font pas des hommes, pas plus que les hommes ne font des poissons) – : deux corps et deux esprits d'espèces différentes seront de natures différentes, et les affections des corps et les affects de l'esprit différeront à mesure que leur nature différera. Ce point est déjà important, dans la mesure où l'éthique ne pourra pas consister à *se doter* d'affects spécifiquement humains : tout affect éprouvé par un homme sera de fait spécifiquement humain, même s'il peut être celui d'un ignorant ou celui d'un sage.

Cela nous mène alors à la deuxième distinction entre affects. Spinoza poursuit comme suit ce scolie : « la différence, non plus, n'est pas mince entre le contentement qui, par ex., mène l'ivrogne, et le contentement que possède le philosophe[1] ». Outre la nature spécifique qui est commune à l'ivrogne et au sage, il y a donc la nature particulière de chacun d'eux, qui est relative à l'histoire personnelle de chacun, à son expérience[2]. Ainsi, même à supposer que les natures soient initialement communes, les expériences vécues par chaque homme font que leur nature prend une tournure particulière. Dès lors, les affects d'un homme différeront des affects d'un autre homme dans la mesure où la nature de leur corps comme de leur esprit différera ; ce ne sont donc pas les mêmes choses extérieures qui rendront les hommes tristes ou joyeux. C'est là la deuxième strate à laquelle nous pouvons lire l'axiome 1 faisant suite au scolie du lemme 3 : deux corps non plus spécifiquement différents, mais étant distingués d'une différence particulière, seront mus de manière différente par un seul et même corps. Dans le cas présent, l'ivrogne trouvera dans l'absorption de boissons alcoolisées un contentement que le sage trouvera plutôt dans la vie sous la conduite de la raison, même

---

1   *Ibid.*

2   En faisant porter sa réflexion sur les usages du terme *gaudium* [traduit ici par « contentement », et que l'on peut aussi traduire par « joie »], A. Suhamy met en lumière cette tension entre distinction d'essence et communauté de genre. Nous lisons ainsi successivement sous sa plume que « entre l'essence générique et l'essence individuelle il y a comme une essence intermédiaire, celle que le comportement éthique fait de chacun » ; et que « la distinction des désirs selon l'objet permet cette fois d'évaluer, de mesurer l'ampleur de la distance qui sépare le philosophe de l'ivrogne, comme si leur disposition dans l'espace *géométrique* de l'*Éthique* rendait la mesure possible. Du point de vue de l'objet il y a donc entre les *gaudium* les plus "discordants", quelque chose de commun qui rend possible la mesure » (*La communication du bien chez Spinoza*, p. 420).

s'il s'agit d'affects dans les deux cas (il ne s'agit pas de dire que le sage est parvenu à ne plus se tourner vers ce qui alimenterait pourtant son contentement).

Nous serions ainsi tentés de conférer un triple sens au lemme 2 de la petite physique, selon lequel « tous les corps conviennent en certaines choses[1] » : en un premier sens, tous les corps conviennent en ce qu'ils sont des modes d'un seul et même attribut, et suivent pour cette raison les mêmes lois ; en un deuxième sens, deux corps humains conviendront plus qu'un corps humain et un corps de cheval, en ce qu'ils ont en commun certaines aptitudes et certains affects (raison pour laquelle il n'est rien de plus utile à l'homme que l'homme[2]) ; et en un troisième sens, un corps de philosophe conviendra plus avec un autre corps de philosophe qu'avec un corps d'ivrogne (dans la mesure où des intérêts partagés et non exclusifs leur permettront de faire partager l'un à l'autre ce qui suscite leur contentement[3]).

La question est dès lors la suivante : où pensons-nous pouvoir déceler la strate de la singularité dans ces lignes, puisqu'il semble n'y être question que de différences spécifiques et particulières ? Il nous semble cependant qu'il y a une différence de *statut* entre l'ivrogne et le philosophe, faisant du premier une occurrence d'un type particulier, et du second une singularité constituée au cours du temps, en lien *actif* avec les occasions rencontrées. Ainsi, pour dire les choses à grands traits, les circonstances extérieures font que l'on se change en ivrogne, tandis que seul un accroissement actif des aptitudes fait que l'on peut devenir philosophe. La différence entre le particulier et le singulier se situerait donc au sein de la distinction entre changements suscités de fait de l'extérieur, et devenir institué du dedans. Dans un cas, nous assistons à une polarisation affective s'expliquant par des habitudes prises passivement au cours de l'existence et en raison d'événements extérieurs ainsi vécus. Dans l'autre cas, nous assistons à la constitution active et progressive d'une nature singulière, suite à l'acquisition active également de nouvelles habitudes pratiques, allant dans le sens d'un accroissement

---

1 *E* II, lemme 2 faisant suite à la proposition 13, G II, p. 98.
2 Voir à ce sujet le scolie d'*Éthique*, IV, prop. 18.
3 « Les hommes que gouverne la raison, c'est-à-dire les hommes qui recherchent ce qui leur est utile sous la conduite de la raison, n'aspirent pour eux-mêmes à rien qu'ils ne désirent pour tous les autres hommes » (*ibid.*, G II, p. 223).

des aptitudes (corporelles, affectives, mentales) et d'une convenance plus grande avec la nature propre de cet individu ; en d'autres termes, le dessin progressif d'un devenir, ou encore l'inscription de changements dans une trajectoire singulière de l'individu.

Nous pourrions de même appuyer cette distinction sur la différence de statut que nous pensons pouvoir lire entre les postulats 3 et 6 faisant suite au scolie du lemme 7 de la petite physique. En effet, le postulat 3 affirme que « les individus composant le corps humain, et par conséquent le corps humain lui-même est affecté [*afficitur*] par les corps extérieurs d'un très grand nombre de manières[1] » ; le verbe *afficere* y est conjugué à la voix passive et l'affirmation est de l'ordre du constat. De fait, nous sommes tous affectés en bien des manières. Dans le cas de l'ivrogne, nous pourrions dire que les événements extérieurs l'ont affecté de telle sorte qu'il a trouvé dans les boissons alcoolisées une issue, si ce n'est pour accroître sa puissance d'agir, à tout le moins pour qu'elle ne lui paraisse pas trop diminuée par ces événements. Désormais, il est toujours affecté par bien des choses extérieures, mais les manières dont il *peut* en être affecté se sont progressivement réduites, étant toutes vécues sur le même mode.

Cela nous mène alors au postulat 6, qui semble avoir un autre statut ; nous y lisons en effet que « le corps humain peut mouvoir [*potest movere*] les corps extérieurs d'un très grand nombre de manières, et les disposer d'un très grand nombre de manières [*disponere*][2] ». Si nous retrouvons, dans ce postulat, référence au grand nombre de manières (d'être d'affecté, de mouvoir ou de disposer) relatives à la complexité du corps humain, les verbes *movere* et *disponere* sont cette fois-ci à la voix active, et modalisés par l'emploi de *potest*. Si tous les corps humains *sont de fait* affectés en diverses manières, ils *peuvent en droit* disposer les choses en diverses manières, ce qui ne revient pas au même. En effet, *pouvoir le faire* signifie que les conditions ontologiques sont remplies ; mais *le faire effectivement* nécessite que les conditions anthropologiques et personnelles soient à leur tour remplies. Pour reprendre une distinction déjà établie, le faire effectivement sera naturel (dans la mesure où il entre dans la nature de notre corps de pouvoir le faire), mais non par nature (dans la mesure où cela ne suffit pas, encore faut-il que ce soit

---

1   *E* II, postulat 3 faisant suite au scolie du lemme 7, G II, p. 102.
2   *E* II, postulat 6 faisant suite au scolie du lemme 7, G II, p. 103.

déterminé par son état *singulier*)[1]. Pour reprendre les exemples du scolie
d'*Éthique* III, 57, l'ivrogne devrait pouvoir être affecté par les choses
en diverses manières ; mais dans les faits, il est passivement affecté en
un nombre restreint de manières. Cela signifie inversement que, pour
que le sage soit effectivement affecté en diverses manières, en plus de
la complexité ontologique qu'il partage avec l'ignorant, il a fallu qu'il
acquière activement des aptitudes singulières. La différence entre adulte
et sage pourrait donc se formuler en une distinction entre particularité
(changements subis) et singularité (devenir activement constitué). C'est
alors ce devenir ancré dans les aptitudes du corps et de l'esprit qu'il nous
faut désormais tenter de qualifier et de caractériser, afin de comprendre
ce que peut signifier une « nature singulière ».

Commençons pour cela par revenir sur ce que Spinoza a posé entre le
postulat 3 et le postulat 6. Si le postulat 5 met en place les conditions
permettant de prendre (passivement ou activement) de nouvelles habitudes affectives[2], le postulat 4 affirme que « le corps humain a, pour se
conserver, besoin d'un très grand nombre d'autres corps, qui pour ainsi
dire le régénèrent continuellement[3] ». Des corps extérieurs doivent ainsi
continuellement alimenter le corps, non seulement en un sens mécanique
(une partie venant remplacer une autre partie), mais également en un
sens dynamique (en ce que c'est également la structure du corps, donc
ce qu'il peut faire, qui est continuellement réalimentée). Si nous plaçons
ce postulat en regard du postulat 6, nous pouvons envisager l'idée selon
laquelle les aptitudes du corps doivent être non seulement acquises,

---

1   Ce rapport entre ce qui est par nature et ce qui, tout en s'appuyant sur des aptitudes
naturelles, ne se fait pas spontanément en chacun de nous recoupe pour partie la distinction établie par L. Bove entre ce qui se fait « dans la continuité réelle d'une stratégie
spontanée de l'affirmation des corps » et ce qui requiert parfois d'aller « contre ses formes
extrinsèques d'actualisation qui, laissées à leurs propres mécanismes imaginaires, ont
conduit chaque homme à devenir, pour lui-même et pour ses semblables, le pire des
ennemis » (*La stratégie du* conatus, p. 119).

2   « Quand une partie fluide du corps humain est déterminée par un corps extérieur à
venir souvent frapper contre une autre partie molle, elle change la surface de celle-ci, et
y imprime comme des traces du corps extérieur qui la pousse » (*ibid.*, postulat 5, G II,
p. 102-103). La répétition d'un seul et même type d'affections est susceptible de donner
lieu à une polarisation affective (toute chose extérieure, quelle qu'elle soit, viendra réactiver
ces traces), tandis que la variété des types d'affections permet de comprendre plusieurs
choses à la fois, et de trouver progressivement le type d'affection qui est le plus conforme
à notre nature singulière.

3   *Ibid.*, postulat 4, G II, p. 102.

mais également régénérées, réalimentées, constamment exercées pour ne pas être perdues. C'est là une nouvelle différence entre l'acquisition d'aptitudes et la seule actualisation de facultés en puissance ; et c'est également une nouvelle raison pour laquelle c'est l'ensemble de l'existence qui est à inscrire dans une certaine temporalité, dans un devenir ne pouvant trouver son achèvement dans un état qu'il suffirait de maintenir.

Ces éléments nous permettent de revenir à nouveaux frais sur le scolie d'*Éthique* IV, 45, dans lequel Spinoza écrit qu'il est

> d'un homme sage de se refaire et recréer en mangeant et buvant de bonnes choses modérément, ainsi qu'en usant des odeurs, de l'agrément des plantes vertes, de la parure, de la musique, des jeux qui exercent le corps, des théâtres, et des autres choses de ce genre dont chacun peut user sans grand dommage pour autrui. Car le corps humain se compose d'un très grand nombre de parties de nature différente, qui ont continuellement besoin d'une alimentation nouvelle et variée pour que le corps tout entier soit partout également apte à tout ce qui peut suivre de sa nature, et par conséquent pour que l'esprit soit lui aussi partout également apte à comprendre plusieurs choses à la fois[1].

Nous avions déjà mentionné ce passage, afin de souligner que la compréhension spinoziste du corps humain ne le réduisait pas au seul organisme pris dans sa dimension strictement physiologique. Cela implique parallèlement une conception de la santé de ce corps plus élargie que le sens que nous lui attribuons couramment : la maladie et les faiblesses du corps n'empêchent ainsi pas toujours le corps d'être « apte à beaucoup de choses », et la recréation d'aptitudes (autres) est même parfois plus intense et plus significative chez des personnes atteintes de maladie que chez d'autres dites « bien-portantes ».

Dans le même ordre d'idées, la vie du corps ne se réduit pas à son seul maintien en vie : notre corps étant composé de parties nombreuses et variées, il convient que ses affections soient elles-mêmes nombreuses et variées. Dans le cas contraire, les aptitudes du corps seront en nombre réduit (faute d'avoir été suscitées par de nouvelles expériences affectives), voire appauvries (faute d'avoir été exercées et ainsi alimentées). C'est là également la différence entre aptitudes – qui doivent s'acquérir et s'exercer, – et dispositions – qui sont simplement à actualiser et demeurent toujours

---

1   *E* IV, prop. 45, scolie, G II, p. 244-245.

« à disposition », qu'elles soient ou non effectivement exercées[1]. C'est la raison pour laquelle ce soin porté à l'acquisition et au renouvellement constants des aptitudes concerne tout homme sage, et non seulement les enfants, dans le cadre d'une éducation qui serait conçue sur le modèle d'un « développement », aboutissant à un état achevé.

La fin de ce passage nous met donc sur la voie d'une caractérisation de la nature spécifique en termes de « ce dont il peut suivre un ensemble d'aptitudes », et de la nature singulière en termes d'« effort pour acquérir et renouveler sans cesse de nouvelles aptitudes ». En effet, les aptitudes que l'on peut ou non acquérir dépendent dans un premier temps de leur convenance avec notre nature spécifique ; pour reprendre l'exemple spinoziste, on ne peut pas plus faire que la table mange de l'herbe que l'on ne peut faire directement que les hommes s'envolent ou considèrent avec respect ce qui suscite le rire ou le dégoût[2]. Dès lors, il sera d'un homme sage d'alimenter son corps et son esprit de telle sorte qu'il tende vers l'acquisition de *tous les types* d'aptitudes propres à sa nature spécifique ; mais dans le même temps, il ne serait pas raisonnable de tenter d'acquérir des aptitudes qui *excèdent* cette nature spécifique.

Mais il faut également tenir compte de la nature singulière de chacun, ce qui recouvre à la fois sa nature propre par distinction avec celle des autres (question de l'essence singulière des individus), et l'état qui est le sien à un moment de son existence, par distinction avec ce qui précède et ce qui suit dans cette même existence (temporalité propre à chaque individu). Ainsi, lorsque Spinoza parle de refaire et recréer le corps de manière à ce qu'il soit apte à « tout ce qui peut suivre de sa nature », il ne s'agit pas de tout ce qui peut en suivre *dans l'absolu* – nous serions

---

1   C'est là une différence essentielle entre la conception spinoziste selon laquelle tout est en acte (et donc ce qui n'est pas actualisé n'est simplement pas), et la conception aristotélicienne selon laquelle il est des dispositions « en puissance » que l'on peut ou non actualiser. Cette distinction aristotélicienne entre acte et puissance et la question des dispositions sont par exemple abordées de façon liée dans ce passage du *De Anima* : « Il convient de faire une distinction en ce qui concerne la puissance et l'acte [...]. En effet, quelque chose peut être dit savant au sens où nous dirions que l'homme est savant, parce qu'il est au nombre des êtres savants, c'est-à-dire qui possèdent la science ; mais, il est possible que nous appelions quelqu'un savant à partir du moment où il possède la capacité de lire et d'écrire. Chacun des deux est capable d'être savant, mais pas de la même façon : le premier l'est parce que son genre et sa matière sont tels, le second parce que s'il le veut, il est capable de lire » (II, 5, 417a21, trad. R. Bodeüs révisée par P. Pellegrin).

2   Voir à ce sujet le paragraphe 4 du chapitre iv du *TP*.

bien en peine, en tant que modes finis, d'acquérir *absolument* toutes les aptitudes susceptibles de suivre de notre corps et de notre esprit. Il s'agit plutôt, à notre sens, d'acquérir les aptitudes 1/ qui entrent dans le cadre de notre nature spécifique, 2/ qui conviennent à notre nature propre, laquelle nous incline vers certaines aptitudes plutôt que vers d'autres, et 3/ qui sont adéquates à la temporalité singulière dans laquelle nous sommes inscrits, en lien avec l'état [*constitutio*] qui est *actuellement* le nôtre. Ainsi, tout ce qui peut suivre de ma nature n'est pas équivalent à tout ce qui peut suivre de la nature d'un autre individu, y compris de la même espèce que moi ; et tout ce qui peut suivre de ma nature à un moment donné n'est pas équivalent à tout ce qui peut en suivre à un autre moment de mon existence. Il convient de préciser que nous évoquons là la nature du corps et celle de l'esprit ; ou, dit autrement, la nature de l'homme, indépendamment de cette distinction entre corps et esprit[1]. C'est la raison pour laquelle il nous semble que ce sont les hommes eux-mêmes – avant que nous les concevions sous un attribut ou sous un autre – qui pourraient être caractérisés par le biais de leurs aptitudes, afin que l'on puisse penser l'accroissement conjoint des aptitudes de leur corps et des aptitudes de leur esprit.

Enfin, le dernier élément que nous pouvons relever dans ce passage concerne la variété des aptitudes et l'équilibre requis entre elles ; en effet, outre la multiplicité des exemples pris par Spinoza, la suite de précisions « pour que le corps *tout entier* soit partout *également* apte à *tout* ce qui peut

---

1   Nous nous appuyons ici sur une suggestion de F. Mignini, développée au cours de son intervention sur « Hobbes et Spinoza : nature et puissance du vouloir », dans le cadre du colloque « Spinoza en Angleterre » (organisé par P.-Fr. Moreau, A. Sangiacomo et L. Simonutti à l'ENS de Lyon les 11-12 octobre 2012). Constatant que le *conatus* ne peut être défini, dans un cadre spinoziste, comme un mouvement corporel – dans la mesure où il concerne aussi l'esprit –, F. Mignini affirme qu'il ne doit être ni pensant ni étendu, afin de pouvoir être à la fois pensant et étendu. Il nous semble que nous pourrions en dire autant de l'homme. Nous pouvons d'ailleurs relever que F. Mignini proposait déjà le même type d'analyse au sujet de l'imagination dans son livre Ars imaginandi. *Apparenza e rappresentazione in Spinoza* : "E poiché non vi sono nell'uomo due immaginazioni, ma una sola, si deve anche concludere che l'immaginazione è in qualche modo il punto di incontro e il luogo comune nel quale corpo e mente entrano in reciproco rapporto. Il corpo e la mente, tuttavia, essendo modi di due attributi che non hanno nulla in comune, non possono incontrarsi ed identificarsi neppure in un terzo che partecipi di entrambi : infatti, esprimendo sia le leggi e la costituzione del corpo, sia le leggi e la costituzione della mente, l'immaginazione partecipa contemporaneamente tanto dell'uno quanto dell'altra" (chap. 3, "La struttura dell'immaginazione e il suo rapporto con il corpo e la mente", p. 120).

suivre de sa nature[1] » insiste sur l'ensemble des dimensions du corps concernées et sur l'importance de développer les aptitudes de chacune afin d'accroître les aptitudes de l'ensemble. De même que l'on ne peut concevoir une attention exclusivement portée au corps au détriment de l'esprit – ou inversement –, il convient de ne pas plus envisager l'accroissement des aptitudes d'une des dimensions du corps au détriment des autres. Spinoza donne un aperçu de cette question lorsqu'il affirme que « le chatouillement peut être excessif, et être mauvais ». La raison en est précisément que « le chatouillement est une joie qui, en tant qu'elle se rapporte au corps, consiste en ceci, qu'une ou quelques-unes de ses parties sont plus affectées que les autres », le problème tenant alors en ce que « la puissance de cet affect peut être si grande qu'elle surpasse toutes les autres actions du corps, et y adhère tenacement, et par suite empêche le corps d'être apte à être affecté d'un très grand nombre d'autres manières[2] ». Cela vient confirmer inversement qu'est bon (ou utile à la préservation de notre être, ce qui revient au même dans ce cadre) ce qui vient accroître la *variété* de nos aptitudes, et que les aptitudes qu'il convient d'accroître dans la perspective d'un devenir éthique sont celles de l'homme considéré dans toutes ses dimensions.

Nous sommes alors en mesure, à partir de ces éléments, de revenir sur la question de l'éducation des enfants, en relisant ce que Spinoza en dit dans le scolie d'*Éthique* V, 39 : « dans cette vie nous nous efforçons avant tout de faire que le corps de l'enfance se change, autant que sa nature le supporte et y contribue utilement, en un autre qui soit apte à beaucoup de choses, et qui se rapporte à un esprit qui ait une grande conscience de soi et de Dieu et des choses[3] ». Outre la reprise du lien étroit entre aptitudes du corps et aptitudes de l'esprit, ce passage nous permet de revenir sur le rapport entre les aptitudes et la nature dont elles suivent (cette nature en étant condition nécessaire mais non suffisante) d'une part, et sur la limite et l'exigence incluse d'un même mouvement dans les expressions « autant qu'il est en lui [*quantum in se est*] » et « autant qu'il peut [*quantum potest*] » d'autre part.

---

1   *E* IV, prop. 45, scolie, G II, p. 244 ; nous soulignons.
2   *E* IV, prop. 43 et dém., G II, p. 242. Inversement, l'allégresse, joie consistant en ce que toutes les parties du corps sont affectées à *égalité*, ne peut être excessive et est toujours bonne ; voir à ce sujet la proposition 42 et sa démonstration (G II, p. 241-242).
3   *E* V, prop. 39, scolie, G II, p. 305 ; traduction modifiée.

Ainsi, d'une part, la formulation selon laquelle nous nous efforçons [*conamur*] de faire que le corps de l'enfant se change [*mutetur*] en un autre ayant plus d'aptitudes vient confirmer l'idée selon laquelle on ne peut entendre le devenir adulte comme un simple développement de facultés déjà présentes. Cela suggère en effet plutôt l'idée d'une intervention extérieure (le « nous » des parents ou des maîtres), afin que le corps de l'enfant ne soit pas simplement soumis à diverses variations parfois contraires, liées à la rencontre fortuite des choses, mais que s'instaure en lui un certain devenir. C'est ainsi que nous interprétons l'orientation du changement, qui doit tendre vers un corps ayant des aptitudes plus étendues ; tel serait alors le moyen pour que les divers changements qui affectent *de fait* le corps de l'enfant s'inscrivent dans une certaine trajectoire. C'est alors cette trajectoire initiée lors de l'enfance qui pourrait constituer un certain *devenir* adulte – par distinction avec ce que nous avons appelé un simple *passage* factuel à l'âge adulte –, devenir sur lequel pourrait faire fond l'enfant devenu adulte pour s'engager dans un cheminement éthique. Non nécessairement en poursuivant cette trajectoire : s'ancrer dans un certain devenir éthique consiste parfois à se démarquer de la trajectoire qui nous a été inculquée par nos parents, ou encore à choisir entre plusieurs trajectoires impliquées par les différents milieux que nous avons traversés ou par les différents modèles auxquels nous avons été exposés. Mais plutôt en y trouvant une impulsion, un élan que l'on pourrait poursuivre.

En effet, seul un devenir adulte conçu en termes de « mise en mouvement » et non en termes de « rupture donnant lieu à un nouvel état stable, accompli et achevé » est à même d'inscrire un individu dans une temporalité susceptible de s'étendre tout au long de la durée de son existence. Cette temporalité, suggérée dans ce passage à la fois par le changement mentionné et par l'effort déployé par les adultes en vue de ce changement, colore à nouveau en termes positifs le « dans cette vie » : ce n'est plus en effet ce que nous sommes temporairement et ponctuellement contraints de faire, dans l'attente d'une *autre* vie départie des infortunes du corps, mais au contraire ce qu'il nous est *actuellement* donné de faire *grâce à* la temporalité du corps comme de l'esprit. C'est dans ce cadre que la précision *ad plurima aptum sit* prend tout son sens : il ne s'agit pas d'inculquer *une certaine manière* d'être affecté à l'enfant – ce qui est le cas dans les milieux hyper-protecteurs ou dans les communautés ultra-identitaires, et qui est surtout à même de polariser affectivement l'enfant et de l'empêcher de découvrir progressivement sa nature propre –, mais de faire que son aptitude à être affecté *de diverses manières* s'accroisse, afin qu'il puisse justement trouver progressivement ce qui lui convient le mieux (à *lui*, et non seulement au milieu dont il est issu). Il n'est pas d'éternité de l'esprit sans accroissement de ses aptitudes et de celles du corps, il n'est pas d'accroissement d'aptitudes sans inscription de l'homme en cette vie, autrement dit en la temporalité de cette vie.

C'est en raison de cette temporalité essentielle que nous pouvons distinguer la nature spécifique – complexité du corps propre à tous les corps humains –, la nature particulière – qui résulte, dans le cadre de cette nature spécifique, de l'histoire factuelle vécue par des groupes d'individus[1] –, et la nature singulière – qui est fonction du devenir personnel dans lequel nous nous sommes ou non inscrits. Nature spécifique comme cadre général, histoire particulière comme façonnement d'un *ingenium* constitué d'un ensemble d'habitudes affectives en lien avec les événements qui ont parsemé notre vie *jusqu'alors*, nature singulière comme ce qui inscrit les changements qui nous affectent dans un devenir (c'est-à-dire forgé dans le temps dans une convenance toujours plus grande avec notre propre nature) continuellement *en cours* : tels seraient les trois jalons de la temporalité de l'existence humaine.

Si nous revenons alors au scolie d'*Éthique* V, 39, nous pouvons relire dans cette perspective le syntagme « autant que sa nature [celle de l'enfant] le supporte et y contribue ». La première partie concerne ainsi le cadre ontologique posé par la nature spécifique : il faut que le corps de l'enfant se change en un autre qui soit apte à beaucoup de choses, mais il ne faut pas que le changement soit tel que le corps change de nature. Ainsi, « autant que sa nature le supporte » revient à dire « limiter les variations à ce que peut supporter la nature du corps de l'enfant sans que ce dernier ne s'en trouve détruit ». Toutefois, à l'intérieur de ce cadre, il s'agit d'ouvrir le corps de l'enfant à diverses affections possibles. Pour

---

1   Cela peut certes apparaître comme une limite, dans la mesure où nous sommes déterminés par notre histoire factuelle ; mais cela peut aussi constituer une forme de structuration de l'esprit, permettant d'avoir des repères au sein du groupe dans lequel on évolue, et éventuellement de se forger à l'avenir d'autres habitudes affectives (puisque l'on ne peut pas se projeter à partir d'une absence totale de structuration, un individu sans histoire n'ayant pas plus de devenir).

ce faire – et si nous ne concevons pas le passage à l'âge adulte comme rupture mais comme devenir –, il convient de s'appuyer sur les aptitudes qui sont déjà celles de l'enfant. Si le passage qui précède, dans ce même scolie, affirme que le corps de l'enfant est « apte à très peu de choses[1] », cela signifie qu'il a quand même déjà quelques aptitudes, que nous ne partons pas de rien dans le cadre de l'éducation. C'est en cela que la nature de l'enfant peut « contribuer utilement » à l'acquisition de nouvelles aptitudes ; et le rôle des parents et maîtres consistera d'ailleurs à estimer avec justesse les aptitudes sur lesquelles ils peuvent s'appuyer et qu'ils continueront d'alimenter, afin de s'adapter au mieux à l'état présent de l'enfant. Alors les changements affectant l'enfant, tout en étant suscités de l'extérieur, seront conformes à sa nature, susceptibles d'être enchaînés selon un ordre convenant à l'enfant et dès lors à même de donner lieu à un *devenir*.

C'est la raison pour laquelle il nous semble que nous pouvons lire, dans le syntagme « autant que sa nature le supporte et y contribue utilement », à la fois une limite d'ordre ontologique, une ouverture à de nouvelles expériences affectives et une forme d'exigence. Or, ces trois éléments ne concernent pas exclusivement l'enfance : notre hypothèse est en effet qu'ils peuvent caractériser tout moment de l'existence humaine lors duquel nous tentons de nous inscrire dans un certain devenir, en raison même du mouvement qui est inhérent à la nature des choses singulières et de la complexité des corps humains permettant de faire de ce mouvement des variations affectives, des changements significatifs, voire un devenir éthique.

Nous retrouvons ainsi les deux dimensions 1/ appui sur « ce qui est de nature » et 2/ exigence éthique d'accroître ses aptitudes à partir et au sein de cette nature, dans les deux principales occurrences de *quantum in se est* dans l'*Éthique*. La première prend place dans la proposition 6 d'*Éthique* III, qui affirme que « chaque chose, autant qu'il est en elle [*quantum in se est*], s'efforce de persévérer dans son être[2] ». Cette proposition ne porte pas spécifiquement sur les hommes, mais sur toute chose singulière ; il s'agit donc là d'une condition ontologique commune, que nous nommons l'ontologie dynamique de Spinoza. Toutefois, chaque chose exprime la puissance divine *de manière précise et déterminée* ; cela

---

1   *E* V, prop. 39, scolie, G II, p. 305.
2   *E* III, prop. 6, G II, p. 146.

signifie que, bien que toutes les choses s'efforcent par nature de persévérer dans leur être, elles ne disposent pas toutes de la même capacité à le faire. Par exemple, des corps composés de composés (parmi lesquels les corps humains) sont aptes à supporter des changements bien plus importants tout en restant de même nature que les corps simples ou composés. D'où la précision « autant qu'il est en elle », qui donne le cadre ontologique de cet effort : chaque chose, par nature, s'oppose à tout ce qui serait susceptible de détruire son être selon la nature qui est la sienne et selon les aptitudes relatives à cette nature. Cela consiste à la fois en une limite (aucune chose singulière, hommes compris, ne peut outrepasser ce qui est en elle pour exercer cet effort), et en une ouverture de possibles (chaque chose fera usage de *tout ce qui est en elle* en vue de persévérer dans son être, même si elle peut se tromper dans la mise en œuvre).

La deuxième occurrence que nous étudierons se trouve dans le chapitre XXV de l'Appendice d'*Éthique* IV, dont la fin est formulée en ces termes :

> qui désire aider les autres, en conseil et en acte, afin qu'ils jouissent ensemble du souverain bien, [...] se gardera bien de rapporter les vices des hommes, et il aura soin de ne parler que parcimonieusement de l'impuissance humaine : mais amplement de la vertu ou puissance de l'homme, et du moyen de la parfaire, afin qu'ainsi les hommes, mus non pas par la crainte ou l'aversion, mais par le seul affect de joie, s'efforcent de vivre, autant qu'il est en eux [*quantum in se est*] selon le précepte de la raison[1].

Une fois encore, cette expression *quantum in se est* est utilisée en lien avec l'effort déployé par une chose singulière ; mais cette fois-ci, il n'est question que des hommes, et l'effort en question, s'il est naturel, n'est cependant pas par nature (puisque seuls certains individus s'efforceront de vivre sous le précepte de la raison). Si le contexte est différent, l'objet de ce chapitre est assez similaire à celui du scolie d'*Éthique* V, 39 : il n'est certes plus question d'éduquer des enfants, mais d'amener des hommes, par amitié dirons-nous, à s'efforcer de vivre selon le précepte de la raison. Or, dans les deux cas, il est question de la nature-cadre (les hommes ne pourront pas s'y efforcer plus qu'il n'est en eux), d'une exigence éthique (faire qu'ils s'efforcent de vivre sous la conduite de la

---

1   *E* IV, Appendice, chap. XXV, G II, p. 273.

raison) et des moyens de mise en œuvre de cette exigence (les déterminer
à s'y efforcer par la joie). Nous sommes dès lors en présence, par le biais
de cette deuxième occurrence de *quantum in se est*, d'une caractérisation
possible d'un devenir éthique : faire en sorte, dans le cadre de notre
nature et à partir de notre puissance propre, d'être déterminés à acquérir
de nouvelles aptitudes ; pas plus qu'il n'est en nous dans l'absolu (ce qui
serait de toute façon impossible), mais pas moins non plus qu'il n'est
actuellement en nous (à la fois parce que cela signifierait qu'il y aurait en
nous des puissances en attente d'actualisation, et parce que ce ne serait
pas s'efforcer de persévérer dans son être *autant* qu'il est en soi). Tels sont
les enjeux de la référence au devenir adulte dans le cadre d'une réflexion
sur le devenir éthique : mettre en lumière la temporalité inhérente à
la nature humaine, penser la possibilité d'un constant accroissement et
renouvellement des aptitudes, et envisager sa nature à la fois comme
un cadre ontologique, un dynamisme essentiel et une source variable
de diverses déterminations.

Pour finir sur ce point, nous pouvons revenir, à partir de ces éléments, sur l'identification spinoziste entre perfection et réalité. Nous
nous appuierons pour cela sur deux formulations de leur rapport, que
nous trouvons respectivement dans la préface d'*Éthique* IV et dans la
Lettre XIX à Blyenbergh. Spinoza écrit ainsi, d'une part, que :

> perfection et imperfection ne sont donc, en vérité, que des manières de
> penser à savoir des notions que nous forgeons habituellement de ce que nous
> comparons entre eux des individus de même genre ou de même espèce : et
> c'est pour cette raison que j'ai dit plus haut que j'entends, moi, par réalité et
> par perfection, la même chose[1].

Et il écrit d'autre part que « tout ce qui est, considéré en soi et sans
égard à quoi que ce soit d'autre, inclut une perfection. Dans une chose
quelconque, celle-ci s'étend aussi loin que s'étend l'essence de la chose
même[2] ». L'on trouve ainsi dans ces deux passages l'idée selon laquelle
l'imperfection n'a de sens que lorsque nous comparons, *de l'extérieur*, deux
choses entre elles en fonction d'un seul et même critère. En réalité, ce
faisant, nous ne faisons qu'expliciter la manière dont *nous* imaginons les
choses, ou bien encore le modèle que *nous* nous donnons des choses, sans

---

1   *E* IV, préface, G II, p. 207.
2   *Lettre XIX à Blyenbergh*, datée du 5 janvier 1665, G IV, p. 89.

rien dire de la chose même. Pour le dire dans les termes de l'expression *quantum in se est*, nous jugeons les actions ou aptitudes d'une chose non pas en regard de ce qui est *en elle*, mais en regard de ce que nous imaginons qu'il devrait y être, ou encore en regard de ce qui est en une autre. Par exemple, nous jugeons des comportements de l'enfant à partir des aptitudes d'un adulte, ou nous jugeons du contentement de l'ivrogne à partir du contentement du sage. Inversement, estimer les aptitudes d'une chose singulière en regard de ce qui est en elle revient à considérer que réalité et perfection sont une seule et même chose, puisque cette chose s'efforce *de fait* de persévérer dans son être *autant* qu'il est en elle, c'est-à-dire autant qu'elle le peut. En ce sens, il n'y a aucune imperfection en elle, elle est, pourrions-nous dire, conforme à son essence.

Une fois ces convergences constatées, nous pouvons entrer un peu plus dans le détail en étudiant séparément les contextes respectifs dans lesquels ces affirmations interviennent. Dans la suite immédiate de la préface d'*Éthique* IV, nous lisons que

> nous avons coutume en effet de rapporter tous les individus de la Nature à un seul genre, qu'on appelle le plus général ; à savoir la notion d'étant, qui appartient absolument à tous les individus de la nature. En tant donc que nous rapportons les individus de la nature à ce genre, et les comparons entre eux, et trouvons que les uns ont plus d'étantité que les autres, en cela nous disons que les uns sont plus parfaits que les autres ; et, en tant que nous leur attribuons quelque chose qui enveloppe négation, comme une limite, une fin, une impuissance, etc., en cela nous les appelons imparfaits, à cause qu'ils n'affectent pas notre esprit autant que font ceux que nous appelons parfaits, et non pas parce que leur ferait défaut quelque chose qui leur appartienne, ou bien parce que la nature aurait péché[1].

Nous voyons que dans ce passage, d'ordre ontologique en tant qu'il évoque ce qui peut suivre ou ne pas suivre d'une nature donnée, c'est la nature spécifique qui est en jeu. Ainsi, on ne peut dire qu'un homme est plus parfait qu'un cheval, pas plus qu'un cheval serait plus parfait qu'un insecte, dans la mesure où un jugement adéquat se fait à partir de la nature de chaque chose singulière. En ce sens, on doit entendre par réalité et par perfection une seule et même chose, dans la mesure où la perfection d'une chose se juge en regard de ce qui est en elle et non en regard de ce qui est en une autre chose d'une autre nature.

---

1   *E* IV, préface, G II, p. 207-208.

Nous retrouvons ici l'idée d'un cadre au sein duquel un individu évolue : cela n'a pas de sens de juger de la perfection d'un individu à partir d'un cadre autre que le sien. L'enjeu est double dans ce passage. Premièrement, ne pas considérer qu'il y a des imperfections dans la nature, et que cette dernière pourrait pécher en ne dotant pas l'homme d'un entendement plus parfait ou d'une volonté meilleure. L'idée est ainsi tout à la fois de considérer que chaque individu est *parfait en son genre*, et d'apprendre à chacun à accroître ses aptitudes à partir de ce qu'il est et dans le cadre qui est le sien. Deuxièmement, cela revient à dire, pour les hommes en particulier, qu'il ne faut pas chercher de modèle de la nature humaine dans une nature abstraite et générale, ou encore se laisser imposer par autrui un modèle qui ne pourrait correspondre qu'à la manière dont cet individu en particulier se représente les choses (de façon toute déterminée, en raison de la manière dont il en est affecté). C'est ainsi ce que nous pouvons lire dans la redéfinition du « bien » (*sive* de l'utile) par Spinoza, dans cette même préface : « par bien, j'entendrai dans la suite ce que nous savons avec certitude être un moyen d'approcher toujours plus du modèle de la nature humaine que nous nous proposons[1] ». L'expression « autant qu'il est en soi », mise en regard de ces textes, prend alors tout son sens de cadre ontologique, en lien avec la nature spécifique de chaque individu.

Cette idée d'absence de modèle général de la nature humaine en regard duquel nous pourrions juger chaque homme se retrouve dans la *Lettre 19 à Blyenbergh*, directement rapportée à Dieu : « Dieu ne connaît pas les choses de manière abstraite, il ne forme pas de définition générale de ce genre, et il ne rapporte pas aux choses plus de réalité que celle que la puissance et l'intellect divins leur ont fournie et attribuée en vérité[2] ». En d'autres termes, il n'est pas pertinent de juger de la perfection des choses indépendamment de ce qui peut ou non réellement suivre de leur nature ; et il n'est pas de modèle général permettant de déterminer ce qui *devrait* pouvoir suivre de *toute* chose, indépendamment de la prise en compte de sa nature propre. Si l'on se réfère au contexte de la *Lettre 19 à Blyenbergh*, c'est bien de nature *individuelle* dont il est question. Ainsi, le passage qui précède cette remarque sur l'absence de définition générale met en regard les singuliers et le genre auquel on les rapporte en ces termes : la privation

---

1   *E* IV, préface, G II, p. 208.
2   *Lettre 19 à Blyenbergh*, datée du 5 janvier 1665, G IV, p. 91.

> naît du fait que tous les singuliers d'un même genre, par exemple tous ceux
> qui ont la figure extérieure des humains, nous les exprimons par une seule et
> même définition, et en conséquence, nous jugeons qu'ils sont tous aptes à la
> plus grande perfection que nous puissions déduire d'une telle définition. Mais
> lorsque nous en trouvons un dont les actes sont contraires à cette perfection,
> nous jugeons alors qu'il en est privé et qu'il s'écarte de sa propre nature[1].

Plusieurs éléments peuvent être tirés de ce passage. Premièrement, le
fait que la question de la perfection n'est pas seulement affaire de nature
spécifique, mais également de nature individuelle : ainsi, nous ne pouvons pas juger chaque homme singulier à partir de l'image générale
que nous formons de la nature humaine. L'expression *quantum in se est*
n'est donc pas seulement question d'espèce (au sens où l'on ne peut pas
attendre d'un cheval qu'il se comporte comme un homme), mais aussi
d'individus (cela n'a pas de sens de juger Pierre en fonction de ce qui
peut suivre de la nature de Paul).

Deuxièmement, la nature semble dans ces lignes évoquée en termes
dynamiques. La nature individuelle peut ainsi être pensée en regard de
ce qui en suit ; c'est la raison pour laquelle il nous semble opportun de
caractériser les hommes par le biais de leurs aptitudes, ce qui recouvre à
la fois ce qu'il leur est possible d'acquérir en raison de leur nature spécifique, et ce qu'ils sont effectivement déterminés à acquérir à tel ou tel
moment de leur existence. Ce dynamisme lié à la nature de chaque chose
se retrouve également dans la formulation « dans une chose quelconque,
celle-ci [la perfection] s'étend aussi loin que s'étend l'essence même de la
chose[2] » ; à proprement parler, perfection et réalité ne sont pas la même
chose (au sens où chaque terme a sa propre signification), mais elles ont
la même extension (il n'est pas quelque chose de réel – suivant de la
nature d'un individu – qui comporte une imperfection). Cela explicite
d'ailleurs le sens que nous pouvons donner à l'idée selon laquelle une
certaine réalité a été fournie à chaque singulier par la puissance et
l'intellect divins : il ne s'agit pas de dire qu'elle a été personnellement
attribuée ou transitivement conférée, mais de mettre en lumière le fait
que notre nature déterminée, en tant que mode de la substance divine,

---

1   *Ibid.* C'est par exemple ce que font les moralistes lorsqu'ils considèrent que les hommes
    ne sont pas à la hauteur de la nature humaine – en réalité, ils les jugent en fonction
    d'une nature humaine imaginaire, en constatant que ce qui devrait suivre de cette nature
    imaginaire fait défaut aux hommes tels qu'ils sont réellement.

2   *Ibid.*, G IV, p. 89.

est entendue en termes de structure dont il peut suivre un ensemble de choses. C'est cette structure, en termes ontologiques de nature propre et en termes temporels d'état affectif variable, qui détermine *ce qui est en nous*, et qui nous permet de persévérer dans notre être *autant qu'il est en nous*. Considérer que la réalité et la perfection ont une même extension ne revient donc pas à figer la perfection dans un donné factuel, mais bien plutôt à conférer à la réalité le dynamisme et la temporalité propres à la perfection.

Troisièmement et dernièrement, il n'est rien qui puisse se faire en dehors de notre nature. Cela vaut certes pour la nature spécifique (on ne peut pas déchoir de la nature humaine en agissant de manière jugée immorale), mais cela vaut également pour la nature individuelle (Adam n'a pas fait preuve d'imperfection eu égard à sa propre nature en mangeant le fruit défendu) et pour la nature singulière (il n'est pas requis que Spinoza sorte de sa nature pour ne pas commettre de crime, puisque cela lui répugnerait). Reprenons ces deux derniers éléments. Nous lisons dans la *Lettre 19 à Blyenbergh* que, « dans le décret d'Adam, quand nous le considérons en lui-même et sans le comparer à d'autres plus parfaits, c'est-à-dire qui montrent un état supérieur de perfection, nous ne pourrons trouver aucune imperfection[1] ». Cela signifie que cette action suivait de la nature propre d'Adam (à savoir de la manière dont il était *alors* affecté), et qu'il n'y a pas plus de sens à juger son action moins parfaite que celle d'un autre homme, qu'il y en aurait à la juger plus parfaite que le mouvement d'une pierre ou d'une bûche. Dans l'expression *quantum in se est*, la nature propre d'un individu donné prend autant de sens que la nature spécifique d'un ensemble d'individus.

Nous sommes alors au niveau de la nature particulière, à savoir la nature d'un individu telle qu'elle s'inscrit dans un cadre tout en étant pour partie forgée par son histoire. Mais dans la *Lettre 21 à Blyenbergh*, Spinoza semble ouvrir la possibilité d'aborder également la question de la nature singulière, celle que nous avons conçue comme se façonnant en plus grande conformité avec sa nature propre, au cours d'un devenir orientant les divers changements en ce sens. Il distingue ainsi sa nature singulière (trouvant son contentement dans la découverte de nouvelles vérités et ne commettant pas de crime en ce que cela lui répugne), de la nature particulière d'un grand nombre d'hommes (qui s'en remettent

---

1   *Ibid.*

aux prières et ne s'abstiennent que par crainte des châtiments). Deux passages de cette lettre sont ainsi consacrés à sa nature singulière :

> même si, un jour, les fruits que j'ai récoltés grâce à mon intellect naturel, je m'apercevais qu'ils sont faux, cela me rendrait heureux ! dès lors que là est mon plaisir, et que je m'applique à [*studeo*] traverser la vie non dans les plaintes et les gémissements, mais dans la tranquillité, la joie et les rires, et que régulièrement, je franchis une nouvelle étape

> il est certain que celui qui s'abstient [de perpétrer des crimes] seulement par peur de la peine (tel n'est pas votre cas, j'espère) n'a aucune raison d'agir par amour, et il embrasse la vertu aussi peu que possible. Quant à moi, je m'abstiens ou je m'applique à [*studeo*] m'abstenir de crimes parce qu'ils répugnent expressément à ma nature singulière[1].

Dans les deux cas, nous sommes face à un type d'actions peu répandu parmi les hommes : la recherche désintéressée de la vérité, le fait de veiller à toujours acquérir de nouvelles aptitudes en s'inscrivant dans un certain devenir ou encore le fait de ne pas commettre de crime par vertu. Il est d'ailleurs manifeste que chacune de ces actions requiert une application singulière – comme en témoigne la répétition du terme *studeo* –, de même qu'une certaine forme d'activité, la joie comme la vertu étant présentées comme des affirmations, comme des expressions de sa nature. Mais dans le même temps, ce qui est manifeste dans ces deux passages, c'est qu'il s'agit là de l'expression de la nature singulière de Spinoza ; il n'y a pas ainsi, d'un côté, Adam qui a agit de façon imparfaite en ne résistant pas au fruit défendu, et, d'un autre côté, Spinoza qui agit de façon plus parfaite en ne commettant pas de crime.

Dès lors, si le fait de traverser la vie dans la joie et la tranquillité, et non dans les plaintes et les gémissements, demande une certaine application, cette dernière n'est possible que dans la mesure où Spinoza trouve dans cette démarche un certain contentement – que d'autres n'y trouveraient peut-être pas –, donc une augmentation de sa puissance d'agir. C'est

---

1 *Lettre 21 à Blyenbergh*, datée du 28 janvier 1665, G IV, p. 127 et 131. Dans le passage qui précède le second extrait, Spinoza s'applique à réfuter l'idée selon laquelle le fait que les hommes dépendent de Dieu (en ce qu'ils sont des modes de la substance divine) revient à les rendre semblables aux pierres et aux bûches. Porter ce jugement est bien entendu méconnaître le fait que chacun agit *autant qu'il est en lui*, et que la nature des hommes n'est pas équivalente à celle des pierres ou à celle des bûches. En ce sens, dépendre de Dieu revient à exprimer la puissance divine autant qu'il est en soi, et il n'est pas dans les bûches comme il est dans les hommes.

ainsi ce qui ressort de la définition du désir[1], qui fait que nous sommes déterminés à agir en un certain sens *selon la manière dont nous sommes affectés* ; et cette dernière dépendant pour partie de notre état [*constitutio*], elle variera à mesure que se forge en nous une nature particulière (premier cas), ou bien à mesure que nous nous façonnons activement une nature singulière (second cas). En d'autres termes, Spinoza s'applique à vivre dans la joie et dans la tranquillité en ce que cela convient avec sa nature singulière – tout autant que le fait de manger le fruit défendu suivait de la nature particulière d'Adam. C'est la même idée que nous retrouvons dans l'affirmation selon laquelle perpétrer des crimes répugne à la nature singulière de Spinoza : cela signifie d'un côté que ce n'est pas vécu comme une contrainte ou une privation de liberté, mais on peut penser d'un autre côté que cette nature singulière à laquelle il répugne de commettre un crime n'est pas de l'ordre du donné, mais plutôt de ce qui a été façonné par l'éducation puis par l'acquisition d'habitudes affectives en lien avec l'accroissement des aptitudes propres.

Dès lors, nous pourrions dire que Spinoza agit autant qu'il est en lui en ne commettant pas de crimes et en étant toujours à la recherche de nouvelles vérités, à la fois au sens où cela convient à sa nature et au sens où c'est ainsi que s'est trouvée façonnée sa nature singulière à l'occasion de ses rencontres et de son effort singulier pour persévérer dans son être. C'est en ce point que se retrouve, selon nous, l'idée d'une perfection qui s'étend aussi loin que s'étend la réalité, tout en étant une exigence de ne pas se figer en une polarisation affective donnée. Dit autrement, c'est en ce point que peut se penser une anthropologie éthique, dans laquelle l'éthique n'excède pas ce qui est concevable dans le cadre d'une anthropologie, mais dans laquelle elle n'est pas pour autant réductible aux comportements factuels. Tout ce que nous faisons suit de notre nature (spécifique et propre), l'enjeu d'un devenir éthique réside donc dans le façonnement d'une nature singulière au sein de laquelle les nouvelles aptitudes que nous ne cessons d'acquérir et d'alimenter forgent en nous des habitudes affectives allant dans le sens d'un constant accroissement de notre puissance d'agir et de penser.

---

1   « Le désir est l'essence même de l'homme, en tant qu'on la conçoit comme déterminée, par suite d'une quelconque affection d'elle-même, à faire quelque chose » (*E* III, Définitions des affects, déf. 1, G II, p. 190).

LA FORCE QUE L'ON TROUVE DANS L'INSTITUTION
D'UN NOUVEL ORDRE ET LE CONSTANT RENOUVELLEMENT
DE PUISSANCE PAR L'INTERMÉDIAIRE DU DÉSIR

Ainsi, si les hommes nous semblent pouvoir être caractérisés par le biais de leurs aptitudes (celles qu'ils ont, celles qu'ils acquièrent, celles qu'ils alimentent et renouvellent), nous pourrions envisager que leur nature – individuelle, particulière ou singulière – soit appréhendée comme une structure d'aptitudes, ordonnancées et enchaînées d'une manière précise et déterminée. Nous pourrions ainsi comprendre les expressions « ce qui suit de sa nature » et « autant qu'il est en lui » comme « ce qui est déterminé par la manière dont sont organisées en lui les aptitudes qui lui sont propres et qui le caractérisent de façon particulière/singulière ». Nous retrouverions ainsi tout à la fois la réalité de la nature telle qu'elle est et telle qu'elle nous détermine, la possibilité de voir cette nature varier au fil de nouvelles rencontres et affections, et l'exigence que nous pourrions placer dans le ré-ordonnancement de nos aptitudes selon un ordre qui soit singulier pour nous, conforme à notre nature propre, et déterminé du dedans et non seulement selon l'ordre commun des choses[1].

Reprenons un à un les différents éléments de ces caractérisations. Premièrement, nous parlons de *structure* au sujet de la nature de l'homme à l'instar de la *fabrica* du corps, qui permet de s'interroger non pas tant sur ce que le corps *est*, mais sur ce qu'il *peut*. De même, et au niveau de l'unité que constitue l'homme, il nous faut penser une structure suffisante pour être à même de supporter divers changements (l'acquisition et le

---

1   Nous pourrions ici établir un parallèle avec ce que H. Laux dit de la lecture des textes et de son rapport avec une croyance individuelle dans la conclusion de son ouvrage *Imagination et religion chez Spinoza*. On y lit ainsi que « là est l'historicité : non pas dans l'accumulation indifférenciée des signes, – ce serait la percevoir de l'intérieur du premier genre de connaissance – mais dans la puissance de la raison qui les réorganise – puissance dont la cinquième partie de l'*Éthique* énonce le droit » (p. 289). Il nous semble lire un entremêlement semblable de l'imagination et de la raison dans le rapport entre les affections et l'ordre que nous pouvons leur donner selon l'entendement : nous donnons une certaine historicité à nos variations à partir du moment où l'ordre dans lequel nous les enchaînons prend sens pour nous ; et pour cette même raison, on ne peut connaître cette chose singulière si on ne tient pas compte de l'historicité dans laquelle elle s'est inscrite.

renouvellement d'aptitudes) tout en restant la même ; ou bien encore une structure suffisante pour penser tout à la fois la nature d'un individu comme détermination de ses actions et pensées (qui se feront « autant qu'il est en lui », c'est-à-dire à mesure de la structure d'aptitudes qui est la sienne), et comme variable susceptible d'être progressivement façonnée de façon singulière dans le temps. Nous pouvons à ce sujet prendre appui sur le paragraphe 26 du chapitre VII du *Traité politique*, au sein duquel nous trouvons employé le terme de *fabrica* au sujet de l'État. Spinoza y écrit ainsi que l'État qu'il envisage dans ces lignes consiste en

> un État monarchique établi par une multitude libre : c'est à elle uniquement que ces principes peuvent être de quelque usage. Car une multitude habituée à une autre forme d'État ne pourra sans grand risque de bouleversement renverser les bases traditionnelles de l'État et en changer entièrement la structure [*fabricam mutare*][1].

Si nous formulons ce passage dans les termes qui nous occupent ici, cela donne l'idée selon laquelle chaque peuple a une nature particulière, qui détermine un certain nombre de variations possibles dans l'État ; ce dernier ne peut supporter de variations « plus qu'il n'est en lui », sans quoi cela se traduirait par l'effondrement du pouvoir et la désorganisation de la société. Il ne peut donc être question de vouloir agir contre ce qui convient à sa nature propre, en exhortant une multitude habituée à d'autres formes d'État à se comporter comme une multitude libre. Nous sommes ici du côté de la détermination, par la structure qui est la nôtre, à agir d'une certaine manière, ou encore à nous efforcer de persévérer dans l'être « autant qu'il est en nous ». Mais dans le même temps, Spinoza précise bien qu'il y a une dimension d'*habitude* dans l'adéquation entre une multitude et une certaine forme d'État. Une multitude libre consiste certes en une multitude *autrement déterminée*, mais aussi autrement *habituée* ; si la détermination ne peut être autre dans l'instant, cela ne signifie pas qu'il y ait une forme de fatalisme dans les habitudes prises, au point que l'on ne pourrait absolument pas en changer *dans le temps*. Nous sommes cette fois-ci du côté d'une variable qu'il est possible de façonner en partie. Cela signifie donc tout à la fois qu'on ne changera jamais *entièrement* de structure – on la façonne simplement ou bien ou l'incarne de manière singulière –, et que le fait de

---

1   *TP*, chap. VII, § 26, G III, p. 319.

la faire varier requiert de s'inscrire dans une temporalité longue, dans un changement progressif. C'est le double sens que nous aimerions conférer à ce terme de structure : ce qui a une stabilité suffisante pour permettre à l'individu de rester le même quel que soit le devenir dans lequel il s'inscrit, et dans le même mouvement ce qui est d'une plasticité suffisante pour s'inscrire éventuellement dans un certain devenir[1]. L'idée de concevoir la nature comme structure d'aptitudes nous permet ainsi de rendre compte de l'équilibre toujours en cours de détermination entre stabilité et variation, équilibre dans lequel s'inscrit le devenir éthique.

Il nous semble pouvoir retrouver ces divers éléments dans le scolie d'*Éthique* II, 29. Nous voyons ainsi s'y dessiner une forme d'alternative[2] entre une détermination de l'esprit selon l'ordre commun des choses et une détermination de l'esprit du dedans :

> l'esprit n'a ni de lui-même, ni de son propre corps, ni des corps extérieurs une connaissance adéquate, mais seulement une connaissance confuse et mutilée, chaque fois qu'il perçoit les choses à partir de l'ordre commun de la nature, c'est-à-dire chaque fois qu'il est déterminé du dehors, à savoir par la rencontre fortuite des choses, à contempler ceci ou cela, et non déterminé du dedans, à savoir de ce qu'il contemple plusieurs choses à la fois, à comprendre en quoi les choses se conviennent, diffèrent ou s'opposent ; chaque fois en effet que c'est du dedans qu'il se trouve disposé de telle ou telle manière, alors il contemple les choses de manière claire et distincte[3].

Ce qui différencie fondamentalement ces deux situations, c'est l'*ordre* dans lequel sont enchaînés nos affections, affects et idées, selon que cet ordre est déterminé du dehors [*externe*] ou du dedans [*interne*], à savoir selon l'histoire factuelle qui a été la nôtre, ou de manière conforme à notre nature singulière. Il y a donc bien une structure originaire dont nous partons, des aptitudes qui sont ou non acquises et renouvelées sur fond de cette structure originaire, et un ordonnancement de ces aptitudes

---

1   À la fin du chapitre v du *Devenir actif chez Spinoza*, P. Sévérac formule très bien cet équilibre à trouver entre stabilité et souplesse : « le devenir actif doit donc être compris à la fois comme un devenir sensible, dans la mesure où l'aptitude à être affecté relève de l'activité au sens fort ; mais aussi comme un devenir ferme, dans la mesure où le corps équilibré a la puissance, automatiquement, d'enchaîner ses images selon un ordre qui, sur le plan mental, est intellectuel » (p. 354).

2   La situation réelle est bien entendu plus complexe et plus graduelle que ces deux branches ne semblent le présenter ; ces dernières sont ainsi formulées à la manière de types entre lesquels pourraient s'inscrire une infinité de degrés.

3   *E* II, prop. 29, scolie, G II, p. 514.

selon un ordre plus ou moins conforme à notre nature. Notre nature singulière serait ainsi au croisement entre ce qui est permis par notre structure, les aptitudes qui viennent se greffer sur cette structure, et le nouvel ordre qui peut être institué entre ces aptitudes, venant faire varier en retour la structure originaire sans pour autant la bouleverser entièrement. Ainsi, nous ne sommes face ni à une *création* ou à une *transformation* de structure, ni à un état de fait qui ne pourrait varier en aucun sens. C'est ce qui rend notre nature si difficile à définir dans la mesure où elle est à la fois déterminante en regard de nos actions et des aptitudes que nous sommes susceptibles d'acquérir, et déterminée en retour par la manière dont nous sommes affectés par les choses extérieures et par l'ordre avec lequel sont ordonnées en nous ces aptitudes[1].

Il y a donc deux dimensions à envisager dans le cadre d'un devenir éthique : les aptitudes que nous nous efforçons constamment d'acquérir et d'alimenter, et la manière singulière dont ces aptitudes se trouvent ordonnées en nous. La deuxième dimension n'est pas seulement secondaire, dans la mesure où c'est la façon dont cet ordre est déterminé (de l'extérieur / du dedans) qui assurera la stabilité de notre structure comme de la manière dont nous serons affectés par les choses extérieures. C'est ainsi ce que nous pouvons lire dans le scolie d'*Éthique* V, 10, selon lequel

> par ce pouvoir d'ordonner et d'enchaîner correctement les affections du corps, nous pouvons faire de n'être pas aisément affectés par des affects mauvais. Car il est requis plus de force pour contrarier les affects ordonnés et enchaînés suivant un ordre pour l'intellect, que pour en contrarier d'incertains et de vagues[2].

L'enjeu est donc d'ordonner nos affections de manière telle que cela nous donne stabilité et puissance propre — en d'autres termes, que cela nous rende moins dépendants, grâce à cet ordre déterminé « du dedans », de l'ordre fortuit avec lequel nous rencontrons les choses. La conjugaison des

---

1   L'importance que nous accordons à la manière dont sont enchaînées les idées et actions, ainsi qu'à la double dimension déterminée et déterminante de la nature en tant que structure, explique que nous adhérions pleinement aux jugements de L. Vinciguerra selon lesquels « toute mise en chaîne est aussi une mise en scène de représentations, dans lesquelles l'interprète est moins l'auteur que l'acteur de ce qui s'y joue », et « l'interprétation n'est pas l'apanage exclusif des humains. Quel qu'il soit, l'interprète doit être considéré à la manière d'une "catégorie" sémiologique d'un *processus* naturel, dont le corps de chaque individu, du plus simple au plus complexe, est à la fois traversé et constitué par son *ingenium* » (*Spinoza et le signe. La genèse de l'imagination*, p. 201).

2   *E* V, prop. 10, scolie, G II, p. 287.

verbes de ce passage est significative à ce sujet : nous sommes toujours affectés (voix passive), mais nous pouvons faire (modal et voix active) de ne plus l'être par des affects mauvais (de nouveau voix passive).

Nous ne pouvons donc pas faire de ne plus être affectés, mais nous pouvons faire – non en termes de résistance ou de lutte contre, mais en termes d'affirmation de puissance – de ne plus l'être par des affects qui nous seraient nuisibles. Ou encore, le cas échéant, nous pouvons être en mesure de faire tourner ces affects à notre avantage – par exemple en remplaçant la joie maligne éprouvée à la vue des malheurs d'autrui par la joie plus active consistant à comprendre la cause de ces malheurs, ou bien en modérant le désir d'une chose externe pour le transformer en désir louable de plantes vertes, de musique, de théâtre, etc. Dans ces différents cas, c'est bien dans l'ordre (conforme à la raison et convenant à notre nature propre) que nous puisons cette force ; en effet, les affections par les choses extérieures nous proviennent de manière isolée et fortuite, et leur puissance à notre égard se trouve amoindrie lorsqu'elles font face à des affects ordonnés entre eux selon un ordre pour l'intellect – dans le cas du devenir éthique –, ou selon l'ordre intégré d'une règle de vie – dans le cas de la recherche d'une première stabilité.

C'est ainsi ce qui ressort des exemples pris par Spinoza dans la suite de ce scolie. Le premier, appuyé sur le principe selon lequel il faut vaincre la haine par l'amour ou générosité, est formulé en ces termes : il faut toujours avoir sous la main cette prescription et la méditer souvent,

> car ainsi nous joindrons l'image de l'offense à l'imagination de ce principe, et nous l'aurons toujours sous la main quand on nous fera offense. Que si nous avons également sous la main la règle de notre véritable utilité, ainsi que du bien qui résulte de l'amitié mutuelle et de la société commune, et en outre le fait que c'est de la règle de vie correcte que naît la plus haute satisfaction de l'âme, et que les hommes, comme le reste, agissent par nécessité de nature : alors l'offense, autrement dit la haine qui en naît habituellement occupera une part minime de l'imagination, et sera facile à surmonter ; ou bien si la colère, qui naît habituellement des plus grandes offenses, n'est pas si facile à surmonter, elle le sera pourtant, quoique non sans flottement de l'âme, en beaucoup moins de temps que si nous ne nous étions pas livrés préalablement à ces méditations[1].

Il ressort de la fin de ce passage que l'affirmation de cet ordre requiert un certain laps de temps, mais qu'il s'agit là d'une temporalité qui nous

---

1   *E* V, prop. 10, scolie, G II, p. 288.

est propre et qui est à notre mesure, et non de la durée relative à l'état commun des choses dont on dépend passivement – comme lorsqu'on dit qu'il faut « laisser le temps aux choses » ou « confier sa douleur au temps ».

La conclusion de ce scolie, qui réaffirme l'importance de maîtriser ses affects par le seul amour de la liberté et de ne pas dénigrer les hommes (ce qui traduirait une mécompréhension de la manière dont ils sont déterminés), est alors la suivante : « qui observera diligemment cela [...] et s'y exercera, oui, en très peu de temps, il pourra diriger la plupart de ses actions sous l'empire de la raison[1] ». On y retrouve à la fois 1/ la possibilité d'agir sous le commandement ou la conduite de la raison, grâce à l'institution d'une nouvelle règle de vie se traduisant par un *autre* enchaînement des images et affects, 2/ la nécessité pour cela de s'appliquer et de s'exercer, autant qu'il est en soi, à méditer cette nouvelle règle de vie, afin d'en être tout particulièrement affecté, et 3/ la temporalité requise pour ce faire.

Mais il y a également un élément nouveau à la fin de ce passage, à savoir les effets induits par cette application et ces exercices. Ainsi, par la méditation régulière de ces principes, c'est « la plupart » des actions qui sont dirigées par la raison. Il y a dès lors une forme d'entraînement qui se met en place : plus je médite ces principes, plus j'en serai affecté, et plus je serai à même de diriger mes actions sous l'empire de la raison ; et plus mes actions dirigées sous l'empire de la raison sont nombreuses, plus mes principes et l'ordre dans lequel ils m'amènent à enchaîner images et affections en moi se trouvent renforcés, ce qui accroît de fait la proportion d'actions dirigées sous l'empire de la raison, etc. En d'autres termes, le devenir éthique, prenant appui sur les variations qui animent continuellement les hommes, est en mesure de se donner du mouvement à lui-même ; peut-être est-ce la raison pour laquelle Spinoza accorde tant d'importance aux moyens que l'on peut mettre en œuvre pour

---

1   *Ibid.*, G II, p. 289. L'idée d'une réitération nécessaire des principes dont on fait sa règle de vie peut se retrouver dans la proposition suivante : « plus il y a de choses auxquelles se rapporte une image, plus elle est fréquente, autrement dit plus souvent elle est vive, et plus elle occupe l'esprit » (prop. 11, G II, p. 289). Cette proposition est ainsi susceptible d'une double lecture : elle peut évoquer d'une part la manière dont on en vient à se polariser affectivement en raison de la rencontre souvent réitérée avec un certain type de choses extérieures ; mais elle peut aussi évoquer les principes de vie que l'on s'efforce de souvent méditer et qui finissent alors par se révéler très efficaces à l'égard des affects négatifs dont on pourrait pâtir.

initier en nous un tel devenir – comme dans le prologue du *Traité de la réforme de l'entendement*[1] –, dans la mesure où cela constitue l'initiation d'un mouvement qui trouverait ensuite en lui-même son alimentation.

C'est d'ailleurs ce qui était déjà sous-jacent dans la proposition à laquelle est relié le scolie que nous venons d'étudier. Selon cette dernière en effet, « aussi longtemps que nous ne sommes pas en lutte contre des affects qui sont contraires à notre nature, aussi longtemps nous avons le pouvoir d'ordonner et d'enchaîner les affections du corps selon un ordre pour l'intellect[2] ». Les affects contraires à notre nature diminuent notre puissance d'agir et de penser, et empêchent donc l'esprit de comprendre adéquatement notre corps comme les choses extérieures ; dès lors, l'esprit n'est plus en mesure de former des idées claires et distinctes, et d'ordonner et d'enchaîner les affections du corps – comme les affects en lui – selon un ordre pour l'intellect. Mais ce n'est pas là le simple constat d'une situation statique. En n'étant pas en mesure d'enchaîner les affections selon un ordre pour l'intellect, l'individu en question se trouve déterminé selon l'ordre fortuit avec lequel il rencontre les choses extérieures ; il se trouve donc beaucoup plus exposé aux affects contraires à sa nature, qui l'empêchent plus encore d'ordonner ses affections du dedans. D'où l'importance – soit par l'éducation, soit par la suggestion d'une règle de vie correcte, soit par des lois adéquates – de permettre aux hommes de se donner une certaine stabilité première, un ordre non fortuit qu'ils pourront suivre dans un premier temps, afin qu'ils recouvrent une certaine puissance d'agir, à partir de laquelle ils pourront éventuellement se façonner un ordre du dedans.

C'est justement l'autre lecture que nous pouvons proposer de cette proposition 10 : aussi longtemps que (où nous retrouvons la possibilité de s'installer dans une temporalité différenciée) nous ne sommes pas occupés à lutter contre des affects contraires à notre nature, nous avons le pouvoir de mettre en place un ordre d'enchaînement de nos affections propre à l'intellect. Or, selon le scolie de cette même proposition, ce pouvoir fait

1   Pour une étude approfondie de ce prologue, nous renvoyons au livre de P.-Fr. Moreau *Spinoza. L'expérience et l'éternité*, et tout particulièrement à la première partie « *Certitudo*. L'itinéraire de la philosophie ». Au sujet de ce qui se joue dans ce moment de « crise » et d'initiation d'un parcours *autre*, l'on peut également se reporter à l'article de L. Vinciguerra « Le mal d'éternité », paru dans le recueil *Fortitude et servitude. Lectures de l'*Éthique IV *de Spinoza* (dir. Ch. Jaquet, P. Sévérac et A. Suhamy, Paris, Kimé, 2003, p. 163-182).
2   *E* V, prop. 10, G II, p. 287 ; traduction modifiée.

que nous sommes moins aisément en proie à des affects contraires à notre nature, ce qui accroît en retour le pouvoir d'enchaîner nos affections selon un ordre pour l'intellect, etc. C'est en ce sens que nous parlons d'un auto-entraînement du devenir ; non pas exactement qu'il puisse trouver *exclusivement en lui-même* la continuation de son mouvement, mais il trouve l'*occasion* de se perpétuer lors d'affections de l'individu par des choses extérieures, et lors de l'inscription de ces affections dans un ordre conforme à sa nature. Encore une fois, nous sommes en présence d'une éthique conçue comme affirmation et continuité d'un devenir, et non d'une morale conçue comme préservation de soi à l'égard des choses extérieures, restriction des désirs et instauration d'une rupture à l'égard du passé créant un mode d'être nouveau et figé.

Nous retrouvons la même idée formulée d'un autre point de vue dans la proposition 26 d'*Éthique* V, selon laquelle « plus l'esprit est apte à comprendre les choses par le troisième genre de connaissance, plus il désire comprendre les choses par ce même genre de connaissance[1] ». Nous ne pouvons comprendre cette proposition si nous occultons la relation de détermination existant entre aptitudes et actions d'une part, et entre l'état d'un homme et son désir d'autre part. Ainsi, premièrement, nous avons mentionné que les aptitudes ne devaient pas être conçues comme des facultés abstraites qu'il s'agirait d'exprimer dans des situations concrètes ni comme des dispositions en puissance qu'il s'agirait simplement d'actualiser. Dès lors, être apte à comprendre les choses par le troisième genre de connaissance *est* les comprendre ainsi ; être plus ou moins apte à les comprendre par ce genre de connaissance est ainsi à entendre en termes quantitatif (comprendre plus ou moins de choses par ce genre) et non qualitatif (comme si nous pouvions comprendre une seule et même chose plus ou moins par ce genre déterminé). Donc, pour reprendre la proposition 26, plus l'esprit *est apte* à comprendre les choses par le troisième genre de connaissance, plus il *comprend* de choses par ce biais. Et le fait de les comprendre ainsi fait que l'individu en question est différemment affecté par les choses extérieures, autrement dit fait qu'il est désormais dans un autre état [*constitutio*]. Or, le désir avait été défini, à la fin de la troisième partie de l'*Éthique*, comme comprenant « tous les efforts, impulsions, appétits et volitions de l'homme, lesquels varient

---

1   *E* V, prop. 26, G II, p. 297.

en fonction de l'état d'un même homme[1] ». Dès lors, en comprenant les choses par le troisième genre de connaissance, l'individu en question est déterminé à désirer comprendre plus de choses par ce biais, en raison de l'état qui est devenu le sien.

Les enseignements liés à cette proposition sont alors de deux ordres. D'une part, il faut en retenir que le désir de comprendre les choses d'une certaine manière est déterminé par l'état dans lequel sont notre corps et notre esprit, autrement dit par la manière dont ils sont affectés. Il n'est donc pas plus question d'exhorter les hommes à faire montre de « bonne volonté » (comme s'il était question ici de libre détermination du désir), que d'exiger du sage qu'il ne soit plus affecté (auquel cas il se priverait d'occasions d'accroître ses aptitudes et de comprendre plus de choses). Nous revenons toujours à la même idée : il s'agit de modifier progressivement la manière dont on est affecté par les choses extérieures, afin d'être déterminé à *autrement* désirer et donc à agir *autrement*.

D'autre part, il y a une forme d'auto-entraînement de cette démarche. Cela vient conforter l'idée selon laquelle l'éthique consisterait dans le devenir lui-même (un constant accroissement d'aptitudes) et non dans le résultat du devenir. Cela vient également appuyer l'idée de l'instauration d'un nouvel ordre de vie, d'une autre manière d'exister, modifiant le moyen par lequel nous trouvons notre contentement ; en ce sens, et bien qu'il demande un certain effort et investissement de soi, le devenir éthique se fait au sein d'affects de joie, par le biais d'une affirmation de puissance constamment augmentée, et dans un mouvement sans cesse recréé et réalimenté. Nous pouvons donc, à partir de là, donner un autre sens à l'affirmation selon laquelle « il est d'un homme sage de se refaire et de se recréer[2] ... » : si cette affirmation renvoie d'un côté à ce qu'il convient de faire pour que le corps soit partout également apte à tout ce qui peut suivre de sa nature, peut-être pouvons-nous d'un autre côté

---

1   *E* III, Définitions des affects, déf. 1, explication, G II, p. 190. Lorsque les affections d'un homme ne sont pas enchaînées suivant un ordre pour l'intellect, son état varie constamment en proportion des affections et affects qu'il subit, et ses désirs varient de même en proportion des variations de son état. C'est la raison pour laquelle Spinoza conclut cette explication par la remarque suivante : « et il n'est pas rare de voir [ces efforts, impulsions, appétits et volitions] tellement opposés entre eux que l'homme, tiraillé dans des sens divers, ne sache où se tourner » (*ibid.*). C'est donc une unité et une cohérence de nos désirs qui sont également à trouver dans l'ordre avec lequel nous parvenons à enchaîner nos affections.

2   *E* IV, prop. 45, scolie, G II, p. 244.

y lire une forme de constat, en ce sens que le sage, du fait de l'état et donc des désirs qui sont les siens, est déterminé à apporter à tout son corps une alimentation variée.

Nous retrouvons alors par ce biais les questions de l'expression *quantum in se est* et du rapport établi entre réalité et perfection : le sage apporte cette alimentation riche et variée à son corps *autant qu'il est en lui*, ce qui revient à la fois à dire que telle est de fait son action en raison de la nature singulière qui est la sienne, et que telle est sa perfection en ce que cela exprime son essence actuelle, définie comme effort constant et indéfini pour persévérer dans l'être. D'une manière plus générale, nous pouvons en conclure que l'acquisition de nouvelles aptitudes suscite le désir d'en acquérir encore d'autres. C'est en ce sens qu'il y a, selon nous, une forme de renouvellement constant de la puissance d'agir dans le devenir éthique, ce dernier n'étant pas conçu comme ce qui mène vers un certain état (comme si ce devenir n'était que transitoire, dans l'attente d'autre chose), mais comme ce qui donne à l'individu du mouvement pour continuer sans cesse d'accroître ses aptitudes et de les réordonner en un enchaînement qui soit propre à l'intellect. Nous proposons ainsi de concevoir l'éthique elle-même comme devenir, ou encore comme inscription dans une temporalité indéfinie, marquée par l'ancrage des affections et aptitudes nouvelles dans un ordre propre et singulier, qui caractérise progressivement l'individu de façon de plus en plus adéquate.

Premièrement, nous sommes à même de revenir avec une perspective enrichie sur l'importance de la temporalité. L'idée selon laquelle les affects qui naissent de la raison sont plus puissants que ceux qui se rapportent aux choses singulières « si l'on tient compte du temps[1] » peut ainsi se reformuler comme suit : les affects naissant de la raison, enchaînés selon un ordre pour l'intellect, confèrent par leur stabilité une force d'affirmation à l'individu à l'égard des affects qui seraient nuisibles pour lui ; or, le fait de moins dépendre des affects mauvais augmente en retour le pouvoir d'enchaîner les affections selon un ordre pour l'intellect, favorisant ainsi les affects naissant de la raison. C'est la raison pour laquelle, lorsque l'individu s'inscrit dans une temporalité longue et laisse ainsi le temps à cet ordre de s'affirmer et aux affects naissant de la raison de s'accroître, ces derniers deviennent plus

---

1   *E* V, prop. 7, G II, p. 285.

puissants au sens où les affections vagues et incertaines ne contrarient plus aisément leur ordre. Dans le même ordre d'idée, l'affirmation selon laquelle la puissance de l'esprit sur les affects consiste entre autres « dans le temps, grâce auquel les affections qui se rapportent à des choses que nous comprenons l'emportent sur celles qui se rapportent à des choses que nous concevons de manière confuse et mutilée[1] » peut être reprise en ces termes : les affections que nous rapportons à des choses que nous comprenons se réfèrent aux propriétés communes des choses, et ne sont donc pas dépendantes de la présence effective de la chose ; elles ont ainsi une certaine stabilité, qui permet à l'individu de ne pas être ballotté par des affects nuisibles pour lui. Or, le fait de ne pas pâtir d'affects mauvais renforce progressivement le pouvoir qu'a l'individu d'ordonner les affections selon l'intellect, c'est-à-dire de conférer une proportion plus grande aux affections se rapportant aux choses qu'il comprend. C'est donc bien *dans le temps* que ces dernières affections l'emportent sur celles que nous concevons de manière confuse et mutilée, c'est-à-dire grâce à l'inscription temporelle dans un devenir se traduisant par le désir de comprendre plus de choses, et donc par la compréhension effective de plusieurs choses à la fois. L'inscription dans une certaine temporalité différenciée[2] consiste donc bien, dans un cas comme dans l'autre, en des occasions d'affirmation de la puissance d'agir.

Deuxièmement, l'idée selon laquelle la temporalité dans laquelle on est susceptible de s'inscrire est indéfinie – et non finie – s'appuie sur la conjonction des précédentes réflexions et de deux propositions d'*Éthique* III. Selon la proposition 9, « l'esprit, en tant qu'il a tant des idées claires et distinctes que des idées confuses, s'efforce de persévérer dans son être pour une certaine durée indéfinie[3] ». Que cette durée soit indéfinie s'explique par le fait que les choses singulières ne portent pas en elles la cause de leur destruction ; elles continuent donc de persévérer

1   *E* V, prop. 20, scolie, G II, p. 293.
2   Nous entendons par cette expression une temporalité au cours de laquelle surviennent des changements progressifs, et non une simple répétition du même ou encore des variations en tous sens et parfois contraires entre elles. C'est la raison pour laquelle l'inscription dans une telle temporalité nous semble être d'ordre éthique, de l'ordre de ce qui se met en place activement par le biais d'un réordonnancement des affections ainsi que de l'acquisition et de l'alimentation de nouvelles aptitudes. Dès lors, l'inscription dans la temporalité n'est pas simplement factuelle (comme l'est la durée du corps) ou encore objectivée et abstraite (comme l'est le temps).
3   *E* III, prop. 9, G II, p. 147.

dans leur être tant qu'une chose extérieure ne vient pas les détruire. Or, selon la proposition 7 de cette même partie, « l'effort par lequel chaque chose s'efforce de persévérer dans son être n'est rien à part l'essence actuelle de cette chose[1] ». Si nous joignons ces deux propositions, cela donne l'idée que l'essence actuelle de chaque chose (hommes compris, mais au même titre que toutes les autres choses singulières) consiste à persévérer dans son être pour une certaine durée indéfinie. Or, ceux qui ont entrepris un certain devenir éthique présentent la spécificité d'avoir fait de cette donnée factuelle qu'est la durée indéfinie de tout corps une temporalité éthique, au sens d'un accroissement constant de leurs aptitudes *à l'occasion* de ce qu'ils rencontrent. C'est la raison pour laquelle nous concevons le devenir éthique comme l'inscription active et différentielle d'un individu dans une temporalité indéfinie, au sens où, à partir de son existence actuelle qui le détermine à faire effort pour persévérer dans l'être, sa nature singulière l'amène à accroître et à alimenter ses aptitudes, à l'occasion d'affections par des choses extérieures, mais en en étant affecté selon l'ordre propre à son intellect.

Nous pourrions alors, à partir de ces réflexions, donner un sens fort à la proposition 21 d'*Éthique* IV, selon laquelle « nul ne peut désirer être heureux, bien agir, et bien vivre, sans désirer en même temps être, agir, et vivre, c'est-à-dire exister en acte[2] ». Il est en effet possible, tout d'abord, de lire cette proposition en un sens faible : on ne peut bien agir sans agir, bien vivre sans vivre, etc. Cependant, si nous prêtons attention à la fin de cette proposition et si nous nous rappelons ce qui est dit de l'essence actuelle dans la proposition 7 d'*Éthique* III, nous sommes à même de donner un sens fort à cette proposition : les hommes ne peuvent espérer atteindre ce qui est bien pour eux sans s'inscrire dans une temporalité qui leur soit propre. En effet, atteindre ce qui est bon pour soi implique d'être déterminé à agir en un certain sens précis par un désir correspondant ; or, ce désir correspondant (soit le désir d'éprouver un affect de joie traduisant une augmentation de la puissance d'agir) consiste en l'essence même de l'homme, c'est-à-dire dans l'effort par lequel chaque homme s'efforce de conserver son être. Et, comme nous l'avons vu, cet effort s'exerce pendant toute la durée indéfinie du corps, et se traduit par l'inscription dans une *temporalité* indéfinie pour

---

1   *Ibid.*, prop. 7, G II, p. 146.
2   *E* IV, prop. 21, G II, p. 225.

les individus s'ancrant dans un certain devenir éthique. En d'autres termes, et pour reprendre la proposition 21, nul ne peut désirer bien agir et bien vivre sans désirer s'ancrer dans la durée indéfinie du corps, et nul ne peut affectivement bien agir et bien vivre sans s'inscrire de façon *différentielle* dans une temporalité *singulière*.

Cela signifie que l'éthique prend sens dans l'existence *présente* des hommes. Dès lors, l'inscription dans une temporalité différenciée consiste en un élément essentiel de l'éthique : elle ne consiste pas en une étape transitoire, dans l'attente d'un état de sagesse qui nous permettrait de sortir de toute temporalité. Il ne s'agit pas ainsi de viser une fin – au sens d'achèvement – du devenir éthique, en ce que ce dernier trouve précisément sa perfection dans la continuation de son mouvement, de même que les choses singulières trouvent leur perfection dans leur effort pour persévérer dans l'être. Dans le cadre de l'ontologie dynamique spinoziste, l'« état » de sagesse serait le fait même d'être en constant devenir, à savoir de se refaire et de se recréer constamment, tout en suivant un ordre convenant à sa nature singulière et propre à l'intellect. Les choses pourraient alors être résumées comme suit : être – pour un corps complexe –, c'est varier sans changer de nature, tout au long de la durée du corps ; et devenir – pour un homme s'inscrivant dans un certain cheminement éthique –, c'est ancrer ces variations dans un ordre singulier et en faire des occasions d'accroître ses aptitudes, en s'inscrivant dans une temporalité propre et différenciée.

DE NOUVELLES APTITUDES
AU SEIN DE LA DÉTERMINATION
DES CHOSES NATURELLES

Quand les circonstances extérieures se font *occasio*

Tel serait alors l'enjeu fondamental du devenir éthique : faire fond sur la temporalité essentielle à toute existence pour parvenir à faire advenir quelque chose d'*autre* (un autre mode d'exister, une autre manière d'être affecté par les choses extérieures, un autre ordre d'enchaînement des affections, un autre type de désirs, une autre manière d'agir, etc.) au sein de la détermination propre à toutes les choses de la nature. Ce sont là les deux dimensions qu'il nous faut tenir ensemble : l'acquisition de nouvelles aptitudes, nous déterminant à agir de façon plus conforme à notre nature ; et l'inscription de cette acquisition dans les relations constantes que nous entretenons avec les choses extérieures, soit au sein d'une commune détermination à laquelle les hommes ne peuvent se soustraire. Il s'agit ainsi de faire une fois encore un pas en amont : non plus penser seulement une autre manière possible d'être affecté (ce qui trouve sa condition ontologique dans la complexité du corps), ni le passage éventuel d'un seul et même individu d'une manière d'être affecté à une autre (ce qui trouve son ancrage essentiel dans la temporalité de l'existence humaine), mais interroger le moyen par lequel nous pouvons acquérir les aptitudes qui détermineront ce passage d'un mode d'exister à un autre. Une fois que nous sommes passés à l'âge adulte – si nous entendons par là le fait d'avoir appris à marcher, à parler, à enchaîner nos idées et nos actions selon un ordre plus ou moins cohérent –, qu'est-ce qui peut nous amener à rechercher encore l'acquisition de nouvelles aptitudes, qui ne semblent pas vitales au sens premier du terme (le simple maintien des fonctions respiratoires, nutritives et circulatoires) et qui ne correspondent pas à quelque chose que l'on connaîtrait déjà (et que l'on pourrait alors directement désirer) ? Et comment ces aptitudes peuvent-elles être à la fois nouvelles, non acquises par nature (au sens où tous les hommes ne chercheront pas spontanément à les acquérir) et naturelles (au sens où quelque chose devra les avoir déterminées à naître ainsi, en nous, et à ce moment-là) ?

C'est dans le cadre de cette réflexion, et au croisement entre détermination extérieure, mode d'exister individuel et temporalité opportune, que nous rencontrons le terme d'occasion [*occasio*][1]. Il nous semble en effet que ce terme condense les problématiques qui nous occupent ici. Ainsi, premièrement, l'occasion prend le sens de circonstances particulières qui amènent un individu ou plusieurs à agir en un certain sens. L'on dit par exemple qu'un sujet est « une occasion de dispute » ou encore, en un ton proverbial, que « l'occasion fait le larron ». On peut alors considérer l'occasion, en ce premier sens, comme la rencontre entre un événement extérieur et un individu ainsi déterminé à réagir à ce type d'événement – rencontre qui peut être fortuite, au sens où les deux sont déterminés de façon indépendante l'un de l'autre. Cet individu aurait pu ne jamais rencontrer ce type de circonstances (l'on dit alors qu'il aurait pu mal tourner – ou, au contraire, bien tourner, en tout cas tourner autrement –, mais que l'occasion ne s'en est pas présentée), mais, avec l'histoire et la *constitutio* qui étaient alors les siennes, il n'aurait pu réagir autrement à partir du moment où il s'est trouvé placé dans ces circonstances, du moins à ce moment-là de son existence. Il y a en ce sens une part de hasard dans la manière dont une existence humaine se déploie dans le temps ; non au sens où ce qui est arrivé était indéterminé, mais au sens où un individu et certaines circonstances extérieures se sont rencontrés selon « l'ordre commun de la nature ». Mais il y a aussi une temporalité fondamentale (pour qu'il y ait « rencontre », il faut que les deux se trouvent être là au même moment), de même qu'une co-détermination par l'état [*constitutio*] dans lequel se trouve l'individu en question dans ce moment précis.

---

1   Dans son ouvrage *Le temps et l'occasion. La rencontre Spinoza-Machiavel*, V. Morfino rappelle que ce concept d'occasion recouvre selon l'Arioste « l'aire sémantique d'*événement, circonstance, situation* » et « dérive du latin *ob-cadere*, c'est-à-dire tomber en avant, et du supin *occasu*, c'est-à-dire *cas* (*hasard*), *événement* », avant d'ajouter que « ce concept, dans l'ontologie politique machiavélienne, affirme précisément le primat de la relation des choses sur leur essence intime […] et le primat de l'aléatoire sur toute théologie ou téléologie de la Cause. L'histoire est le champ des occasions, des rencontres, advenues ou manquées, entre vertu et fortune » (p. 163).

C'est alors là ce qui nous mène aux deux autres sens d'*occasio*. En un second sens en effet, l'occasion se réfère à ce qui se présente de façon particulièrement opportune eu égard aux désirs d'une personne en particulier ; ainsi, lorsque nous disons qu'une personne « saisit une occasion », cela signifie qu'il y a eu rencontre entre son désir et ce que la circonstance présente lui permettait de (la déterminait à) accomplir. Inversement, il se peut également que « l'occasion ne se présente pas », autrement dit que le désir ne rencontre pas la circonstance favorable permettant à l'individu en question d'agir effectivement de la manière précise et déterminée par son désir. L'on commence alors à saisir le sens d'*occasio* dans sa complexité : il faut à la fois que son désir le détermine à faire quelque chose, et que des circonstances extérieures se présentent et le co-déterminent à agir en ce sens.

Nous en venons alors au troisième sens d'*occasio*, à savoir le temps propice ou le moment opportun ; nous retrouvons ce sens dans les expressions « ne pas laisser passer une occasion », ou encore « attendre qu'une occasion se présente ». Il y a en effet une temporalité essentielle à la rencontre entre une circonstance et un individu à qui cette circonstance sied particulièrement, à ce moment précis de son existence. Que cette circonstance se présente trop tôt ou trop tard, et l'individu en question n'aura pas encore les aptitudes requises pour la saisir, ou bien sera emporté par d'autres désirs et cette circonstance ne prendra pas sens pour lui. C'est ce qui est exprimé par le terme de « convenance », au sens de conformité entre un désir singulier et une circonstance extérieure arrivant à point nommé pour que ce désir puisse déterminer l'individu à agir effectivement en un certain sens. Ainsi, pour résumer, ce terme d'*occasio* concentre à la fois l'idée d'une détermination par des circonstances temporelles et celle de l'opportunité d'une rencontre, qui répondrait à un désir singulier de l'individu tout en étant susceptible d'amorcer en lui un tournant, de se révéler *a posteriori*[1] déterminante pour la suite de son existence.

---

1   *A posteriori*, dans la mesure où la philosophie de la détermination spinoziste ne se traduit pas en une pensée de la prédictibilité. Ainsi, en raison de la complexité des corps et des esprits humains, de la variabilité de leur état, et de l'infinité des séries causales – s'entrecroisant entre elles qui plus est –, il ne nous est pas possible de prévoir avec certitude la manière dont nous serons affectés par les choses extérieures, ni l'effet en nous d'une rencontre affective singulière.

OCCASIO OU LES CIRCONSTANCES
DANS LESQUELLES UNE CHOSE SE PRODUIT

Spinoza relève, dans la *Lettre 15 à Lodewijk Meyer*, que, dans la préface écrite par ce dernier aux *Principes de la philosophie de Descartes*, il
avertit « le lecteur des circonstances [*occasione*] dans lesquelles [Spinoza
a] composé la première partie ». Spinoza ajoute :

> je voudrais qu'au même endroit, ou bien là où tu voudras, tu l'avertisses aussi
> que je l'ai composée en deux semaines. Avec un tel avertissement, personne
> ne pensera que j'ai posé si clairement les choses qu'elles ne puissent être
> expliquées plus clairement, de sorte qu'on ne s'arrêtera pas à tel ou tel mot
> qu'on trouvera peut-être obscur ici ou là[1].

Il est significatif que le traducteur de la lettre ait choisi de traduire ici
occasio par « circonstances » : en ce sens en effet, il s'agit bien du contexte
de rédaction de l'ouvrage en question. La situation dans laquelle une
chose se produit n'est indifférente ni à sa survenue, ni à la forme sous
laquelle elle se manifeste. C'est d'ailleurs ce qui est exprimé de façon
implicite par Spinoza, lorsqu'il oriente Meyer sur ce qu'il convient
d'indiquer dans la préface afin que son ouvrage soit bien compris par les
futurs lecteurs. Ainsi, le fait de mentionner le délai de rédaction invite
ces derniers à ne pas sur-interpréter le choix d'un terme de préférence
à un autre ; et l'absence de mentions polémiques dans la préface doit
orienter ce qui sera appréhendé des intentions de l'auteur au moment
où il a écrit ce livre.

Cette occurrence nous donne alors déjà deux indications sur
l'importance de la prise en compte de l'*occasio* au sens premier de circonstances, de contexte. La première est qu'une chose ne se détermine
pas d'elle-même, indépendamment de ce qui l'environne, du moment
où elle se produit et de ce qui advient de façon concomitante. C'est ce
qui résulte directement de l'ontologie spinoziste, selon laquelle il n'y
a qu'une seule substance (qui correspond à la nature prise dans son
ensemble), et selon laquelle les choses singulières sont des modes ou
encore des « affections d'une substance, autrement dit, ce qui est en

---

1   *Lettre 15 à Lodewijk Meyer*, datée du 3 août 1663, G IV, p. 72.

autre chose et se conçoit par cette autre chose[1] ». La conséquence en
est que les modes (dont font partie les corps et les esprits humains) ne
peuvent être conçus indépendamment des relations qu'ils entretiennent
avec les autres modes. Toutes leurs actions comme toutes leurs idées
doivent être appréhendées au sein des relations qui les déterminent à
être ce qu'elles sont. Ces actions et idées sont déterminées à la fois par
la nature de l'individu dont elles sont actions et idées, et par les choses
extérieures qui affectent cet individu. C'est la raison pour laquelle les
circonstances entrent à plein titre dans la détermination de ce que seront
ses idées comme ses actions. Il nous semble ainsi qu'il ne peut y avoir à
proprement parler une définition *internaliste* des choses singulières dans
la philosophie spinoziste, une définition de ce que ces dernières seraient
absolument, avant tout contact avec les choses extérieures[2]. Cela ne signifie
pas que leur définition puisse se réduire aux conditions dans lesquelles
elles existent et opèrent – puisque deux choses singulières ne seront
pas affectées de la même manière dans des conditions semblables[3] –,
mais cela veut dire que leur existence *actuelle* est *pour partie* déterminée
par ce qu'elles ont ou non rencontré, donc par ce par quoi elles ont
été ou non affectées. Ainsi, lorsque Spinoza précise qu'il entend par

---

1   Selon la définition 6 d'*Éthique* I. Spinoza évoque ici « une » substance (et non *la* substance)
    parce qu'il n'a pas encore démontré qu'il ne peut y avoir de substance à part Dieu lorsqu'il
    énonce cette définition.
2   Cette idée serait à rapprocher des remarques de V. Morfino au sujet d'une possible redé-
    finition du concept de cause dans l'*Éthique*, suite à la rencontre de Spinoza avec la pensée
    machiavélienne : « le concept d'individu perd la simplicité et l'unité anthropomorphique
    que lui conférait dans le *Traité de la réforme de l'entendement* son essence intime, qui restait
    en deçà des relations extérieures et des circonstances existentielles, pour accéder à la
    complexité d'un rapport proportionné dans lequel l'essence ne diffère pas de la puissance,
    c'est-à-dire de la capacité d'entrer en rapport avec l'extérieur. La cause perd donc la sim-
    plicité anthropomorphique du rapport d'imputation juridique pour gagner la pluralité
    structurelle des relations complexes avec l'extérieur » (*Le temps et l'occasion. La rencontre
    Spinoza-Machiavel*, p. 243).
3   Il nous semble ainsi que nous pouvons entendre en un sens élargi l'affirmation selon
    laquelle « un seul et même corps est mû de manière différente en raison de la différence
    des corps qui le meuvent, et [...], par contre, des corps différents sont mus de manière
    différente par un seul et même corps » (*E* II, axiome 1 faisant suite au corollaire du
    lemme 3, G II, p. 99). Étendu à l'objet qui nous occupe ici, cela donnerait qu'un indi-
    vidu est différemment déterminé selon les différentes circonstances dans lesquelles il se
    trouve (importance du contexte) ; et que inversement, deux individus différents seront
    différemment déterminés dans des circonstances pourtant semblables (rôle de la nature
    et de l'état singuliers des individus dans la manière dont ils s'approprient et vivent de
    façon personnelle un contexte identique).

« choses singulières », les « choses qui sont finies, et ont une existence déterminée[1] », il nous semble que nous pouvons entendre cette dernière expression en un sens fort. Ce sont, premièrement, des choses finies qui sont déterminées à exister et à opérer par d'autres choses finies ; et ce sont deuxièmement des choses dont l'existence est temporellement déterminée par les circonstances dans lesquelles elles se trouvent placées, aux côtés de leur nature propre et de l'état dans lequel elles se trouvent alors.

La seconde indication consiste dans la conséquence qu'a cette remarque ontologique du point de vue de la connaissance : on ne peut comprendre une chose sans tenir compte du contexte dans lequel elle est survenue, des circonstances qui ont accompagné – et déterminé pour partie – sa manifestation. Ainsi, si nous revenons à l'idée exprimée dans cette *Lettre 15*, puisque les circonstances (rapidité avec laquelle le texte a été écrit et absence d'intention polémique[2]) ont pour partie déterminé la forme qu'a prise le texte, on risquerait de méconnaître son sens en n'en tenant pas compte. Ce peut être d'un côté une limitation quant à ce que l'on peut ou non connaître. Mais d'un autre côté, c'est aussi là une précieuse indication sur la manière dont les choses prennent sens pour nous : une indication qui nous évite de considérer qu'elles puissent être bonnes ou mauvaises *en elles-mêmes* et qui nous invite à considérer plus précisément le moment auquel elles se sont produites, la manière dont elles ont alors été déterminées et ce à quoi elles étaient associées à ce moment précis.

Nous pouvons expliciter ce point avec l'exemple de l'action de frapper, que Spinoza mobilise dans le scolie d'*Éthique* IV, 59 ; nous lisons ainsi que cette dernière, « en tant qu'on la considère physiquement, et si nous prêtons attention seulement au fait qu'un homme lève le bras, ferme la main et meut avec force tout son bras vers le bas, est une vertu qui se conçoit par la seule structure du corps humain[3] ». À ce stade, le mouvement en question n'est ni bon ni mauvais, et nous ne sommes pas à même d'en comprendre le sens ni d'en mesurer les effets. La

---

1   *E* II, déf. 7, G II, p. 85.
2   Il faut ainsi entendre ces circonstances en un sens élargi, dans la mesure où il ne s'agit pas seulement du contexte *extérieur* au sein duquel une chose s'est produite. De même qu'il y a tout à la fois des causes externes (trouver le temps d'écrire une lettre) et des causes internes (le désir que l'on a de répondre à un ami ou bien de répliquer à un adversaire), les circonstances peuvent être externes ou internes.
3   *E* IV, prop. 59, scolie, G II, p. 265.

raison en est que nous ne prêtons attention, dans la considération de ce mouvement, ni aux choses extérieures (la personne qui se trouvait sur le trajet du poing et qui a été frappée), ni aux circonstances dans lesquelles ce mouvement a été accompli (la colère éprouvée à l'égard de cette personne) et donc à la manière dont il a été déterminé. Dans la suite de ce scolie, Spinoza affirme ainsi

> qu'une seule et même action peut se trouver jointe à n'importe quelle image des choses ; et, par suite, [que] nous pouvons être déterminés à une seule et même action aussi bien par les images des choses que nous concevons confusément [par exemple par la haine résultant de la liaison imaginaire entre notre tristesse et une personne qui en serait la cause] que de celles que nous concevons clairement et distinctement [par exemple par la conscience qu'une personne prise dans les glaces mourra sans notre intervention][1].

En conclusion, seule la prise en considération des circonstances dans lesquelles une action se produit – ces circonstances englobant à la fois la chose extérieure à laquelle est destinée l'action, les relations antécédentes entre l'individu qui accomplit l'action et cette chose extérieure, et le désir de cet individu – nous permet de comprendre comment elle a été déterminée, et donc de lui donner sens en lien avec la puissance d'agir de l'individu qui a mené cette action.

C'est là une connotation d'*occasio* que nous retrouvons de façon particulièrement significative dans le domaine de la politique. Spinoza avait ainsi relevé, dans le tout premier paragraphe du *Traité politique*, que les philosophes avaient « appris à louer sur tous les tons une nature humaine qui n'existe nulle part, et à harceler par leurs discours celle qui existe réellement ». Ce faisant, « au lieu d'une éthique, ils ont la plupart du temps écrit une satire, et n'ont jamais conçu une politique qui pût être appliquée pratiquement ; la leur est tenue pour une chimère, ou bien alors c'est dans l'île d'utopie qu'on aurait pu l'établir ou dans l'âge d'or des poètes[2] ». Une politique conçue dans l'absolu, en dehors de toute condition réelle d'application, ne pourrait être établie que dans les circonstances idéales que les philosophes avaient alors à l'esprit. Et encore, ces dernières ne seraient précisément pas comprises comme des « circonstances » par ces philosophes, en ce qu'ils ne tiennent pas compte

---

1 *Ibid.*
2 *TP*, chap. 1, § 1, G III, p. 273.

de l'inscription temporelle et anthropologique de la politique ; ce qu'ils imaginent (soit la façon dont ils sont affectés sans avoir conscience de la manière dont ils y sont déterminés) passe en leur esprit pour la « normalité » des choses, valable en tout temps et en tout lieu, et c'est cette conception des choses contre laquelle Spinoza s'élève dans ce passage.

Cela vient confirmer deux choses. La première, c'est qu'on ne peut concevoir une chose dans l'absolu : toute chose existante prend place dans des conditions précises et déterminées, et est inconcevable indépendamment de ces conditions précises et déterminées. C'est donc dès la conception d'une chose qu'il s'agit de prendre en considération les circonstances dans lesquelles elle s'exercera (dans le cas des institutions) ; et c'est dès le premier moment de l'effort que l'on fait pour connaître une chose qu'il faut tenir compte des circonstances dans lesquelles elle est − toujours déjà − déterminée à exister et à opérer (dans le cas des choses singulières naturelles). La seconde, c'est que le contexte dans lequel une chose évolue participe pleinement de la détermination de ce qu'est l'existence actuelle de cette chose. Ainsi, il n'y a pas *d'abord* une chose existant pour elle-même, *puis* l'insertion de cette chose dans un complexe de relations avec les autres choses singulières − auxquelles elle devrait par exemple résister, afin de préserver l'essence qui serait la sienne dans l'absolu. Du fait même de l'ontologie spinoziste, qui conçoit les choses singulières comme des modes de la substance divine, aucune chose singulière ne peut être conçue indépendamment des autres, et toute chose singulière se constitue au contact des autres.

Nous retrouvons l'usage dans un cadre politique de ce sens d'*occasio* dans le paragraphe 6 du chapitre IX du *Traité politique*. Nous y lisons que, même si les lois ne doivent pas être modifiées aussitôt après leur établissement, le Sénat en délibérera si « les circonstances ou l'occasion [*tempus et occasio*] rendent nécessaire l'établissement d'une nouvelle disposition juridique, ou la transformation d'une ancienne[1] ». L'on voit bien ici qu'un principe théorique (l'idée qu'il faut éviter de modifier les lois) doit céder devant des circonstances pratiques qui l'exigent. Ainsi, le souverain doit s'adapter aux circonstances, ce qui regroupe divers facteurs : l'histoire d'une société et les formes de gouvernement auxquels elle a été habituée ; les événements qui surviennent ponctuellement et peuvent requérir une intervention *ad hoc* du souverain ; les croyances

---

1   *TP*, chap. IX, § 6, G III, p. 348.

générales et l'*ingenium* de ce peuple[1], qu'il convient de ne pas heurter afin de ne pas susciter son indignation ; les relations avec les autres États, qu'il s'agisse d'une déclaration de guerre, de l'afflux de migrants ou encore d'enjeux économiques, etc.

Nous pouvons alors considérer qu'il en est ici du gouvernement comme il en est en général des actions des choses singulières. L'enjeu est, dans un contexte politique, le maintien de la forme de l'État au sein des variations relatives aux événements historiques et des résistances éventuelles de la multitude. Ce maintien dépend à la fois des circonstances que nous venons de mentionner et des institutions dont on a doté l'État à son origine (ce qui serait, dans ce cadre, l'équivalent de sa « nature propre »). Un « mauvais » gouvernement correspondrait à une forme de gouvernement non adaptée à la multitude sur laquelle il exerce son pouvoir et aux événements auxquels cette multitude doit *actuellement* faire face, sa chute étant alors inévitable[2]. De même, un individu ne pourrait en aucune façon s'inscrire dans un certain devenir éthique s'il concevait ce dernier indépendamment des choses qui l'ont affecté par le passé et qui l'affectent actuellement, et indépendamment de sa nature.

De façon liée, on ne peut ni comprendre ni estimer une action si l'on ne tient pas compte du temps et de la situation dans laquelle elle a eu lieu. C'est la raison pour laquelle on estime souvent que les théoriciens ne sont pas les mieux placés pour juger d'une situation effective – à moins précisément qu'il ne se fassent historiens en réinscrivant un événement dans les conditions de sa survenue. D'un point de vue individuel, on

---

1   Au sujet du sens que l'on peut donner à la complexion quand elle caractérise un peuple, voir P.-Fr. Moreau, *Spinoza, L'expérience et l'éternité*, p. 427-440.

2   En proposant de distinguer nécessaire et inévitable, Jonathan Bennett fait au sujet de ce second terme une suggestion intéressante et qui peut se révéler fructueuse lorsqu'il est question de réinscrire les événements dans l'historicité propre aux choses singulières : "the fall of the slate, like every other matter of particular fact, was *inevitable* in the sense that : Given the previous history of the world, it could not possibly have not happened exactly as it did happen. That, however, is not to say that such facts are *necessary*. The proposition about the slate might be inevitable yet contingent, which is just to say that the world might have had a different previous history, in which case the slate would not have fallen. [...] Taken in context, *Ethics* ip33 might express only the thesis that each particular matter of fact is (not necessary, but) inevitable, that is, necessitated by the previous history of the world. [...] [Spinoza's] determinism implies that [...] every particular matter of fact is inevitable. The question whether all such truths are judged by Spinoza to be in themselves necessary remains open" ("Spinoza's metaphysics", dans D. Garrett (éd.), *The Cambridge Companion to Spinoza*, Cambridge University Press, 1996, p. 74-75).

ne peut de même juger une action de l'extérieur, dans l'absolu, sans prendre en compte ce qui a déterminé un individu à l'accomplir de cette manière et à ce moment précisément, ni les événements qui ont précédé et accompagné cette action[1].

C'est d'ailleurs, semble-t-il, la seule raison qui puisse expliquer que, selon Spinoza, « l'expérience a montré tous les genres de corps politiques qui peuvent se concevoir pour assurer la concorde entre les hommes, en même temps que tous les moyens par lesquels il faut diriger la multitude, c'est-à-dire la contenir dans des bornes déterminées[2] ». En effet, on ne pourrait considérer cela si l'on estimait que les bons gouvernements étaient initiés par des hommes de génie, capables de créer de toute pièce des institutions pertinentes pour tout type d'État ; comment pourrions-nous sinon être sûrs que d'autres hommes de plus grand génie encore ne sont pas à venir ? Cette affirmation ne tient que si l'on considère que les diverses formes d'État ayant existé ont été sus-citées par les situations dans lesquelles les gouvernants se sont trouvés. Le raisonnement est alors le suivant : les situations dans lesquelles se trouvent les peuples ne sont pas diverses au point que nous puissions considérer que certaines ne se sont pas encore présentées ; or, ce sont les situations dans lesquelles se trouve le souverain qui amènent ce dernier à y répondre par une disposition juridique ou institutionnelle ou une autre ; il nous faut conclure que l'expérience a montré toutes les situations dans lesquelles un souverain devait gouverner *et donc* toutes les dispositions par lesquelles le souverain pouvait y répondre. C'est ainsi ce qui ressort de la fin de ce même paragraphe : « aussi est-il difficile de croire que nous puissions concevoir quelque procédé utile à la communauté sociale, que l'occasion ou le hasard n'ait encore jamais suggéré, et que n'aient encore jamais aperçu des hommes attentifs aux affaires communes et soucieux de leur propre sécurité[3] ».

---

1 Cette remarque permet de relire à nouveaux frais les deux premières définitions d'*Éthique* IV, selon lesquelles « par bien, [Spinoza] entendr[a] ce que nous savons avec certitude nous être utile », et « par mal [...] ce que nous savons avec certitude empêcher que nous possé-dions un bien » (G II, p. 209). En effet, la répétition de la première personne du pluriel, soit comme sujet du verbe [*scimus*] puis comme pronom au datif [*nobis*] dans la première définition, soit comme sujet des deux verbes [*scimus* et *simus*] dans la deuxième définition, met en lumière que celui à qui une chose est utile ou nuisible ne peut différer de celui qui la juge bonne ou mauvaise.

2 *TP*, chap. I, § 3, G III, p. 274.

3 *Ibid.*

Ce passage nous donne plusieurs indications sur la manière dont on peut concevoir le terme *occasio*, ici identifié au hasard [*casus*]. Il ne faut pas entendre par ce dernier terme ce qui serait indéterminé – il n'y a aucune chose singulière qui ne soit déterminée à exister et à opérer par une autre chose singulière –, mais plutôt la rencontre avec des circonstances inattendues, non suscitées de manière consciente et active par les individus sur lesquels elles ont pourtant des effets[1]. Ainsi, ce passage revient à dire qu'on ne peut concevoir de procédé utile à la multitude qui n'ait été fourni, procuré par des circonstances non déterminées par le législateur. Si l'on inverse cette affirmation, cela signifie que Spinoza entend par *occasio* une situation (extérieure ou intérieure), qui détermine le législateur à mettre en place un certain procédé venant répondre à cette situation particulière. En reprenant le sens courant du terme français « occasion », nous dirions que les législateurs n'ont plus l'*occasion* de développer de nouvelles formes d'État et de nouvelles sortes d'institutions.

Toutefois, si nous en restions là, ce serait à la fois trop donner au verbe *offerre* – qui signifie certes fournir, procurer, mais non déterminer unilatéralement –, et donner trop peu aux législateurs ou conseillers. Ainsi, pour que rencontre il y ait, il faut certes des circonstances en constituant l'occasion, mais aussi un individu (singulier ou collectif) qui les rencontre et qui saisisse ou non cette occasion. Autrement dit, il faut à la fois que des déterminations historiques se présentent, et qu'un homme ou plusieurs individus réunis en une institution soi(en)t à même de considérer ces déterminations comme une opportunité de proposer une autre forme d'État ou de nouvelles institutions. Or, cela requiert deux choses : d'une part que ces circonstances se présentent en un temps opportun – pour le législateur, mais aussi pour la multitude concernée par ces institutions – ; et d'autre part que ces circonstances rencontrent le désir du législateur ou conseiller d'agir en un certain sens. En effet, le désir consiste, selon la définition 1 des affects, en « l'essence même de l'homme, en tant qu'on la conçoit comme déterminée, par suite d'une quelconque affection d'elle-même, à faire quelque chose[2] ». Mais comme

---

1   Voir à ce sujet notre article « Quel sort réserver au hasard dans la philosophie spinoziste ? Vers une définition historique des individus », dans *Redéfinir l'individu par sa trajectoire : hasard, déterminismes et rencontres* (dir. B. Durrive et J. Henry, Éditions Matériologiques, 2015).

2   *E* III, Définitions des affects, déf. 1, G II, p. 190.

« toutes les manières dont un corps est affecté par un autre suivent de la nature du corps affecté [le législateur, en l'occurrence], et en même temps de la nature du corps qui l'affecte [ici, les circonstances particulières dans lesquelles se trouve l'État][1] », l'essence d'un homme ou d'un autre ne sera pas affectée de la même manière par les mêmes circonstances extérieures, et donc le désir – et l'action subséquente – de ces deux hommes ne sera pas le même. C'est la raison pour laquelle l'*occasio* se définit ici comme rencontre entre des circonstances particulières et la manière singulière qu'a le législateur d'être affecté par ces circonstances. Et pour que l'État en question persévère dans son être, il convient que le législateur cherche dans les *circonstances* particulières des *occasions* de maintenir la forme de l'État, de faire prospérer les affaires communes, et de trouver des procédés utiles à la communauté sociale. Les actions du législateur ou conseiller sont donc déterminées pour partie par les circonstances historiques dans lesquelles l'État se trouve, et pour partie par la manière singulière dont le souverain y trouve occasion d'accroître ses aptitudes à gouverner, et donc de répondre aux besoins de la communauté.

L'on pourrait alors, à partir de là, revenir à l'affirmation initiale du paragraphe 3 du premier chapitre du *Traité politique* : comment être sûr que l'expérience a bien montré tous les genres de corps politiques qui peuvent se concevoir pour assurer la concorde entre les hommes, si la manière dont ces corps politiques sont déterminés dépend pour partie de la manière dont les législateurs sont affectés par les circonstances extérieures ? Spinoza lui-même met bien en garde, dans le paragraphe 5 du même chapitre, les souverains comme la multitude sur la croyance dans le fait que des hommes puissent agir uniquement selon la raison, sans être en cela déterminés le moins du monde par leurs passions :

> croire que la multitude [adresse aux théoriciens qui conçoivent des formes de gouvernement indépendamment des conditions pratiques de leur exercice] ou ceux qui gèrent les affaires publiques [adresse à ceux qui s'en remettraient entièrement au souverain] peuvent être amenés à vivre selon le seul précepte de la raison, c'est rêver de l'âge d'or évoqué par les poètes, c'est-à-dire d'une histoire imaginaire[2].

---

1 *E* II, axiome 1 faisant suite au corollaire du lemme 3, G II, p. 99.
2 *TP*, chap. I, § 5, G III, p. 275.

Dès lors, alors que la vie de l'État dépend déjà *pour partie* de circonstances extérieures, comment s'assurer qu'elle dépende *pour l'autre partie* de craintes et intérêts (des conseillers) tenant la place de la raison, afin que le vivre ensemble de la multitude prenne une apparence raisonnable à défaut d'être rationnel ? Répondre à cette question importe non seulement dans un cadre politique – que le maintien de la forme de l'État ne dépende pas entièrement du hasard des circonstances et de la contingence des réactions du souverain –, mais également dans un cadre éthique – qu'un devenir éthique puisse être conçu en dépit des diverses circonstances rencontrées par l'individu.

Ainsi, l'étude rapide du paragraphe suivant nous met sur la voie de ce que Spinoza envisage pour intégrer les circonstances dans la conception d'une action (politique ou éthique), sans pour autant être amené à considérer que ces circonstances constituent le tout de la détermination de cette action. Dans un cadre politique, la réponse de Spinoza est la suivante :

> pour qu'un État puisse subsister, il faudra instaurer un ordre tel que ceux qui l'administrent, qu'ils soient guidés par la raison ou par les passions, ne puissent être amenés à se montrer déloyaux ou à mal agir. Peu importe à la sécurité de l'État pour quels motifs les hommes sont conduits à bien gouverner, pourvu qu'ils gouvernent bien car la liberté du cœur ou le courage, c'est là une vertu privée. Alors que la vertu de l'État, c'est la sécurité[1].

Ainsi, dans un cadre politique, la solution est à trouver dans les institutions : ce sont ces dernières qui contrebalanceront par leur ordre propre l'ordre commun de la nature suivant lequel les circonstances extérieures se présentent. Cela ne revient pas à faire fi de ces circonstances extérieures, mais à amener le souverain à en être affecté *d'une certaine façon*, soit à y trouver des occasions d'affirmer la forme de l'État et de favoriser les affaires communes.

La fin de ce passage laisse entendre qu'il ne peut en être exactement de même dans un cadre éthique, précisément parce que ce sont la liberté de cœur et le courage, laissés de côté dans un cadre politique, qui en constituent les vertus principales. Il nous semble toutefois que nous pouvons y lire deux indications qui peuvent aussi prendre sens au sein d'une réflexion d'ordre éthique. Premièrement, le fait que ne pas être entièrement dépendants des circonstances extérieures et de l'ordre

---

1   *Ibid.*, § 6, G III, p. 275.

commun dans lequel elles se présentent à nous passe par l'institution d'un ordre propre : c'est là à la fois le moyen de ne pas être ballottés en tout sens par les circonstances extérieures, et le moyen de penser une action au sein de ces circonstances. Deuxièmement, le fait que, lorsque des hommes ne vivent pas sous la conduite de la raison (ce qui est le cas de la très grande majorité), leur proposer un ordre de l'extérieur – par l'intermédiaire de lois, de conseils, de règles sociales ou morales – est déjà leur donner le moyen d'adopter un comportement raisonnable, par le biais de l'obéissance. Par contre, il est une visée supplémentaire, dans le cadre du devenir éthique, à savoir d'accroître ses aptitudes en vue d'agir de façon de plus en plus conforme à sa nature individuelle, ce qui revient à concevoir un ordre propre à l'intellect. C'est là l'étape qui ne concerne que l'éthique et non la politique, cette dernière en établissant les conditions de possibilité mais n'ayant pas à viser directement le devenir éthique des citoyens. Dans un cas comme dans l'autre, les circonstances sont partie prenante de la manière dont une chose singulière existe et opère, et il est donc inconcevable de ne pas les prendre en considération : ce serait à la fois vain, dans la mesure où il n'est d'action effective qu'au sein de ces circonstances, et même contreproductif, dans la mesure où cela nous empêcherait de comprendre comment nous sommes déterminés (et donc d'agir en vue de l'être autrement à l'avenir).

OCCASIO COMME DÉTERMINANT TEMPOREL : DE L'HISTORICITÉ DES CHOSES SINGULIÈRES

Ainsi, dans la mesure où les circonstances déterminent pour partie la manière dont une chose se produit, et dans la mesure où connaître comment une chose s'est produite est essentiel pour en comprendre le sens, Spinoza nous invite à rechercher les circonstances *contemporaines* de l'accomplissement d'une action et à estimer en quelle mesure elles se sont révélées déterminantes quant à la *manière* dont cette action a été accomplie. C'est là l'inscription des actions dans une certaine temporalité, et par le même mouvement l'inscription des choses singulières qui ont accompli ces actions dans cette même temporalité. Les exemples les plus explicites de ces incitations spinozistes à réinscrire les choses dans le contexte de leur production interviennent dans le chapitre VII du *Traité théologico-politique*, chapitre consacré à l'interprétation de l'Écriture[1] ; ces passages nous invitent ainsi à prendre connaissance du contexte dans lequel les livres des prophètes ont été rédigés, afin de pouvoir déterminer leur statut en regard de l'époque à laquelle ils ont été écrits. Cela revient à les réinscrire dans leur propre temporalité, et ainsi à leur conférer une certaine historicité, au lieu de projeter sur eux – et sans médiation – nos préoccupations actuelles.

Nous lisons par exemple, dans le troisième point du paragraphe 5, que, « pour ne pas confondre les enseignements éternels avec ceux qui pouvaient n'être utiles que pour un temps ou pour un petit nombre, il importe encore de savoir à quelle occasion, en quel temps, et pour quelle nation ou quel siècle tous ces enseignements furent mis par écrit[2] ». Ainsi, premièrement, le contexte de rédaction d'un écrit comprend les personnes pour lesquelles ce livre a été rédigé, avec leurs préoccupations et leurs capacités de compréhension déterminées. Il convenait ainsi pour les prophètes d'adapter la façon dont ils présentaient les choses divines à la compréhension de la majorité des hommes, raison pour laquelle l'Écriture est composée de paraboles imagées et non de discussions théologiques ésotériques[3]. Nous retrouvons ici la réponse que Spinoza avait apportée à Blyenbergh, lorsque ce dernier l'interrogeait en prenant au pied de la lettre ce qui est dit dans l'Écriture sainte : « l'Écriture, parce qu'elle sert surtout au commun du peuple, parle continuellement à la manière des hommes, car le peuple n'est pas apte à entendre des choses sublimes[4] ». Nous ferions alors erreur en considérant que l'Écriture sainte doit être

---

1 H. Laux qualifie la méthode d'interprétation des textes que Spinoza met en place dans ce chapitre de « démarche opérationnelle » (par distinction avec l'interprétation finaliste, au sens où le résultat de l'interprétation coïncide avec un donné préétabli). H. Laux écrit à ce sujet dans le chapitre III de son livre *Imagination et religion chez Spinoza* que, dans l'exégèse philologique, le sens « est à trouver par le maniement d'analyses critiques du texte et de son contexte ; il est processus, il advient comme résultat. [...] Opérationnelle est la méthode qui se constitue dans l'acte du savoir, en même temps qu'elle le constitue » (p. 115-116).

2 *TTP*, chap. VII, § 5, G III, p. 102.

3 Nous pourrions établir un parallèle avec le statut des scolies dans l'*Éthique*, dans lesquels Spinoza intègre l'expérience courante du lecteur afin que l'expression du texte devienne impression dans son esprit, selon la lecture qu'en propose H. Laux dans son article « Les lecteurs dans l'*Éthique* » (dans *Architectures de la raison*, p. 165-171).

4 *Lettre XIX à Blyenbergh*, datée du 5 janvier 1665, G IV, p. 92.

entendue en un sens littéral ; seule la prise en considération des aptitudes du peuple à comprendre nous permettra de lui donner son juste statut.

Deuxièmement, si nous nous référons au début du paragraphe 5[1], le contexte de rédaction comprend la langue dans laquelle un texte a été écrit. Cette mention pourrait surprendre, dans la mesure où l'on pourrait considérer qu'une idée peut être exprimée en diverses langues tout en conservant son unité de sens. Et pourtant, ce point importe à deux niveaux : d'une part dans la mesure où chaque langue a sa propre nature [*natura*] et sa propre constitution [*constitutio*] ; et d'autre part, dans la mesure où une langue est propre à un peuple et porte dès lors avec elle, dans les connotations de ses termes et de ses expressions, l'histoire des usages courants de ces termes et expressions[2] – c'est une des raisons pour lesquelles nous retrouverons, parmi les circonstances de rédaction, la nation à laquelle le texte est adressé, nation qui recouvre en ce sens le commun du peuple et qui se définit donc en lien avec l'*ingenium* de ce dernier. Nous trouvons par exemple mention du premier niveau dans le paragraphe 14 de ce même chapitre VII, qui évoque les ambiguïtés spécifiques de la langue hébraïque en ces termes : « chacun peut donc aisément conjecturer que la nature et la constitution de l'hébreu doit faire naître tant d'ambiguïtés qu'il ne peut exister une méthode susceptible de les lever toutes[3] ». La langue dans laquelle un texte est écrit, se révèle constitutive[4] et donc partie prenante du sens que l'on peut ou non attribuer à ce texte.

---

1   « Cette enquête doit exposer, pour tous les livres des prophètes, les circonstances dont le souvenir nous a été transmis : [...] ce qu'il a été, à quelle occasion, en quel temps, pour qui, en quelle langue enfin il a été écrit » (*TTP*, chap. VII, § 5, G III, p. 101).

2   En raison de l'historicité des usages des termes et expressions d'une langue (et non seulement du contexte particulier dans lequel ils sont utilisés), nous serions tentés de donner également une dimension historique aux deux premières règles d'interprétation des textes telles qu'elles sont énumérées par A. Suhamy dans le chapitre « Comment comprendre son voisin ? » (p. 187-246) de son ouvrage *La communication du bien chez Spinoza*. A. Suhamy écrit que ces trois règles se distinguent comme suit : « la philologie fait connaître le sens des mots, la logique permet de décider du sens précis dans lequel ils sont utilisés, la connaissance du contexte enfin, sous le double aspect de la psychologie et de l'histoire de la transmission, permet de reconstituer l'intention des auteurs » (p. 200).

3   *Ibid.*, § 14, G III, p. 108-109.

4   Cette idée d'une dimension constitutive de la langue rappelle ce que Spinoza dit du poète espagnol dans le scolie d'*Éthique* IV, 39 : « on aurait pu le prendre pour un bébé adulte, s'il avait aussi oublié la langue maternelle » (G II, p. 240). C'est donc dans la persistance de la langue maternelle que Spinoza place le dernier lien entre ce qu'il était avant sa maladie et ce qu'il est désormais.

Mais le deuxième niveau est peut-être plus significatif encore pour le sujet qui nous occupe ici, dans la mesure où il met en lumière l'historicité essentielle à la détermination de toute chose singulière. C'est également dans le chapitre VII du *Traité théologico-politique* que nous trouvons des indications à ce sujet, plus précisément dans les paragraphes 5 et 9. Lorsque Spinoza met en place une règle générale d'interprétation dans le paragraphe 5, il mentionne ainsi qu'il faut « rechercher tous les sens que chaque phrase peut admettre selon l'usage commun de la langue[1] ». Or, l'usage commun d'une langue a été progressivement forgé par la manière dont cette langue a été pratiquée par ceux dont elle était la langue maternelle. Ce passage ajoute ainsi l'historicité de la nature d'une langue, dont les usages ont évolué et ont été façonnés au cours des siècles. Il se peut d'ailleurs que ce soit là la nuance que nous pouvons établir entre la « nature » d'une langue (soit ce qu'elle est à l'origine, sa structure propre) et sa « constitution » (qui pourrait renvoyer plus précisément à sa dimension historique, à la manière dont elle s'est façonnée à même les usages qui en ont été faits).

La détermination du sens des mots par l'usage commun qui en est fait d'une part, et le lien constitutif qui se tisse entre un individu et sa langue maternelle d'autre part, sont repris de façon plus explicite encore dans le paragraphe 9 du même chapitre. Nous y lisons ainsi que « le vulgaire conserve la langue tout comme les doctes, tandis que seuls les doctes conservent le sens des phrases et les livres » ; Spinoza concluant ce paragraphe comme suit : « ces raisons et d'autres nous persuadent aisément qu'il n'a pu venir à l'esprit de personne de corrompre une langue — mais souvent, certes, de corrompre la pensée d'un auteur en modifiant ses phrases ou en les interprétant de travers[2] ». Dès lors, cela

---

1   *TTP*, chap. VII, § 5, G III, p. 100. Il faut donner dans ce passage un sens fort à *admittere potest* : on ne peut pas conférer n'importe quel sens à toute phrase, indépendamment de ce qui entre ou non dans l'usage de la langue en laquelle elle a été écrite. P.-Fr. Moreau formule ce point de façon très claire : « l'expression offre une poignée de sens possibles, et c'est l'usage qui nous fait choisir entre eux pour signifier ce qu'a voulu dire l'auteur. On voit donc que ce qu'il a voulu dire, c'est d'abord ce qu'il a pu dire ». Ce qui est repris comme suit dans la fin du paragraphe : « Spinoza refuse que l'alternative soit d'abord entre littéral et figuré. Elle est d'abord entre sens possible et impossible dans la langue donnée. [...] Il y a donc bien une irréductibilité du matériau linguistique, que la Raison doit reconnaître — comme elle reconnaît l'existence des passions ou des phénomènes atmosphériques — et que l'usage seul enseigne » (*Spinoza. L'expérience et l'éternité*, p. 333 et 334).

2   *Ibid.*, § 9, G III, p. 105-106.

signifie tout à la fois qu'il est très peu probable qu'un auteur ait employé un terme en un tout autre sens que ne le fait l'usage courant de ce terme, et qu'il nous faut faire effort, lorsque nous tentons d'interpréter ce texte plusieurs siècles après, pour comprendre quel était alors l'usage de ces termes dans cette langue déterminée et à cette époque précise. Le lien constitutif entre un individu et sa langue maternelle est enfin mentionné en ces termes : « si quelqu'un voulait modifier la signification qu'il a l'habitude de donner à un mot, il aurait du mal à se contraindre à l'observer tant dans ses paroles que dans ses écrits[1] ». On ne tord pas aisément l'usage quotidien de sa propre langue – de même que l'on ne se donne pas si aisément de nouvelles habitudes affectives, même si l'on peut feindre un instant de ne pas être affecté par une chose extérieure. Ainsi, finalement, l'attention que nous devons porter à la langue dans laquelle a été écrit un texte recoupe à la fois l'attention portée à l'époque (le sens des termes se façonnant dans le temps) et à la nation (le sens des termes étant relatif à l'usage courant qui en est fait au sein d'une société donnée).

Quelle place reste-t-il alors pour l'*occasion*, au sein de ces diverses circonstances ? Il nous semble que la distinction avec l'occasion pourrait consister en une différence d'échelle : tandis que l'identification de la langue, des destinataires et de la nation pourraient consister en des données générales, la question de l'occasion pourrait porter sur la situation particulière dans laquelle s'inscrit la rédaction d'un passage précis. C'est une distinction que nous pourrions également faire jouer au niveau de l'individu dans le cadre d'un devenir éthique : il y a à la fois sa langue maternelle qui le constitue, les habitudes affectives qu'il s'est forgées au cours des années, sa nature propre ... et des rencontres singulières en un moment spécifique *à l'occasion* desquelles il acquiert une aptitude ou réordonne celles qu'il a déjà. L'occasion serait ainsi comme un jalon sur le chemin du devenir : il n'y aurait pas de devenir sans circonstances particulières à l'occasion desquelles accroître ses aptitudes et favoriser un certain changement plutôt qu'un autre ; mais inversement, ces circonstances particulières n'auraient pas constitué des occasions si elles n'avaient rencontré une certaine manière singulière d'en être affecté. Dès lors, la locution qui revient fréquemment sous la plume de Spinoza « à quelle occasion, en quel temps [*qua occasione, quo tempore*] » se référerait à l'époque générale dans le cadre de laquelle un

---

1   *Ibid.*, G III, p. 106.

événement est survenu d'une part (avec ce qu'elle porte en elle d'*ingenium* de l'individu ou du peuple, d'histoire collective et individuelle, etc.), et à la situation singulière dans laquelle se trouvait ce peuple ou cet individu d'autre part, à un moment précis et déterminé de son histoire. L'occasion serait ainsi au croisement entre historicité de la chose singulière et événements précis qui lui adviennent. Il s'agirait du moyen par lequel un devenir s'ancre dans des moments de vie. C'est à ce croisement que se définirait, selon nous, le « sujet » du devenir éthique, dans tous les sens du terme (individualité, porteur, singularité, pôle effectif).

Cette conception plus ponctuelle et déterminée de l'occasion peut nous permettre de comprendre le fait que deux passages d'un même écrit (l'Écriture sainte, en l'occurrence) puissent sembler se contredire, précisément s'ils n'ont pas été rédigés *à la même occasion*. Spinoza fait ainsi référence à cette possibilité, et à la raison qu'on peut lui assigner, toujours dans le chapitre VII du *Traité théologico-politique*. Nous lisons ainsi dans le paragraphe 7 que, « si l'on trouve des passages qui se contredisent, il faut regarder en quelle occasion, en quel temps et pour qui ils ont été écrits[1] ». L'on pourrait se dire que ce passage ne fait que reprendre ce qui a déjà été dit précédemment. Mais en réalité, cette affirmation et les exemples qui suivent viennent confirmer l'idée selon laquelle « occasion » désignerait une situation plus ponctuelle (et donc plus temporellement déterminante) que l'époque, la langue ou encore la nation : l'occasion consisterait en un événement ou une rencontre fortuite – au sens où il ne faut pas interpréter cette dernière de façon finaliste ou providentialiste – entre deux événements particuliers. Spinoza donne ainsi l'exemple de la recommandation du Christ selon laquelle *À celui qui te frappe sur la joue droite, tends-lui la joue gauche* (Matthieu, 5 : 39) :

> si le Christ avait ordonné cela à des juges en tant que législateur, il eût détruit par ce précepte la loi de Moïse, ce contre quoi pourtant il met explicitement en garde (voir Matthieu 5 : 17) ; aussi faut-il regarder qui a dit cela, à qui et en quel temps [à entendre ici en un sens restreint, à savoir "à quelle occasion"]. Le Christ ne l'a pas dit en tant que législateur instituant des lois, mais en tant que docteur donnant des enseignements moraux, car [...], il voulait corriger non pas tant les actions externes que l'âme. Ensuite, il l'a dit à des hommes opprimés qui vivaient dans une république corrompue, où l'on négligeait totalement la justice[2].

1 *Ibid.*, § 7, G III, p. 103.
2 *Ibid.*

Dès lors, il n'y a pas à proprement parler contradiction entre deux énoncés, mais adaptation du discours à la situation particulière *à l'occasion de* laquelle il est énoncé, ce qui recouvre à la fois l'époque générale, l'*ingenium* des destinataires, les intentions du locuteur, *et* le contexte très particulier que vise ce discours, ou le cadre déterminé dans lequel il prend place. Une autre occurrence d'*occasio* revêt exactement ce même sens (dans un même contexte d'ailleurs) dans la *Lettre 21 à Blyenbergh*. Interrogé sur l'autorité que l'on doit accorder à ce qui est dit dans l'Écriture sainte, Spinoza prend un exemple, dans l'exposition duquel nous retrouvons mention de l'*occasio* :

> quand Michée dit au roi Achab qu'il a vu Dieu assis sur son trône, avec les armées célestes debout à droite et à gauche, auxquelles Dieu a demandé qui allait tromper Achab, cela, c'est certain, était précisément une parabole, par où le Prophète exprimait assez bien, surtout à cette occasion (qui n'était pas le moment d'enseigner les sublimes dogmes de la théologie), ce qu'il devait manifester au nom de Dieu de sorte qu'il ne s'éloignait nullement de son sens[1].

L'on est bien ici en présence de deux *occasions* distinctes : enseigner les dogmes de la théologie, ou bien expliciter par une parabole leurs enjeux moraux afin de les rendre parlants pour le peuple. En effet, les « dogmes de la théologie » font partie du credo minimal *en ce qu'*ils sont le fondement d'enseignements moraux ; mais le moment de les enseigner en tant que tels est distinct du moment de les rendre sensibles pour le peuple. Ces deux occasions donnent donc lieu à des formes de discours également distinctes – et il ne peut pas y avoir contradiction entre les deux, elles ne se situent simplement pas au même niveau. Ces deux occasions peuvent coexister au sein d'une même époque ou au sein d'une même nation, mais elles ne sont pourtant pas identifiables l'une à l'autre. Cela confirme l'idée selon laquelle l'*occasio* consiste en des circonstances appréhendées à une échelle plus restreinte, en la situation particulière de manifestation d'une chose singulière.

Il nous semble dès lors que nous pouvons transférer ces remarques à l'échelle d'un individu : si un homme s'inscrit *tout entier* dans une époque ou une nation, on peut délimiter des moments *au sein de son existence* ; il y aurait ainsi des *occasions* identifiables au sein des déterminants historiques, sociaux, linguistiques et culturels qui sont ceux du groupe dans lequel

---

1   *Ibid.*

il a grandi et dans lequel il vit. Nous pourrions alors dire de même qu'il convient de ne pas tenir le même type de discours à un seul et même homme à différents moments de son existence, selon les intérêts, les capacités de compréhensions, les visées ou encore les manières d'être affecté qui sont *alors* les siens. Dans le même ordre d'idées, cela ne revient pas à lui tenir successivement des discours qui seraient contradictoires entre eux, mais bien plutôt à s'adapter à sa temporalité propre, à l'état qui est le sien à divers moments de son existence. L'*occasion* peut alors s'entendre en plusieurs sens : c'est à la fois la situation concrète dans lequel se trouve un individu et qui nous amène, à ce moment-là, à lui tenir un certain type de discours ; et ce que ce discours représente pour lui, en lui permettant d'accroître en retour ses aptitudes, à partir de celles qu'il avait déjà.

Ce jalonnement du temps par diverses occasions liées aux circonstances extérieures (que l'on rencontre fortuitement ou qui sont mises en place à notre intention par un maître ou un ami), et la capacité qu'ont les choses singulières d'entrer à ces occasions dans un certain devenir (c'est-à-dire de saisir ces occasions) correspondent à ce que nous appelons l'historicité des choses singulières. Il est d'ailleurs significatif que, lorsque Spinoza reprend ces deux dimensions au sujet de l'interprétation de l'Écriture dans le paragraphe 15 du chapitre VII, à savoir en mentionnant qu'il faut « ne penser à nulle autre chose qu'à ce que l'auteur a pu avoir à l'esprit ou que le temps et l'occasion réclamaient », il évoque « la connaissance historique des circonstances [*historiam casuum*][1] ». Or, parler de « connaissances historiques » à ce sujet implique trois choses, qui valent pour les peuples comme pour les individus. Premièrement, à un niveau neutre et purement factuel, que les choses singulières varient dans le temps : nul ne serait besoin, en effet, de prendre garde à l'époque à laquelle a été écrit un texte si les sociétés et leurs besoins restaient les mêmes ; nul ne serait besoin de prendre garde à quel moment de sa vie se situe un individu s'il restait le même tout au long de son existence. Deuxièmement, au niveau des relations entretenues avec les circonstances extérieures déterminantes, cela implique que ces choses singulières s'inscrivent dans la temporalité du cours commun des choses, à la fois au sens où ce cours des choses n'est pas neutre quant à leurs variations

---

1   Tous ces passages sont extraits du § 15 du chapitre VII du *TTP*, G III, p. 109-110.

possibles, et au sens où la place qu'elles y prennent est aussi relative à leur nature propre[1]. Enfin, cela implique que ces choses ne peuvent à proprement parler être connues en dehors de cette temporalité qui leur est singulière – et qui recoupe donc tout à la fois les circonstances extérieures dans lesquelles elles s'inscrivent et la manière singulière qu'elles ont d'en être affectées, d'agir à l'occasion de ces événements qui leur surviennent. Ce sont ces trois éléments que recoupe notre expression « historicité des choses singulières ».

Dans ce paragraphe 15, Spinoza relève qu'il est très difficile de prendre connaissance de toutes ces dimensions historiques, notamment dans la mesure où les livres des Prophètes ont été écrits il y a plusieurs siècles, et dans une langue, au sein d'une culture et à une époque qui nous sont difficilement accessibles. C'est là ce que nous qualifierions de « grande échelle » : celle qui recoupe toute une époque. Mais ces remarques peuvent tout aussi bien s'appliquer « à petite échelle », à savoir au cours d'une existence humaine déterminée. Cela rejoint alors l'idée que nous tentons de développer depuis le début de cette réflexion, à savoir que la temporalité est essentielle à l'existence humaine (en lien avec les variations qui animent continuellement les esprits et corps humains) et à l'éthique (conçue comme devenir sur fond de cette variabilité essentielle et *à l'occasion* de rencontres qui se révèlent déterminantes *a posteriori*). Ainsi, on ne peut ni attendre le même type d'actions, ni donner le même sens aux actions accomplies aux différents moments d'une existence : en fonction de l'âge que nous avons, en fonction des expériences affectives que nous vivons, en fonction des événements qui ponctuent notre existence, en fonction des circonstances (familiales, sociales, historiques, etc.) qui jalonnent notre parcours, nous ne sommes pas identiques à nous-mêmes à différents moments de notre vie. En ce sens, les occasions que nous rencontrons font partie de l'expérience qui nous constitue, de même que la manière dont nous sommes affectés à ces occasions modifie la manière dont nous serons affectés à l'avenir. Toutes ces dimensions *historiques* de notre être entrent donc nécessairement dans la connaissance que nous prenons de nous-mêmes, mais aussi dans

---

1   C'est le double sens que nous pouvons donner à l'Histoire d'un peuple : à la fois les circonstances marquantes qui ont jalonné le cours de son existence, et les grands événements incarnés par ce peuple – au sens des différentes manières qu'il a eues de s'inscrire dans l'Histoire, par le biais de grands hommes ou de mouvements collectifs.

la conception que se font les autres de nos aptitudes du moment et de celles que nous sommes capables d'acquérir à partir de là.

L'on en vient, par ce biais, à la dimension de même *historique* de l'éthique : si anthropologie éthique il y a, et si les hommes se caractérisent par la variabilité fondamentale de l'état de leur corps et de leur esprit, on ne peut concevoir l'éthique comme état fixe, figé, sorti de toute variation possible. Parallèlement, pour qu'il y ait une éthique concevable, il faut que cette dernière puisse s'ancrer dans les choses de la nature – ce qui ne veut absolument pas dire se réduire à ce qui est de fait – et saisir les circonstances historiques comme autant d'occasions pour orienter les variations que connaissent les hommes. C'est au croisement de ces deux remarques que nous concevons donc l'éthique comme *devenir* : parce qu'elle s'inscrit dans l'existence humaine, et que cette dernière se constitue à la fois à même les circonstances extérieures et en réinscrivant ces circonstances dans un ordre propre, singulier et activement incarné. C'est en ce point que l'on passe de circonstances extérieures à déterminant historique, et de déterminant historique à *occasion*.

Cette dimension historique est à ce point importante dans la conception des choses, que Spinoza considère comme une vaine entreprise de chercher le sens d'une chose ou d'un événement si l'on n'est pas en mesure de déterminer les circonstances historiques dans lesquelles cette chose s'est manifestée ou cet événement a eu lieu. C'est ainsi ce qui est affirmé dans ce même paragraphe 15 du chapitre VII. Après avoir remarqué qu'une des grandes difficultés posées par la méthode d'interprétation établie en ces lignes « vient de ce qu'elle requiert la connaissance historique des circonstances de tous les livres de l'Écriture, ce que nous ignorons dans la plupart des cas », Spinoza affirme en effet que,

> quand nous lisons un livre qui comporte des choses incroyables ou incompréhensibles, ou qui est écrit en termes obscurs, et que nous ne savons ni qui était son auteur, ni en quel temps ni à quelle occasion il a été écrit, en vain nous efforcerons-nous d'acquérir une plus grande certitude concernant son vrai sens. Car, si l'on ignore tout cela, on ne peut guère savoir quelle a été ou a pu être l'intention de l'auteur[1].

C'est ce point qui nous amène à affirmer que les circonstances historiques entrent à part entière dans la détermination de ce qu'est une chose :

---

1   *TTP*, chap. VII, § 15, G III, p. 109.

il ne s'agit pas d'éléments annexes, ou encore d'un contexte qui interviendrait après coup, alors que la nature de la chose ne peut plus varier. L'on pourra probablement décrire ce que la chose est – de même que nous pouvons expliquer l'action de frapper quelqu'un uniquement du point de vue de sa dimension physique[1]. Mais jamais nous ne pourrons comprendre le sens de cette action ou de cet événement, si nous n'avons pas à disposition les circonstances qui ont entouré cet événement dans le premier cas, et les images associées à l'action dans le second.

Inversement, pour connaître le sens d'un texte ou d'une action, il y a deux éléments à prendre en compte : les circonstances extérieures dans lesquelles le texte a été écrit ou l'action accomplie, et ce que l'auteur du texte ou de l'action avait à l'esprit. C'est la conjonction de ces deux éléments qui va nous faire précisément passer de circonstances historiques à *occasions* au sens fort du terme. C'est là ce que Spinoza précise dans la suite immédiate de ce paragraphe 5 :

> en revanche, si nous en sommes bien informés [des circonstances], nous déterminons nos pensées de façon à éviter d'être prévenus par des préjugés[2] – c'est-à-dire de façon à n'attribuer à l'auteur, ou à celui pour qui il a écrit, ni plus ni moins qu'il ne convient et à ne penser à nulle autre chose qu'à ce que l'auteur a pu avoir à l'esprit ou que le temps et l'occasion réclamaient[3].

Le premier élément que nous pouvons tirer de ce passage est que la connaissance historique des circonstances est de nature à nous délivrer des préjugés que nous pourrions projeter sur un texte ou sur une action, en ce qu'elle nous détermine à réinscrire ce texte ou cette action dans son historicité propre. Nous pourrions d'ailleurs rapprocher cela de l'aptitude que nous avons à être affectés de diverses manières à la fois :

1   Selon l'exemple du scolie d'*Éthique* IV, 59.
2   Ce qui résulterait de la projection des circonstances présentes sur un fait passé. P.-Fr. Moreau compare le fait de projeter ses propres préoccupations sur un texte et le fait de construire une politique inapplicable en raison de l'absence de prise en considération de la nature humaine : « derrière la langue, il y a une communauté. Elle vit et parle selon des lois immanentes à son existence même, et l'ignorance de ces lois conduit à reconstruire une langue imaginaire exactement comme faire une politique dans l'ignorance des lois de la nature humaine conduit à rêver de l'âge d'or ou du royaume d'Utopie. Forger à sa guise : c'est le danger de l'interprétation personnelle qui réapparaît. Qui forge à sa guise fait passer son individualité avant l'expérience commune de la langue » (*Spinoza. L'expérience et l'éternité*, p. 337).
3   *TTP*, chap. VII, § 15, G III, p. 109-110.

en effet, pour penser à ce que l'auteur avait alors à l'esprit, il faut être capable de prendre de la distance avec notre manière propre de penser (en notre temps, en notre société, en ce que sont les circonstances particulières que nous connaissons), afin d'en revêtir provisoirement une autre. C'est là la condition pour comprendre le sens d'un texte ou d'une action sans leur associer les images que *nous* aurions alors eu à l'esprit.

Le deuxième élément est que le sens d'un texte ou d'une action réside au croisement entre les circonstances dans lesquelles il ou elle s'est manifesté(e), ce que nous pouvons présumer des intentions de l'auteur et ce qu'est effectivement devenu(e) ce texte ou cette action en regard des circonstances extérieures et du désir de l'auteur. De même que la manière que nous avons d'être affectés par les choses extérieures dépend pour partie de ce qu'est cette chose et pour partie de ce que nous sommes, de même la manière dont une action est accomplie dépend pour partie des circonstances extérieures et pour partie de notre désir d'agir en un certain sens. Cela signifie que deux personnes ne sont pas plus déterminées à agir de la même façon au sein des mêmes circonstances, qu'elles ne sont affectées de la même façon par une même chose extérieure. Nous sommes dès lors en présence d'une dimension supplémentaire, en regard des seules circonstances extérieures (le contexte général) et de leur dimension temporelle (requérant une connaissance historique des choses). Pour reprendre une question que nous posions au tout début de ce travail, c'est en ce point que l'agent du devenir éthique pourra trouver une place.

Certes, le cours des choses est déterminé, et il l'est de façon non téléologique – c'est-à-dire sans que les hommes et leurs désirs n'entrent dans la manière dont il est déterminé. Certes, nous ne sommes pas en mesure de nous déterminer nous-mêmes et dans l'instant à désirer ceci plutôt que cela, et donc à agir en un sens plutôt qu'en un autre. Et pourtant, la manière dont nous saisirons ou non les occasions qui se présentent à nous sera différente, à mesure que notre état différera de l'état des autres hommes : c'est là la *particularité* de notre action. De plus, la manière dont nous serons à même de les saisir ou non différera à mesure que notre propre état variera dans le temps, en lien avec ce qui est en nous, avec les rencontres que nous aurons favorisées ou qui nous auront été favorisées et avec ce que nous aurons été à même de comprendre : ce sera là la *singularité* de notre action. Ainsi, nous devons ajouter à la connaissance historique des circonstances la connaissance de même historique de l'auteur de cette action. Cela recoupe sa nature individuelle, mais aussi l'état dans lequel il est à ce moment précis, et donc la manière dont il est déterminé à désirer et à agir, toujours à ce moment précis. Une circonstance (neutre en elle-même) ne devient occasion (signifiante pour un individu) qu'à partir du moment où cet individu en fait quelque chose de particulier. Tout l'enjeu est alors de savoir s'il le fait parce qu'il est ainsi déterminé de fait, en raison de l'histoire factuelle qui a été la sienne jusqu'ici ; ou bien s'il le fait en lien avec ce qu'il est activement devenu, autrement dit en lien avec les nouvelles habitudes affectives qu'il s'est activement données.

OCCASIONEM CAPERE :
LA FAÇON PARTICULIÈRE DE RÉAGIR
À L'ÉTAT COMMUN DES CHOSES

Revenons un instant sur le scolie d'*Éthique* IV, 59, dans lequel Spinoza évoque deux manières possibles de rendre compte de l'action de frapper. Premièrement, en la considérant physiquement [*physice*] : « un homme lève le bras, ferme la main, et meut avec force tout son bras vers le bas » ; c'est là « une vertu qui se conçoit par la structure du corps humain[1] ». Nous sommes ici dans la pure description d'un mouvement corporel : il n'y a ni mention des circonstances dans lesquelles cette action a eu lieu, ni mention des effets qu'elle a eus sur autrui, ni jugement porté sur l'auteur de cette action. Deuxièmement, en la rapportant aux images qui ont été associées à cette action par son auteur : lorsqu' « un homme, poussé par la colère ou bien la haine, est déterminé à fermer la main ou à mouvoir son bras ». La description de l'action dans sa dimension physique

---

1   *E* IV, prop. 59, scolie, G II, p. 255 ; tous les passages suivants seront extraits de ce même scolie et cités de cette même page. Nous serions tentés de traduire dans ce passage *virtus* par « qualité distinctive » ou par « capacité corporelle » afin de ne pas introduire d'ambiguïté avec la connotation morale que peut prendre le terme de vertu ; en effet, le propos de Spinoza est précisément ici de montrer que l'on peut donner une description neutre et factuelle d'une action, qui pourrait par ailleurs être jugée d'un autre point de vue.

reste bien la même, mais en associant l'affection qui l'a déterminé à agir ainsi à l'action effectivement commise, nous ne sommes plus du côté de la simple description, mais de la compréhension de l'action, de l'attribution d'un sens au mouvement qui a été effectué.

Or, le fait de déterminer quelles images sont associées à cette action dans l'esprit de son auteur revient à préciser plusieurs choses : le contexte général dans lequel l'action se produit (la haine ou la colère éprouvée à l'égard d'une personne) ; le désir qui animait l'auteur de l'action (désir de faire mal à cette personne) ; et la situation précise dans laquelle cette action a eu lieu (lorsque l'auteur de l'action s'est trouvé en présence de la personne à l'égard de laquelle il éprouvait haine ou colère). Cela revient ainsi bien à déterminer les circonstances dans lesquelles cette action a eu lieu : ce n'est pas dans l'absolu et de façon contingente que l'auteur de l'action a levé puis mû vers le bas son bras, il l'a fait parce qu'il savait qu'il frapperait alors l'autre protagoniste, et parce qu'il était ainsi déterminé à réagir, en cet instant et dans ces conditions, par la manière dont il était affecté par cette même personne. Nous retrouvons dans chaque cas les trois éléments requis pour que l'on puisse parler d'*occasion* au sens plein : un pôle individuel déterminé par ses affections à désirer faire quelque chose ; un contexte extérieur propice à ce que cette action s'accomplisse ; et donc la rencontre *en un même moment* entre ce pôle individuel et la circonstance opportune.

Alors que nous avons principalement, jusqu'ici, fait porter notre attention sur les circonstances extérieures, que nous avons dans ce cadre caractérisées comme déterminantes d'une part, et historiquement ancrées d'autre part, le fait de parler d'*occasion* revient à accorder une place importante à l'individu qui saisit ou non cette occasion en fonction de ce qui est en lui. D'ailleurs, pour dire les choses de façon plus exacte, l'individu ne saisit pas une occasion préexistante, mais il se saisit d'une circonstance signifiante en regard de la manière dont il est affecté par les choses extérieures, et il fait alors de cette circonstance une *occasion* d'agir en fonction de son désir. Ce désir, qui amène à agir en un certain sens dans une circonstance donnée, peut d'ailleurs être fonction ou bien de notre nature individuelle, de notre *ingenium*, ou bien du groupe dans lequel nous sommes inscrits, et du statut que nous avons au sein de ce groupe. C'est particulièrement le cas en politique. Nous l'avons rappelé : les gouvernants sont des hommes comme les autres, ce qui signifie tout

aussi susceptibles de se laisser déterminer par leurs passions et par leur
intérêt personnel que les autres ; Spinoza évoquait alors l'importance
des institutions, qui ont pour but de faire que les gouvernants agissent
pour le bien commun, qu'ils y soient déterminés par leurs passions ou
bien qu'ils agissent sous la conduite de la raison. Nous avons un très
bon exemple de cette démarche dans le § 41 du chapitre VIII du *Traité
politique*. Spinoza évoque les précautions qui peuvent être prises afin
d'empêcher les juges de léser les plébéiens et d'épargner les patriciens
sous l'empire de la crainte, et mentionne le rôle des syndics, qui ont
le droit de connaître et de juger les activités des juges. On lit alors le
passage suivant à ce sujet :

> les syndics ne pourront éviter de s'attirer la haine de nombreux patriciens,
> mais ils acquerront en revanche la reconnaissance de la plèbe ; ils s'efforceront,
> autant qu'ils le pourront, d'obtenir cette approbation. À cette fin, ils ne
> manqueront pas, quand l'occasion s'en présentera [*data occasione*] de casser
> les sentences illégales prononcées au tribunal, d'enquêter sur tous les juges
> et de punir ceux qui auront fait preuve d'injustice ; rien n'émeut davantage
> l'esprit de la multitude[1].

De cet exemple, nous pouvons tirer un grand nombre d'enseignements.
Nous retrouvons tout d'abord ce qui a été déjà évoqué au cours de
l'étude des précédentes occurrences d'*occasio* dans les textes spinozistes :
la nécessité de rencontrer des circonstances adéquates (ici, des injustices
commises par des juges et des sentences illégales prononcées) afin de
pouvoir agir (punir les juges et casser les sentences) ; mais aussi, le désir
propre aux individus rencontrant ces circonstances (obtenir l'approbation
de la plèbe) et les déterminant de manière générale à agir en un certain
sens (défendre les intérêts de la plèbe). Nous avons donc bien à la fois
un contexte général et des occasions particulières. Mais dans le même
temps, cet exemple apporte un élément nouveau : il s'agit du fait que
les individus peuvent être déterminés à agir en fonction du désir qui a
été suscité en eux de l'extérieur. Ainsi, les syndics auraient peut-être
naturellement tendance à privilégier les patriciens, par crainte de repré-
sailles ou encore par espoir d'augmenter leur richesse personnelle. Spinoza
propose alors que les institutions pallient ce risque en insistant auprès
des syndics sur la reconnaissance qu'ils pourraient obtenir de la plèbe en

1   *TP*, chap. VIII, § 41, G III, p. 343.

la défendant – autrement dit en jouant sur une autre passion, qui est en l'occurrence le désir des honneurs. Cet exemple nous permet alors, outre l'enjeu politique qu'il présente, d'insister sur le fait que les circonstances ne sont pas déterminantes à elles seules (face à une même injustice, une autre personne aurait pu fermer les yeux et épargner les juges) et sur le fait que le désir des individus est déterminé de façon complexe, et peut *aussi* être suscité de l'extérieur pour des intérêts qui leur échappent.

On peut tout aussi bien utiliser le même procédé pour déterminer les hommes à désigner un seul et même bouc-émissaire quelle que soit la difficulté rencontrée ou le problème posé. Cela nous met ainsi en garde à l'égard de la tentation que nous pourrions avoir soit de considérer une circonstance comme signifiante par elle-même (objectivisme du fait), soit d'accorder trop d'ouverture affective aux hommes face aux circonstances qui se présentent à eux (absence de projection). Il y aurait dès lors deux dimensions de ce que nous pouvons appeler une *occasion*, l'une venant confirmer une polarisation affective, et l'autre donnant lieu à la constitution d'un *nouvel* ordre venant enchaîner *autrement* les affections : l'occasion prédéterminée que l'on va chercher dans les circonstances telles qu'elles sont, auquel cas « saisir une occasion » revient à « faire feu de tout bois » ; et l'occasion que l'on attend mais qui ne se présente jamais sous la forme à laquelle on s'attendait, auquel cas « quand l'occasion nous est donnée », elle donne lieu à quelque chose qui n'aurait jamais existé sans elle. C'est toute la différence entre réitérer sans cesse les mêmes comportements et *devenir*.

Ce dernier point nous met alors sur la voie du troisième élément fondamental de détermination de ce qu'est une occasion : la temporalité de la rencontre entre circonstance extérieure et désir individuel, qui doit entrer en résonance avec la temporalité propre de l'individu. Cela met en lumière le fait qu'une occasion ne peut être appréhendée dans l'absolu, de l'extérieur et abstraction faite du moment auquel elle se présente ; de même qu'autrui ne peut juger qu'une chose est bonne pour moi parce qu'elle l'est pour lui, de même il ne peut juger qu'une circonstance extérieure est une bonne occasion pour moi parce qu'elle l'est pour lui[1]. Il y a donc des *critères* de lecture des circonstances qui ne

---

1   Nous retrouvons ici, à un autre niveau, les difficultés posées par l'éducation d'un enfant : il s'agit à la fois de favoriser pour lui certaines rencontres, afin de pallier le fait que son corps est constamment comme en équilibre en lui proposant un ordre d'enchaînement

placent pas nécessairement les occasions dans les mêmes événements. D'où l'enjeu qu'une occasion soit *donnée* (afin qu'elle puisse le cas échéant être saisie) sans être imposée *comme telle* ; c'est probablement dans cette nuance que se situerait la différence entre un maître – lequel tente de mettre l'élève dans les conditions d'acquérir de nouvelles aptitudes propres à sa nature –, et un directeur de conscience – qui dicterait au sujet ce qui doit être occasion et ce qui ne doit pas l'être, en suscitant en lui une certaine manière d'être ou non affecté par les circonstances.

Nous trouvons de nombreux exemples illustrant ce point dans la correspondance de Spinoza, en raison des événements auxquels elle fait directement référence, et de la manière dont l'opportunité de ces événements est formulée en première ou en seconde personne. Le premier exemple intervient dans la *Lettre 48* de Spinoza à J. Ludwig Fabritius, Professeur de l'Académie de Heidelberg et Conseiller de l'Électeur palatin. Dans sa lettre, Fabritius proposait à Spinoza, au nom de l'Électeur palatin, un poste de professeur présenté comme une très belle occasion d'être rémunéré tout en disposant d'une grande liberté de philosopher :

> le Sérénissime Électeur palatin, mon seigneur très clément, m'a confié la charge de vous écrire [...] et de vous demander si vous seriez disposé à accepter une chaire ordinaire à l'Académie de Philosophie. Vous serait versée la rétribution annuelle dont jouissent à ce jour les professeurs ordinaires. Nulle part ailleurs vous ne trouverez un Prince plus favorable aux génies exceptionnels, parmi lesquels il vous compte. La liberté de philosopher la plus large vous sera laissée, dans la certitude que vous n'en abuserez pas pour troubler la religion publiquement établie[1].

Tous les éléments permettant de caractériser un événement extérieur comme une occasion semblent ici réunis : une proposition inattendue faite à Spinoza d'occuper une chaire ; une rétribution répondant aux préoccupations générales des philosophes ; une liberté de philosopher répondant aux préoccupations particulières de Spinoza ; l'assurance que les conditions ne changeront pas une fois l'occasion saisie. Et pourtant, Spinoza, tout en mesurant l'occasion que cette proposition représente aux yeux de son interlocuteur, décline cette invitation à rejoindre l'Académie de Heidelberg. Il le fait en ces mots :

---

de ses affections ; et de ne pas préjuger du fait que ce qui nous convient lui conviendra nécessairement, ce qui reviendrait à lui *imposer* cet ordre.
1   *Lettre 47* de J. Ludwig Fabritius à Spinoza, datée du 16 février 1673, G IV, p. 234-235.

s'il y avait jamais eu en moi le désir d'occuper une chaire professorale dans quelque faculté, je n'aurais pu en choisir aucune autre que celle qui m'est, à travers vous, offerte par le Sérénissime Électeur palatin. Je pense surtout à la liberté de philosopher que le Prince très clément veut bien m'accorder [...]. Mais du fait que je n'ai jamais eu l'intention d'enseigner publiquement, je ne puis me résoudre à saisir cette remarquable occasion, bien que j'aie long-temps débattu de cette affaire en moi-même. Car je pense premièrement que je cesserais de pousser plus avant la philosophie, si je voulais me consacrer à l'enseignement de la jeunesse. Je pense, ensuite, que j'ignore dans quelles limites cette liberté de philosopher devrait être contenue pour ne pas me donner l'air de vouloir troubler la religion publiquement établie [...] C'est pourquoi, très considérable Monsieur, vous voyez que je ne suis pas attaché à l'espoir d'une meilleure fortune mais plutôt à l'amour de ma tranquillité, et je crois pouvoir l'obtenir, dans une certaine mesure, en m'abstenant pré-cisément d'enseigner en public[1].

Spinoza évoque ainsi trois éléments qui sont autant d'obstacles à ce que la proposition de l'Électeur palatin constitue pour lui une véritable *occasion* à saisir. Le premier, c'est que la proposition d'une chaire (évé-nement extérieur) ne rencontre pas chez Spinoza le désir d'enseigner publiquement sa philosophie et d'augmenter par ce biais ses revenus. C'est là une absence du côté du pôle affectif individuel qui empêche que la rencontre ne se fasse entre ce pôle et la circonstance donnée. Le second élément, c'est que Spinoza a fort bien relevé le fait que la mention de la religion publiquement établie constituait une entrave possible à sa liberté de philosopher. C'est donc cette fois-ci, non plus le désir (en l'occurrence, de pouvoir philosopher librement) qui n'est pas présent chez Spinoza, mais le contexte dans lequel il s'exprimerait qui est remis en question. Cette proposition pourrait se révéler être *une fausse occasion*, au sens où les circonstances extérieures d'exercice de sa liberté de phi-losopher pourraient s'avérer moins propices qu'annoncé.

Le troisième et dernier élément nous permet de mesurer la complexité à l'œuvre dans la détermination de ce qui peut être une bonne occa-sion pour un individu donné, en raison à la fois de la multiplicité des circonstances extérieures et de la complexité propre aux esprits et corps humains. Il s'agit ainsi des effets induits sur d'autres désirs (continuer de pratiquer la philosophie, au sens de recherche toujours en cours et non de défense de thèses déjà établies), dans le cas où un premier désir se trouve

---

1   *Lettre 48 à J. Ludwig Fabritius*, datée du 30 mars 1673, G IV, p. 235-236.

exaucé (si jamais enseigner avait été son intention). Ainsi, répondre de façon favorable à une occasion qui nous est présentée nous détermine à agir dans le sens indiqué par le désir nous ayant fait cerner dans une circonstance extérieure une *occasion* propice pour nous ; et en agissant conformément à ce désir, nous n'agirons plus – ou moins – conformément à d'autres. Cela ajoute une condition supplémentaire à la délimitation de ce qu'est une occasion pour soi : qu'elle se présente en un moment opportun eu égard à nos aptitudes, au désir prépondérant du moment, et aux actions qui peuvent être différées, et dont le désir est dès lors pour l'instant moins prégnant. C'est ce que nous pouvons lire dans la réponse que fait Spinoza dans la *Lettre 84* « à un ami, à propos du *Traité politique* » : « je te remercie de tout cœur pour toutes les attentions si généreuses que tu as pour moi. Je ne laisserais pas passer cette occasion [...] si je n'étais occupé à quelque chose que je juge plus utile[1] ». Ainsi, il y a en Spinoza deux désirs : celui de répondre à la proposition de l'ami qui lui écrit et celui qui l'occupe actuellement (la rédaction du *Traité politique*). Il y a également des deux côtés les circonstances favorables pour exercer ces désirs : la proposition de son ami, et la possibilité de poursuivre la rédaction en cours. Par contre, ces deux actions ne sont pas compatibles entre elles, en ce qu'elles réclament chacune une attention et un investissement soutenus. Dès lors, Spinoza doit choisir entre les deux, et il le fait en lien avec ce qu'il juge le plus utile, donc en lien avec ce qui est le plus significatif pour lui à ce moment-là de son existence et de sa pratique philosophique[2]. Cela l'amène dès lors à laisser passer ce qu'il reconnaît pourtant être une *occasion* pour lui, dans la mesure où, bien que les circonstances proposées lui conviennent et qu'elles trouvent écho à un désir en lui, le moment n'est pas opportun eu égard à un autre désir concomitant.

Il y a donc plusieurs éléments pouvant expliquer soit qu'une circonstance extérieure ne soit pas perçue comme une occasion, soit qu'une occasion ne soit pas saisie par un individu, qui la perçoit cependant comme telle. Dans le premier cas, cela peut d'une part venir de la circonstance extérieure, telle qu'elle est perçue par la personne à laquelle

---

1   *Lettre 84 à un ami, à propos du* Traité politique, deuxième semestre 1676, G IV, p. 335.
2   Rappelons à ce sujet que Spinoza établit un lien explicite, dans la quatrième partie de l'*Éthique*, entre utile et désir d'une part, et entre utile et bien d'autre part. Voir à ce sujet la première définition et le scolie de la proposition 18.

une proposition est faite : on peut ainsi émettre des doutes sur le contexte dans lequel une action pourra ou non s'exercer. Cela peut d'autre part venir de l'absence de rencontre entre une circonstance telle qu'elle est présentée et un désir individuel n'y convenant pas : on peut ainsi juger inadéquate une proposition qui serait pourtant perçue comme une occasion par autrui. Cela peut enfin venir du moment auquel une proposition est formulée, n'étant pas opportun en regard de la temporalité dans laquelle la personne à laquelle elle s'adresse est inscrite : n'entrant plus en convenance soit avec l'état dans lequel se trouve la personne en question, soit avec les aptitudes qui sont désormais les siennes, une proposition qui aurait pu être une occasion à un autre moment n'en est plus une.

Dans le second cas, lorsqu'une occasion est perçue comme telle par une personne, mais que cette dernière la laisse cependant passer, cela peut venir, comme nous venons de le voir, de la présence d'un autre désir plus prégnant, et exclusif de l'autre action proposée. Ou bien encore d'une idée dont on voudrait croire qu'elle correspond en soi à un désir, mais qui n'est en réalité pas conforme à la manière dont on est affecté par la chose extérieure[1], et donc qui ne peut susciter en soi d'action consistant à saisir une occasion qui n'en est en réalité pas une à ses yeux. C'est ce qui est couramment interprété comme un manque de volonté, comme une attitude velléitaire (« toutes les conditions étaient réunies, il n'a pas été capable de saisir cette opportunité »), mais c'est en fait une question d'affections : en étant ainsi affecté par la chose extérieure, on ne peut la désirer, et donc on ne peut être déterminé à agir en vue de saisir ce qui n'est occasion pour soi qu'aux yeux d'autrui. Nous voyons donc que la détermination de ce qu'est une occasion est bien plus complexe que la seule détermination unilatérale par les circonstances extérieures, ou même que la seule rencontre entre une circonstance et une individualité prises dans l'absolu : en raison de la variation des choses extérieures, de la temporalité propre aux individus et de la complexité des corps et des esprits, seul un individu peut, pour lui-même et en un moment déterminé, dire ce qu'il

---

1   Dans le scolie d'*Éthique* II, 49, Spinoza affirme que « ceux qui confondent le mot [en l'occurrence l'expression "je veux faire quelque chose"] avec l'idée, ou avec l'affirmation même qu'enveloppe l'idée, pensent pouvoir vouloir contre ce qu'ils sentent ; quand ils affirment ou nient seulement quelque chose contre ce qu'ils sentent » (*ibid.*, scolie, G II, p. 132).

juge être bon pour lui – avec toujours le risque de se tromper, soit dans
l'évaluation du contexte extérieur, soit dans ce que l'on imagine être son
désir, soit encore dans l'estimation de ce qui est bon ou non pour soi.

Dans le même temps, à la fois en raison de traits anthropologiques
communs et de particularités liées aux groupes (familiaux, sociaux, profes-
sionnels, confessionnels, etc.) auxquels nous appartenons, il reste possible
d'influencer de l'extérieur la manière dont nous pouvons être amenés
à réagir en une circonstance donnée. De même qu'il faut comprendre
ce que sont réellement les hommes avant de tenter de leur donner les
moyens de devenir éventuellement autres par la suite, de même il convient
de commencer par étudier la manière dont nous sommes passivement
déterminés à réagir, avant de tenter d'établir comment nous pourrions
être activement et singulièrement déterminés à acquérir de nouvelles
aptitudes, lorsque l'occasion nous en sera donnée. Nous pouvons envisager à ce sujet trois niveaux d'influence.

Un exemple du premier niveau de détermination – que nous pourrions
qualifier d'anthropologique, au sens où il concerne la manière dont les
hommes sont couramment déterminés à réagir, en raison de la manière
dont ils sont *généralement* affectés par les événements extérieurs – se
trouve dans le paragraphe 8 du chapitre x du *Traité théologico-politique*,
dans lequel Spinoza évoque Job, le livre de Job, et l'importante controverse
qui a régné entre ceux qui ont écrit à ce sujet :

> je conjecture cependant que Job fut un Gentil à l'âme très constante, à qui la
> fortune fut d'abord favorable, puis néfaste, et, de nouveau, très heureuse. Car
> Ézéchiel (14 : 14) le nomme parmi d'autres, et je crois que cette variation de
> sa fortune et la constance dont il fit preuve ont donné à beaucoup l'occasion
> de disputer sur la Providence divine, ou du moins à l'auteur de ce livre de
> composer un dialogue[1].

Cet exemple se distingue ainsi par des événements particulièrement
marquants pour le commun des hommes : le fait qu'un homme bon
ait subi une mauvaise fortune alors que les choses se présentaient bien
pour lui jusqu'ici, qu'il soit resté l'âme constante dans cette mauvaise
fortune, et que son sort se soit amélioré par la suite.

Ces éléments retiennent l'attention dans la mesure où les hommes
peuvent aisément se projeter dans la situation de Job, à la fois en ce qu'une

---

1   *TTP*, chap. x, § 8, G III, p. 144.

mauvaise fortune peut leur arriver, et en ce qu'ils peuvent se demander comment ils réagiraient alors. C'est en raison de cette projection, de l'imagination qui y est liée, et des affects suscités chez le commun des hommes que la lecture du livre de Job devient *occasion* de disputer de la Providence divine (en se demandant pourquoi les bons se trouvent affligés en ce monde, ou bien si la Providence divine a récompensé Job de la constance de son âme en faisant en sorte que la fortune devienne de nouveau très favorable pour lui).

Ainsi, ce qui suscite ces réactions consiste à la fois dans les aventures de Job en elles-mêmes, et dans le sens que les hommes donnent à ces revirements de fortune. C'est ce qui est repris à un autre niveau et dans un autre contexte dans l'Appendice d'*Éthique* I, dans lequel Spinoza tente d'écarter les préjugés liés à une lecture téléologique du cours des choses et à la superstition qui en découle. Ce texte comporte ainsi plusieurs exemples de ce que les hommes pris en général ont tendance à penser, ou de la manière courante que nous avons tous d'interpréter les choses de la nature :

> les hommes considèrent tous les étants naturels comme des moyens en vue de ce qui leur est utile ; et parce qu'ils savent que, ces moyens, ils les ont trouvés et non pas disposés, ils y ont vu une raison de croire que c'était quelqu'un d'autre qui avait disposé ces moyens à leur usage [...] puisque nous plaît plus que tout ce que nous n'avons pas de mal à imaginer, pour cette raison les hommes préfèrent l'ordre à la confusion ; comme si l'ordre était quelque chose dans la nature indépendamment de notre imagination ; et ils disent que Dieu a tout créé en ordre[1].

C'est ainsi le fait que les hommes partagent des traits communs dans la manière dont ils sont affectés par les événements extérieurs qui les rend parfois prévisibles dans leurs réactions, et qui permet de comprendre en quoi certains événements plus que d'autres constitueront des *occasions* de discussions ou de superstition. C'est là le premier niveau de détermination, le fait que les hommes sont affectés *en tant qu'hommes* par des circonstances contingentes en elles-mêmes.

Dans le même temps, Spinoza n'évoque pas seulement Job dans ce passage, au sens d'un personnage historique auquel il est arrivé un certain nombre d'événements heureux et malheureux, mais aussi le livre de Job,

---

1   *E* I, Appendice, G II, p. 78 et 82.

autrement dit la manière dont ces événements ont été repris dans un récit. Or, présenter les événements d'une façon ou d'une autre influence la manière dont ils seront perçus, donc la manière dont les lecteurs en seront affectés et les interpréteront. Dès lors que l'on comprend comment les hommes sont déterminés à être affectés en général par les événements extérieurs, on peut jouer de leurs affects pour les amener à réagir d'une certaine façon. C'est par exemple le cas dans la manipulation sociale et politique en laquelle consiste la désignation d'un bouc-émissaire : dès qu'une difficulté est rencontrée, et tant que la multitude n'en connaît pas la véritable cause, on peut toujours désigner une fraction de la population comme étant à l'origine de cette difficulté, et détourner ainsi les hommes de toute révolte contre le pouvoir tout en les soudant entre eux (par leur opposition commune à un même « ennemi » supposé).

Mais le revers de cette possibilité de manipulation est que les gouvernants doivent autant s'attendre à ce que la multitude se révolte contre eux s'ils outrepassent les limites de l'acceptable, qu'ils peuvent s'attendre à voir la multitude manipulée quand ils se jouent de ses affects ; ou encore, le fait que les gouvernants offensent ce qu'elle respecte sera autant pour la multitude une *occasion* de révolte, que le fait que les gouvernants comprennent comment la multitude est susceptible d'être affectée est pour eux une *occasion* de la manipuler. La « circonstance extérieure » n'est ainsi plus seulement la manière fortuite dont les choses se présentent, mais la façon particulière dont elles ont été déterminées par l'action d'autrui – soit de façon concertée, s'il s'agit de donner à autrui une occasion d'acquérir une aptitude par exemple, soit sans en avoir conscience si une autre fin était visée et que l'on n'a pas mesuré les effets secondaires de l'action accomplie. C'est cette deuxième possibilité qui est visée dans le paragraphe 4 du chapitre XVIII du *Traité théologico-politique*. Spinoza relève en effet dans ce passage qu'il n'exista jamais de sectes dans la religion des Hébreux, sinon à partir du moment où les pontifes possédèrent l'autorité de décréter et de traiter les affaires de l'État – ce qui eut pour effet *secondaire* la dégradation de la religion en superstition, et la corruption du sens et de l'interprétation véritable des lois. Une fois acquis le pouvoir de traiter des affaires de l'État, chaque pontife « voulut rechercher la gloire pour son nom, dans la religion comme dans tout le reste, c'est-à-dire en déterminant tout par l'autorité pontificale, et en prenant chaque jour [...] de nouvelles décisions dont ils voulaient qu'elle soit aussi sacrées et possèdent autant d'autorité que les lois de Moïse[1] ».

Ainsi, c'est mus par le désir de gloire – fort répandu parmi les hommes[2] – que les pontifes en sont venus à multiplier les lois et à corrompre la religion, en vue de se faire reconnaître comme autorité personnelle. Mais cela eu pour effet de multiplier les controverses et les querelles, comme le relève Spinoza dans la suite du paragraphe : « il est indubitable que l'adulation des pontifes, la corruption de la religion et des lois, la multiplication incroyable de ces dernières, ont souvent et amplement donné occasion à des disputes et à des querelles sans issue[3] ». Dans ce cas, ce n'est pas un événement fortuit qui a été occasion de disputes et de la division des Hébreux en sectes (puisque c'est de façon délibérée que les pontifes ont multiplié les lois et corrompu le sens de la religion). Mais ce n'est pas non plus délibérément que les pontifes ont suscité ces divisions (puisqu'ils recherchaient la gloire personnelle et non la division en sectes des Hébreux). Toutefois, c'est ce qu'ils ont fait mus par un autre désir qui s'est révélé *occasion* de disputes : ils n'avaient pas mesuré les effets que leurs actions ne pouvaient manquer d'avoir sur les Hébreux, en raison de la manière courante dont sont affectés les hommes en général. Les traits anthropologiques partagés se doublent de la variété des manières dont chacun individuellement et tous collectivement peuvent être affectés par un événement ; et les circonstances fortuites se doublent des actions accomplies délibérément par autrui et adressées à un individu ou à un peuple en particulier, fût-ce à d'autres fins.

Avant de passer à la manière *singulière* dont nous pouvons agir au sein des choses extérieures, lorsque l'occasion nous en est donnée, il nous reste un dernier cas à envisager : la polarisation affective, au sens de façon particulière que l'on a de trouver dans toutes les circonstances extérieures une occasion de réagir de façon déterminée par l'affect dominant en soi. Cette polarisation affective fait que, selon l'expression courante,

---

1 *TTP*, chap. XVIII, § 4, G III, p. 222.
2 Dans le prologue du *TRE*, Spinoza place les honneurs parmi les trois objets que les hommes prisent comme étant le souverain bien. Il y qualifie alors les honneurs de « grande entrave, en ce que, pour les obtenir, il faut nécessairement diriger sa vie selon le point de vue des hommes, c'est-à-dire éviter ce que la foule évite et rechercher ce que la foule recherche » (§ 6, G II, p. 6).
3 *TTP*, chap. XVIII, § 4, G III, p. 223.

« toute occasion sera bonne » pour adopter un certain comportement, historiquement déterminé mais non temporellement inscrit, puisqu'il ne consiste en réalité qu'en la constante réitération du même, sans égard aux circonstances particulières qui nous sont données d'agir autrement. C'est là que l'expression « saisir une occasion [*occasionem capere*] » prend tout son sens : aller s'en emparer dans les circonstances même si elle ne s'y trouve pas particulièrement. C'est ce que l'on peut par exemple retenir de l'occurrence d'*occasio* dans la *Lettre 68 à Oldenburg*. Dans cette lettre, Spinoza évoque l'intention qui était la sienne de confier à l'imprimeur l'*Éthique*, mais aussi et surtout les attaques dont il est l'objet de la part de certains théologiens :

> le bruit se répandit qu'un certain livre où je traitais de Dieu était sous presse, et que je m'efforçais d'y montrer que Dieu n'existe pas. Nombreux sont ceux qui ont cru cette rumeur ! Si bien que certains théologiens (qui étaient sans doute à l'initiative de cette rumeur) ont saisi l'occasion [*occasionem cepere*] de se plaindre de moi en présence du Prince et des magistrats[1].

Dans cet exemple, nous sommes en présence de circonstances probablement suscitées de façon concertée par les théologiens (Spinoza soupçonne en effet qu'ils soient à l'origine de la rumeur destinée à le discréditer), circonstances dans lesquelles ces derniers ont opportunément trouvé occasion d'attaquer Spinoza. Les théologiens – qui étaient à l'affût d'une opportunité pour attaquer officiellement Spinoza – ont ainsi eux-mêmes suscité l'occasion d'être en mesure de le faire.

Dès lors, dans ce cas, on est affectivement polarisé (ici, en l'occurrence, la haine que les théologiens ont pour Spinoza), ce qui suscite en soi un certain désir déterminé et tout aussi polarisé (ici, le désir de nuire à Spinoza), ce désir polarisé amenant à aller chercher dans des circonstances s'y prêtant plus ou moins une occasion d'agir en ce sens. Si nous reformulions cette idée en termes ricœuriens – P. Ricœur ayant distingué divers modes de permanence de soi dans le temps, dans son ouvrage *Soi-même comme un autre* –, nous dirions que c'est là de l'ordre du « caractère », qui persiste en dépit de tout ce qui est acquis dans le temps[2], de l'ordre d'une réitération passive d'un même comportement

---

1 *Lettre 68 à Henry Oldenburg*, G IV, p. 299.
2 Paul Ricœur distingue, dans la cinquième étude de *Soi-même comme un autre*, le *caractère* et la *parole tenue*. Il définit ainsi le *caractère* comme « l'ensemble des dispositions durables

qui se maintient quelles que soient les circonstances et en dépit des événements qui affectent l'individu. En ce sens, « toute occasion sera bonne » pour se comporter d'une certaine façon, et c'est en cela que les actes d'un individu peuvent devenir prévisibles.

Ce qui distingue cette façon particulière qu'ont les hommes de réagir à l'état commun des choses en lien avec la manière prédominante dont ils sont généralement affectés d'une part, et la manière singulière dont on peut agir au sein des choses mais en faisant que la rencontre entre son désir et les circonstances extérieures donne lieu à quelque chose d'*autre* d'autre part, consiste en une inscription différente dans la temporalité. Ainsi, dans le premier cas, la temporalité consiste simplement en une constante réitération du même, et ne prend pas en compte l'ancrage temporel dans les choses de la nature : je suis déterminé à réagir d'une certaine façon, comme je l'étais auparavant et comme je le serai probablement à l'avenir. Dans le second cas, la temporalité consiste en l'inscription des changements dans un devenir donnant sens à l'ancrage temporel de la manière dont on est affecté : je suis déterminé à agir à la fois par mon désir et par les circonstances extérieures que je rencontre sans en préjuger, ce qui m'amène à agir différemment dans le temps, selon les habitudes affectives que je me donne et selon mon aptitude à être affecté en diverses manières. Je ne suis donc pas entièrement dépendant de la manière dont les choses se présentent à moi, mais leur ancrage temporel peut néanmoins m'importer, en ce que je peux y trouver occasion – si véritable rencontre il y a – d'acquérir de nouvelles aptitudes et ainsi de poser un autre jalon sur ce qui se constitue progressivement comme devenir éthique. C'est alors à cette dernière dimension que nous allons nous attacher désormais, afin de comprendre ce que peut signifier une *occasion donnée* d'agir (et non seulement une occasion saisie pour réagir),

---

à *quoi* on reconnaît une personne. C'est à ce titre que le caractère peut constituer un point limite où la problématique de l'*ipse* se rend indiscernable de celle de l'*idem* » (Paris, réédition en Points Seuil, 1990, p. 146). Bien que les cadres de pensée de Spinoza et de Ricœur présentent de notables différences, le fait que le second rapporte ces dispositions à la sédimentation d'habitudes acquises et à une constante réitération dans le temps nous semble aller dans le sens de ce que nous appelons une « polarisation affective ». Par distinction, Ricœur mentionne un autre modèle de la permanence dans le temps comme « parole tenue dans la fidélité à la parole donnée » et voit dans cet autre modèle « un *maintien de soi* » : « une chose est la persévération du caractère ; une autre la persévérance de la fidélité à la parole donnée. Une chose est la continuation du caractère ; une autre, la constance dans l'amitié » (p. 148).

et d'en arriver ainsi à la possibilité qu'ont les hommes d'accroître leurs aptitudes à l'occasion de leur ancrage temporel au sein du cours des choses.

DATA FUIT OCCASIO : LA MANIÈRE D'AGIR AU SEIN DES CHOSES EXTÉRIEURES, MAIS SELON UN ORDRE DÉTERMINÉ DU DEDANS

Être en mesure d'agir de façon autre que précédemment lorsque l'occasion nous en est donnée suppose donc à la fois que l'occasion se présente[1], et que nous soyons en mesure d'y répondre, notamment à partir des aptitudes qui sont *alors* les nôtres. En effet, le fait que nous soyons amenés à agir de façon autre qu'auparavant (marquant ainsi comme un jalon dans le cadre d'un devenir) ne signifie pas que nous puissions le faire quel que soit notre état précédent, comme si cette *autre* action pouvait surgir indépendamment de notre désir déterminé : dans l'expression « quand l'occasion m'en est donnée », il y a à la fois l'idée que cette circonstance précise se présente, et qu'elle se présente *à moi* en tant qu'individu singulier, déterminé à agir en un certain sens.

C'est en ce point que nous retrouvons la question de la temporalité. La première condition pour qu'une circonstance extérieure prenne le sens d'une occasion d'agir de façon singulière et nouvelle consiste en ce que l'agent de l'action soit prêt à la saisir, autrement dit que ses aptitudes du moment et sa manière d'être alors affecté lui permettent d'être *ainsi* déterminé à agir en cette occasion. Inversement, lorsqu'on saisit une occasion d'agir de façon non seulement déterminée (ce qui est toujours

---

1   La dimension de « ce qui arrive [*contingit*] » est donc essentielle à prendre en compte pour comprendre la trajectoire d'un individu : nous ne sommes pas affectés dans l'absolu, mais *à l'occasion* d'une rencontre avec une chose ou une situation extérieure. En ce sens, ce que nous avons l'occasion de rencontrer est partie prenante de ce que nous sommes, aux côtés de la manière singulière que nous aurons d'en être affectés. Dès lors, nous souscrivons à la remarque de L. Vinciguerra selon laquelle « le *contingere*, en revanche [par distinction avec *fortuna*], s'inscrit de plein droit dans la nécessité spinoziste » (*Spinoza et le signe*, troisième section, p. 94). Nous ajouterions qu'il s'inscrit également de plein droit dans l'anthropologie et l'éthique spinozistes, en nous référant par exemple à la proposition 12 d'*Éthique* II, selon laquelle « tout ce qui arrive [*contingit*] dans l'objet de l'idée constituant l'esprit humain doit être perçu par l'esprit humain » (G II, p. 95). Ce lien très étroit entre ontologie, anthropologie et éthique est le cœur même de ce que nous appelons une « anthropologie éthique ».

le cas), mais aussi prévisible (en ce que ce n'est que la manifestation de sa polarisation affective), on est toujours prêt à ainsi *réagir*, si l'on peut dire ; c'est plutôt le moment où l'on deviendra éventuellement apte à agir d'une autre façon qui fait question. On peut lire dans la *Lettre 60 à Tschirnhaus* l'exemple d'une véritable inscription dans la temporalité, en lien étroit avec les aptitudes antécédentes sur lesquelles il est requis de faire fond pour saisir une occasion d'agir comme on ne l'a jamais encore fait jusqu'ici. Dans la *Lettre 59*, Tschirnhaus posait entre autres deux questions à Spinoza : « quand pourrons-nous avoir votre méthode pour diriger correctement la raison, afin d'acquérir la connaissance de vérités inconnues » et « si vous en avez le loisir et l'occasion, je vous demande humblement la vraie définition du mouvement et son explication[1] ». Spinoza répond alors en ces termes : « concernant le mouvement et la méthode, comme rien n'est encore mis en ordre par écrit, je les garde pour une autre occasion[2] ».

L'on pourrait imaginer dans un premier temps que le terme *occasio* est ici employé en un sens faible ; à savoir « je remets à plus tard cette explication », pour une raison ou une autre, indépendante de mon aptitude à le faire à cet instant précis et de l'inscription de mon esprit et de mon corps dans une certaine temporalité déterminée et signifiante pour moi. Mais cette lecture est invalidée par l'incise précédant la mention de l'*occasio*, incise dans laquelle Spinoza précise que rien n'est encore mis par écrit sur la question. Dès lors, il ne s'agit pas de remettre à plus tard ce qui pourrait tout aussi bien être fait dans le moment présent, mais d'attendre une *occasion* pour faire ce qui n'est pas encore en mesure d'être accompli dans les conditions actuelles. C'est là l'inscription temporelle au sens fort du terme : peut-être un autre individu aurait-il pu répondre à cette question dans ce moment précis – surtout s'il avait déjà à l'esprit ce qu'il voulait dire et n'attendait qu'une « occasion » de le faire d'ailleurs –, mais dans l'optique de Spinoza et dans sa temporalité singulière, il n'est pas en mesure de voir dans cette suggestion une « bonne occasion » de se lancer dans cette entreprise. En d'autres termes, ce n'est pas pour lui le moment opportun de tenter de répondre à cette question, si son désir est de produire une définition à la fois convaincante et rigoureuse ; cette question arrive trop tôt pour que l'occasion qui lui

---

1   *Lettre 59* de Tschirnhaus à Spinoza, datée du 5 janvier 1675, G IV, p. 268.
2   *Lettre 60 à Tschirnhaus*, datée de janvier 1675, GIV, p. 271.

est donnée d'y répondre lui permette d'agir dans le sens dans lequel le détermine son désir. Nous voyons alors bien ici tout ce qui sépare une occasion saisie quelles que soient les circonstances et donnant lieu à une énième réitération du même, et l'attente de l'occasion propice – comme rencontre entre une circonstance précise et un désir déterminé – pour agir comme jamais nous ne l'avions fait jusqu'alors.

L'étude de cette occasion qui n'en était finalement pas une pour Spinoza nous permet d'ajouter un troisième élément comme condition nécessaire pour qu'une circonstance extérieure devienne occasion d'une action inédite : que cette circonstance soit pertinente et convienne d'une part, qu'elle rencontre un désir d'agir conforme à la manière dont l'individu est affecté par cette circonstance d'autre part, et enfin que cet individu soit en mesure de répondre à ce qui semble être une occasion pour lui (temporalité de la rencontre), en lien étroit avec ses aptitudes présentes et celles qu'il est susceptible d'acquérir à cette occasion. Ce sont là les conditions qui semblent inversement réunies dans la manière dont s'est passé le séjour de Tschirnhaus à Paris : Schuller a ainsi informé Spinoza dans une lettre datée de novembre 1675 que Tschirnhaus y avait rencontré Huygens sur recommandation de Spinoza, et que Huygens lui avait permis de devenir précepteur en mathématiques du fils de Colbert. Spinoza répond alors dans sa *Lettre 72 à Schuller* que c'est « une très grande joie pour [lui] que [Tchirnhaus] ait trouvé une occasion si opportune [*occasionam opportunem invenerit*] d'atteindre au but qu'il s'était proposé[1] ». Tschirnhaus avait bien un désir préexistant – rencontrer Huygens et trouver une place à Paris –, il a trouvé une circonstance particulière lui permettant d'accomplir ce désir – Huygens lui ayant trouvé ce poste –, et la rencontre opportune – en ce qu'elle prend idéalement place dans la temporalité propre de Tschirnhaus – entre ce désir et cette circonstance extérieure permet à Tschirnhaus « d'atteindre au but qu'il s'était proposé », ce qui n'aurait pas été possible sans cela.

L'*occasio* prend alors ici le sens fort de ce sans quoi le désir de Tschirnhaus n'aurait pu s'accomplir. Cette redéfinition nous amène parallèlement à préciser la manière dont sont déterminées nos actions, et tout particulièrement la manière dont nous pouvons être déterminés à agir *autrement* : il faut à la fois que notre désir nous détermine à agir en un certain sens (en lien avec notre manière d'être affectés), que nos

---

1   *Lettre 72 à Schuller*, datée du 18 novembre 1675, G IV, p. 305.

aptitudes actuelles nous rendent aptes à en acquérir d'autres, toujours en lien avec ce désir, et qu'une circonstance extérieure opportune nous permette d'agir effectivement en ce sens, en nous y co-déterminant. En résumé, s'inscrire dans un certain devenir éthique implique à la fois que l'*occasion* nous en soit donnée (soit dans le cours commun des choses, soit dans une circonstance suscitée par autrui à notre intention) et que nous soyons aptes à saisir cette occasion, en ce que cette occasion rencontre alors à la fois des aptitudes *actuelles*, et le désir *du moment* d'acquérir de nouvelles aptitudes *à la suite* de cette occasion. C'est là l'inscription temporelle irréductible de l'éthique, qui ne peut se concevoir ni comme une doctrine générale abstraction faite des conditions de sa pratique effective, ni comme une pratique qui pourrait avoir cours en tout temps et en tout lieu, indépendamment des aptitudes effectives et du désir déterminé des différents individus à un certain moment de leur existence. L'éthique est singulière, au sens où elle ne prend sens que dans le cadre d'existences actuelles déterminées, et au sein d'une inscription non moins déterminée dans une temporalité propre.

Ce lien étroit entre désir propre, circonstance opportune et moment propice se retrouve dans ce que Spinoza dit de sa manière de philosopher. En effet, bien que l'on puisse trouver judicieux de défendre une compréhension rationnelle des choses *en toute occasion*, il est des circonstances qui, précisément, ne sont guère propices pour tenir ce type de discours. Si bien peu de personnes parviendront un jour à mener une vie sous la conduite de la raison, alors que tous les hommes peuvent obéir, il conviendra dans certains cas d'amener les hommes à adopter un comportement d'apparence raisonnable en jouant de leurs affects, au lieu de tenter de les raisonner par un discours n'étant pas adapté à leur aptitude à comprendre, du moins dans ce moment présent. Dans le même ordre d'idée, les paraboles présentes dans l'Écriture Sainte sont particulièrement bien adaptées à la manière de comprendre du commun des hommes : il aurait donc été particulièrement mal venu, inversement, de voir dans la rédaction de ces livres une *occasion* de développer de grandes discussions d'ordre théologique. C'est là un bon exemple de l'attention portée à ne pas saisir dans n'importe quelle circonstance une *occasion* de projeter ses propres opinions, sans prendre en considération l'auditoire et la situation particulière dans laquelle il se trouve ; et c'est donc parallèlement un exemple de ce que signifie agir de

manière singulière lorsque l'occasion nous en est donnée, par cet effort
que fait l'individu qui agit ainsi pour comprendre la circonstance qui
se présente à lui. C'est d'une part parce qu'il aura en amont développé
son aptitude à affecter et à être affecté en diverses manières, qu'il pourra
être déterminé à agir par cette circonstance extérieure sans projeter sur
elle sa polarisation affective ; et ce sera en lien avec cette grande aptitude à affecter et à être affecté en diverses manières que son désir sera
déterminé en un sens fort et cohérent, et donc qu'il sera à même d'être
co-déterminé par ce désir.

Nous pouvons à partir de là donner un sens fort aux occurrences
du terme *occasio* dans l'*Éthique* comme dans le *Traité théologico-politique*,
lorsque Spinoza évoque les occasions qui lui ont été données de développer ses propres conceptions philosophiques – où l'on retrouve dans
les deux cas l'expression *data fuit occasio*. L'une des deux prend place au
début de l'Appendice d'*Éthique* I ; après avoir rappelé les propriétés de
Dieu exposées dans ce premier livre de l'*Éthique*, Spinoza affirme ainsi
que « partout où l'occasion s'est présentée, [il a] eu soin d'écarter les
préjugés qui pouvaient empêcher qu'on perçoive [ses] démonstrations[1] ».

L'on peut interpréter ce passage en un double sens. D'un côté, Spinoza
semble y affirmer qu'il a *systématiquement* combattu les préjugés faisant
obstacle à la compréhension de sa pensée, idée portée par le terme *ubicunque* ;
l'on pourrait alors se dire que Spinoza a saisi toute occasion de le faire,
quelles que soient les circonstances, tant cela lui semblait important
pour chacun quant à l'usage de la vie[2]. Mais cette lecture est invalidée
par la précision qui suit : si Spinoza a systématiquement tenté d'écarter
les préjugés, c'est toutes les fois que l'occasion s'en présentait à lui, donc
bien en certaines circonstances déterminées de l'extérieur et survenant
de façon relativement contingente en regard de son propre désir de le
faire. Il n'est donc pas allé chercher dans les circonstances des occasions
qui pourtant ne s'y prêtaient guère ; par contre, animé de ce désir, il
était dans l'attente de circonstances opportunes pour l'exprimer, ce qui
explique qu'il ait ainsi agi à chacune des occasions se présentant à lui.

C'est d'ailleurs la démarche que nous retrouvons dans cet Appendice :
Spinoza ne tient pas de grands discours sur les propriétés divines, pas

---

1   *E* I, Appendice, G II, p. 77.
2   Cela rejoindrait alors la fin d'*Éthique* II, lorsque Spinoza explique « combien [sa] doctrine
    sert à l'usage de la vie » (prop. 49, scolie, G II, p. 135).

plus qu'il ne fait reproche aux hommes de croire en une finalité dans la nature. Il profite plutôt de l'occasion qui lui est donnée, en cette fin de partie, d'expliquer aux hommes la raison de leurs préjugés. La compréhension de ces liens imaginaires et de la manière dont en naissent nos jugements changeant notre perception des choses, Spinoza est alors en mesure – dans cette situation nouvelle – d'en tirer des conclusions plus générales sur l'absence de finalité dans la nature et le caractère déterminé des désirs humains, conclusions qu'il n'aurait pas été approprié d'énoncer avant que les hommes ne soient en mesure de comprendre la manière dont ils sont déterminés à juger une chose parfaite ou imparfaite. Tout au long de cette démarche, c'est bien le même désir qui anime Spinoza – ôter aux théologiens ce pouvoir de domination sur les hommes –, mais ce désir a diversement été mis en œuvre selon la situation dans laquelle se trouvent les hommes. Nous retrouvons alors les trois éléments fondamentaux de l'occasion : désir individuel, circonstance extérieure propice et temporalité opportune.

L'autre occurrence de *data fuit occasio*, qui se trouve dans le paragraphe 9 du chapitre xv du *Traité théologico-politique*, nous permet de développer une interprétation de même ordre. Dans le paragraphe précédent, Spinoza s'en prenait à « ceux qui pensent que la théologie et la philosophie se contredisent l'une l'autre, et qui jugent donc que l'une ou l'autre doit être évincée du domaine où elle règne[1] ». Mais après avoir relevé qu'ils ne sont en cela que déterminés par leurs affects, Spinoza commence le paragraphe 9 par l'énoncé « laissons-les[2] ». Après avoir cerné la situation, après s'être fait une idée adéquate des circonstances, Spinoza juge inutile de montrer une nouvelle fois que philosophie et théologie doivent chacune régner dans leur domaine propre, sans être opposées l'une à l'autre. Ce n'est pas une bonne occasion de le faire, dans la mesure où ceux dont il parle dans le paragraphe précédent ne sont pas en mesure de l'entendre, et ne le seront pas tant qu'ils n'auront pas compris qu'ils sont en réalité déterminés par leurs affects à ainsi réagir. Ce serait ne pas être en mesure d'être diversement et adéquatement affecté par diverses situations que de vouloir leur tenir à tout prix un tel discours en cette occasion ; et ce serait être trop exclusivement et passivement déterminé à réagir de l'extérieur que d'entrer dans la polémique.

---

1 *TTP*, chap. xv, § 8, G III, p. 187.
2 *Ibid.*, § 9, G III, p. 188.

C'est alors dans ce contexte qu'intervient l'occurrence que nous évoquions : « quand l'occasion m'en fut donnée [*data fuit occasio*], j'ai aussi montré les absurdités, les inconvénients et les dommages qui résultent de la confusion étonnante de ces deux disciplines, de l'absence de distinction et de séparation entre elles[1] ». Ce que l'on peut lire dans ce passage, c'est que ces occasions ont été données à Spinoza de l'extérieur, dans le cours commun des choses : il n'est donc pas allé se saisir de circonstances insignifiantes en en faisant des occasions *pour lui*, et à cette seule fin d'exposer ses idées. Ainsi, il y avait bien, *dans* la circonstance extérieure, une *occasion* qui se présentait à Spinoza de montrer la nécessité de séparer philosophie et théologie, puisque les effets néfastes de leur confusion se sont manifestés dans des événements indépendants de lui. Dans le même temps, ces occasions ont rencontré le *désir* qu'avait Spinoza d'affirmer cette nécessité. C'est la possibilité de mettre à jour le lien entre un dommage causé d'une part, et la confusion entre théologie et philosophie qui en est selon lui la cause d'autre part, qui lui fait penser que c'est là un *moment opportun* pour changer la conception inadéquate que les hommes se font des liens entre ces deux disciplines. Finalement, peut-être est-ce cette perception du moment opportun qui est fondamentale dans notre aptitude à agir singulièrement : c'est seulement à partir du moment où nous sommes inscrits dans une temporalité qui est vraiment conforme à notre nature que nous pourrons être singulièrement affectés par une certaine circonstance convenant à cette nature personnelle, et que nous serons alors à même d'agir en étant déterminés tout à la fois et dans le même moment par notre désir et par l'occasion qui nous est donnée.

Dès lors, par distinction avec l'occasion que l'on va chercher dans n'importe quelle circonstance – auquel cas on n'est pas sensible à la réalité telle qu'elle est, mais seulement à la manière dont on est actuellement affecté –, nous sommes en présence d'une occasion au sens de ce sans quoi un événement ne peut se produire. Nous retrouvons ici l'idée selon laquelle « toute chose qui est finie et a une existence déterminée ne peut exister ni être déterminée à opérer, à moins d'être déterminée à exister et à opérer par une autre chose, qui elle aussi est finie et a une existence déterminée[2] ». Reformulé dans les termes qui nous occupent ici, cela donne l'idée selon laquelle les choses ne peuvent exister ni opérer

---

1   *Ibid.*
2   *E* I, prop. 28, G II, p. 69.

indépendamment de certaines circonstances déterminées. C'est donc au sens fort qu'il y a *co*-détermination par la nature propre de la chose en question et par la circonstance extérieure.

Il nous semble que nous pouvons retrouver un exemple de cette *co*-détermination dans le paragraphe 12 du chapitre III. Spinoza commence par affirmer que les Juifs ne détiennent aucun privilège qu'ils puissent s'attribuer au-dessus des autres nations, et qu'ils n'ont subsisté tant d'années et sans État que par la haine des autres nations, haine qu'ils se sont attirée par des rites extérieurs opposés aux rites de ces dernières. C'est à ce moment qu'intervient l'occurrence d'*occasio*, dans les termes suivants : « si les fondements de leur religion n'efféminaient pas leurs âmes, je croirais sans réserve qu'un jour, lorsque l'occasion leur en sera donnée [*data occasione*], comme les choses humaines sont changeantes, ils rétabliront leur État, et Dieu les élira de nouveau[1] ». Cette nouvelle occurrence concentre ainsi plusieurs éléments importants pour continuer de constituer le concept d'*occasio*. Le premier consiste en ce que tout enchaînement d'actions doit pouvoir trouver sa cause dans une circonstance déterminée : la condition pour que les Hébreux soient un jour en mesure de rétablir leur État est que l'occasion de le faire se présente à eux. Cela permettrait de relire sous un autre angle la remarque qu'Oldenburg fait à Spinoza dans sa *Lettre 33*, datée du 8 décembre 1665 : on ne pourra accorder foi à la rumeur selon laquelle les Juifs s'apprêteraient à se joindre de nouveau en une patrie que lorsqu'on en saura plus sur les circonstances susceptibles de permettre à cet événement de se produire. À ce niveau, *occasio* prend le sens de condition *sine qua non*.

Le second élément consiste en ce que, à ce moment de leur histoire collective et selon Spinoza, les Hébreux ne se consacrent pas assez à la Cité – ce qu'il exprime par la remarque selon laquelle leur religion efféminait leur âme – pour être en mesure de saisir l'occasion de rétablir leur État, si jamais cette dernière se présentait. En raison de leur manière actuelle d'être affectés et de leurs désirs afférents, ils ne sont pas en mesure de voir en une éventuelle circonstance pourtant propice une *occasion* de le faire. Dès lors, nous devons en conclure que l'occasion en question est certes une condition nécessaire pour que soit rétabli l'État hébreu, mais également une condition non suffisante, en raison de la *co*-détermination par la nature des Hébreux, ou plus précisément encore par

---

1   *TTP*, chap. III, § 12, G III, p. 57.

leur état [*constitutio*] présent. Pour qu'ils acquièrent l'aptitude consistant à reformer leur État, il faut qu'une circonstance extérieure trouve en eux des aptitudes antécédentes qui soient propices à cette acquisition.

Enfin, le troisième élément va nous permettre d'expliciter la raison pour laquelle nous parlons de « l'état présent » des Hébreux : nous pouvons en effet entendre en un triple sens l'incise spinoziste selon laquelle les choses humaines sont changeantes. Il peut ainsi s'agir de relever que les circonstances extérieures seront amenées à changer, dans la mesure où elles sont en perpétuelle variation. Il peut également s'agir de faire allusion au fait que, par le passé, les Hébreux étaient ainsi disposés[1] qu'ils auraient été en mesure de saisir une telle occasion se présentant. En ce cas, c'est l'état des corps et des esprits humains qui est jugé changeant. En dernier lieu – et c'est là ce qui nous mènera progressivement à une caractérisation des hommes par le biais de leurs aptitudes –, il peut s'agir d'affirmer que ce n'est pas parce que les Hébreux ne sont momentanément plus en mesure de répondre à ce type d'occasion qu'ils ne pourront pas l'être de nouveau à l'avenir, en lien à la fois avec la variabilité des affects et avec la temporalité propre à chaque individu et à chaque peuple. Ce dernier point est bien entendu d'une importance primordiale pour la conception d'un possible devenir éthique, conçu comme acquisition de nouvelles aptitudes en un certain temps, à une certaine occasion, et à partir d'aptitudes antécédentes.

Ainsi, les aptitudes que l'on acquiert sont toujours acquises *à l'occasion* de la rencontre avec une circonstance extérieure propice – rencontre pouvant être suscitée par un autre individu, comme dans le cas de l'éducation –, et *à partir d'*aptitudes antécédentes, déterminant la possibilité de répondre à cette occasion. Il n'y a d'acquisition d'aptitudes ni dans l'absolu – comme si elle pouvait se faire quelle que soit la temporalité propre à l'individu concerné –, ni dans l'autodétermination – comme si ces aptitudes pouvaient être suscitées en soi de façon directe et unilatéralement déterminée, indépendamment d'une rencontre avec des circonstances déterminées et partiellement déterminantes. Ce sont

---

1   Cette interprétation permettrait de comprendre l'apparente contradiction entre la mention des âmes efféminées des Hébreux dans le paragraphe 12 du chapitre III, et la mention contraire de la fermeté de leur âme dans le paragraphe 24 du chapitre XVII. L'on pourrait alors considérer que c'est la chute de Jérusalem (dissociant lois religieuses et lois politiques) qui a amolli l'âme des Hébreux. C'est leur État qui leur affermissait l'âme, et c'est la chute de leur État qui rend incertaine la possibilité de le rétablir bien des siècles plus tard.

là les réflexions à partir desquelles nous souhaiterions relire la remarque de Spinoza selon laquelle

> une fois, donc, la doctrine générale de l'Écriture parfaitement connue, il faut ensuite descendre à d'autres points moins généraux, mais qui concernent cependant l'usage commun de la vie et qui découlent comme des ruisseaux de cette doctrine générale : ainsi, toutes les actions externes particulières de vertu vraie, qui ne peuvent se pratiquer que dans une occasion donnée[1].

Si nous sortons du cadre restreint de l'Écriture sainte et de la question de la vertu vraie, il nous semble que nous pourrions reformuler comme suit cette affirmation spinoziste : une fois établi un désir individuel, il faut encore en venir à des actions particulières concernant l'usage commun de la vie ; et ces actions particulières devant prendre place dans le cours commun des choses, elles ne peuvent se pratiquer que lorsqu'une occasion opportune se présente.

Cela signifierait alors plusieurs choses. D'une part, que la manière dont un individu est affecté à un moment donné de son existence constituerait un cadre général déterminant un certain désir d'agir en un certain sens. D'autre part, que ce désir déterminé ne serait pas en lui-même suffisant pour que cet individu agisse effectivement en ce sens, dans la mesure où, pour en venir à l'usage commun de la vie, il faut que ce désir détermine *effectivement* l'individu à agir, ce qui passe par des actions particulières. Or, ces actions particulières prenant place dans l'état commun des choses, encore faut-il que ce désir rencontre une circonstance propice. Ce serait alors la raison pour laquelle, sur fond d'un certain désir déterminé, les actions externes particulières de l'individu se produiraient *dans une certaine occasion déterminée* – ce qui signifie lors d'une circonstance jugée propice[2] par l'individu en raison de la manière dont il en est affecté et du désir qui est alors le sien. Ces actions pourraient être déterminées de façon *singulière* (et non plus seulement particulière) dans la mesure où cet individu aurait agi en amont sur la manière dont il est affecté par les choses extérieures, n'étant alors plus passivement déterminé

---

1 *TTP*, chap. VII, § 7, G III, p. 103.
2 Il ne faut pas oublier en ce point que c'est donc de façon toute déterminée par la manière dont nous sommes affectés par une chose que nous la jugeons propice pour nous ; il n'y a pas plus de libre assignation d'une occasion qu'il n'y a de liberté de désirer une chose de préférence à une autre.

par ce qui a constitué de façon contingente[1] son histoire personnelle et particulière. Ce sont alors ces actions singulières qui pourraient être à même de constituer des jalons sur le chemin de son devenir éthique. Ce que cette étude suivie des occurrences d'*occasio* a à nous apprendre sur l'éthique spinoziste est donc que cette dernière ne peut être conçue ni indépendamment de la manière dont nous sommes affectés par les choses extérieures, ni en dehors de circonstances extérieures déterminées qui se présentent à nous et dans lesquelles nous pouvons trouver des occasions d'actions externes singulières. La difficulté consiste alors à rencontrer effectivement ces circonstances propices, et ce dans une temporalité qui soit opportune en regard de nos aptitudes et de notre état du moment.

Il nous reste désormais un dernier type d'occurrences d'*occasio* à étudier, ce qui nous permettra de répondre en partie à la difficulté que nous venons de soulever : il s'agit des occasions suscitées pour nous par autrui. Dans ce cas en effet, un autre individu produit – de façon plus ou moins adéquate – une action, en ayant l'idée que cette dernière sera pour nous une *occasion* d'acquérir de nouvelles aptitudes, en lien avec celles que nous avions déjà. Ce peut être l'action d'un parent dans le cas de l'éducation des enfants ; ou bien celle d'un maître ou d'un ami dans le cas du devenir éthique – qui, bien qu'il soit singulier, ne se conçoit pas dans l'isolement. En ce sens, faire effort « pour que le corps de l'enfance se change, autant que sa nature le supporte et y contribue, en un autre qui soit apte à beaucoup de choses[2] » pourrait consister à susciter des circonstances propices afin que des occasions soient données à l'enfant d'acquérir de nouvelles aptitudes, en lien avec celles qu'il a déjà et selon la temporalité qui est la sienne ; ce serait ainsi lui donner l'occasion de *devenir* adulte, et non seulement de *passer à* l'âge adulte. De manière plus générale, c'est là le moyen par lequel des occasions peuvent nous

---

1   Parler de contingence à un niveau anthropologique (ce que nous ne pouvons prévoir et qui a des effets sur le cours de notre existence) ne revient bien entendu pas à remettre en cause la thèse (ontologique) selon laquelle tout survient en y étant nécessairement déterminé. P.-Fr. Moreau condense en une formule ces deux aspects dans la section de *Spinoza. L'expérience et l'éternité* consacrée à l'expérience de l'extériorité : « du point de vue de l'ordre géométrique, il faudra dire qu'il n'y a pas de contingence historique en dernière instance. Le système démontre la pleine nécessité de ce qui survient dans chaque vie humaine. Mais il y a une contingence pour nous : il y a de l'inattendu, et précisément là où nous le désirons le moins. Le terme de fortune désigne les conséquences hasardeuses de cette absence de hasard » (p. 479).

2   *E* V, prop. 39, scolie, G II, p. 305 ; traduction modifiée.

être données en lien étroit avec notre nature propre, sans que nous ayons besoin d'attendre qu'elles se présentent à nous selon l'état commun des choses (qui est fortuit en regard de ce qui nous convient ou de ce qui est conforme à cette nature). Cela constitue donc une perspective pour penser la dimension à la fois singulière (en ce qu'elle est pensée en lien avec une certaine nature individuelle déterminée) et partageable (en ce que ce sont les particularités qui séparent les hommes et non l'ordre conçu selon l'entendement) de l'éthique ; ou encore pour penser un cheminement singulier et personnel accompagné par autrui, et non conçu dans la préservation de soi à l'égard de l'extérieur.

Les occurrences explicites du terme *occasio* allant dans ce sens sont peu nombreuses, et peuvent sembler porter sur des motifs soit relativement futiles (écrire rapidement une nouvelle lettre), soit fortuits (le père de David ne pouvait s'attendre à ce que son fils connaisse ce sort à la cour de Saül). Mais il nous semble toutefois instructif de les interpréter à cette lumière, afin de mesurer les enjeux éthiques de telles considérations. La première occurrence intervient dans la *Lettre 17* que Spinoza adresse à Pieter Balling le 20 juillet 1664. Dans cette lettre, Spinoza témoigne de sa tristesse (Balling venant de perdre son enfant) et de son inquiétude (Spinoza s'interroge sur la manière dont son ami pourra faire face à cette infortune). Spinoza conclut sa lettre comme suit : « J'ai été très bref, je l'avoue, mais c'était à dessein, afin de te donner de la matière pour que tu m'écrives à la première occasion venue[1] ». Le premier élément que nous pouvons relever consiste en ce que Spinoza précise le contexte de rédaction de sa lettre – en l'occurrence, l'intention qui était la sienne lorsqu'il l'a écrite –, afin que son ami ne se méprenne pas sur le sens de la brièveté de cette lettre. Cela rappelle ce que nous avons dit au début de ce chapitre, au sujet de l'occasion comme circonstance dont il faut prendre connaissance pour comprendre le sens d'une action.

L'on pourrait ensuite penser que l'occurrence d'*occasio* rejoint ce que nous disions de ce terme dans la section précédente, à savoir qu'il s'agira pour Balling de saisir dans n'importe quelle circonstance une occasion d'écrire à Spinoza ; ce serait là alors le sens faible, dans lequel on ne prête attention ni à la temporalité ni au contexte singulier au sein duquel on agit. Mais en réalité, les choses sont plus complexes que cela : en effet,

---

1   *Lettre 17 à Pieter Balling*, datée du 20 juillet 1664, G IV, p. 76 et 78 ; traduction modifiée.

si Spinoza peut demander à son ami de lui écrire à la première occasion venue, ce n'est pas en faisant appel à sa bonne volonté ni même à son courage, mais c'est parce qu'il l'y prépare par le contenu de sa lettre. Par la forme de sa lettre (la brièveté) et par ce qu'il dit de ses intentions au moment où il l'a rédigée (le désir que Balling lui réécrive au plus vite), Spinoza établit de manière concertée des circonstances qui amèneront Balling à effectivement lui réécrire très rapidement. Il donne alors par ce biais à son ami une *occasion* de lui réécrire. En ce sens – et c'est là que se joue la dimension tout à la fois singulière et inter-individuelle de l'éthique spinoziste –, une occasion peut être en partie suscitée par autrui, un autrui qui soit suffisamment proche de la personne à laquelle cette occasion est destinée, pour ordonner les circonstances au plus près de ce qu'est sa nature dans sa temporalité propre.

Il nous reste alors un dernier cas à étudier, qui nous mènera directement à la caractérisation des hommes par le biais de leurs aptitudes : il s'agit de ce qu'un individu sera apte à faire, de façon toute singulière, dans une occasion se présentant pourtant à lui de façon fortuite, au sens où elle n'a pas été suscitée par autrui à son intention. C'est le cas dans l'une des lectures possibles des raisons expliquant la présence de David à la cour de Saül, et c'est ce qu'évoque Spinoza dans le paragraphe 6 du chapitre IX du *Traité théologico-politique*. On y lit que l'auteur des chapitres 17 et 18 du premier livre de Samuel

> ne pense pas [...] que David ait rejoint Saül après que celui-ci l'eut appelé sur le conseil de ses serviteurs [...] ; il estime que le père de David l'ayant par hasard envoyé au camp auprès de ses frères, il fut connu de Saül à l'occasion de la victoire qu'il remporta sur Goliath le Philistin et qu'il fut alors retenu à la cour[1].

Dans cette version de l'arrivée de David à la cour de Saül, il n'y a pas une occasion suscitée par autrui à son intention, puisque ce n'était pas la visée de son père lorsqu'il l'envoya auprès de ses frères. C'est là ce qu'évoque Spinoza lorsqu'il parle de « hasard [*casu*] » : il y a ainsi eu rencontre entre deux séries causales déterminées mais indépendantes l'une de l'autre (celle qui a déterminé David à arriver au camp, et celle qui l'amena à combattre Goliath le Philistin). Ainsi, David a trouvé l'occasion de se faire remarquer par Saül dans une circonstance fortuite.

---

1   *TTP*, chap. IX, § 6, G III, p. 131.

Par contre, en raison des aptitudes qui étaient alors les siennes, et de la manière dont il était alors affecté par les choses extérieures, David a vu dans cette circonstance fortuite une occasion de combattre Goliath, et il l'a vaincu ; ce sont donc les aptitudes qu'il a été capable de mettre en œuvre qui sont ici au centre de l'attention, en ce qu'un autre individu n'aurait peut-être pas eu le courage de répondre au défi de Goliath, ou encore l'intelligence de trouver un moyen de le vaincre. Dans le même temps, l'on peut considérer que David a trouvé en répondant à cette circonstance particulière l'occasion d'acquérir de nouvelles aptitudes, en ce qu'il n'était que berger et est devenu roi ; on peut imaginer que sa destinée aurait été toute autre si cette occasion ne lui avait pas été donnée. Enfin, cette victoire, déterminée à la fois par la circonstance présentée à David et par la manière singulière dont il a été capable d'y répondre, fut à son tour l'*occasion* pour lui de se faire remarquer par Saül, et d'être retenu à sa cour, où il développera encore de nouvelles aptitudes. Dans ce dernier cas, la circonstance extérieure est pour partie suscitée par la manière singulière qu'a eue David de répondre à la première occasion qui lui a été donnée. Ce dernier point est important, en ce qu'il nous permet de rappeler que notre compréhension des choses extérieures et de nous-mêmes est à la mesure de notre aptitude à affecter et à être affectés de diverses manières à la fois ; dès lors, plus on nous donne d'occasions d'accroître nos aptitudes, plus nous serons à même d'y répondre, puis de devenir cause adéquate d'autres occasions à venir, à partir des aptitudes que nous aurons effectivement acquises. D'où l'importance de permettre aux enfants de *devenir* adultes, dans l'optique d'un éventuel devenir *éthique* ultérieur.

L'étude des occurrences d'*occasio* dans les différents textes spinozistes nous a permis de définir l'occasion comme un contexte particulier et ponctuel, se présentant en un moment opportun pour un certain individu, qui verra alors dans ce contexte une circonstance propice d'agir en un certain sens, selon son désir déterminé et sa manière actuelle d'être affecté par les choses extérieures. Elle se définit donc comme une rencontre entre un contexte extérieur et une individualité singulière, et permet ainsi de penser l'ancrage de l'éthique dans les choses de la nature, sans pour autant la réduire aux comportements passivement déterminés de l'extérieur[1]. Cette étude nous permet de réitérer l'importance qu'il y a à

---

1   Ces réflexions pourraient constituer le pendant éthique des remarques que V. Morfino développe dans le champ historico-politique, dans le cadre de son étude conjointe de

élaborer en amont sa propre affectivité, dans la mesure où notre aptitude à être affectés en diverses manières nous fera découvrir des occasions en des circonstances possiblement fortuites, et nous déterminera alors – par l'intermédiaire de notre désir – à agir en un sens convenant à notre nature lorsque ces occasions se présenteront à nous. Cette dernière occurrence a permis de souligner que nous nous singularisons les uns par rapport aux autres par le biais de nos aptitudes respectives, mais aussi d'un moment à l'autre de notre propre existence par l'acquisition progressive et la recréation constante de nouvelles aptitudes. Il y a ainsi les aptitudes antécédentes, sur lesquelles nous pouvons faire fond pour répondre aux occasions qui nous sont données ; les aptitudes nouvelles et en partie inattendues que nous acquérons lors de rencontres avec des circonstances propices ; ou encore les aptitudes que nous avons déjà mais que nous alimentons et réordonnons en diverses occasions et selon nos états successifs. Lorsque ces occasions nous sont données par un maître, ou encore lorsque nous commençons à être en mesure de susciter des circonstances propices pour nous-mêmes (en lien avec une compréhension plus adéquate de notre nature propre et de la nature des choses extérieures), cet accroissement d'aptitudes peut constituer un tournant dans notre vie, l'occasion de changer de mode d'existence : cela prend alors la forme d'un jalon, et constitue le moyen par lequel nous pouvons nous ancrer dans un certain devenir, sur fond de ces variations se produisant *à l'occasion* de circonstances communes.

Machiavel et de Spinoza : « Un événement historique comme la fondation d'un État n'est donc pas l'effet d'une cause première mythique, qui serait à l'origine d'un déploiement linéaire du temps historique (*ab urbe condita*), mais le résultat d'une rencontre complexe et aléatoire entre la vertu et la fortune sous la forme de l'occasion » (*Le temps et l'occasion. La rencontre Spinoza-Machiavel*, p. 164).

LES APTITUDES
COMME CONCEPT FONDAMENTAL
D'UNE ANTHROPOLOGIE ÉTHIQUE

Il nous reste désormais, à partir de ces réflexions, à mettre en place une caractérisation des hommes qui soit à même de répondre à plusieurs exigences. La première d'entre elles – et probablement l'une des plus problématiques – est que ce par quoi nous les caractériserons doit être suffisamment stable pour les définir de façon spécifique, et dans le même temps suffisamment plastique pour rendre compte des variations qui les animent sans cesse. Les corps humains faisant partie des corps pouvant être affectés d'un très grand nombre de manières tout en restant les mêmes, nous devons les concevoir de façon dynamique comme structure donnant lieu à tout un ensemble d'actions. Comme l'affirme Spinoza dans le scolie d'*Éthique* III, 2, nul ne sait ce que peut un corps ; nous pourrions dire sur le même modèle que nul ne sait ce que peut un homme. Le problème est que nous ne disposons pas, pour un homme pris comme une seule et même chose, d'une *fabrica* nous permettant d'appréhender comme structure commune *et* le corps *et* l'esprit. C'est donc en un autre concept que nous devons chercher une caractérisation des hommes permettant à la fois de les penser comme individus (donc comme un certain pôle déterminé), et de rendre possible le fait d'appréhender les changements dans le temps de ces individus (donc d'insérer dans cette caractérisation la question de la temporalité).

Spinoza définissant l'essence actuelle de chaque chose comme « l'effort par lequel [cette chose] s'efforce de persévérer dans son être[1] », il faudrait également que ce par quoi nous caractériserons les hommes puisse faire écho à leur puissance d'agir et de penser, et à ses variations. Dans la lignée de la proposition 7, c'est en effet à cette puissance que font référence les propositions 11 à 13 de la troisième partie : persévérer dans

---

1   *E* III, proposition 7, G II, p. 146.

son être revient pour l'homme à s'efforcer d'éloigner ce qui amoindrit sa puissance d'agir et de penser, et à s'efforcer de tendre vers ce qui l'augmente. Les hommes pourront ainsi être définis à la fois par le biais d'une puissance et par le biais de leur effort pour augmenter cette puissance. C'est là le premier point qui nous rapproche du concept d'aptitudes, en ce que ce dernier concentre à la fois la possibilité de les acquérir (les conditions ontologiques et anthropologiques), le complexe d'aptitudes progressivement forgé (le pôle singulier qui en résulte) et l'éventualité de constamment les augmenter en nombre et en variété (ce qui est du côté d'une puissance sans cesse renouvelée, réalimentée et accrue).

La seconde exigence consiste en ce que cette caractérisation doit à la fois valoir pour tous (c'est-à-dire donner une idée de la structure commune à partir de laquelle peuvent se penser les hommes en général), et être adaptable à chacun (à savoir permettre dans le même temps de rendre compte de la singularité de chaque individu). C'est nécessaire pour deux raisons : pour ne pas que cette caractérisation en vienne à exclure certains individus de la nature humaine d'une part, en affirmant qu'ils ne répondent pas aux critères de ce que *devraient* être les hommes[1] ; et pour ne pas, inversement, considérer que les hommes doivent se départir de leur nature humaine pour devenir sages d'autre part, par exemple en se faisant à l'image de Dieu. Cela revient dès lors à tenter de déterminer de véritables principes anthropologiques – qui soient indépendants d'enjeux moraux ou idéologiques –, et à inscrire toute éthique dans une anthropologie – et donc à bien écrire une *éthique*, selon la terminologie spinoziste, et non une satire ou encore une pure fiction. C'est donc en lien étroit avec notre projet de concevoir une « anthropologie éthique » que nous devons répondre à cette exigence et faire que la caractérisation des hommes que nous mettrons en place rende compte de la diversité des hommes comme du fait qu'il n'y a d'autre individu qui convienne mieux à un homme qu'un autre homme.

---

1   C'est en effet l'écueil de la caractérisation cartésienne des hommes par le biais de leur libre volonté. En effet, à partir du moment où le libre arbitre est appréhendé comme « ce qui me fait connaître que je porte l'image ou la ressemblance de Dieu » (*Méditations métaphysiques*, méditation quatrième, A II, p. 461), et où l'on affirme que la plus grande perfection de l'homme consiste dans « la résolution de ne jamais donner [son] jugement sur les choses dont la vérité ne [lui] est pas clairement connue » (*ibid.*, A II, p. 467), il y a une forme de confusion entre la définition de ce que sont les hommes et la caractérisation de ce qu'ils *devraient* être.

Cela engage aussi, dans le même mouvement, la possibilité de comprendre sous une seule et même caractérisation de la nature humaine, un individu à différents moments de son existence. En effet, si nous prenons au sérieux l'hypothèse d'un *devenir* que nous développons dans cette réflexion, cela signifie qu'un homme peut connaître des changements tels que l'on ne parviendra pas à le caractériser par le biais des mêmes concepts si l'on n'intègre pas dans la détermination de ce qu'est la nature humaine la possibilité même d'être aussi diversement affecté. L'enjeu ne consiste pas seulement à pouvoir inscrire sous une même caractérisation un sage et un ignorant ; mais également à inscrire au sein d'une seule et même nature un individu qui d'ignorant deviendrait sage – voire l'inverse, si l'on considère que notre puissance d'agir peut diminuer si nous ne l'alimentons pas constamment. C'est donc parce que le sage et l'ignorant sont tous deux hommes, et parce que l'on ne peut pas plus déchoir de sa nature humaine que s'en abstraire, que notre caractérisation des hommes doit être de nature anthropologique, au sens où elle doit pouvoir concerner tous les hommes comme chaque homme aux divers moments de son existence.

Enfin, la troisième et dernière exigence consiste en ce que cette caractérisation doit nous permettre de déterminer ce qui est utile *pour nous* : Spinoza relève en effet dans la préface d'*Éthique* IV que « nous désirons former une idée de l'homme à titre de modèle de la nature humaine que nous puissions avoir en vue[1] », et que c'est la raison pour laquelle il peut être utile de conserver les vocables « bien » et « mal », bien que nous nous leurrions quand nous leur conférons un sens absolu. Il ne peut s'agir d'attendre de la caractérisation des hommes qu'elle *constitue* ce modèle : ce qui est bon pour l'un n'est pas nécessairement bon pour l'autre, et ce qui est bon pour moi à un moment de mon existence peut être vain ou contreproductif à un autre moment. Nous ne pouvons donc attendre d'une philosophie qu'elle nous fournisse un modèle « prêt à l'emploi » de la nature humaine, qu'il s'agirait simplement d'appliquer, indifféremment pour tous et en tout temps. Par contre, cette caractérisation pourrait nous aider à constituer ce modèle, en nous proposant des clefs de compréhension de la manière dont nous fonctionnons en tant qu'hommes. C'est alors en prenant appui sur cette caractérisation que nous pourrions nous forger un modèle propre, qui soit à la fois pertinent d'un

---

1   *E* IV, préface, G II, p. 208.

point de vue anthropologique (il ne faut ni attendre de soi ce qui n'est pas à la portée des hommes, ni nier de soi ce que l'on peut espérer des hommes en général), et singulier, convenant à notre nature individuelle.

Qu'il s'agisse de la nature humaine en général ou des natures singulières, nous parlons tout à la fois des corps et des esprits humains[1]. Cela implique, selon la suggestion de Filippo Mignini, de définir le *conatus* en-deçà de la volonté (référée à la *mens*), afin qu'il soit pertinent pour le corps comme pour l'esprit[2]. Nous pourrions reprendre cette réflexion à notre compte : dans la mesure où Spinoza établit une distinction entre attribut de la pensée et attribut de l'étendue, tout en affirmant que l'homme consiste en une seule et même chose qui peut être conçue sous l'un ou sous l'autre, le problème est double. D'un côté, il devient impossible de considérer que les hommes se caractérisent au sens fort par le biais de l'âme, à la manière cartésienne[3] : puisque corps et esprit constituent une seule et même chose conçue sous deux attributs, l'un comme l'autre doivent être spécifiques de la nature humaine, on ne peut attendre de l'esprit qu'il spécifie un corps qui serait par ailleurs indifférent. Mais d'un autre côté, Spinoza ne peut pas plus caractériser les hommes uniquement par le biais de leur corps, dans la mesure où le corps et l'esprit consistent en une seule et même chose, et où l'esprit est déterminé selon les lois de la pensée, là où le corps est déterminé dans l'attribut qui lui est propre (celui de l'étendue). Il faut donc que la caractérisation des hommes à laquelle nous aboutirons puisse à la fois être pertinente pour le corps et pour l'esprit (chacun dans son attribut propre), et dans le même temps rendre compte de l'homme pris comme une seule et même chose (en-deçà de cette distinction entre corps et esprit).

Ce sont toutes ces exigences qui nous mènent au concept d'aptitudes. Ces aptitudes que nous pouvons acquérir – augmentant par là-même

---

1 Cela revient à se placer au niveau d'« une seule et même chose », sans choisir de concevoir cette chose seulement « sous l'attribut de la pensée », ou seulement « sous l'attribut de l'étendue » (*E* III, prop. 2, scolie, G II, p. 141). Donner ni trop ni trop peu au corps comme à l'esprit, donc se placer au niveau de l'homme, pourrions-nous dire.

2 Nous nous référons à l'intervention de F. Mignini (déjà mentionnée) dans le colloque « Spinoza en Angleterre : sciences et réflexions sur les sciences », organisé à l'ENS de Lyon en octobre 2012.

3 Nous pouvons par exemple nous référer à ce sujet à la méditation sixième, dans laquelle Descartes écrit : « il est certain que *moi, c'est-à-dire mon âme, par laquelle je suis ce que je suis*, est entièrement et véritablement distincte de mon corps et qu'elle peut être ou exister sans lui » (*Méditations métaphysiques*, méditation sixième, A II, p. 488 ; nous soulignons).

notre puissance d'agir et de penser –, que nous pouvons diversifier – parallèlement aux diverses manières dont nous sommes affectés par les choses, qui peuvent s'accroître au fil du temps –, mais que nous pouvons aussi perdre – si nous ne veillons pas à les réalimenter et à les recréer sans cesse. Ces aptitudes sur lesquelles on fait fond dans l'éducation comme dans le devenir éthique (car elles ne se créent jamais de rien) et qui, dans le même temps, donnent lieu à d'autres aptitudes aux effets insoupçonnés, développés à l'occasion de rencontres inattendues, mais particulièrement propices. Des aptitudes enfin qui ont des enjeux éthiques certains en ce qu'elles ouvrent les manières dont on peut être affecté par les choses extérieures, consistent en une affirmation de soi (par distinction avec les morales de l'obligation et du repli), s'accroissent lorsque des individus mettent en commun leur puissance, et se traduisent finalement par une plus grande part d'éternité de l'esprit, en lien avec un accroissement des aptitudes du corps.

APTITUDES EN VARIATIONS DU CORPS COMME DE L'ESPRIT : UNE CARACTÉRISATION DE L'HOMME PRIS COMME UN TOUT

Le premier élément à relever est que les aptitudes ne consistent pas en des dispositions que l'on aurait en puissance, et qu'il s'agirait d'actualiser progressivement. C'est là en effet une première ambiguïté à lever, dans la mesure où nous pourrions imaginer qu'il existe un ensemble fixe et prédéterminé d'aptitudes spécifiquement humaines (faire un usage adéquat de sa raison, savoir disposer correctement de sa liberté, etc.) qui seraient communes à tous les hommes, et qu'il s'agirait simplement de mettre en œuvre. En ce sens, acquérir des aptitudes consisterait à apprendre à user de facultés innées. Mais en réalité, nos aptitudes sont en constante variation, ce qui signifie tout à la fois que nous sommes susceptibles d'en acquérir tout au long de notre existence (et non seulement pendant l'enfance), et que nous sommes susceptibles de perdre des aptitudes précédemment acquises (elles ne consistent donc pas en des dispositions constamment disponibles, qu'elles soient ou non actuellement mises en pratique). Nous pouvons tirer d'une part cette affirmation de la proposition 14 d'*Éthique* II, selon laquelle « l'esprit humain est apte à percevoir un très grand nombre de choses, et d'autant plus apte [*aptior*] que son corps peut être disposé d'un très grand nombre de manières[1] ». L'usage du comparatif *aptior* laisse en effet entendre que ces aptitudes sont susceptibles de s'accroître et de se diversifier, sans que Spinoza ne laisse entendre d'aucune manière en cette proposition ou en sa démonstration que cela ne concerne que les enfants. Les corps humains sont particulièrement complexes, ce qui les rend aptes à varier de multiples manières sans pour autant changer de forme ou de nature ; et l'esprit humain perçoit ce qui advient dans le corps dont il est l'idée, ce qui l'amène à être lui-même affecté de diverses manières à la fois, et donc à contempler et à comprendre plusieurs choses à la fois. Le fait de caractériser les hommes par le biais de leurs aptitudes reviendrait ainsi à mettre en lumière le fait que ces derniers sont en constante variation d'une part, et à envisager le fait qu'il puisse faire en sorte de continuer de l'être tout au long de leur vie, y compris lorsqu'ils sont sortis de la période d'apprentissage que constitue l'enfance d'autre part. C'est la raison pour laquelle nous avons envisagé de comprendre l'éthique spinoziste comme un constant devenir, et l'insistance de Spinoza sur la possibilité des corps et des esprits humains de devenir *plus* aptes va bien dans ce sens.

Mais, ce qui rend ce devenir éthique complexe, ce n'est pas seulement que le fait d'acquérir de nouvelles aptitudes à l'âge adulte demande un effort, un investissement supplémentaire en vue d'une augmentation de puissance – alors que nous avons plutôt tendance à nous figer dans une polarisation affective habituelle, ou encore à varier en un sens et en un autre sans cohérence, selon la manière dont nous sommes affectés *de fait* par l'ordre commun des choses. C'est également que nous pouvons *perdre* des aptitudes. Ainsi, il ne s'agit pas seulement d'acquérir des aptitudes nouvelles, en sus de celles que nous avons déjà ; il convient aussi d'alimenter, de refaire, de recréer celles que nous avons acquises. Il y a donc une dimension fondamentale de pratique[2] et de constante ouverture dans l'éthique spinoziste, dans la mesure où il n'y a jamais

---

1   *E* II, prop. 14, G II, p. 103.
2   Peut-être pourrions-nous ici établir un parallèle entre aptitudes humaines et sens des mots. En effet, les mots sont susceptibles de perdre leur sens si leur usage se perd, de même qu'un homme est susceptible de perdre ses aptitudes s'il ne les met pas en pratique.

rien de définitivement acquis : tout ce qui n'est pas régulièrement mis en pratique risque d'être perdu, et devra faire l'objet d'une nouvelle acquisition. C'est là la dimension foncièrement *dynamique* de l'ontologie, de l'existence humaine, et partant de l'éthique ; et c'est la raison pour laquelle nous concevons, dans le cadre de la pensée spinoziste, l'éthique comme mouvement, comme devenir et non comme un état auquel nous pourrions aboutir à l'issue d'une parcours propédeutique.

Nous pouvons appuyer ce raisonnement sur la démonstration d'*Éthique* IV, 43. La première partie de cette démonstration affirme que le chatouillement, en tant que joie qui affecte de façon plus spécifique une ou quelques partie(s) du corps, peut « empêcher[r] le corps d'être apte à être affecté d'un très grand nombre d'autres manières[1] ». Spinoza explique ensuite que la douleur ne peut être bonne en elle-même (contrairement à la joie), mais que l'on peut cependant « la concevoir telle, qu'elle puisse contrarier le chatouillement et l'empêcher d'être excessif, et en cela, empêcher le corps d'être rendu moins apte [*minus aptum*], et donc en cela elle sera bonne[2] ». Dans la mesure où Spinoza estime comme non pertinents les jugements portés de l'extérieur et abstraction faite de la puissance d'agir de l'individu lui-même, nous ne pouvons considérer qu'il utilise ici cette expression au sens où le corps de cet individu serait moins apte que ce qu'il *devrait* être. Ainsi, c'est bien une perte d'aptitudes qui est évoquée : une douleur peut être bonne dans la mesure où elle contrarie une joie qui se traduirait par la perte d'une ou plusieurs aptitude(s) par l'individu en question. Inversement, une joie peut être mauvaise si, en se focalisant sur une seule partie du corps, elle fait perdre aux autres des aptitudes à affecter et à être affectées qu'elles avaient pourtant acquises. Les aptitudes du corps et de l'esprit sont donc en constante variation, au sens où elles peuvent être acquises ou perdues tout au long de l'existence, de même que la puissance d'agir et de penser des individus peut être accrue ou diminuée.

De plus, dans l'optique consistant à rechercher une nouvelle caractérisation des hommes qui permette de considérer ces derniers comme un tout, il est important de relever que Spinoza insiste à de nombreuses reprises sur le fait que les aptitudes du corps (à être affecté et à agir) et les aptitudes de l'esprit (à percevoir les affections du corps et à comprendre)

---

1   *E* IV, prop. 43, dém., G II, p. 242.
2   *Ibid.*

sont corrélatives les unes des autres. La difficulté est en effet double, dans le cadre de la pensée spinoziste : d'un côté, corps et esprit sont une seule et même chose conçue sous deux attributs différents, et d'un autre côté, chacun est déterminé selon les lois de l'attribut qui lui est propre. Dans le cadre de notre questionnement, cela signifie tout à la fois qu'on ne peut caractériser les hommes par l'un de ces deux modes à l'exclusion de l'autre (puisque l'autre ne suit pas les mêmes lois, bien que les idées ou les actions s'enchaînent en lui selon le même ordre), et qu'on ne peut pas plus le caractériser de façon homogène par l'un et l'autre à la fois (puisqu'ils ne s'insèrent pas dans les mêmes séries causales). Or, ce qu'apporte ce concept d'aptitudes, c'est précisément une caractérisation *commune* de deux modes *différents* : il se décline en effet en aptitudes à affecter et à être affecté du corps, et en aptitudes à comprendre ou à penser de l'esprit ; et dans le même temps, les aptitudes du corps et de l'esprit étant concomitantes les unes des autres, cette caractérisation vaut bien également pour l'homme pris comme un tout, à l'instar de la puissance.

Le scolie d'*Éthique* II, 13, dans lequel nous trouvons plusieurs occurrences d'*aptus* et d'*aptior*, suit ainsi ce mouvement de pensée. Dans un premier temps, Spinoza rappelle que ce qu'il a « montré jusqu'ici, ce ne sont que des communs, qui n'appartiennent pas plus aux hommes qu'aux autres individus, lesquels sont tous animés, quoique à des degrés divers[1] ». Mais c'est pour préciser aussitôt que les idées diffèrent entre elles autant que leurs objets (c'est-à-dire les corps dont elles sont les idées) diffèrent entre eux ; la complexité d'un esprit sera donc à la mesure de la complexité du corps dont il est l'idée. Spinoza en revient alors à l'esprit humain, qui « diffère des autres et l'emporte sur les autres[2] », et c'est précisément en ce point qu'intervient la question des aptitudes

---

1   *E* II, prop. 13, scolie, G II, p. 96. Si c'est à des degrés divers, cela signifie que ce n'est pas parce qu'il y a en Dieu une idée de la pierre comme il y a en Dieu une idée de mon corps que la pierre peut penser *comme* je pense.

2   *Ibid.*, G II, p. 97. Il peut être surprenant de voir Spinoza affirmer que l'esprit humain l'emporte sur les autres esprits, alors qu'il mentionne par ailleurs qu'on ne peut considérer qu'un individu est privé de quoi que ce soit en regard d'un autre. Il nous semble qu'il faut rattacher cette affirmation aux considérations qui vont suivre sur la nature des corps : le corps humain contient plus de réalité au sens où il est plus complexe qu'une pierre ou une plante. En ce sens, ses aptitudes sont plus importantes, ce qui fait qu'il l'emporte en puissance d'agir et de penser sur les autres individus, sans que nous puissions en conclure qu'il manque quoi que ce soit à ces autres individus.

du corps et de l'esprit. Il semblerait donc que, si la puissance d'agir est commune – bien qu'à des degrés divers – à tous les individus, Spinoza parle plus spécifiquement des aptitudes lorsqu'il aborde la question des esprits et corps plus complexes que sont les esprits et corps humains.

Nous lisons en effet dans la suite de ce même scolie que « plus un corps l'emporte sur les autres par son aptitude à agir et à pâtir de plusieurs manières à la fois, plus son esprit l'emporte sur les autres par son aptitude à percevoir plusieurs choses à la fois[1] ». Nous pouvons tirer de ce passage plusieurs éléments nous faisant progresser quant à la caractérisation des hommes par le biais de leurs aptitudes. Le premier consiste en ce que le corps est caractérisé par le biais de son aptitude à agir et à pâtir, et l'esprit par son aptitude à percevoir ; l'aptitude consiste donc en un concept commun, pouvant se décliner dans l'un ou l'autre attribut. Le second consiste dans le fait que l'aptitude de l'esprit à percevoir est proportionnelle à l'aptitude du corps à agir et à pâtir ; plus le corps sera apte à affecter et à être affecté de diverses manières, plus l'esprit sera apte à comprendre plus de choses à la fois. Le fait que l'homme soit une seule et même chose est donc particulièrement bien rendu par ce concept d'aptitudes, en ce qu'on ne peut envisager de développer les aptitudes du corps au détriment des aptitudes de l'esprit, ou inversement. Cette profonde unité de l'homme serait beaucoup moins manifeste si, tout en pouvant se décliner dans l'un ou l'autre mode, les aptitudes pouvaient s'acquérir et s'alimenter de manière privilégiée dans l'attribut de l'étendue ou dans celui de la pensée ; la dualité des modes prendrait alors le pas sur l'unité de l'homme.

Le troisième élément consiste en ce que la puissance de l'esprit et du corps est elle-même proportionnelle à ses aptitudes à agir et à percevoir. Ce point est important car l'essence actuelle de tout individu (homme compris) consiste à s'efforcer de persévérer dans l'être ; donc, si les hommes sont d'autant plus puissants qu'ils acquièrent plus d'aptitudes, cela signifie que ces aptitudes pourront constituer pour eux un critère éthique. Autrement dit, *devenir* éthique pourrait consister à continuer d'acquérir de nouvelles aptitudes et à alimenter celles qui sont déjà acquises, tout au long de sa vie, à être constamment en mouvement, sans jamais considérer que l'on peut s'arrêter en un certain état. En retour, ce

---

1   *Ibid.*

mouvement constant permet de comprendre la persévérance dans l'être comme l'affirmation d'une puissance et le passage constant à d'autres états convenant mieux avec notre nature propre, et non plus seulement comme maintien en vie, voire en l'état. Enfin, le quatrième et dernier élément consiste en l'insistance de Spinoza sur la variété des aptitudes à acquérir : il parle ainsi d'être apte à agir « de plusieurs manières à la fois », et d'être apte à percevoir « plusieurs choses à la fois ». Cela va de nouveau dans le sens d'une distinction avec un ensemble de dispositions prédéterminées qu'il s'agirait d'exprimer ou d'actualiser : il ne s'agit pas ainsi d'une liste de compétences à acquérir, mais de nouvelles aptitudes à constituer, autant qu'il est en soi ou autant qu'on le peut. Le concept d'aptitudes rend donc également la dimension foncièrement ouverte de l'éthique spinoziste, qui consiste à agir, à l'occasion de circonstances propices, comme jamais nous ne l'avions fait auparavant, et non à répéter des voies déjà expérimentées par d'autres et que nous parcourrions dans une polarisation affective toujours plus ancrée.

Ce sont ainsi ces dimensions qui seront reprises dans la quatrième partie de l'*Éthique*, dans laquelle il est précisément question de la force des affects. Nous lisons par exemple dans la proposition 38 qu'est utile à l'homme « ce qui dispose le corps humain à pouvoir être affecté de plus de manières, ou ce qui le rend apte [*aptum*] à affecter les corps extérieurs de plus de manières » ; et que c'est d'autant plus utile que cela « rend le corps plus apte [*aptius*] à être affecté[1] ». Il y a donc de nouveau mention des aptitudes du corps à affecter et à être affecté, mais aussi de l'accroissement de ces aptitudes, à la fois en nombre et en variété – l'idée est ainsi de pouvoir être affecté de plusieurs manières à la fois, afin de ne pas être dépendant d'une seule polarisation affective. Dans la démonstration de cette proposition 38, Spinoza justifie cette utilité de ce qui vient accroître l'aptitude du corps à affecter et à être affecté, par le lien entre cet accroissement et l'accroissement corrélé de l'aptitude de l'esprit à percevoir, rappelant pour cela la proposition 14 d'*Éthique* II : « l'esprit humain est apte [*apta*] à percevoir un très grand nombre de choses, et d'autant plus apte [*aptior*] que son corps peut être disposé d'un plus grand nombre de manières[2] ». Ces passages confirment donc ce que nous évoquions précédemment : le concept d'aptitude est

1   *E* IV, prop. 38, G II, p. 239.
2   *E* II, prop. 14, G II, p. 103.

à la fois pertinent pour le corps (aptitude à affecter et à être affecté) et pour l'esprit (aptitude à comprendre) pris indépendamment l'un de l'autre, et pertinent pour l'homme considéré comme un tout (puisque l'augmentation ou la diminution des aptitudes du corps et de l'esprit sont concomitantes). Dès lors, alors que nous ne pourrions pas caractériser les hommes par les affections (qui ne concernent que leur corps à proprement parler) ou par la compréhension (qui ne concerne que leur esprit), nous pourrions les caractériser par le biais de leurs aptitudes.

Le dernier élément que nous pouvons apporter à cette idée consiste en ce que Spinoza semble considérer que les corps et esprits humains ont un nombre et une variété d'aptitudes particulièrement élevés – ce qui justifierait de caractériser les hommes par ce biais, par distinction avec la puissance d'agir qui concerne tous les individus et non seulement les hommes. Nous nous appuyons en cela sur le début du scolie d'*Éthique* V, 39 : « les corps humains sont aptes à un très grand nombre de choses », et pour cette raison, « il ne fait pas de doute qu'ils peuvent être de nature telle qu'ils se rapportent à des esprits ayant d'eux-mêmes, ainsi que de Dieu une grande connaissance, et dont la plus grande part, autrement dit la principale, est éternelle[1] ». Spinoza réitère donc dans ce passage le lien étroit entre aptitudes du corps et aptitudes de l'esprit. Mais il apporte également un autre élément : le fait que les corps et esprits humains sont aptes à un grand nombre de choses ; cela peut vouloir dire à la fois que *tous* les corps et esprits humains ont beaucoup d'aptitudes (en raison de leur complexité spécifique, et indépendamment du fait qu'il s'agisse de sages ou d'ignorants), et que ce sont tout particulièrement les corps et esprits *humains*, qui ont beaucoup d'aptitudes (par distinction avec les corps et esprits moins complexes).

Il y a une raison ontologique à cela – raison qui pourrait expliquer que les hommes soient de façon prééminente concernés par l'éthique –, que l'on peut mettre en lumière si on met ce passage en rapport avec les postulats de la petite physique dans lesquels Spinoza passe au corps humain. C'est précisément la complexité, puis les aptitudes du corps humain en lien avec cette complexité, dont il va être question dans ces postulats : « le corps humain est composé d'un très grand nombre d'individus (de nature diverse), dont chacun est très composé » selon le postulat 1 – condition requise, d'après le scolie précédant, pour pouvoir

---

1   *E* V, prop. 39, G II, p. 304.

être affecté de diverses manières à la fois sans changer de nature ou de forme – ; « les individus composant le corps humain, et par conséquent le corps humain lui-même est affecté par les corps extérieurs d'un très grand nombre de manières » selon le postulat 3 – conséquence à la fois ontologique et anthropologique de cette complexité – ; et « le corps humain peut mouvoir les corps extérieurs d'un très grand nombre de manières, et les disposer d'un très grand nombre de manières[1] » selon le postulat 6 – aptitudes (éthiques) susceptibles de découler de cette conséquence ontologique et anthropologique. Il nous semble donc que nous pouvons tisser, à partir de ces postulats, un lien étroit entre complexité ontologique des corps (et parallèlement des idées de ces corps, c'est-à-dire des esprits) humains, conséquence anthropologique selon laquelle les corps sont aptes à être affectés de diverses manières à la fois, et éventualité éthique consistant à augmenter encore cette aptitude non seulement à être affecté, mais aussi à affecter les autres corps.

La modalité introduite dans le postulat 6 est à même de rendre compte des variations des aptitudes humaines, parallèlement aux variations de la puissance d'agir de chaque homme. En effet, entre le postulat 3 et le postulat 6, Spinoza passe de la voix passive (le corps humain est affecté [*afficitur*] par les corps extérieurs d'un grand nombre de manières) à une voix active à laquelle est adjoint un modal (le corps humain peut mouvoir [*potest movere*] les corps extérieurs d'un grand nombre de manières). Nous pouvons donc penser que Spinoza passe d'un constat (le corps humain est de fait sans cesse affecté) à une éventualité (il se peut qu'il meuve les corps extérieurs de diverses manières) qui peut endosser une connotation éthique. Le corps comme l'esprit humains ont donc un nombre et une variété d'aptitudes particulièrement élevés, en raison de leur complexité spécifique ; mais au sein de ce cadre, ils peuvent être chacun plus ou moins aptes dans le temps – ce qui rejoint l'idée selon laquelle les aptitudes peuvent s'acquérir comme se perdre. C'est donc en raison même de leur complexité que les corps et les esprits humains peuvent à ce point se différencier entre eux, mais aussi qu'ils sont en mesure de changer à ce point dans le temps.

L'on peut alors mieux comprendre, à partir de ces précisions, pour quelle raison

---

1   *E* II, postulats 1, 3 et 6 faisant suite au lemme 7 de la petite physique, G II, p. 102-103.

> tout le monde a [...] fait l'expérience que l'esprit n'est pas toujours également apte [*aeque aptam*] à penser sur le même objet ; mais que, selon que le corps est plus apte [*aptius*] à ce que s'excite en lui l'image de tel ou tel objet, ainsi l'esprit est plus apte [*aptiorem*] à contempler tel ou tel objet[1].

En raison de la corrélation entre aptitudes de l'esprit et aptitudes du corps, notre esprit est plus apte à concentrer sa pensée sur un objet lorsque le corps est plus apte à ce que s'excite en lui l'image de cet objet. Il y a ainsi une variation continuelle des aptitudes de notre esprit à contempler un objet plutôt qu'un autre (ou bien encore à contempler plusieurs objets à la fois), et des aptitudes de notre corps à voir s'exciter en lui l'image d'un objet plutôt que d'un autre (ou bien encore à voir s'exciter en lui plusieurs images à la fois). Ces aptitudes peuvent certes être acquises, mais elles peuvent aussi se perdre, par exemple lorsqu'un corps extérieur nous affecte trop exclusivement, au point que notre aptitude à être affectés *de diverses manières* diminue. Il y a donc un enjeu anthropologique (ne pas devenir dépendants d'une seule source d'affection) et éthique (trouver la manière d'être affectés qui soit propre à notre nature singulière) à constamment alimenter notre aptitude à être affectés et à contempler, et donc à veiller constamment à éloigner de nous toute chose susceptible inversement de diminuer en nous cette aptitude. Dès lors, le concept d'aptitudes semble 1/ être pertinent au niveau du corps comme au niveau de l'esprit humains, 2/ être à même de caractériser dans le même temps chaque homme pris comme un tout, 3/ de relever un trait spécifiquement anthropologique, tout en permettant 4/ de rendre compte des variations qui animent les hommes, et donc des différences entre hommes comme des changements que nous connaissons au sein d'une seule et même existence.

---

1   *E* III, prop. 2, scolie, G II, p. 142.

DE CE SUR QUOI ON FAIT FOND À UN CONSTANT
RENOUVELLEMENT : DES APTITUDES EN DEVENIR

Le deuxième élément important à relever est que les aptitudes ne peuvent s'acquérir dans l'absolu, sans préparation préalable, comme si elles pouvaient survenir *ex nihilo* ou encore comme s'il s'agissait de facultés innées en puissance qu'il s'agirait simplement d'actualiser. C'est toute la difficulté de l'ontologie spinoziste, dans laquelle tout est déterminé par une (ou plusieurs) cause(s) antécédente(s), sans pour autant être pleinement prévisible – dans la mesure où il n'y a pas de « développement normal » et finalisé, à la lumière duquel on pourrait prévoir ce qui va advenir. C'est là l'un des enjeux majeurs de la singularité des essences : il y a certes des traits communs entre les individus de même espèce[1], mais les natures sont individuelles ; ce qui convient à l'un ne convient donc pas nécessairement autant à l'autre. Dès lors, on ne peut tracer de développement commun dans lequel chacun n'aurait qu'à s'inscrire : il y a une appropriation nécessaire des modèles qui sont proposés, et une adaptation non moins nécessaire à la nature propre de chacun lorsque l'on souhaite lui proposer une voie. Dans la mesure où l'on est déterminé à agir selon la manière dont on est affecté par les choses, agir en un sens est fonction de ses affections et non de bonne volonté ; il est donc tout aussi vain d'exhorter autrui à suivre un chemin qui ne convient pas à sa nature, qu'il est vain de l'exhorter à être *autrement* affecté par les choses extérieures – du moins de l'y exhorter dans l'instant, puisque la manière dont il est affecté peut changer dans le temps. C'est là la singularité du devenir éthique.

Dès lors, de même que nous ne pouvons modifier notre manière d'agir sans modifier en amont la manière dont nous sommes affectés, de même

---

[1]   Nous lisons ainsi dans le scolie d'*Éthique* III, 57 que « les affects des animaux que l'on dit privés de raison [...] diffèrent des affects des hommes autant que leur nature diffère de la nature humaine » (G II, p. 187). Cela suggère donc qu'il y a bien une nature humaine commune, non seulement en termes de mode de production (les hommes ne donnant pas naissance à des chevaux), mais également en termes d'affectivité semblable. Toutefois, il est probable qu'un homme puisse différer d'un autre homme plus qu'un cheval ne différera jamais d'un autre cheval ; et de même, qu'un homme puisse changer au cours de son existence plus que ne le pourra un cheval.

il convient de préparer en amont l'acquisition de nouvelles aptitudes et non de la considérer comme une affaire de bonne volonté – ce qui risque de se traduire par une simple velléité. Nous retrouvons ici la temporalité fondamentale de l'existence humaine et de ses variations, ainsi que les médiations requises pour penser un *devenir* éthique (par distinction avec une morale de l'instant). Il nous semble que le scolie d'*Éthique* IV, 45 va dans ce sens. En effet, lorsque Spinoza y mentionne qu'il est d'un homme sage de manger et de boire de bonnes choses, d'user des odeurs, de l'agrément des plantes vertes, de la musique, des jeux qui exercent le corps, etc., il précise que c'est nécessaire « pour que le corps tout entier soit partout également apte à tout ce qui peut suivre de sa nature, et par conséquent pour que l'esprit soit lui aussi partout également apte à comprendre plusieurs choses à la fois[1] ». L'élément nouveau qu'apporte ce scolie, c'est qu'une condition est requise pour que le corps soit apte à tout ce qui peut suivre de sa nature : une alimentation (au sens large) riche et variée de *toutes* les parties qui le composent.

Spinoza ne dit pas directement qu'il est d'un homme sage d'acquérir de nouvelles aptitudes et de recréer celles qu'il a déjà ; mais qu'il est d'un homme sage de se refaire et de se recréer par une alimentation nouvelles et variée *de manière à ce que* son corps soit apte à tout ce qui peut suivre de sa nature. Il s'agit donc bien de préparer en amont le corps, qui sera alors déterminé à être apte à affecter et à être affecté en diverses manières par les choses extérieures. Nous retrouvons donc, au niveau des aptitudes, ce à quoi nous avions abouti au sujet de l'action : c'est en amont qu'elles se préparent. Nous sommes tout autant déterminés à acquérir de nouvelles aptitudes et à enrichir les anciennes par la manière dont nous sommes affectés par les choses extérieures, que nous sommes déterminés à désirer et à agir par ce biais. L'enjeu est donc une fois de plus d'accroître les manières dont nous sommes affectés par et dont nous affectons les corps extérieurs, afin d'augmenter notre puissance d'agir, et de rendre notre corps et notre esprit *plus aptes* à agir et à percevoir.

Cela explique l'importance accordée à l'accroissement de l'aptitude à affecter et à être affecté dans l'éducation : c'est déjà en soi une nouvelle aptitude d'acquise, mais c'est en plus le moyen de préparer l'acquisition

---

1   *E* IV, prop. 45, scolie, G II, p. 244-245.

d'autres aptitudes à venir[1]. Dès lors, nous pouvons penser à partir de là une double temporalité éthique : la temporalité quotidienne et au long cours, lors de laquelle on prépare le corps et l'esprit à être aptes à être affectés de diverses manières ; et une temporalité du moment opportun, lors de laquelle un corps et un esprit dont les aptitudes à affecter et à être affectés ont précédemment été accrues saisissent une occasion singulière d'acquérir de nouvelles aptitudes. Nous pouvons ainsi considérer sur cette base qu'il n'y a de « tournant » ou de « rencontre décisive » dans une existence que sur fond d'ouverture affective et de déploiement de puissance en amont. C'est en ce sens que nous avons pensé le devenir adulte comme un possible préalable à un devenir éthique – alors conçu comme acquisition singulière d'aptitudes inédites à l'occasion de circonstances extérieures perçues comme moments opportuns en raison d'une ouverture affective préalable. La temporalité est ainsi présente de part en part dans l'existence humaine comme dans l'éthique.

Il nous semble que c'est ce que nous pouvons lire dans la démonstration d'*Éthique* IV, 38, selon laquelle :

> plus le corps est rendu apte [à être affecté et à affecter les corps extérieurs de plus de manières], plus l'esprit est rendu apte à percevoir ; et, par suite, ce qui dispose le corps de cette façon, et l'y rend apte, est nécessairement bon, autrement dit utile, et d'autant plus utile qu'il peut y rendre le corps plus apte, et au contraire nuisible, si cela y rend le corps moins apte[2].

Ce qui est jugé utile dans ce passage n'est pas tant l'acquisition d'une nouvelle aptitude en elle-même, que ce qui permet au corps d'acquérir cette nouvelle aptitude, autrement dit ce qui l'y prépare en amont, comme le montre la répétition du verbe *reddere*. Il s'agit ainsi de favoriser ce

---

1   L. Bove propose, dans une perspective relativement proche, de ne pas concevoir l'habitude comme la concrétion de liaisons mais plutôt comme l'aptitude, en amont, à établir des liaisons : « l'habitude, devons-nous encore une fois le rappeler, n'étant pas ici, malgré l'apparence, le comportement acquis dans la répétition d'une même expérience (par laquelle se contractent en nous des habitudes), mais l'aptitude (ou la puissance spontanée) du corps à lier, dès la première expérience, deux ou plusieurs affections, qu'elles soient simultanées ou successives » (*La stratégie du* conatus, p. 24-25). Nous partageons cette conception dynamique de l'habitude et des aptitudes, qui ne consistent pas en des états acquis et figés, mais en des puissances d'affirmation et de variation. Nous proposons à partir de là de considérer que cette puissance qualifiée par L. Bove de « spontanée » peut être accrue et diversifiée, afin de lui donner une tournure éthique qu'elle n'a pas en elle-même, et qui lui permet précisément de ne pas se figer en une habitude polarisée, en une concrétion figée de simples réactions.

2   *E* IV, prop. 38, dém., G II, p. 239.

qui détermine le corps à acquérir plus d'aptitudes. Cette démonstration nous donne donc aussi, parallèlement, des indications sur la manière dont nous devons concevoir l'éthique : cette dernière n'est pas question de bonne volonté dans l'instant, mais de mise en condition préalable ; elle ne passe pas par une concentration exclusive et directe sur la raison ni par une contrainte sur soi, mais par une ouverture de l'affectivité du corps et de l'esprit ; et elle ne peut donc se concevoir sur le modèle d'une morale de type spiritualiste, dans la mesure où elle se manifeste par l'acquisition (déterminée affectivement en amont) de nouvelles aptitudes, concept qui caractérise l'homme dans toutes ses dimensions – aptitude à être affecté, à penser, à disposer les corps extérieurs, à percevoir, à agir, à penser, etc. Variations sur fond de continuité de forme, et aptitudes affectives en lien avec aptitudes perceptives et sensitives constituent donc les concepts clefs du devenir éthique tel que nous pouvons le concevoir dans le cadre de la philosophie spinoziste.

Il y a ainsi une temporalité essentielle à l'acquisition de nouvelles aptitudes. Cette temporalité est à la fois celle de toute vie humaine en général – qui passe par les différents âges (« factuels », pourrions-nous dire) que sont l'enfance, l'adolescence, la maturité et la vieillesse[1] –, et celle d'une existence individuelle en particulier – qui se déploie selon un certain rythme et qui est relative à la définition dynamique des natures dans la pensée spinoziste. Le concept d'aptitudes permet de rendre compte des traits anthropologiques communs, des étapes par lesquelles tout homme doit passer d'un côté, et de la manière singulière dont on peut s'approprier ces grandes étapes, notamment en étendant l'acquisition d'aptitudes au-delà de la période d'apprentissage que constitue l'enfance d'un autre côté. Ainsi, lorsque Spinoza évoque dans le scolie d'*Éthique* V, 6 un exemple paradigmatique de ce que l'esprit considère comme nécessaire (et dont il n'est donc pas négativement affecté), c'est ce que les enfants ne savent pas encore faire dont il est question :

> personne ne plaint les bébés de ce qu'ils ne savent pas parler, marcher, raisonner, [...]. Tandis que, si la plupart naissaient adultes, et que l'un ou l'autre naquît bébé, alors on plaindrait chaque bébé, parce qu'on considèrerait l'état

---

1   Spinoza utilise de temps à autre ces termes génériques, au niveau du langage courant et donc sans en faire une thématique forte. Ces termes lui permettent toutefois de rendre sa conception dynamique et rythmée de la vie par le biais du langage de l'expérience commune.

même de bébé non comme une chose naturelle et nécessaire, mais comme un vice ou péché de la nature[1].

C'est nécessaire et naturel que, dans un premier temps, les enfants ne soient capables ni de marcher, ni de parler, ni de raisonner ; et c'est chose tout aussi naturelle que la plupart d'entre eux apprennent à marcher, à parler et à raisonner en grandissant.

Toutefois, si nous en restions là, nous ne verrions pas bien la différence entre les aptitudes au sens spinoziste du terme et les facultés qu'il s'agirait d'acquérir une fois en sa vie, pour ensuite en disposer tout au long de son existence. En effet, un enfant qui a *une fois* appris à marcher et à parler, saura *désormais* marcher et parler, à moins qu'un accident ne lui survienne. Ce doit donc être un autre sens qu'il faut donner au concept d'« aptitudes », sans quoi nous aurions pu légitimement attendre que l'adjectif *aptus* apparaisse dans le scolie d'*Éthique* V, 6. Dès lors, c'est plutôt sur un autre scolie de la cinquième partie que nous pourrions nous appuyer, scolie qui fait lui usage de cet adjectif *aptus* :

> qui a, comme le bébé ou l'enfant, un corps apte à très peu de choses, et dépendant au plus haut point des choses extérieures, a un esprit qui, considéré en soi seul, n'a presque aucune conscience de soi, ni de Dieu, ni des choses ; et au contraire, qui a un corps apte à beaucoup de choses, a un esprit qui, considéré en soi seul, a une grande conscience de soi, et de Dieu et des choses. Dans cette vie, nous nous efforçons donc avant tout de faire que le corps de l'enfance se change, autant que sa nature le supporte et y contribue utilement, en un autre qui soit apte à beaucoup de choses, et qui se rapporte à un esprit qui ait une grande conscience et de soi et de Dieu et des choses[2].

Nous pouvons tout d'abord relever dans ce passage que Spinoza n'établit pas une série précise et déterminée d'aptitudes qu'il s'agirait pour l'enfant d'acquérir avant d'être considéré comme un adulte, comme ce pouvait être le cas des « facultés » énoncées dans le scolie précédent. Il est ainsi plutôt question dans celui-ci d'une ouverture à de plus amples et à de plus riches aptitudes, sans que ces dernières ne soient prédéterminées. Ensuite, Spinoza n'y distingue pas des aptitudes du corps d'une part (marcher) et des aptitudes de l'esprit d'autre part (raisonner) : l'esprit étant apte à mesure que le corps l'est, aptitudes du corps et de l'esprit

---

1   *E* V, prop. 6, scolie, G II, p. 285.
2   *E* V, prop. 39, scolie, G II, p. 305 ; traduction modifiée.

vont de pair sans qu'il soit pertinent de les isoler les unes des autres dans ce contexte.

Enfin, les aptitudes d'un corps sont à la fois limitées (il ne faut pas que le corps soit amené à changer de nature) et permises (la complexité de la structure du corps humain peut donner lieu à bien des aptitudes diverses) par la nature de ce corps ; or, la nature du corps étant elle-même de nature temporelle, c'est chose nécessaire et naturelle que les aptitudes d'un enfant ne soient pas les mêmes que celles d'un adulte. Dès lors, l'éducation ne consiste pas à faire acquérir une fois pour toutes un ensemble de facultés déterminées à un enfant qui en était auparavant privé ; elle consiste bien plutôt à s'inscrire dans la temporalité propre à l'enfant pour ouvrir progressivement son corps à une affectivité élargie et enrichie, ce qui aura pour corrélat des aptitudes elles-mêmes élargies et enrichies de son esprit, et ce qui aura pour conséquence de le préparer en tant qu'individu à un éventuel devenir éthique.

C'est précisément cette conception des aptitudes comme ouverture et de leur acquisition comme devenir qui nous mène à une caractérisation de l'existence humaine toute entière par l'acquisition et la recréation d'aptitudes. En effet, nous n'avons aucune raison de penser que l'ouverture affective du corps et l'ouverture perceptive de l'esprit se limitent à l'enfance : nous pouvons acquérir des aptitudes nouvelles et variées tout au long de notre existence, à condition toutefois de renouveler cet *effort* [*conatus*] accompli par les adultes à notre intention pendant notre enfance. Spinoza utilise d'ailleurs deux formulations très proches l'une de l'autre dans ce scolie d'*Éthique* V, 39 qui parle des enfants, et dans le scolie d'*Éthique* IV, 45 qui parle de l'homme sage. Ainsi, après avoir affirmé qu'il est d'un homme sage de se refaire et de se recréer, Spinoza justifie cette attention comme suit :

> car le corps humain se compose d'un très grand nombre de parties de nature différente, qui ont continuellement besoin d'une alimentation nouvelle et variée pour que le corps tout entier soit partout également apte à tout ce qui peut suivre de sa nature, et par conséquent que l'esprit soit lui aussi partout également apte à comprendre plusieurs choses à la fois[1].

Faire que le corps de l'enfance se change en un autre apte à beaucoup de choses, à mesure que sa nature le supporte et y contribue, devient faire que son propre corps soit apte à tout ce qui peut suivre de sa nature. Il

---

1   *E* IV, prop. 45, scolie, G II, p. 244-245.

nous semble pouvoir lire dans ce passage une conception dynamique et temporelle de la nature humaine, comme cadre et structure tout à la fois, limitant et permettant l'acquisition d'aptitudes nombreuses et variées, dont nous n'avons pas de liste préétablie[1]. La temporalité de l'acquisition et de la recréation constante d'aptitudes pourrait ainsi être coextensive à la temporalité de l'existence humaine, et caractériser les hommes par le biais de leurs aptitudes reviendrait à rendre la dimension dynamique de leur nature et à se donner les moyens de penser les différences entre individus, de même que le passage d'un état à un autre d'un seul et même individu.

Nous retrouvons ainsi, au niveau des aptitudes, la double dimension déterminée / déterminante relative à la temporalité essentielle à la complexion [*ingenium*] ou encore à l'état [*constitutio*] des hommes : les aptitudes sont ainsi déterminées en ce que leur acquisition dépend de l'ouverture affective du corps et de l'ouverture perceptive de l'esprit ; et elles sont déterminantes en ce que c'est sur cette base que seront par la suite acquises et recréées de nouvelles aptitudes. C'est là ce qui explique que tout soit déterminé dans la philosophie spinoziste – on ne peut acquérir d'aptitudes *ex nihilo* –, mais également qu'il puisse y avoir des changements en ce cadre – puisque la manière changeante dont nous sommes affectés par les choses extérieures nous dispose à acquérir des aptitudes inédites jusqu'alors, ou bien encore à recréer certaines aptitudes plutôt que d'autres.

Cette lecture temporelle complexe peut permettre de comprendre des passages qui sembleraient sinon donner lieu à un cercle, telle la démonstration d'*Éthique* V, 31, dans laquelle nous lisons que « l'esprit, en tant qu'il est éternel, est apte à connaître tout ce qui peut suivre de cette connaissance de Dieu une fois qu'elle est là, c'est-à-dire connaître les choses par le troisième genre de connaissance, dont l'esprit est pour cette raison, en tant qu'il est éternel, la cause adéquate ou formelle[2] ». Il semblerait en effet dans ce passage que l'éternité de l'esprit est tout à la fois cause (c'est parce que l'esprit est éternel qu'il peut avoir une connaissance adéquate de Dieu) et effet (c'est en tant qu'il a une connaissance adéquate de Dieu que sa plus grande part est éternelle) de son aptitude.

---

1   Ceci peut nous rappeler le scolie d'*Éthique* III, 2, dans lequel Spinoza affirme que « ce que peut le corps, personne ne l'a jusqu'à présent déterminé », affirmation qu'il rapportait déjà à la conception du corps comme structure dynamique.

2   *E* V, prop. 31, dém., G II, p. 299.

Il nous semble que, pour résoudre cette question, il faut d'une part distinguer condition ontologique, aptitude anthropologique et enjeu éthique, et d'autre part distinguer diverses aptitudes tout en les réinscrivant dans une certaine temporalité. Ainsi, les choses pourraient se reformuler comme suit : pour être apte à connaître Dieu adéquatement, il faut qu'une condition ontologique soit remplie, à savoir que l'esprit soit d'une certaine complexité. Or, de cette aptitude anthropologique à connaître Dieu adéquatement peuvent suivre d'*autres* aptitudes – une telle connaissance de Dieu permet d'avoir de soi-même et des choses extérieures une connaissance également adéquate – qui ont cette fois-ci un enjeu éthique. Cet enjeu éthique consiste à *comprendre* l'éternité ontologique de son esprit, et ainsi à faire que la plus grande part de son esprit soit *effectivement* – existentiellement, pourrions-nous dire, au sens de l'existence actuelle et présente des choses singulières – éternelle, dans la mesure où « l'esprit peut être de nature telle que ce qui, de lui, […] périt avec le corps soit insignifiant au regard de ce qui subsiste de lui[1] ». Nous serions tentés de reformuler ce passage comme suit : par l'acquisition supplémentaire d'aptitudes nouvelles, la part de l'esprit qui périt avec le corps *peut devenir* insignifiante ; et donc, d'une certaine manière, et si nous pouvons nous permettre cette formulation paradoxale, l'esprit *peut devenir* éternel avec le temps. C'est ainsi que nous pouvons distinguer deux niveaux de l'éternité de l'esprit, l'un (cause de la connaissance adéquate de Dieu) qui est condition ontologique, et l'autre (effet de cette connaissance) qui peut devenir enjeu éthique. De même, nous pouvons distinguer l'aptitude qui découle nécessairement d'une condition ontologique, et sur laquelle nous ferons fond pour acquérir d'autres aptitudes, et ces aptitudes nouvelles qui peuvent en suivre et qui constitueront pour nous un enjeu éthique. Telle est la complexité des aptitudes en lien avec leur temporalité essentielle, complexité qui fait qu'elles peuvent être *successivement* déterminées et déterminantes.

Les aptitudes peuvent dès lors êtes conçues sur le mode de la puissance d'agir, qui augmente et qui diminue au cours d'une seule et

---

1   *E* V, prop. 38, scolie, G II, p. 304. La modalité « peut être » signifie que l'esprit n'est pas de cette nature nécessairement ni de manière spontanée, sans cette acquisition supplémentaire d'aptitudes *autres*. Pour reprendre le tout dernier scolie de l'*Éthique*, nous pourrions dire qu'en un certain sens, l'esprit du sage est *devenu* éternel, tandis que la durée de celui de l'ignorant est *restée* liée à celle de son corps.

même existence, qui est déterminée par la manière dont nous sommes affectés par les choses extérieures tout en déterminant la manière dont nous serons affectés à l'avenir, et qui permet de définir un individu de façon singulière et inscrite temporellement, par distinction avec les autres individus, de même qu'un moment d'une existence individuelle par distinction avec les autres moments de cette même existence. Le concept d'aptitudes peut ainsi endosser toutes les dimensions de la puissance d'agir – qui concerne toutes les choses singulières –, tout en caractérisant de façon plus spécifique les hommes – qui se distinguent des autres individus par le nombre et la variété des aptitudes qu'ils peuvent acquérir et recréer, et qui se distinguent également entre eux par le complexe d'aptitudes qu'ils forment à différents moments de leur existence. Ainsi, de la même manière que Spinoza relève dans la troisième partie de l'*Éthique* que nous nous efforçons de favoriser ce qui augmente notre puissance d'agir et de contrarier ce qui la diminue, il qualifie dans la quatrième partie de bon ce qui favorise l'acquisition d'aptitudes et de mauvais ce qui y fait obstacle.

Nous lisons par exemple dans les propositions 12 et 13 d'*Éthique* III que « l'esprit, autant qu'il peut s'efforce d'imaginer ce qui augmente ou aide la puissance d'agir du corps », et qu'au contraire, quand il « imagine ce qui diminue ou contrarie la puissance d'agir du corps, il s'efforce, autant qu'il le peut, de se souvenir des choses qui en excluent l'existence[1] ». Nous retrouvons par ailleurs la dimension affirmative de l'existence et de l'éthique dans l'attitude à l'égard de ce qui est à même de contrarier notre puissance d'agir : il ne s'agit pas de le combattre directement, mais de faire venir à l'esprit ce qui en exclut l'existence. Or, c'est le même type de remarque que nous retrouvons dans la démonstration d'*Éthique* IV, 43. Ainsi, après avoir affirmé qu'une douleur ne peut être bonne en elle-même, Spinoza concède qu'elle peut le devenir en une circonstance particulière : nous pouvons concevoir la douleur « telle, qu'elle puisse contrarier le chatouillement et l'empêcher d'être excessif, et en cela empêcher que le corps soit rendu moins apte, et donc en cela elle sera bonne[2] ». Il nous semble dès lors légitime d'établir un parallèle entre puissance d'agir et aptitudes, tout en réaffirmant que les aptitudes dans leur nombre, dans leurs variations et dans leur variété

1   *E* III, prop. 12 et 13, G II, p. 150.
2   *E* IV, prop. 43, dém., G II, p. 242.

sont plus spécifiques aux hommes que ne l'est une puissance d'agir commune à toutes les choses singulières.

Or, ce parallèle établi entre aptitudes et puissance d'agir présente un autre enjeu : il permet de comprendre comment l'acquisition d'aptitudes peut se poursuivre tout au long de l'existence, y compris lorsqu'on pense avoir acquis toutes les aptitudes requises pour ne plus être dépendant d'autres personnes afin de subvenir à ses besoins. Les hommes ayant plutôt tendance à se polariser affectivement, ou bien à se laisser porter par la manière dont les choses extérieures les affectent selon l'ordre commun des choses, il faut en effet que nous trouvions ce qui est susceptible de susciter (de façon toute déterminée, puisqu'il n'y a pas de morale de type volontariste concevable dans le cadre de la philosophie spinoziste) ce regain de puissance ou d'investissement. Nous avons établi qu'il y a comme un constant renouvellement de la puissance d'agir, qui se régénère d'elle-même à mesure qu'elle se trouve favorisée et augmentée ; nous avons sur cette base proposé de concevoir le devenir éthique non comme ce qui mène à un certain état, mais comme ce qui donne à l'individu du mouvement pour constamment réordonner ses affections selon un ordre qui convienne de plus en plus avec sa nature propre. Or, nous pourrions en dire autant de l'acquisition d'aptitudes, qui peut être conçue comme dynamique et en mouvement. Ainsi, ce n'est pas le complexe d'aptitudes que nous formons à un certain moment de notre existence qui constitue un enjeu éthique, mais le mouvement par lequel nous acquérons de nouvelles aptitudes – de même que Spinoza affirmait que la joie ne consiste pas « dans la perfection elle-même », mais dans le « passage de l'homme d'une moindre perfection à une plus grande[1] ». C'est en ce sens que le concept d'aptitudes peut à la fois désigner un trait anthropologique commun et un enjeu éthique singulier.

Nous nous appuyons pour affirmer cela sur la proposition 26 d'*Éthique* V et sur sa démonstration. Dans cette proposition, Spinoza affirme que « plus l'esprit est apte à comprendre les choses par le troisième genre de connaissance, plus il désire comprendre les choses par ce même genre de connaissance[2] ». Ainsi, acquérir une aptitude donne lieu à un désir d'accroître cette aptitude. L'acquisition d'aptitudes n'est donc pas conçue comme contrainte laborieuse ou exercice contre la

---

1   *E* III, Définitions des affects, déf. 2 et explication, G II, p. 191.
2   *E* V, prop. 26, G II, p. 297.

manière dont on est affecté. Bien au contraire : il n'y a pas d'acquisition ou de recréation d'aptitudes qui ne soient déterminées par un désir de les acquérir ou de les recréer, lui-même déterminé par la manière dont on est affecté.

En témoigne ainsi la démonstration de cette proposition 26, selon laquelle « en tant que nous concevons que l'esprit est apte à comprendre les choses par ce genre de connaissance, en cela nous le concevons comme déterminé à comprendre les choses par le même genre de connaissance, et par conséquent, plus l'esprit y est apte, plus il le désire[1] ». Cette démonstration fait référence à la première définition des affects, selon laquelle le désir est l'essence en tant qu'elle est déterminée *par une quelconque affection d'elle-même* à faire quelque chose. Dès lors, si nous réinscrivons cette médiation dans la démonstration de la proposition 26, cela donne deux affirmations : d'une part, l'esprit est déterminé à comprendre d'une certaine manière à partir du moment où il est apte à comprendre de cette manière ; et d'autre part, comprendre les choses d'une certaine manière consiste en une certaine affection, déterminant le désir à continuer de comprendre ainsi, et donc venant accroître l'aptitude à comprendre de cette manière. La première de ces deux affirmations nous rappelle une fois encore que nous ne devons pas comprendre les aptitudes comme des facultés à disposition dont on pourrait ou non faire usage : être apte à faire quelque chose, c'est être du même mouvement déterminé à agir ainsi. Cela permet également de mieux comprendre pour quelle raison il nous faut constamment recréer nos aptitudes : ne pas agir d'une certaine façon, c'est ne pas être déterminé à agir ainsi ; et ne pas être déterminé à agir ainsi, c'est ne pas y être apte (à moins qu'une occasion extérieure ne fasse momentanément obstacle à cette action). La philosophie et l'éthique spinozistes sont foncièrement de l'ordre de la pratique, sont essentiellement en acte – au sens d'actuelles, et non de ce qui était précédemment en puissance.

Quant à la deuxième affirmation, elle met en lumière le rapport entre aptitudes et manière d'être affecté. La manière dont on est affecté constitue en effet le chaînon manquant entre être apte à faire quelque chose et désirer le faire plus encore, selon la référence que Spinoza introduit dans la démonstration. Le fait d'acquérir une aptitude nouvelle modifie l'état [*constitutio*] dans lequel nous sommes. C'est la raison pour

---

1 *E* V, prop. 26, dém., G II, p. 297.

laquelle nous considérons que les aptitudes permettent de caractériser pleinement un homme, au sens où elles ne sont pas annexes ou accessoires, mais définissent la manière dont il est affecté, son désir, et donc le sens dans lequel il va être déterminé à agir. D'où l'importance que ce concept d'aptitudes soit en mesure de définir des traits anthropologiques communs, et de caractériser des traits singuliers (pour rendre compte du changement dans le temps de la manière dont *un* individu est affecté et déterminé à agir).

OUVERTURE, PUISSANCE, DIMENSION INTERINDIVIDUELLE
Les enjeux éthiques de l'accroissement
et de la recréation d'aptitudes

La manière dont nous serons affectés par les choses extérieures à l'avenir est relative aux aptitudes que nous acquérons maintenant ; le fait d'accroître nos aptitudes ne relève donc pas seulement d'une question d'ordre quantitatif. Pour que nous puissions à l'avenir être affectés de plus de manières à la fois, il convient de porter également attention à la *variété* des aptitudes acquises. C'est d'ailleurs en recréant parallèlement *diverses* aptitudes déjà acquises – et non en alimentant de manière prééminente l'un d'entre elles – que nous éviterons de nous polariser affectivement. Est donc présente l'idée d'accroître non seulement en nombre mais aussi en diversité nos aptitudes ; pour prendre un sens éthique, le rapport aux aptitudes ne doit pas être exclusif. C'est cette fois-ci en regard des dispositions conçues en nombre fixe et déterminé que se distinguent donc les aptitudes : *devenir* constamment plus apte est finalement plus important que d'acquérir telle aptitude déterminée, à l'instar du devenir éthique dans lequel être toujours en devenir est plus significatif que de devenir quelque chose en particulier. Une fois encore, c'est le mouvement d'un état à l'autre qui prime sur les différents états par lesquels nous passons au cours du devenir ; les complexes d'aptitudes que nous formons au cours de notre existence ne sont que des instantanés sur le chemin d'une constante acquisition et recréation.

Deux passages que nous avons déjà mentionnés reprennent cette idée de diversité et de richesses des aptitudes. Le premier est le scolie d'*Éthique* IV, 45, dans lequel Spinoza établit précisément un lien entre complexité des corps, variété des manières dont on peut les régénérer et diversité de leurs aptitudes : « le corps humain se compose d'un grand nombre de parties de nature différente, qui ont continuellement besoin d'une alimentation nouvelle et variée pour que le corps tout entier soit partout également apte à tout ce qui peut suivre de sa nature[1] ». C'est ainsi sur la diversité qu'insiste ce passage : les parties du corps doivent *toutes* être alimentées avec une grande variété, afin que le corps dans son entièreté (et donc dans sa diversité) soit apte autant qu'il est en lui. On ne peut être plus clair sur la nécessité de ne pas alimenter une partie du corps au détriment des autres (le chatouillement peut ainsi devenir mauvais s'il est excessif, et donc exclusif). L'idée que le corps devienne apte *à tout* ce qui peut suivre de sa nature est ainsi une invitation au mouvement. En effet, nous avons vu que nul ne sait ce que peut un corps, en ce que nul n'a expérimenté jusqu'ici toutes les fonctions auxquelles donnait lieu sa structure [*fabrica*]. Spinoza ne peut donc pas nous inviter à acquérir *effectivement* toutes les aptitudes auxquelles notre corps pourrait donner lieu. Par contre, dans la mesure où notre effort pour persévérer dans l'être est *indéfini*[2], nous pouvons imaginer que Spinoza nous invite à acquérir et recréer *indéfiniment* des aptitudes également nouvelles et variées. Faire que le corps devienne apte à tout ce qui peut suivre de sa nature signifierait alors faire en sorte de le rendre de plus en plus apte autant que perdure son effort indéfini pour persévérer dans l'être[3]. La *nature* du corps serait donc à entendre dans ce passage non comme un ensemble déterminé de facultés spécifiquement humaines, mais comme une structure dynamique pouvant donner lieu à de nouvelles aptitudes.

---

1   *E* IV, 45, scolie, G II, p. 244.
2   Voir la proposition 8 d'*Éthique* III : « l'effort par lequel chaque chose s'efforce de persévérer dans son être n'enveloppe pas un temps fini, mais indéfini » (G II, p. 147).
3   La philosophie spinoziste n'est pas une pensée de la finitude, si nous entendons par là une limitation inscrite dans notre être même et nous amenant à renoncer par avance à bien des choses sur le mode de la résignation. Elle est bien plutôt une pensée de la continuation indéfinie de l'effort pour augmenter notre puissance d'agir dans la durée qui nous sera impartie. Cela rejoint les réflexions de L. Vinciguerra selon lesquelles « il n'y a pas que l'infini qui est en acte ; le fini comme tel est aussi en acte, *il est acte*, et donc il n'est pas (seulement) finitude, car la chose finie ne s'épuise pas totalement dans ses conditions, même si elle vient toujours s'inscrire dans la texture des finis » (*Spinoza et le signe*, 2ᵉ section, chap. v, p. 85).

Nous pourrions alors réinterpréter à partir de ces réflexions le second passage, sis dans le scolie d'*Éthique* V, 39 ; nous y lisons, au sujet de l'éducation, que « dans cette vie nous nous efforçons donc avant tout de faire que le corps de l'enfance se change, autant que sa nature le supporte et y contribue, en une autre qui soit apte à beaucoup de choses[1] ». Spinoza explicite là notre effort « en cette vie », autrement dit pendant la durée de notre corps et de notre esprit, et dans la pratique effective de notre exercice. Il affirme également que la nature du corps de l'enfant contribue à ce changement ; cela vient donc conforter notre conception de cette nature comme structure dynamique. Il est dans la nature du corps des hommes d'accroître ses aptitudes comme de persévérer dans son être.

Enfin, Spinoza parle d'un corps qui devienne « apte à beaucoup de choses », sans préciser lesquelles ni donner de limites à ce changement. Si nous nous rappelons ce que nous avons précédemment mentionné au sujet du lien entre aptitudes et désir, être apte à beaucoup de choses signifie à la fois être déterminé à un certain nombre d'actions diverses, et désirer devenir apte à bien d'autres choses encore. Dès lors, faire que le corps de l'enfant se change en un autre apte à beaucoup de choses revient à le préparer à accroître et à recréer ses aptitudes tout au long de son existence, une fois cette période de l'enfance passée ; tel est le lien entre devenir adulte et devenir éthique. L'enjeu foncièrement *éthique* de l'acquisition et de la recréation *anthropologiques* des aptitudes tient à la modification corrélative de la manière dont on est affecté, et donc au changement de son état.

Il s'agit ainsi de recréer les aptitudes que l'on a déjà, et non seulement d'en acquérir de nouvelles ; d'ailleurs, l'acquisition de nouvelles aptitudes faisant fond sur celles que l'on a déjà, elle ne pourra se produire si les précédentes ne sont pas constamment réalimentées. Peut-être est-ce également l'occasion pour nous de continuer de caractériser ce que nous entendons par un devenir éthique dans le cadre duquel le fait de devenir est peut-être plus important que ce que l'on devient à proprement parler : il ne s'agit pas d'évoquer une sorte de fuite en avant, de mouvement perpétuel sans stabilisation ni cohérence. Si le devenir éthique consiste à se rapprocher d'une conformité toujours plus grande avec notre nature propre, encore faut-il être conscients de l'état qui est

---

1   *E* V, prop. 39, scolie, G II, p. 305 ; traduction modifiée.

le nôtre à un moment donné et de ce vers quoi nous pourrions tendre pour nous en rapprocher plus encore. Ainsi, ce n'est pas parce nous concevons le fait d'être en devenir *tout au long* de notre effort indéfini pour persévérer dans l'être, qu'il n'y a pas d'*étapes* dans ce devenir, au sens de jalons au fil desquels ce devenir se dessine ; de même, ce n'est pas parce que nous ne percevons que le *passage* d'un état à l'autre, que nous ne passons pas par ces *états* entre lesquels ce passage se fait. Or, la recréation d'aptitudes pourrait représenter cette concrétion tout en maintenant son insertion dans une structure dynamique, autrement dit en évitant que cette concrétion ne se fige et, de jalon d'un devenir, ne se mue en un arrêt dans un état ne donnant plus lieu à autre chose que lui-même.

Le premier des éléments menant à cette conclusion consiste en ce que nous pouvons perdre des aptitudes. Inversement, le fait de recréer une aptitude permet d'être *encore* déterminé à agir en un certain sens en une *nouvelle* occasion ; cela vient donc conforter notre état [*constitutio*], au sens de manière dont nous sommes *alors* affectés par les choses extérieures. Or – et c'est là le deuxième élément –, conforter cet état ne revient pas à se figer en lui. En effet, recréer une aptitude revient à être affecté d'une certaine manière et à désirer agir en un certain sens ; dès lors, conforter une aptitude revient à désirer – et donc à être déterminé à – en acquérir d'autres. C'est en ce point que nous retrouvons l'auto-entraînement de l'acquisition *et* de la recréation d'aptitudes. Recréer une aptitude revient à renouveler notre mouvement *à partir de cette aptitude*, et donc à poser un nouveau jalon dans le cadre d'un seul et même devenir. C'est en ce sens que la recréation d'aptitudes est à la fois concrétion (l'état dans lequel nous sommes à un moment donné) et mouvement (initiation, à partir de cet état, d'un nouveau désir, et donc d'une nouvelle acquisition ou recréation d'aptitudes). Nous pouvons parler d'un jalon sur le chemin d'un devenir dans la mesure où l'aptitude que nous acquérons ou recréons modifie notre manière d'être affectés, et dans la mesure où c'est cette nouvelle manière d'être affectés qui déterminera ce désir singulier et cette manière singulière d'agir. Les aptitudes pourraient ainsi être au point de rencontre entre état actuel, mise en mouvement et orientation de ce mouvement, à l'image d'une éthique spinoziste qui se définit comme affectivité, ouverture et devenir.

Le concept d'aptitudes établit donc un pont entre l'homme sage et tous les autres hommes, en ce qu'il est à la fois un trait anthropologique commun (tous les hommes ont un certain nombre d'aptitudes), et un enjeu éthique singulier (les sages auront ainsi des aptitudes *plus variées* que les ignorants, des aptitudes recréées avec plus de constance, mais également enchaînées de façon plus adéquate et plus pertinente en regard de leur nature propre). Et surtout, dans la mesure où le nombre et la variété de nos aptitudes peuvent singulièrement augmenter au cours de notre existence, il permet de penser tout à la fois la continuité (nous sommes plus ou moins aptes) et le changement significatif (l'acquisition ou la recréation d'aptitudes variées modifient de façon manifeste la manière dont nous sommes affectés par les choses extérieures) d'un seul et même individu. Ce concept permet de caractériser à la fois *tous* les hommes et *tel* homme singulier, il est donc particulièrement à même de rendre compte de ce que pourrait être un *devenir* éthique, qui ne soit donc ni poursuite continuelle du même, ni changement de nature.

Il nous semble que la démonstration d'*Éthique* IV, 59 est à ce sujet significative. Spinoza y rappelle d'abord qu'agir par raison n'est rien d'autre que faire les actions qui suivent de la nécessité de notre nature considérée en soi seule, que la tristesse est (en elle-même) mauvaise en ce qu'elle contrarie cette puissance d'agir, et que la joie (qui est inversement bonne en elle-même) ne peut être mauvaise qu'en tant qu'elle empêche l'homme d'être apte à agir. À partir de ces éléments, Spinoza poursuit alors comme suit sa démonstration :

> si un homme affecté de joie se trouvait amené à une si grande perfection qu'il se conçût adéquatement, lui et ses actions, il serait apte aux mêmes actions où le déterminent présentement des affects qui sont des passions, et même encore plus apte. Or, tous les affects se rapportent à la joie, à la tristesse ou au désir, et le désir n'est rien d'autre que l'effort même pour agir ; donc à toutes les actions auxquelles nous détermine un affect qui est une passion, nous pouvons être conduits sans lui par la raison[1].

La principale différence entre la manière dont un affect nous détermine à agir et la manière dont nous y détermine la raison, est que cette dernière nous rend *toujours* aptes à agir, et que, dans le cas où nos affects nous rendent aptes également, elle nous y rend *plus* aptes que ces derniers. Il

---

1   *E* IV, prop. 59, dém., G II, p. 254-255.

y aurait donc une différence de degrés entre les deux, ce qui justifie à la fois de ne pas exclure les affects de l'éthique d'un côté, et de s'efforcer de favoriser la vie sous la conduite de la raison d'un autre côté. L'autre bénéfice du concept d'aptitudes est donc qu'il permet de maintenir la différence entre sage et ignorant sans en faire une différence de nature. Nous pourrions d'ailleurs, à partir de ces réflexions, réinterpréter le dernier scolie de l'*Éthique*, selon lequel tout ce qui le précède montre « combien le sage est fort, et vaut mieux que l'ignorant, qui agit par le seul appétit sensuel[1] ». Cette affirmation pourrait sembler problématique, en ce que Spinoza affirme par ailleurs qu'il est inadéquat de comparer ainsi les hommes entre eux de l'extérieur, et que l'ignorant est autant légitime à vivre dans son ignorance, que le sage l'est à vivre dans sa sagesse. Mais peut-être est-ce précisément là une façon de maintenir une différence entre individus – sans pour autant méjuger l'ignorant, qui suit en cela tout autant des principes anthropologiques –, et ce à partir de deux critères énoncés dans la phrase précédente : la puissance de l'esprit sur les affects et la liberté de l'esprit. C'est du moins ce que nous pouvons penser en relisant ce scolie à la lumière du concept d'aptitudes : ce dernier va en effet dans le sens de ce que nous appelons une « anthropologique éthique », qui ne conçoive pas une éthique qui requière un changement de nature (humaine, en l'occurrence), sans pour autant la réduire à une simple science des comportements (autrement dit, sans considérer que toutes les actions se valent).

Si nous reprenons la démonstration d'*Éthique* IV, 59, cela donne ainsi les éléments suivants : la joie consistant en une augmentation de notre puissance d'agir, elle permet de passer à une plus grande perfection ; cette perfection coïncide avec une certaine aptitude à agir, et en ce sens, la joie peut nous déterminer aux mêmes actions que celles auxquelles nous détermine la raison. Par contre, agir par raison revient à accomplir des actions qui suivent de la seule nécessité de notre nature, donc des actions qui sont pleinement déterminées par des aptitudes qui nous sont propres.

---

1   *E* V, prop. 42, scolie, G II, p. 308 ; traduction modifiée. B. Rousset aborde le problème des comparaisons entre individus dans son article « Les implications de l'identité spinoziste entre être et puissance » (dans *Spinoza : ontologie et puissance*, recueil dirigé par M. Revault d'Allonnes et H. Rizk, Paris, Kimé, 1994, p. 11-24), en se demandant comment Spinoza peut donner sens « à la doctrine de l'existence de degrés de réalité ou de perfection, alors même qu'il critique l'idée de perfection en tant qu'idée relative, comparative, subjective » (p. 16).

La conclusion de ce passage est alors que les aptitudes caractérisent tous les hommes, en ce qu'elles peuvent être acquises et recréées par le biais des affects ; mais qu'elles permettent parallèlement de caractériser de façon singulière les hommes inscrits dans un certain devenir éthique, en ce que ces derniers ont des aptitudes plus nombreuses, plus variées, ordonnées de façon plus adéquate, et recréées de manière plus pertinente en regard de leur nature singulière. Le concept d'aptitudes constitue donc une caractérisation anthropologique (lien avec les affects) et un enjeu éthique (lien avec une vie sous la conduite de la raison).

Le lien que nous établissons entre augmentation en nombre et en variété des aptitudes et enjeu éthique pour l'homme tient dans la qualification de ce qui est « utile » ou « nuisible » pour ce dernier. Rappelons les définitions du bien et du mal au début de la quatrième partie de l'*Éthique* : « par bien, j'entendrai ce que nous savons avec certitude nous être utile », « et par mal, ce que nous savons avec certitude empêcher que nous possédions un bien[1] ». Remarquons toutefois que la mention du savoir et de la certitude atténue la relativité de la définition : n'est pas bon tout ce que j'*estime* utile pour moi (puisque je peux me tromper sur ce qui est ou non en mesure d'accroître ma puissance d'agir), mais ce que je *sais avec certitude* m'être utile, autrement dit, ce qui convient *effectivement* avec ma nature propre. L'enjeu consiste alors à élaborer la manière dont on est affecté par les choses extérieures, afin de désirer progressivement ce qui est le meilleur *pour soi*. Pour le dire autrement, le bien et le mal sont certes relatifs, mais à la structure objective des individus et à leur état effectif, et non à leurs diverses représentations, le plus souvent inadéquates. Cela rejoint d'ailleurs ce que Spinoza affirmait dans la préface de cette même partie, cette fois-ci en lien avec le modèle que nous nous forgeons de la nature humaine : « par bien, j'entendrai dans la suite ce que nous savons avec certitude être un moyen

---

1   *E* IV, déf. 1 et 2, G II, p. 209. Ch. Jaquet propose, dans la section « La nature des définitions du bien et du mal » de son ouvrage *Les expressions de la puissance d'agir chez Spinoza*, une lecture anthropologique de ces définitions : « bien et mal ne sont conservés que dans une perspective utilitariste et sont relatifs aux hommes. Le bien n'est pas ce qui est utile en soi, mais ce qui est utile pour nous. Par conséquent, le maintien des dénominations ne se fonde pas sur une ontologie, mais sur une anthropologie » (p. 87). Il nous semble que l'on pourrait doubler ce plan anthropologique (ce qui est bon pour tous les hommes en général) d'un plan individuel (ce qui est bon pour moi, en raison de ma nature singulière) ; le second ne serait pas opposé au premier mais viendrait le compléter dans la perspective d'un éventuel devenir éthique.

d'approcher toujours plus du modèle de la nature humaine que nous nous proposons. Et par mal, ce que nous savons avec certitude être un obstacle à ce que nous reproduisions ce même modèle[1] ».

Or, dans la proposition 38 d'*Éthique* IV, Spinoza établit explicitement un lien entre l'accroissement des aptitudes du corps et l'utilité pour l'homme. Il affirme ainsi que

> ce qui dispose le corps humain à pouvoir être affecté de plus de manières, ou ce qui le rend apte à affecter les corps extérieurs de plus de manières, est utile à l'homme ; et d'autant plus utile qu'il rend le corps plus apte [*aptius*] à être affecté et à affecter les corps extérieurs de plus de manières ; et est nuisible au contraire ce qui rend le corps moins apte [*minus aptum*][2].

Ainsi, non seulement les aptitudes caractérisent un homme en ce qu'elles varient tout au long de son existence et en ce qu'il est susceptible d'en avoir de très nombreuses et de très variées (en regard des autres choses de la nature), mais elles le caractérisent aussi en ce que leur accroissement est utile *pour lui*, en vue de persévérer dans son être et de mener une vie conforme à sa nature propre. Accroître en nombre et en variété les aptitudes du corps et de l'esprit va donc dans le sens de la nature humaine ; et en raison de la complexité de leur corps comme de l'esprit, les hommes sont particulièrement disposés à les accroître ainsi.

La démonstration de cette proposition 38 est d'ailleurs plus explicite encore à ce sujet : « ce qui dispose le corps de cette façon et l'y rend apte est nécessairement bon, autrement dit [*seu*] utile[3] ». Cette règle ne souffre donc pas d'exception : en aucun cas ce qui rend le corps *plus* apte peut être nuisible à l'homme, ni même lui être indifférent. Nous sommes ainsi en présence d'un critère pour le devenir éthique : va dans le sens d'un cheminement éthique tout ce qui rend mon corps – et, de façon corrélée, mon esprit – plus apte (à être affecté et à affecter de diverses manières à la fois pour le corps, à percevoir plusieurs choses à la fois pour l'esprit). Qui plus est, nous sommes là en présence d'un critère qui est à la fois commun à tous les hommes – il est bon pour tout homme d'accroître ses aptitudes –, et adapté à la nature singulière de

---

1 *E* IV, préface, G II, p. 208. Dans la mesure où c'est un modèle que nous nous proposons [*nobis proponimus*], les jugements de bien et de mal disent quelque chose de nos désirs et de notre état.

2 *E* IV, prop. 38, G II, p. 239.

3 *Ibid.*, dém., G II, p. 239.

chacun – dans la mesure où l'acquisition d'aptitudes se fait en fonction du rythme, de la temporalité et de l'état de chacun.

L'on peut porter à partir de là un autre regard sur la démonstration d'*Éthique* IV, 43, que nous avons précédemment mentionnée. Cette démonstration affirme que la douleur, en tant qu'elle est une tristesse, ne peut être bonne en elle-même, mais que l'on peut « la concevoir telle, qu'elle puisse contrarier le chatouillement et l'empêcher d'être excessif, et en cela empêcher que le corps soit rendu moins apte, et donc en cela elle sera bonne[1] ». Nous pourrions penser au contraire qu'une tristesse n'est jamais bonne, et qu'il vaudrait mieux être un peu moins apte tout en étant joyeux (le chatouillement étant une joie) qu'être plus apte tout en étant triste. Deux éléments viennent toutefois s'inscrire en faux à l'égard de cette conclusion. Le premier, c'est que le chatouillement se rapporte à l'homme « quand une de ses parties est affectée plus que les autres », par distinction avec l'allégresse, qui s'y rapporte « quand toutes sont affectées à égalité[2] » ; il introduit donc une forme de déséquilibre dans la puissance d'agir de l'homme, au sens où l'aptitude à affecter et à être affectée d'une partie prend le pas sur celle des autres. En un sens, l'aptitude générale du corps à affecter et à être affecté *de diverses manières* s'en trouve donc diminuée.

Le deuxième élément consiste dans la conclusion à laquelle nous avons abouti à partir de la démonstration d'*Éthique* IV, 38 : en aucun cas ce qui rend le corps (pris dans son ensemble) plus apte ne peut être nuisible ; et en toute circonstance, ce qui rend le corps (toujours pris dans son ensemble) moins apte est mauvais. Dès lors, le chatouillement, en tant que joie qui affecte plus spécifiquement une des parties du corps, peut être mauvais (nuisible) s'il rend le corps pris dans son ensemble moins apte à affecter et à être affecté de diverses manières. Inversement, la douleur, qui n'affecte de tristesse qu'une partie du corps, peut être bonne (utile) si elle vient favoriser indirectement l'aptitude du corps pris comme un tout à affecter et à être affecté en diverses manières. En conclusion, c'est toujours l'accroissement en nombre et en variété des aptitudes de l'homme qui est à privilégier en cas de contrariété ; c'est cela même qui explique l'importance anthropologique et éthique que nous accordons à ce concept d'aptitudes. Dès lors, si nous nous en tenons à l'axiome 1

---

1   *E* IV, prop. 43, dém., G II, p. 242.
2   *E* III, prop. 11, scolie, G II, p. 149.

d'*Éthique* V, selon lequel « si dans un même sujet sont excitées des actions contraires, il devra nécessairement se faire un changement soit dans les deux, soit dans une seule, jusqu'à ce qu'elles cessent d'être contraires[1] », c'est dans le cas présent le chatouillement – bien qu'il consiste en une joie – qui doit laisser place à un accroissement des aptitudes du corps et de l'esprit. C'est là la seule et unique raison pour laquelle une douleur *peut* être bonne, bien qu'elle soit en elle-même mauvaise ; et dans cette exception, c'est l'accroissement en nombre et en variété d'un individu pris comme un tout qui sert de critère ultime pour en juger.

Nous en venons alors au dernier élément : le concept d'aptitudes permet de tenir ensemble les deux dimensions fondamentales de l'éthique spinoziste que sont la singularité et le partage. En effet, contrairement à ce que nous pourrions penser, ce n'est pas la généralité qui va dans le sens d'un plus grand partage : ce que l'on présente couramment comme étant général dépend bien souvent de ce qui est déterminé par le groupe particulier dans lequel on évolue, et le particulier s'éloigne en réalité du commun en ce que les divers groupes s'opposent entre eux, et en ce que chacun veut imposer son mode de perception aux autres. Au contraire, ce qui est singulier au sens éthique du terme correspond à la nature d'un individu non telle qu'il la perçoit spontanément, mais telle qu'il la découvre en s'en approchant progressivement, lorsqu'il change d'état sur le chemin d'un devenir éthique. Or, par ce biais, il ordonne ses affects selon un ordre propre à l'entendement, et en cela, il se rapproche de ce qui est commun aux hommes, et donc de ce qui est partageable avec autrui. Nous retrouvons ainsi sous un autre angle l'idée selon laquelle les passions opposent les hommes – en ce que chacun veut que les autres vivent selon sa propre complexion[2] –, tandis que les hommes conviennent entre eux en raison. Dit autrement, les hommes conviennent dans leurs aptitudes (à affecter et à être affectés de diverses manières, et donc à percevoir plusieurs choses à la fois), alors qu'ils s'opposent dans leurs polarisations affectives respectives (puisque ces dernières restreignent leur aptitude à comprendre diverses situations et à percevoir la nature singulière de chacun).

---

1 *E* V, axiome 1, G II, p. 281.

2 Ainsi, dans la mesure où chacun fait effort pour que les autres approuvent ce qu'il aime lui-même, ou bien désapprouvent ce qu'il a en haine, « chacun par nature aspire à ce que tous les autres vivent selon son propre tempérament [*ingenio*], et tous y aspirant de pair, ils se font obstacle de pair » (*E* III, prop. 31, scolie, G II, p. 164).

Premièrement donc, les aptitudes mettent particulièrement en lumière la singularité de chacun, en ce que leur acquisition et leur renouvellement reflètent la manière dont chacun est affecté par les choses extérieures et les affectent en retour, et en ce que les complexes d'aptitudes que nous formons à différents moments de notre existence traduisent l'état [*constitutio*] dans lequel nous sommes, non seulement par différenciation avec les autres choses de la nature, mais aussi par différence avec les autres hommes. Nous pouvons nous appuyer en cela sur la démonstration d'*Éthique* II, 14, dans laquelle cette singularité est, nous semble-t-il, sous-jacente. Spinoza y affirme ainsi que « tout ce qui arrive dans le corps humain, l'esprit humain doit le percevoir ; donc l'esprit humain est apte à percevoir un très grand nombre de choses, et d'autant plus apte, etc.[1] ».

Appuyer cette démonstration sur la proposition 12 de cette même partie apporte un élément intéressant. En effet, selon cette proposition, « tout ce qui arrive dans l'objet de l'idée constituant l'esprit humain doit être perçu par l'esprit humain[2] ». Selon l'étude de l'usage spinoziste du verbe *sentire* que nous avons précédemment menée, nous pourrions reformuler cette proposition ainsi : « tout ce qui affecte le corps dont il est l'idée est senti par l'esprit » ; appuyer la démonstration sur la proposition 12 revient donc à introduire la question de la sensation-affection dans la problématique des aptitudes. Ainsi, nous pourrions dire que la singularité d'un esprit humain se forge à la mesure de la singularité avec laquelle le corps dont il est l'idée est affecté par les choses extérieures. Dans ce cadre, la singularité d'un corps tiendrait aux aptitudes acquises et renouvelées dans la perspective d'être apte à affecter et à être affecté de diverses manières à la fois ; et la singularité de l'esprit tiendrait, de façon corrélée, aux aptitudes à percevoir de façon distincte et adéquate les choses extérieures qui affectent le corps de même que l'état temporel de ce dernier.

Pour reformuler ceci, nous pourrions dire que la singularité d'un homme tient (du point de vue de son existence actuelle) au complexe d'aptitudes que forme son corps, et (d'un point de vue ontologique et phénoménologique) au fait que son esprit sent tout ce qui arrive à ce corps. L'enjeu éthique de cette singularité consisterait alors à accroître

---

1   *E* II, prop. 14, dém., G II, p. 103.
2   *Ibid.*, prop. 12, G II, p. 95.

le nombre et la variété des aptitudes qui forment ce complexe corporel, de manière à ce que l'idée complexe qui constitue l'esprit humain
soit elle-même composée d'un très grand nombre d'idées. En ce sens,
la singularité ne consiste pas en une polarisation, en un repli sur une
particularité (c'est là être passivement déterminé par l'*ingenium* que l'on
a non moins passivement hérité de son histoire factuelle), mais bien plutôt en une ouverture, en l'acquisition et le renouvellement d'aptitudes
nombreuses et variées. C'est en ce sens que la singularité n'est pas
volonté de se différencier et de s'opposer (ou de s'imposer) à autrui, mais
possibilité de convenir avec d'autres hommes dont les aptitudes sont
également nombreuses et variées, et donc avec lesquels nous pouvons
trouver des manières *singulières* et non moins *communes* d'être affectés
par et de percevoir les choses extérieures.

Cette conception de la singularité comme ouverture et possibilité de
partage avec d'autres corps et d'autres esprits se trouve confirmée par le
corollaire d'*Éthique* II, 39 : « l'esprit est d'autant plus apte à percevoir
adéquatement plus de choses, que son corps a plus de choses en commun
avec les autres corps[1] ». Nous sommes ici au point de rencontre entre
singularité et possibilité de partage. En effet, jusqu'ici, nous avions seulement référé l'accroissement des aptitudes de l'esprit à l'accroissement de
celles du corps ; et en cela, nous avons remarqué que l'esprit comme le
corps se singularisaient, en ce qu'ils formaient un complexe d'aptitudes
inédit jusqu'alors. Dans la mesure où cette singularisation se fait sur
fond d'ouverture et de variété, plus je me singularise en acquérant de
nouvelles aptitudes, plus j'ai de chances d'avoir en commun des aptitudes
avec les autres hommes qui font de même cet effort d'accroissement
en nombre et en variété de leurs propres aptitudes. Or, lorsque je suis
affecté par un corps extérieur avec lequel j'ai des choses en commun,
il se forge de cette affection une idée adéquate en mon esprit. Dès lors,
plus j'accrois en nombre et en variété mes aptitudes, plus il se forme
d'idées adéquates de mes affections en mon esprit, et donc plus mon
esprit est apte à percevoir adéquatement plus de choses.

C'est alors en ce point que se rejoignent les diverses dimensions du
devenir éthique. Ainsi, le devenir éthique est d'abord *ouverture* : il consiste
dans l'effort (déterminé par le désir) pour être apte à être affecté de diverses
manières, c'est-à-dire dans l'effort pour percevoir les diverses situations

---

1   *E* II, prop. 39, cor., G II, p. 119-120.

dans ce qu'elles ont d'unique, et les diverses choses extérieures dans ce qu'elles ont de singulier à un moment donné de leur existence. Le devenir éthique est ensuite *temporel*, au sens où c'est le passage d'un état à un autre qui importe, et l'aptitude à continuer de varier de façon cohérente et active tout au long de son existence qui est ici en jeu. Progressivement, le devenir éthique devient à partir de là *singulier*, dans la mesure où, en se constituant progressivement un état convenant de plus en plus avec sa nature individuelle, on ne reste pas passivement déterminé par son histoire factuelle, mais on réinscrit cette dernière dans un parcours personnel. Mais dans le même mouvement, le devenir éthique est *partageable*[1], parce que le nouvel ordre selon lequel on enchaîne ses affections est propre à la raison – qui fait convenir les hommes entre eux –, et parce que cette singularisation consiste en une ouverture qui fait que nous avons plus de choses en commun avec les autres hommes, et que nous pouvons discerner leur temporalité propre comme leur parcours. Enfin, le devenir éthique ainsi conçu s'inscrit dans le cadre d'une *anthropologie éthique*, pour plusieurs raisons : il permet, par tâtonnement affectif, d'être déterminés à agir plus conformément à notre nature individuelle ; il prend appui sur un trait anthropologique fondamental (le fait que les hommes peuvent accroître activement leurs aptitudes tout au long de leur existence) et en fait un enjeu éthique (accroître effectivement et singulièrement ces aptitudes, en nombre comme en variété) ; enfin, nous pouvons penser à partir de lui à la fois ce qui est bon pour un homme en particulier (puisqu'il est utile à chacun d'être apte à être affecté et à percevoir de diverses manières à la fois), et ce qui est bon pour les hommes pris ensemble (puisque chemin faisant, les hommes ont plus de choses en commun entre eux, et sont ainsi à la fois plus puissants ensemble et plus utiles les uns aux autres).

---

1   Peut-être est-ce là l'un des sens de l'expression *sui communicabile* de la première phrase du *TRE* (« je résolus finalement de chercher s'il y avait quelque chose qui serait un bien véritable, capable de se communiquer », § 1, G II, p. 5.). En effet, il est ensuite question, par distinction, de biens exclusifs, à la fois au sens où ils occupent l'esprit au détriment de la recherche d'autres biens et au sens où ils se possèdent souvent à l'exclusion d'autrui. Dans son article « Des attributs communicables aux notions communes » (dans *Spinoza : la potenza del comune*, dir. D. Bostrenghi, V. Raspa, C. Santinelli et S. Visentin, Olms, 2012), Ch. Jaquet relève que cette formule *sui communicabile* « peut s'entendre en deux sens : elle peut renvoyer à un bien qui *se* communique à moi et à un bien partageable avec les autres. Dans le premier cas, l'accent est mis sur l'aptitude de ce bien à se transmettre à moi, sur son accessibilité ; dans le second, l'accent est mis sur sa dimension communautaire. Autrement dit, il s'agit de penser à la fois sa communicabilité et sa communauté » (p. 5).

C'est alors sur ce dernier aspect que nous souhaiterions clore cette partie sur la caractérisation des hommes par le biais de leurs aptitudes, avant de conclure notre réflexion par une redéfinition, sur ces bases, de l'éthique spinoziste en regard des morales de type volontariste ou spiritualiste. Ce qu'il importe de retenir dans ce cadre, c'est que le devenir éthique n'a pas été conçu *afin qu'*il puisse être effectivement partagé, et *afin qu'*il donne sens aux rencontres entre les hommes. Conçu en lien étroit avec la manière dont fonctionnent de fait les hommes, *il se trouve* qu'il consiste en un bien partageable ou communicable. C'est finalement le sens d'une anthropologie qui soit éthique – au sens où elle permette de rendre compte de la visée fondamentalement éthique de la philosophie spinoziste –, et d'une éthique qui prenne son ancrage dans une anthropologie – sans instaurer un hiatus infranchissable entre l'ignorant et le sage. La réinscription de l'éthique dans la temporalité des existences actuelles, et la conception de l'éthique comme devenir, permettent de penser le passage d'un état à un autre ; c'est cela qui rend possible un *devenir* éthique, et c'est en partie ce qui rend partageable (et non élitiste ou exclusive) une éthique ainsi conçue.

Nous pouvons à partir de là donner un sens éthique fort – et non seulement une signification exclusivement d'ordre social ou politique – au chapitre 12 de l'Appendice d'*Éthique* IV, selon lequel « il est avant tout utile aux hommes de nouer des relations et de s'enchaîner par des liens qui fassent d'eux tous un seul, plus apte, et, absolument parlant, de faire ce qui contribue à affermir les amitiés[1] ». Nous pourrions penser dans un premier temps que c'est là une affirmation pragmatique : il est difficile pour les hommes de vivre seuls et sans le secours d'autrui, il leur est donc toujours plus utile de former une société, dans laquelle leur liberté sera certes en partie limitée, mais au sein de laquelle ils auront plus de chance de survivre. Ou bien nous pourrions lire une exhortation moralisante dans ce passage : il faut aimer son prochain et nouer avec lui des relations d'amour, même s'il semble nous haïr ou s'il se montre hostile dans un premier temps. Mais il nous semble que nous pouvons proposer de ce chapitre une tout autre interprétation.

Premièrement, il convient de rappeler que, au début de cette même partie, Spinoza définit le bien en rapport avec ce qui nous est utile, et

---

1   *E* IV, Appendice, chap. 12, G II, p. 269.

la vertu en rapport avec la puissance d'agir de chacun, autrement dit en rapport avec les aptitudes que chacun peut acquérir et recréer en tant qu'elles se comprennent par les seules lois de sa nature. Dès lors, il n'est pas simplement *utile* de nouer des relations avec d'autres hommes, c'est aussi *bon* pour nous ; et dans la mesure où nouer de telles relations nous rend plus aptes, cela va dans un sens *vertueux* de les favoriser. De plus, dans la mesure où accomplir des actions qui s'expliquent par sa seule nature permet de développer ce que les hommes ont en commun, cette *utilité* ne peut se comprendre en un sens égoïste : les hommes sont inscrits dans des relations constantes avec les autres choses de la nature, et ce qui est vraiment utile pour eux ne peut être nuisible aux autres[1]. Deuxièmement, dans la mesure où les aptitudes se définissent comme ouverture à diverses affections et à diverses perceptions, on ne peut entendre ce passage en un sens simplement vital. Nouer des relations avec les autres hommes n'est pas seulement utile au sens où cela permet de survivre[2]. De même que persévérer dans son être consiste à s'efforcer d'accroître sa puissance d'agir, et non seulement à se maintenir en vie, devenir plus apte grâce aux relations nouées avec autrui consiste à être affecté de diverses manières à la fois et à percevoir plus de choses à la fois, et non seulement à être plus en mesure de se maintenir en vie. Cela présente donc un sens pleinement éthique.

Troisièmement, on peut être placé en présence d'autres hommes sans être activement affecté par ce qu'ils sont, lorsqu'on est polarisé affectivement et lorsque l'on projette sur eux sa manière courante d'être passivement affecté. Mais la rencontre ne donnera alors pas lieu à un seul individu plus apte ; il n'y aura à vrai dire pas même rencontre, au sens d'une *occasion* d'accroître ses aptitudes en une circonstance donnée. Nouer des relations avec d'autres hommes n'est donc pas spontané, dans la mesure où cela requiert un effort (déterminé par un désir) en amont pour être aptes à être affectés de diverses manières (par des hommes différents, donc) ; mais cela n'a pas non plus ici

---

1 Nous lisons dans le paragraphe 4 du chapitre v du *TP* l'expression de l'exact opposé des relations dont il est question dans ce chapitre 12 de l'Appendice d'*Éthique* IV : « un corps politique où la paix dépend de l'inertie des sujets que l'on conduit comme un troupeau uniquement formé à l'esclavage mérite plus justement le nom de solitude que celui de corps politique [*civitas*] » (G III, p. 296).

2 Nous pouvons à ce sujet nous référer à la définition que Spinoza donnera de la « vie humaine » dans le *TP* : « celle qui se définit non pas uniquement par la circulation du sang et les autres fonctions communes à tous les animaux, mais essentiellement par la raison, et par la vertu et la vie véritables de l'esprit » (chap. v, § 5, G III, p. 296).

un sens moral, comme s'il s'agissait de faire preuve de bonne volonté : nous ne pouvons pas être affectés autrement que nous le sommes à un moment donné[1]. Par contre, si cet effort est effectivement déterminé en amont, et en raison de l'auto-entraînement de l'acquisition et de la recréation d'aptitudes, l'aptitude à être affecté en diverses manières, exercée à l'occasion de la rencontre avec d'autres hommes, donnera lieu à de nouvelles aptitudes – des aptitudes inédites jusqu'alors, et qui ne se seraient pas produites sans cette rencontre. En ce sens, il y a à la fois acquisition d'aptitudes pour chacun, et accroissement des aptitudes pour le nouvel individu ainsi formé.

Enfin, en raison de ce qu'il y a de commun entre les hommes qui nouent ainsi entre eux des relations, chacun est affecté par les autres en ce qu'il a de commun avec eux, et des idées adéquates se forment en son esprit à ces occasions. Cela n'est donc pas seulement utile aux corps, mais aussi corrélativement aux esprits. Ainsi, par l'amitié qui se forme entre ces individus – non pas en ce qu'ils se regroupent autour d'un type commun d'affections, et en formant ainsi un groupe fermé et exclusif, mais en ce qu'ils partagent des aptitudes nombreuses et variées –, c'est la singularité de chacun qui continue de se constituer. Penser un nouvel individu ne revient donc pas à dissoudre dans le groupe la singularité de chacun, mais bien plutôt à veiller à accroître les aptitudes de chacun, de même qu'il est d'un homme sage de régénérer avec une alimentation nouvelle et variée toutes les parties de son corps. En ce sens, un enjeu éthique singulier ne vient pas contrarier des enjeux intersubjectifs, voire sociaux et politiques. Là où la particularité subie oppose les hommes, la singularité activement constituée les rassemble et leur assemblement contribue à favoriser le devenir éthique de chacun comme le devenir interindividuel de tous[2].

---

1   Spinoza écrit dans le scolie d'*Éthique* II, 49 que l'on ne peut vouloir contre ce que l'on sent ; nous pourrions dire de même que nous ne pouvons nouer des relations d'amitié avec des hommes qui nous laissent indifférents ou qui nous affectent négativement ; il faut dès lors pouvoir être activement affecté de diverses manières à la fois pour être apte à nouer des relations d'amitié avec eux.

2   Nous pourrions à ce sujet faire référence au paragraphe 14 du chapitre IX du *TP*, dans lequel Spinoza affirme que « les dispositions intellectuelles des hommes sont trop faibles pour pouvoir tout pénétrer d'un coup. Mais elles s'aiguisent en délibérant, en écoutant et en discutant ; c'est en examinant toutes les solutions qu'on finit par trouver celles que l'on cherche, sur lesquelles se fait l'unanimité, et auxquelles nul n'avait songé auparavant » (G III, p. 352). Reformulé dans les termes qui nous occupent ici, cela donne l'idée que les aptitudes de chacun s'accroissent dans le partage avec d'autres et que les aptitudes du tout se trouvent elles-mêmes accrues dans le même mouvement.

QUATRIÈME PARTIE

LA REDÉFINITION SPINOZISTE DE L'ÉTHIQUE EN REGARD DES TERMES TRADITIONNELS DE LA MORALE

Le plan de l'*Éthique* laisse penser que l'éthique spinoziste est ancrée dans une ontologie (la première partie portant sur Dieu ou la substance, de laquelle les hommes sont des modes), et dans une anthropologie (la seconde s'interrogeant sur la nature et l'origine de l'esprit, dans son lien avec le corps dont il est l'idée, tandis que la troisième porte sur les affects comme choses de la nature humaine). L'éthique spinoziste ne consiste donc pas en un domaine à part, pouvant se concevoir indépendamment des autres pans de la philosophie spinoziste. Le fait que l'on ne puisse concevoir les hommes abstraction faite de leurs relations déterminées et déterminantes avec les autres modes de la nature constitue d'ailleurs le cœur de la problématique éthique spinoziste, et a été immédiatement perçu comme un obstacle possible à la morale telle qu'elle est couramment conçue[1]. Dès lors, caractériser les hommes par le biais de leurs aptitudes, et considérer qu'ils sont en constante variation tout au long de leur existence nous amènent à une redéfinition de l'éthique spinoziste par différenciation avec les conceptions traditionnelles de la morale[2].

Ainsi, premièrement, le fait que corps et esprit consistent en une seule et même chose sous deux attributs différents, et qu'il ne puisse parallèlement pas y avoir interaction entre l'un et l'autre, nous empêche

---

1 Voir par exemple à ce sujet la correspondance entre Tschirnhaus et Spinoza, dans laquelle le premier – identifiant nécessité et contrainte, et ne concevant la liberté que comme libre arbitre – s'inquiète en ces termes du déterminisme spinoziste : « si nous étions contraints par les causes extérieures, qui serait donc en mesure d'acquérir la vertu ? Pire encore, sur ce fondement, tout forfait serait excusable ! Au contraire, est-ce qu'il n'arrive pas fréquemment que les choses extérieures nous déterminent à faire quelque chose, et que nous y résistions d'une âme ferme et constante ? » (*Lettre 57 de Tschirnhaus à Spinoza*, datée du 8 octobre 1674, G IV, p. 264). Nous pouvons relever dans ce passage une opposition entre des termes spinozistes et des termes classiques d'une morale à connotation stoïcienne. Si nous poussions le raisonnement de Tschirnhaus à son terme, cela signifierait que l'ontologie et l'anthropologie devraient se modeler sur des exigences morales, là où Spinoza tente de concevoir une éthique qui puisse se pratiquer dans le cadre d'une ontologie et d'une anthropologie déterminées.

2 Au sujet du vocabulaire spinoziste, Ch. Jaquet relève que Spinoza « opère très souvent une refonte complète de la signification des concepts sous couvert du maintien d'une terminologie, de sorte que le maintien de la lettre va fréquemment de pair avec un changement de l'esprit » (*Les expressions de la puissance d'agir chez Spinoza*, section « La positivité des notions de bien et de mal », p. 80).

de concevoir l'éthique comme maîtrise du corps par l'esprit, au sens des morales de type spiritualiste[1]. Non seulement il serait contreproductif de développer les aptitudes de l'esprit en délaissant celles du corps – puisque les aptitudes de l'un et de l'autre sont corrélatives –, mais qui plus est, l'esprit serait bien en peine de commander quoi que ce soit au corps. Dès lors, cela nous éloigne d'une morale du pouvoir de l'esprit sur le corps, pour nous orienter vers une éthique de la puissance de l'esprit *et* du corps. Par ailleurs, les hommes étant des modes de la substance divine au même titre que toutes les autres choses de la nature, ils sont en constante relation entre eux comme avec ces autres choses. On ne peut ainsi concevoir l'éthique comme introspection, retrait en son for intérieur, ou encore ataraxie. L'affirmation spinoziste selon laquelle « il ne peut pas se faire que l'homme ne soit pas une partie de la nature, et puisse ne pâtir d'autres changements que ceux qui peuvent se comprendre par sa seule nature[2] » ne doit pas être entendue comme un renoncement à toute éthique effective possible, nous semble-t-il, mais bien plutôt comme une invitation à concevoir *autrement* l'éthique, précisément en l'inscrivant dans ce cadre effectif. Cela nous éloigne ainsi d'une morale de l'ordre d'un renoncement aux choses de la vie, et nous oriente vers une éthique effective et affective (idée d'une éthique inscrite dans l'existence actuelle).

Deuxièmement, à partir du moment où l'on considère qu'une éthique ne peut faire fi des traits anthropologiques, et que les hommes sont en constante variation, on ne peut exiger d'une morale qu'elle amène les hommes à atteindre un certain état fixe : ce serait contraire à leur nature.

---

1   N'est pas plus concevable dans ce cadre une morale qui exalterait inversement le corps, comme par revanche à l'égard du spiritualisme. Cela ne revient pas toutefois à *systématiquement* donner, dans nos réflexions éthiques, un équivalent corporel à tout événement mental ou inversement, de même qu'à les réduire au même plan. Comme le relève avec beaucoup de justesse Ch. Jaquet, « non seulement une telle association n'a pas toujours d'intérêt, mais elle ne prend pas en compte le fait que certains événements s'expriment mieux ou davantage dans un registre que dans un autre. Est-il vraiment nécessaire, pour comprendre la générosité, de décrire par le menu les affections corporelles qui accompagnent cet affect actif et de s'appesantir sur son aspect physique ? Est-il vraiment utile, inversement, d'avoir l'idée de tous les muscles et de toutes les cellules qui entrent en ligne de compte pour accomplir un mouvement corporel comme la natation ? L'idée de parallélisme incite à la recherche d'une traduction systématique des états corporels en états mentaux, et réciproquement. Or, s'ils vont de pair, ils ne s'expriment pas nécessairement à parité » (*L'unité du corps et de l'esprit*, p. 14).

2   *E* IV, prop. 4, G II, p. 212.

Cela implique par contre de repenser le rapport entre mouvement et état sur le chemin d'une éthique, et ce rapport se trouve comme inversé : à une morale qui exhorte les hommes à ne plus être affectés par les circonstances externes et à se retirer en une paix intérieure, Spinoza oppose une éthique qui invite à ne pas se polariser affectivement et à se remettre sans cesse en mouvement en étant affecté de diverses manières à la fois. Ce sont ces éléments qui nous mènent vers une conception de l'éthique comme *devenir*, dans laquelle les états sont des jalons sur un cheminement. La difficulté tient alors à orienter ce devenir là où il n'y a pas de finalité dans la nature qui puisse guider notre cheminement, de même qu'à découvrir progressivement sa nature propre au sein de ces variations. Nous passons alors d'une morale entendue au sens de conformation à des règles généralement admises et capacité à s'y tenir quelles que soient les circonstances, à une éthique conçue comme singulière et toujours en cours de constitution, en lien avec la sensation(-affection) des états par lesquels nous passons à l'occasion d'affections par des choses extérieures.

Troisièmement, en raison de cette exigence d'éthique effective, cette éthique doit prendre en compte les circonstances au sens large du terme. Cela recoupe ainsi à la fois le désir qui est *actuellement* le nôtre (en lien avec notre histoire, mais aussi avec les habitudes affectives que nous nous sommes données), les choses singulières par lesquelles nous sommes entourés à ce moment de notre existence, ce que les autres hommes font pour ou contre nous, et les rencontres imprévues que nous pouvons faire, de même que notre aptitude à déceler en elles des occasions singulières. Pour toutes ces raisons, nous passons d'une morale ayant un Dieu personnel et transcendant comme référence ainsi que l'action dans l'instant comme exigence, à une éthique foncièrement temporelle, au sens d'inscrite dans la durée du corps, elle-même entendue comme effort *indéfini* pour persévérer dans l'être. Dans cette optique, l'enjeu ne consiste pas à décider volontairement de modifier ses désirs, mais à se donner progressivement de nouvelles habitudes affectives (en amont) pour que nos désirs comme nos actions se trouvent autrement déterminés (à l'avenir). Si l'éthique peut être entendue comme *tension vers* (au sens où le désir se définit comme l'essence en tant qu'elle est déterminée à *faire quelque chose*), ce sera vers un modèle de la nature humaine que nous nous proposons et non vers un idéal inaccessible imposé de l'extérieur ; et elle consistera précisément dans le cheminement vers (ou dans le devenir) et non dans l'immédiateté d'un acte de volonté[1]. En ce sens, nous ne sommes plus dans le cadre d'une morale volontariste et moralisante, mais dans celui d'une éthique de l'effort déterminé dans son contenu et indéfini dans sa durée, et dans une éthique de l'affirmation de soi.

---

1 Nous pourrions en ce point nous référer aux mots par lesquels A. Suhamy clôt magnifiquement la toute dernière section de son livre *La communication du bien chez Spinoza* : « L'éthique commence là où le texte s'arrête. Peut-être n'y aura-t-il jamais qu'un seul spinoziste ; peut-être la dernière phrase du dernier scolie, qui est le point de départ de toutes les Éthiques, est-elle le seul *lieu commun* où tous les philosophes puissent éventuellement se retrouver » (conclusion du chapitre « Comment parler de l'éternité ? », p. 435).

DE LA MORALE CARTÉSIENNE
DE LA *POTESTAS* À L'ÉTHIQUE SPINOZISTE
DE LA *POTENTIA*

La principale morale dont se démarque l'éthique spinoziste est la morale cartésienne, et ce pour plusieurs raisons. D'abord, Descartes est un contemporain de Spinoza, un certain nombre des correspondants de Spinoza sont de formation cartésienne[1] et ce sont couramment des objections à connotation cartésienne que l'on oppose à l'éthique spinoziste. Nous avons déjà évoqué les remarques de Tschirnhaus au sujet de l'impossibilité d'une morale qui ne soit appuyée sur un libre arbitre ; nous pourrions également évoquer les objections qui peuvent être apportées à l'identification spinoziste de la volonté et de l'entendement, telles qu'elles sont formulées par Spinoza lui-même dans le scolie d'*Éthique* II, 40. Ensuite, Spinoza, qui ne nomme expressément que très peu de philosophes dans l'*Éthique*[2], mentionne cependant Descartes – et son illusion selon laquelle l'âme pourrait acquérir un pouvoir absolu sur les passions – dans la préface d'*Éthique* V. Il a donc jugé bon de se démarquer de cette conception au moment-même où il abordait la liberté humaine et la puissance de l'intellect. Il convient dès lors de se demander en quoi la « modération » des passions diffère d'un pouvoir acquis sur ces dernières, et par quel terme Spinoza remplace cette idée d'une morale comme « pouvoir sur ».

---

1   Spinoza lui-même a commenté d'une certaine façon les thèses cartésiennes dans ses *Principes de la philosophie de Descartes*, augmentés de l'appendice *Pensées métaphysiques*. Nous pouvons également supposer qu'il a lu les *Passions de l'âme* en latin (voir à ce sujet l'article de Stephen Voss "How Spinoza enumerated the affects", *Archiv für Geschichte der Philosophie*, 63 (2), p. 167-179).

2   Ce point a été relevé entre autres par Vittorio Morfino dans la section qu'il consacre à « La stratégie de la citation dans les textes de Spinoza » : il y voit le « signe de l'intention de fonder l'argumentation sur l'évidence de la construction conceptuelle plutôt que sur les *auctoritates* » (*Le temps et l'occasion. La rencontre Spinoza-Machiavel*, traduction de L. Langlois et M. Giglio sous la direction d'A. Gendrat-Claudel, Paris, Classiques Garnier, 2012, p. 51).

Enfin, Descartes pose à la fois l'indépendance ontologique du corps et de l'âme et leur interdépendance empirique ; il s'ensuit une distinction entre les méditations de l'esprit et « l'usage ordinaire de la vie[1] », qui crée un hiatus entre ontologie et morale – cette dernière étant rapportée aux conversations ordinaires, aux sentiments qui renseignent sans enseigner. À partir du moment où Spinoza ancre son anthropologie dans une ontologie, et son éthique dans une anthropologie, cette distinction n'est plus tenable et cela amène à repenser autrement l'éthique ; et à partir du moment où Spinoza réfute toute action possible du corps sur l'esprit et de l'esprit sur le corps, il doit trouver d'autres moyens d'action de l'homme dans la perspective d'un cheminement éthique. Ce sont donc sur ces différences et sur la définition de l'éthique spinoziste que l'on peut en déduire, que nous allons désormais faire porter notre étude.

D'UN PRÉTENDU POUVOIR ABSOLU
[*ABSOLUTA POTESTAS*] DE L'ESPRIT

En suivant la méthode spinoziste, consistant à chercher à expliquer les conceptions erronées ou illusoires, nous pouvons considérer que l'idée d'un pouvoir absolu de l'esprit – qu'il soit sur le corps ou bien sur les passions – vient du prétendu pouvoir absolu que nous attribuons à Dieu sur la nature, et que nous transférons à l'esprit sur le corps dans le cas de l'homme. En effet, lorsqu'il est question du pouvoir divin, c'est bien le terme de *potestas* qu'utilise Spinoza, comme dans le scolie d'*Éthique* I, 17 :

> d'autres pensent que, si Dieu est cause libre, c'est parce qu'il peut, pensent-ils, faire en sorte que ce que nous avons dit suivre de sa nature, c'est-à-dire ce qui est en son pouvoir, ne se fasse pas, autrement dit ne soit pas produit par lui. Mais c'est comme s'ils disaient que Dieu peut faire que de la nature du triangle, il ne suive pas que ses trois angles soient égaux à deux droits ; autrement dit, que étant donnée une cause, il n'en suive pas d'effet, ce qui est absurde[2].

---

1 Voir à ce sujet la *Lettre à Élisabeth* datée du 28 juin 1643 (A III, p. 44-45).
2 *E* I, prop. 17, scolie, G II, p. 61-62. La liberté divine consiste en réalité dans le fait que « Dieu agit par les seules lois de sa nature, et forcé [ou contraint] par personne » (*ibid.*, prop. 17, G II, p. 61).

Ainsi, le pouvoir de Dieu serait tel, qu'il pourrait faire que ce qui est censé advenir nécessairement n'advienne finalement pas ; ce pouvoir est dès lors immédiatement rapporté à une forme de bon vouloir (liberté de la volonté, qui n'est pas même soumise à la sagesse ou à l'entendement divins). C'est par le même biais qu'un libre vouloir sera accordé à l'esprit humain, qui aurait de même le *pouvoir* de n'être pas non plus soumis aux déterminations des choses de la nature, et qui *devrait* ainsi être en mesure de s'abstraire des besoins du corps comme des passions de l'âme. Il se pourrait dès lors que les morales de type volontariste trouvent leur origine dans des considérations métaphysiques portant sur une conception erronée de la liberté divine comme bon vouloir.

C'est ainsi dans ce contexte – celui d'une attribution (illusoire) d'un pouvoir absolu à l'esprit – que nous trouvons une nouvelle occurrence du terme de *potestas* dans la suite de l'*Éthique*. Spinoza évoque dans le scolie d'*Éthique* III, 2 ceux qui pensent qu'il « est au seul pouvoir de l'esprit tant de parler que de se taire, et bien d'autres choses qui, par suite, dépendent à ce qu'ils croient du décret de l'esprit[1] ». Ainsi, les hommes étant conscients de leurs actions, mais en général ignorants des causes qui les déterminent à agir ainsi, ils pensent avoir librement choisi d'agir. Il en résulte l'idée, non pas d'une *puissance* de l'esprit (variable, donc susceptible d'être amoindrie), mais d'un *pouvoir* de l'esprit *sur* les désirs, les passions et les actions du corps. De même que Dieu aurait – dans la nature – un pouvoir absolu sur les créatures, de même l'esprit aurait – dans l'homme – un pouvoir absolu sur le corps et sur tout ce qui est relatif à lui. Suivent de cette croyance deux conséquences d'ordre moral – et c'est d'ailleurs la raison pour laquelle Spinoza commence par mettre au jour ces croyances erronées avant de mettre en place sa propre éthique, en ce que les conceptions morales ou éthiques qui se forment en soi dépendent fortement de nos représentations.

La première consiste dans la visée que l'on doit – ou peut – se donner en matière de morale. En effet, si l'esprit dispose d'un pouvoir absolu, cela signifie que nous pouvons viser la maîtrise tout aussi absolue de nos passions, comme l'orientation directe des désirs de notre corps. Cela a pour

---

1   *E* III, prop. 2, scolie, G II, p. 142. En termes moraux, les hommes préfèrent endosser la responsabilité (et la culpabilité qui en suit) de leurs actes – auxquels ils sont pourtant passivement déterminés dans ce cas – que d'admettre qu'ils n'ont pas un *pouvoir* absolu sur leurs passions, ou encore qu'ils n'ont pas de libre arbitre.

effet l'idée d'une morale de la libre décision, ainsi que de l'immédiateté de son effet. Dans ce cas, la nature humaine est conçue comme un idéal vers lequel il convient de tendre : la visée est prédéfinie, à chacun de s'en approcher autant que possible. Nous retrouvons donc l'idée selon laquelle la définition de la nature humaine est relative à la manière dont on souhaiterait voir agir les hommes, en lieu et place d'une éthique qui se constitue dans le cadre d'une anthropologie. La seconde conséquence consiste en une importante valorisation d'un certain usage de la liberté, appréhendé comme perfection de la nature humaine[1], et donc en un jugement négatif porté sur tous les autres hommes, n'exprimant pas en eux cette nature humaine idéale – c'est par exemple le cas dans la distinction entre les grandes âmes et les âmes vulgaires[2]. Il n'y a donc pas étude neutre en elle-même de la manière dont fonctionnent *tous* les hommes, puis tentative de formulation de ce que pourrait être un cheminement éthique pour chacun d'entre eux, mais l'on trace plutôt une voie morale commune et prédéterminée, et on juge à partir de ce critère commun et désigné de l'extérieur *tous* les hommes, quelles que soient leur nature propre et leur manière *actuelle* d'être affectés. Dès lors, nous voyons que l'attribution d'un *pouvoir* absolu à l'esprit induit une certaine conception de la morale que ne suivra pas l'éthique spinoziste.

Notre rapprochement entre l'usage que fait Spinoza du terme de *potestas* dans l'*Éthique* et une certaine conception de la morale (comme *pouvoir* de l'esprit *sur* le corps et *sur* les passions) semble trouver confirmation dans les *Passions de l'âme* de Descartes. En effet, lorsque l'article 45 interroge le pouvoir de l'âme au regard de ses passions, c'est bien le terme *potestas* que nous trouvons dans la version latine de son titre : « *quae animae sit potestas respectus passionum suarum*[3] ». Dans cet article, Descartes explique

---

1   Nous lisons ainsi dans la quatrième méditation des *Méditations métaphysiques* que « la plus grande et principale perfection de l'homme » consiste dans « la résolution de ne jamais donner [son] jugement sur les choses dont la vérité ne [nous] est pas clairement connue » (A II, p. 467). Si ce passage cartésien est d'ordre épistémologique, nous pouvons aisément envisager les conséquences de cette affirmation dans le domaine moral.

2   C'est la distinction que Descartes établit dans la *Lettre à Élisabeth* du 18 mai 1645 en ces termes : « les âmes vulgaires se laissent aller à leurs passions, et ne sont heureuses ou malheureuses, que selon que les choses qui leur surviennent sont agréables ou déplaisantes ; au lieu que les autres [les grandes âmes] ont des raisonnements si forts et si puissants que, bien qu'elles aient des passions, et même souvent de plus violentes que celles du commun, leur raison demeure néanmoins toujours la maîtresse » (A III, p. 565-566).

3   *Passiones animae, per Renatum Des Cartes : gallicè ab ipso conscriptae, nunc autem in exterorum gratiam, latina civitate donatae*, traduction latine des Passions de l'âme par Henri Des Marets, Amstelodami, Ludovicum et Danielem Elzevirios, 1664, p. 21. Si Spinoza a

que le pouvoir de l'âme à l'égard des passions consiste dans les repré-sentations que nous pouvons forger des choses couramment jointes aux passions que nous souhaitons avoir, et contraires aux passions que nous souhaitons ne plus avoir – ce qui suppose déjà que nous soyons libres de forger en nous telle ou telle représentation. Les passions restent dès lors bien *au pouvoir* de l'esprit.

Ce que Descartes identifie comme pouvant faire obstacle à l'exercice de ce pouvoir dans l'article suivant est significatif. Ainsi, l'âme peut, selon Descartes, être empêchée de « promptement changer ou arrêter ses passions » en raison de « quelque émotion qui se fait dans le cœur, et par conséquent aussi en tout le sang et les esprits », émotion qui accompagne presque toutes les passions. Les passions demeurent alors présentes à notre pensée jusqu'à ce que cette émotion ait cessé, « en même façon que les objets sensibles y sont présents pendant qu'ils agissent contre les organes de nos sens[1] ». Nous ne sommes pas en présence d'aptitudes corrélées du corps et de l'esprit, mais d'un pouvoir de l'âme dont le bon exercice est corrélé à un silence relatif du corps. Et même lorsque l'émotion du sang et des esprits animaux est encore trop vive – lorsqu'il y a trop de bruit au sens de brouillage –, il revient à l'âme de s'en abstraire en se préservant des effets de cette agitation corporelle et en rétablissant son pouvoir sur le corps en dépit de cette émotion :

> le plus que la volonté puisse faire, pendant que cette émotion est en sa vigueur, c'est de ne pas consentir à ses effets, et de retenir plusieurs des mouvements auxquels elle dispose le corps. Par exemple, si la colère fait lever la main pour frapper, la volonté peut ordinairement la retenir ; si la peur incite les jambes à fuir, la volonté peut les arrêter, et ainsi des autres[2].

La morale est ainsi entendue comme le rétablissement du pouvoir exercé par la libre volonté sur les passions et sur les mouvements du corps, en dépit de – ou contre – l'émotion ou agitation du sang et des esprits qui accompagnent ces passions.

---

bien lu les *Passions de l'âme* dans leur version latine, il a donc pu trouver dans ce texte un certain usage de *potestas* et les enjeux moraux qui y sont liés. Reste ouverte la question de savoir si Descartes a relu cette version latine des *Passions de l'âme*, question abordée par Stephen Voss dans son article "On the Authority of the *Passiones Animae*" (*Archiv für Geschichte der Philosophie*, 75 (2), p. 160-178.

1   Descartes, *Passions de l'âme*, article 46, A III, p. 989.
2   *Ibid.*

Cela peut alors expliquer le jugement cartésien selon lequel « il n'y a point d'âme si faible qu'elle ne puisse, étant bien conduite, acquérir un pouvoir absolu sur ses passions[1] », jugement dans lequel nous retrouvons l'expression *potestatem absolutam*. Le qualificatif d'*absolu* ne constitue d'ailleurs pas un hapax, puisqu'il est réitéré à la fin de l'article en ces termes : « ceux mêmes qui ont les plus faibles âmes pourraient acquérir un empire très absolu sur toutes leurs passions si on employait assez d'industrie à les dresser et à les conduire[2] ». L'absoluité du pouvoir de l'âme tient ainsi à la fois au fait qu'elle peut toujours empêcher les effets des passions sur les mouvements du corps, même lorsqu'elle ne peut (temporairement) disposer directement de ces passions, et au fait qu'elle a donc pouvoir (direct ou indirect) sur *toutes* les passions. Il ne devrait donc pas y avoir de passion qui puisse résister à l'âme, ce que semble contredire l'affirmation spinoziste selon laquelle « il ne peut se faire que l'homme [...] puisse ne pâtir d'autres changements que ceux qui peuvent se comprendre par sa seule nature, et dont il est cause adéquate[3] ». Ce sont alors deux éléments fondamentaux qui n'auront pas leur place dans l'éthique spinoziste : la conception du rapport de l'âme au corps comme pouvoir de la première sur le second d'une part, et l'idée selon laquelle l'âme pourrait disposer d'un pouvoir absolu sur ses propres passions d'autre part. Deux éléments qui prenaient dans la pensée cartésienne un sens explicitement moral.

Ce sens moral – voire moralisateur, comme nous allons le voir – est encore plus explicite dans l'article précédent, dans lequel nous trouvons le passage suivant :

> c'est par le succès de ces combats [entre les mouvements excités dans le corps par les passions et le pouvoir qu'a la volonté de les contrer] que chacun peut connaître la force ou la faiblesse de son âme. Car ceux en qui naturellement la volonté peut le plus aisément vaincre les passions, et arrêter les mouvements du corps qui les accompagnent ont sans doute les âmes les plus fortes. Mais il y en a qui ne peuvent éprouver leur force, pour ce qu'ils ne font jamais combattre leur volonté avec ses propres armes, mais seulement avec celles

---

1 *Ibid.*, art. 50, titre, A III, p. 994.
2 *Ibid.*, p. 996 ; p. 25-26 dans la traduction latine.
3 *E* IV, prop. 4, G II, p. 212. Le corollaire de cette proposition affirme précisément que « l'homme est toujours sujet aux passions, qu'il suit l'ordre commun de la nature et lui obéit » (*ibid.*, cor., G II, p. 213). Façon d'affirmer à la fois que les passions sont des choses de la nature et non des vices.

que lui fournissent quelques passions pour résister à quelques autres. Ce que je nomme ses propres armes sont des jugements fermes et déterminés touchant la connaissance du bien et du mal, suivant lesquelles elle a résolu de conduire les actions de sa vie. Et les âmes les plus faibles de toutes sont celles dont la volonté ne se détermine point ainsi à suivre certains jugements, mais se laisse continuellement emporter aux passions présentes, lesquelles, étant souvent contraires les unes aux autres, la tirent tour à tour à leur parti et, l'employant à combattre contre elle-même, mettent l'âme au plus déplorable état qu'elle puisse être[1].

Pour résumer, il y a d'un côté les âmes fortes, dans lesquelles le pouvoir de la volonté exerce avec succès son pouvoir sur les mouvements excités dans le corps par les passions, et ce par l'intermédiaire de la résolution infaillible de conduire sa vie selon la connaissance du bien et du mal ; et de l'autre côté les âmes faibles, dont la volonté manque de résolution et qui se laissent donc emporter en tout sens par leurs passions, en alimentant ainsi une opposition interne à l'âme elle-même – là où le combat entre volonté et passions est perçu comme exercice du pouvoir de la volonté et non comme lutte intestine.

Il en résulte deux conséquences importantes quant à la conception d'une morale sur cette base. Premièrement, la morale est appréhendée comme l'exercice du pouvoir d'une faculté (par excellence) humaine – la volonté libre – sur certains mouvements corporels. Descartes opère donc une distinction entre ce qui est bon et ce qui est mauvais dans l'individu lui-même, en délimitant dans ce dernier ce qui relève de sa perfection et ce qui lui fait obstacle ; et il exhorte les hommes à exercer le pouvoir de leur âme contre les imperfections qui sont en eux, ce dont ils *devraient* être tous capables. Deuxièmement, cela se traduit par un jugement de valeur porté à la fois sur ceux qui y parviennent (les âmes fortes) et sur les autres (les âmes vulgaires), dans la mesure où, à partir du moment où l'on postule une volonté libre et où l'on parle de l'exercice de cette faculté comme d'un pouvoir, celui qui n'y parvient pas peut être accusé de faire preuve de mauvaise volonté. Sa responsabilité est alors accrue en ce que son âme en ressort esclave et malheureuse, alors qu'il était en son pouvoir d'avoir une âme forte ; c'est en ce sens que nous parlons d'une dimension moralisatrice de la morale cartésienne, qui exhorte les hommes à manifester le pouvoir qui *devrait* être le leur

---

1   Descartes, *Passions de l'âme*, art. 48, A III, p. 992-993.

tout en rendant les autres – soit la très grande majorité – responsables de ce qui est perçu comme une impuissance à faire bon usage d'une faculté spécifiquement humaine.

Or, dans la préface de la cinquième partie – partie qui traite de « la puissance [*potentia*] de l'intellect », – c'est bien cette conception cartésienne d'une morale consistant en un « pouvoir sur » que critique Spinoza, en usant à plusieurs reprises du terme *potestas* (ou encore de celui d'*imperium*). Faisant référence à l'article 50 des *Passions de l'âme*, que nous venons de citer, il reformule ainsi la thèse cartésienne en ces termes :

> nulle âme n'est si faible qu'elle ne puisse, bien dirigée, acquérir un pouvoir absolu [*potestatem absolutam*] sur ses passions. [...] puisqu'à une volonté quelconque nous pouvons joindre un mouvement quelconque de la glande, et par conséquent des esprits ; et que la détermination de la volonté dépend de notre seul pouvoir [*potestate*] ; si donc nous déterminons notre volonté par des jugements sûrs et fermes suivant lesquels nous voulons diriger les actions de notre vie, et si nous joignons à ces jugements les mouvements des passions que nous voulons avoir, nous acquerrons un pouvoir absolu [*imperium absolutum*] sur nos passions. Tel est l'avis de cet homme illustre [Descartes][1].

Spinoza estime pour sa part qu'il a démontré que l'idée d'un pouvoir absolu exercé sur les affects était illusoire – dans la quatrième de partie, qui traitait justement de la force des affects. Il ne peut donc aller dans le sens d'une morale qui requière l'exercice d'un tel pouvoir et qui juge basse et de vulgaire l'âme des hommes qui n'y parviennent pas.

Par ailleurs, il semble que Spinoza établisse une distinction entre la conception de la puissance de la raison [*potentia rationis*] et l'idée d'un pouvoir de l'âme [*animae potestas*]. Ainsi, indépendamment de la question de l'absoluité du pouvoir, il semble que ce soit l'idée même de concevoir l'éthique sur le modèle de l'exercice d'un « pouvoir sur » qui ne soit pas reprise par Spinoza. Tandis qu'il critique les conceptions stoïcienne et cartésienne d'un pouvoir exercé sur ses passions, Spinoza met en effet la puissance de la raison en lien avec la liberté de l'esprit ou béatitude au début de la préface. Il va de soi que plus l'âme sera puissante, moins elle pâtira des passions (ses affects consistant alors en des actions). Mais de même que « ce n'est pas parce que nous contrarions les appétits sensuels que nous jouissons [de la béatitude], mais au contraire c'est parce que

---

1   *E* V, préface, G II, p. 279 ; traduction modifiée.

nous jouissons d'elle que nous pouvons contrarier les appétits sensuels[1] », ce n'est pas parce que l'âme lutte contre les affects qui sont des passions qu'elle est puissante, mais parce qu'elle est puissante qu'elle ne pâtit plus de ses affects. C'est là la distinction que nous établissons entre une morale de la *potestas*, qui passe par l'exercice d'un pouvoir sur les passions, et une éthique de la *potentia*, qui consiste en une augmentation de la puissance de penser de l'esprit, dont le recul des affects qui sont des passions n'est que l'effet. En outre, ce qui est alors en recul, ce ne sont pas les affects quels qu'ils soient, mais seulement ceux dont l'âme pâtit, en ce qu'ils dépendent de l'ordre commun des choses. Il n'est dont pas question, dans une éthique spinoziste de la *potentia*, d'opposer volonté de l'esprit et mouvements du corps, ou encore rationalité et affections ; tandis que la morale cartésienne consiste en un exercice du *pouvoir* de l'âme sur le corps, l'éthique spinoziste passe par une augmentation conjointe de la *puissance* du corps et de l'esprit. En ce sens, elle est affective et adéquate dans un même mouvement, par distinction avec les morales de type volontariste ; et elle est éthique du corps et de l'esprit, par distinction avec les morales de type spiritualiste.

D'UN ILLUSOIRE « POUVOIR SUR » À L'AFFIRMATION D'UN « POUVOIR DE »

Dès lors, pour sortir de ces conceptions qui sont tout à la fois illusoires (puisque nous ne pouvons pas plus exercer un pouvoir absolu sur nos passions que nous ne pouvons ne plus être affectés), et contre-productives (puisque concevoir la morale comme exercice d'un pouvoir de l'âme revient indirectement à délaisser les aptitudes et la puissance d'agir du corps), il convient dans un premier temps de cerner ce qui est ou non en notre pouvoir. C'est précisément ce qu'entreprend Spinoza à la charnière entre quatrième et cinquième parties de l'*Éthique*. Nous lisons ainsi dans le chapitre 32 de l'Appendice d'*Éthique* IV que « la puissance [*potentia*] de l'homme est extrêmement limitée, et infiniment surpassée par la puissance des causes extérieures ; et par suite, nous n'avons pas le pouvoir

---

1   *E* V, prop. 42, G II, p. 307, traduction modifiée.

absolu [*potestatem absolutam*] d'adapter à notre usage les choses qui sont en dehors de nous[1] ». Le passage du terme de *potentia* à celui de *potestas* est intéressant : Spinoza parle de puissance lorsqu'il est question d'une chose considérée en elle-même (l'homme a une puissance propre, de même que les autres choses de la nature), et il parle de pouvoir lorsqu'il est question du rapport de force qui s'établit entre les choses singulières (le pouvoir que les hommes pourraient ou non exercer sur ces autres choses). Or, comme l'idée d'un pouvoir d'adapter les autres choses à notre complexion particulière est illusoire, nous pouvons comprendre ce passage comme une invitation à nous recentrer sur notre propre puissance d'agir.

Cela nous permet d'ailleurs de cerner en quoi une morale de la *potestas* n'est pas seulement vaine, mais également contre-productive : faire effort dans le sens d'un « pouvoir de l'âme sur » (les passions, les mouvements du corps, ou encore les choses extérieures) que nous ne pourrons jamais acquérir en réalité nous détourne de notre propre puissance d'agir (celle du corps, et celle de l'esprit), que nous serions pourtant en mesure d'accroître[2]. Une telle morale augmente les passions tristes – la culpabilité, le sentiment d'impuissance, etc. – et diminue donc la puissance d'agir des hommes. Dès lors, ne pas rechercher un pouvoir absolu sur ses passions et sur les choses extérieures ne revient pas à se replier sur ses seules représentations (en un sens stoïcien) ou à se retirer des relations avec les autres choses singulières, mais au contraire à comprendre que notre puissance se traduit par des aptitudes qui sont à entendre au sens de « pouvoir de » (faire diverses choses) et non « pouvoir *sur* » (comme lutte ou rapport de force contre).

---

1   *E* IV, Appendice, chap. 32, G II, p. 276. Jacqueline Lagrée relève que « connaître la puissance de la raison ne signifie pas idolâtrer la raison au point de la croire toute puissante partout mais consiste à savoir reconnaître ses limites. La grandeur de la raison consiste à reconnaître qu'elle ne dispose pas d'un commandement absolu sur toutes choses » (« Déraisonner avec ou sans la raison. Analyse du chapitre XV du *Traité théologico-politique* », dans *Nature, croyance, raison. Mélanges offerts à Sylvain Zac*, p. 96-97).

2   Dans cette distinction entre éthique de l'affirmation et « lutte contre », nous partageons ainsi pleinement les réflexions de P. Sévérac selon lesquelles « contrairement à ce que pense la tradition, être actif, pour un mode, ce n'est pas nécessairement faire pâtir un autre mode. Nous pouvons désormais affirmer qu'*être actif, c'est même nécessairement ne pas faire pâtir un autre mode* : seules les passions s'enchaînent aux passions, de même que seules les actions s'enchaînent aux actions. Autrement dit, [...] être actif signifie, pour un mode, non pas rendre passif un autre mode, mais bien plutôt le rendre nécessairement actif : *agir, c'est faire agir* » (*Le devenir actif chez Spinoza*, chap. 1, p. 79).

C'est alors là un autre usage spinoziste de *potestas*, que nous retrouvons par exemple au début de la cinquième partie de l'*Éthique* : « chacun a le pouvoir [*potestatem*] de se comprendre clairement et distinctement, ainsi que ses affects, sinon absolument [*non absolute*] du moins en partie, et de faire par conséquent qu'il en pâtisse moins[1] ». Plusieurs éléments peuvent être relevés dans ce passage. Premièrement, il n'est pas question de lutter contre ses affects, mais de les comprendre ; comme en témoigne la suite de ce scolie, la visée n'est pas de ne plus être affecté, mais de joindre ses affects à des idées adéquates afin de ne plus en pâtir. Deuxièmement, le pouvoir dont il est question dans ce passage ne consiste donc pas en un « pouvoir sur », mais en un « pouvoir de » : il s'agit de l'aptitude à comprendre qui est liée à la puissance propre de l'esprit, et non d'un pouvoir évalué dans le cadre d'une mise en rapport entre l'esprit et autre chose (le corps, les choses extérieures, etc.). Troisièmement, ce pouvoir n'est pas absolu : notre puissance d'agir peut toujours être augmentée, de nouvelles aptitudes peuvent toujours être acquises, nous n'atteignons donc jamais un état absolu dans lequel nous pourrions nous arrêter – c'est l'idée même d'un *devenir* éthique, qui reste temporel, en mouvement, en cours. Quatrièmement et enfin, le fait que l'esprit pâtisse moins de ses affects *résulte* du pouvoir qu'a l'esprit de comprendre ; cela confirme que le pouvoir en question ne s'exerce pas *contre* les affects, mais qu'il s'affirme en lui-même et pour lui-même, et qu'il a *pour effet* de voir les affects passer de passions à actions.

Nous voyons ainsi que la délimitation de ce qui n'est pas en notre pouvoir a pour visée non pas la résignation consistant à voir l'exercice de notre puissance d'agir restreint, mais bien plutôt la possibilité de déterminer quelles peuvent être nos aptitudes, afin d'œuvrer plus efficacement en vue de l'accroissement de la puissance de notre corps et de notre esprit. Le « pouvoir de » se définit en lien avec la nature singulière et l'état actuel d'un individu, et se traduit par l'acquisition et le renouvellement d'aptitudes. Ce qui est au pouvoir d'un corps est avant tout d'augmenter son aptitude à affecter et à être affecté en diverses manières ; et ce qui est corrélativement au pouvoir d'un esprit est avant tout d'augmenter son aptitude à comprendre plusieurs choses à la fois. Par ailleurs, les affections et affects sont neutres en eux-mêmes : ils ne font que traduire la rencontre entre un individu et les choses extérieures. Il ne s'agit donc pas de lutter contre ces affections et affects, mais de les disjoindre des

---

1   *E* V, prop. 4, scolie, G II, p. 283.

images que l'on se forme inadéquatement des choses extérieures pour ne plus *pâtir* de ces affects. Dès lors, l'éthique spinoziste de la puissance passe par le pouvoir (ou aptitude) qu'a le corps d'être affecté et par le pouvoir (ou aptitude) qu'a l'esprit de comprendre ; c'est ainsi qu'elle se manifeste ou se traduit, mais elle est première en regard du pouvoir ou de l'aptitude. Dès lors, cette conception d'une éthique de la puissance permet de concevoir le pouvoir de façon affirmative et positive ; on peut accorder à ce dernier une place dans l'éthique, mais en le rapprochant du concept d'aptitudes que nous avons précédemment élaboré, et donc en le distinguant de la conception cartésienne de la *potestas*.

C'est précisément ce à quoi s'emploie Spinoza dans l'*Éthique*, puisque nous y trouvons un ensemble d'occurrences positives de *potestas*, toujours conçues comme affirmation. C'est logiquement dans la cinquième partie de l'*Éthique* que nous trouvons majoritairement ce type d'occurrences. Ainsi par exemple dans ce passage de la démonstration de la proposition 10 :

> aussi longtemps que nous ne sommes pas en proie à des affects qui sont contraires à notre nature, aussi longtemps la puissance [*potentia*] de l'esprit, par laquelle il s'efforce de comprendre les choses, ne se trouve pas empêchée, et par suite aussi longtemps il a le pouvoir de former [*potestatem formandi*] des idées claires et distinctes, et de les déduire les unes des autres ; et par conséquent aussi longtemps nous avons le pouvoir d'ordonner et d'enchaîner [*potestatem ordinandi et concatenandi*] les affections du corps selon un ordre pour l'intellect[1].

Nous sommes donc bien initialement en présence d'une certaine *puissance* de l'esprit, la puissance de comprendre qui définit son essence actuelle. Cette puissance donne lieu à divers pouvoirs, qui se manifestent par la production d'idées adéquates ou encore par la formation d'un nouvel ordre. Enfin, ces pouvoirs – ou aptitudes – sont variables, et leurs variations ne dépendent pas d'une bonne ou mauvaise volonté de l'individu, mais de l'augmentation ou de la diminution de la puissance d'agir de cet individu.

Nous voyons donc que nous ne sommes plus dans la perspective d'une morale de l'exhortation voire de la culpabilisation, mais dans le cadre d'une éthique de l'explication anthropologique, et de moyens pour modifier en amont ce qui détermine les pouvoirs du corps et de l'esprit à être plus ou

---

1   *E* V, prop. 10, dém., G II, p. 287. Le scolie reprend ce terme de *potestas* : « par ce pouvoir d'ordonner et d'enchaîner correctement les affections du corps, nous pouvons faire de n'être pas aisément affectés par des affects mauvais » (*ibid.*, scolie, G II, p. 287).

moins nombreux et plus ou moins variés. Ainsi, il est au pouvoir de l'esprit de former des idées claires et distinctes tant que sa puissance n'est pas amoindrie par des affects contraires à sa nature ; c'est donc bien dans cette puissance que l'esprit puise l'intensité et l'effectivité de son pouvoir. Nous comprenons alors mieux pourquoi Spinoza peut affirmer qu'il est au pouvoir de chacun de se comprendre soi-même et de comprendre ses affects – ce qui a pour effet qu'il en pâtit moins –, tout en critiquant l'affirmation cartésienne selon laquelle même les âmes les plus faibles peuvent acquérir un pouvoir absolu sur leurs passions, et selon laquelle elles sont basses et vulgaires si elles ne le font pas. C'est encore une fois une question de temporalité, jointe à une certaine attribution de la détermination des choses et des actions. Selon Descartes, la volonté est en mesure de retenir des mouvements du corps excités par les passions ; chacun devrait donc être en mesure de prendre pouvoir sur ces mouvements *dans l'instant*, si tant est qu'il fasse preuve de suffisamment de résolution. Cela explique que l'on puisse attribuer à chacun la responsabilité de la force ou de la faiblesse de son âme. Selon Spinoza au contraire, le pouvoir de l'esprit dépend de sa puissance *actuelle* ; il ne peut donc *dans le moment présent* être plus important ou plus effectif qu'il ne l'est. Une responsabilité morale de type cartésien est donc exclue. Cependant, la puissance de l'esprit étant variable, elle peut progressivement être accrue, ce qui se ressentira sur le pouvoir de l'esprit ; Spinoza peut donc affirmer que chacun peut comprendre ses affects *si l'on tient compte du temps*. Il s'agit là d'une possibilité qui permet de ne pas comprendre la détermination actuelle comme une fatalité (au sens où nous ne pourrions *jamais* être autrement déterminés que nous le sommes *actuellement*), qui permet d'envisager une ouverture à une autre manière *à venir* d'être déterminés qui n'a rien d'un devoir-être ou d'un devoir-faire. L'éthique spinoziste de la *potentia* est une éthique des possibles[1] en lien avec sa nature propre, et non une morale du devoir[2] liée à une certaine conception générale de la nature humaine.

---

1   Par l'utilisation du terme « possible », nous n'entendons pas remettre en question la détermination de toutes les choses de la nature à exister et à opérer d'une manière précise et déterminée. Nous souhaitons simplement rappeler que 1/ en raison de la complexité de notre corps et de la multiplicité des choses extérieures, nous ne pouvons savoir avec certitude comment nous serons déterminés à l'avenir ; et que 2/ il est requis de considérer un état comme étant de l'ordre des possibles pour soi pour tendre vers cet état. Voir à ce sujet l'explication de la définition 28 des affects.

2   D. Garrett propose à ce sujet une interprétation intéressante de la terminologie spinoziste : *"one of the most striking features of Spinoza's ethical writings is his distinctive ethical vocabulary, notable for what it omits as well as for what it contains. For example, [...]*

Ce lien entre la puissance d'un individu, sa nature, et le pouvoir qu'il a de faire certaines choses se trouve confirmé par la définition 8 d'*Éthique* IV, selon laquelle

> par vertu et puissance [*potentiam*], j'entends la même chose, c'est-à-dire, la vertu, en tant qu'elle se rapporte à l'homme, est l'essence même ou nature de l'homme, en tant qu'il a le pouvoir de faire [*potestam efficiendi*] certaines choses qui peuvent se comprendre par les seules lois de sa nature[1].

Ce passage permet de conférer une dimension éthique à un pouvoir qui ne serait en lui-même que d'ordre anthropologique. En effet, la puissance d'agir caractérise l'essence actuelle des individus ; elle est donc neutre en elle-même. Cette puissance se traduit par une *possibilité*, celle qu'ont les hommes d'agir conformément à leur nature propre. Ce type d'action n'est pas par nature, puisque les hommes ont plutôt tendance à être passivement déterminés de l'extérieur, selon l'ordre contingent (pour eux) avec lequel il rencontre les choses qui les affectent. Par contre – et c'est ce qui ressort de cette définition –, ce type d'action est naturel au sens où il peut être déterminé par les seules lois de la nature d'un individu ; c'est donc là une possibilité d'ordre anthropologique. Et lorsqu'un individu fait effort – étant déterminé en cela par la manière dont il est actuellement affecté et par le désir qui en découle – pour rendre effective cette possibilité, autrement dit lorsqu'il acquiert le pouvoir d'agir conformément à sa nature singulière, il s'inscrit dans un devenir qui confère une dimension *éthique* à son action. Tel est le lien entre nature singulière, puissance actuelle, pouvoir d'agir d'une certaine façon et devenir éthique. Dès lors, le pouvoir en question s'ancre à la fois dans une nature individuelle (puisque ce dont il est pouvoir se définit dans une forme de convenance avec cette dernière) et dans un état actuel (qui varie à mesure que la puissance d'agir de cet individu augmente ou diminue). Il ne s'agit dès lors pas d'exercer un pouvoir déjà présent de droit du fait de l'appartenance à la nature humaine, mais d'acquérir un certain pouvoir en lien avec sa nature propre ; et ce pouvoir ne se définit

---

there is an almost complete absence from his writings of such terms as 'ought', 'must', 'should' and 'may'. The concept of permission he introduces only to indicates how much is permissible – namely, whatever seems to be to one's own advantage – without indicating that anything is impermissible" ("Spinoza's ethical theory", dans *The Cambridge Companion to Spinoza*, 1996, p. 285).

1   *E* IV, définition 8, G II, p. 210.

pas comme maîtrise sur ce qui pourrait mettre en danger l'indépendance de l'individu, mais comme affirmation d'une puissance propre au sein des relations avec les autres choses de la nature. Enfin, ce « pouvoir de » s'inscrit fondamentalement dans la temporalité de l'individu, en étant déterminé par les variations de la puissance d'agir de ce dernier ; sa dimension éthique consistera donc à être lui-même inscrit dans un certain devenir.

Cette question de la temporalité de la puissance d'agir d'un individu d'une part, et des différents pouvoirs qui en résultent pour lui d'autre part, est primordiale pour saisir de façon plus précise la différence entre une morale de la *potestas* et une éthique de la *potentia*. Nous pourrions en effet estimer que le résultat est finalement le même : dans les deux cas, il s'agit de ne pas (ou de moins) pâtir de ses affects, même si la première vise un pouvoir absolu et l'exercice d'une libre volonté, et si la seconde vise une puissance accrue du corps et de l'esprit et n'envisage pas que nous puissions ne plus être affectés. Cette impression pourrait d'ailleurs être confirmée par une occurrence de *potestas* à la toute fin de l'*Éthique*, qui, sortie de son contexte, pourrait sembler avoir des accents cartésiens : « l'esprit, de ce qu'il jouit de cet amour divin ou béatitude, a le pouvoir de contrarier les désirs passionnels[1] ». Toutefois, il convient de retracer le raisonnement qui mène à cette conclusion : la béatitude consiste en l'amour envers Dieu et cet amour, qui naît du troisième genre de connaissance, se rapporte à l'homme en tant qu'il agit (donc se rapporte à la puissance de l'homme). Ainsi, plus l'esprit jouit de cet amour, plus il comprend (puisque c'est là la puissance propre de l'esprit) ; or, plus l'esprit comprend, moins il pâtit de ses affects. C'est ce qui permet d'affirmer que l'esprit a le pouvoir de contrarier les affects mauvais (soit ceux dont il pâtit), non dans l'absolu, mais *en tant qu'il jouit de l'amour divin ou béatitude.*

Il y a donc ici une question fondamentale de temporalité : ce n'est pas en tout temps et du seul fait qu'il est un esprit *humain* que l'esprit

---

1   *E* V, prop. 42, dém., G II, p. 308 ; traduction modifiée. Cette impression pourrait même être accrue à la lecture du début du scolie faisant suite à cette démonstration : il apparaît par là « combien le sage est fort et vaut mieux que l'ignorant, qui agit par le seul désir passionnel » (*ibid.*, scolie, G II, p. 308 ; traduction de même modifiée). Si nous n'avons pas à l'esprit qu'il est question de puissance d'agir, et que le sage est tout aussi déterminé à vivre selon sa sagesse que l'ignorant selon son ignorance, nous pourrions lire dans ce passage un écho aux remarques cartésiennes sur les âmes fortes et les âmes faibles.

peut contrarier les affects mauvais, mais seulement dans la mesure où sa puissance est accrue. Dès lors, le *pouvoir* dont il est question ici ne consiste pas en une faculté toujours à disposition, qu'il revient simplement de mettre en pratique en faisant preuve de résolution et de bonne volonté, mais en une aptitude qu'il est possible d'acquérir dans le temps, en modifiant en amont la manière dont l'esprit est affecté. Il y a donc bien divergence dans les temporalités respectives de la morale de la *potestas* et de l'éthique de la *potentia*.

Mettre l'accent sur la puissance et non sur le pouvoir revient à considérer que c'est sur la première que nous pouvons avoir une marge d'action[1], et qu'il ne faut donc pas exhorter les hommes à exercer dans l'instant un pouvoir qui n'est pas encore à leur disposition – et qui sera de toute façon d'ores-et-déjà *en pratique* lorsqu'il le sera, puisque être apte à agir d'une certaine façon consiste à être déterminé à agir ainsi. Cette temporalité spécifique de l'éthique de la *potentia* est confirmée par la proposition 42 d'*Éthique* V : « la béatitude n'est pas la récompense de la vertu, mais la vertu même ; et ce n'est pas parce que nous contrarions les désirs passionnels que nous jouissons d'elle ; mais au contraire, c'est parce que nous jouissons d'elle que nous pouvons contrarier les désirs passionnels[2] ». Spinoza refuse donc la conception morale de l'enchaînement suivant : je commence par contraindre mes appétits, cela me rendra vertueux, et (en guise de récompense) je connaîtrai alors la béatitude. Il le remplace par le processus éthique suivant : la béatitude dont je jouis manifeste une augmentation de ma puissance d'agir, le fait de jouir de cette béatitude se traduit donc par une augmentation de la puissance de comprendre de l'esprit, et il résulte de cette puissance un recul des affects qui sont mauvais pour moi. Ce n'est qu'en ce sens, par une augmentation de ma puissance en amont, que mon esprit est apte à

---

1   Dans la section qu'il consacre à la *potestas*, A. Suhamy définit cette dernière comme « la puissance en tant qu'elle exerce une contrainte sur autre chose qu'elle-même », relevant alors que « la vertu définie comme *potestas* ne peut se comprendre que dans une comparaison de forces » (*La communication du bien chez Spinoza*, p. 171). Nous partageons cette analyse, et nous en tirons deux conséquences : la première est que le pouvoir n'est que l'expression de la puissance lorsque nous entrons dans des rapports de force avec les choses extérieures ; la seconde est que la véritable liberté du sage se définit comme *potentia* (utilisée sans gérondif dans la cinquième partie de l'*Éthique*), dans une relation harmonique avec les choses extérieures. Ainsi, plus on avance dans le cheminement d'un devenir éthique, plus la *potentia* se distingue d'une *potestas* particularisée et engagée dans des rapports de force.

2   *E* V, prop. 42, G II, p. 307 ; traduction modifiée.

contrarier les affects mauvais en aval, comme « par surcroît ». C'est donc bien la puissance [*potentia*] qui se trouve au cœur du devenir éthique tel qu'on peut le concevoir dans le cadre de la philosophie spinoziste.

L'ESSENCE ACTUELLE COMME *POTENTIA AGENDI*

Nous avons suggéré que la conception d'un pouvoir absolu de l'esprit sur ses passions et sur les mouvements du corps pourrait trouver son origine dans la conception parallèle d'un pouvoir absolu de Dieu sur les choses de la nature. Nous pourrions de même considérer que, inversement, une éthique de la *potentia* qui soit conçue comme affirmative et active prend sa source dans une *autre* conception de la puissance divine. Cette hypothèse semble confirmée par ce que Spinoza dit de la puissance divine dans la deuxième partie de l'*Éthique*. Ainsi, Spinoza revient, dans le scolie d'*Éthique* II, 3, sur la manière dont nous comprenons habituellement la puissance de Dieu, afin de la rectifier :

> le vulgaire, par puissance [*potentiam*] de Dieu, entend la libre volonté de Dieu, et son droit sur tout ce qui est, qui par là se trouve communément considéré comme contingent. Car Dieu a le pouvoir [*potestatem*] de tout détruire, disent-ils, et de tout renvoyer au néant. En outre, cette puissance de Dieu, ils la comparent très souvent à la puissance des rois. Mais [...] nous avons montré que Dieu agit avec la même nécessité qu'il se comprend lui-même, c'est-à-dire de même qu'il suit de la nécessité de la nature divine (comme tous l'affirment d'une seule voix) que Dieu se comprend lui-même, il suit également par la même nécessité que Dieu fait une infinité d'actions d'une infinité de manières[1].

Ce que Spinoza met en lumière dans ce passage, c'est que nous concevons habituellement la puissance de Dieu sur le modèle du pouvoir absolu d'un souverain sur ses sujets, un droit de vie et de mort qui ne

---

1   *E* II, prop. 3, scolie, G II, p. 87. Cette conception d'une nécessité des actions divines exclut notamment trois choses : que l'on puisse considérer que les hommes pèchent contre Dieu lorsqu'ils sont affectés ; que l'on puisse attribuer un malheur humain à la colère divine que les hommes auraient provoquée ; et que l'on puisse postuler un libre arbitre humain, au sens où les actions humaines ne suivraient pas plus de la nature des hommes que les actions divines ne suivraient de la nature de Dieu. Ce sont là trois ressorts traditionnels de la morale qui se trouvent donc exclus de la philosophie et de l'éthique spinozistes.

serait soumis à aucune loi. Il y a donc dans cette conception à la fois l'idée selon laquelle Dieu disposerait d'un bon vouloir (c'est-à-dire de la possibilité de faire ou de ne pas faire quelque chose comme bon lui semble) et l'idée selon laquelle ce pouvoir pourrait s'exprimer *contre* les créatures de Dieu. Sur ce modèle, nous concevons donc l'idée d'un pouvoir absolu de l'esprit sur les mouvements du corps et sur ses passions, en ce que l'esprit pourrait obtenir du corps par un libre décret qu'il agisse en un sens ou en un autre, de même qu'il pourrait retenir ou empêcher certains mouvements pourtant excités dans le corps. Or, d'une part, Spinoza a affirmé dans la proposition 16 d'*Éthique* I que « de la nécessité de la nature divine doivent suivre une infinité de choses d'une infinité de manières[1] », ce qui signifie que, la nature de Dieu étant donnée, ses actions en suivent nécessairement. D'autre part, il a établi dans le corollaire 1 d'*Éthique* I, 32 que « Dieu n'opère pas par la liberté de la volonté[2] ». Ces deux éléments s'inscrivent en faux en regard d'une conception de la puissance divine sur le modèle du pouvoir absolu d'un roi.

Mais ce que Spinoza apporte de plus dans cette deuxième partie est la manière dont il qualifie l'essence divine suite à ces remarques. Ainsi, Spinoza affirme dans la suite du scolie d'*Éthique* II, 3 que « la puissance [*potentiam*] de Dieu n'est rien d'autre que l'essence agissante de Dieu ; et par suite, il nous est aussi impossible de concevoir que Dieu n'agit pas, que de concevoir qu'il n'est pas[3] ». La puissance n'est donc pas un pouvoir illusoire de choisir librement d'agir ou non : elle *est* action. Or, dans la mesure où la puissance d'un homme consiste en la puissance de Dieu ou de la nature en tant qu'elle s'explique par l'essence actuelle de cet homme, il en est sur ce point de la puissance des hommes comme de la puissance de Dieu : elle se définit comme leur essence *en tant qu'*ils sont déterminés à agir, donc *en tant qu'*ils agissent. Elle est donc fondamentalement puissance d'agir [*potentia agendi*] parce qu'elle *est* action. C'est la raison pour laquelle elle est première en regard des pouvoirs particuliers ; et c'est la raison pour laquelle l'éthique spinoziste, conçue comme effective et pratique, est avant toute autre chose une éthique de la *potentia*.

---

1   *E* I, prop. 16, G II, p. 60.
2   *E* I, prop. 32, cor. 1, G II, p. 73.
3   *E* II, prop. 3, scolie, G II, p. 87.

Une *autre* conception de l'éthique humaine découle donc de cette *autre* conception de la puissance de Dieu. Cette mise en parallèle est reprise quelques propositions plus loin, mais cette fois-ci dans le sens inverse. En effet, Spinoza commence par affirmer, dans la proposition 7 d'*Éthique* II, que « l'ordre et l'enchaînement des idées est le même que l'ordre et l'enchaînement des choses[1] », ce qui vaut pour toute chose singulière. Nous pouvons tirer de cette affirmation l'idée selon laquelle l'augmentation de puissance de l'esprit est corrélative de l'augmentation de puissance du corps ; et il en résulte d'un point de vue éthique que l'on ne peut porter son attention sur le premier eu détriment du second, ni envisager comme cheminement éthique la prise de pouvoir du premier sur le second. Or, c'est dans le corollaire de cette proposition 7 qu'intervient la question de la puissance de Dieu : « de là suit que la puissance de penser [*cogitandi potentia*] de Dieu est égale à son actuelle puissance d'agir [*agendi potentiae*][2] ». C'est là une façon de revenir par un autre biais sur deux affirmations déjà exposées par Spinoza. Premièrement, si la puissance de penser de Dieu est égale à sa puissance d'agir, cela signifie qu'elle ne l'excède pas, et donc que Dieu accomplit tout ce qu'il conçoit. Deuxièmement, si puissance de penser et puissance d'agir s'équivalent en Dieu, cela signifie que la puissance est conçue en lui comme action. Il en résulte du point de vue de l'action humaine que nous ne sommes pas libres d'agir en un sens ou en un autre (ce n'est pas là une question de bonne volonté ou de résolution), et que nous faisons à un moment donné tout ce que nous avons le pouvoir de faire selon notre état actuel. Telle est la raison pour laquelle Spinoza met progressivement en place une éthique de la puissance, en lieu et place d'une morale de la libre volonté et de la résolution.

Cette conception de la puissance et de son rapport essentiel aux modes de la substance divine que sont les hommes se retrouve de fait dans la troisième partie de l'*Éthique*, dans laquelle il est question de l'origine et de la nature des affects[3]. Une équivalence se dessine en effet entre puissance d'agir et définition de l'essence actuelle des individus dans la démonstration

---

1   *E* II, prop. 7, G II, p. 89.
2   *E* II, prop. 7, corollaire, G II, p. 89.
3   Nous voyons ainsi se construire au fil des parties un concept de *potentia* qui, à partir des remarques ontologiques premières au sujet de la puissance divine, prend progressivement une signification anthropologique, avant de revêtir une dimension éthique dans les quatrième et cinquième parties.

d'*Éthique* III, 37 : « la tristesse diminue ou contrarie la puissance d'agir de l'homme, c'est-à-dire diminue ou contrarie l'effort par lequel l'homme s'efforce de persévérer dans l'être[1] ». L'essence actuelle des individus se définit à partir de leur effort pour persévérer dans leur être, selon la proposition 7 d'*Éthique* III ; or, dans cette démonstration, Spinoza affirme que ce qui diminue la puissance d'agir de l'homme diminue dans le même mouvement son effort pour persévérer dans l'être. Nous pouvons donc en conclure que l'essence actuelle des hommes se définit fondamentalement par leur puissance, puissance qui se caractérise comme puissance d'agir. La conception spinoziste de la puissance divine comme puissance agissante a donc pour effet de mener vers une autre conception de la manière dont peuvent être définies les choses singulières, et parmi ces dernières les hommes : il ne s'agit plus d'attribuer à ces derniers une volonté libre sur le modèle d'un hypothétique bon vouloir divin, mais de les caractériser par une certaine puissance d'agir. Dès lors, il ne sera plus question de leur imposer comme exigence morale de faire preuve de résolution et de bonne volonté, mais de penser une éthique qui puisse voir s'accroître leur puissance d'agir, en lien avec leur nature individuelle. Nous pouvons ainsi mesurer l'ancrage de l'éthique spinoziste dans une anthropologie, elle-même liée à une certaine ontologie : dans une nature conçue comme déterminée de part en part, les hommes ne peuvent pas plus que les autres choses singulières agir sans y être déterminés par une cause antérieure ; mais comme ils sont conçus comme essentiellement agissants, l'enjeu consistera pour eux à accroître cette puissance d'agir, et ainsi à faire *adéquatement* effort pour persévérer dans l'être. C'est en ce point que se rencontrent caractérisation de la nature humaine et pensée d'un devenir éthique.

Nous pouvons dès lors poursuivre notre étude de la conception spinoziste de la *potentia*, dans l'idée que cela nous mènera progressivement à caractériser ce que l'on peut entendre par « éthique de la puissance » ; nous verrons ainsi que cette conception de l'éthique spinoziste se démarque en de nombreux points de la morale cartésienne de la *potestas*. C'est par exemple le cas à partir de la proposition 11 d'*Éthique* III, selon laquelle « toute chose qui augmente ou diminue, aide ou contrarie, la puissance d'agir de notre corps, l'idée de cette même chose augmente ou diminue, aide ou contrarie, la puissance de penser de notre esprit[2] ». Encore

---

1   *E* III, prop. 37, dém., G II, p. 169.
2   *E* III, prop. 11, G II, p. 148.

une fois, cette affirmation prend sa source dans une conception d'ordre ontologique : le fait que « l'objet de l'idée constituant l'esprit humain est le corps[1] ». Dès lors, si le corps est affecté par une chose extérieure de telle manière que sa puissance d'agir s'en trouve diminuée (affection), il y aura dans l'esprit une idée de cette affection, soit un affect traduisant cette diminution de la puissance d'agir (un affect de tristesse).

Mais ce qui importe plus encore ici est la mise en parallèle de la puissance du corps et de celle de l'esprit. D'abord, nous retrouvons ce que nous avons dit précédemment au sujet des aptitudes : la puissance caractérise l'homme pris comme un tout, et elle se décline dans deux attributs, celui de l'étendue (puissance d'agir du corps) et celui de la pensée (puissance de comprendre de l'esprit). Ce point est ensuite confirmé par la corrélation entre ces deux puissances : l'augmentation ou la diminution de la puissance d'agir du corps (ce sont les variations du corps, et non ses états, qui sont senties par l'esprit) a pour corrélat dans l'esprit l'augmentation ou la diminution de la puissance de penser. L'esprit ne peut donc trouver son compte dans la prise de pouvoir qu'il pourrait exercer sur le corps, ou encore dans la faculté qu'il aurait d'empêcher certains mouvements du corps. Selon ces données ontologiques et anthropologiques, l'éthique spinoziste ne peut être une éthique de l'esprit humain, elle sera éthique *de l'homme* pris comme un tout ou elle ne sera pas.

Nous progressons ainsi vers les enjeux éthiques de la conception spinoziste de la *potentia*. Le raisonnement mis bout à bout est en effet le suivant : l'essence actuelle de l'homme se définit comme son effort pour persévérer dans l'être ; or, ce qui contrarie sa puissance d'agir contrarie cet effort pour persévérer dans son être. Les hommes ont donc un intérêt (anthropologique) à accroître leur puissance d'agir, ce qui constitue le premier point. Deuxièmement, la puissance de l'homme se décline en puissance d'agir du corps et en puissance de penser de l'esprit, et ces deux puissances sont corrélées en ce qu'elles augmentent ou diminuent d'un même mouvement. Dès lors, pour vivre de façon plus conforme à leur nature singulière, il est dans l'intérêt (éthique) des hommes de favoriser la puissance d'agir de leur corps corrélativement à la puissance de penser de leur esprit.

---

1   *E* II, prop. 13, G II, p. 96.

L'on pourrait toutefois se demander pourquoi nous parlons d'un enjeu d'ordre *éthique* et non seulement anthropologique. En effet, s'il est dans la nature des hommes de faire effort pour persévérer dans leur être, on pourrait penser qu'il est *naturel* pour les hommes d'accroître leur puissance d'agir et de penser, que c'est là une simple donnée anthropologique. Et pourtant, ce n'est pas le cas, puisque, en dépit du fait que tout homme fait *par nature* effort pour persévérer dans son être, cette puissance d'agir peut se trouver diminuée ou contrariée. C'est alors en ce point qu'un enjeu éthique va prendre forme, dans le rapport que chaque homme entretient avec les variations de sa propre puissance d'agir. Nous trouvons l'exemple d'une possible diminution de la puissance d'agir dans l'explication des définitions 1 et 2 d'*Éthique* III : « l'affect de tristesse est un acte, et cet acte, par suite, ne peut être que l'acte de passer à une moindre perfection, c'est-à-dire l'acte en lequel se trouve diminuée ou contrariée la puissance d'agir de l'homme[1] ». Ainsi, en dépit de l'effort pour persévérer dans son être, qui définit son essence actuelle, un homme peut voir sa puissance d'agir diminuée ; et nous ne pouvons en cela ni incriminer une mauvaise volonté (sa puissance d'agir est déterminée à diminuer), ni supposer qu'il fait délibérément diminuer sa puissance d'agir (puisque son essence actuelle consiste à faire effort pour l'augmenter).

Il y a un indice de réponse dans la formulation selon laquelle la puissance d'agir peut se trouver « contrariée [*coercitur*] » ou contrainte : puisqu'un individu ne peut pas délibérément agir en vue de la diminution de sa puissance d'agir, cela signifie que cette contrainte (ou contrariété) n'est pas déterminée par les seules lois de sa nature. La puissance d'agir de cet individu se trouve diminuée soit parce que, tout en pensant faire effort pour persévérer dans son être, il va (sans le savoir) à son encontre ; soit parce qu'il est (négativement) affecté de façon trop intense par une chose qu'il sait lui être nuisible pour parvenir à la tenir à distance de lui, n'étant pas parvenu à enchaîner ses affects selon un ordre pour l'entendement. Dans les deux cas, l'individu en question s'efforce bien de persévérer dans son être, mais il ne s'y efforce pas *adéquatement*. C'est là une distinction que nous pouvons établir entre un trait anthropologique

---

1   *Ibid.* Spinoza parle parfois – comme dans cet exemple – de la puissance d'agir de l'homme et non seulement du corps, ce qui est une manière de rappeler que penser est aussi une action.

(tous les hommes s'efforcent de persévérer dans leur être), et l'inscription dans un certain devenir éthique (qui pourrait en ce sens consister en une détermination à *effectivement* agir dans le sens d'une augmentation de sa puissance d'agir).

C'est alors en ce point que la question de la *potentia* effectue un lien entre l'ontologie – l'essence actuelle d'une chose se définit par sa puissance d'agir –, l'anthropologie – la puissance d'un homme consiste en la puissance d'agir de son corps et la puissance de penser de son esprit –, et l'éthique – le devenir éthique requérant d'augmenter *effectivement* sa puissance d'agir et de penser, en étant en cela déterminé par des idées adéquates. Ces trois dimensions distinguent l'éthique spinoziste de la *potentia* d'une éthique cartésienne de la *potestas* pour les raisons suivantes : elle s'ancre dans une puissance essentielle au corps et à l'esprit et non en une libre volonté ; elle requiert d'être déterminée en amont par des idées adéquates et non de faire preuve de résolution dans le moment présent ; elle se traduit par l'acquisition de pouvoirs qui ne préexistent pas à leur pratique, au lieu de requérir l'exercice de facultés toujours déjà là ; et elle se pense en lien avec une nature singulière que l'on découvre par le biais d'actions qui lui sont plus ou moins conformes, et ne vise donc pas une nature humaine générale et connue d'avance. Ce sont alors les termes de la morale traditionnelle que sont la perfection, la paix intérieure, la vertu ou encore la liberté qui peuvent désormais être redéfinis à partir de cette conception nouvelle de la *potentia*.

REDÉFINITION DE L'ÉTHIQUE
À L'AUNE DE LA PUISSANCE D'AGIR ET DE PENSER

L'éthique spinoziste de la *potentia* a pour premier effet de nous amener à redéfinir ce que nous entendons par perfection. Rappelons tout d'abord la manière dont Descartes la définissait dans la quatrième des *Méditations métaphysiques*. Nous y lisons que « la plus grande et principale perfection de l'homme » consiste dans le fait de « retenir fermement la résolution de ne jamais donner mon jugement sur les choses dont la vérité ne m'est pas clairement connue ». La raison en est la suivante :

« toutes les fois que je retiens tellement ma volonté dans les bornes de
ma connaissance, qu'elle ne fait aucun jugement que des choses qui
lui sont clairement et distinctement représentées par l'entendement, il
ne peut se faire que je me trompe[1] ». Atteindre ce qui est caractérisé
comme la perfection humaine (où nous pouvons lire une référence à ce
qui serait exprimer en soi, par excellence, une nature humaine prédéfinie)
est ainsi une question de volonté – ce qui ne signifie pas que ce soit aisé,
puisque cela requiert de se donner de nouvelles habitudes. Le résultat de
cet effort est alors que nous sommes en mesure de ne plus jamais nous
tromper, ou encore, que nous avons acquis un pouvoir absolu sur nos
jugements. Ces deux éléments découlent d'une morale conçue comme
pouvoir absolu de l'âme et exercice ferme et constant de la libre volonté.

Il va de soi que, Spinoza ayant lié la puissance de l'esprit à celle du
corps et ayant récusé l'idée d'une libre volonté comme celle d'un pouvoir absolu, sa définition de la perfection des hommes ne peut qu'être
autre. Nous pouvons d'un côté garder l'idée d'une éthique définie
comme conformité avec sa nature ; mais il sera alors (aussi) question
d'une nature individuelle d'une part, et cette nature individuelle n'est
pas connue d'avance d'autre part. Il ne s'agit donc pas de la réaliser en
soi – puisqu'elle est de fait notre nature –, mais plutôt d'agir en étant
déterminés par ses seules lois[2]. Or, nous avons vu que la nature d'un
individu se définissait en lien avec sa puissance d'agir, et que cette puissance d'agir se trouvait augmentée à mesure que l'individu en question
s'efforçait *adéquatement* de persévérer dans son être. Nous pouvons dès
lors en conclure que l'éthique consiste à adopter un mode de vie tel
qu'il nous permette d'accroître notre puissance d'agir. Il n'est donc
pas question d'*atteindre* un certain seuil de puissance, mais de toujours
faire effort pour accroître cette puissance, soit de toujours être en mouvement, et le plus adéquatement possible. C'est en ce point que nous
retrouvons la question du devenir : s'inscrire dans un certain devenir
éthique ne consiste pas seulement à varier (ce que font de fait toutes les
choses singulières), ni à atteindre un certain état (ce qui reviendrait à

---

1   Descartes, *Méditations métaphysiques*, méditation quatrième, A II, p. 467.
2   Nous retrouvons ici la définition de la vertu comme « l'essence même ou nature de
     l'homme » non dans l'absolu (le fait d'être un homme n'est pas *en soi* une vertu), mais
     « en tant qu'il a le pouvoir de faire certaines choses qui peuvent se comprendre par les
     seules lois de sa nature » (*E* IV, déf. 8, G II, p. 210).

cesser d'accroître cette puissance d'agir), mais à *changer* en un sens qui voie effectivement augmenter notre puissance d'agir.

C'est la raison pour laquelle Spinoza redéfinit la perfection en lien avec la nature individuelle et la puissance propre des individus ; la perfection n'est donc plus un état, mais le fait de toujours tendre vers (une conformité avec sa nature), ou encore un devenir ; et elle s'estime en lien avec cette nature individuelle (puisque l'accroissement d'une puissance ne peut s'estimer qu'en regard du *passage* d'un individu d'un état à un autre), et non en fonction d'un critère général et déterminé de l'extérieur. Spinoza affirme ainsi à la fin de l'Appendice d'*Éthique* I que « la perfection des choses doit s'estimer à partir de leur seule nature et puissance, et c'est pourquoi les choses ne sont pas plus ou moins parfaites [...] selon qu'elles contribuent à la nature humaine ou bien qu'elles lui sont contraires[1] ». Il s'agit dans ce contexte de réfuter l'idée selon laquelle il y aurait une finalité dans les choses de la nature. Mais nous pouvons appliquer cette affirmation aux jugements portés sur les hommes par les moralistes. Cela donne alors l'idée selon laquelle les hommes doivent être estimés en regard de leur propre puissance, et non en regard d'une nature humaine idéale forgée de toute pièce – et n'exprimant en réalité qu'une manière particulière d'être affecté par les choses extérieures. Alors la perfection (éthique) de chacun pourra être rapportée à l'adéquation de l'effort qu'il met en œuvre pour persévérer dans son être, et donc pour augmenter sa puissance d'agir. La perfection n'est pas définie en lien avec ce que l'on *devrait* à la nature humaine, mais en lien avec ce qui est *effectivement* utile *pour soi*, à l'instar de la définition du bien. La perfection est donc conçue comme affirmation et non comme conformation, et elle a pour effet (et non pour cause) le fait de contrarier les affects mauvais pour soi.

Dès lors, lorsque nous retrouvons l'idée cartésienne selon laquelle il ne peut être satisfaisant de subir une lutte interne entre ses passions, cette idée ne peut résulter du même raisonnement. Ainsi, nous lisons bien dans l'explication de la définition 38 des affects que « à la cruauté s'oppose la clémence, qui n'est pas une passion, mais une puissance de l'âme [*animi potentia*], par laquelle l'homme maîtrise colère et vengeance[2] ». Cependant, il ne faut pas remplacer *potentia* par *potestas* dans

---

1 *E* I, Appendice, G II, p. 83.
2 *E* III, Définitions des affects, déf. 38, explication, G II, p. 201.

ce passage, et comprendre ce dernier en un sens cartésien – à savoir, la clémence consiste dans le pouvoir qu'a l'âme de lutter contre les effets de la colère et de la vengeance, par la ferme résolution de ne pas se laisser déterminer par ces affects. Le cheminement est en réalité inverse : c'est parce que la *puissance* de penser de l'esprit est accrue en amont que l'esprit a le *pouvoir* d'être clément – en comprenant adéquatement la manière dont il est affecté par la chose extérieure qui aurait pu susciter en lui colère et vengeance –, et donc que la colère et la vengeance n'ont plus prise sur lui en aval.

En ce sens, la clémence (terme qui fait partie des vertus telles qu'elles sont traditionnellement définies) ne consiste pas en un renoncement – accepter de ne pas se venger d'une offense –, ou encore en une ataraxie, si l'on entend par là le fait de ne pas être affecté par les choses et événements extérieurs. Elle consiste bien plutôt dans la manière dont nous pouvons être affectés par une chose ou un événement extérieurs, *suite à une augmentation* de la puissance d'agir de notre corps et de la puissance de penser de notre esprit. Elle est donc directement liée à notre *passage* d'une puissance moindre à une puissance plus grande – ce qui caractérise les affects liés à la joie[1]. Les vertus (au sens classique du terme) sont donc redéfinies par Spinoza comme pouvoir d'agir d'une certaine façon résultant d'une augmentation en amont de la puissance d'agir, et ayant elles-mêmes pour effet une action déterminée en conformité avec la nature propre de l'individu, au sens d'un effort plus adéquat et plus effectif pour persévérer dans son être.

Nous pouvons mieux comprendre à partir de là l'enjeu éthique que peut revêtir l'affirmation spinoziste selon laquelle « la satisfaction de soi-même [*acquiescentia in se ipso*] est une joie qui naît de ce qu'un homme se contemple lui-même, ainsi que sa puissance d'agir[2] ». Nous pourrions de même nous méprendre sur son sens en substituant à la *potentia* la *potestas* entendue au sens cartésien du terme : cette proposition signifierait alors que nous sommes satisfaits lorsque nous contemplons le pouvoir (illusoire) que nous aurions sur les mouvements de notre corps

---

1   Nous pouvons noter au passage que la joie et la tristesse, qui manifestent le passage à une plus grande ou à une moindre puissance d'agir, sont définies par Spinoza au début des définitions des affects comme le passage à une plus grande ou à une moindre *perfection*. Cela confirme l'idée selon laquelle la perfection d'une chose s'estime en lien avec sa puissance d'agir propre.

2   *E* III, Définitions des affects, déf. 25, G II, p. 196.

comme sur les choses extérieures, ce qui confinerait alors à l'orgueil. Mais si nous avons à l'esprit les éléments précédemment développés, la satisfaction de soi peut revêtir un sens éthique en ce qu'elle est liée à l'accroissement de la puissance d'agir et donc au fait de moins pâtir de ses affects. Raison pour laquelle Spinoza peut affirmer dans le dernier scolie de l'*Éthique* que l'ignorant jamais « ne possède la vraie satisfaction de l'âme, vit en outre presque inconscient de soi, de Dieu et des choses, et dès qu'il cesse de pâtir, aussitôt il cesse aussi d'être », tandis que le sage « conscient et de soi, et de Dieu, et des choses avec certaine nécessité éternelle, jamais il ne cesse d'être ; mais c'est pour toujours qu'il possède la vraie satisfaction de l'âme[1] ».

Nous disons toutefois que la satisfaction de soi *peut* revêtir une dimension éthique, en ce que ce n'est pas toujours le cas. Comme souvent dans la philosophie spinoziste, une dimension éthique fait fond sur un trait anthropologique qui est neutre en lui-même. Ainsi, de même que l'on peut se tromper au sujet de ce que l'on met en œuvre pour persévérer dans son être, de même peut-on avoir une raison erronée d'être satisfait de soi, comme en témoigne l'explication qui suit la définition 26 des affects : par la satisfaction de soi, « nous entendons également une joie qu'accompagne l'idée de quelque acte que nous croyons avoir fait par libre décret de l'esprit[2] ». La satisfaction de soi consiste dans le fait que les hommes éprouvent de la joie en se contemplant eux-mêmes, elle est donc neutre en elle-même. Par contre, il se peut que cette joie se rapporte à une augmentation effective de leur puissance d'agir et de penser, et que cette dernière ait été suscitée par un effort adéquat pour persévérer dans leur être ; en ce cas, la satisfaction de soi acquiert une dimension éthique. Nous retrouvons donc bien les éléments précédemment évoqués : l'éthique spinoziste trouve son ancrage dans une anthropologie sans s'y réduire, et elle consiste en une affirmation de puissance en lien avec sa nature propre, et non en une contrainte extérieure ou en une faculté de restreindre ses affects afin de se conformer à une nature humaine idéale.

Cela amène alors logiquement Spinoza à redéfinir ce que l'on peut légitimement entendre par « liberté » dans le cadre de sa philosophie, et donc dans le cadre de son éthique. En effet, il ne peut s'agir d'une libre volonté ou de la faculté de faire preuve d'une ferme résolution à l'égard

---

1   *E* V, prop. 42, scolie, G II, p. 308.
2   *E* III, Définitions des affects, déf. 26, explication, G II, p. 197.

de ses passions. La liberté ne peut pas plus se définir de façon négative, comme pouvoir *de ne pas* se laisser déterminer par ses affects, ou encore comme faculté de l'esprit *de ne pas* prêter attention à l'agitation du sang et des esprits animaux. C'est alors de nouveau à partir de la puissance que Spinoza va redéfinir la liberté, comme nous pouvons le voir dès le titre de la cinquième partie de l'*Éthique* : « de la puissance de l'intellect [*potentia intellectus*], autrement dit [*seu*], de la liberté humaine[1] ». Ainsi, nous ne sommes pas libres *par nature*, au sens où cela définirait en propre la nature humaine par distinction avec les autres choses de la nature ; mais nous avons la *possibilité* de devenir libres, en accroissant la puissance de penser de notre esprit. C'est une fois encore la puissance d'agir qui est première, dans la mesure où elle définit ontologiquement les choses singulières, et dans la mesure où elle peut être particulièrement accrue dans le cas des hommes.

Le cheminement (de type cartésien) dont se démarque Spinoza dans ces pages est le suivant : nous disposons *par nature* d'une liberté – en ce que nous sommes des hommes – qui fait que nous sommes à l'image de Dieu ; toutefois, en raison des passions qui nous affectent et des (mauvaises) habitudes acquises pendant l'enfance, nous avons tendance à en faire mauvais usage ; il reste toutefois en notre *pouvoir* de faire usage de notre liberté, même si cela peut demander de l'exercice ; il nous revient donc de décider de faire bon usage de notre libre volonté, et ainsi de manifester une âme forte. Mais dans le cheminement de type spinoziste, la liberté n'est pas première, et l'éthique ne se pense pas en termes de libre décision et de responsabilité morale : notre essence actuelle se définit par l'effort pour persévérer dans notre être, ou encore par l'effort que nous faisons (de manière adéquate ou erronée) pour accroître notre puissance d'agir ; mais nous nous trompons souvent dans les moyens que nous mettons en œuvre ; pour entrer dans un certain devenir éthique, il convient dès lors d'augmenter la puissance de penser de l'esprit en amont, afin de modifier en aval notre désir et donc la manière dont nous sommes déterminés à nous efforcer de persévérer dans notre être ; il résultera alors de cet accroissement de puissance le fait que nous pâtirons moins de nos affects, et donc que nous *deviendrons* plus libres, en ce que nos actions seront déterminées en conformité avec les lois de notre nature singulière. La liberté consiste donc en un enjeu éthique résultant d'un

---

1   *E* V, titre, G II, p. 277.

effort adéquat pour persévérer dans notre être. Dès lors, nous serions tentés de reformuler le titre de la cinquième partie comme suit : « de la puissance de penser de l'esprit, *et donc*, de la liberté humaine », en donnant à ce « donc » un sens non chronologique mais logique : lorsque la puissance de penser de notre esprit est accrue, *il se trouve que* nous sommes plus libres. Nous sommes autrement dit déterminés à être libres à mesure que notre puissance d'agir et de penser s'accroît.

Dans ce même mouvement, Spinoza établit une convenance entre la puissance de l'esprit et la joie dans la démonstration d'*Éthique* IV, 59 :

> la joie, en tant qu'elle est bonne, convient avec la raison (car elle consiste en ce que l'homme voit sa puissance d'agir augmentée ou aidée), et n'est pas une passion, à moins que la puissance d'agir de l'homme ne soit pas assez augmentée pour qu'il se conçoive adéquatement, lui et ses actions[1].

Comprendre ses affects ou contempler plusieurs choses à la fois consistent en une puissance de l'esprit. Donc plus nous vivons sous la conduite de la raison, plus nous sommes *de fait* joyeux – au sens où cette joie *consiste dans* le passage à une plus grande puissance de l'esprit, au lieu d'en être la résultante. Par contre, nous pouvons ressentir de la joie *en imaginant* que nous passons à une plus grande puissance d'agir ; ce sera là un trait anthropologique. Dans ce cas, la joie consistera en une passion – dans la mesure où elle ne sera pas déterminée en conformité avec notre nature singulière et notre état actuel –, et nous ne nous efforcerons pas adéquatement de persévérer dans notre être (parce que nous favoriserons ce que nous *imaginons* être source de joie dans le moment, alors que cela peut en fait aller à l'encontre de notre puissance d'agir). Pour reprendre les termes du dernier scolie de l'*Éthique*, nous ne serons alors pas en mesure d'éprouver une *vraie* satisfaction de l'âme, en ce que nous ne concevrons adéquatement ni nous-mêmes ni notre puissance d'agir. Nous ne serons dès lors pas inscrits dans un devenir éthique.

L'éthique spinoziste de la *potentia* est conçue comme affirmation de soi en lien avec sa nature singulière, affirmation qui se traduit de fait et d'un même mouvement par un affect de joie ; elle se distingue en cela d'une morale de la *potestas* conçue comme exigence à l'égard d'une nature humaine idéale et ne posant une éventuelle satisfaction que comme récompense ou retour sur un pouvoir de l'âme exercé sur les

---

1   *E* IV, prop. 59, dém., G II, p. 254.

mouvements du corps et sur les passions. Par ailleurs, cette éthique de la *potentia* se définit en tant que telle comme mouvement (accroissement de puissance et non exercice d'une faculté préexistante) et devenir (il n'y aura de joie que dans la poursuite constante de l'effort pour persévérer dans son être, et non dans l'atteinte d'un état ne donnant plus lieu à des « passages »). Enfin, elle est éthique de la puissance *de l'homme* (et non morale de type spiritualiste) au sens où elle consiste en l'accroissement de la puissance d'agir du corps comme de la puissance de penser de l'esprit, corrélatives l'une de l'autre ; pour reprendre une expression que nous avions utilisée dans un autre cadre, elle est éthique de vie et non morale spiritualiste réinscrite *a posteriori* dans la vie[1] : elle se constitue à même la pratique, au lieu d'être définie théoriquement avant d'être appliquée à ce qui est perçu comme contraintes de la vie quotidienne.

---

[1] Nous nous permettons de renvoyer à ce sujet à notre article « Les enjeux éthiques du statut des corps vivants : la critique spinoziste de Descartes » (dans *Qu'est-ce qu'être cartésien ?*, dir. D. Kolesnik-Antoine, Lyon, ENS Éditions, 2013).

DE CE QUE L'ON PEUT ENTENDRE
PAR « NATUREL » ET PAR « EFFORT »
DANS LE CADRE D'UNE ÉTHIQUE SPINOZISTE

Deux termes vont alors nous être utiles pour préciser ce que nous entendons par une « anthropologie éthique », à partir du sens particulier que leur confère Spinoza dans sa philosophie : le qualificatif de « naturel [*naturalis*] » et le substantif « effort [*conatus*] ». Le premier pourrait sembler superflu, puisque rien n'est selon Spinoza déterminé dans ou accompli par les hommes qui soit contre-nature, ce qui signifie que tout est naturel ; quel besoin Spinoza a-t-il dès lors de préciser par moments qu'une chose en particulier est « naturelle » ou bien se produit « naturellement » ? Nous verrons que cela entre dans une triple perspective : sortir d'une part d'une conception de la morale comme exhortation à ne plus faire de choses qui soient contraires à la nature humaine, en réaffirmant que tout ce qui se produit se fait dans le cadre d'une certaine nature ; insister d'autre part sur la dimension individuelle des natures, de manière à démontrer la non-pertinence d'un jugement porté de l'extérieur et relatif à la manière dont un individu en particulier est affecté ; et enfin, opérer une distinction entre naturel (qui qualifie tout ce qui se produit dans la nature) et par nature (au sens de spontané, qui pourrait nous orienter vers un certain fatalisme si nous considérions que tout est prédéterminé[1] et sans marge possible d'action). L'usage sélectif du terme « naturel » permet donc à Spinoza de mettre en place une éthique qui prenne sa source dans les natures individuelles, sans pour

---

1   B. Rousset aborde une idée proche, dans son article « Les implications de l'identité spinoziste de l'être et de la puissance », en partant de la conservation de l'être comprise comme réalisation de la puissance de l'être : « on ne peut pas dire que, dans le Spinozisme, le réel soit préformé avant sa réalisation : il se forme dans sa réalisation par l'essence agissante et puissante ; c'est pourquoi la symétrie n'est pas totale entre le passé et le futur, le premier étant réel parce qu'il a été réalisé, alors que le second doit être réalisé pour être réel » (dans *Spinoza : puissance et ontologie*, p. 18).

autant se réduire à ce qui suit naturellement (au sens de spontanément, sans médiation) de ces natures.

Il se trouve que nous rejoignons les mêmes problématiques et les mêmes enjeux avec le terme d'« effort ». L'essence actuelle des choses singulières se définit comme *effort* pour persévérer dans l'être ; chaque chose singulière est donc *naturellement* déterminée à faire effort pour augmenter sa puissance d'agir, et en ce sens l'effort n'a rien d'une démarche réflexive et volontaire, voire volontariste. La joie n'est pas la récompense d'un effort moral au sens laborieux et coûteux du terme : on ne peut concevoir l'effort comme ce qui est péniblement mis en place en cette vie dans l'espoir d'une récompense. Comment pouvons-nous alors redéfinir ce que Spinoza entend par *conatus* afin de conférer une dimension éthique à ce terme, sans pour autant le couper de l'effort naturel originel par lequel se caractérise l'essence actuelle de toute chose ? Comment expliquer que l'effort pour augmenter sa puissance d'agir soit *par nature*, tout en donnant lieu à des effets parfois illusoires et parfois éthiques ? C'est ainsi, une fois encore, la conception d'une anthropologie éthique dans le cadre de la pensée spinoziste qui est en jeu : l'éthique ne se réduit pas à ce que nous faisons de fait, mais en aucun cas elle ne peut requérir une rupture avec notre nature singulière ni avec les traits anthropologiques qui caractérisent tout homme. Le devenir éthique est alors naturel au sens où il n'est pas contre-nature de faire effort pour entreprendre ce cheminement, mais non au sens où il serait spontanément déterminé en tout homme – et donc non pas au sens moralisant selon lequel les hommes qui ne l'entreprendraient pas agiraient contre-nature.

TOUT EST NATUREL, MAIS LES NATURES SONT DIVERSES ET VARIABLES

Spinoza a pour habitude, dans l'*Éthique*, de conserver les mots du langage courant – et ce y compris lorsqu'ils semblent suggérer une conception erronée des choses[1] –, et d'expliciter les raisons pour lesquelles nous leur

---

1 Spinoza avait ainsi affirmé dans le scolie d'*Éthique* II, 17 que, « pour conserver les mots en usage, les affections du corps humain dont les idées représentent les corps extérieurs

conférons ce sens. Il ne déroge pas à cette règle avec le terme « naturel »,
comme en témoigne le scolie d'*Éthique* V, 6, dans lequel l'état du tout-
petit enfant (qui ne sait ni marcher, ni parler, ni raisonner) est qualifié de
« chose naturelle [*naturalem*] et nécessaire[1] ». Si nous en restions là, cette
qualification pourrait nous induire en erreur : si Spinoza avait besoin de
qualifier l'état du tout petit enfant de naturel et de nécessaire, cela pourrait vouloir dire que d'autres états ne le seraient pas (par exemple l'état
d'un adulte qui ne ferait pas un usage adéquat de sa raison). Or, si nous
prêtons inversement attention au contexte de cette qualification, nous
pouvons relever qu'elle énonce plus exactement *la manière que nous avons
de considérer* l'enfance : « si la plupart [des hommes] naissaient adultes, et
que l'un ou l'autre naquît bébé, alors on plaindrait chaque bébé, parce
qu'on considérerait l'état même de bébé non comme une chose naturelle
et nécessaire, mais comme un vice ou péché de la nature[2] ».

Ce n'est donc pas Spinoza qui qualifie directement l'enfance de
chose naturelle ; et si nous la considérons comme naturelle, c'est tout
simplement parce que nous avons l'habitude de voir les hommes être
enfants avant de devenir adultes, et donc que cela ne nous choque pas.
Cela signifie que, dans le langage courant, « naturel » se rapporte à ce
qui est jugé « normal » – comme nous disons qu'il est *naturel* d'avoir
besoin de repos après un grand effort. L'idée (erronée) sous-jacente est dès
lors qu'il y aurait des normes dans la nature, normes auxquelles certains
individus dérogeraient ; cela explique alors que, inversement, nous qualifierions l'enfance de *vice* ou de *péché* de la nature si nous n'observions pas
communément cet âge de la vie. Dans ce cas, ce ne serait pas l'individu
qui serait jugé responsable de son état, mais c'est la nature qui aurait
failli à son égard. Nous serions prêts à dire que la nature pèche, en ne
faisant pas naître un individu tel qu'il *aurait dû* naître.

Cette qualification de l'enfance comme naturelle pourrait consister en
une façon de reprendre, à partir d'un exemple particulièrement parlant,
les considérations de la préface d'*Éthique* IV sur ce que l'on peut entendre
par perfection et imperfection[3], afin d'étendre cette relativisation de

---

comme étant en notre présence, [il] les appeller[a] des images des choses, quoiqu'elles ne
reproduisent pas les figures des choses » (G II, p. 106).
1   *E* V, prop. 6, scolie, G II, p. 285 ; cette référence vaut également pour les citations suivantes.
2   *Ibid.*, traduction modifiée.
3   Nous trouvons en effet dans la préface d'*Éthique* IV une idée proche sur la manière dont
nous estimons les choses de la nature : « les hommes ont l'habitude de former des idées

nos jugements à d'autres objets. En effet, si nous avons à l'esprit que nous jugerions l'enfance comme une imperfection simplement si nous n'avions pas coutume d'observer plus souvent des hommes passer par cet état, peut-être serons-nous prêts à interroger la pertinence des jugements que nous portons à d'autres niveaux – par exemple lorsque nous considérons qu'un homme pêche contre la nature humaine en ne faisant pas de sa raison l'usage que nous jugerions adéquat. L'analogie serait alors la suivante : ce n'est pas moins une chose naturelle et nécessaire que tel homme soit ainsi affecté dans le moment présent, qu'il est chose naturelle et nécessaire pour un homme d'être enfant (et donc de ne savoir ni parler, ni marcher, ni raisonner) au début de sa vie. Toutefois, dans la mesure où *tous* les hommes sont enfants avant de passer à l'âge adulte, alors que tous les hommes ne sont pas *ainsi* affectés dans le moment présent, cela suppose de reconnaître, aux côtés de la nature humaine, des natures individuelles, mais aussi une évolution de ce qui suit de la nature de chaque homme au cours de son existence – dans la mesure où il passera par divers états et sera donc lui-même différemment affecté à divers moments de sa vie.

Nous voyons aisément quels peuvent être les enjeux moraux de telles remarques. Si nous considérons qu'est contre-nature ce qui ne convient pas au modèle que nous nous forgeons des choses, nous pourrons considérer que les hommes pêchent contre la nature humaine lorsqu'ils ne font pas bon usage de leur libre volonté ou lorsqu'ils pâtissent de leurs affects. Inversement, si nous prenons conscience que nos jugements de perfection ou d'imperfection, ou encore de vertu ou de vice, sont relatifs à la manière dont nous sommes affectés, nous comprendrons que rien n'est en réalité contre nature. Dans ce dernier cas, nous serons amenés à reconnaître que tous les comportements humains sont *naturels*, en ce qu'ils suivent de la nature de chaque individu aussi nécessairement qu'il suit de la nature des hommes d'être enfants avant de devenir adultes. Cela implique alors un changement de genre de connaissance : nous ne considérerons plus l'enfance et les comportements humains comme naturels simplement parce que c'est là ce que nous observons le plus

---

universelles aussi bien des choses naturelles que des artificielles, idées qu'ils tiennent pour les modèles des choses, et dont ils croient que la nature […] les a en vue et se les propose pour modèles. Quand ils voient dans la nature se faire quelque chose qui convient moins avec le concept de modèle qu'ils ont ainsi de la chose, ils croient alors que la nature elle-même a fait défaut ou a péché, et qu'elle a laissé cette chose imparfaite » (G II, p. 206).

couramment (en faisant donc appel à notre expérience), mais nous les reconnaîtrons comme naturels en ce que nous comprendrons la nécessité avec laquelle ils se produisent (par le biais de notre raison[1]).

C'est alors là le deuxième usage que Spinoza fait du terme « naturel » dans l'*Éthique* : non par distinction avec d'autres choses qui ne le seraient pas, mais précisément pour rappeler que tout ce qui est accompli par les hommes l'est – au sens où cela suit nécessairement de leur nature –, *y compris* ce qui est couramment jugé contre-nature par les moralistes. Le terme de « naturel » est alors utilisé de façon préférentielle pour qualifier ce dont la naturalité peut être contestée par d'autres. Il y a donc un enjeu spécifiquement éthique de l'usage du qualificatif « naturel » par Spinoza, dans la mesure où cet usage particulier prend place dans le cadre d'une réfutation d'une certaine conception de la morale. C'est par exemple – et par excellence – le cas dans la préface d'*Éthique* III, dans laquelle Spinoza fustige ceux qui, au nom d'une certaine morale, considèrent les affects non comme des « choses naturelles [*naturalibus*] qui suivent les lois communes de la nature », mais comme des « choses qui sont hors nature [*extra naturam*][2] ». Dans la suite de cette préface, Spinoza critique ceux qui attribuent l'impuissance et l'inconstance des hommes « à je ne sais quel vice de la nature humaine », et qui pour cette raison « la déplorent, en rient, la mésestiment, ou bien, c'est le cas le plus courant, la maudissent[3] »

Dans cette préface, le qualificatif de naturel est ainsi rapporté à ce qui suit des lois communes de la nature ; c'est le cas de tout ce qui se produit, mais Spinoza éprouve ici le besoin de préciser que c'est *aussi* le cas de ce que l'on déplore ou maudit couramment chez les hommes, à savoir de leurs affects. Deux enjeux éthiques suivent de cette affirmation : l'idée selon laquelle il convient de comprendre les affects des hommes avant de se demander quelle peut être la puissance de leur esprit ; et l'idée selon laquelle on ne peut reprocher aux hommes de pécher contre la nature humaine dans la mesure où rien ne se produit en eux qui ne suive nécessairement de leur nature. Ce sont là les deux éléments que Spinoza reprend en ces termes dans la suite de la préface :

---

1   Soit respectivement par le premier genre de connaissance, puis par le deuxième, selon la distinction établie dans le scolie 2 d'*Éthique* II, 40.
2   *E* III, préface, G II, p. 137. Bien que Spinoza critique explicitement Descartes dans la suite de cette préface, il s'agit plus ici de la morale théologique générale que peut rejoindre la philosophie cartésienne par certaines de ses thèses, que de la morale cartésienne elle-même.
3   *Ibid.*, G II, p. 137.

> rien ne se fait dans la nature que l'on puisse attribuer à un vice de celle-ci
> [...] Et donc les affects de haine, de colère et d'envie, etc., considérés en soi,
> suivent les uns des autres par la même nécessité et vertu de la nature que
> les autres singuliers ; et, partant, ils reconnaissent des causes précises, par
> lesquelles ils se comprennent, et ont des propriétés précises, aussi dignes de
> notre connaissance que les propriétés de n'importe quelle autre chose qui
> nous charme par sa seule contemplation[1].

Deux voies se dessinent alors : une voie moralisante consistant à considérer les affects comme contre-nature, et donc à exhorter les hommes à ne plus pécher contre la nature humaine – et contre Dieu par la même occasion – ; et la voie (spinoziste) de l'anthropologie éthique, consistant à considérer les affects comme des choses de la nature, et donc à s'efforcer de les comprendre comme un donné que l'on pourra mettre en regard de la puissance (éthique) de l'esprit. En ce sens, cet usage du qualificatif de « naturel » présente, sur fond ontologique (toutes les choses de la nature sont déterminées à exister et à opérer telles qu'elles existent et opèrent), une dimension anthropologique (les hommes sont par nature affectés) qui porte en elle une certaine conception éthique (on ne peut donc forger une éthique sur le modèle de la morale théologique générale considérant les affects comme des choses contre-nature).

Mais l'usage du qualificatif de « naturel » ne présente pas toujours un enjeu d'ordre directement éthique sous la plume de Spinoza ; c'est la prise en compte de cette autre dimension qui nous permettra d'aborder la problématique de ce qui, dans la pensée spinoziste, est naturel (puisque tout l'est de toute façon), sans nécessairement être par nature (dans la mesure où, si tout se fait dans le cadre de la nature, on ne peut prédire avec certitude ce qui suivra de notre nature à l'avenir). Prenons comme exemple ce passage de l'Appendice d'*Éthique* I : venant de relever que tous les préjugés qu'il entend dénoncer tiennent à un seul, à savoir au fait que les hommes supposent communément que toutes les choses agissent en vue d'une fin, Spinoza affirme qu'il cherchera « la cause qui fait que [ces derniers] se reposent, pour la plupart, dans ce préjugé, et pourquoi tous sont naturellement enclins à l'embrasser[2] ». L'usage de *natura* dans ce passage ne peut consister à dire que cette propension est

---

1 *Ibid.*, G II, p. 138.
2 *E* I, Appendice, G II, p. 78 ; nous avons modifié la traduction, qui ne reprenait pas le terme *natura*.

naturelle, tandis que d'autres ne le seraient pas : nous nous formons des choses une image déterminée par la manière dont nous en sommes affectés, et en ce sens, toute propension à se représenter les choses d'une certaine façon est naturelle.

Nous pourrions alors considérer que l'usage de ce terme correspond à celui que nous venons d'établir au sujet des affects : Spinoza aurait comme visée de rappeler que cette propension est tout aussi naturelle que la propension consistant à se représenter qu'il n'y a pas de finalité dans la nature. Mais cette interprétation n'est pas très convaincante dans ce contexte. En effet, ceux qui maintiennent les hommes dans la croyance en ce préjugé n'ont aucun intérêt à contester la naturalité de cette croyance ; bien au contraire, cela pourrait servir leur dessein. Parallèlement, Spinoza n'a aucun intérêt à conforter les hommes dans ce préjugé, puisqu'il cherche au contraire à en démonter le mécanisme. Enfin, Spinoza va dans la suite de cet Appendice mettre en place une *autre* conception des choses de la nature ; tout en reconnaissant que cette façon de voir les choses est *naturelle*, il nous invite donc à en adopter une autre.

Ce qui précède immédiatement ce passage peut nous aider à comprendre le sens de cet usage de *natura* : dire que les hommes ont une *propension naturelle* à croire en une finalité de la nature revient à dire que les hommes *supposent communément* une telle finalité. Cela pourrait finalement se rapporter au sens courant du terme : nous sommes spontanément disposés de telle manière que, la plupart du temps, nous avons tendance à considérer que les choses de la nature surviennent en raison d'une certaine fin. Pourtant, cela ne peut venir de notre expérience courante : Spinoza relève dans la suite de cet Appendice le paradoxe qu'il y a à soutenir que la nature ne fait rien en vain et à attribuer à un Dieu providentiel la destinée des choses de la nature, lorsque l'on constate tous les malheurs qui touchent indifféremment les hommes vertueux et les hommes qui ne le sont pas. C'est la raison pour laquelle nous serions tentés de conférer une dimension anthropologique à la remarque selon laquelle les hommes sont naturellement enclins à croire en une finalité de la nature : c'est là une disposition répandue parmi les hommes, alors même que ce ne peut être confirmé dans les faits, et que cela enracine la superstition dans les esprits. Dès lors, ce préjugé consiste en une propension naturelle au sens où nous sommes *par nature* enclins à croire en cette finalité.

Or, il se trouve que nous pouvons comprendre que les choses sont déterminées par d'autres choses singulières, sans finalité inscrite dans la nature. Dans ce cas, cette nouvelle conception des choses sera bien *naturelle* au sens où elle sera déterminée par la manière dont nous sommes affectés, mais elle ne sera pas *par nature* dans la mesure où elle requiert de connaître la nécessité avec laquelle les choses existent et opèrent. De la même façon, nous pourrons au sein d'une anthropologie éthique comprendre en quoi un devenir éthique est nécessairement *naturel*, sans être pour autant *par nature* – sans quoi nous serions prédéterminés à nous inscrire ou non dans un tel cheminement. Finalement, nous pourrions dire que tout est dans l'adjectif « enclins [*propensi*] » : les préjugés sont naturels (au sens où ils ont des causes naturelles) de même que la raison est naturelle ; mais nous sommes naturellement *enclins* à avoir des préjugés tandis qu'il nous faut faire effort pour connaître les choses adéquatement. Cela précise le principe selon lequel la raison ne demande rien qui soit contre nature : elle ne demande certes rien qui vienne contredire les lois de la nature, ou qui ait des causes autres que naturelles ; mais dans certains cas, elle demande d'aller à l'encontre de ce à quoi nous sommes naturellement (ou spontanément, au sens courant du terme) enclins.

Dans ce cadre, tous les traits anthropologiques communs sont naturels au sens où ils sont déterminés *par nature* en tout homme – sans démarche particulière autre que l'effort auquel nous sommes déterminés par l'état qui est *de fait* le nôtre. Mais comprendre la nécessité avec laquelle les choses existent et opèrent, connaître la singularité de sa nature ou encore enchaîner ses affects selon un ordre pour l'entendement et ainsi ne plus en pâtir, tout en étant *naturel* (cela entre toujours dans le cadre de notre nature individuelle), cela n'est pas *par nature* (dans la mesure où cela requiert de modifier en amont la manière dont nous sommes affectés, autrement dit de passer activement à un état autre). C'est précisément en ce point qu'un trait anthropologique – et donc neutre en lui-même, ni bon ni mauvais – peut acquérir une dimension éthique. C'est en ce point que l'on passe d'une détermination (anthropologique) par les dispositions communes de la nature humaine ou par la complexion particulière à l'histoire qui a été factuellement la nôtre, à une détermination (éthique) par les seules lois de notre nature propre et singulière. Ainsi, d'un côté, il y a un enjeu anthropologique à admettre que tous les comportements humains, quels qu'ils soient, sont naturels au sens où ils ne sont pas contre-nature. Mais d'un autre côté, pour que cela donne lieu à un enjeu qui soit éthique et non plus seulement anthropologique, il faut que nous puissions être diversement déterminés dans le cadre de ce qui est et reste naturel, il faut que l'on puisse modifier en amont notre inclination ou propension naturelle.

Il ne faudrait toutefois pas conclure de ces remarques que nous projetons sur la philosophie et l'éthique spinozistes une distinction entre nature et culture (ou nature et civilisation), qui n'aurait, nous semble-t-il, aucun sens dans ce cadre : non seulement ce n'est pas là notre propos mais, qui plus est, la manière dont nous sommes factuellement déterminés est toujours déjà en lien avec les relations que nous entretenons avec les autres hommes, et le devenir éthique que nous mentionnons ne peut se concevoir autrement que faisant fond sur la manière dont nous sommes déterminés par nature. Il ne s'agit donc absolument pas de dire que ce qui est par nature serait mauvais (ou à tout le moins insuffisant), et que seul ce que nous faisons par le biais d'une modification active de notre manière d'être affectés serait souhaitable[1]. D'une part, ce serait introduire une forme d'exhortation moralisante dont nous avons montré l'inadéquation dans le cadre de l'éthique spinoziste. D'autre part, ce serait considérer que des choses naturelles pourraient être imparfaites ou privées de quoi que ce soit, conception que nous avons réfutée précédemment avec Spinoza. Enfin, cela reviendrait à dire qu'une modification de soi est *en soi* et *dans l'absolu* requise, alors que nous sommes actuellement tout ce que nous pouvons être, et qu'un changement ne peut avoir de sens éthique qu'en lien avec un modèle que nous nous proposons à nous-mêmes. Il serait donc plus approprié de dire que ce que nous faisons par nature est neutre d'un point de vue axiologique, et que nous pouvons faire fond sur la manière anthropologique générale qu'ont les hommes d'être déterminés, pour donner une dimension éthique qui ne préexiste pas à ce cheminement et qui n'est pas requise indépendamment du désir qui est alors le nôtre.

---

1   C'est la raison pour laquelle ce n'est que *dans certains cas* que la raison peut nous demander d'aller à l'encontre de ce à quoi nous sommes naturellement enclins. Ainsi, par exemple, avoir des préjugés de type finaliste est une *mauvaise* propension (en ce que cela nous fait tendre vers la superstition) ; mais chercher son utile propre est à l'inverse une *bonne* propension (en ce qu'elle va dans le sens d'une persévérance dans l'être).

Il nous semble que nous pouvons constituer ces deux dimensions à partir de deux occurrences de « par nature [*ex natura*] » ou « de nature [*natura*] » dans la troisième partie de l'*Éthique*. Ainsi, premièrement, nous lisons dans le scolie d'*Éthique* III, 50 que « nous sommes ainsi constitués de nature que nous croyons facilement à ce que nous espérons, et difficilement à ce qui nous fait peur[1] ». C'est là un trait anthropologique qui dépend de deux éléments antécédents : le fait que l'image que nous formons des choses est relative à la manière dont nous en sommes affectés ; et le fait que, en raison de notre effort pour persévérer dans l'être, nous sommes enclins à imaginer ce qui semble aller dans le sens d'une augmentation de notre puissance d'agir. Ce ne sont que les effets de cette disposition qui peuvent se révéler bénéfiques (si nous espérons par ce biais le rapprochement d'un modèle de la nature humaine que nous nous proposons) ou nuisibles (si nous avons alors une représentation des choses extérieures déformée, nous amenant à ne pas agir adéquatement en vue de persévérer dans notre être). Mais cette disposition « de nature » est neutre en elle-même ; et en prendre connaissance permet de comprendre la manière dont nous sommes déterminés à nous forger des images des choses, indépendamment de toute injonction à agir autrement. Il n'y aurait dès lors pas plus de sens à la valoriser de manière excessive qu'à la déplorer ou à la mésestimer.

Ce qui est « de nature » consiste ainsi simplement en ce qui est de fait déterminé en raison des lois générales de la nature humaine ; nous pourrons modifier en amont la manière dont nous sommes affectés par les choses extérieures afin d'être *autrement* déterminés à l'avenir, mais le mécanisme de cette détermination restera toujours le même. Il est par contre des choses qui sont déterminées « par nature », mais que nous pouvons modifier en elles-mêmes, en ce qu'elles consistent en un effet d'une certaine manière d'être affectés qui peut être changée. C'est le cas de ce qui est évoqué dans le scolie d'*Éthique* III, 31, dans lequel nous lisons que « chacun par nature aspire à ce que les autres vivent selon son propre tempérament, et tous y aspirant de pair, ils se font obstacle de pair, et tous voulant être loués ou bien aimés de tous, ils se haïssent les uns les autres[2] ». Nous pourrions considérer dans un premier temps que cette occurrence est équivalente à celle précédemment mentionnée :

---

1   *E* III, prop. 50, scolie, G II, p. 178.
2   *E* III, prop. 31, scolie, G II, p. 164.

les hommes sont ainsi disposés (en raison des lois générales de la nature humaine) qu'ils cherchent à imposer aux autres l'image qu'ils se forgent des choses en raison de la manière particulière dont ils en sont affectés.

Et pourtant, nous lisons dans le scolie d'*Éthique* IV, 18 que « les hommes que gouverne la raison, c'est-à-dire les hommes qui cherchent ce qui leur est utile sous la conduite de la raison, n'aspirent pour eux-mêmes à rien qu'ils ne désirent pour tous les autres hommes, et par suite, sont justes, de bonne foi, et honnêtes[1] ». Le mécanisme de détermination reste bien le même : les hommes conduits par la raison ou les ignorants recherchent ce qui leur est utile, dans la mesure où l'essence actuelle des uns comme des autres se définit par leur effort respectif pour persévérer dans leur être propre. Mais si les hommes gouvernés par la raison désirent pour autrui ce qu'ils désirent pour eux-mêmes, ils ne vont pas s'efforcer de priver autrui d'un bien qu'ils convoitent ; et s'ils sont justes et honnêtes, ils ne vont pas chercher à imposer aux autres une complexion qui serait relative à leur manière *particulière* (et non singulière, à savoir constituée sous la conduite de la raison) d'être affectés par les choses. Les hommes gouvernés par la raison ne sont donc *plus* enclins par nature à se montrer pénibles et hostiles. Cela ne signifie pas qu'ils soient sortis des déterminations de la nature humaine : ils restent des hommes, leurs actions restent naturelles, et ils sont toujours déterminés à rechercher ce qui leur est utile. Mais cela signifie que, ayant fait en sorte en amont que leur manière d'être affectés soit modifiée, ils sont désormais *naturellement* déterminés autrement : ce qui est *par nature* pour les autres hommes n'est plus *par nature* pour eux, au sens où leur disposition naturelle a changé.

Cela est rendu possible par la singularité des natures individuelles (nous n'avons pas à nous conformer à une nature humaine idéale) et par la variabilité des états par lesquels nous passons dans le cadre de cette nature individuelle entendue comme structure. Tout est bien naturel dans les actions humaines, mais les natures sont diverses et variables, et notre état spontané est plus directement déterminé par l'état commun des choses et par l'histoire qui a été factuellement la nôtre jusqu'ici que conformément à notre nature. Cela nous mène vers une éthique de la singularité et de la découverte progressive de ce qui nous convient le mieux. La question qui se pose à nous désormais est de savoir quelle

---

1   *E* IV, prop. 18, scolie, G II, p. 223.

médiation il peut y avoir entre une nature humaine et une nature propre déterminantes d'un côté, et la variabilité éthique de cette nature individuelle et de ce qui en résulte d'un autre côté.

DU LIEN (VARIABLE) ENTRE EFFORT POUR PERSÉVÉRER DANS L'ÊTRE ET ACCROISSEMENT DE LA PUISSANCE D'AGIR

Les différents usages spinozistes de « naturel », « naturellement », « par nature » ou « de nature » devraient nous permettre de comprendre de façon plus précise ce que nous entendons par une éthique qui ne requière pas une sortie de la nature (humaine ou individuelle) et qui ne soit pas pour autant par nature. Nous allons rencontrer le même type de problématique avec l'effort pour persévérer dans l'être. En effet, d'un côté, cet effort définit l'essence actuelle de toute chose, et caractérise donc tous les hommes ; et d'un autre côté, il faudrait que nous parvenions à rendre raison du fait que les effets de cet effort diffèrent entre les hommes, en ce que tous ne voient pas leur puissance d'agir également accrue.

Revenons pour commencer aux premières caractérisations de cet effort, afin de comprendre en quoi notre puissance peut diminuer en dépit de notre effort pour persévérer dans l'être. La première occurrence de la thématique du *conatus* dans l'*Éthique* prend place au début de la troisième partie : Spinoza affirme ainsi successivement que « chaque chose, autant qu'il est en elle, s'efforce [*conatur*] de persévérer dans son être[1] », puis que « l'effort par lequel chaque chose s'efforce [*conatus, ... conatur*] de persévérer dans son être n'est rien à part l'essence actuelle de cette chose[2] ». Plusieurs éléments peuvent être tirés de ces affirmations. Le premier est que l'effort pour persévérer dans son être concerne toute chose singulière, et non seulement les hommes ; cet effort est donc avant tout une donnée ontologique, et ce serait donc un contre-sens de tenter de l'interpréter en un sens moralisant (au sens où les hommes *devraient* faire effort pour se rendre dignes d'une nature humaine idéale). Le deuxième

---

1   *E* III, prop. 6, G II, p. 146.
2   *Ibid.*, prop. 7, G II, p. 146.

consiste en ce que cet effort est déterminé par la nature de la chose qui fait effort, mais également par son état actuel : une chose ne peut pas faire *plus* effort que ce qui est en elle (il est donc inutile de l'y exhorter), mais elle ne peut pas non plus faire *moins* effort que ce qui est en elle (au sens où il n'y a pas de puissance en attente d'actualisation). Faire effort n'est donc pas une question de bonne volonté ou de contrainte sur soi : nous sommes tout aussi déterminés à faire effort – et donc nous faisons de fait tout autant effort – que nous sommes déterminés à exister et à opérer d'une certaine façon. Enfin, le dernier élément est que l'effort par lequel nous nous efforçons (Spinoza double la mention du substantif par l'emploi du verbe dans la proposition 7) de persévérer dans notre être définit notre essence actuelle ; ce n'est donc pas simplement par accident que toute chose s'efforce de persévérer dans son être : c'est là ce qui détermine la manière dont elle opère au sein des relations avec toutes les autres choses singulières. Il n'y a donc pas de compréhension possible de ce qui suit d'une chose singulière abstraction faite de cet effort ; et, par extension, il n'y a pas d'éthique concevable qui ne trouve dans cet effort pour persévérer dans son être son ancrage et son moteur[1].

Il résulte de ce dernier élément que, selon le scolie d'*Éthique* IV, 20,

> personne donc, à moins d'être vaincu par des causes extérieures et contraires à sa nature, ne néglige d'aspirer à ce qui lui est utile, autrement dit, de conserver son être. Personne, dis-je, par la nécessité de sa nature et sans y être forcé par des causes extérieures, ne répugne à s'alimenter ou bien ne se suicide[2].

Idée qui est reprise à la fin du scolie avec l'usage du verbe « s'efforcer » : « que l'homme, par la nécessité de sa nature, s'efforce [*conetur*] de ne pas exister, ou de changer de forme, cela est aussi impossible que de faire quelque chose à partir de rien[3] ». Ces affirmations peuvent être comprises

---

1   Nous rejoignons ici l'idée selon laquelle « la raison ne demande rien contre la nature, c'est donc elle-même qui demande que chacun s'aime lui-même, recherche ce qui lui est utile » (*E* IV, prop. 18, scolie, G II, p. 222). La suite de ce passage montre toutefois la distinction qu'il y a entre s'efforcer de persévérer dans son être (ce que chaque chose fait par nature) et s'efforcer *adéquatement* de persévérer dans son être, de manière à *effectivement* augmenter sa puissance d'agir ; ainsi, la raison demande que chacun recherche « ce qui lui est *véritablement* utile, et aspire à tout ce qui mène *véritablement* l'homme à une plus grande perfection » (*ibid.*, nous soulignons). Ce scolie constitue un exemple de l'entrelacement de considérations anthropologiques (axiologiquement neutres) et de considérations à connotation éthique.

2   *E* IV, prop. 20, scolie, G II, p. 224.

3   *Ibid.*, p. 224-225.

en deux sens. D'une part, d'un point de vue ontologique, il ne se peut qu'une chose œuvre à sa propre destruction. D'autre part, d'un point de vue individuel (et donc possiblement anthropologique), une chose *ne peut pas ne pas être déterminée* à faire effort pour persévérer dans son être ; et faire effort pour persévérer dans son être revient à rechercher ce qui lui est utile. Il faut toutefois donner une place à la restriction « à moins d'être vaincu par des causes extérieures » : on peut ainsi imaginer, par exemple, une personne imprégnée d'une superstition l'enjoignant à se priver de nourriture, et s'en privant en conséquence sciemment ; dans ce cas, ce n'est pas *selon les lois de sa nature propre* qu'elle ne recherchera pas à proprement parler ce qui lui serait pourtant utile, mais *vaincue par la cause extérieure* qu'est en cette occurrence la superstition. D'où l'importance de distinguer faire naturellement effort pour persévérer dans son être et faire adéquatement effort pour persévérer dans son être.

Il y a dans cette affirmation une démarcation en regard de la morale traditionnelle. En effet, d'une part, si les hommes sont déterminés à rechercher ce qui leur est utile, on ne peut leur demander de sacrifier cette recherche à une visée jugée plus noble ou plus digne de la nature humaine : il est impossible pour eux de désirer directement ce qui ne leur semble pas aller dans le sens de leur puissance d'agir. D'autre part, cela signifie que toute éthique devra être fondée sur cet effort pour persévérer dans l'être : les sages seront déterminés *d'une autre manière* que les ignorants, mais ils le seront selon les mêmes principes anthropologiques. Elle ne pourra par ailleurs s'appuyer sur la possibilité qu'auraient les hommes de librement se déterminer, ce qui n'est pas concevable dans le cadre de cette ontologie ; ainsi, s'ils sont à l'avenir *autrement* déterminés, ils ne seront pas moins *nécessairement* et *naturellement* déterminés à agir autrement. Enfin, cela signifie que l'on ne peut accuser les hommes d'avoir une volonté pervertie, au sens où ils feraient sciemment et délibérément ce qui va à l'encontre de leur nature (humaine et propre) ; si nous nous comportons de telle sorte que notre puissance d'agir s'en trouve contrariée et diminuée, c'est que nous nous sommes trompés sur les moyens mis en œuvre pour persévérer dans notre être, et non que nous nous sommes efforcés de *ne pas* persévérer dans notre être.

C'est d'ailleurs là un point qui restera à éclaircir : comment pouvons-nous nous tromper sur ce qui va dans le sens d'un accroissement de notre puissance d'agir, alors même que c'est l'utile qui nous sert de critère ?

Un début de réponse se trouve dans la suite de ce scolie d'*Éthique* IV, 20, dans l'une des explications que Spinoza donne au suicide : « c'est parce que des causes extérieures cachées disposent l'imagination de telle sorte, et affectent le corps de telle sorte, que celui-ci revêt une autre nature, contraire à la première, et dont il ne peut y avoir l'idée dans l'esprit[1] ». Ainsi, si nous nous suicidons, c'est que nous sommes affectés par les choses extérieures de telle manière, que nous avons une image déformée de notre propre corps comme de ces choses extérieures dans cette affection. Or, comme c'est la manière dont nous sommes affectés par les choses qui détermine notre désir et nos actions, nous en venons à agir à l'encontre de notre persévérance dans l'être, sans toutefois que ce soit déterminé directement par l'effort propre à notre essence actuelle. Nous mesurons donc l'importance de l'attention portée à la manière dont nous sommes affectés par les choses extérieures pour faire de ce qui nous caractérise de façon anthropologique (l'effort pour persévérer dans l'être) un enjeu éthique (faire en sorte d'agir effectivement et adéquatement dans le sens d'un accroissement de notre puissance d'agir).

Ce passage entre anthropologie et éthique va alors se jouer au niveau de la puissance d'agir, de la manière dont on l'évalue, et de ce que l'on met en œuvre pour nous rapprocher de ce qui est en mesure de l'accroître. En effet, nous avons vu que les corps et les esprits se caractérisent par une certaine puissance d'agir et de penser, et que cette puissance pouvait varier. Nous pourrions alors penser que nous disposons en ces affects d'un critère solide et fiable pour connaître ce qui est à même d'accroître ou de diminuer notre puissance d'agir et de penser. En toute logique, nous devrions favoriser assez aisément ce qui est cause de joie en nous, de même qu'écarter ce qui est cause de tristesse[2], et notre puissance devrait être constamment accrue. Nous serions alors tous *de fait* et *par nature* inscrits dans un certain devenir éthique.

---

1 *Ibid.*

2 L'amour est ainsi défini par Spinoza comme « une joie qu'accompagne l'idée d'une cause extérieure » et la haine comme « une tristesse qu'accompagne l'idée d'une cause extérieure » (déf. 6 et 7 des Définitions des affects d'*E* III, G II, p. 192 et 193). Nous voyons bien la nuance que comportent de telles caractérisations : Spinoza ne dit pas que nous aimons ce qui *est* cause de joie en nous, mais ce que nous rapportons (possiblement de façon imaginaire) à notre joie. Nous voyons donc ici ce qui sépare faire effort pour persévérer dans son être tout en étant déterminé par la rencontre fortuite des choses, et faire *adéquatement* effort pour persévérer dans son être en y étant déterminé par les seules lois de sa nature propre.

Nous sommes nécessairement déterminés à favoriser ce qui est cause de joie *pour nous* et à éloigner ce qui est cause de tristesse *pour nous* : ce n'est ni une affaire de bonne volonté, ni une question morale. C'est par exemple ce qui résulte de la lecture de l'explication de la définition 29 des affects ; ayant défini la bassesse comme le fait de « faire de soi, par tristesse, moins d'état qu'il n'est juste[1] », et ayant identifié l'humilité comme en étant l'effet, Spinoza remarque que « la nature humaine, en soi considérée, déploie contre [ces affects] tous les efforts [*nititur*] qu'elle peut[2] ». La première partie de l'enchaînement est donc bien confirmée : la joie et la tristesse sont en nous des signes (immédiats, et non interprétés de façon réflexive) nous déterminant à faire effort pour nous approcher ou nous éloigner d'une chose extérieure.

Et pourtant, la conclusion précédemment évoquée n'en suit pas logiquement, au sens où où elle n'en suit pas dans tous les cas. Ainsi, notre puissance n'est pas toujours effectivement accrue – et c'est bien ce que nous constatons dans l'expérience commune, puisqu'il arrive régulièrement que notre puissance d'agir se trouve contrariée, alors même que nous faisons toujours effort pour persévérer dans notre être. Ce n'est donc pas parce que nous sommes déterminés à faire effort pour persévérer dans notre être que nous nous y efforçons *adéquatement*. Pour comprendre ce point (et donc pour poser les jalons de ce qui deviendra la dimension *éthique* – et néanmoins déterminée – du *conatus*), nous pouvons nous appuyer sur le vocabulaire employé par Spinoza lorsqu'il évoque le rapport entre notre perception des choses extérieures et les actions déterminées en nous à leur égard. Il affirme ainsi dans la proposition 19 d'*Éthique* IV que « chacun d'après les lois de sa nature nécessairement aspire à, ou a de l'aversion pour, ce qu'il juge être bien ou mal[3] ». Le sens immédiat de cette affirmation ne fait pas difficulté, en regard de ce qui a été dit précédemment.

Mais il faut insister sur le fait que Spinoza parle de ce que l'on *juge* être bien ou mal. Or, dans la définition du bien et du mal – au début de la quatrième partie –, Spinoza évoque ce que nous *savons avec certitude* nous être utile ou nuisible. C'est donc dans cette distinction entre ce que nous jugeons être bon pour nous et ce qui l'est effectivement que prend

---

1   *E* III, Définitions des affects, déf. 29, G II, p. 198.
2   *Ibid.*, explication, G II, p. 199.
3   *E* IV, prop. 19, G II, p. 223.

place le fait que nous puissions faire effort *inadéquatement* pour persévérer dans notre être. Si entrer dans un certain cheminement éthique revient à passer par des états qui nous rapprochent de plus en plus d'une vie conforme aux seules lois de notre nature, et si notre nature se définit par l'effort pour persévérer effectivement dans notre être, cela signifie que devenir éthique consiste à faire adéquatement effort. Or, la manière dont nous faisons effort pour persévérer dans notre être est déterminée par le jugement que nous portons sur les choses extérieures ; cela signifie que, afin de faire *adéquatement* effort pour persévérer dans notre être, il faut *adéquatement* juger les choses extérieures. Enfin, l'image que nous nous formons des choses extérieures est relative à la manière dont nous en sommes affectés[1] ; il convient donc d'accroître notre aptitude à être affectés par les choses extérieures en diverses manières, et d'aiguiser la sensation qu'a l'esprit de ce qui se passe dans le corps à l'occasion de ces affections, pour que nous jugions adéquatement si une chose extérieure est *effectivement* bonne ou mauvaise, utile ou nuisible.

Nous voyons donc en quoi le fait que l'effort pour persévérer dans l'être soit nécessairement déterminé en tout homme ne signifie pas qu'il revête un sens éthique pour chacun d'entre nous : l'effort pour persévérer dans l'être est naturel, mais il n'est pas par nature adéquat. Mais nous voyons aussi parallèlement en quoi cet effort *peut* revêtir une dimension éthique : c'est sur cette donnée anthropologique que nous pourrons faire fond pour parvenir à augmenter effectivement notre puissance d'agir et de penser. C'est ce qui fait de l'éthique une *possibilité* pour les hommes (imaginer de soi ce que l'on peut légitimement espérer de soi), sans être un *devoir* pour ces derniers (il n'y a rien, dans l'anthropologie, qui requière une éthique). Il nous reste désormais à comprendre deux choses : comment nous pouvons (couramment) nous tromper dans nos jugements, et comment nous pouvons éventuellement faire en sorte de les rendre à l'avenir plus adéquats.

---

1   En regard des incessantes querelles entre philosophes évoquées dans l'Appendice d'*Éthique* I, le problème est ici redoublé dans la question de ce qui est bon ou non pour soi : non seulement il faut comprendre ce qui est effectivement bon pour soi et non seulement l'imaginer, mais qui plus est, en raison de la singularité des natures, tout ce qui est bon pour soi n'est pas toujours bon pour autrui. Il y a certes des choses qui sont bonnes pour tous (la concorde, la santé, etc.) et qui justifient les *dictamina* énoncées dans la deuxième partie d'*Éthique* IV. Mais on ne peut cependant concevoir le tout de l'éthique spinoziste à l'image des morales cherchant à imposer à tous un modèle commun de la nature humaine.

420 SPINOZA, UNE ANTHROPOLOGIE ÉTHIQUE

Pour comprendre comment l'effort pour persévérer dans son être peut en réalité se traduire par un amoindrissement de la puissance d'agir et de penser, nous pouvons nous appuyer sur ce que dit Spinoza de la vaine gloire dans le scolie d'*Éthique* IV, 58 :

> qui tire gloire de l'opinion du vulgaire, en proie chaque jour au souci, s'efforce [*nitatur*], s'agite, fait tout pour garder sa réputation. C'est que le vulgaire est divers et inconstant, et, par suite, une réputation qu'on ne maintient pas ne tarde pas à s'évanouir ; bien plus, étant donné qu'ils désirent tous attirer les applaudissements du vulgaire, chacun rabaisse volontiers la réputation de l'autre, et de là, étant donné que le combat porte sur ce qu'on estime être le souverain bien, naît un énorme appétit de s'opprimer les uns les autres de toutes les façons possibles, et qui en sort finalement vainqueur se fait plus gloire d'avoir nui à autrui que de s'être rendu service à lui-même[1].

Quatre éléments de ce passage permettent de retracer la logique d'ensemble du rapport entre effort pour persévérer dans l'être et variations de la puissance d'agir. Le premier consiste dans ce qui passe pour être le souverain bien ; dans le cas présent, il s'agit d'une satisfaction de soi alimentée par l'opinion courante. Le deuxième se rapporte à la manière dont est déterminé notre effort pour persévérer dans notre être en fonction de notre désir de tendre vers ce que nous estimons être le souverain bien ; en l'occurrence, notre effort [*conatus*] nous amène à faire constamment effort [*nitor*][2] pour maintenir notre réputation aux yeux d'une opinion versatile.

Le troisième réside dans la conséquence de la manière dont nous nous efforçons de conserver l'approbation du vulgaire ; il en résulte ainsi le fait que les hommes cherchent à se nuire les uns aux autres, afin que les autres ne bénéficient pas d'une réputation qu'ils recherchent pour eux-mêmes. Le quatrième et dernier consiste alors dans l'effet induit sur notre puissance d'agir ; dans le cas présent, la satisfaction de soi ressentie ne se rapporte pas réellement à une augmentation de cette puissance. En effet, en nous méprenant sur la manière dont nous pouvions persévérer

---

1   *E* IV, prop. 58, scolie, G II, p. 253.
2   Nous pourrions établir, entre l'effort pour persévérer dans notre être qui caractérise notre essence actuelle [*conatus*] et le fait de nous efforcer en un certain sens [*nitor*], un lien assez semblable à celui selon lequel le pouvoir de faire quelque chose [*potestas ad*] se rapporte à la puissance qui est propre à notre constitution [*potentia*]. Le fait de nous efforcer en un certain sens consiste en une particularisation ponctuelle d'un effort originel, continu et indifférencié.

dans notre être, nous nous sommes épuisés à rechercher une approbation versatile ; cela ne s'est donc pas fait en vue d'un *effectif* accroissement de notre puissance d'agir, et n'a pas donné lieu à une *véritable* satisfaction de soi.

L'accroissement effectif de la puissance d'agir est donc à la mesure de l'adéquation de ce que nous nous représentons comme bon. Or, dans la mesure où nous jugeons bon ce qui nous semble utile, et dans la mesure où nous jugeons utile ce que nous désirons, l'accroissement effectif de notre puissance d'agir est relatif à l'adéquation de nos désirs. Il nous faut ainsi accroître en amont la diversité des manières dont nous sommes affectés par les choses extérieures, afin d'être en mesure de trouver par tâtonnement affectif[1] un état qui soit conforme à notre nature propre, et donc afin que notre désir soit en aval déterminé de manière conforme à cette nature singulière. C'est donc dans notre aptitude à découvrir [*invenire*] progressivement notre nature singulière – à partir de, mais aussi par distinction avec les particularités que nous avons en commun avec ceux qui partagent la même histoire factuelle – que se joue l'enjeu éthique de l'effort pour persévérer dans notre être. Le devenir éthique s'ancre donc dans une certaine ontologie, à savoir la définition de l'essence actuelle comme effort pour persévérer dans l'être. Mais en raison de la place centrale de la nature singulière dans l'adéquation de l'effort pour persévérer dans l'être, il suit le chemin inverse de la morale traditionnelle : au lieu d'exhorter les hommes à se départir de leurs particularités pour adopter des comportements de valeur générale – ce qui ne consiste, en réalité, qu'à accroître l'extension des particularités en question –, il s'agit là d'inviter chacun à comprendre les particularités qui sont les siennes (en identifiant leurs causes dans ce qui a été jusque là son histoire) et à

---

1   L. Bove rend remarquablement bien ce que nous appelons ce « tâtonnement » des hommes dans la recherche d'une voie qui leur convienne, en en faisant à la fois une force (c'est la variabilité des hommes qui leur permet d'expérimenter diverses voies) et une fragilité (en raison de l'inconstance à laquelle cela peut donner lieu) : « l'homme apparaît au contraire [des animaux] naturellement (nativement) in-ajusté, "impuissant" dit Spinoza. D'où la multiplicité et la versatilité des voies de recherche de l'ajustement dans et par la représentation-recognitive que l'imagination humaine parcourt en fonction à la fois des histoires singulières et des fluctuations affectives de chacun. [...] Ce foisonnement d'images dont est capable le sujet humain, est à la fois le signe de la puissance de son imagination singulière (à l'origine de la différence des langues, des lois, des cultures et des nations, comme nous l'apprend le *TTP* XVII), mais aussi celui de la fragilité relative de sa persévérance » (*La stratégie du* conatus, chapitre II, p. 70).

cheminer vers sa singularité. D'où une conception de l'éthique comme singulière (puisque le seul critère d'adéquation pertinent est en lien avec la nature propre de chaque individu), et comme affective (dans la mesure où les affects constituent le seul signe tangible dont nous disposons pour sentir [*sentire*] cette convenance avec notre nature propre).

DE LA COMPLEXION PARTICULIÈRE À UN ORDRE SINGULIER : LES ENJEUX ÉTHIQUES DU *CONATUS*

C'est donc la distinction entre le *fait* de faire effort et la *manière* dont nous faisons effort qui doit désormais être précisée. En effet, tandis que le fait de faire effort pour persévérer dans l'être consiste en une donnée d'ordre ontologique, la manière dont nous nous efforçons est susceptible de revêtir une dimension éthique. Or, nous l'avons vu, si le devenir éthique est *naturel* au sens où il ne peut être contre-nature, il n'est pas *par nature* au sens où il ne découle pas spontanément de la nature d'un individu ou d'un autre. Il en résulte que le fait de faire effort pour persévérer dans l'être découle de la *nature* de chaque chose singulière, tandis que la *manière* dont chacune fait effort doit être déterminée de sorte à ce que cela puisse donner lieu à la fois à la particularité (anthropologique) d'un comportement et à la temporalité (éthique) d'une action. Ce que nous mettons concrètement en œuvre à un moment donné de notre existence pour persévérer dans notre être doit donc être déterminé par quelque chose de variable, de temporel, d'anthropologique, et de possiblement éthique ; c'est alors en ce point que nous allons retrouver la question de l'état [*constitutio*] dans lequel nous sommes, et de la complexion [*ingenium*] particulière ou singulière qui détermine notre manière d'être affectés.

Pour préciser ce point, prenons appui sur l'exemple d'une complexion particulière, celle de l'orgueilleux. Spinoza en parle en ces termes dans la proposition 57 d'*Éthique* IV : « l'orgueilleux aime la présence des parasites, autrement dit des flatteurs, et hait celle des généreux[1] ». Spinoza reprend le verbe « s'efforcer » dans la démonstration de cette proposition 57 : « l'orgueil est une joie qui naît de ce que l'homme fait

---

1   *E* IV, prop. 57, G II, p. 251.

de soi plus d'état qu'il n'est juste, opinion que l'homme orgueilleux
s'efforcera [*conabitur*] d'alimenter autant qu'il peut[1] ». La forme que prendra l'effort d'une chose pour persévérer dans son être est ainsi relative
à la complexion particulière de cette chose : un orgueilleux s'efforcera
de s'attacher les services des parasites, tandis qu'un sage recherchera la
présence d'hommes généreux. C'est la raison pour laquelle nous pouvons
considérer l'effort pour persévérer dans l'être comme déterminé par la
nature de la chose, et la manière dont cette chose s'efforce de persévérer
dans son être comme déterminée par l'*état* de cette chose. Notre effort
continuel pour persévérer dans notre être sera orienté *à un moment donné*
de notre existence par la complexion qui sera *alors* la nôtre.

Cela présente deux conséquences quant à la conception de l'éthique
dans un cadre spinoziste. La première est qu'il est vain d'exhorter les
hommes à agir autrement dans l'instant : nous pouvons toujours inviter
un orgueilleux à rechercher la présence d'hommes généreux de préférence
à la compagnie de parasites, il n'en restera pas moins déterminé à faire
effort selon son orgueil. C'est donc bien l'affect qui est premier et déterminant, raison pour laquelle il est nécessaire d'accroître notre aptitude
à être affectés de diverses manières en amont, afin d'être déterminés à
faire effort en un autre sens en aval. La seconde est que, si l'effort pour
persévérer dans l'être est constant et permanent, la manière de s'efforcer
est quant à elle variable et temporelle. Ainsi, l'adéquation de l'effort
pour persévérer dans l'être à la nature propre d'une chose augmente à
mesure que s'accroît son aptitude à être affectée de diverses manières à la
fois ; et inversement, s'il y a polarisation affective, cet effort peut devenir
inadéquat et se traduire par un amoindrissement de la puissance d'agir
et de penser. C'est en ce point que le *conatus*, neutre dans sa dimension
ontologique (il n'est ni bon ni mauvais *en soi* de faire effort pour persévérer dans son être), revêt une dimension éthique. Nous retrouvons
alors l'importance qu'il y a à la fois à continuer de varier (sans quoi nous

---

1   *Ibid.*, dém., G II, p. 251. Dans cette idée selon laquelle il ne faut faire de soi ni plus
(sans quoi cela ne donne pas lieu à une véritable satisfaction de soi) ni moins (sans quoi
nous sommes déterminés à ne pas pouvoir faire ce que nous imaginons ne pas pouvoir
faire) d'état qu'il n'est juste, nous pourrions nous demander s'il n'y a pas une forme de
réminiscence de la définition cartésienne de la générosité comme le fait pour un homme
de « s'estime[r] au plus haut point qu'il se peut légitimement estimer » (*Passions de l'âme*,
art. 153, A III, p. 1067) – à cette différence près, bien entendu, qu'il n'est question ni de
libre volonté ni de ferme résolution d'en bien user dans le cadre de la pensée spinoziste.

cesserions de nous efforcer de persévérer dans notre être), et à orienter ces variations en lien avec la manière dont nous sommes affectés (afin que cet effort se traduise par un accroissement effectif de la puissance d'agir et de penser).

Il nous semble que nous retrouvons ces deux dimensions dans le verbe *studeo*, régulièrement utilisé par Spinoza dans l'*Éthique* comme dans sa correspondance, et que l'on peut rendre par « s'appliquer à » ou « s'employer à ». Les usages de ce terme rendent en effet assez bien la manière dont notre effort est à la fois déterminé par nos affects, divers dans ses applications, et possiblement éthique dans sa manifestation et dans ses effets. Prenons comme exemple l'occurrence de ce terme dans l'Appendice d'*Éthique* I : quand les hommes

> voient la structure du corps humain, ils sont stupéfaits, et, de ce qu'ils ignorent les causes de tant d'art, ils concluent que ce n'est pas un art mécanique qui l'a construite, mais un art divin ou surnaturel [...]. Et de là vient que qui recherche les vraies causes des miracles, et s'emploie à [*studet*] comprendre les choses naturelles comme un savant, au lieu de les admirer comme un sot, est pris un peu partout pour un hérétique et un impie, et proclamé tel par ceux que le vulgaire adore comme les interprètes de la nature des dieux[1].

D'un côté, nous avons la disposition *naturelle* de la majorité des hommes : ces derniers sont couramment *ainsi* disposés que, face au perfectionnement de la structure du corps humain, ils ont tendance à en attribuer la cause à un Dieu créateur. D'un autre côté, la suite de l'Appendice révèle que ce n'est pas là seulement une question de disposition anthropologique générale : certaines personnes ont intérêt à maintenir les autres dans cette croyance afin de mieux les asservir par la crainte et l'espérance. Dès lors, nous pouvons penser que ces personnes font certes fond sur une disposition anthropologique, mais qu'elles alimentent également cette tendance naturelle en maintenant délibérément les hommes dans cette croyance. Ainsi, lorsque l'on a compris que les comportements sont déterminés par la manière dont les individus sont affectés par les choses extérieures, il devient possible de jouer sur leurs affects pour les amener à être déterminés d'une certaine manière.

Croire en une création divine des corps humains est donc ce que font les hommes naturellement (cela suit de leur nature) et par nature (cela

---

1   *E* I, Appendice, G II, p. 81.

en suit spontanément). Mais d'un autre côté, il est d'autres hommes, certes moins nombreux, qui cherchent à expliquer les choses naturelles en savants par d'autres causes naturelles, au lieu de les référer à un créateur transcendant[1]. Si ces savants sont moins nombreux que les superstitieux, ce n'est pas seulement parce qu'on instille parmi les hommes la crainte des châtiments qui pourraient les attendre ; c'est également que le fait de comprendre les choses naturelles en savant demande une démarche qui, tout en étant *naturelle*, requiert une modification de la manière dont nous sommes affectés par les choses extérieures. C'est là la double dimension du verbe *studeo* : comprendre ainsi les choses de la nature est *naturel* au sens où cela se produit selon les lois générales de la nature humaine ; mais ce n'est pas *par nature* au sens où cela résulte d'une instanciation singulière des lois de cette nature humaine. Nous pouvons tirer deux conclusions de ce passage. La première est que nous sommes dans un premier temps déterminés selon l'ordre commun des choses et non selon un ordre qui nous soit propre, d'où l'idée d'un devenir éthique comme cheminement pour découvrir progressivement notre nature singulière. La seconde est que ce devenir éthique reste cependant *naturel* au sens où ce cheminement reste *possible* pour nous, même s'il ne découle pas spontanément de notre nature[2]. Ainsi, si la manière dont nous nous efforçons *présentement* de persévérer dans notre être dépend de notre état *actuel*, nous pouvons – en recréant notre aptitude à être affectés de diverses manières à la fois – passer à un *autre* état, qui nous déterminera à nous efforcer *autrement* à l'avenir.

La manière dont nous nous efforçons ponctuellement pour persévérer dans notre être est donc déterminée par la conjonction de l'effort originel qui définit notre essence actuelle et de la manière dont nous sommes temporellement affectés par les choses extérieures. Telle est une éthique

---

1   Nous comprenons alors l'enjeu qu'il y a à employer le verbe *studere* dans ce contexte, par différence par exemple avec le champ sémantique de la volonté : tandis que ce dernier mettrait l'accent sur une résolution, Spinoza insiste directement sur l'activité par l'emploi du champ sémantique « s'employer à », « s'appliquer à ». C'est par la recherche *effective* des causes naturelles que l'on adopte un comportement de savant et que l'on est déterminé à acquérir progressivement une connaissance adéquate des choses.

2   Nous retrouvons ici les deux dimensions comprises dans la remarque du dernier scolie de l'*Éthique* : « si maintenant on trouve très difficile le chemin que j'ai montré y mener [puisqu'il requiert en amont l'acquisition et la recréation d'aptitudes], du moins peut-on le découvrir [dans la mesure où il il sera *déterminé* par cette acquisition et cette recréation d'aptitudes] » (*E* V, prop. 42, scolie, G II, p. 308).

qui trouve son ancrage dans une anthropologie (l'effort pour persévérer) sans s'y réduire (puisque cet effort n'est pas *par nature* adéquat). Il nous semble que ce sont là également les conclusions que nous pouvons tirer de la proposition 22 d'*Éthique* IV, selon laquelle « nulle vertu ne peut se concevoir avant celle-ci (à savoir l'effort pour se conserver soi-même)[1] ». Ce qui est premier, c'est bien l'effort pour persévérer dans l'être, puisqu'il définit l'essence actuelle de la chose en question. à partir de cet effort peuvent se concevoir toutes les vertus d'une chose, qui sont déterminées par cet effort joint à une certaine manière (variable) d'être affecté. Les vertus particulières ne sont donc rien d'autre que ce à quoi la chose est déterminée à partir de son effort premier pour persévérer dans son être, et en lien avec l'état momentané dans lequel elle est. Cela explique que le devenir éthique soit nécessairement *naturel* – puisqu'il se fonde dans le *conatus* qui définit notre essence actuelle –, et dans le même temps qu'il ne soit pas *par nature* – puisque l'adéquation de cet effort est relative à la conformité de notre état avec notre nature singulière. Ce sont là les deux sens de *naturel* que nous retrouvons à chaque étape du devenir éthique.

Avant d'en venir à ce en quoi peut consister une manière éthique de persévérer dans son être, il convient de relever à quel point cet ancrage des vertus dans l'effort pour persévérer dans son être modifie radicalement la conception traditionnelle de la morale. Ce point est peut-être plus clair encore à la lecture de la proposition 21 : « nul ne peut désirer être heureux, bien agir et bien vivre, sans désirer en même temps être, agir, et vivre, c'est-à-dire exister en acte[2] ». Cette proposition est, comme l'affirme Spinoza dans sa démonstration, évidente par elle-même à partir du moment où l'on a à l'esprit les grands principes spinozistes suivants : le désir est l'essence même de l'homme en tant qu'elle est déterminée à faire quelque chose ; exister en acte revient à faire effort pour persévérer dans son être ; et être, agir et vivre reviennent donc dans le même temps à désirer être, désirer agir et désirer vivre. Cette affirmation opère un renversement. En effet, il n'y a plus ici une visée fondamentale posée comme supérieure à toute autre fin (faire bon usage de sa libre volonté qui fait l'homme à l'image de Dieu), à laquelle devraient se plier les mouvements du corps comme les pratiques de la vie quotidienne. Dans

---

1   *E* IV, prop. 22, G II, p. 225.
2   *Ibid.*, prop. 21, G II, p. 225.

cette nouvelle perspective, c'est l'existence en acte comme effort pour persévérer dans son être qui est placée en premier, et qui constitue le seul et unique critère à l'aune duquel l'on peut juger de la perfection d'une existence singulière. Lorsque cet effort est bien compris, lorsqu'il est joint à une manière d'être affecté conforme à la nature de l'individu en question, il acquiert de lui-même et en lui-même une dimension éthique, sans qu'il soit requis d'ajouter aucune autre exigence, contrainte ou modification de soi. C'est là le sens que nous donnons à une « éthique de vie », constituée de manière singulière à même la pratique d'un individu, par distinction avec une « morale réinscrite dans la vie », trouvant hors de la pratique ses exigences comme ses modèles, et requérant l'exercice d'une libre volonté.

Nous pouvons alors comprendre à partir de là en quoi l'effort de l'homme libre pour persévérer dans son être se traduit *de fait*, comme par surcroît et dans le même mouvement, par l'action effective et par la joie. Ce sont là des dimensions que nous retrouvons dans le scolie d'*Éthique* IV, 73. Nous y lisons que l'homme fort – au sens de la force d'âme – « s'efforce autant qu'il le peut de bien faire et d'être joyeux », dans la mesure où il « s'efforce avant tout de concevoir les choses telles qu'elles sont en soi, et d'écarter ce qui fait obstacle à la vraie connaissance, comme font la haine, la colère, l'envie, la moquerie, l'orgueil et les autres choses du même genre[1] ».

Nous sommes donc en présence d'une redéfinition de la force d'âme, par le biais de ce rapport établi avec la joie : il ne s'agit plus de parvenir à n'être plus affectés par des événements qui peuvent nous être contraires, mais d'être affectés de telle manière que cela se traduise par un accroissement de notre puissance d'agir. Cela revient à détisser les liens que nous imaginons entre un affect de tristesse et une chose extérieure (dans le cas de la haine), ou encore entre un affect de joie et l'idée de notre libre arbitre comme en étant la cause (dans le cas de l'orgueil), pour comprendre la manière dont nous sommes en réalité affectés. Il ne s'agit donc plus de ne plus être affectés, mais de ne plus pâtir de nos affects, ou encore d'être affectés de manière conforme à notre nature. Dès lors, cela nous amènera à faire *adéquatement* effort pour persévérer dans notre être, puisque cela nous amènera à désirer agir – et donc à agir effectivement, tant qu'aucune chose extérieure n'y fait obstacle – en y étant

---

1   *E* IV, prop. 73, scolie, G II, p. 265.

déterminés par les seules lois de notre nature singulière. Un homme fort sera déterminé par sa force d'âme à s'efforcer de bien agir, si l'on entend par « bien » ce qu'il sait avec certitude lui être utile. Par ailleurs, dans la mesure où il s'efforcera adéquatement de persévérer dans son être, il verra sa puissance d'agir et de penser accrue, ce qui suscitera en lui un affect de joie ; il sera donc également déterminé par sa force d'âme à s'efforcer d'être joyeux. Telles sont donc les deux dimensions requises pour bien agir et être joyeux : d'abord exister en acte, c'est-à-dire être déterminé à faire effort pour persévérer dans son être ; et ensuite avoir accru en amont son aptitude à être affecté de diverses manières à la fois, afin de découvrir sa nature propre, et afin d'être ainsi déterminé à faire *adéquatement* effort pour accroître sa puissance.

Ce qui est intéressant alors, si nous étendons ces réflexions à la dimension inter-individuelle de l'éthique spinoziste, c'est que le fait de ne plus éprouver d'affects tristes à l'égard d'autrui apparaît comme la conséquence induite par un devenir éthique, et non comme une exigence morale posée comme principe préalable. Au début de ce même scolie, Spinoza relève ainsi que « l'homme fort n'a de haine pour personne, ni colère, ni envie, ni indignation, ni mépris pour personne[1] » : il ne dit pas qu'il ne *doit pas* éprouver de haine, mais qu'il n'en a pas de fait, dans la mesure où il conçoit les choses telles qu'elles sont et non de manière mutilée et confuse. Deux conséquences peuvent être tirées de ces remarques. La première, c'est que la conception traditionnelle de la morale se trouve inversée : ce n'est pas l'exigence de se montrer bienveillant à l'égard d'autrui qui dicte les comportements qui *devront* ou non être adoptés par chacun. Dans le cadre de l'éthique spinoziste, c'est l'effort pour persévérer dans son être qui constitue le fondement, et l'absence de passions tristes à l'égard d'autrui n'est que la conséquence induite par l'adéquation de cet effort. La seconde consiste en ce que le fait de considérer que l'homme libre s'efforce d'être joyeux ne se traduit pas par un individualisme égoïste[2], au sens où la joie de l'un se ferait

---

1   *Ibid.*

2   Dans notre article "Freedom of Conscience in Spinoza's *Political Treatise* : Between Sovereign Limitations and Citizen Demands" (*Reformation and Renaissance Review*, volume 14, Glasgow, septembre 2013), nous avons développé une idée assez similaire, en tentant d'en mesurer les enjeux politiques. Il s'agissait en effet pour nous de prendre au sérieux l'idée selon laquelle le corps politique ne serait pas à penser comme une menace à l'égard d'une liberté individuelle déjà constituée, mais que la liberté des citoyens ne pouvait se développer

au détriment de celle de l'autre. En réalité, l'homme libre ne se laisse pas dépendre de biens exclusifs et partant incertains, et il désire dès lors pour autrui les biens qu'il désire pour lui-même – non pas par sentiment moral, mais dans la mesure où il y est de fait déterminé par la nature des biens qu'il désire. L'éthique spinoziste n'a pas pour fondement des principes vertueux au sens d'exigences morales extérieures et contraignantes, mais ses effets se trouvent être vertueux au sens de la morale traditionnelle.

C'est pour cette raison que Spinoza peut affirmer que « l'effort de la meilleure part de nous se trouve convenir avec l'ordre de la nature toute entière[1] », sans faire de cette affirmation une exigence d'ordre moral. En effet, si nous convenons avec l'ordre de la nature toute entière, c'est « en tant que nous comprenons correctement » que nous sommes une partie de cette nature, et non en restreignant le champ d'application de nos représentations ou encore en considérant que ces dernières sont en notre pouvoir absolu. Dans cette affirmation, il faut d'ailleurs distinguer cet « ordre de la nature toute entière » de l'« état commun des choses » évoqué dans la troisième partie de l'*Éthique*. Nous sommes *par nature* déterminés par l'état commun des choses au sens où nous sommes couramment affectés selon l'ordre contingent dans lequel les choses se présentent à nous (du dehors) ; en cela, nous sommes passivement déterminés, et cela ne donne lieu à aucune satisfaction de soi véritable. Inversement, lorsque nous acquérons et recréons l'aptitude d'enchaîner nos affects selon un ordre pour l'entendement, nous comprenons que nous sommes une partie de la nature inscrite dans de multiples relations avec les choses extérieures ; nous rapportons donc nos affects à cette nature toute entière – et non seulement aux choses qui se trouvent être présentes au moment où nous éprouvons ces affects – et nous n'en pâtissons plus. Nous nous efforçons donc adéquatement de persévérer dans notre être, et notre puissance d'agir et de penser s'en trouve accrue. C'est cela qui est

---

que dans le cadre d'un corps politique ayant une structure à la fois suffisamment stable et suffisamment souple. Le corps politique rend alors possible une liberté individuelle sans pour autant avoir comme visée première de rendre les hommes libres.

1   *E* IV, Appendice, chap. 32, G II, p. 276. Si nous ne rapportons pas cette affirmation à tout ce qui précède (l'effort pour persévérer dans son être, la joie qui résulte de l'augmentation de sa puissance d'agir, l'aptitude à enchaîner les affects selon un ordre pour l'intellect et à être activement affecté, etc.), cette affirmation prendrait une tonalité étonnamment stoïcienne.

source de satisfaction de soi. C'est donc bien *en tant que nous comprenons correctement les choses* que nous convenons activement à la fois avec les lois de notre nature propre et avec l'ordre de la nature toute entière. Cette convenance avec la nature toute entière est ainsi (logiquement) seconde et non préalable à toute attitude éthique ; elle résulte d'un devenir éthique au lieu d'être au principe d'une conversion morale. Mais dans le même temps, l'éthique spinoziste, par le cheminement qu'elle nous invite à faire du particulier au singulier, n'isole pas les individus mais leur permet au contraire de convenir entre eux, *en tant que* parties de la nature toute entière, et *dans la mesure où* ils sont conduits par la raison. Elle est donc tout autant partageable (et *sui communicabile*) que singulière[1].

Dès lors, tandis que notre effort (naturel) pour persévérer dans notre être est *par nature* déterminé selon la complexion particulière qui est la nôtre en raison de notre histoire factuelle, la manière dont nous sommes déterminés à faire effort peut changer et devenir adéquate, lorsqu'elle est déterminée selon les lois de notre nature propre – le *conatus* revêt alors une dimension éthique. À partir de là, cet effort n'est plus susceptible d'entrer en conflit avec l'effort d'autres individus (ce qui était le cas lorsque chacun, déterminé par sa complexion *particulière*, tentait d'imposer aux autres sa manière tout aussi particulière d'être affecté par les choses extérieures) ; au contraire, convenant avec la nature de l'individu en question comme avec l'ordre de la nature toute entière, cet effort convient de même avec celui de tous les autres individus singulièrement déterminés selon leur nature, et donc vivant sous la conduite de la raison. L'éthique spinoziste se définit alors comme effort pour persévérer dans l'être, adéquatement déterminé par une manière d'être affecté convenant avec la nature singulière de l'individu en question, et se traduisant par un accroissement effectif de la puissance d'agir et de penser de cet individu, dans la mesure où il désire faire ce qu'il sait avec certitude lui être utile (ou être bon pour lui). Cette éthique se définit donc

---

1   Après avoir relevé dès le début de son article « L'identité individuelle chez Spinoza » que « le salut est une aventure qui non seulement est singulière, au sens où l'individu doit la vivre pour son propre compte, mais engage l'individu dans un rapport à sa propre singularité » (dans *Spinoza : puissance et ontologie*, p. 85), Fr. Zourabichvili met en garde à la fin de ce même article contre une confusion entre « le *devenir-singulier*, éminemment sociable » et « l'*individualisme* » (p. 105). Nous nous inscrivons dans cette perspective, en distinguant singularité et particularismes, et en considérant que la constitution active de sa propre singularité est partageable là où la revendication de particularismes en réalité subis oppose les hommes les uns aux autres.

comme réalité et perfection, et non comme pouvoir contre et jugement de valeur ; elle prend appui sur des déterminations anthropologiques et non sur des exigences morales ; et elle se pense comme adéquation de ces déterminations et non comme indétermination.

QUANTUM IN SE EST :
NATURE HUMAINE, NATURE PROPRE ET CIRCONSTANCES

Pour finir de mettre en place ce rapport entre réalité et perfection, de même que le lien qui se tisse entre déterminations *par nature* et enjeux éthiques *naturels* de ces déterminations, il est une expression qui peut nous être utile, celle de *quantum in se est* [autant qu'il est en lui] – également formulée dans le vocabulaire spinoziste *quantum potest* [autant qu'il peut]. En effet, le premier sens de cette expression se réfère aux déterminations par nature : je ne peux pas faire plus qu'il n'est en moi, et dans le même temps, je ne peux pas non plus faire moins qu'il est en moi – dans la mesure où il ne m'est pas loisible de ne pas faire ce à quoi je suis déterminé. Ainsi, par exemple, Spinoza affirme dans le scolie d'*Éthique* IV, 18 que « chacun s'efforce, autant qu'il est en lui [*quantum in se est*], de conserver son être[1] ». Cela signifie plusieurs choses : tout d'abord, dans la mesure où ce qui est en soi se rapporte à la nature de l'individu en question, cela signifie que tous les hommes sont *par nature* déterminés à s'efforcer de conserver leur être. Mais cela signifie aussi que chacun s'y efforce *à sa mesure* : il n'est pas possible de s'efforcer de conserver son être plus qu'il n'est en soi – par exemple, il n'est pas possible pour un ignorant de vivre comme un sage, pas plus qu'il n'est possible pour un chat de vivre comme un lion, selon le célèbre passage du chapitre XVI du *Traité théologico-politique*. Il est donc

---

1   *E* IV, prop. 18, scolie, G II, p. 222. La phrase dans laquelle est insérée cette affirmation est tout à fait représentative du battement existant entre ce qui est *par nature* et ce qui est *naturel* sans être spontané. Ainsi, Spinoza commence par affirmer que la raison ne demande rien contre nature (rien d'éthique ne peut être requis qui ne soit pas anthropologique), puis par relever que la raison demande que chacun recherche ce qui lui est *véritablement* utile (alors que nous recherchons spontanément ce que nous *jugeons* nous être utile, ce qui n'est pas la même chose), avant de conclure que chacun s'efforce de persévérer dans son être *autant qu'il peut* (et tous ne peuvent pas la même chose, selon leur aptitude respective à affecter et à être affectés).

vain d'exhorter les hommes à agir autrement (comme lorsqu'on exhorte un ami à cesser d'agir contre ce qui nous semble être son bien), si on ne leur donne pas les moyens d'être autrement affectés par les choses extérieures en amont, autrement dit si on ne leur donne pas les moyens d'avoir autre chose en eux. Enfin, cela veut dire que l'on ne peut s'efforcer de persévérer dans son être *moins* qu'il n'est en soi : je suis déterminé à faire tout ce qui me semble aller dans le sens d'un accroissement de ma puissance d'agir, et je ne suis pas en mesure de suspendre ce désir déterminé par la manière dont je suis de fait affecté[1]. Dès lors, l'effort pour persévérer dans l'être n'est pas affaire de bonne ou de mauvaise volonté, et l'on ne peut faire de cet effort une exigence d'ordre moral.

Nous sommes donc en mesure de comprendre, à partir de là, le double sens que peut prendre l'affirmation selon laquelle « l'esprit, autant qu'il peut [*quantum potest*] s'efforce d'imaginer ce qui augmente ou aide la puissance d'agir du corps[2] ». D'un côté, l'esprit y est déterminé *par nature*, dans la mesure où l'essence actuelle de l'individu se définit comme effort pour persévérer dans l'être. Nous sommes là du côté des déterminations anthropologiques (ou ontologiques en un sens plus large). D'un autre côté, l'esprit s'y efforce à mesure que sa nature propre et son état particulier le lui permettent. Dès lors, tous les esprits ne vont pas s'efforcer de manière absolument identique d'imaginer ce qui augmente la puissance d'agir du corps : tel esprit vivant sous la conduite de la raison s'y efforcera adéquatement ; tel autre esprit, ne vivant pas sous la conduite de la raison, s'y efforcera à mesure qu'il y sera déterminé par ses affects (qui peuvent être des passions ou des actions). Cela ne signifie pas que l'un soit plus parfait que l'autre : chacun est légitime dans sa manière de s'efforcer en ce qu'il y est *ainsi* déterminé par ce qui est *alors* en lui. Par contre, nous pouvons mesurer les effets de cet effort sur chaque individu, et remarquer que celui qui vit selon les règles de sa raison voit sa puissance d'agir augmentée, sa réalité accrue, et est donc inscrit dans la démarche d'un devenir éthique.

---

1   C'est pourtant bien l'idée qui est sous-jacente chez ceux qui « pensent pouvoir vouloir contre ce qu'ils sentent, quand ils affirment ou nient seulement verbalement quelque chose contre ce qu'ils sentent » (*E* II, prop. 49, scolie, G II, p. 132). Nous rejoignons ainsi l'idée selon laquelle une morale de la *potestas* prend appui sur une métaphysique du libre arbitre, là où une éthique de la *potentia* prend en considération la manière dont *toutes* les choses singulières sont déterminées à exister et à opérer d'une certaine façon.

2   *E* III, prop. 12, G II, p. 150.

C'est là le sens du passage du scolie d'*Éthique* IV, 18 qui précède celui que nous avons étudié. Ainsi, après avoir précisé que « la raison ne demande rien contre nature », Spinoza relève que la raison demande à chacun de rechercher « ce qui lui est véritablement utile » et d'aspirer « à tout ce qui mène véritablement l'homme à une plus grande perfection[1] ». Or, si tous les hommes s'efforcent *naturellement* de rechercher ce qui leur est utile, ils ne recherchent pas tous *par nature* ce qui leur est *véritablement* utile : ils recherchent plutôt ce qui leur *semble* leur être utile, selon la manière dont ils sont alors affectés par les choses extérieures. C'est bien là le sens de l'expression *quantum potest* : chacun s'y efforce naturellement, mais chacun s'y efforce à mesure qu'il le peut. De plus, il est significatif que Spinoza remarque que la raison demande à chacun de rechercher ce qui *lui* est utile, et non ce qui est utile à la nature humaine en général : dans la mesure où les natures sont individuelles, ce qui est utile à l'un ne correspond pas nécessairement en tout point à ce qui est utile à l'autre, *y compris* pour les hommes qui vivent selon la conduite de la raison. Pour ces derniers, les biens qu'ils recherchent ne peuvent être contradictoires les uns avec les autres, mais ils peuvent néanmoins se décliner différemment, ce qui explique que chacun ait à parcourir par lui-même le cheminement du devenir éthique[2] ; il semble donc qu'il puisse y avoir diverses manières de rechercher ce qui est *véritablement* utile, et que c'est à chacun de découvrir la sienne à mesure qu'il découvre quelle est sa propre nature.

Dès lors, lorsque Spinoza affirme dans ce même scolie que « chacun s'efforce, autant qu'il est en lui, de conserver son être », il nous semble que nous pouvons entendre l'expression *quantum in se est* en un triple sens. Premièrement, chacun s'y efforce dans la mesure où il y est *naturellement* déterminé – dans la mesure où l'essence actuelle de chaque chose se définit comme effort pour persévérer dans son être. Deuxièmement, cela revient à dire que l'ignorant ne s'y efforce pas de la même manière que le sage – dans la mesure où il s'y efforce en y étant passivement

---

1   *E* IV, prop. 18, scolie, G II, p. 222.

2   Il nous semble ainsi que nous pouvons donner un sens fort au verbe *invenire*, lorsque Spinoza affirme que si l'on trouve très difficile le chemin qu'il a montré mener à la vraie satisfaction de l'âme, « du moins peut-on le découvrir [*inveniri*] » (*E* V, prop. 42, scolie, G II, p. 308). Il ne s'agit pas de reproduire à l'identique un cheminement déjà tracé par d'autres : il faut que chacun « l'invente » pour lui-même, au sens classique du terme, qu'il le redécouvre par une démarche personnelle.

déterminé par ses affects du moment. Troisièmement et enfin, il nous semble qu'une distinction peut être établie entre les efforts respectifs des sages, en ce que leurs natures individuelles diffèrent entre elles. Dans ce cas, nous pourrions dire que les hommes qui vivent sous la conduite de la raison sont déterminés à s'efforcer *singulièrement* de persévérer dans leur être : « autant qu'il est en eux » serait ainsi également à comprendre comme « à la manière dont ils sont adéquatement déterminés selon les seules lois de leur nature singulière ».

Il y a donc de même une double dimension (anthropologique et éthique) dans l'expression *quantum in se est*, et c'est la raison pour laquelle il est intéressant pour nous de l'étudier. Ainsi, d'une part, nous sommes *par nature* déterminés à agir autant qu'il est en nous (ni plus, ni moins) : nous sommes là du côté des déterminations anthropologiques naturelles. D'autre part, le « ce qui est en nous » est variable – nous ne sommes pas déterminés à agir de façon identique à divers moments de notre existence, selon les variations de notre manière d'être affectés par les choses extérieures –, et ses variations peuvent prendre une tournure éthique. Le devenir éthique pourrait ainsi consister à accroître et recréer « ce qui est en nous », afin d'être à l'avenir *autrement* déterminés à agir et à nous efforcer de persévérer dans notre être.

Les variations du *quatum in se est* et leurs enjeux éthiques sont indirectement évoqués dans le chapitre 25 de l'Appendice d'*Éthique* IV. Dans ce chapitre, Spinoza parle en ces termes de l'homme modeste dont le désir de plaire aux autres hommes est déterminé par la raison et non par les affects :

> dans les entretiens en commun, il se gardera bien de rapporter les vices des hommes, et il aura soin de ne parler que parcimonieusement de l'impuissance humaine : mais amplement de la vertu ou puissance de l'homme, et du moyen de la parfaire, afin qu'ainsi [*ut sic*] les hommes, mus non pas par la crainte ou l'aversion, mais par le seul affect de joie, s'efforcent de vivre, autant qu'il est en eux, selon le précepte de la raison[1].

De prime abord, il va de soi que les hommes s'efforcent de vivre et d'agir *autant qu'il est en eux*, ils ne peuvent faire autrement. Cependant, *par nature*, les hommes sont déterminés à persévérer dans leur être par la manière dont ils sont *de fait* affectés par les choses extérieures ; dès

---

1   *E* IV, Appendice, chap. 25, G II, p. 273.

lors, il ne va pas de soi qu'ils vivent selon le précepte de la raison. Ils ne vivront pas ainsi s'ils sont passivement déterminés à vivre et agir par la crainte ou l'aversion.

C'est alors en ce point que le *ut sic* prend tout son sens ; en effet, cette locution marque un changement orienté de « ce qui est en soi » : un homme dont le désir de plaire aux autres est déterminé par la raison évoquera en présence d'autres hommes les moyens de parfaire leur puissance d'agir *afin qu'ainsi* il soit désormais *en eux* de s'efforcer de persévérer dans leur être selon le précepte de la raison. Cela signifie trois choses. La première est que « ce qui est en soi » est variable dans le temps : ce qui est en un homme déterminé par la crainte et l'aversion n'est pas identique à ce qui est en lui une fois que sa puissance d'agir s'est accrue. La seconde est que les variations de « ce qui est en soi » peuvent prendre une tournure éthique ; ce n'est pas toujours le cas, mais ce le sera si un changement de la manière d'être affectés est opéré en amont en vue d'une plus grande convenance avec notre nature propre. Et la troisième, c'est l'importance que peut prendre la présence d'autres hommes guidés par la raison, afin de nous aider à découvrir le chemin de ce devenir éthique : en évoquant avec nous les moyens qui peuvent parfaire notre puissance d'agir et de penser, ils peuvent nous aider à accroître effectivement et par nous-mêmes notre puissance. Tel est le sens d'un devenir éthique de « ce qui est en soi », ou encore, tels sont les enjeux éthiques des variations de « ce que l'on peut ».

Dès lors, accroître et diversifier « ce qui est en soi » a pour effet de rendre l'effort pour persévérer dans son être plus adéquat en vue d'un accroissement effectif de la puissance d'agir du corps et de la puissance de penser de l'esprit. Être déterminés à faire effort pour persévérer dans notre être selon le précepte de la raison requiert l'acquisition et la recréation de l'aptitude à affecter et à être affectés par les choses extérieures de diverses manières à la fois. C'est par exemple ce que l'on peut tirer de la proposition 46 d'*Éthique* IV, selon laquelle « qui vit sous la conduite de la raison s'efforce autant qu'il peut, face à la haine, à la colère, à la mésestime, etc., d'autrui envers lui, de les compenser en retour par l'amour, autrement dit par la générosité[1] ». Les effets de cet effort sont

---

1   *E* IV, prop. 46, G II, p. 245. Dans le scolie d'*Éthique* III, 59, Spinoza avait défini la générosité comme « le désir par lequel chacun, sous la seule dictée de la raison, s'efforce d'aider les autres hommes, et de se les lier d'amitié » (G II, p. 188).

bien d'ordre éthique, en ce qu'ils se traduisent par un accroissement effectif de la puissance d'agir de celui qui fait effort. En effet, la colère et la haine consistent en des passions tristes ; ma puissance d'agir se trouverait donc elle-même amoindrie si je répondais à la colère et à la haine d'autrui par ces mêmes affects de tristesse. Inversement, l'amour consiste en un affect de joie ; en répondant ainsi aux hommes animés d'affects tristes à mon égard, ma puissance s'en trouve accrue. Il y a donc un lien établi entre vie sous la conduite de la raison et devenir éthique.

Mais il ne faudrait pas lire cette proposition en un sens moralisant : Spinoza ne dit en rien qu'un homme qui vit sous la conduite de la raison *devrait* s'efforcer de répondre à la haine par l'amour ; nous ne sommes pas là dans le contexte de la morale théologique générale. En effet, l'effort pour persévérer dans l'être de cet homme n'est pas moins déterminé par *ce qui est en lui* que l'effort d'un ignorant ; simplement, il est *autrement* déterminé, parce que *ce qui est en lui* diffère de ce qui est en l'ignorant. Ce n'est pas là non plus une question de disposition innée : les hommes ne sont pas déterminés *par nature* à vivre selon le précepte de la raison. L'homme dont il est question dans la proposition 46 d'*Éthique* IV est *devenu* sage, il ne l'a pas été de tout temps. Si nous reprenons la proposition 46 dans son ensemble, cela donne le processus suivant : un individu ayant accru en amont son aptitude à être affecté par les choses extérieures de diverses manières et à comprendre plusieurs choses à la fois a acquis l'aptitude à vivre sous la conduite de la raison ; dès lors, lorsqu'il s'efforce de persévérer dans son être *autant qu'il peut* (comme tout autre individu), il est désormais déterminé à le faire adéquatement, soit en vue d'un accroissement effectif de sa puissance d'agir et de penser ; concrètement, cela signifie par exemple qu'il sera désormais déterminé par ce qui est en lui à compenser par de l'amour et de la générosité la haine que d'autres individus peuvent éprouver envers lui. Ce n'est pas qu'il prend volontairement la libre résolution de répondre ainsi, c'est qu'il y est nécessairement déterminé par ce qui est désormais en lui.

Par contre, dans la mesure où qui cesse de faire effort pour persévérer dans son être est détruit, ou encore dans la mesure où qui ne réalimente pas constamment ses aptitudes est susceptible de les perdre, nous ne pouvons pas affirmer avec certitude que cet individu sera *toujours* apte à vivre sous la conduite de la raison, et donc qu'il sera *toujours* déterminé à répondre à la haine par de l'amour et de la générosité. Il y a donc un enjeu éthique patent à constamment accroître et diversifier « ce qui est en soi », afin de rendre toujours plus adéquat son effort pour persévérer dans l'être. De même que les aptitudes se pensent en constant renouvellement dans leurs enjeux éthiques, de même l'accroissement de « ce qui est en soi » ou de « ce que l'on peut[1] » doit être constant dans le cadre d'un *devenir* éthique. C'est toujours sur le fond ontologique de choses singulières en constante variation, et dans le cadre de pratiques déterminées et inscrites au sein des relations avec les autres choses extérieures que se pense le devenir éthique ; la détermination et les variations de ce qui est en soi ou de ce que l'on peut ne font pas exception à la règle.

C'est précisément la raison pour laquelle « ce qui est en soi » ne peut se déterminer dans l'absolu, abstraction faite des circonstances extérieures et d'une occasion déterminée ; ainsi, il ne s'agit pas d'accroître absolument et de façon identique pour chacun d'entre nous ce qui est en soi, comme si cela pouvait alors dessiner un comportement général qu'il serait convenable d'adopter en toute circonstance. Il n'y a pas de perfection qui puisse se penser de façon pertinente indépendamment de la puissance propre d'un individu et de son accroissement ; ce sera donc en chaque occasion à l'individu lui-même d'estimer – adéquatement, si son effort pour persévérer dans l'être est déterminé par la raison – ce qui est bon ou non *pour lui*. Il nous semble que c'est là une dernière signification de *quantum in se est* : nous sommes ainsi déterminés à agir *par* ce qui est en nous, *à la mesure de* ce qui est en nous, mais aussi – si tant est que nous vivions sous la conduite de la raison – *conformément à* ce qui est en nous. C'est là le sens qui peut être tiré, nous semble-t-il, de l'occurrence de *quantum potest* dans le scolie d'*Éthique* IV, 70. Ainsi, après avoir affirmé dans la proposition 70 que « l'homme libre qui vit parmi les ignorants s'emploie autant qu'il le peut à décliner leurs bienfaits », Spinoza précise dans le scolie : « je dis *autant qu'il peut*. Car, encore que les hommes soient ignorants, ce sont pourtant des hommes, qui dans les cas de nécessité peuvent apporter un secours d'homme, qui est le

---

1   Nous pouvons à partir de là proposer une interprétation de ce qui est « possible » pour soi dans le cadre de la philosophie spinoziste, sans revenir sur le fait qu'il n'y a pas de puissance en latence d'actualisation. Nous faisons tout ce que nous *pouvons* faire à un moment donné ; mais ce que nous *pouvons* faire varie dans le temps. C'est la raison pour laquelle il convient d'accroître ce qui est en soi afin que d'autres actions deviennent *possibles* – et donc effectives – pour soi.

plus précieux de tous ; et par suite arrive-t-il souvent qu'il est nécessaire d'accepter d'eux un bienfait[1] ».

C'est là une autre différence entre l'éthique spinoziste et la morale théologique traditionnelle : la première ne consiste pas en une morale de grands principes absolus, valables pour tous et en toute circonstance[2] ; et dans le même temps, en raison de son lien essentiel avec l'accroissement de la puissance d'agir et de penser des individus, elle ne consiste pas non plus en une casuistique, au sens où nous pourrions toujours trouver la raison d'être éthique d'un comportement quel qu'il soit. Reprenons l'exemple de ce scolie d'*Éthique* IV, 70. D'abord, Spinoza relève qu'il ne va pas de soi de refuser les bienfaits des ignorants, en ce qu'ils peuvent nous flatter ; dès lors, les refuser demande de s'y employer, ou de s'y appliquer [*studere*]. Toutefois, un homme libre vit selon le seul jugement de la raison et non en étant passivement déterminé par les affects d'autrui ; il est donc déterminé, *autant qu'il est en lui*, à s'employer à décliner les bienfaits des ignorants. Mais cela requiert de prendre en compte les circonstances : en certaines occasions, nous pouvons avoir besoin du secours des autres hommes. Ce n'est certes pas souhaitable *en soi* de le rechercher auprès d'ignorants, mais justement, il n'y a pas d'*en soi* dans l'éthique spinoziste, à moins de ne désigner par là ce qui est préférable *lorsque les circonstances s'y prêtent*. Dès lors, dire qu'un homme libre s'efforcera de décliner les bienfaits des ignorants *autant qu'il le peut* revient à dire trois choses : il sera déterminé à s'y efforcer en raison de ce qui est en lui ; il s'y efforcera effectivement tant que les circonstances seront favorables, c'est-à-dire tant qu'il n'a pas besoin du secours d'un homme alors même qu'il n'est entouré que d'ignorants ; et inversement, en certaines occasions déterminées, il ne déclinera pas ce secours d'hommes ignorants si c'est requis pour persévérer dans son être. S'efforcer *adéquatement* de persévérer dans son être requiert donc d'être apte à connaître avec certitude ce qui est bon pour soi dans diverses circonstances déterminées.

---

1 *E* IV, prop. 70 et scolie, G II, p. 262 et G II, p. 263.
2 Spinoza le dit explicitement dans le paragraphe 17 du chapitre III du *TP*. Il y écrit ainsi que « ni la raison ni l'Écriture ne prescrivent d'observer tous les engagements que l'on a pris. Supposons par exemple que j'aie promis à quelqu'un de garder en dépôt de l'argent qu'il m'a confié en secret ; je ne suis pas tenu de respecter mon engagement, dès lors que j'ai appris, ou que je crois savoir, que le dépôt qu'il m'a confié est le produit d'un vol » (G III, p. 291). Spinoza conclut ce paragraphe comme suit : « ce n'est qu'en général que l'Écriture prescrit de tenir ses promesses ; elle laisse au jugement de chacun les cas particuliers où il convient de faire des exceptions » (*ibid.*).

Ainsi, concevoir une éthique ancrée dans une anthropologie se décline en deux parties : d'une part, cela signifie que l'on ne peut envisager une éthique qui pose comme exigences morales des actions qui requerraient de sortir de la nature humaine – par exemple en postulant une libre volonté, ou encore la possibilité d'exercer un pouvoir dans l'instant sur ses propres désirs – ; et d'autre part, cela signifie que l'on ne peut attendre d'un homme qu'il agisse autrement que le déterminent sa nature propre et son état du moment – en l'exhortant par exemple à être *autrement* affecté qu'il ne l'est au moment où il l'est. Ainsi, devenir éthique revient à être adéquatement déterminé à faire effort pour persévérer dans son être, mais autant qu'on le peut ou autant qu'il est en soi. Par ailleurs, dans la mesure où les hommes sont des choses de la nature en relations avec les autres choses singulières, parler d'anthropologie éthique revient également à prendre en compte les circonstances dans lesquelles un devenir éthique pourrait prendre forme ; et il ne s'agit pas simplement là de considérer les circonstances extérieures uniquement comme des obstacles à une éthique possible. Cela signifie également qu'agir éthiquement *autant qu'il est en soi* revient à être apte à comprendre les circonstances extérieures, à voir dans certaines d'entre elles des occasions données de modifier sa manière d'être affecté, et à être apte à adapter ses actions à ces circonstances et occasions en vue d'agir constamment – et de façon toujours réitérée – en vue d'un accroissement effectif de sa puissance d'agir.

C'est à partir de l'ensemble de ces éléments que nous pouvons alors comprendre l'éthique spinoziste comme le fait de faire fond sur les aptitudes que nous avons déjà (notre état actuel) afin de modifier la manière dont nous sommes affectés par les choses extérieures (passer à un état autre). Cela pourra alors nous amener à vivre de façon plus conforme à notre nature singulière (que nous découvrons au cours de ce cheminement) au sein des autres choses de la nature, et sans jamais sortir de la nature humaine. Tels sont les éléments d'un « devenir éthique », qui se traduise par un accroissement constant, déterminé et senti comme tel – donnant lieu à une véritable satisfaction de soi – de notre puissance d'agir et de penser.

MODÈLE, FINALITÉ, DEVENIR

La place de l'imagination dans l'éthique

Nous avons démontré que l'éthique consistait à passer à un état *autre*, à être à l'avenir *autrement* affecté, afin d'être déterminé à *autrement* agir ; par distinction avec la tendance naturelle qu'ont les hommes à se polariser affectivement, l'éthique consiste dès lors à *ne pas* s'arrêter en un état, mais à toujours chercher à accroître la diversité des manières dont on est affecté. C'est à partir de ces remarques que nous en sommes venus à concevoir l'éthique comme mouvement, ou encore comme *devenir* : acquérir de nouvelles aptitudes et réalimenter celles que l'on a déjà acquises, être diversement affecté et comprendre plusieurs choses à la fois, passer sans cesse du particulier dans lequel on est *par nature* au singulier que l'on peut *naturellement* constituer, faire toujours effort et le faire toujours plus adéquatement pour persévérer véritablement dans son être et pour connaître la vraie satisfaction de soi.

Toutefois, il ne peut s'agir d'être en mouvement pour être en mouvement, comme si les effets que ce dernier peut avoir sur notre puissance d'agir et de penser n'importaient pas. Ainsi, lorsque Spinoza affirme que, « comme les eaux de la mer agités par des vents contraires, nous sommes ballottés [*nos fluctuari*] », cela revient également à dire que nous sommes en mouvement ; seulement, dans la mesure où c'est en tout sens, sans cohérence et de façon passive que nous sommes mus, nous ne pouvons dire que nous sommes inscrits dans le cadre d'un devenir éthique. C'est donc là l'autre dimension de ce *devenir* : être en mouvement, mais aussi donner activement un certain sens à ce mouvement. L'éthique se fonde sur une anthropologie en prolongeant et en orientant le mouvement qui anime initialement tout homme.

Tel est alors le dernier point que nous devons aborder dans ce travail : comment pouvons-nous donner une certaine orientation précise et déterminée au mouvement qui nous anime, alors qu'il n'y a, dans le cadre de la philosophie spinoziste, ni libre arbitre sur lequel nous pourrions nous appuyer pour *choisir* cette orientation, ni finalité de la nature qui puisse fixer une certaine destinée à nos actions ? Étant déterminés à agir *d'une certaine manière* selon notre désir du moment, et ce désir lui-même étant déterminé par la manière dont nous sommes actuellement affectés, nous pourrions reformuler la question précédente comme suit : comment pouvons-nous agir sur la manière dont nous sommes affectés *de telle sorte que* notre désir ne soit pas seulement *autrement* déterminé, mais qu'il soit également déterminé *d'une certaine manière* et non d'une autre ? Et comment savoir que *telle* manière d'être déterminés sera plus conforme à notre nature que telle autre, dans la mesure où nous ne pouvons nous fonder ni sur une nature humaine générale et commune, ni sur une connaissance innée de notre nature individuelle ? La difficulté est double : non seulement nous ne pouvons découvrir notre nature qu'à l'occasion d'affections bien comprises, lors desquelles l'esprit sent précisément et connaît adéquatement son corps comme lui-même, mais qui plus est, ce n'est pas seulement la raison qu'il s'agit de convaincre : l'homme est un être complexe, rationnel mais aussi affectif, tout autant corporel que spirituel, et le fait de *connaître* ce qu'il serait souhaitable de faire ne suffit pas à le faire effectivement agir ainsi[1]. Bien que les hommes imaginent pouvoir vouloir contre ce qu'ils sentent, il ne s'agit pas, dans le cadre d'un devenir éthique, de faire preuve de « bonne volonté » (ou de manifester de « bonnes intentions ») en confondant le mot avec l'idée, ou avec la manière dont on est réellement affecté.

Il nous revient dès lors de trouver une médiation entre notre manière *actuelle* d'être affectés par les choses extérieures, et une *autre* manière d'être affectés qui nous semble aller dans le sens d'une plus grande convenance avec notre nature propre. Il nous faudra pour cela distinguer la finalité naturelle – qui consiste en la manière qu'ont les hommes de se représenter les choses de la nature, mais qui n'a pas de réalité effective selon Spinoza – et les causes finales – qui consistent en réalité

---

1   Nous reconnaissons ici la célèbre formule selon laquelle, tout en voyant le meilleur, nous faisons le pire, mentionnée par exemple sous cette forme par Spinoza dans le scolie d'*Éthique* III, 2 : « nous faisons plus d'une chose dont nous nous repentons ensuite, et souvent, quand nous sommes en proie à des affects contraires, nous voyons le meilleur et nous faisons le pire » (G II, p. 143). En mettant l'accent sur les affects contraires qui nous agitent alors, Spinoza refuse d'incriminer une hypothétique mauvaise volonté des hommes.

en des causes efficientes déterminées –, afin de comprendre comment nous pouvons assigner une certaine fin à nos actions, bien que nous ne puissions pas librement choisir la fin qui les oriente. À partir de là, il nous restera à comprendre comment nous pouvons agir sur ces fins que nous assignons – de façon toute déterminée – à nos actions.

C'est dans ce cadre que nous serons amenés à étudier la question du « modèle [*exemplar*] » que nous pouvons forger, de manière à ce qu'il puisse nous affecter de sorte à susciter en nous le désir de nous en approcher (ce désir se traduisant par un effort effectif de tendre vers ce modèle tant que nous n'en sommes pas empêchés par une cause extérieure). Il conviendra alors d'étudier cette question sous deux angles : la possibilité de se forger un modèle adéquat, afin d'être déterminé à faire adéquatement effort pour persévérer dans son être d'une part ; et le moyen par lequel ce modèle peut alors affecter notre imagination afin de passer au statut de désir, et du même mouvement à celui d'actions effectives d'autre part. Nous verrons dès lors quel rôle déterminé peut être accordé à l'imagination dans le cadre d'un devenir éthique, en ayant à l'esprit que, si Spinoza classe l'imagination dans le premier genre de connaissance dans le scolie 2 d'*Éthique* II, 40, il n'en affirme pas moins dans le scolie de la proposition 17 que

> si l'esprit, pendant qu'il imagine avoir en sa présence des choses qui n'existent pas, en même temps savait que ces choses, en vérité, n'existent pas, il est sûr qu'il attribuerait cette puissance d'imaginer [*imaginandi potentiam*] à une vertu de sa nature, non à un vice, surtout si cette faculté d'imaginer dépendait de sa seule nature, c'est-à-dire si cette faculté qu'a l'esprit d'imaginer était libre[1].

DES CAUSES FINALES AUX CAUSES EFFICIENTES : L'ORIENTATION DES ACTIONS

Pour comprendre comment nous pouvons avoir prise sur la manière dont nous sommes déterminés à agir, il faut tout d'abord expliquer ce qu'il se passe lorsque nous sommes *passivement* déterminés à agir en un

---

1 *Ibid.*, prop. 17, scolie, G II, p. 106. Ce savoir n'ôterait en rien ces imaginations, mais leur donnerait un autre statut pour celui dont elles sont les imaginations.

certain sens, autrement dit lorsque nous passons d'un état à un autre sans *devenir* à proprement parler. Spinoza avait relevé, dès le premier paragraphe de la préface du *Traité théologico-politique*, que « si les hommes pouvaient régler toutes leurs affaires suivant un avis arrêté, ou encore si la fortune leur était toujours favorable, ils ne seraient jamais en proie à aucune superstition[1] », ce qui signifie que c'est ce que nous percevons comme des revirements de la fortune qui nous détermine passivement à agir en un sens puis en un autre, sans cohérence ni adéquation. L'idée selon laquelle nous pourrions être le « jouet de la fortune » se retrouve au début de la préface d'*Éthique* IV en ces termes : « l'homme soumis aux affects est sous l'autorité non de lui-même, mais de la fortune, au pouvoir de laquelle il se trouve à ce point qu'il est souvent forcé, quoiqu'il voie le meilleur pour lui-même, de faire pourtant le pire[2] ».

Il faut entendre ici le terme de « fortune » au sens courant que nous lui donnons, lorsque nous parlons d'une bonne ou d'une mauvaise fortune, à savoir le cours des choses tel qu'il advient, indépendamment de nos désirs comme de nos intérêts. Ainsi, être sous l'autorité de la fortune reviendrait à être passivement déterminé par le cours commun des choses. Ce point se trouve confirmé par l'usage du terme *coactus* [contraint, forcé] dans la suite de ce passage. En effet, dans la *Lettre 58 à Schuller*, Spinoza opère une distinction entre *libre* et *contraint* précisément à partir de la manière dont sont déterminés nos actes, de l'intérieur ou de l'extérieur : « je dis qu'une chose est libre quand c'est par la seule nécessité de sa nature qu'elle existe et agit, et qu'au contraire, elle est contrainte [*coactam*] quand elle est déterminée à exister et à opérer par une raison précise et déterminée[3] ». Ainsi, je suis libre, non lorsque mes actions ne sont pas déterminées (ce qui est inconcevable), mais lorsqu'elles le sont selon les seules lois de ma nature propre. Dès lors, être au pouvoir [*in potestate*] de la fortune revient inversement à être déterminé à agir en un sens ou bien en un autre selon la rencontre fortuite avec les choses extérieures, sans que ces actes ne soient enchaînés selon un ordre propre à l'entendement.

L'on comprend alors, à partir de ces éléments, en quoi un homme n'est pas sous sa propre autorité lorsqu'il est sous la coupe d'affects qui sont des

---

1   *TTP*, préface, § 1, G III, p. 5.
2   *E* IV, préface, G II, p. 205.
3   *Lettre 58 à Schuller*, G IV, p. 266.

passions. Premièrement, il n'y a pas de finalité ancrée dans les choses de la nature, lesquelles ne se produisent pas particulièrement dans l'intérêt des hommes ; dès lors, lorsqu'on est passivement déterminé par ses affects, on se comporte en fonction de l'ordre contingent (pour soi) selon lequel les choses extérieures se produisent. C'est la raison pour laquelle les actes se produisent en soi en un sens ou en un autre, sans ordre cohérent ni orientation adéquate pour que sa puissance d'agir et de penser s'accroisse effectivement. Deuxièmement, selon le paragraphe 11 du chapitre II du *Traité politique*, « la faculté de juger peut relever du droit d'autrui dans la mesure où notre esprit peut être trompé par quelqu'un d'autre. En conséquence notre esprit relève entièrement de son propre droit dans la mesure où il peut user correctement de la raison[1] ». On ne relève donc pas *par nature* de son propre droit. En l'occurrence, on ne relève pas forcément du droit d'*autrui*, mais on est sous l'autorité des choses extérieures *telles qu'elles se produisent de fait*, à savoir sans ordre spécifique pour soi et sans être adaptées à l'effort de persévérer dans son être. C'est la raison pour laquelle on peut faire le pire tout en voyant le meilleur, même si on fait effort pour persévérer dans son être, comme toute autre chose singulière.

Il faut toutefois noter que l'expression « soumis aux affects [*affectibus obnoxius*] » apporte une précision supplémentaire à l'égard de « être affecté [*affici*] ». En effet, selon la définition 3 d'*Éthique* III, les affects peuvent être des actions comme des passions. Spinoza ne dit donc pas dans la préface de la quatrième partie que *les hommes affectés* sont sous l'autorité de la fortune – cela reviendrait à dire qu'*aucun* homme n'est sous sa propre autorité et n'est en mesure de *devenir*. Il affirme plus exactement que nous sommes dans l'incapacité de déterminer activement nos comportements lorsque nos affects sont déterminés de l'extérieur. Cela semble d'ailleurs tout à fait logique dans le cadre de la pensée spinoziste : puisque nos actions sont déterminées par nos désirs, eux-mêmes déterminés par la manière dont nous sommes affectés, nous sommes déterminés à opérer *de l'extérieur* lorsque nos affects ne se comprennent pas par notre seule nature.

Nous pouvons désormais revenir sur le passage cité, et plus précisément sur ce que signifie « régler ses affaires suivant un avis arrêté[2] ». Il ne peut s'agir, dans le cadre de la pensée spinoziste, de « se donner librement

---

1   *TP*, chap. II, § 11, G III, p. 280.
2   *TTP*, préface, § 1, G III, p. 5.

pour fin une direction donnée et en agissant volontairement en ce sens ». Puisque nous ne pouvons ni choisir librement une direction à suivre, ni faire acte de bonne volonté en faisant consciemment et librement en sorte de nous en approcher, comment nous est-il alors possible de dire que nous pouvons donner une certaine orientation à nos actions[1] ? Pour répondre à cette question, nous pouvons déjà relever que, si Spinoza a affirmé dans l'Appendice de la première partie que la nature n'agit pas en vue d'une certaine fin, il redéfinit ce que l'on entend couramment par « causes finales » dans la préface d'*Éthique* IV ; il ne s'agit donc pas pour lui de *nier* l'impression que nous avons d'agir nous-mêmes en vue d'une certaine fin, mais de mettre en lumière la manière effective dont sont déterminées nos actions :

> la cause qu'on dit finale n'est rien d'autre que l'appétit humain lui-même, en tant qu'on le considère comme le principe d'une chose, autrement dit comme sa cause primaire. Par ex., quand nous disons que l'habitation a été la cause finale de telle ou telle maison, nous n'entendons alors assurément rien d'autre, sinon que l'homme, de ce qu'il a imaginé les commodités de la vie domestique, a eu l'appétit d'édifier une maison. Et donc l'habitation, en tant qu'on la considère comme cause finale, n'est rien que cet appétit singulier, qui en vérité est une cause efficiente que l'on tient pour première parce que les hommes ignorent communément les causes de leurs appétits. C'est qu'ils sont, comme je l'ai souvent dit, conscients, certes, de leurs actions et appétits, mais ignorants des causes qui les déterminent à avoir tel appétit[2].

Nous imaginons ainsi que le processus aboutissant à nos actions est le suivant : je choisis ce qui est désirable pour moi et je me le fixe librement comme fin de mes actions, puis j'agis volontairement en vue de cette fin[3]. En réalité, le schéma de nos actions est selon Spinoza tout

1 V. Viljanen utilise une image tout à fait parlante pour insister sur la distinction entre orientation et téléologie, dans son chapitre "The meaning of the *conatus* doctrine" : "the flowing of the river is not end-governed, but this does not mean that the water masses' power is not geared towards something definite" (*Spinoza's Geometry of Power*, p. 136). Ce que V. Viljanen reprend comme suit dans la section suivante du même chapitre : "any power needs a direction ; but it does not need a *telos*, nor does Spinoza think it would. Like everything, representational content has causal power, and can be a factor in the direction process, but Spinoza does not see this as leading to teleology" ("Essentialism and teleology", p. 142).
2 *E* IV, préface, G II, p. 207.
3 C'est le même processus qui est envisagé dans le cadre des morales de type volontariste : postuler un libre arbitre et faire alors de l'orientation donnée aux actions une question

autre : nous sommes déterminés à désirer une chose plutôt qu'une autre, et ce désir nous détermine à son tour à agir en un certain sens. Nous pourrions alors considérer que cette explicitation spinoziste de l'illusion dans laquelle nous sommes, exclut toute possibilité de concevoir une orientation active de nos actions.

Mais ce serait là mésinterpréter deux éléments de ce passage : d'une part, ce serait ne pas voir que Spinoza ne dit pas qu'*il n'y a pas* de causes finales, mais plus exactement que ce que l'on appelle causes finales consiste en réalité en l'appétit humain ; et d'autre part, ce serait ne pas prendre en compte le sens actif de l'*appétit* dans le cadre de la philosophie spinoziste. Ainsi, premièrement, le point sur lequel nous nous illusionnons ne consiste pas dans le fait que nos actions ont une certaine orientation : l'homme qui avait à l'esprit les commodités de la vie domestique a bien construit une maison (qui répondait à cette finalité), et non une bicyclette ou un manteau de fourrure ; il y a donc bien, dans l'exemple mentionné par Spinoza, une forme d'adéquation entre la « fin » visée et ce à quoi répond la chose produite. Par contre, nous nous trompons lorsque nous imaginons que cette fin a été librement choisie, sans que ce désir ne soit lui-même déterminé par une autre cause antérieure, puis lorsque nous imaginons qu'il nous revenait ensuite de librement orienter nos actions en vue de répondre à cette fin. C'est le sens du passage spinoziste de « cause finale » à « cause efficiente » : ce que nous plaçons à la fois au principe (librement choisi sans être déterminé par autre chose) et à la fin (comme visée inconditionnée vers laquelle nous allons volontairement nous orienter), est en réalité au cœur d'une série déterminée, à la fois en amont (un appétit est déterminé par une manière d'être affecté) et en aval (nos actions sont déterminées par notre appétit).

Dès lors, on ne peut pas dire que nos actions *ne sont pas* orientées, comme si nous agissions de façon tout à fait indifférente. Par contre, nos actions ne sont pas orientées comme nous l'imaginions : elles le sont par notre appétit, lui-même déterminé selon notre manière d'être affectés par les choses extérieures. Ce passage ne revient donc pas à dire qu'il est impossible dans le cadre de la philosophie spinoziste de concevoir un certain *devenir*, mais plutôt que nous faisons fausse route en plaçant l'orientation de ce devenir dans un libre arbitre (pour choisir le sens de nos actions) et dans une libre volonté (pour agir ensuite effectivement

de bonne ou de mauvaise volonté.

dans ce sens). En réalité, comprendre que ce que nous prenons pour des causes finales consiste en des causes efficientes constitue bien plutôt le moyen d'agir sur la manière dont nos actions sont orientées : alors que nous sommes impuissants tant que l'on nous exhorte à avoir dans l'instant d'autres désirs ou à faire preuve de bonne volonté pour que nos actions soient à la hauteur de nos intentions, le fait de comprendre que nos actions sont déterminées par nos désirs et que nos désirs sont eux-mêmes inscrits dans une série causale nous donne le moyen de *passer*, avec le temps, d'un désir à un autre, afin d'être *autrement* déterminés à agir par la suite.

Nous comprendrons ce point si nous revenons sur le terme d'*appétit*, qualifié de deux manières par Spinoza dans ce passage : « l'appétit humain » et « cet appétit singulier ». L'appétit est, selon le scolie d'*Éthique* III, 9, le nom donné à l'effort pour persévérer dans l'être « quand on le rapporte à la fois à l'esprit et au corps[1] ». Cela signifie que l'appétit est de lui-même action, qu'il ne requiert pas l'adjonction d'une résolution de la volonté pour qu'il y ait action effective. En effet, l'effort pour persévérer dans l'être n'est pas une tentative de mise en mouvement, il consiste dans les actions effectivement mises en œuvre pour augmenter sa puissance d'agir, selon ce que l'on juge être bon pour soi. Cet effort est donc dans le même mouvement action du corps et idées de l'esprit ; et ce que l'on appelle causes finales consiste donc dans le même mouvement dans l'appétit pour certaines actions et pour certaines idées, appétit qui se traduit sans médiation de la volonté en ces actions et ces idées. Il en résulte deux conséquences : il n'est pas besoin de l'adjonction de volontés particulières pour traduire ces « causes finales » en actions effectives (je ne peux pas ne pas tenter de construire une maison à partir du moment où j'imagine et désire les commodités domestiques) ; et si je veux donner une *autre* orientation à mes actions, il me faudra modifier en amont mon appétit (si je suis affecté plus intensément par l'idée d'une œuvre intellectuelle que par celle des commodités domestiques, j'agirai *en vue de* constituer cette œuvre avant de viser la construction d'une maison). Ainsi, c'est ce qui nous affecte de telle manière que cela devient désirable *pour nous* qui est à même d'orienter nos actions. Dès lors, il est tout aussi vain d'exhorter les hommes à faire acte de bonne volonté en orientant *dans l'instant* leurs

---

1 *E* III, prop. 9, scolie, G II, p. 147.

actions autrement, qu'il est inutile de postuler un acte de volonté *en plus* de son appétit pour agir effectivement tel qu'y engage cet appétit.

Spinoza qualifie alors doublement cet appétit que nous prenons pour des causes finales : il affirme d'abord que ce que l'on appelle cause finale consiste en « l'appétit humain », puis évoque, dans l'exemple particulier qu'il mentionne, l'habitation comme « cet appétit singulier ». Il nous semble que nous pouvons voir dans cette double qualification une distinction (d'ordre logique) semblable à celle que nous avions établie entre puissance [*potentia*] et pouvoir de [*potestas* + gérondif]. Ainsi, d'un côté, il y a le fait que l'essence actuelle des choses singulières consiste en leur effort pour persévérer dans leur être, et que nous nommons *appétit* cet effort lorsqu'on le rapporte à la fois au corps et à l'esprit. Ce qui différencie les hommes des autres choses singulières, c'est qu'ils sont conscients de cet effort – ce qui leur laisse la possibilité de se croire libres quand ils ne sont pas conscients de ce qui détermine leur effort en un certain sens. Telle est donc l'explication de l'affirmation spinoziste selon laquelle les causes finales consistent en réalité en l'appétit humain lui-même. D'un autre côté, lorsque j'entreprends de construire une maison, ce n'est pas mon effort de persévérer dans mon être *en général* qui m'y détermine, mais cet effort joint à l'imagination (désirante) que j'ai des commodités domestiques. Autrement dit, il s'agit de mon effort (ou appétit) en tant qu'il est particularisé par ma manière actuelle d'être affecté par les choses extérieures. Nous sommes alors du côté de « cet appétit singulier », à savoir de la manière précise dont mon effort essentiel pour persévérer est déterminé en un certain sens par mon appétit *présent*. Dès lors, la possibilité que nous avons d'orienter nos actions dans le sens d'un devenir éthique tient à la fois à la conjonction entre notre effort général pour persévérer dans l'être et une manière particulière d'être affectés par les choses extérieures (donnée anthropologique), et à la possibilité que nous avons d'être *progressivement* affectés par les choses extérieures de manière plus conforme à notre nature singulière (possibilité d'ordre éthique).

Si nous poursuivons alors notre lecture de la préface d'*Éthique* IV, nous pouvons relever que c'est là le moyen par lequel nous pouvons de même passer d'une conception inadéquate de la perfection (lorsque nous jugeons une chose relativement à un critère qui lui est extérieur) à une conception éthique (lorsque ce que nous sentons d'une de nos actions convient avec un appétit singulier). Le premier type de jugements de perfection est évoqué par Spinoza en ces termes :

> nous avons coutume en effet de rapporter tous les individus de la nature à un seul genre, qu'on appelle le plus général ; à savoir la notion d'étant, qui appartient absolument à tous les individus de la nature. En tant donc que nous rapportons les individus de la nature à ce genre, et les comparons entre eux, et trouvons que les uns ont plus d'étantité ou de réalité que d'autres, en cela nous disons que les uns sont plus parfaits [*perfectiora esse dicimus*] que d'autres ; et, en tant que nous leur attribuons quelque chose qui enveloppe la négation, comme une limite, une fin, une impuissance, etc., en cela nous les appelons imparfaits [*imperfecta appelamus*], à cause qu'ils n'affectent pas notre esprit autant que font ceux que nous appelons parfaits, et non pas parce que leur ferait défaut quelque chose qui leur appartienne[1].

Spinoza parle ici des « étants » en général, mais nous pourrions transposer son raisonnement à l'idée générale que nous nous faisons de l'être humain. Ainsi, nous (et en premier lieu, parmi nous, les philosophes et moralistes) nous forgeons une notion générale de l'homme, selon ce qui nous semble de fait « le plus général » parmi les hommes, et nous faisons de cette notion générale un absolu, sous lequel tous les hommes devraient pouvoir se ranger. À partir de là, nous comparons chaque homme singulier avec cette notion générale, et nous jugeons « imparfaits » ceux qui n'y sont pas conformes[2], comme si cette imperfection était constitutive, alors qu'elle fait seulement signe vers la manière particulière dont *nous* sommes affectés – l'insistance spinoziste sur la première personne du pluriel, ainsi que sur la relativité de nos jugements (nous disons, nous attribuons, nous appelons, etc.), est manifeste dans ce passage. Il s'agit là d'un jugement de perfection inadéquat, au sens où nous sommes passivement déterminés par la manière dont nous sommes de fait affectés, et au sens où, n'étant pas conscients d'être ainsi déterminés, nous estimons les individus singuliers en regard d'un critère qui n'est pas pertinent pour eux. Ce que nous appelons « le plus général » n'est en fait que la particularité que nous héritons de notre histoire factuelle.

---

1   *E* IV, préface, G II, p. 207-208.
2   L'ambiguïté du terme « humanité » est d'ailleurs tout à fait significative à ce sujet : il s'agit ainsi à la fois de l'ensemble du genre humain (donc de tous les hommes indifféremment) et d'une notion morale qualifiant ce qui est digne d'un être humain (qualifiant donc *certains* hommes en particulier).

Mais, si nous poursuivons notre lecture avec la relativisation semblable que Spinoza établit au sujet des notions de bien et de mal, nous verrons que cela ne revient pas à discréditer purement et simplement ces notions : nous pouvons en former des idées adéquates, précisément en tenant compte de la singularité des individus (et, avant toute chose, de sa propre singularité). En effet, Spinoza affirme dans la suite que le bien et le mal

> ne désignent non plus rien de positif dans les choses, j'entends considérées en soi, et ils ne sont rien d'autre que des manières de penser, ou notions, que nous formons de ce que nous comparons les choses entre elles. Car une seule et même chose peut être en même temps bonne et mauvaise, et également indifférente. Par ex., la musique est bonne pour le mélancolique, mauvaise pour l'affligé ; et pour le sourd, ni bonne ni mauvaise[1].

Il y a deux moments dans cette affirmation : celui où Spinoza affirme que les notions *générales* de bien et de mal que l'on forge ne sont pas pertinentes pour juger de ce que sont les choses *en elles-mêmes*, et celui où Spinoza affirme qu'une seule et même chose (la musique) peut être bonne *pour l'un* (le mélancolique) et mauvaise *pour l'autre* (l'affligé). Ce n'est donc pas *en toute circonstance* que les notions de bien et de mal ne sont pas pertinentes ; Spinoza affirme d'ailleurs juste après ce passage qu'il faut conserver ces vocables – et ce serait en effet dommage de se priver de l'idée selon laquelle la musique est bonne pour le mélancolique. Par contre, ces notions ne sont pertinentes que dans le rapport établi entre une chose et un individu singulier, ou plus exactement encore, dans le rapport établi entre une chose extérieure et l'augmentation ou la diminution de puissance induite par la présence de cette chose sur la puissance d'agir et de penser d'un individu singulier. Dès lors, cela n'a pas de sens de dire que la musique est bonne *en général*, mais cela en a de dire qu'elle est bonne *pour le mélancolique*.

C'est en ce point que nous rejoignons notre interrogation sur la manière dont nous pouvons orienter nos actions. En effet, nous ne pouvons pas dire qu'un certain type d'actions est bon *en général*, puisque cela dépend de la nature de chacun ; nous ne pouvons donc pas concevoir l'éthique comme la formation d'un modèle général de la nature humaine vers lequel il conviendrait de tendre – ce qui est par ailleurs une conception

---

1   *E* IV, préface, G II, p. 208.

fort répandue de la morale, et notamment de la morale théologique. Par contre, cela ne revient pas à dire que nous ne sommes pas en mesure d'évaluer la pertinence d'une de nos actions, à l'aune d'un critère établi en fonction de la manière dont nous sommes affectés – et tout l'enjeu consistera à faire que le modèle que nous nous proposons aille dans le sens d'une vie conforme à notre nature singulière. C'est là ce qui ressort du début de la préface, selon lequel « qui a décidé de faire une certaine chose, et l'a faite jusqu'à son terme, ce n'est pas seulement lui-même qui dira que sa chose est parfaite, mais également quiconque aura correctement connu, ou cru connaître, ce qu'avait en tête l'auteur de cette œuvre et quel était son but[1] ». Dès lors, est *adéquatement* jugé parfait ce qui répond à la fin visée par l'individu qui a agi – donc, en termes spinozistes, ce qui convient avec l'appétit de cet individu ; et sera alors jugé *éthique* ce qui est déterminé par un appétit conforme à la nature singulière de l'individu en question. Nous pouvons donc agir sur l'orientation de nos actions par le biais du passage d'un appétit à un autre.

Ainsi, nous sommes dépendants de la bonne ou mauvaise fortune lorsque notre appétit est passivement déterminé par l'ordre contingent avec lequel les choses extérieures se présentent à nous ; et nous réglons nos affaires selon un avis arrêté lorsque notre appétit est activement déterminé de l'intérieur, et peut se comprendre par les seules lois de notre nature. Cette singularité de l'orientation éthique que peuvent prendre nos actions, comme celle du jugement de perfection qu'il est pertinent de porter sur ces dernières, marquent toute la différence entre une morale de type volontariste et l'éthique spinoziste. Là où la première exhorte les hommes à changer leurs désirs en leur imposant de l'extérieur un modèle idéal de la nature humaine vers lequel il convient de tendre, l'éthique spinoziste propose aux hommes de se constituer progressivement un appétit qui convienne à leur nature, cet appétit les déterminant alors par la suite à agir de telle manière que cela se traduise par une augmentation effective de leur puissance d'agir. C'est dès lors à chacun de se forger son propre modèle de la nature humaine – ce qui fait à la fois l'enjeu existentiel et la difficulté de l'éthique spinoziste – ; et c'est uniquement en rapport avec ce modèle que ses actions pourront être jugées parfaites ou imparfaites.

---

1   *Ibid.*, G II, p. 205.

CONCEVOIR UN *EXEMPLAR*
COMME UNE MISE EN MOUVEMENT PERMANENTE

Dans la suite de la préface d'*Éthique* IV, c'est en effet en lien avec le modèle de la nature humaine que nous forgeons que Spinoza justifie le maintien des notions de bien et de mal. Nous lisons ainsi que,

> étant donné que nous désirons former une idée de l'homme à titre de modèle [*exemplar*] de la nature humaine que nous puissions avoir en vue, il nous sera utile de conserver ces mêmes vocables dans le sens que j'ai dit. Et donc, par bien, j'entendrai dans la suite ce que nous savons avec certitude être un moyen d'approcher toujours plus du modèle de la nature humaine que nous nous proposons. Et par mal, ce que nous savons avec certitude être un obstacle à ce que nous reproduisions le même modèle. Ensuite, nous dirons les hommes plus parfaits ou plus imparfaits en tant qu'ils s'approchent plus ou moins de ce même modèle[1].

Nous trouvons ici confirmation de l'idée selon laquelle la relativisation des notions de bien et de mal ne revient pas à affirmer que *tout* jugement consistant à considérer une chose bonne ou mauvaise est absurde : si nous forgeons un modèle de la nature humaine qui soit désirable pour nous, nous serons déterminés à mettre en œuvre des actions destinées à nous en approcher. Dans ce cadre, l'orientation de nos actions ne nous est pas indifférente, et il est important *pour nous* que nous puissions sentir si une action nous rapproche ou nous éloigne de ce modèle, et donc que nous puissions à partir de là juger qu'une action est bonne ou mauvaise *pour nous*. Ce jugement (immédiat et non réflexif) sera le signe d'une augmentation ou d'une diminution de notre puissance d'agir, et donc d'une adéquation ou d'une inadéquation du modèle que nous nous proposons et des actions mises en œuvre pour nous en approcher. Les notions de bien et de mal peuvent donc être utiles *pour soi* – à la fois en tant qu'homme (donnée anthropologique commune) et en tant qu'individu (nature propre singulière).

Mais ce qui est plus intéressant encore, dans la première phrase de ce passage, c'est l'origine que Spinoza assigne à ce modèle. Ainsi, il

---

1   *Ibid.*, G II, p. 208.

est dit que nous « désirons [*cupimus*] former » un modèle de la nature humaine ; nous sommes loin d'une morale de l'obligation, qui impose de l'extérieur un modèle et exhorte les hommes à s'en approcher, sans même se demander si ce modèle est *désirable* pour eux. Ici, nous sommes toujours déjà du côté du désir. Nous sommes *ainsi* naturellement disposés que nous désirons avoir une idée de l'homme comme référence de nos jugements et de nos actions ; dès lors, nous formons *de fait* une idée générale de l'homme, que nous érigeons ensuite au statut de modèle de la nature humaine. à partir du moment où nous avons forgé ce modèle de la nature humaine, nous comparons spontanément les individus que l'on observe à cette idée générale, et nous les jugeons parfaits ou imparfaits, et nous jugeons leurs actions bonnes ou mauvaises, en regard de leur conformité avec ce modèle. Ainsi, nous ne partons pas de rien dans le cadre d'un devenir éthique – de même que nous acquérons de nouvelles aptitudes à partir de celles que nous avons déjà – : nous avons toujours déjà à l'esprit une idée générale (liée à notre expérience vague), nous en faisons toujours déjà un modèle, et nous portons toujours déjà des jugements relatifs à ce modèle.

Dès lors, l'enjeu éthique ne consistera pas à faire en sorte que les hommes se forgent un modèle de la nature humaine : ils s'en forgent déjà un par nature. La question portera sur l'adéquation de ce modèle (lorsque c'est un modèle que l'on se propose pour soi), et sur le champ d'application de ce modèle (afin que l'on ne fasse pas d'une manière particulière d'être affecté un idéal générale qui *devrait* être suivie par tous). C'est là le sens de la dernière phrase de ce passage : tant que nous estimons *bonne* une action qui nous rapproche du modèle que nous nous proposons, notre jugement est pertinent, en ce qu'il dit quelque chose de notre manière d'être affectés et des actions qui sont déterminées en nous à partir de là. Mais à partir du moment où nous disons les hommes plus ou moins parfaits en ce qu'ils s'approchent ou s'éloignent de *notre* modèle (présenté comme étant *le* modèle), nous outrepassons le champ de pertinence de nos comparaisons[1].

---

1   Ce point nous amène à relativiser l'affirmation de P. Sévérac selon laquelle « le modèle de la nature humaine, en tant qu'il est visé comme une fin qui permet de donner sens aux concepts de bien et de mal, relève d'une pensée "imaginaire" ; il s'adresse à l'esprit "en extériorité" en lui donnant à contempler quelque image de l'homme » (*Le devenir actif chez Spinoza*, p. 313). Il nous semble en effet que, en tant que ce modèle dit quelque chose de notre état, et de notre rapport aux choses, il n'est pas plus « en extériorité » à

Nous pouvons tirer de ces réflexions qu'il est un nouveau trait anthropologique rendant concevable pour les hommes la perspective d'un devenir éthique : le fait que nous désirons former une idée générale de la nature humaine à laquelle nous puissions nous référer lorsqu'il s'agit d'agir et de juger nos actions en regard de leur effet sur notre puissance d'agir et de penser. En effet, dans la mesure où nous nous définissons par notre effort pour persévérer dans l'être, nous désirerons former un modèle de la nature humaine qui aille dans le sens d'une persévérance effective dans notre être ; dès lors, ce modèle sera par nature désirable pour nous, puisque c'est nous qui l'avons forgé à la mesure de notre manière d'être affectés par les choses extérieures. Ainsi, la présence de ce modèle que nous nous représentons comme cause finale, le fait que ce modèle soit par nature désirable pour nous, et le fait qu'il soit en réalité cause efficiente de nos actions, sont autant de moyens par lesquels une orientation éthique de nos actions peut prendre forme en nous, sans avoir besoin de passer par le libre choix d'une fin, puis par la ferme résolution de tendre volontairement vers cette fin. Nous pourrions reformuler les choses ainsi : nous sommes naturellement disposés de telle façon que nous forgeons des modèles qui nous déterminent à agir de manière à nous en approcher. Toutefois, ces modèles sont relatifs à la manière dont nous sommes affectés par les choses extérieures, et lorsque nous sommes passivement déterminés selon l'ordre contingent avec lequel ces choses se présentent à nous, nous sommes déterminés de l'extérieur à agir en un sens puis en un autre. Nous *passons* alors constamment d'un état à un autre, sans qu'il soit possible de retracer un devenir cohérent à partir de ces états successifs. S'inscrire dans un certain *devenir* éthique reviendrait alors à acquérir l'aptitude d'enchaîner ses affects selon un ordre qui nous soit propre, afin que le modèle que nous formons de la nature humaine convienne avec notre nature singulière, et que, en tant que cause efficiente de nos actions, il nous détermine ainsi à agir de telle sorte que notre puissance s'en trouve effectivement accrue. Tel est le moyen de donner un certain sens (direction et signification) au devenir.

notre égard que ne l'est le jugement selon lequel nous estimons le soleil bien plus proche de la Terre qu'il ne l'est en réalité. Par contre, nous serions d'accord pour affirmer que ce modèle aboutit à des jugements « en extériorité » quand nous jugeons à partir de lui d'*autres* choses singulières, qui ne sont pas censées tendre vers le modèle que nous nous proposons. Nous renvoyons toutefois à l'ensemble de la section intitulée « Le modèle d'activité » (p. 304-327) pour prendre connaissance des analyses proposées dans leur intégralité.

Tout dépend donc, finalement, du modèle que l'on se donne : tant les jugements qu'on porte sur ses actions et sur celles d'autrui, que l'effet de ces actions sur sa puissance d'agir et de penser. C'est la raison pour laquelle Spinoza précise dans ce passage qu'il entendra désormais par bien « ce que nous savons avec certitude [*certo scimus*] être un moyen d'approcher toujours plus du modèle de la nature humaine que nous nous proposons[1] ». En effet, nous pouvons nous leurrer non seulement sur le modèle que nous forgeons – en reprenant par imitation un modèle extérieur qui ne va pas en réalité dans le sens d'une augmentation de notre puissance d'agir –, mais également sur les moyens mis en œuvre pour nous rapprocher de notre modèle, même si ce dernier est pertinent (mais non connu adéquatement). Telle est la marge entre un trait anthropologique – tout le monde s'efforce de fait de s'approcher du modèle qu'il se propose –, et un devenir éthique – seuls quelques-uns forgeront avec le temps un modèle de la nature humaine qui convienne à leur nature singulière et agiront en étant adéquatement déterminés par ce modèle. Comme nous agissons en fonction de l'*image* que nous nous formons des choses extérieures, l'enjeu consistera à rendre adéquate notre imagination, afin que nous soyons en mesure de former un modèle adéquat désirable *pour nous* – adopter verbalement un modèle ne revient pas à en être affecté de telle sorte que cela détermine en soi des actions allant effectivement dans le sens de ce modèle. Tel est le sens d'*exemplar* : un modèle que l'on puisse avoir en vue et qui suscite en nous – de façon immédiate et non réflexive – le désir de l'imiter (donc, dans le cadre de la pensée spinoziste, un modèle vers lequel nous serons déterminés à tendre)[2].

---

1   La précision *certo scimus* se retrouve dans les définitions que Spinoza donne du bien et du mal à la suite de cette préface : « par bien, j'entendrai ce que nous savons avec certitude nous être utile » et « par mal, ce que nous savons avec certitude empêcher que nous possédions un bien » (*E* IV, déf. 1 et 2, G II, p. 209).

2   Dans son article « *Exemplar, exemplum, regula* » (dans *Spinoza : la potenza del comune*, dir. D. Bostrenghi, V. Raspa, C. Santinelli et S. Visentin), Cristina Santinelli propose une remarquable étude du statut et du rôle joué par l'*exemplar* dans l'éthique spinoziste. Elle relève ainsi qu'il constitue « un passagio niente affatto estrinseco o estemporaneo, ma 'necessario', all'interno della deduzione spinoziana, ben integrato all'intento 'pratico' dell'opera, che vuole indicare una "via" per la realizzazione di sé » (p. 45). Nous partageons ainsi l'idée selon laquelle l'*exemplar* a dans ce cadre le statut d'une « sintesi visibile, immaginabile, evocabile » (p. 54) et que c'est la raison pour laquelle il peut jouer le rôle de « strumenti per promuovere l'emancipazione di sé da ogni modello e da ogni dipendenza » (p. 51).

Nous insistons sur le rôle de l'imagination dans la formation d'un modèle en ce que le verbe *propono* − traduit ici par « proposer » − pourrait nous induire en erreur ; en effet, omettant le fait que les désirs sont déterminés par une cause antérieure, nous pourrions penser qu'il s'agit de se forger sciemment et réflexivement un modèle que nous jugerions convenable en soi. Or, le modèle que nous avons en vue − le premier sens du verbe *propono* est, de façon significative, « présenter », « placer sous les yeux[1] » − n'a pas été librement choisi par nous : il correspond à l'image que nous avons *de fait* de la nature humaine. Ce modèle peut certes évoluer dans le temps, et c'est d'ailleurs ce qui fait qu'une orientation éthique des actions est concevable dans le cadre d'une philosophie qui réfute tout postulat d'un libre arbitre ; mais ce modèle évoluera à mesure que nous acquerrons une aptitude plus grande à être affectés de diverses manières à la fois. C'est d'ailleurs l'inscription de ce modèle dans une série déterminée de causes et d'effets qui permet de comprendre le fait que ne soit pas requise l'adjonction d'une acte de volonté entre la conception de ce modèle et l'action effective : de même que nous sommes déterminés à nous forger un modèle de la nature humaine, de même nous serons déterminés à agir de manière à nous approcher de ce modèle.

Le fait de comprendre que notre modèle de la nature humaine consiste en l'image que nous avons des hommes présente deux conséquences. La première est que l'on comprend mieux, par ce biais, en quoi le jugement de perfection ou d'imperfection d'une action doit être relatif au modèle que l'agent avait en vue au moment où il a agi. En effet, dans la deuxième démonstration [*Aliter*] d'*Éthique* IV, 59, Spinoza affirme qu'« aucune action, considérée en soi seule, n'est bonne ni mauvaise ». La raison de cette ambivalence axiologique des actions est ainsi expliquée dans le scolie suivant cette démonstration :

une seule et même action peut se trouver jointe à n'importe quelles images des choses ; et, par suite, nous pouvons être déterminés à une seule et même

---

1 Les images qui se forment en nous rendent présent pour nous un certain *exemplar*. Le lien entre représenter et rendre présent est encore plus manifeste en italien qu'en français, comme nous pouvons le constater dans cette formulation de F. Mignini : "mediante l'immaginazione la mente ha *il potere di rappresentare, cioè di ripresentare, o di render presente* nella immagine, ciò che è assente, sia nel tempo [par exemple, ce qui n'est pas encore réalisé, dans le cas du modèle], sia nello spazio" (Ars imaginandi. *Apparenza e rappresentazione in Spinoza*, chap. 2, p. 108 ; nous soulignons).

action aussi bien par les images de choses que nous concevons confusément que de celles que nous concevons clairement et distinctement[1].

Dans l'exemple de ce scolie, cela donne trois choses : le fait de serrer le poing et d'abaisser brusquement le bras est neutre en lui-même et s'explique par les seules lois de l'étendue ; si ce geste est joint à un affect de haine et qu'il me sert à frapper la personne que je hais, je suis passivement déterminé à faire ce geste par un affect de tristesse ; et si ce geste est joint à un affect de générosité et que je l'accomplis pour libérer une personne des liens qui la retiennent, je suis activement déterminé à faire ce geste par un affect de joie. Ainsi, une action n'a pas de sens dans l'absolu, elle ne prend sens *pour soi* qu'à partir du moment où elle est jointe à certaines images déterminées.

Dès lors, si nous reprenons ces éléments dans les termes de l'objet qui nous occupe ici, cela nous apporte trois informations. Premièrement, dans la mesure où nous sommes déterminés à agir selon les images que nous avons des choses extérieures, cela vient confirmer l'idée selon laquelle le modèle que nous avons en vue constitue bien la cause efficiente de nos actions ; nous pouvons donc réitérer l'importance du modèle que nous nous donnons quant à l'orientation de nos actions. Deuxièmement, puisqu'une action est neutre tant que nous ne connaissons pas les images auxquelles elle a été associée, cela signifie bien que la perfection ou l'imperfection d'une action est relative au modèle que visait l'individu lorsqu'il a ainsi agi. Il n'y a donc pas de comportements éthiques *dans l'absolu*, indépendamment des circonstances dans lesquelles ils surviennent et de la nature singulière de l'individu dont ils sont les comportements. Enfin, étant donné que nous pouvons être déterminés par les images de choses que nous concevons confusément ou distinctement, cela nous permet de mettre en lumière l'enjeu éthique qu'il y a à se forger un modèle de la nature humaine qui soit adéquat. En effet, nous serons passivement déterminés à agir selon ce que nous imaginons aller dans le sens d'une augmentation de notre puissance d'agir si le modèle que nous avons de la nature humaine a été déterminé de l'extérieur par notre rencontre fortuite avec d'autres hommes ; tandis que nous serons activement déterminés à agir selon ce que nous savons avec certitude aller dans le sens d'une augmentation effective de notre puissance d'agir

---

1   *E* IV, prop. 59, Autrement et scolie, G II, p. 255.

si ce modèle a été déterminé de l'intérieur et conformément à notre nature individuelle.

Cela nous amène alors à la deuxième conséquence de la conception du modèle comme image qui se forme en nous de l'homme en général : cette image dépend de l'expérience qui a été jusqu'ici la nôtre ; et une telle expérience peut se diversifier, s'affiner, devenir plus distincte avec le temps. Nous nous appuyons, pour concevoir ce point, sur le scolie d'*Éthique* II, 18, dans lequel nous trouvons le passage suivant :

> un soldat par ex., voyant dans le sable des traces de cheval, tombera aussitôt de la pensée du cheval dans la pensée du cavalier, et de là dans la pensée de la guerre, etc. Tandis qu'un paysan tombera, de la pensée du cheval, dans la pensée de la charrue, du champ, etc., et ainsi chacun, de la manière qu'il a accoutumée de joindre et d'enchaîner les images des choses, tombera d'une pensée dans telle ou telle autre[1].

Il y a d'une part les images qui se forment en nous en raison de l'histoire factuelle qui a de fait été la nôtre jusqu'ici (un soldat pensera à la guerre, un paysan au labour). Mais d'autre part, l'emploi du verbe *consuesco* [s'accoutumer] à la forme active laisse penser que l'on peut se donner progressivement de nouvelles habitudes affectives, et ainsi faire qu'un autre modèle se forge en nous. Par ailleurs, le fait que le terme « images » soit employé au pluriel dans ce passage et qu'il soit plus question de l'enchaînement des images que de chacune d'entre elles prise isolément peut nous amener à redéfinir le modèle que nous forgeons alors activement comme complexe d'images enchaînées entre elles selon un certain ordre. Ce serait là ce qui viendrait différencier l'image polarisée et restreinte qui se forme en nous de l'extérieur à partir de notre expérience vague, du complexe d'images diversifiées et ordonnées qui est déterminé en nous de l'intérieur. C'est ce dernier sens du modèle qui lui conférerait, à partir d'un trait anthropologique commun (le fait de se forger des images des choses que l'on érige au rang de modèle), un enjeu éthique (le fait qu'être déterminé à agir par ce modèle fasse que l'on agit adéquatement, en vue d'une augmentation effective de notre puissance d'agir).

Nous retrouvons alors ici une dimension déjà présente dans l'utilisation du verbe *propono*, et qui se révèlera fondamentale tant dans la conception de l'*exemplar* par Spinoza que dans la mise en place du juste rôle que

---

1   *E* II, prop. 18, scolie, G II, p. 107.

peut occuper l'imagination dans le devenir éthique : la dimension active, en constant mouvement. Ce point n'est pas surprenant, dans le cadre d'une philosophie qui conçoit l'essence actuelle des choses singulières comme *effort*, ces choses singulières elles-mêmes comme étant en perpétuelle *variation* et les affects comme consistant en des *passages*. Mais dans la mesure où ces passages, cet effort et ces variations peuvent être *passivement* déterminés de l'extérieur, il n'est pas inutile de s'arrêter un instant sur la manière dont on peut être *activement* déterminé de l'intérieur par un modèle bien conçu, avant de se demander comment l'imagination elle-même peut consister en une puissance et peut nous aider à *bien concevoir* un modèle de la nature humaine. Revenons donc au passage que nous étudions :

> étant donné que nous désirons former une idée de l'homme à titre de modèle de la nature humaine que nous puissions avoir en vue[1], il nous sera utile de conserver ces mêmes vocables dans le sens que j'ai dit. Et donc, par bien, j'entendrai dans la suite ce que nous savons avec certitude être un moyen d'approcher toujours plus du modèle de la nature humaine que nous nous proposons. Et par mal, ce que nous savons avec certitude être un obstacle à ce que nous reproduisions le même modèle[2].

Le premier élément que nous pouvons tirer de ce passage consiste donc en ce que le modèle que nous forgeons de la nature humaine a *de lui-même* des effets sur nos actions. Ainsi, lorsque Spinoza mentionne que nous avons en vue [*intueamur*] ou que nous nous proposons [*nobis proponimus*] ce modèle, il ne s'agit pas seulement de préciser que ce n'est pas intentionnellement ni librement que nous le forgeons. Il faut aussi avoir à l'esprit que, selon Spinoza, les idées ne sont pas « comme des peintures muettes sur un tableau », mais que « l'idée, en tant qu'elle est idée enveloppe affirmation ou négation[3] ». Avoir en vue ou se proposer

---

1 Ch. Jaquet tire de cette affirmation l'impossibilité d'un amoralisme radical dans le cadre de la philosophie spinoziste, et donc l'inexactitude du jugement selon lequel Spinoza serait le promoteur d'une éthique par-delà le bien et le mal : « sous l'effet conjugué de l'ignorance et du désir, les jugements de valeur remplacent la connaissance [...]. En définitive, les hommes sont déterminés à échafauder une axiologie de sorte qu'il leur est tout aussi impossible d'en faire l'économie que de cesser d'être une partie de la nature et d'avoir de l'appétit » (*Les expressions de la puissance d'agir chez Spinoza*, « La positivité des notions de bien et de mal », p. 82).
2 *E* IV, préface, G II, p. 208.
3 *E* II, prop. 49, scolie, G II, p. 132.

ne consiste donc pas simplement en une contemplation purement intellectuelle d'une idée abstraite. Dès lors, un modèle ne consiste pas en une image inerte, figée et sans effet : le modèle de la nature humaine consiste en réalité en un appétit, et cet appétit est toujours déjà effort vers, action effective tant qu'une chose extérieure ne vient pas y faire obstacle. Ainsi, il nous semble que le modèle que nous forgeons des choses peut être compris comme une mise en mouvement vers tout ce qui semble aller dans le sens de ce modèle ; il doit donc être considéré comme dynamique, et c'est ce dynamisme essentiel qui nous permet de concevoir l'éthique comme *devenir*, lorsque nous parvenons à rendre ce modèle adéquatement conçu afin que les actions auxquelles il nous détermine aillent effectivement dans le sens de notre nature singulière[1].

Si nous parlons du modèle comme mise en mouvement, cela signifie par ailleurs qu'il ne peut être conçu ni comme un idéal inatteignable coupé de notre situation actuelle – et donc sans effet sur ce que nous sommes et ce que nous deviendrons –, ni comme un état qu'il s'agirait d'atteindre et dans lequel nous pourrions venir un jour nous arrêter. Tout d'abord, nous ne sommes pas en attente de quoi que ce soit, en latence d'un état qui ne serait pas encore le nôtre : nous sommes tout ce que nous pouvons être au moment où nous le sommes, et nous sommes tout autant des êtres humains lorsque nous sommes traversés de passions que lorsque nous vivons sous la conduite de la raison. Mais de plus, s'arrêter en un état serait cesser de faire effort pour augmenter sa puissance d'agir, et cesser de faire effort, c'est être détruit en tant qu'individu. Ainsi, lorsque Spinoza parle de faire effort pour persévérer dans son *être*, il ne faut pas entendre persévérer dans son *état* : il passe d'ailleurs, dans la troisième partie de l'*Éthique*, de « s'efforcer de persévérer dans son être » (proposition 7) à « s'efforcer d'imaginer ce qui augmente ou aide la puissance d'agir » (proposition 12). Persévérer dans son être consiste bien plutôt à ne cesser de passer d'un état à un autre, en s'efforçant de faire que ces passages consistent en une augmentation de la puissance d'agir du corps et de la puissance de penser de l'esprit.

---

1 La conception dynamique de la nature humaine, de la recréation d'aptitudes ou encore du modèle que l'on se propose permettrait ainsi de trouver une voie entre le finalisme qui amène à penser l'état précédent à partir de ce qui lui manquerait, et le mécanisme qui ne permet pas, nous semble-t-il, de penser le passage à un *autre* état.

C'est la raison pour laquelle Spinoza ne parle pas, dans la préface d'*Éthique* IV, de qualifier de bien ce qui nous permet d'*atteindre* le modèle que nous nous proposons, mais de qualifier de bien ce qui nous permet de nous en approcher *toujours plus*. Ce n'est pas là une façon de modérer son ambition, au sens où nous nous saurions incapables d'atteindre un certain idéal, et où nous nous serions résignés, à défaut, à seulement nous en approcher. La philosophie spinoziste est une philosophie de l'indéfini et non de la finitude, et l'on peut donc comprendre bien plutôt cette affirmation comme une invitation à toujours poursuivre le mouvement, à ne cesser de varier au sens où nous ne portons pas en nous-mêmes la limite maximale à laquelle pourrait atteindre notre puissance d'agir et de penser. La puissance est ainsi à entendre en un sens intensif et non extensif : il ne s'agit pas tant d'augmenter de façon quantifiée son pouvoir sur, que de diversifier, d'intensifier et de réordonner ses aptitudes de. C'est d'ailleurs la raison pour laquelle Spinoza peut, dans la suite immédiate de cette préface, distinguer l'augmentation de la puissance d'agir d'un changement de nature : « quand je dis que quelqu'un passe d'une moindre perfection à une plus grande, et le contraire, je n'entends pas qu'il échange son essence ou forme contre une autre ». L'augmentation ou la diminution de la puissance d'agir se fait au sein d'une nature-cadre, et de même, un homme ne serait pas moins détruit s'il se faisait Dieu que s'il se faisait bête.

Nous pouvons à partir de là comprendre la fin de ce passage : il n'y a pas plus de mal en soi, de chose qui serait par nature mauvaise en toutes circonstances et pour tous. Par contre, *je* considèrerai comme un mal toute chose qui fait obstacle à ce mouvement. Cela peut se faire de deux manières : soit une chose extérieure fait obstacle à l'action à laquelle me détermine le modèle qui est le mien, au sens où elle entrave ce à quoi me fait tendre de façon toute nécessaire mon désir ; soit c'est la conception du modèle elle-même qui se trouve entravée, par exemple par une image de moi-même qui me représente comme incapable de tendre vers ce type de modèle. Nous retrouvons dès lors ce à quoi nous aboutissions précédemment : pour qu'une action soit effectivement accomplie, il faut à la fois qu'il y ait désir de l'agent et circonstances qui s'y prêtent (que l'occasion se présente) ; et nous disposons désormais d'un élément supplémentaire : ce qui vient susciter l'action, ce qui nous met en mouvement dans un certain sens, c'est le modèle de la nature humaine que nous nous forgeons et vers lequel nous désirons spontanément tendre. Le devenir éthique peut ainsi être conçu comme un mouvement singulier vers une plus grande convenance avec notre nature propre, mouvement initié par le modèle de la nature humaine que nous nous proposons de manière toute déterminée. Pour que ce modèle se révèle effectif, il ne doit pas simplement consister en une idée abstraite et toute théorique – peut-être est-ce là l'une des erreurs des morales de type volontariste, d'imaginer que l'on puisse par une ferme résolution tendre vers un modèle qui n'est pas désirable pour soi. Il faut qu'il corresponde à la manière dont nous sommes affectés par les choses extérieures, autrement dit à l'image que nous sommes déterminés à en avoir. D'où la nécessité de s'interroger sur le fonctionnement et les effets de l'imagination, de puissance neutre à perfection.

DE LA PUISSANCE DE L'IMAGINATION ET DU RÔLE (POSSIBLEMENT ÉTHIQUE) JOUÉ PAR LES IMAGES DES CHOSES

Spinoza appréhende l'imagination comme une puissance : c'est toujours déjà lui reconnaître une force, mais c'est aussi admettre que cette force ne peut être vaincue par un élément qui ne se présenterait pas sur le même plan. Nous pourrons nous appuyer sur l'imagination afin de susciter en nous un certain mouvement, et même un mouvement ayant une certaine direction[1], mais nous ne pourrons pas faire abstraction de cette puissance, la vaincre par le biais d'une idée abstraite ou d'une démonstration de bonne volonté. Commençons par reprendre les effets de l'imagination tels que les relève Spinoza dans l'*Éthique*. Nous lisons à ce sujet dans le scolie 1 d'*Éthique* II, 18 que « en tant que nous imaginons [une chose passée ou future], nous affirmons son existence », et que cela revient à dire que « le corps est affecté par l'image de cette chose de la même manière que si la chose elle-même était en sa présence[2] ».

---

1   L. Vinciguerra met à juste titre étroitement en lien le désir et l'imagination, qu'il définit comme la puissance de mise en chaîne d'images qui ne sont à terme que le reflet d'une action, d'un mode ou d'une pratique de vie. Voir à ce sujet la section intitulée « Quand croire c'est faire », dans le chapitre xv.

2   *E* III, prop. 18, scolie 1, G II, p. 154.

Nous avons beaucoup insisté sur le fait que nous sommes déterminés à agir selon la manière dont nous sommes affectés par les choses extérieures. Ce passage apporte un élément nouveau dans notre réflexion : ainsi, nous ne sommes pas seulement affectés par les choses extérieures effectivement en notre présence (auquel cas nous sommes affectés selon l'ordre commun de la nature), mais également par les choses que nous imaginons et dont nous affirmons par ce biais la présence. Nous pouvons donc penser que, si nous pouvons d'une manière ou d'une autre rendre *active* notre imagination (revêtir ce trait anthropologique d'un enjeu éthique), nous serons susceptibles d'agir sur la manière dont nous sommes affectés. C'est en ce premier sens que nous parlons de l'imagination comme d'une puissance : au sens où elle a le pouvoir de *nous* rendre présentes des choses qui ne le sont pas au moment où nous les imaginons – et dans la perspective d'un devenir éthique, c'est le fait qu'elles soient présentes *pour nous* qui importe, dans la mesure où c'est de *notre* manière d'être affectés qu'il est question, et d'une conformité de cette manière avec *notre* nature qu'il s'agit.

La deuxième partie de ce passage est non moins importante. En effet, si nous étions *différemment* affectés par une chose qui est effectivement en notre présence et par cette même chose que nous imaginons par la suite, nous ne pourrions considérer le rôle de l'imagination que comme palliatif : il s'agirait toujours de favoriser la présence effective de la chose afin que notre désir d'agir en un certain sens soit plus sûrement et plus adéquatement déterminé. Mais tel ne semble pas être le cas, puisque Spinoza affirme que le corps est affecté de la même manière [*eodem modo*] par la présence effective d'une chose et par son image. Nous pouvons d'un côté considérer que cela nous rend moins dépendants de la rencontre fortuite avec les autres choses de la nature ; peut-être cette disjonction entre affect et présence effective de la chose qui nous affecte est elle-même requise pour que nous puissions enchaîner les affects selon un ordre qui nous soit propre (de l'intérieur), et non seulement selon l'ordre commun de la nature (de l'extérieur). Toutefois, inversement, nous pouvons également considérer d'un autre côté que cela peut constituer un frein à un passage orienté vers un autre état : tant que nous imaginerons fortement une chose extérieure, nous serons affectés comme si elle était en notre présence, quelles que soient au même moment les choses effectivement en notre présence. C'est par exemple le cas lors de polarisations affectives, lorsque nous saisissons en chaque circonstance une « occasion » de conforter notre polarisation, sans être à même de cerner la situation présente dans sa singularité et de voir d'autres occasions qui nous seraient données d'agir en un sens différent.

Ce point semble confirmé par le scolie d'*Éthique* IV, 1, dans lequel Spinoza affirme que « ce n'est pas en présence du vrai, en tant que vrai, que les imaginations s'évanouissent, mais parce qu'il s'en présente d'autres plus fortes qui excluent l'existence présente des choses que nous imaginons[1] ». Dans ce scolie, Spinoza prend l'exemple du soleil, que nous imaginons bien plus proche que sa distance réelle, et que nous continuons d'imaginer ainsi lorsque nous prenons connaissance de la distance réelle séparant la Terre du soleil. La raison en est précisément, selon Spinoza, que nous n'imaginons pas le soleil proche « parce que nous ignorons sa vraie distance, mais parce que l'esprit conçoit la grandeur du soleil en tant que celui-ci affecte le corps[2] ». Si nous poursuivons ce raisonnement, cela signifie qu'il n'est pas en notre pouvoir d'imaginer une chose autrement que nous en sommes affectés. Ainsi, nous ne serons pas déterminés à agir dans le sens de l'idéal que l'on nous présente de manière abstraite et qui n'est pas désirable pour nous ; et nous ne pourrons manquer d'agir dans le sens du modèle qui est de fait le nôtre, et qui consiste en la manière dont nous sommes effectivement affectés. Cela rend vaine toute tentative moralisante de faire que les actions des hommes soient autrement orientées *dans l'instant*, et cela met en lumière l'enjeu éthique qu'il y a à affiner, diversifier et réordonner la manière dont nous sommes affectés.

Nous pouvons enfin noter que, dans ce même scolie, deux éléments nous apportent des précisions sur la manière dont nous pouvons être *autrement* affectés, et donc sur la manière dont nous pouvons indirectement agir sur nos imaginations, puis sur nos actions. Tout d'abord, Spinoza parle de renverser des imaginations présentes par d'autres *plus fortes*. Dès lors, c'est au cœur même de l'imagination qu'il s'agit d'intervenir : non pas tenter de lutter *contre* nos imaginations par le vrai en tant que vrai, mais faire émerger d'*autres* imaginations qui prennent alors la place des précédentes en raison d'un rapport de puissance favorable. Nous retrouvons ici plusieurs grandes idées spinozistes : passer d'un état à un autre par affirmation de puissance et non lutte contre, ne pas dénigrer une part de

---

1   *E* IV, prop. 1, scolie, G II, p. 212.
2   *Ibid.*

ce que nous sommes en tant qu'hommes (qu'il s'agisse des affects ou de l'imagination), tenter d'agir sur l'état dans lequel nous sommes en nous proposant des éléments qui nous conviennent plus. Ce dernier point est ainsi manifeste dans le début de ce même scolie d'*Éthique* IV, 1 : lorsque Spinoza affirme qu'une imagination « est une idée qui indique plutôt l'état présent du corps humain que la nature du corps extérieur[1] », nous pouvons certes en conclure que cette imagination nous représente de façon biaisée la chose extérieure. Mais nous pouvons aussi en retirer l'idée que cette imagination nous dit quelque chose de l'état de notre corps, et que nous pourrions y trouver le signe de ce qui convient ou non avec notre nature. Dès lors, en étant autrement affectés en amont, nous aurons d'autres imaginations ; et seules ces autres imaginations seront à même de remplacer les précédentes, d'être ainsi à l'origine d'un autre désir. Tel est le rôle fondamental joué par nos imaginations dans l'orientation de nos actions à venir, que ces imaginations soient dans un premier temps conformes ou non à notre nature singulière.

En effet, et c'est là son ambiguïté (à l'image de tous les traits anthropologiques d'ailleurs), l'imagination peut être source de confusion, en ce qu'elle ne nous renseigne pas adéquatement sur la nature de la chose extérieure que l'on imagine, et en ce que l'on peut ainsi se méprendre sur ce que nous pensons être bon ou mauvais pour nous. Or, dans la mesure où les imaginations ne peuvent s'évanouir par la seule présence du vrai en tant que vrai, cela signifie en outre que la confusion à laquelle elles peuvent donner lieu peut se révéler particulièrement tenace. Autant la force de l'imagination peut constituer un auxiliaire précieux dans le cadre d'un devenir éthique (dans la mesure toutefois où elle aura été rendue adéquate, et donc où elle consistera en une puissance activement déterminée), autant cette même force de l'imagination peut inversement nous attacher fermement à une manière précise d'être affectés au détriment d'autres manières peut-être plus adéquates pour nous ou bien plus adaptées aux circonstances présentes. C'est là le double enjeu d'une force neutre en elle-même, et qui peut se révéler bonne ou mauvaise *pour nous* selon la manière dont elle est déterminée.

C'est ce qui ressort du scolie d'*Éthique* III, 51, dans lequel Spinoza affirme que l'homme peut être cause tant de sa tristesse que de sa joie,

---

1   *Ibid.*

« tant parce que l'homme juge souvent des choses par le seul affect, que parce que les choses qu'il croit faire pour la joie ou bien pour la tristesse, et que pour cette raison il s'efforce de promouvoir pour qu'elles se fassent, ou bien d'éloigner, ne sont souvent qu'imaginaires[1] ». Nous avons déjà évoqué à diverses reprises la première cause relevée par Spinoza : les hommes jugent des choses extérieures selon la manière dont ils en sont affectés ; et comme nous sommes affectés par les choses autant par l'état [*constitutio*] qui est alors le nôtre que par leur nature [*natura*] effective, les jugements que nos portons sur elles diffèrent à mesure que notre état varie dans le temps. Cela explique l'inconstance de nos jugements sur les choses, et donc la variabilité des actions auxquelles nous sommes déterminés par le biais de ces imaginations.

Mais la deuxième cause relevée par Spinoza apporte un élément nouveau : le rôle de l'imagination en regard de ce qui est mis en œuvre pour prolonger la présence ou éloigner les choses susceptibles d'avoir un effet sur notre puissance d'agir et de penser. Cette fois-ci, le propos de Spinoza porte un jugement sur le statut de ces choses en affirmant qu'elles sont *imaginaires*, autrement dit que l'effet que nous leur attribuons (imaginairement, donc) sur notre puissance d'agir est en fait nul. Dès lors, non seulement notre puissance d'agir ne se trouve pas accrue en réalité, mais cette dernière peut même se trouver diminuée (en ce que nous n'agissons pas adéquatement de manière à lever ce qui fait obstacle à notre puissance d'agir). Il n'y a donc pas d'effet néfaste *direct* de l'imagination sur notre puissance, en ce qu'elle est et reste neutre en elle-même ; mais si nous prenons ces imaginations pour une représentation fidèle et nous fondons sur elles pour agir en un sens ou en un autre, cela peut avoir pour effet *indirect* de nous faire agir à l'encontre de ce qui serait bon pour nous.

C'est là ce qui ressort du corollaire d'*Éthique* II, 26, selon lequel « l'esprit humain, en tant qu'il imagine un corps extérieur, n'en a pas la connaissance adéquate[2] ». Nous trouvons l'explication de cette

---

1   *E* III, prop. 51, scolie, G II, p. 179. Daniela Bostrenghi relève, dans son ouvrage *Forme e virtù della immaginazione in Spinoza* (Naples, Bibliopolis), que l'usage de cet adjectif *imaginarius* est rare sous la plume de Spinoza, en regard de celui des termes *imago*, *imaginatio* et *imaginari*. D. Bostrenghi note alors que cet adjectif indique "una privazione di realita (immaginario = ciò che non è reale)", là où les autres termes font référence à une "funzione costitutiva e strutturante" de l'imagination (p. 107, note 1), ayant donc des effets bien réels sur nos jugements comme sur nos actions.

2   *E* II, prop. 26, cor., G II, p. 112.

affirmation dans la démonstration suivant ce corollaire : l'esprit n'a pas d'autre façon d'imaginer les corps extérieurs comme existant en acte que lorsqu'il « contemple les corps extérieurs à travers les idées des affections de son propre corps[1] ». Les imaginations ne représentent donc pas ces choses extérieures *telles qu'elles sont effectivement*. L'on pourrait dès lors penser que cette affirmation vient infirmer ce que nous avions précédemment avancé, à savoir que l'imagination pourrait jouer un rôle dans le devenir éthique. En effet, le raisonnement pourrait être le suivant : en tant qu'elles nous donnent une connaissance inadéquate des choses extérieures, nos imaginations ne nous permettent pas de *savoir avec certitude* lesquelles de ces choses sont bonnes ou mauvaises pour nous. Dans ce cas, elles ne pourraient consister qu'en des obstacles tant à la connaissance adéquate des choses qu'à la détermination d'actions pertinentes pour persévérer dans notre être, et il conviendrait de s'en défaire pour ne s'en remettre qu'à la raison.

Toutefois, ce serait omettre deux éléments. Le premier est qu'il n'est pas plus en notre pouvoir de ne pas imaginer ces choses, qu'il n'est en notre pouvoir de les imaginer autrement que nous en sommes de fait affectés. Ainsi, et dans le même mouvement, le devenir éthique ne consistera pas plus à faire en sorte de ne plus imaginer, qu'il ne consiste à faire en sorte de ne plus être affectés. Par contre, il s'agira d'accroître la diversité des manières avec lesquelles nous sommes affectés par les choses extérieures, afin de découvrir progressivement notre nature propre, et afin d'être à même d'être affectés *adéquatement* par les choses extérieures, et non plus seulement de projeter sur elles notre polarisation affective. Comme nos imaginations dépendent pour partie de la nature de la chose extérieure (que nous nous représenterons plus adéquatement) et pour partie de la manière dont nous en sommes affectés (et cette aptitude aura été accrue en amont), ces imaginations pourront devenir plus adéquates et nous déterminer ainsi à agir plus adéquatement en vue d'un accroissement effectif de notre puissance d'agir et de penser.

C'est précisément là le deuxième élément qu'il ne faut pas omettre : être affecté par les choses extérieures consiste en une aptitude, et cette aptitude peut être alimentée, accrue, diversifiée ; on peut en outre lui adjoindre l'aptitude à réordonner ses affections selon un ordre pour

1   *Ibid.*, dém., G II, p. 112.

l'entendement. Ainsi, la proposition 26 affirme certes que « l'esprit humain ne perçoit aucun corps extérieur comme existant en acte, si ce n'est à travers les idées des affections de son propre corps[1] » – ce qui réaffirme d'ailleurs la nécessité de l'imagination pour se représenter les choses comme présentes, et ainsi pour désirer s'en approcher ou s'en éloigner en vue de persévérer dans notre être[2]. L'on pourrait interpréter cette affirmation comme une limite, dans la mesure où il n'y a dès lors pas d'images des autres corps indépendamment de la manière dont ils affectent ce corps-ci. Toutefois, si nous gardons à l'esprit que nous ne serons pas nécessairement *toujours* affectés par les corps extérieurs *comme* nous le sommes présentement, cela signifie que la manière dont nous nous représentons les choses extérieures peut être rendue plus adéquate à mesure que nous accroissons notre aptitude à être affectés de diverses manières à la fois. Ainsi, nos imaginations donnent peut-être lieu, dans un premier temps, à une connaissance inadéquate des choses, mais elles *peuvent* également, avec le temps, donner lieu à un modèle bien conçu et nous déterminer adéquatement à nous approcher ou à nous éloigner de ce que nous savons être bon ou mauvais pour nous. L'imagination, neutre en elle-même, peut donc soit nous induire en erreur lorsque nous confondons la manière dont nous nous représentons spontanément une chose avec sa nature effective, soit revêtir un enjeu éthique quand elle se trouve *autrement* déterminée par des aptitudes accrues en amont.

Il faut en ce point revenir sur le fait que la *manière* dont nous imaginons les choses extérieures est pour partie liée à l'état de notre corps, et sur le fait que les états de notre corps sont variables dans le temps (en ce que nous pouvons accroître ou perdre l'aptitude à être affectés de diverses manières à la fois). Le premier point est rappelé de façon concise dans la démonstration d'*Éthique* V, 34 : une imagination « indique plutôt l'état du corps humain que la nature de la chose extérieure » ; et un affect consiste donc en « une imagination, en tant qu'il indique l'état

---

1   *E* II, prop. 26, G II, p. 112.
2   F. Mignini a ainsi relevé, en une formule concise, les relations étroites entre l'imagination, les affections, le désir et l'action : "poiché l'essenza dell'uomo non può essere concepita come determinata ad agire, se non muovendo da un'affezione data, e l'organo della rappresentazione delle affezioni è anzitutto l'immaginazione, questa intrattiene con la *Cupiditas* un rapporto essenziale e prioritario" (Ars imaginandi. *Apparenza e rappresentazione in Spinoza*, p. 152).

présent du corps[1] ». Cette démonstration n'apporte à proprement parler rien de nouveau, si ce n'est qu'elle met directement et explicitement en lien l'état de notre corps et les imaginations qui se forment en notre esprit. Toutefois, l'ajout de l'adjectif « présent » rappelle que les états du corps sont variables ; cela signifie que la manière dont je me représente les choses extérieures sera elle-même variable dans le temps. Ces imaginations ne diffèrent donc pas seulement d'un individu à l'autre, elles diffèrent également pour un seul et même individu à divers moments de son existence. C'est sur cette base que nous pouvons affirmer que l'imagination, neutre en elle-même, et susceptible de donner lieu à une connaissance inadéquate lorsque nous confondons nos imaginations avec une représentation de la nature réelle des choses extérieures, peut inversement devenir un auxiliaire du devenir éthique, dans la mesure où l'état présent de notre corps la déterminant serait devenu plus conforme avec notre nature singulière.

Il ne faut pas oublier en effet que Spinoza entend par *affects* « les affections du corps, qui augmentent ou diminuent, aident ou contrarient, la puissance d'agir du corps, et en même temps les idées de ces affections ». Or, « nous pouvons être cause adéquate d'une de ces affections[2] », auquel cas il faut entendre par affect une action. Enfin, nous sommes dits cause adéquate lorsque nos actions peuvent se comprendre par les seules lois de notre nature. Si nous mettons ensemble tous ces éléments, cela donne l'idée selon laquelle l'un de mes affects est une action lorsque l'affection dont il est l'idée est déterminée selon les seules lois de ma nature. Il nous semble dès lors que nous pouvons, à partir de là, considérer que nos imaginations peuvent être adéquatement (de l'intérieur) déterminées, en raison même de leur lien essentiel avec la manière dont nous sommes affectés. Pour reprendre ce qui précède, considérer que les images que nous forgeons des choses (et donc, parmi elles, le modèle de la nature humaine que nous nous proposons) peuvent être adéquatement déterminées, revient à considérer que nous pouvons être en mesure d'orienter de même adéquatement nos actions, de manière à ce que le modèle de la nature humaine que nous nous proposons soit bien conçu. Telle est la perspective dans laquelle nous pouvons donner une dimension éthique à une aptitude anthropologique qui est axiologiquement neutre en elle-même.

---

1   *E* V, prop. 34, dém., G II, p. 301.
2   *E* III, déf. 3, G II, p. 139.

C'est dans ce cadre – de la variabilité des imaginations d'un seul et même individu dans le temps – que prend sens le fait de parler d'habitudes ima-ginatives, ou de manières habituelles d'imaginer les choses. De même qu'il est requis de se donner de nouvelles habitudes affectives en amont afin de modifier en aval l'orientation de nos actions, pouvoir se donner de nouvelles habitudes imaginatives reviendrait à être à même d'agir indirectement sur notre modèle de la nature humaine ; et cela nous permettrait effectivement d'orienter (indirectement, toujours) nos actions dans le sens d'un devenir éthique. C'est dans le petit texte suivant la définition 6 d'*Éthique* IV que nous trouvons le fait d'imaginer associé au verbe *soleo* [avoir coutume de, être habitué à]. Établissant un parallèle avec la distance nous séparant des objets que nous imaginons également, Spinoza écrit ainsi que

> de même que tous les objets qui sont à plus de deux cents pieds de nous, autrement dit dont la distance par rapport au lieu où nous sommes dépasse celle que nous imaginons distinctement, nous les imaginons habituellement [*imaginari solemus*] à égale distance de nous, et comme s'ils étaient sur un même plan, de même également les objets dont nous imaginons que le temps d'exister est éloigné du présent d'un intervalle plus long que ce que nous imaginons habituellement distinctement [*imaginari solemus*], nous les imaginons tous à égale distance du présent, et les rapportons pour ainsi dire à un même moment du temps[1].

Nous pourrions considérer que le fait de rapprocher de nous les objets imaginés qui sont en réalité trop éloignés de nous est une nouvelle source d'inadéquation de nos imaginations : à l'image du soleil que nous imaginons bien plus près qu'il n'est en réalité, nous pouvons de même imaginer une chose future comme si elle était susceptible de se produire demain alors qu'elle ne peut être envisagée avant un temps beaucoup plus long. Toutefois, nous pouvons trouver un intérêt à ce rapprochement temporel des objets que nous imaginons lorsqu'il s'agit de modèles que nous nous proposons. En effet, nous pouvons penser qu'un modèle ne serait pas à même de nous déterminer à agir en un certain sens si sa réalisation nous semblait trop éloignée dans le temps, voire s'il nous semblait inatteignable[2]. Dès lors, le fait d'être *ainsi disposés* que nous

---

1 *E* IV, déf. 6, G II, p. 210.
2 Nous retrouvons ici l'idée selon laquelle « un homme peut faire de soi moins d'état qu'il n'est juste s'il nie de soi, dans le présent, quelque chose en rapport avec le temps futur, dont il est incertain ». Or, c'est problématique dans la perspective d'un devenir éthique,

imaginons bien plus proches de nous des objets qui sont en réalité trop éloignés pour véritablement nous affecter (trait anthropologique), peut présenter comme intérêt éthique de nous déterminer à *toujours plus nous approcher* d'un modèle que nous considérerions peut-être comme inatteignable, si nous connaissions plus adéquatement la temporalité de sa réalisation. C'est donc en termes de mise en mouvement et d'affectibilité que cette tendance à rapprocher les objets éloignés que nous imaginons présente un intérêt dans le cadre d'un devenir éthique.

Or, nous pouvons de plus proposer une double lecture du verbe *soleo* (être habitué à), à l'instar de la double lecture que nous avions proposée du qualificatif « naturel ». Ainsi, d'un côté, nous sommes *par nature* habitués à imaginer plus proches de nous des objets qui sont en réalité bien plus éloignés ; c'est là un trait anthropologique commun. Mais d'un autre côté, puisque l'habitude semble avoir prise sur nos imaginations, nous pouvons *aussi* envisager de nous donner de nouvelles habitudes (en diversifiant notre expérience, en faisant en sorte de moins dépendre dans nos imaginations de l'ordre avec lequel les choses extérieures se présentent à nous, etc.), de manière à être progressivement déterminés à *naturellement* forger d'autres imaginations, qui constitueront alors des modèles différents, plus adéquats à notre nature singulière. Ce serait alors par le biais de cette *habituation* à imaginer les choses en un sens ou en un autre, que nous pourrions agir indirectement sur l'orientation de nos actions.

Dès lors, il devient possible d'envisager un usage éthique des images des choses. En effet, il est requis que nous nous proposions une idée générale de l'homme qui puisse nous servir de modèle vers lequel tendre, afin d'envisager un *devenir* éthique ; or, tendre vers un modèle signifie être déterminés par ce dernier à agir en un certain sens, en ce que ce modèle aura été *désirable* pour nous. Et pour qu'il soit désirable pour nous, il faut qu'il affecte intensément notre imagination, qu'il ne consiste pas en une simple affirmation verbale. Cette idée d'une affection de l'imagination est évoquée par Spinoza dans le scolie d'*Éthique* V, 10 :

> le mieux que nous pouvons faire, aussi longtemps que nous n'avons pas une connaissance parfaite de nos affects, c'est de concevoir une règle de vie correcte,

---

dans la mesure où « tout ce que l'homme imagine ne pas pouvoir faire, il l'imagine nécessairement, et cette imagination le dispose de telle sorte qu'il ne peut pas faire, en vérité, ce qu'il imagine ne pas pouvoir faire » (*E* III, Définitions des affects, déf. 28, explication, G II, p. 198).

autrement dit des principes de vie précis, de les graver dans notre mémoire, et de les appliquer sans cesse aux choses particulières qui se rencontrent couramment dans la vie, afin qu'ainsi notre imagination s'en trouve largement affectée, et que nous les ayons toujours sous la main[1].

Ce qui est sous-jacent dans ce passage, c'est donc l'idée selon laquelle il est en notre pouvoir de faire que notre imagination soit *autrement* affectée, de manière à ce que nous soyons de même déterminés par la suite à *autrement* agir. Ainsi, graver des principes de vie en sa mémoire et les appliquer sans cesse aux choses particulières de la vie revient à se donner dans la pratique même de nouvelles habitudes ; et faire en sorte que l'imagination soit affectée par ces nouvelles habitudes revient à leur donner progressivement le statut de modèle, vers lequel nous serons par la suite déterminés à tendre sans même y penser. En conclusion, on ne changera ses habitudes que dans la pratique, et non par une ferme résolution ou avec à l'esprit un modèle tout théorique ; c'est là la différence que nous avions établie entre une « éthique de vie », qui se dessine à même une existence individuelle, et une « morale théorique réinscrite dans la vie ». Par ailleurs, notre imagination peut progressivement être *autrement* affectée, et c'est dans le passage d'une manière d'être affectée à une autre, passage orienté dans le sens d'une plus grande conformité avec notre nature, que peut prendre forme un certain devenir éthique.

En effet, nous pouvons donner un double sens à la « règle de vie » évoquée par Spinoza dans ce scolie. D'un côté, il peut s'agir des principes de vie communément admis dans la société dans laquelle on vit, ou encore des principes de vie qui nous sont conseillés par un maître ou un guide. Si l'on parvient à suivre ces principes en s'y habituant au point de les faire siens (ce qui est déjà être activement déterminé), c'est déjà là le moyen d'œuvrer à son salut selon Spinoza[2]. Mais cela reste encore une règle de vie générale, qui peut certes nous être utile, mais qui n'a pas encore la convenance singulière d'une conformité à notre nature individuelle. Nous pourrions ainsi envisager de progressivement concevoir notre propre règle de vie, découverte au fil des états par

---

1   *E* V, prop. 10, scolie, G II, p. 287.
2   Selon le paragraphe 10 du chapitre XV du *TTP*, la révélation nous apprend que « la simple obéissance est chemin de salut ». Or, c'est là le moyen de croire dans le salut de tous les hommes, dans la mesure où « tous absolument peuvent obéir, alors que bien peu, comparativement à l'étendue du genre humain, parviennent à la pratique habituelle de la vertu sous la conduite de la raison » (G III, p. 188).

lesquels nous passons et avec comme signes les affects ressentis lors de ces passages. L'imagination changerait alors de statut, en passant d'un biais par lequel on amène autrui à adopter un comportement moral dans le premier cas, à un auxiliaire grâce auquel on peut s'approcher d'un modèle de la nature humaine qui convienne à sa nature singulière, et par l'intermédiaire duquel on peut s'inscrire dans un certain devenir éthique dans le second cas.

C'est alors en ce deuxième sens que l'imagination peut occuper une place pleine et entière dans la mise en place d'un devenir éthique. C'est aussi en ce point que l'expression « anthropologie éthique » prend tout son sens : il ne s'agit pas, dans ce cadre, d'opérer un tri, parmi le donné anthropologique, entre ce qui serait digne d'entrer dans une existence éthique et ce qui ne le serait pas ; mais il s'agit d'inscrire ce donné, *tout* ce donné, axiologiquement neutre en lui-même (factuel, pourrions-nous dire), dans une trajectoire qui prenne pour soi un sens éthique, et qui dessine à partir de là un devenir. Mettre à profit nos aptitudes dans le sens d'une plus grande convenance avec notre nature singulière, en suivant le modèle de la nature humaine que nous nous donnons à nous-mêmes par l'accroissement de notre aptitude à être affectés de diverses manières à la fois, et, corrélativement, de notre aptitude à contempler plusieurs choses à la fois : c'est cela que peuvent signifier orienter ses actions et s'inscrire dans un devenir éthique dans une perspective spinoziste.

Il nous semble que l'on peut alors, à partir de ces considérations, comprendre en quoi la puissance d'imaginer peut être qualifiée de « vertu » par Spinoza dans le scolie d'*Éthique* II, 17. Spinoza commence par affirmer que

> les imaginations de l'esprit, considérées en soi, ne contiennent pas d'erreur, autrement dit, que l'esprit, s'il se trompe, ce n'est pas parce qu'il imagine ; mais c'est seulement en tant qu'on le considère manquer d'une idée qui exclut l'existence des choses qu'il imagine avoir en sa présence[1].

Ce passage pose déjà des éléments importants. Le premier va à l'encontre des dépréciations courantes de l'imagination dans les philosophies dites rationalistes ; qu'elle soit considérée comme un obstacle à la connaissance, comme le signe de la faiblesse de l'esprit humain, ou encore comme la marque d'un esprit incapable de concevoir les choses en elles-mêmes,

---

1   *E* II, prop. 17, scolie, G II, p. 106.

l'imagination est considérée comme mauvaise *en elle-même*, ne pouvant donc donner lieu à un usage convenable. Spinoza s'inscrit ici en faux contre ce type de conceptions. Deuxièmement, ce passage nous rappelle que l'esprit peut toutefois se tromper *lorsqu'*il imagine (ce qui ne veut pas dire *en tant qu'*il imagine) : si je n'ai pas au même moment connaissance de l'idée vraie, je peux prendre mes imaginations pour une représentation adéquate de ce que sont les choses, et *alors* je me trompe. Cela signifie donc que l'imagination n'est pas non plus bonne *en elle-même*. Troisièmement, cela nous donne une indication sur les conditions dans lesquelles on peut conférer à une imagination un rôle adéquat dans le cadre d'un devenir éthique. En effet, dans la mesure où nous ne nous trompons pas en imaginant, à partir du moment où nous sommes conscients du statut de nos imaginations, cela signifie que le rôle donné à l'imagination doit être explicitement distinct d'un rôle de connaissance. Cela est d'ailleurs conforme à ce que nous avons précédemment dit du modèle : il ne correspond pas à ce que *sont* les choses extérieures (ce que sont effectivement les hommes, par exemple, dans le cas du modèle de la nature humaine), mais à ce *vers quoi* nous désirons tendre (l'appétit qui sera cause efficiente de nos actions à venir). Son statut sera dès lors à penser en termes d'affections en amont (j'imagine les choses selon la manière dont j'en suis affecté), et en termes de moteur en aval (la manière dont je me représente la nature humaine me détermine à tendre vers cette image, me met en mouvement *dans cette direction*). C'est donc à la jonction entre affects et actions que l'imagination peut jouer un rôle dans le devenir éthique.

Spinoza poursuit alors le scolie d'*Éthique* II, 17 en ces termes :

> si l'esprit, pendant qu'il imagine avoir en sa présence des choses qui n'existent pas, en même temps savait que ces choses, en vérité, n'existent pas, il est sûr qu'il attribuerait cette puissance d'imaginer [*imaginandi potentiam*] à une vertu de sa nature non à un vice ; surtout si cette faculté d'imaginer dépendait de sa seule nature, c'est-à-dire si cette faculté qu'a l'esprit d'imaginer était libre[1].

L'affirmation selon laquelle l'imagination consiste en une vertu de la nature de l'individu qui imagine peut être interprétée en un double sens. D'une part, c'est *de fait* une vertu de sa nature et non un vice en ce que cela suit nécessairement de sa nature, et en ce qu'il n'y a ni manque

---

1   *Ibid.*

ni imperfection dans les choses telles qu'elles sont. En ce premier sens (faible), il s'agit simplement de relever qu'un individu imagine nécessairement au moment où il le fait, et que cela ne peut être imputé à une impuissance – ce qui est déjà contredire les philosophies rationalistes, selon lesquelles l'imagination consiste en une marque de la finitude et de l'imperfection de l'esprit humain. D'autre part, le terme de vertu peut être rapproché de celui de liberté. En effet, selon la définition 8 d'*Éthique* IV, la vertu consiste dans « le pouvoir de faire certaines choses qui peuvent se comprendre par les seules lois de sa nature[1] ». En ce second sens (fort), l'imagination *peut* devenir une vertu à partir du moment où nous sommes devenus aptes à enchaîner nos affects selon un ordre pour l'entendement. Alors la puissance d'imaginer est libre, en ce qu'elle convient à la nature propre de l'individu qui imagine[2].

Tout finit donc par se rejoindre, lorsque nous disposons de l'intermédiaire en lequel consiste l'imagination en tant qu'elle est libre. En tant que corps complexes, les hommes peuvent être affectés de diverses manières par les choses extérieures sans changer de forme ou de nature, et cette aptitude peut être alimentée, de façon à accroître la diversité des manières avec lesquelles nous sommes affectés par les choses extérieures. En accroissant cette aptitude, nous devenons aptes à contempler plusieurs choses à la fois ; cela nous permet alors d'enchaîner nos affections selon un ordre pour l'entendement, et ainsi d'être moins dépendants de la rencontre fortuite avec les choses. Dès lors, nous devenons progressivement plus libres, en ce que nous sommes de plus en plus déterminés de l'intérieur ; et à mesure que nous devenons plus libres, notre imagination peut de plus en plus se comprendre par les seules lois de notre nature. Or, le modèle de la nature humaine que

---

1 *E* IV, déf. 8, G II, p. 210.
2 Nous rejoignons ici des analyses de F. Mignini qui, sans aller jusqu'à parler de possibles liberté et singularité de la puissance d'imaginer, joint la nécessité des images formées à la dimension instrumentale des êtres de raisons forgés par le biais de l'imagination : "oltre a tutte le nozioni generali ed astratte, l'immaginazione produce per il proprio stesso uso, sia per la rappresentazione, sia per la espressione delle rappresentazioni della natura, strumenti ad essa immanenti e connaturati, segni, figure, parole, e le rappresentazioni di tempo, numero e misura. [...] poiché gli enti di ragione sono necessari alla rappresentazione del mondo e vengono elaborati secondo una legge, l'immaginazione si pone come un'attività necessaria della mente, che in sé non contiene errore, essendo fondata in pari tempo sulle leggi del corpo e su quelle della mente" (Ars imaginandi. *Apparenza e rappresentazione in Spinoza*, p. 109).

nous nous proposons consiste en l'image que nous avons de cette nature humaine ; donc, plus notre imagination est conforme à notre nature singulière, plus le modèle de la nature humaine que nous formons est adéquat *pour nous*, en regard de notre persévérance effective dans l'être. Par ailleurs, dans la mesure où il y a des dimensions communes entre les natures singulières des hommes, il est possible d'envisager un modèle de la nature humaine qui soit *partageable* entre hommes, en tant qu'il convient à diverses singularités bien comprises. Comme nous sommes déterminés à agir *en un certain sens* par le modèle que nous nous proposons, nous sommes à partir de là déterminés à faire *adéquatement* effort pour persévérer dans notre être et à agir de sorte à accroître *effectivement* notre puissance d'agir, en ce que nous serons constamment mis en mouvement par le désir de nous approcher de notre modèle. C'est ce mouvement constant, orienté et nous déterminant à ne cesser de nous approcher d'une convenance toujours plus grande avec notre nature singulière que nous appelons un « devenir éthique ».

CONCLUSION

UNE CONCEPTION DYNAMIQUE
ET HISTORIQUE DE LA NATURE

Penser l'éthique en termes de devenir revient à se donner une conception *historique* des natures individuelles. Ainsi, les natures ne sont pas données une fois pour toutes et ne peuvent être connues exclusivement de manière internaliste, c'est-à-dire avant tout contact avec les choses extérieures. Le contexte dans lequel les individus existent, l'expérience qu'ils se forgent, les rencontres qu'ils font et l'histoire individuelle qui en résulte sont partie prenante de ce qu'ils sont dans le moment présent et de ce qu'ils sont susceptibles de devenir par la suite. La pensée spinoziste n'incite à concevoir l'existence et les actions humaines ni en termes de simple conservation (rester le même et se préserver de toute variation), ni en termes de rupture (passer à tout autre chose, sans continuité avec ce qui précède). Nous avons donc proposé de considérer l'éthique spinoziste par la perspective du *devenir*. Cette perspective permet en effet de penser tout à la fois une variation significative de la manière d'exister et d'agir (sans conservatisme), et une continuité de soi et de sa nature propre à travers ces variations (sans transformisme non plus).

Dans le même mouvement, nous avons montré que la philosophie spinoziste est une pensée non de la dissociation, ni même d'ailleurs de l'assimilation[1], mais de la réintégration : réintégration de l'homme au sein des choses de la nature, réintégration du corps dans la définition de la spécificité humaine, réintégration des affects et affections

---

1   Ainsi, par exemple, ce n'est pas parce que les animaux « que l'on dit privés de raison » et les hommes sont des êtres sensibles qu'ils le sont de la même façon et sur le même mode, et ce n'est pas parce que l'ignorant a autant de droit de vivre dans son ignorance que le sage en a à vivre dans sa sagesse que tout se vaut.

dans l'anthropologie, réintégration de l'imagination et des habitudes pratiques dans l'éthique. Dès lors, l'éthique spinoziste nous invite à penser diverses *tonalités* de l'existence humaine, à la fois entre individus différents et entre divers moments d'une seule et même existence individuelle. Ainsi, d'une part, nous pouvons penser que les différents « types » d'hommes que semble parfois distinguer Spinoza (l'ivrogne, le philosophe, le savant, le paysan, le soldat, etc.) constituent plus des tonalités que chaque existence peut prendre à un moment ou à un autre qu'ils ne dissocient de façon figée et incommensurable des catégories dont les hommes ne pourraient sortir. Pour en rester à cet exemple, l'existence de l'ivrogne et celle du philosophe se distinguent certes fondamentalement en termes de configuration de leur corps et de leur esprit et en termes d'ordonnancement de leurs affections et affects, mais ils sont tous deux avant tout des hommes et ne peuvent être réduits à cette tonalité de leur existence, pas plus que l'on ne peut présager de la tonalité que prendra la suite de leur existence. C'est d'ailleurs là l'autre dimension de cette question : si ce que nous serons à l'avenir sera nécessairement déterminé à être tel le moment venu, nous ne pouvons prédire avec certitude ce qu'il sera alors. Tels sont donc les éléments auxquels nous faisons référence lorsque nous parlons d'*historicité* de l'existence. L'inscription dans une certaine temporalité est essentielle à la compréhension de notre nature singulière, à la fois en tant que nous sommes le même individu au cours du temps, en tant que nous avons la possibilité de faire varier activement notre état à différents moments, et en tant que ce qui est encore à venir est, dans le même mouvement, déterminé à advenir le moment venu et toujours encore ouvert dans le moment présent. Une histoire déterminée, mais sans fin prédéterminée.

Il s'ensuit une conception de la nature humaine comme cadre qui délimite un certain champ d'actions possibles[1] d'une part, et comme structure suffisamment souple pour permettre l'accomplissement de ces actions et suffisamment « persévérante » pour assurer la continuité de l'individu au fil de ces mêmes actions d'autre part. La nature humaine n'est donc plus pensée par le biais de dispositions innées qu'il s'agit d'exercer, ou de facultés dont il faudrait disposer pour être dit pleinement

---

1   Au sens où, en termes juridiques, la délimitation d'un champ de compétences limite le domaine dans lequel on peut exercer légitimement son action, tout en rendant dans ce cadre possibles et effectives ces mêmes actions.

homme, ce qui revient souvent à exclure d'une humanité au sens fort la grande majorités des hommes. Nous proposons de la concevoir plutôt par l'intermédiaire du concept d'*aptitudes*. Cette thématique nous a semblé à même de préserver la continuité entre hommes, dans la mesure où nous avons tous des aptitudes, et où nous partageons d'ailleurs des aptitudes communes ; et elle laisse parallèlement ouverte la possibilité d'une inscription dans un cheminement éthique, se caractérisant alors par l'accroissement en nombre et en variété des aptitudes, de même que par leur ré-ordonnancement. Ce concept permet également, et pour les mêmes raisons, d'appréhender la question du devenir d'un seul et même individu au cours du temps : déterminé au sens où toute nouvelle aptitude fait fond sur des aptitudes antécédentes ; et ouvert dans la mesure où les aptitudes qui seront acquises ou alimentées à l'avenir dépendent pour partie des rencontres et de la manière dont seront enchaînées les affections qui en résulteront. Nous suivons ainsi la perspective d'une réinscription de l'éthique dans une anthropologie à laquelle elle ne se réduit pas.

Les concepts d'aptitude, de nature-cadre et de nature-structure permettent également de répondre à un autre enjeu de l'éthique spinoziste : comprendre en quoi ce que nous sommes actuellement peut donner lieu à *autre chose* sans que cela ne revienne à considérer qu'il nous manque quoi que ce soit actuellement. C'est une exigence que nous avions posée au cœur de la conception d'une « anthropologie éthique ». En effet, cela supposait de concevoir pour eux-mêmes les hommes tels qu'ils sont actuellement, là où l'écueil de toute théorie moralisante consiste à ne les penser qu'en négatif, en défaut de ce qu'ils seraient s'ils étaient sages ou philosophes. Mais dans le même temps, cela supposait également de ne pas réduire l'éthique à une science des comportements, et donc de penser la possibilité d'un *devenir autre* des hommes à la fois à partir de ce qu'ils sont actuellement et sans que rien dans ce qu'ils sont ne soit en attente d'une autre chose à venir. C'est en ce point que la réintégration de toutes les dimensions de l'homme au sein d'une nature-cadre et structure prenait tout son sens : c'est en effet par le biais du désir et de l'imagination que les hommes peuvent (sans y être obligés) tendre vers autre chose en lien avec leur manière actuelle d'être affectés. Les sensations-affections constituent ainsi le point d'ancrage d'un devenir qui se traduit par l'acquisition de nouvelles aptitudes déterminées à advenir ainsi le moment venu, mais pas forcément attendues avant que la situation effective ne se présente.

LES DIFFÉRENTES TEMPORALITÉS DE L'EXISTENCE

Cette conception spécifique du devenir nous amène alors à donner une place autre aux circonstances dans lesquelles les hommes existent et agissent. En effet, nous ne pouvons plus dans ce cadre nous en remettre à une conception solipsiste de la morale, invitant chacun à rester toujours le même quel que soit le contexte dans lequel il évolue. C'est alors au terme d'« occasion » que nous avons souhaité accorder une grande importance dans la perspective d'un devenir éthique. Si nous prenons au sérieux l'hypothèse selon laquelle la nature des choses singulières que sont les hommes se comprend de manière historique – au sens où ce qui leur advient et ce qu'ils font au cours du temps entrent pleinement dans la constitution de ce qu'ils sont actuellement et de ce qu'ils seront à l'avenir –, cela signifie que ce n'est pas *en dépit* de ce qui arrive, des besoins et désirs de notre corps, des variations qui nous affectent, des circonstances dans lesquelles nous sommes pris, etc., que nous pouvons entrer dans un cheminement éthique, mais bien plutôt *à l'occasion* de ces différents donnés et événements. C'est là un nouvel enjeu de la réintégration des hommes au sein des autres choses de la nature : ne pas considérer que ces derniers peuvent exister et opérer dans l'absolu, et qu'ils prennent conscience d'eux-mêmes et de leur état par introspection et en s'isolant délibérément des choses extérieures, alors appréhendées comme susceptibles de troubler un bon exercice de la raison qui serait achevé et accompli par lui-même. L'idée directrice de ce travail a consisté inversement, d'une part, à toujours prendre connaissance des circonstances dans lesquelles une chose évolue pour s'assurer d'en comprendre le sens (anthropologie philosophique) ; et, d'autre part, à penser divers modes de relations avec les circonstances extérieures (anthropologie éthique). Dans le deuxième cas, les circonstances extérieures constituent des *occasions* d'être affectés d'un plus grand nombre de manières, afin de se constituer à partir d'un contexte une *expérience* (au sens où nous

nous y forgeons progressivement de nouvelles habitudes pratiques),
d'ancrer divers événements dans une *histoire* (en réordonnant en soi les
affections selon un ordre qui soit propre à notre nature singulière) et
ainsi d'inscrire les changements qui nous affectent dans un *devenir* (en
en faisant les jalons d'une trajectoire personnelle, déterminée par le
modèle que nous nous proposons).

Si une existence est susceptible de revêtir diverses tonalités au cours
du temps, nous pouvons également inscrire ces tonalités dans le cadre
de deux types de temporalité. Il y a ainsi, premièrement, ce que l'on
peut appeler le cours ordinaire de la vie. Dans ce cadre, nous faisons fond
sur nos habitudes pour nous repérer au sein des choses extérieures, nous
sommes affectés par ces dernières selon une certaine tonalité affective
récurrente (qui permet par ailleurs aux autres hommes de reconnaître ce
qu'ils percevront comme étant notre caractère), nous consolidons notre
expérience au gré de nos activités quotidiennes. Ce cours ordinaire des
choses joue un rôle important dans la mesure où il nous permet d'avoir
une certaine stabilité, de suivre quelques règles générales faisant que
nous ne soyons pas trop ballottés au gré de nos rencontres fortuites.
Et il est parallèlement une autre temporalité de l'existence, celle des
quelques moments décisifs qui parsèment une vie, ces moments que
l'on reconnaît *a posteriori* comme étant des tournants lors desquels une
histoire personnelle prend une tournure singulière ; c'est dans ce second
cadre que la question des *occasions*, préparées en amont par un certain
désir, prend tout son sens. L'intérêt de cette double perspective est
qu'elle nous permet de donner un sens fort à l'historicité des existences
individuelles dans la pensée spinoziste : une vie ne constitue pas un
bloc homogène, elle peut revêtir diverses tonalités qui se dessinent à
l'occasion d'une rencontre entre un moment propice, une circonstance
extérieure et un désir individuel qui font que notre existence deviendra
progressivement d'une autre teneur.

Par le concept de *devenir*, ce n'est donc pas une temporalité linéaire
et homogène que nous évoquons ; un cheminement éthique est fait
d'hésitations, de tentatives, d'erreurs, comme tout parcours humain.
Nous ne parlons pas non plus d'une histoire consciente, délibérément
mise en œuvre et allant dans le sens d'une visée prédéterminée. Nous
percevons *a contrario* dans l'éthique spinoziste l'importance accordée
aux rencontres avec des choses extérieures dont nous ne maîtrisons pas

le cours, aux affections qui en résultent et à l'ordre avec lequel elles s'enchaînent en chacun. Nous lisons également dans la philosophie spinoziste une attention particulière portée au chemin lui-même, plus qu'au résultat auquel il serait censé aboutir ; et, au long de ce chemin, la prise en considération des illusions ou amoindrissements de puissance que nous pourrions rencontrer. C'est la raison pour laquelle nous avons souhaité nous attarder sur ce qui, tout en étant peut-être de l'ordre de la représentation voire de la fiction, n'est pas moins effectif (au sens où cela a des effets bien réels) dans la manière dont les hommes désirent et agissent. Les traces laissées par notre expérience passée (le corps mémoriel), la manière dont nous percevons notre propre état à divers moments de notre existence (le corps sensitif), les images qui se forgent en nous des choses extérieures (le corps affectif) ou encore les différents modèles que nous nous proposons dans nos actions (le corps imaginatif), entrent pleinement dans la perspective d'un devenir éthique, de même que les différentes dimensions du corps ainsi distinguées (méthodologiquement) entrent pleinement dans ce que nous sommes.

INCARNER LE DÉTERMINISME

Dans cette perspective, l'éthique se tient entre deux pôles. D'un côté, il s'agit de ne pas porter un jugement dépréciatif sur le moment présent : non seulement chacun est tout ce qu'il peut être au moment où il l'est, mais de plus, il n'y a pas de « devoir être » autre chose que ce que l'on est. Si un cheminement éthique peut concerner tout le monde en droit, il n'y a rien de regrettable en soi dans le fait qu'il ne concerne en réalité qu'une minorité d'hommes ; chacun vit comme il le peut et comme il le désire, et ce n'est que dans des perspectives particulières (un corps politique, une société donnée, un groupe professionnel, etc.) que l'on peut envisager de mettre en place des règles communes de vie. Mais d'un autre côté, ces considérations ne reviennent pas à renoncer à toute éthique possible. C'est la distinction que nous avons souhaité établir entre déterminisme et fatalisme – ce dernier terme convient peu dans le cadre de la philosophie spinoziste, mais il rend bien la tonalité

couramment associée à la thèse selon laquelle tout se produit nécessairement. Ainsi, tout est déterminé, mais cela ne signifie pas que l'on ne
puisse passer à quelque chose d'*autre*, précisément en étant *autrement*
déterminé dans le temps. Dès lors, le devenir éthique se fonde sur les
variations essentielles à toute existence, mais ces variations se suffisent
à elles-mêmes dans le cours ordinaire de la vie.

Dans le même mouvement, le devenir éthique consiste en une
démarche *naturelle*, sans pour autant se produire *par nature* en tout
homme. En effet, d'une part, il n'y a pas d'éthique concevable qui ne
prenne place au sein des déterminations communes aux choses de la
nature. Le sage (comme l'ignorant d'ailleurs) est avant tout un homme,
et entrer dans un cheminement éthique ne peut signifier sortir du cadre
de la nature humaine – se faire à l'image de Dieu ou faire de soi un
surhomme –, ni du cadre de sa nature individuelle – aller à l'encontre
de ses affects et de ses désirs. Mais d'autre part, on ne peut toutefois
considérer que tous les hommes sont naturellement enclins à entrer dans
un tel cheminement. Non seulement nous pourrions nous interroger
sur la dimension *éthique* d'un comportement automatiquement suscité
en chacun, mais ce n'est de plus absolument pas ce que nous pouvons
couramment observer. Ces deux dimensions conjointes expliquent qu'il
se soit révélé nécessaire à la fois d'interroger les conditions ontologiques
de possibilité d'un devenir (complexité du corps et de l'esprit humains,
être des choses singulières comme variation, etc.), et de rechercher les
conditions dans lesquelles un devenir peut effectivement s'initier en un
individu en particulier (accroissement des diverses manières dont on
peut être affecté en amont, ordonnancement des affects selon un ordre
pour l'entendement, façonnement du désir par l'acquisition de nouvelles
aptitudes, etc.). Ce sont donc ces différentes exigences qu'il nous a fallu
tenir ensemble dans cette réflexion sur l'anthropologie éthique et sur
l'éthique comme devenir.

Dès lors, le devenir se pense au sein d'une nature-cadre déterminée,
qui résulte de la nature en général, de la nature humaine en particulier,
et d'une nature individuelle de façon singulière. Elle se pense en outre
comme ouverture à la complexité et à la richesse des aptitudes variées
du corps et de l'esprit. Ces aptitudes ne sont pas fixées par avance :
elles seront déterminées à être acquises ou recréées le moment venu
par un certain individu, mais il y a au sens fort *devenir* précisément

quand on reste ouvert à des rencontres inattendues tout en étant apte à les réinscrire dans une trajectoire singulière se dessinant au cours du temps. Cela explique alors que ce devenir ne soit pas conçu en regard d'un état prédéterminé auquel il devrait mener, mais en fonction du mouvement, de l'élan sans cesse renouvelé dans lequel il consiste. Comme le dit Spinoza à la fin de l'*Éthique*, une fois le texte lu, le chemin reste à découvrir [*invenire*], ce qui signifie tout à la fois que c'est à chacun de le parcourir pour lui-même, et que le chemin différera autant d'un individu à l'autre que diffèrent leurs natures individuelles respectives et les manières dont chacun est affecté par les choses extérieures.

Cela peut parallèlement rendre raison de l'absence d'un modèle de la nature humaine plus déterminé dans l'*Éthique*, ou qui soit plus explicitement tracé : mettre en place un modèle commun plus détaillé pour tous les hommes serait ne pas tenir compte de leur *constitutio* (d'où ils partent), de leurs désirs (où ils tendent) et de ce qui conviendrait le mieux à la temporalité singulière dans laquelle ils sont. Ce à quoi nous invite Spinoza, c'est ainsi à nous constituer activement notre propre modèle, en fonction de ce qui est en nous au moment où nous nous le proposons, sans préjuger de ce qu'il deviendra lorsque nous serons passés à un autre état (comme une autre étape sur le chemin du devenir), et en faisant fond sur tout ce qui est *humainement* à notre disposition. La seule exigence éthique qui se formulerait à qui souhaiterait s'ancrer en un devenir consisterait à rester de lui-même en mouvement, entre l'écueil de la polarisation affective et celui consistant à être quasi exclusivement mû par l'ordre fortuit avec lequel nous rencontrons les choses extérieures et sommes affectés par elles.

DU TÂTONNEMENT ET DU DEVENIR DANS L'ÉTHIQUE

Cela nous conduit alors à revenir sur ce que nous avons appelé la problématique de la transformation et du devenir. Si nous reposons la question du changement de soi au niveau corporel, nous pouvons en proposer une double lecture. D'un côté, il ne faut pas trop *déstructurer* le corps, au sens où sa structure [*fabrica*] constitue le socle à partir duquel se détermine ce que peut le corps, et qu'à trop remettre en question cette structure, nous risquerions de tomber dans l'écueil d'un changement de nature. Dans la même idée, il ne faut pas trop chercher à *déformer* le corps, au sens de jouer avec les figures qu'il peut revêtir au point que l'on ne sache plus qu'elle est sa forme, et donc qu'elle est sa nature. Ainsi, de même que l'acquisition d'aptitudes ne peut se faire sans aptitudes antécédentes sur lesquelles faire fond, nous ne pouvons façonner ou incarner notre propre corps que sur fond d'une nature individuelle qui nous serve de repère comme de cadre. La philosophie spinoziste n'est pas une pensée de la *transformation*, du changement radical à travers lequel on perd le fil avec ce qui le précédait. Mais dans le même temps, nous pouvons cependant – dans une perspective éthique – chatouiller le corps dans ses habitudes affectives, faire varier sa configuration en acquérant de nouvelles aptitudes ou en en recréant d'anciennes, susciter pour lui de nouvelles relations qui enrichiront ce qu'il est et ce qu'il sera par le biais de nouvelles traces, etc. Autrement dit, ne pas considérer que le donné dont nous partons constitue pour nous le tout de ce que nous serons. Ou encore, faire jouer au cours de notre existence toutes les occasions qui se présentent à nous d'ouvrir notre champ affectif et sensitif, et nous donner ainsi activement la possibilité de rencontrer une manière d'exister qui soit singulièrement conforme à notre nature individuelle et qui nous permette de faire plus encore – et surtout plus adéquatement – effort pour accroître notre puissance d'agir et de penser.

À partir de là, l'éthique peut être appréhendée précisément à partir de l'effort (déterminé, bien entendu) déployé afin de rester constamment en mouvement, de ne pas nous polariser en une manière d'être affectés passivement reçue de notre histoire factuelle, de toujours réalimenter le passage à un *autre* état, caractérisé par une manière *autre* d'être affectés et suscité à l'occasion de nouvelles rencontres. Il ne s'agit pas non plus de restreindre l'éthique au seul fait d'être en mouvement, puisque nous le sommes tout autant lorsque nous sommes ballottés en tous sens ; toutes les choses singulières sont en perpétuelles variations, et il n'y a rien de spécifiquement éthique en cela. Mais si nous redéfinissons l'éthique en lien avec un nouvel ordre donné à nos affections, encore faut-il qu'il y ait *matière* à ordonner, et si possible une matière diverse, riche, variée et toujours réalimentée. Ainsi, de même que l'esprit ne prend connaissance de l'état du corps qu'*à l'occasion* d'affections de ce dernier par des choses extérieures, de même ne pouvons-nous acquérir de nouvelles aptitudes qu'*à l'occasion* de nouvelles rencontres, et nous proposer une nouvelle configuration de nous-mêmes qu'*à l'occasion* d'une alimentation constante de ce que nous sommes. C'est parce que l'existence humaine se définit tout particulièrement comme variations complexes dans le cadre d'une même nature, que la santé peut se comprendre comme un équilibre toujours en cours de constitution entre persévérance de sa forme et attention portée à la mise en contact avec diverses choses singulières. Et c'est pour la même raison que l'éthique peut à son tour se penser comme ouverture à de nouvelles rencontres, et inscription de ces rencontres dans un cheminement qui aille effectivement dans le sens d'une conformité plus grande avec notre nature singulière.

Cela nous mène alors vers deux conclusions. La première – qui distingue l'éthique spinoziste de toute édiction de valeurs morales prédéfinies ou de toute morale du devoir-être (sous-entendu « quelque chose ») –, c'est que ce à quoi nous mène une éthique conçue comme devenir ne peut être prédéterminé, comme si le chemin était déjà tracé et qu'il ne nous restait plus qu'à le parcourir. C'est là toute l'épaisseur de l'existence humaine, à la fois dans ses limites, soit dans le cadre indéfini mais non infini qui est le sien, et dans ses possibles, au sens où l'on ne sait jamais exactement à quoi elle donnera lieu. Ce que nous devenons se dessine au fil des sensations-affections qui sont à chaque fois présentement les nôtres, parfois quand une bonne occasion nous est donnée, parfois aussi par tâtonnement. La seconde conclusion est donc que c'est finalement plus le cheminement qui compte que ce à quoi nous pourrions ou devrions arriver. Définir la nature humaine en termes d'aptitudes, qui ne sont pas dénombrables comme les facultés, ni définitivement acquises comme les dispositions, revient ainsi à penser le devenir comme un mode d'existence, qui pourrait d'ailleurs se décliner en diverses tonalités et diverses temporalités (devenir adulte, devenir éthique, devenir politique, etc.). Et dans ces diverses expressions, les termes « adulte », « éthique » ou « politique » doivent plus être compris comme des qualifications possibles du devenir comme mode d'être, que comme ce à quoi mèneraient à chaque fois les différents devenirs : il n'y a pas de terme ou d'achèvement, le mode d'être éthique consistant précisément à être « en devenir ».

BIBLIOGRAPHIE

ŒUVRES DE SPINOZA

ÉDITIONS DE RÉFÉRENCE

SPINOZA, *Benedictus de Spinoza Opera quotquot reperta sunt*, éd. J. Van Vloten et J. P. N. Land, 4 volumes, La Haye, Martinus Nijhoff, 1914.

SPINOZA, *Spinoza Opera*. Im Auftrag der Heidelberger Akademie der Wissenschaften herausgegeben von Carl Gebhardt, 4 volumes, Heidelberg, Carl Winters Universitätsbuchhandlung, 1924.

SPINOZA, *Œuvres*, volume III, *Traité théologico-politique*, texte établi par Fokke Akkerman, traduction et notes de Jacqueline Lagrée et Pierre-François Moreau, édition publiée sous la direction de Pierre-François Moreau, Paris, PUF Épiméthée, 1999.

SPINOZA, *Œuvres*, volume V, *Traité politique*, texte établi par Omero Proietti, traduction et notes de Charles Ramond, édition publiée sous la direction de Pierre-François Moreau, Paris, PUF Épiméthée, 2005.

SPINOZA, *Œuvres*, volume I, *Premiers écrits*, texte établi par Filippo Mignini, traductions de Michelle Beyssade (*Traité de la réforme de l'entendement*) et de Joël Ganault (*Court Traité*), édition publiée sous la direction de Pierre-François Moreau, Paris, PUF Épiméthée, 2009.

AUTRES TRADUCTIONS FRANÇAISES CONSULTÉES

SPINOZA, *Œuvres*, traduction et notes de Charles Appuhn, 4 volumes, Paris, Garnier Flammarion, 1964-1966.

SPINOZA, *Éthique*, texte présenté, traduit et commenté par Bernard Pautrat, édition bilingue, Paris, Points Essais, 1999 (1ᵉ édition au Seuil en 1988).

SPINOZA, *Traité de la réforme de l'entendement et de la meilleure voie à suivre pour parvenir à la vraie connaissance des choses*, traduction et notes d'Alexandre Koyré, Paris, Vrin, 7ᵉ édition 1984.

SPINOZA, *Traité de la réforme de l'entendement*, traduction, introduction et commentaires de Bernard Rousset, édition bilingue, Paris, Vrin, 1992.

SPINOZA, *Tractatus politicus. Traité politique*, traduction de Pierre-François Moreau, avec un index informatique établi par Pierre-François Moreau et Renée Bouveresse, édition bilingue, Paris, Réplique, 1979.

SPINOZA, *Correspondance*, présentation et traduction par Maxime Rovere, Paris, Garnier Flammarion, 2010.

RECHERCHES LEXICALES

BOUVERESSE, Renée et MOREAU, Pierre-François, Index informatique, dans Spinoza, *Traité politique*, traduction de Pierre-François Moreau, édition bilingue, Paris, Réplique, 1979.

CRAPULLI, Giovanni et GIANCOTTI-BOSCHERINI, Emilia, *Ricerche lessicali su opere di Descartes e Spinoza*, Rome, Éd. Dell'Ateneo, 1969.

GIANCOTTI-BOSCHERINI EMILIA, *Lexicon Spinozanum*, 2 volumes, La Haye, Martinus Nijhoff, 1970.

GUÉRET, Michel, Tombeur Paul, Robinet André, *Spinoza : Ethica. Concordances, index, listes de fréquences, tables comparatives*, Louvain-la-Neuve, CETEDOC, 1977.

ROBINET, André, *Ethica 77* : premiers résultats informatiques sur le dépouillement lexical de l'*Ethica* de Spinoza (*Substantia*), *Recherches sur le XVIIe siècle*, Paris, 4, 1980, p. 67-84.

AUTRES PHILOSOPHES ET AUTEURS CITÉS

BACON, Francis, *Novum Organum*, traduction de Michel Malherbe et Jean-Marie Pousseur, Paris, PUF, 1986.

BAYLE, Pierre, *Écrits sur Spinoza*, textes choisis et présentés par Françoise Charles-Daubert et Pierre-François Moreau, Paris, Berg International éditeurs, 1984.

CANGUILHEM, Georges, *La Connaissance de la vie*, Paris, Vrin, 1998 (1992).

DESCARTES, *Œuvres*, publiées par Charles Adam et Paul Tannery, Paris, Léopold Cerf, 1897-1909, rééditées en Vrin-CNRS, 1964-1974.

DESCARTES, *Œuvres philosophiques*, édition établie, présentée et annotée par Ferdinand Alquié, Paris, Garnier, 1963-1973 ; édition corrigée par Denis Moreau, Paris, Classiques Garnier, 2010.

DESCARTES, *Passiones animae, per Renatum Des Cartes : gallicè ab ipso conscriptae, nunc autem in exterorum gratiam, latina civitate donatae*, traduction latine des *Passions de l'âme* par Henri Des Marets, Amstelodami, Ludovicum et Danielem Elzevirios, 1664.

HOBBES, *Léviathan*, trad. François Tricaut, Paris, Sirey, 1971.

RICŒUR, Paul, *Soi-même comme un autre*, Paris, réédition en Points Seuil, 1990.

TSCHIRNHAUS EHRENFRIED, Walter von, *Médecine de l'esprit*, traduction de Jean-Paul Wurtz, Strasbourg-Paris, Ophrys, 1980.

COMMENTAIRES

OUVRAGES ET ARTICLES

ABRAHAM, Robert D., "Spinoza's Concept of Common Notions. A Functional Interpretation", *Revue internationale de philosophie*, vol. 31, 1977, p. 27-38.

AKKERMAN, Fokke, *Studies in the Posthumous Works of Spinoza, on Style, Earliest Translation and Reception, and Modern Edition of Some Texts*, thèse soutenue à l'Université de Groningen, 1980, publiée par Krips Repro Meppel.

AKKERMAN, F., "La pénurie des mots de Spinoza", dans *Lire et traduire Spinoza*, Groupe de Recherches Spinozistes, n° 1, 1989, Presses de l'Université Paris Sorbonne, p. 9-38.

ABLONDI, Frederick et BARBONE, Steven, "Individual Identity in Descartes and Spinoza", *Studia Spinozana*, 10, 1994, p. 69-91.

ALQUIÉ, Ferdinand, *Servitude et liberté selon Spinoza*, Les Cours de la Sorbonne, Paris, C. D. U., 1971.

ALQUIÉ, F., *Nature et vérité dans la philosophie de Spinoza*, Les Cours de la Sorbonne, Paris, 1971.

ALQUIÉ, F., *Le Rationalisme de Spinoza*, Paris, PUF, coll. « Épiméthée », 1981.

ANDRAULT, Raphaële, *La vie et le vivant. Physiologie et métaphysique chez Spinoza et Leibniz*, thèse soutenue sous la direction de P.-Fr. Moreau, à l'ENS de Lyon, en 2010.

ANSALDI, Saverio, *Spinoza et le baroque. Infini, désir, multitude*, Paris, Kimé, 2001.

ANSALDI, S., *Nature et puissance : Giordano Bruno et Spinoza*, Paris, Kimé, 2006.

ATHANASAKIS, Dimitrios, *Raison et désir dans la philosophie de Spinoza*, thèse soutenue sous la direction de P.-Fr. Moreau, à l'ENS de Lyon, en 2010.

AUBENQUE, Pierre, *Le problème de l'être chez Aristote*, Paris, PUF, 1991 (1963).

AUBENQUE, P., *La prudence chez Aristote*, Paris, PUF, 1997 (1963).

BALIBAR, Étienne, *Spinoza et la politique*, Paris, PUF, coll. « Philosophies », 1985.

BALIBAR, É., « Individualité, causalité, substance : Réflexions sur l'ontologie de Spinoza », dans Curley E. M. et Moreau P.-Fr. (éd.), *Spinoza, Issues and Directions*, p. 58-76.

BALIBAR, É., « Individualité et transindividualité chez Spinoza », dans *Architectures de la raison*, p. 35-46.

BARBARAS, Françoise, *Spinoza : la science mathématique du salut*, Paris, CNRS Éditions, 2007.

BARBERO, Odette, *Le thème de l'enfance dans la philosophie de Descartes*, Paris, L'Harmattan, 2005.

BARBONE, Steven et RICE LEE, C., "Spinoza and the Problem of Suicide", *International Philosophical Quaterly*, vol. XXXIV, n° 2, juin 1994, p. 229-241.

BARBONE, S., "Virtue and Sociality in Spinoza", *Iyyun* 42 (3), 1993, p. 383-395.

BARBONE, S., "What Counts as an Individual for Spinoza ?", dans Koistinen Olli et Biro John (éd.), *Spinoza : Metaphysical Themes*, p. 89-112.

BENNETT, Jonathan Francis, "Teleology and Spinoza's *Conatus*", *Midwest Studies on Philosophy*, vol. 8, 1983, p. 143-160.

BENNETT, J. Fr., *A Study of Spinoza's* Ethics, Indianapolis, Hackett, 1984.

BERTRAND, Michèle, *Spinoza et l'imaginaire*, Paris, PUF, 1983.

BEYSSADE, Jean-Marie, « De l'émotion intérieure chez Descartes à l'affect actif spinoziste », dans Curley E. M. et Moreau P.-Fr. (éd.), *Spinoza, Issues and Directions*, p. 176-190.

BIASUTTI, Franco, "Uomo e natura in Spinoza", dans *Atti del XXVI congresso nazionale di filosofia*, Rome, 1978, p. 152-160.

BLAIR, R. G., "Spinoza's Account of Imagination", dans Grene M. (dir.), *Spinoza. A Collection of Critical Essays*, p. 318-328.

BOLTON, Martha Brandt, "Spinoza on Cartesian Doubt", *Nous*, n° 19, 1985, p. 379-395.

BORDOLI, Roberto, *Memoria e abitudine. Descartes, La Forge, Spinoza*, Napoli, Guerini, 1994.

BORDOLI, R., *Baruch Spinoza : etica e ontologia. Note sulle nozioni di sostanza, di essenza e di esistenza nell'*Ethica, Milan, Guerini scientifica, 1996.

BOSTRENGHI, Daniela, "Immaginazione e ragione nella teoria Spinoziana della conoscenza e degli affetti : un progetto problematico", *Istituto di Filosofia Annali Due*, Urbino, 1987, p. 5-67.

BOSTRENGHI, D., *Forme e virtù della immaginazione in Spinoza*, Naples, Bibliopolis, 1997.

BOVE, Laurent, « L'habitude, activité fondatrice de l'existence actuelle dans la philosophie de Spinoza », *Revue philosophique*, n° 1, 1991, p. 33-46.

BOVE, L., *La Stratégie du* conatus. *Affirmation et résistance chez Spinoza*, Paris, Vrin, 1996.

BOVE, L., « Du complexe au commun : quelques réflexions sur la "prudence" et la "libre nécessité spinoziste" », dans Bourgine P., Chavalarias D. et Cohen-Boulakia Cl. (dir.), *Déterminismes et complexités : de la physique à l'éthique. Autour d'Henri Atlan*, Paris, La Découverte, 2008, p. 363-376.

BROCHARD, Victor, *Études de philosophie ancienne et de philosophie moderne*, Paris, Vrin, 1927.

BRUNSCHVICG, Léon, *Spinoza et ses contemporains*, Paris, PUF, 1923.

BRYKMAN, Geneviève, « La révolution cartésienne et la notion spinoziste de la substance », *Revue de métaphysique et de morale*, n° 12, 1904, p. 755-798.

BUSSE, Julien, *Le problème de l'essence de l'homme chez Spinoza*, Paris, Publications de la Sorbonne, 2009.

CARRIERO, John, "Spinoza's Views on Necessity in Historical Perspective", *Philosophical Topics*, 19 (1), 1991, p. 47-96.

CARRIERO, J., "Spinoza on Final Causality", dans Garber D. et Nadler S. (éd.), *Oxford Studies in Early Modern Philosophy*, Volume II, Oxford, Clarendon Press, 2005, p. 105-147.

CHARRAK, André, « Nature, raison, moralité dans Spinoza et Rousseau », *Revue de Métaphysique et de Morale*, 2002/3, n° 35.

CORSANO, Antonio, "Bayle e Spinoza", *Giornale critico della filosofia italiana*, Florence, 56 (1977), p. 319-326.

COURTOIS, Georges, « Le *jus sive potentia* spinoziste », *Archives de philosophie du droit*, Paris, 18 (1973), p. 341-364.

CRESMASCHI, S., *L'automa spirituale. La teoria della mente e delle passioni in Spinoza*, Milan, 1979.

CRISTOFOLINI, Paolo, « Imagination, joie et socialité selon Spinoza », dans *Spinoza, science et religion*, actes du Colloque du Centre Culturel International de Cerisy-la-Salle, 20-27 septembre 1982, Paris, Vrin, 1988, p. 47-53.

CRISTOFOLINI, P., *Spinoza : chemins dans l'*Éthique, trad. L. Gaspar et L. Vinciguerra, Paris, PUF, coll. « Philosophies », 1996.

CURLEY, Edwin M., "Experience in Spinoza's Theory of Knowledge", et "Spinoza's Moral Philosophy", dans Grene M. (éd.), *Spinoza. A Collection of Critical Essays*.

CURLEY, E. M., "Man and Nature in Spinoza", dans Wetlesen Jon (éd.), *Spinoza's Philosophy of Man*, p. 19-26.

CURLEY, E. M., *Behind the Geometrical Method – A Reading of Spinoza's* Ethics, Princeton University Press, 1988.

DARBON, André, *Études spinozistes*, Paris, PUF, 1946.

DELBOS, Victor, *Le Problème moral dans la philosophie de Spinoza et dans l'histoire du spinozisme*, Paris, Alcan, 1893 ; réédité avec une introduction d'A. Matheron aux Presses Universitaires de la Sorbonne, Paris, 1990.

DELBOS, V., *Le Spinozisme*, Vrin, Paris, 1926.

DELEUZE, Gilles, *Spinoza et le problème de l'expression*, Paris, Éd. de Minuit, 1969.

DELEUZE, Gilles, *Spinoza. Philosophie pratique*, Paris, Éd. de Minuit, édition augmentée, 1981 (1970).

DI POPPA, Francesca, "Spinoza and Process Ontology", *The Southern Journal of Philosophy*, 48 (3), 2010, p. 272-294.

DOMINGUEZ, Atilano, "Contribución a la antropología de Spinoza. El hombre como ser imaginativo", *Anales del seminario de metafísica*, Universidad Complutense de Madrid, 1976, vol. X, p. 63-89.

DUCHESNEAU, François, « Modèle cartésien et modèle spinoziste de l'être vivant », *Cahiers Spinoza*, n° 2, printemps 1978, Éd. Répliques, p. 241-285.

EISENBERG, Paul, "Is Spinoza an Ethical Naturalist ?", dans Hessing Siegfried (éd.), *Speculum Spinozanum 1677-1977*, Londres, Routledge and Kegan Paul, 1977, p. 145-164.

FLØISTAD, Guttorm, "Mind and Body in Spinoza's *Ethics*", dans Wetlesen Jon (éd.), *Spinoza's Philosophy of Man*.

FRANKFURT, Harry G., "Two Motivations for Rationalism : Descartes and Spinoza", dans Donagan Alan (éd.), *Human Nature and Natural Knowledge*, Dordrecht, Riedel, 1986, p. 47-62.

GABAUDE, Jean-Marc, *Liberté et raison. La liberté cartésienne et sa réfraction chez Spinoza et chez Leibniz. Philosophie compréhensive de la nécessitation libératrice*, Toulouse, Association des Publications de l'Université de Toulouse-Le Mirail, 1972.

GARBER, Daniel, "Descartes and Spinoza on Persistence and *Conatus*", dans *Studia Spinozana* 10 : *Spinoza and Descartes*, Würzburg, Königshausen & Neumann, 1994.

GARRETT, Don, "Spinoza's Ethical Theory", dans Garrett D. (éd.), *The Cambridge Companion to Spinoza*, p. 267-314.

GARRETT, D., "Teleology in Spinoza and Early Modern Rationalism", dans Gennaro R. J. et Huenemann Ch., *New Essays on the Rationalists*, Oxford University Press, 1999, p. 310-335.

GIANCOTTI-BOSCHERINI, Emilia, "Man as a Part of Nature", dans Wetlesen Jon (éd.), *Spinoza's Philosophy of Man*.

GIANCOTTI-BOSCHERINI, E., « Théorie et pratique de la liberté au jour de l'ontologie spinoziste : Notes pour une discussion », dans Curley E. M. et Moreau P.-Fr. (éd.), *Spinoza, Issues and Directions*.

GILSON, Étienne, « Spinoza interprète de Descartes », *Chronicon Spinozanum*, n° 3, p. 68-87.

GILLOT, Pascale, *Fonctions et limites du parallélisme dans la philosophie de Spinoza*, thèse soutenue sous la direction de P. Macherey, à l'Université Charles de Gaulle (Lille), en 2001.

GILLOT, P., « Corps et individualité dans la philosophie de Spinoza », *Methodos*, 3 | 2003, mis en ligne le 5 avril 2004, http://methodos.revues.org/114

GIOVANNONI, Augustin, *Immanence et finitude chez Spinoza. Études sur l'idée de constitution dans l'Éthique*, Paris, Kimé, 1999.

GRŒTHUYSEN, Bernard, *Anthropologie philosophique*, Paris, Gallimard, 1980 (1953).

GUÉROULT, Martial, *Descartes selon l'ordre des raisons*, 2 vol., Paris, Aubier, 1953.

GUÉROULT, M., *Spinoza : Dieu*, vol. 1, Paris, Aubier-Montaigne, 1968.

GUÉROULT M., *Spinoza : l'âme*, vol. 2, Paris, Aubier-Montaigne, 1974.

GUIDELLI, Chiara, "Temporalità e divenire in Spinoza", dans Cristofolini P. (éd.), *Studi sul Seicento e sull'immaginazione*, 1985.

HADDAD-CHAMAKH, Fatma, « L'imagination chez Spinoza. De l'*imbecillitas imaginationis* à l'*imaginandi potentia* », dans Cristofolini P. (dir.), *Studi sul Seicento et sull'immaginazione*, p. 75-94.

HENRY, Julie, « Les enjeux éthiques de la philosophie spinoziste : un déterminisme sans fatalisme », dans Charbonnat P. et Pépin Fr., *Le Matérialisme, entre sciences et philosophie*, éditions Matériologiques, 2012 (http://www.materiologiques.com/Le-determinisme-entre-sciences-et).

HENRY, J., « Le statut des corps vivants et leurs enjeux éthiques : Spinoza critique de Descartes », dans Kolesnik-Antoine D. (dir.), *Qu'est-ce qu'être cartésien ?*

HENRY, J., « Quel sort réserver au hasard dans la philosophie spinoziste ? Vers une définition historique des individus », dans Durrive Barthélemy et Henry Julie (dir.), *Redéfinir l'individu par sa trajectoire : hasard, déterminismes et rencontres*, éditions numériques Matériologiques, 2015.

HERVET, Céline, *De l'imagination à l'entendement : la puissance du langage chez Spinoza*, Paris, Classiques Garnier, 2011.

ISRAËL, Jonathan Irvine, *Les Lumières radicales : la philosophie, Spinoza et la naissance de la modernité*, Paris, Éditions Amsterdam, 2005.

ISRAËL, Nicolas, *Spinoza, le temps de la vigilance*, Paris, Payot et Rivages, 2001.

JACOBS, Wilhelm G., „Spinozas *Theologisch-politischer Traktat* und das Problem der Geschichte", dans Kluxen Wolfgang (éd.), *Tradition und Innovation*, Hamburg, Felix Meiner Verlag, 1988, p. 82-89.

JAQUET, Chantal, Sub specie aeternitatis : *étude de l'origine des concepts de temps, durée et éternité chez Spinoza*, préface d'A. Matheron, Paris, Éditions Kimé, 1997.

JAQUET, Ch., « Le rôle positif de la volonté chez Spinoza », dans *La Recta Ratio*, Paris, Presses de l'Université Paris-Sorbonne, 1999, p. 147-163.

JAQUET, Ch., *L'unité du corps et de l'esprit. Affects, actions et passions chez Spinoza*, PUF Quadrige, 2004.

JAQUET, Ch., *Les expressions de la puissance d'agir chez Spinoza*, Paris, Publications de la Sorbonne, 2005.

JAQUET, Ch., « Des attributs communicables aux notions communes : les fondements d'une pensée du commun chez Spinoza », dans Bostrenghi D., Raspa V., Santinelli C., Visentin S. (dir.), *Spinoza : la potenza del comune*, p. 1-13.

JARRET, Charles, "Teleology and Spinoza's Doctrine of Final Causes", dans Yovel Y. (éd.), *Desire and Affect : Spinoza as a Psychologist*, p. 3-23.

JARRET, Ch., "Spinoza on Necessity", dans Koistinen O. (éd.), *The Cambridge Companion to Spinoza's* Ethics, p. 118-152.

KAMBOUCHNER, Denis, *L'homme des passions. Commentaires sur Descartes*, 2 tomes, Paris, Albin Michel, 1995.

KAPLAN, Francis, « Le salut par l'obéissance et la nécessité de la révélation chez Spinoza », *Revue de Métaphysique et de Morale*, 1973 (1), p. 1-17.

KLAJNMAN, Adrien, *Méthode et art de penser chez Spinoza*, Paris, Kimé, 2006.

KOISTINEN, Olli, "Spinoza on Action", dans Koistinen O. (éd.), *The Cambridge Companion to Spinoza's* Ethics, p. 167-187.

KOLESNIK-ANTOINE, Delphine, *L'homme cartésien. « La force qu'a l'âme de mouvoir le corps » : Descartes-Malebranche*, Presses Universitaires de Rennes, 2009.

KOLESNIK-ANTOINE, D., « La machine du corps », dans De Buzon Fr. et Kambouchner D., *Descartes*, Paris, Ellipses, 2010.

KRUPP, Anthony, *Reason's Children. Childhood in Early Modern Philosophy*, Lewisburg, Bucknell University Press, 2009.

LACHTERMAN, David R., "The physics of Spinoza's *Ethics*", dans Shahan R. W. et Biro J. I., *Spinoza : new perspectives*, p. 71-111.

LAERKE, Mogens, *Leibniz lecteur de Spinoza : la genèse d'une opposition complexe*, Paris, Honoré Champion, 2008.

LAERKE, M., « Immanence et extériorité absolue. Sur la théorie de la causalité et l'ontologie de la puissance de Spinoza », *Revue philosophique de France et de l'étranger*, 134 (2), avril-juin 2009, p. 169-190.

LAGRÉE, Jacqueline, « Spinoza : la voie de la liberté et de la béatitude », dans Caillé A., Lazzeri Ch. et Senellart M. (dir.), *Histoire raisonnée de la philosophie morale et politique*, Paris, La Découverte, 2001, p. 335-342.

LAGRÉE, J., « Spinoza et la norme du bien », dans Lagrée J. (dir.), *Spinoza et la norme*, p. 107-119.

LAUX, Henri, *Imagination et religion chez Spinoza : la* potentia *dans l'histoire*, Paris, Vrin, 1993.

LAUX, H., « Les lecteurs dans l'*Éthique* », dans *Architectures de la raison*, p. 165-171.

LAZZERI, Christian, « Spinoza : le bien, l'utile et la raison », dans Lazzeri Ch. (éd.), *Spinoza : puissance et impuissance de la raison*, p. 9-38.

LE BLANC, Guillaume et Sévérac Pascal, « Spinoza et la normativité du *conatus*. Lecture canguilhemienne », dans Lagrée J. (dir.), *Spinoza et la norme*, p. 121-136.

LENNOX, James G., "The Causality of Finite Modes in Spinoza's *Ethics*", dans *The canadian Journal of Philosophy*, vol. VI (3), septembre 1976, p. 479-500.

LERMOND, Lucia, *The Form of Man : Human Essence in Spinoza's* Ethics, Leiden (København), New York (E. J. Brill), 1988.

LEVI, Lia, *L'automate spirituel : la subjectivité moderne d'après l'*Éthique *de Spinoza*, Assen, Van Gorcum, 2000.

LIN, Martin, "Memory and Personal Identity in Spinoza", *The Canadian Journal of Philosophy*, 35 (2), 2005, p. 243-268.

LIN, M., "Teleology and Human Action in Spinoza", *The Philosophical Review*, 115 (3), p. 317-354.

LORDON, Frédéric, *L'intérêt souverain : essai d'anthropologie économique spinoziste*, Paris, La Découverte, 2006.

MACHEREY, Pierre, *Introduction à l'*Éthique *de Spinoza*, 5 vol., Paris, PUF : *La première partie, la nature des choses*, 1998 ; *La deuxième partie, la réalité mentale*, 1997 ; *La troisième partie, la vie affective*, 1995 ; *La quatrième partie, la condition humaine*, 1997 ; *La cinquième partie, les voies de la libération*, 1994.

MACHEREY, P., « Spinoza et l'origine des jugements de valeur », dans *Architectures de la raison*, p. 205-212.

MCSHEA, Robert J., "Spinoza : Human Nature and History", *Monist*, 55, La Salle (Illinois), 1971, p. 602-616.

MARTIN, Christopher P., "The Framework of Essences in Spinoza's *Ethics*", *British Journal of the History of Philosophy*, 16 (3), 2008, p. 489-509.

MATHERON, Alexandre, « L'anthropologie spinoziste ? », *Revue de synthèse*, Paris, 99, 1978, p. 175-185.

MATHERON, A., *Individu et communauté chez Spinoza*, Paris, Les Éditions de Minuit, 1988 (1969).

MATHERON, A., *Le Christ et le salut des ignorants chez Spinoza*, Paris, Aubier Montaigne, 1971.

MATHERON, A., *Anthropologie et politique au XVIIᵉ siècle*, Paris, Vrin, 1986.

MATHERON, A., *Études sur Spinoza et les philosophes de l'âge classique*, Lyon, ENS Éditions, 2011.

MATSON, Wallace I., "Death and Destruction in Spinoza's *Ethics*", *Inquiry*, vol. 20, 1969, p. 403-417.

MEINSMA, Koenraad Oege, *Spinoza et son cercle. Étude critique historique sur les hétérodoxes hollandais*, préface Henri Gouhier, trad. S. Roosenburg et J.-P. Osier, Paris, Vrin, 2006 (1983).

MIGNINI, Filippo, Ars imaginandi. *Apparenza e rappresentazione in Spinoza*, Napoli, Edizioni Scientifiche Italiane, 1981.

MIGNINI, F., "Theology as the Work and Instrument of Fortune", dans *Spinoza's Political and Theological Thought*, Actes du Colloque d'Amsterdam de 1982, Amsterdam, 1984, p. 127-136.

MILANESE, Arnaud, « Sensation et phantasme dans le *De Corpore* : que signifie, chez Hobbes, fonder la philosophie sur la sensation ? », dans *Hobbes : nouvelles lectures*, *Lumières*, 10, Pessac, Presses Universitaires de Bordeaux, 2008.

MILANESE, A., *Principe de la philosophie chez Hobbes : l'expérience de soi et du monde*, Paris, Classiques Garnier, 2011.

MITSUI, Yoshitushi, « Essais sur l'article Spinoza dans le *Dictionnaire historique et critique* de Pierre Bayle », *Études de langue et littérature française*, Tokyo, 38, 1981, p. 36-48.

MOREAU, Pierre-François, *Spinoza*, Paris, Seuil, 1975.

MOREAU, P.-Fr., « Fortune et théorie de l'histoire », dans Curley E. M. et Moreau P.-Fr. (éd.), *Spinoza, Issues and Directions*, p. 298-305.

MOREAU, P.-Fr., *Spinoza. L'Expérience et l'éternité. Recherches sur la constitution du système spinoziste*, Paris, PUF, 1994.

MOREAU, P.-Fr., « Matérialisme et spinozisme. Les deux axes de la fin d'*Éthique* V », dans *Materia actuosa, Mélanges en l'honneur d'Olivier Bloch*, Paris, Honoré Champion, 2000.

MOREAU, P.-Fr., « La place de la politique dans l'*Éthique* », dans Jaquet Ch., Sévérac P., Suhamy A. (éd.), *Fortitude et servitude*, p. 123-144.

MOREAU, P.-Fr., *Problèmes du spinozisme*, Paris, Vrin, 2006.

MORFINO, Vittorio, *Incursioni spinoziste*, Milan, Mimesis, 2002.

MORFINO, V., *Il tempo e l'occasione : l'incontro Spinoza Machiavelli*, Milan LED, 2002 ; trad. fr. *Le temps et l'occasion : la rencontre Spinoza-Machiavel*, L. Langlois et M. Giglio, Paris, Classiques Garnier, 2012.

MORFINO, V., *Il tempo della moltitudine : materialismo e politica prima e dopo Spinoza*, Roma, Manifestolibri, 2005 ; trad. fr. *Le temps de la multitude*, N. Gailius, Paris, Éditions Amsterdam, 2009.

NADLER, Steven, *Spinoza. A Life*, Cambridge University Press, 1999 ; traduction française de J.-Fr. Sené, *Spinoza. Une vie*, Paris, Bayard, 2003.

NADLER, S., *Spinoza's Ethics. An Introduction*, Cambridge University Press, 2006.

NAESS, Arne, "Is freedom consistent with Spinoza's determinism ?", dans Van Der Bend J. G. (éd.), *Spinoza on Knowing, Being and Freedom : Proceedings*, Spinoza Symposium (Leusden, 1973), Assen, Van Gorcum, 1974, p. 6-23.

NEGRI, Antonio, *L'anomalia selvaggia. Saggio su potere e potenza in Baruch Spinoza*,

Milano, Feltrinelli, 1981 ; tr. fr. de Fr. Matheron *L'anomalie sauvage. Puissance et pouvoir chez Spinoza*, avec des préfaces de G. Deleuze, de P. Macherey et d'A. Matheron, Paris, PUF, 1982.

NEGRI, A., *Spinoza subversif : variations inactuelles*, trad. Fr. Matheron et M. Raiola, Paris, Kimé, 1994.

PARKINSON, G. H. R., "Spinoza on the Power and Freedom of Man", *Monist*, 55 (4), La Salle (Illinois), 1971, p. 527-553.

POLLOCK, Frederick, *Spinoza : his Life and Philosophy*, Londres (Duckworth and Co), New York (The Macmillan Compagny), 1899.

PRÉLORENTZOS, Yannis, *La Durée chez Spinoza*, thèse soutenue sous la direction de J.-M. Beyssade, à l'Université Paris Sorbonne, en 1992.

PRÉPOSIET, Jean, *Spinoza et la liberté des hommes*, Paris, Gallimard, 1967.

RAMOND, Charles, *Quantité et qualité dans la philosophie de Spinoza*, Paris, PUF, 1995.

RAMOND, Ch., *Spinoza et la pensée moderne. Constitutions de l'objectivité*, préface de P.-Fr. Moreau, Paris, L'Harmattan, 1998.

RENAULT, Laurence, *Descartes ou la félicité volontaire*, Paris, PUF Épiméthée, 2000.

RICE, Lee C., "Individual and Community in Spinoza's Social Psychology", dans Curley E. M. et Moreau P.-Fr. (éd.), *Spinoza, Issues and Directions*, p. 271-285.

RICE, L. C., « La causalité adéquate chez Spinoza », *Philosophiques*, volume 19 (1), 1992, p. 45-49.

RICE, L. C., "Action in Spinoza's Account of Affectivity", dans Yovel Y. et Segal G. (éd.), *Spinoza on Reason and the Free Man*, p. 155-168.

RODIS-LEWIS, Geneviève, *L'Individualité selon Descartes*, Paris, Vrin, 1950.

RODIS-LEWIS, G., *L'œuvre de Descartes*, 2 volumes, Paris, Vrin, 1971.

RODIS-LEWIS, G., *L'anthropologie cartésienne*, Paris, PUF Épiméthée, 1990.

ROUSSET, Bernard, *La perspective finale de l'Éthique et le problème de la cohérence du spinozisme (l'autonomie comme salut)*, Paris, Vrin, 1968.

ROUSSET, B., « Conséquences éthiques et politiques de l'apparition d'une distinction entre le possible et le contingent dans *Éthique* IV », *Cahiers philosophiques*, 25, 1985, p. 25-43.

ROUSSET, B., « Les implications de l'identité spinoziste de l'être et de la puissance », dans Revault d'Allones M. et Rizk H., *Spinoza : ontologie et puissance*, p. 11-24.

ROUSSET, B., *Spinoza lecteur des objections faites aux Méditations de Descartes et de ses Réponses*, Paris, Kimé, 1996.

ROUSSET, B., « La mise en place de l'usage philosophique du mot "norme" : de Descartes (1642) à Spinoza (1662) », dans Lagrée J. (dir.), 2002, p. 9-11.

ROVERE, Maxime, *Le passage à l'action, connaissance et affects dans la philosophie de Spinoza*, thèse soutenue sous la direction de P.-Fr. Moreau, à l'ENS-LSH (Lyon), 2006.

ROVERE, M., *Exister : Méthodes de Spinoza*, Paris, CNRS Éditions, 2010.

RUSSELL, John M, "Freedom and Determinism in Spinoza", *Auslegung*, 11, 1984, p. 378-389.

SANGIACOMO, Andrea, *Homo liber : verso una morale spinoziana*, Milan, Mimesis, 2011.

SANGIACOMO, A., « Actions et qualités : prolégomènes pour une lecture comparée de Boyle et Spinoza », *Bulletin de l'Association des Amis de Spinoza* n° 42, 2013.

SANGIACOMO, A., *L'essenza del corpo. Spinoza e la scienza delle composizioni*, Hildesheim, Zürich, New York, Georg Olms Verlag, 2014.

SANTINELLI, Daniela, *"Exemplar, exemplum, regula*. Forme paradigmatiche dell'etica tra Seneca e Spinoza", dans Bostrenghi D., Raspa V., Santinelli C., Visentin S. (dir.), *Spinoza : la potenza del comune*, p. 43-58.

SCHRIJVERS, Michael, "The *Conatus* and the Mutual Relationship between Active and Passive Affects in Spinoza", dans Yovel Y. (éd.), *Desire and Affects : Spinoza as a Psychologist*, p. 63-80.

SÉVÉRAC, Pascal, « Convenir avec soi, convenir avec autrui : éthique stoïcienne et éthique spinoziste », *Studia Spinozana* « Spinoza and ancient Philosophy », vol. 12, Würzburg, Königshausen & Neumann, 1994.

SÉVÉRAC, P., « Passivité et désir d'activité chez Spinoza », dans Brugère F. et Moreau P.-Fr., *Spinoza et les affects*, p. 39-54.

SÉVÉRAC, P., *Le devenir actif chez Spinoza*, Paris, Honoré Champion, 2005.

SÉVÉRAC, P., *Spinoza. Union et désunion*, Paris, Vrin, 2011.

SIENA, Robertomaria, "Sull'antropologia e l'etica di Spinoza", *Sapienza*, 39, 1986, p. 337-343.

STEENBAKKERS, Piet, *Spinoza's* Ethica *from manuscript to print : studies on text, form and related topics*, Assen, Van Gorcum, 1994.

STEINBERG, Diane, "Spinoza's Ethical Doctrine and the Unity of Human Nature", *Journal of Philosophy*, 22/3, 1984, p. 303-324.

STILIANOU, Aristotelis, *Histoire et politique chez Spinoza*, thèse soutenue sous la direction d'A. Matheron, à l'Université Panthéon-Sorbonne, en 1994.

SUHAMY, Ariel et DAVAL Alia, *Spinoza par les bêtes*, Ollendorff & Desseins, 2008.

SUHAMY, A., *La Communication du bien chez Spinoza*, Paris, Éditions Classiques Garnier, 2010.

SUHAMY, A., *Spinoza pas à pas*, Paris, Ellipses, 2011.

TOSEL, André, *Spinoza ou le crépuscule de la servitude (essai sur le* Traité théologico-politique*)*, Paris, Aubier Montaigne, 1984.

TOSEL, A., « Transitions éthiques et fluctuations de l'esprit dans la pensée de Spinoza », dans *Architectures de la raison*, p. 283-298.

TOSEL, A., *Spinoza ou l'autre (in)finitude*, Paris, L'Harmattan, 2009.

TOTARO, Giuseppina, "Perfectio e realitas nell'opera di Spinoza", *Lexicon philosophicum*, 3, 1988, p. 71-113.

TOTARO, G., « *Acquiescentia* dans la cinquième partie de l'*Éthique* de Spinoza », *Revue philosophique de la France et de l'étranger*, 1, Paris, PUF, janvier-mars 1994.

VERNIÈRE, Paul, *Spinoza et la pensée française avant la Révolution*, Paris, PUF, 1982 (1954).

VILJANEN, Valtteri, "Spinoza's Actualist Model of Power", dans Pietarinen J. et Viljanen V. (éd.), *The World as Active Power : Studies in the History of European Reason*, Leiden, E. J. Brill, 2009, p. 213-228.

VILJANEN, V., *Spinoza's Geometry of Power*, Cambridge University Press, 2011.

VINCIGUERRA, Lorenzo, « Spinoza et le mal d'éternité », dans Jaquet Ch., Sévérac P., Suhamy A. (éd.), *Fortitude et servitude. Lectures de l'*Éthique *IV de Spinoza*, p. 163-182.

VINCIGUERRA, L., *Spinoza et le signe. La genèse de l'imagination*, Paris, Vrin, 2005.

VINCIGUERRA, L., « Les trois liens anthropologiques. Prolégomènes spinozistes à la question de l'homme », *L'Homme*, 2009/3, n° 191, Paris, Éditions de l'EHESS, 2009.

VINTI, Carlo, *La filosofia come "vitae meditatio". Una lettura di Spinoza*, Rome, Città nuova, 1979.

VINTI, C, "Possibilità di una antropologia in Spinoza. Due posizioni a confronto", *Vetera novis augere. Studi in onore di Carlo Giacon per il 25° convegno degli assistenti universitari del movimento di Gallarte*, Rome, 1982, p. 265-277.

VOSS, Stephen, "How Spinoza enumerated the affects", *Archiv für Geschichte der Philosophie*, 63 (2), p. 167-179.

VOSS, S., "On the Authority of the *Passiones Animae*", *Archiv für Geschichte der Philosophie*, 75 (2), p. 160-178.

WALLER, Jason, *Persistence throuh Time in Spinoza*, Lanham, Lexington Books, 2012.

WURTZ, Jean-Paul, « Tschirnhaus et Spinoza », dans *Theoria cum praxi*, 1981, p. 93-103.

YAKIRA, Elhanan, *Contrainte, nécessité, choix : la métaphysique de la liberté chez Spinoza et chez Leibniz*, Zürich, Éditions du Grand Midi, 1989.

YAKIRA, E., « Y a-t-il un sujet spinoziste ? », dans *Architectures de la raison*, p. 307-316.

ZAC, Sylvain, *La Morale de Spinoza*, Paris, PUF, 1959.

ZAC, S., *L'idée de vie dans la philosophie de Spinoza*, Paris, PUF, 1963.

ZAC, S., « Vie, *conatus*, vertu. Rapport de ces notions dans la philosophie de Spinoza », *Archives de Philosophie*, XL, 1977, p. 405-428.

ZAC, S., *Essais spinozistes*, Paris, Vrin-Reprises, 1985.

ZAOUI, Pierre, *Spinoza : la décision de soi*, Montrouge, Bayard, 2008.

ZOURABICHVILI, François, « L'identité individuelle chez Spinoza », dans Revault d'Allonnes M. et Rizk H. (dir.), *Spinoza : puissance et ontologie*, p. 85-107.

ZOURABICHVILI, F., « Les paradoxes de la transformation chez Spinoza », *Bulletin de l'Association des Amis de Spinoza*, n° 36, 1998.

ZOURABICHVILI, F., *L'idée de transformation dans la philosophie de Spinoza*, thèse soutenue sous la direction de Rose Goetz, en 1999.

ZOURABICHVILI, F., *Le Conservatisme paradoxal de Spinoza. Enfance et royauté*, Paris, PUF, 2002.

ZOURABICHVILI, F., *Spinoza. Une physique de la pensée*, Paris, PUF, 2002.

COLLECTIFS

Architectures de la raison. Mélanges offerts à Alexandre Matheron, textes réunis par Pierre-François Moreau, Fontenay-aux-Roses, ENS Éditions, 1996.

Durée, temps et éternité chez Spinoza, Les *Études philosophiques*, Paris, PUF, avril-juin 1997.

Nature, croyance, raison. Mélanges offerts à Sylvain Zac, Cahiers de Fontenay « Hors Collection », ENS Fontenay/Saint-Cloud, 1992.

Spinoza (1632-1677), *Revue internationale de philosophie*, volume **XXXI**, n° 119-120, 1977.

Spinoza, numéro spécial, *Les Études philosophiques*, 4, Paris, PUF, octobre-décembre 1987.

Spinoza, Kaïros n° 11 ; Toulouse, Presses Universitaires du Mirail, 1998.

*Spinoza : la quatrième partie de l'*Éthique, *Revue de Métaphysique et de Morale*, Armand Colin, octobre-décembre 1994, n° 4.

*Spinoza : la cinquième partie de l'*Éthique, *Revue philosophique de la France et de l'étranger*, janvier-mars 1994, n° 1, Paris, PUF, 1994.

ARIEW, Roger et GRENE, Marjorie (éd.), *Descartes and his Contemporaries. Meditations, Objections and Replies*, Chicago/Londres, University of Chicago Press, 1995.

BEYSSADE, Jean-Marie et MARION, Jean-Luc (éd.), *Descartes − Objecter et répondre*, Paris, PUF, 1994.

BLOCH, Olivier (éd.), *Spinoza au XVIIᵉ siècle*, Actes des journées d'études organisées les 6 et 13 décembre 1987 à la Sorbonne, Paris, Méridiens Klincksieck, 1990.

BOSTRENGHI, Daniela, Giancotti-Boscherini Emilia, Santinelli Cristina (éd.), *Studi su Hobbes e Spinoza*, Naples, Bibliopolis, 1995.

BOSTRENGHI, Daniela, RASPA, Venanzio, SANTINELLI, Cristina et VISENTIN, Stefano (a cura di), *Spinoza : la potenza del comune*, Hildesheim, Zürich, New York, Georg Olms Verlag, 2012.

BRUGÈRE, Fabienne et MOREAU, Pierre-François (éd.), *Spinoza et les affects*, Groupe de Recherches Spinozistes, Travaux et documents n° 7, Paris, Presses de l'Université de Paris-Sorbonne, 1998.

CRISTOFOLINI, Paolo (dir.), *Studi sul Seicento et sull'immaginazione*, Pise, Scuola Normale Superiore di Pisa, 1985.

CURLEY, Edwin M. et MOREAU, Pierre-François (éd.), *Spinoza, Issues and Directions. The Proceedings of the Chicago Spinoza Conference*, New York, E. J. Brill, 1990.

DEL LUCCHESE, Filippo (éd.), *Storia politica della moltitudine : Spinoza e la modernità*, Roma, DeriveAprodi, 2009.

FREEMAN, Eugene et MANDELBAUM, Maurice (éd.), *Spinoza, Essays in Interpretation*, Open Court, La Salle (Illinois), 1975.

GARRET, Don (éd.), *The Cambridge Companion to Spinoza*, Cambridge University Press, 1995.

GRENE, Marjorie (dir.), *Spinoza. A Collection of Critical Essays*, Garden City (N. Y.), Anchor Books, 1973 ; réimpression University of Notre Dame Press, 1979.

JAQUET, Chantal, SÉVÉRAC Pascal et SUHAMY Ariel (éd.), *Fortitude et servitude. Lectures de l'Éthique IV de Spinoza*, Paris, Kimé, 2003.

JAQUET, Ch., SÉVÉRAC P. et SUHAMY A. (éd.), *La Multitude libre : nouvelles lectures du Traité politique de Spinoza*, Paris, Éditions Amsterdam, 2008.

JAQUET, Ch., SÉVÉRAC P. et SUHAMY A. (éd.), *La théorie spinoziste des rapports corps-esprit et ses usages actuels*, Paris, Hermann, 2009.

JAQUET, Chantal et MOREAU, Pierre-François (éd.), *Spinoza transalpin : les interprétations actuelles en Italie*, Paris, Publications de la Sorbonne, 2012.

KASHAP, Paul S. (éd.), *Studies in Spinoza – Critical and interpretative essays*, Berkeley, University of America Press, 1972.

KOISTINEN, Olli et BIRO John (éd.), *Spinoza : Metaphysical Themes*, Oxford University Press, 2002.

KOISTINEN, Olli (éd.), *The Cambridge Companion to Spinoza's Ethics*, Cambridge University Press, 2009.

KOLESNIK-ANTOINE, Delphine (dir.), *Qu'est-ce qu'être cartésien ?*, préface de D. Kambouchner, Lyon, ENS Éditions, 2013.

LAGRÉE, Jacqueline (dir.), *Spinoza et la norme*, Besançon, Presses Universitaires Franc-Comtoises, 2002.

LAZZERI, Christian (éd.), *Spinoza : puissance et impuissance de la raison*, Paris, PUF, 1999.

MOREAU, Pierre-François et RAMOND Charles (dir.), *Lectures de Spinoza*, Paris, Ellipses, 2006.

RAMOND, Charles (éd.), *Spinoza : nature, naturalisme, naturation*, Pessac, Presses Universitaires de Bordeaux, 2011.

REVAULT D'ALLONNES, Myriam et RIZK, Hadi (dir.), *Spinoza : puissance et ontologie*, Actes du colloque organisé par le Collège International de Philosophie les 13, 14 et 15 mai 1993 à la Sorbonne, Paris, Kimé, 1994.

SECRÉTAN, Catherine, DAGRON, Tristan et BOVE, Laurent (éd.), *Qu'est-ce que les Lumières « radicales »* ? *Libertinage, athéisme et spinozisme dans le tournant philosophique de l'âge classique*, Paris, Éditions Amsterdam, 2007.

SHAHAN ROBERT, W. et BIRO, John I., *Spinoza : New Perspectives*, Norman (Okla.), 1980 (1978).

WETLESEN, Jon (éd.), *Spinoza's Philosophy of Man : The Scandinavian Spinoza Symposium, 1977*, 1978, Oslo, Universitetsforlaget.

YOVEL, Yirmiyahu (éd.), *Spinoza on Knowledge and the Human Mind*, Leiden, E. J. Brill, 1994.

YOVEL, Y. (éd.), *Desire and Affects : Spinoza as a Psychologist*, New York, Little Room Press, 1999.

YOVEL, Yirmiyahu et SEGAL, Gideon (éd.), *Spinoza on Reason and the Free Man*, New York, Little Room Press, 2004.

REVUES ET COLLECTIONS

Chronicon spinozanum, Hagæ Comitis, curis Societatis Spinozanæ, 5 vol., 1921-1927.

Cahiers Spinoza, Édition Répliques, Paris, 6 volumes, 1977-1991.

Bulletin de l'Association des Amis de Spinoza, depuis 1978.

Bulletin de Bibliographie Spinoziste, publié par le Groupe de Recherches Spinozistes dans le Cahier 4 des *Archives de philosophie*, depuis 1979.

Studia Spinozana, Würzburg, Königshausen & Neumann, 16 volumes, 1985-2008.

Travaux et documents du Groupe de Recherches Spinozistes, Presses de l'Université Paris Sorbonne, 12 volumes, 1985-2007.

INDEX

TABLE DES MATIÈRES

PREMIÈRE PARTIE

UNE QUESTION CORPORELLE
AU SEIN D'UN ENJEU HUMAIN

CORPS INDIVIDUEL, CORPS PROPRE
ET CORPS SINGULIER

TROISIÈME PARTIE

LA CARACTÉRISATION DES HOMMES PAR LE BIAIS DES APTITUDES

LEUR RECRÉATION, LEUR ACCROISSEMENT, LEUR RÉORDONNANCEMENT

QUATRIÈME PARTIE

LA REDÉFINITION SPINOZISTE DE L'ÉTHIQUE EN REGARD DES TERMES TRADITIONNELS DE LA MORALE